银行业监管
探索与思考

YINHANGYE JIANGUAN
TANSUO YU SIKAO

刘　元◎著

中国金融出版社

责任编辑：吕　楠
责任校对：孙　蕊
责任印制：丁淮宾

图书在版编目（CIP）数据

银行业监管探索与思考（Yinhangye Jianguan Tansuo yu Sikao）/刘元著.—北京：中国金融出版社，2014.11
ISBN 978-7-5049-7638-3

Ⅰ.①银… Ⅱ.①刘… Ⅲ.①银行监管—研究—中国 Ⅳ.①F832.1

中国版本图书馆CIP数据核字（2014）第202057号

出版
发行　中国金融出版社
社址　北京市丰台区益泽路2号
市场开发部　（010）63266347，63805472，63439533（传真）
网上书店　http://www.chinafph.com
（010）63286832，63365686（传真）
读者服务部　（010）66070833，62568380
邮编　100071
经销　新华书店
印刷　北京松源印刷有限公司
尺寸　185毫米×260毫米
印张　39.25
字数　625千
版次　2014年11月第1版
印次　2014年11月第1次印刷
定价　68.00元
ISBN 978-7-5049-7638-3/F.7198

前言

这是一个全球金融业大发展的时代。纵观历史，横看世界，细察金融，其在经济发展中的作用从没有如此之重要，在国计民生中的影响从没有如此之深远，在全球竞争中的程度从没有如此之激烈，在社会各领域的参与度从没有如此之广泛。金融业在演进、在变迁，在编织着一幅色彩斑斓的画卷；金融业在传承、在创新，在探索着一条融合发展的道路。全球如此，中国亦如此。

这是一个全球金融体系变革的时代。全球金融业在革新、在嬗变，包括全球金融治理的重塑、全球金融秩序的重建、全球金融市场的重构、金融监管理念的调整、金融监管框架的更新、金融监管体制机制的完善、金融监管手段的丰富等。分析其原因，有世界经济调整的影响，有金融危机的驱动，有互联网金融的冲击，有消费者需求导向的变化，有金融业内在发展的需求。金融业步入了新阶段，踏上了新起点。变革还在进行，调整依然继续。

世界在变，中国也在变。改革开放以来，我国金融业发生了翻天覆地的变化，取得的成绩令人瞩目，金融服务组织在丰富，金融市场规模在壮大，金融服务功能在提升，金融运行效率在提高，金融基础设施在健全，金融监管体系在完善，基本形成了种类齐全、结构合理、服务高效、安全稳健的金融体系。作为我国金融业改革发展的标杆和缩影，银行业一直在沿着改革的道路前行，蹄急而步稳。经过30余年的改革发展，我国银行业形成了大型商业银行、股份制商业银行、城市商业银行、农村商业银行、村镇银行、民营银行等定位清晰、层次多样、功能齐全、生态丰富的银行业体系。

银行业的稳健发展离不开有效的监管体系，尤其是在改革及转型阶段，监管的作用更是毋庸置疑。在监管设计上，我们兼收并蓄、博采众长、吐故纳新。遵循国际监管规则，按照国际监管标准，确定了以资本监管为核心的基石，形成了最低资本要求、外部监管和市场约束这三大支柱。在吸纳国际成熟监管理念和经验的基础上，我们同步进行着适合中国国情、符合中国特色、契合银行业需求的监管创新，探索出了一条更加行之有效的审慎监管之路。我国银行业成功克服了1997年东亚金融危机的冲击，抵御了2008年国际金融危机的侵袭，坚守住了不发生系统性、区域性风险的底线，确保了行业的稳健运行，保护了消费者的合法权益。这些成绩的取得，离不开全部金融监管从业人士的不懈探索与努力、不断创新与尝试。

银行业在创新发展，银行业外部环境也在发生变化，对监管的挑战也在加大。如何更好地发挥监管职责，提升监管效能，引导银行业充分发挥金融支持实体经济和防范风险的本质要求，提高金融资源的配置效率，更加契合经济发展的需求，是我们全体银行业监管从业人士的使命和职责。近年来，我们在这方面作出了积极的努力和探索，逐步完善宏观审慎与微观审慎有机结合的监管框架，做好单体机构与系统性风险的有效防控；引入了流动性覆盖率、净稳定资金比例等监管指标，进一步提升监管效能；建立差异化监管机制，推动银行业构建广覆盖、差异化、高效率的服务体系；加强消费者权益保护，积极主动保护存款人和金融消费者的合法权益；跟上互联网金融发展的步伐，积极研究推动建立符合互联网金融发展特点的监管思路。但这还不够，还需要全体银行业监管人士更加努力，开拓思路，加强研究，与时俱进，把工作做得更好，更加到位。

《银行业监管探索与思考》一书集理论与实务为一体，是一名从事银行监管30年的老监管员多年监管工作经验的积累和凝结，有监管理论的思考，有监管创新的尝试，有监管方法的探索，有监管操作的实践，围绕银行业发展和监管问题展开了翔实、丰富而又富有意义的思索。我们可以看到，本书的内容主要沿着横纵两条线展开。在横向上，本书对涉及银行业发展及监管的多个问题进行了讨论，包括监管理论、宏观调控、银行业发展、银行业创新、金融危机等问题，其中对一些核心问题不惜重墨。在纵向上，该书对银行业不同发展阶段的监管思路、监管模式、监管重点和监管方法进行了总结，沿着时间的脉络加以展开，可以说是我国银行业发展与监管的一段影像与留影，也是作者工作轨迹和岗位角色转换的记录。总体而言，本书围绕着金融创新和银行成长、银行业风险控制和平稳发展、实体经济和小微企业、案件防控和消费者权益保护等主题，进行了深入而系统的分析，为从业者提供了有益的参考和借鉴。

经济在发展，社会在进步，银行业在其中的作用将会更加重要。随着影响经济发展的变量增多，影响金融发展的外部不确定性因素也在加大，在这种背景下，银行业监管工作也将更为复杂、更具难度、更具挑战性，更加任重道远。银行业监管工作是一份普通的职业，又是一份伟大的事业，需要我们发挥光和热，抛洒汗水和心血，笃定而执着的不断前行，把握监管趋势、探索监管规律、丰富监管内容、创新监管方法，更好地履行监管职责，完成我们的使命与责任，把我国的银行业监管工作提到新水平，推上新高度。从金融发展的历史来审视，我们的监管工作还只是起点，是万里长征的第一步，还需要以更大的热情去书写、去记录、去刻画银行业监管史，做一个参与者和亲历者，去感受那份沉淀和喜悦。

党的十八届三中全会站在新的历史起点，对全面深化改革作出了总体部署。银行业将按照全面深化改革的总要求，谋改革，促转型，进一步解放和发展生产力。2014 年以来，银行业紧紧围绕使市场在资源配置中起决定作用的改革方向，更多地引进了市场竞争机制，提高了银行业服务水平。未来，银行业将更加注重对实体经济的服务，着力解决小微企业的融资难题，切实保护金融消费者的合法权益，让更多的人分享银行业改革发展的成果。

目录
contents

监管理论思考篇

监管实务探索篇

宏观经济与监管调控分析篇

案件治理篇

金融消费者权益保护篇

银行业发展及银行业务探索篇

金融创新、金融发展及区域合作篇

金融支持实体经济及服务小微企业发展篇

国际金融危机应对与思考篇

访谈篇

监管理论思考篇

银行业监管是一个久远而又现代的话题。纵观经济金融史，银行业监管理论一直在争议中前行。怀疑论者以市场无形之手和有效市场假说为基础，坚信市场的自我调节功能，强调监管的无效论。而监管的支持者则指出，市场失灵、经济主体行为的非理性、金融市场的脆弱性及分配不公等现象的存在，需要监管对其进行纠正和修复，克服失灵，提高效率，维护金融体系的稳定。在你来我往的学术争论与切磋中，各种银行业监管理论和假说也层出不穷，公共利益理论、金融脆弱性理论、行为金融学视角的监管理论等各种研究奠定了银行业监管的理论基础。然而，对银行业监管理论影响最大、推动最大的则是金融危机的周期性出现。每一次金融危机的爆发都使银行监管成为最具争议的话题。20 世纪 30 年代美国的“大萧条”使银行监管成为经济金融领域最为重要的研究课题。2008 年国际金融危机又使银行监管理论遭遇了一次革新和洗礼。大大小小的金融危机成为驱动银行监管理论进步的重要因素。一次又一次的金融危机反复证明，监管失败的社会成本是高昂的。因此，危机之后，新的假说、新的理论、新的解释推陈出新，监管也被人们视为消除金融危机的神丹妙药，被寄予无限厚望。基于对银行业监管理论的探索，本篇在跟踪中国银行业发展脉络的基础上，结合中国银行业发展的实际及工作实践，形成了一点思考，权当抛砖引玉。

谈银行业深化改革的发展趋势

我国银行业历经 30 多年改革开放取得了举世瞩目的丰硕成果，在防控风险能力不断加强的同时助推国民经济发展，在金融创新之中服务广大消费者，平稳度过国际金融危机。但是，随着金融及社会的不断发展，银行业体制机制上的矛盾和问题逐渐显露，这些问题也成为银行业新一轮深化改革的重点领域。

一、银行发展中的问题

近年来，银行业在发展过程中，受多重因素的影响，逐渐产生了变异化趋势，主要体现为部分程度的贵族化、模式化、逐利化和中心化发展倾向，影响了其本质功能的发挥。

（一）贵族化

服务实体经济发展和广大消费者日益增加的金融服务需求是银行服务的出发点和落脚点，也是银行的生存之基、立足之本。但从现实情况看，银行发展却部分程度地显现出“去实体、去平民、去小微”的发展态势，与普通消费者的距离在拉长，出现了贵族化的服务倾向，在贷款走向、产品设计、营销导向、售后服务等方面，过度向大集团、大企业、大客户、高端群体倾斜和配置，而中小企业和普通消费者的金融服务需求却没有得到足够的重视，有效需求难以实现。

（二）模式化

目前，我国多层次的银行体系基本建立，形成了政策性银行、国有控股商业银行、股份制商业银行、城商行、农商行、村镇银行等多元化的格局。但金融机构个体在微观层面上还没有完全跟上行业结构调整、格局变换和框架变迁的步伐，重点表现为经营模式趋同。多数银行在发展过程中，并没有充分遵循发挥比较优势、创造竞争优势这样一个经营规律，更多的是同质化竞争，以存贷为中心、向规模要效益、靠利差求生存。同质化发展模式一方面造成了行业范围内的过度竞争，行业整体利益受损；另一方面，难以有效满足实体经济和小微企业的有效金融需求。

（三）逐利化

银行在社会经济中扮演的角色及重要性决定了其经营目标不能是单一的，而是多元的，其中履行社会责任、树立负责任的社会形象就是银行经营行为的重要组成部分。对银行而言，获取正当利润与履行社会责任之间并不是矛盾的，而是统一的，是相互促进、相得益彰的。

但在经营过程中，也有部分商业银行以扭曲的业绩考核机制为中心，存在着过度重视短期利益的现象，忽视整个行业的生态体系建设，不是通过产品、服务和价值的创新与提升来获取利润，而是利用信息的不对称、利用消费者的弱势，甚至通过强买强卖、不恰当收费等方式来获取盈利，社会责任感缺失，致使银行声誉受损。

（四）中心化

从我国当前的银行发展看，虽然多层次的银行体系基本建立，但在实际发展过程中，进城的多，下乡的少，存在着服务范围的不均衡性，地域边界模糊，城乡二元结构表现明显。主要表现为，各类商业银行不惜代价和成本向中心城市聚集，特别是一些中小银行或基于特定服务领域成立的商业银行，其主要竞争优势、服务定位及客户群体本应在当地特定范围内，如县域地区、农村地区等，但在不恰当的发展战略导向下，这些银行在发展过程中积极向中心城市倾斜资源。

二、银行变异化发展导致的问题

（一）脱离国民经济赖以支撑的实体经济

银行的变异化发展也在一定程度上影响了其支持和服务实体经济的效果。尤其是近两年来，这种矛盾更加凸显，一方面是货币供应量不断扩大，银行的资产规模不断扩张，储蓄不断增长，但另一方面，却是实体经济领域大面积的钱荒频频出现，地下钱庄、民间借贷等非正规融资渠道大量发展，这些情况都充分表明了正常的金融服务功能没有充分发挥到位。从国际经验也可以看到，如果银行脱离了实体经济的轨道，不但其创新和发展不会使实体经济受益，反而其创新和发展速度越快，给实体经济带来的潜在不良影响越大。因此，银行的变异化发展需要调整和修复，以期更好地服务实体经济，促进国民经济发展。

（二）脱离作为经济增长基础的中小企业

中小企业在经济增长中的积极作用是明显的，但中小企业需要成长周期，在这个过程中，需要呵护和培育，其中有效的金融服务就是重中之重，尤其是在直接融资体系还不发达的情况下，来自银行的金融服务成为了中小企业成长的关键因素。但从我国目前的情况看，银行的变异化发展，导致更多的金融资源倾斜给了已经发展成熟的大企业、大集团，对中小企业的金融支持力度明显不足，已经成为影响中小企业成长的短板。

（三）脱离作为行业生存基础的广大消费者

消费者不但是银行服务的对象，也是银行赖以生存的基础。从银行业外部看，银行业不但面临着来自直接融资体系的壮大和竞争，同时面临着来自互联网金融等新兴金融形态的跨界竞争，这些金融服务提供者都在不同程度地分流着银行业的客户资源，甚至对银行功能形成一定程度的市场替代，倒逼银行将消费者放在更加重要的位置。从银行业内部看，对消费者的重视程度还不够到位，危机意识也还不够充足，还存在着一些影响客户体验、损害消费者权益的经营行为。

三、银行业深化改革的发展趋势

（一）利率市场化

利率市场化是金融体系改革的核心，对银行业而言，更是促进其经营模式转变，向实体化、平民化和人性化服务转变的重要推动因素。

一是利率市场化的实现意味着银行由占有稀缺资源的垄断分配者转化为合理配置资源的竞争参与者，银行与消费者的议价能力发生反转，议价主导方从银行向消费者转移。银行议价能力的变弱将促使其业务重心下沉，更加贴近消费者，满足消费者日益提高的金融服务需求。

二是利率市场化后，银行高度依赖存贷利差生存的日子将难以为继，国家隐性信用担保的软约束也将逐渐削弱，市场化定价方式将倒逼银行转换经营模式，通过更加多元化的业务满足不同社会群体的金融需求，模式化的经营方式将不得不改变。

三是利率市场化后，银行之间的良性竞争会加剧，每个银行都会通过更好的产品、更好的服务、更好的形象赢得市场竞争力，通过差异化、特色化竞争增强用户黏性，提升消费者满意度，扩大市场占有率，逐利化的冲动将被遏制。

四是利率市场化会形成一种市场力量，促使银行更加合理地配置资金和客户两方面的资源，从而抑制粗放式发展的冲动。同时，银行按照成本和收益形成不同的目标客户群，找寻自身持续发展的空间，培养与自身相匹配的稳定客户群体，不得不开发和填补服务空白领域，从而使小微企业、农村地区等薄弱领域受益，中心化的发展态势将被遏制。

（二）监管差异化

充分发挥监管政策的约束作用和引导作用，促使银行定位回归，理顺市场角色，摆正市场位置，是银行服务向实体化、平民化和人性化转变的重要渠道之一。经营的同质化与监管的同质化又有着密切的关联，如果监管的规则都是以百货公司、精品店设限，小卖部的生存就难以为继；相反，小卖部拿到了专卖权，其背离主业也是必然的。为此，需要通过差异化监管，使多层次的银行体系真正发挥多层次的银行功能，切实满足不同区域、不同群体的金融需求，回归金融服务的本质。

（三）民营银行趋势化

当前，国家从顶层设计出发，拓宽民间资本进入金融业的渠道，试办由民营资本发起设立自担风险的民营银行。真正的民营银行的出现，意味着由民营资本参与投资转化为民营资本成为投资主体，民营企业家将以主体身份介入到银行的经营决策之中，并真正承担起自担风险的责任，新的所有权结构和草根金融特征使民营银行的激励机制、约束机制会更强，并且作为高度市场化的微观个体，可以促进银行业服务向实体化、平民化和人性化转型。

（四）消费者保护潮流化

当前，加强金融消费者权益保护在全球范围内已成为金融深化改革的重要方向之一。消费者权益保护的潮流将促使银行在战略导向、经营理念、产品研发、营销渠道、服务方式等各个层面发生根本性调整和变化，在各个业务流程和环节嵌入消费者权益保护的基因，用户思维、快速迭代、柔性服务、体验至上将成为银行服务的核心和竞争优势所在。

金融服务回归以消费者为主导，是银行去贵族化、转型平民化的必然。

正确处理监管工作中的八大关系

银行监管工作是一项不断发展、不断完善和充满挑战的系统工程。在这项系统工程中，存在着这样或那样多种复杂的矛盾关系，为此必须站在哲学高度，充分认识并实事求是地处理好这些关系，才能使银行监管工作取得事半功倍的效果。本文试图阐释银行监管工作中的八大关系，即规制性监管与原则性监管的关系、合规监管与风险监管的关系、非现场监管与现场检查的关系、监管平面化与立体化的关系、监管规则的稳定性与创新灵活性的关系、监管制约性与经营自主性的关系、发展合理性与风控有效性的关系、监管岗位专业化和技能多样化的关系。期望通过理顺八大关系，进一步深化对监管本质的认识，厘清监管工作思路，提高监管人员素质，提升监管工作效率，增强监管工作效果。

一、规制性监管与原则性监管的关系

规制性监管与原则性监管是两种不同的监管方式。二者得以确立的社会条件和监管文化不同，银行业市场的成熟度与银行监管的基础亦各异，但被赋予的使命相同，追求的目标一致。

规制性监管是以监管法规形式预先对金融机构的各项业务和程序作出详细规定，并强制被监管机构必须严格执行，具有强制性、统一性和一致性特点。强调事先预防，注重监管过程，有利于金融机构公平竞争、规避风险和减少盲目扩张，因此规制性监管推崇依法经营，要求金融机构的经营活动必须与监管法律、法规和规章一致；提倡合规文化建设，要求合规成为良好企业文化的有机组成部分；监督内控制度更新更快，要求金融机构迅速将监管要求融入其内部政策和程序中。在金融市场不完善、信息不对称、竞争行为不规范的环境下，规制性监管更加有效。

原则性监管则不对金融机构作过多过细的要求，较少介入或干预金融机构的具体业务，其导向性、灵活性和差别性较强。注重原则引导，强调监管效果，进而要求金融机构必须将监管要求和自身的经营管理有效结合起来，强调高级管理层的责任，强调监管者和被监管者之间良好的沟通和相互信任，强调自律、纪律和他律间的相容理念。因此，原则性监管可降低监管成本，提高监管效率，有利于金融创新，助推市场发展。同时，由于在原则性监管下，监管机构可掌握解释原则的主动权，进而亦对监管者素质提出了更高要求。

总之，规制性监管强调监管机构对金融机构的他律作用，着眼于建立市场规则和行为规范，即通过制定详尽的监管规则实现对金融机构经营行为的严格规范，进而保障整个行业的稳健运行；原则性监管更注重金融机构的自律作用，着眼于引导市场规则和行为规范范畴内的自主行为，即在给定的监管原则框架下，充分尊重金融机构的经营自主权，引导其增强自身抵御风险的能力，从而促进整个行业的稳健运行。两种监管方式各自适宜的时期、内容、机构类别以及对监管者的要求等均不相同：从金融业发展阶段和水平看，规制性监管适用于发展中前期和较低水平时，原则性监管适用于发展成熟期和较高水平时；从监管阶段看，规制性监管适用于市场准入、退出时，原则性监管更多适用于持续监管时；从机构类别看，规制性监管适用于经营管理水平相对较低的农村信用合作社等机构，原则性监管适用于商业银行等内控制度相对完善的机构；从监管内容看，规制性监管适用于市场准入、退出、资本充足、分类方法、拨备要求等，原则性监管适用于服务质量、业务创新、公司治理、内控模式、履行社会责任等方面，从对监管者能力素质的要求看，规制性监管适用于能力较低素质较差者，原则性监管适用于能力较高素质较强者。因此，规制性监管是基础和前提，原则性监管是升华与发展。

二、合规监管与风险监管的关系

合规监管与风险监管是对金融机构的两种监管模式。合规监管是监管机构依法对金融机构的市场准入、监督检查和退出管理进行严格监管，侧重于点对点的检查。风险监管是监管机构通过识别、评估金融机构固有的风险，系统、全面、持续地评价金融机构的经营管理状况，注重定性分析。两种监管模式各有其特点和利弊。一是合规监管侧重于一般性监管，重点是对金融机构的审批和监管其业务经营是否合规，更多运用现场检查手段，通常根据监管需要立项，是典型的一事一办式监管；风险监管侧重于有针对性的监管，更强调非现场监管作用，监管资源和重点主要集中于金融机构面对的风险。二是合规监管具有排他性，封堵性特点，事先设定规则，事后检查监督，如果逾越排他性规范则为违规，并予惩戒。同时，以查错防弊为主，通过实施监督检查，封堵经营漏洞，纠正失范行为，督促合规经营；风险监管的特点在于识别性和控制性，侧重于防范和化解风险。通过非现场监管评估其风险水平、风险演化方向和风险管理能力，随后实施检查，再通过检查印证和修订评级结果，进而采取相应措施督促机构控制风险。三是合规监管体现即时性和时点性，以事后检查为主，只能发现检查时点的风险，针对具体风险点亡羊补牢，且所依之“规”一般限于银行经营管理的某些点，很难全面掌握风险；风险监管更多体现预警性和持续性，注重事中控制，通过实时监测发现风险点，进而提示风险，未雨绸缪，且通过非现场手段可持续关注和把握风险。因此，合规监管是固定的、表层的和操作性的，而风险监管是动态的、深化的和判断性的，不合规肯定构成风险，但合规也不一定无风险，二者相较，优劣自现。

从合规监管看，一是其在查处违规行为、维护金融秩序方面作用突出，但风险识别滞后，灵敏度不够；二是合规监管的依据需事前制定，随着银行业务的多样化与风险的复杂化，此“规”随时可能过时，易出现风险溢出，导致监管失灵；三是在合规监管模式下，易引发金融机构高级管理层的道德风险，即其不是从管控风险角度经营管理，而是片面强调合规经营，会将风险转嫁给监管者，使监管者陷入被动；四是合规监管强调事后纠正，但“亡羊补牢”从成本角度考虑，终究还是形成了浪费；五是合规监管呈较强刚性，在相当程度上易抑制金融机构的创新。

而风险监管是一个首尾相接、循环往复的监管过程，即以“盯风险”为主线，通过“了解机构、风险评估、监管规划、检查立项、实施检查、后续监管”等手段深入了解金融机构，是一个前后相继、不断更新、螺旋上升的循环监管，进而能对金融机构实施全面、动态的监管。同时，风险监管承认合规监管事后纠错的合理性，强调合规监管时点性成果、实际上是对合规监管的扬弃，二者共同统一于风险为本的监管理念之下。因此“管风险”并不意味着放松合规监管，而是倡导将着眼点放在风险上，从防范化解风险的角度加强合规监管。

三、非现场监管与现场检查的关系

非现场监管与现场检查作为金融监管的两种基本手段，各有侧重，相得益彰，二者有机结合，互为依托，共同构成监管工作的主要内容。正确认识非现场监管与现场检查在监管工作中的角色和作用，有效协调二者的关系，充分发挥各自优势，将对提升监管工作质量和工作效率起到积极的促进作用。

非现场监管主要解决目的性、预见性和持续性问题。首先，非现场监管能明确监管目标。通过定期从资本充足率、资产质量、管理水平、盈利能力、流动性和市场敏感性等方面对金融机构进行监管评级，从综合实力和单项能力上鉴别和评价金融机构，进而筛选出高风险机构，确定风险源、风险点和风险区域，有利于明确监管目标，合理配置监管力量。其次，非现场监管可预判监管重点。非现场监管的核心是风险评估，在对金融机构的内在风险、风险水平、风险管控能力以及风险趋势进行全面细化评估基础上，可把握金融机构的综合风险水平，为确定监管重点、拟定下一步监管计划提供翔实依据。再次，非现场监管能确保持续监管。非现场监管是一个循环往复、周而复始的过程，通过跟踪监测现场检查发现的问题及其整改落实情况，是非现场监管持续收集、整理和积累监管信息的一个环节或阶段，而此环节或阶段可保障现场检查的时效性和监管的持续性。

现场检查主要解决针对性、有效性和权威性问题。首先，现场检查能针对性地获取信息。通过现场检查可获取被监管机构有关合规经营、内控制度执行、企业文化建设等方面从非现场监管要求机构定期报送的报表报告中得不到的第一手信息资料，进一步充实非现场监管所需信息进而协助得出符合实际的风险评估结论。其次，现场检查可有效消除疑点。现场检查对金融机构的经营管理和风险状况进行深入查证，有利于核验和确认非现场监管发现的问题和疑点，这对及时提示预警风险、改进监测分析、修正风险评级结论、改善监管双方关系等均起着重要的桥梁和纽带作用。再次，现场检查能树立监管权威。现场检查工作的实地性和深入性使其成为及时发现风险点、深入查处违规行为、传输先进监管理念的手段。根据风险状况和监管重点，适时适度组织现场检查，可帮助和指导金融机构改进经营管理、发现风险漏洞、消除风险隐患，也将促进监管者与被监管机构间的沟通和理解，提升监管工作认可度，构建和谐监管关系，最终树立监管权威。

协调和理顺二者间的关系需做到以下几点：一是明确各自岗位职责。通过细化监管部门和岗位设置，做到非现场监管和现场检查适度分离，确保二者岗位和人员的相对独立性。主监管员和主检查人制度的推行可在一定程度上缓解职数与技能之间的矛盾。二是建立沟通机制。通过顺畅的交流沟通，形成现场与非现场之间独立但不隔离的良性关系，如非现场监管人员参加现场检查的立项、进点会谈、离场会谈、检查结果讨论，建立报告的互送制度、对金融机构的定期“会诊”制度等，都是完善交流沟通机制的有效渠道。三是以非现场监管主动指引现场检查。银监会监管信息系统、各类媒体、互联网、中介机构报告等众多信息载体，都是非现场监管获取信息的重要渠道，要从各种渠道取得有价值的信息，有的放矢地指引现场检查。四是实现相互促进。非现场监管与现场检查之间的关系可概括为：非现场向现场下达指令，现场对非现场的判断予以验证；非现场是监管的基础，现场是完成监管的手段；通过非现场监管筛选高风险机构和甄别风险点指引现场检查，再通过深入的现场检查验证监管的阶段性结论，二者相互促进、互为补益。

四、监管平面化与立体化的关系

要实现不同的监管工作目标，需综合运用不同的监管分析方式。为准确判断各机构在整个银行业市场中的位置，采取平面化分析方式较佳；为评判金融机构某个局部的风险状况，则以立体化分析方式为宜。“管法人”的监管理念需要监管平面化，强调站在全局的角度和高度进行监管。而我国金融机构普遍采用总分行制组织架构，则要求通过立体化监管，对机构各业务的风险状况及管控能力进行准确评价。

平面化监管是以金融机构为对象，通过定期进行全面监督检查，确定所有机构在整个银行业市场中的风险水平及管控能力，具有整体、系统和总括的特点。首先，平面化监管能形成整体概念。通过平面化监管，能定期获取被监管机构的全方位信息，对被监管机构有一个全面的整体印象，可精确定位其在同质同类机构中的风险状况。其次，平面化监管主要指向单体机构。对具有独立法人资格的金融机构运用平面化监管，可通过综合运用不同监管方式和手段便利获得同一机构的各方面情况，从而得出一般性结论。最后，平面化监管能形成特定判断。获取的某一特定机构的信息属于基本层面内容，通过分析可对其形成“好”“中”“差”的概括性判断，进而得到该机构在某一类别或某一地域金融机构的“风险名次”。汇总每家机构的风险名次，即可形成某一地域所有金融机构的“风险排名”，为实施差别监管政策奠定良好基础。

立体化监管是以金融机构某一业务（产品或者服务）为分析对象，通过即时、专业、灵活、深入的监督检查，确定该机构某一局部风险状况和风险管控能力，具有局部、条线和单一的特点：一是限于了解金融机构的局部情况。监管人员通过对金融机构的局部业务（如票据、信用卡、理财）进行具体分析，深入了解其风险情况。二是监管人员及所分析的业务属于同一条线。与监管人员的专业化配置相匹配，调动精通某一业务（产品或者服务）的监管人员将某一局部风险摸清摸透，这是立体化监管的关键。三是具体监管工作目标单一。监管人员不需要了解金融机构的全部情况，只需摸清特定业务的真实情况。

两种监管分析方式各有长短：平面化监管更多依赖非现场监管力量。非现场监管部门和人员要全面了解某类金融机构的总体情况，通过定期写出监测分析报告，综合运用报表分析等相对固定的分析手段，作出对该类机构的总体判断。立体化监管则较多运用现场检查手段。通过调配专业检查人员，深入检查机构某个风险点或风险环节，实时作出分析判断；限于非现场监管手段的局限性，平面化分析得出的只能是基本的概括性结论，长处在于能对所有机构进行“风险排名”。立体化监管可运用现场检查方式深入了解金融机构的局部风险，缺陷是只见树木，不见森林；平面化监管针对的是不同类别的机构，按照监管要求可对所有机构的风险状况从不同角度加以区分。立体化监管按产品或服务进行监督检查，可对所有机构的同类风险得出统一的结论。平面化分析风险排名靠前的机构，不一定在所有立体化分析中都有好的结论，而平面化分析风险排名靠后的机构，立体化分析时也不一定样样都差。因此，在具体运用两种监管分析方式时要注意处理好总体与局部、一般与特殊的关系，只有相机行事，择机运用，巧妙搭配，才能取得良好的监管效果。

五、监管规则的稳定性与创新灵活性的关系

金融创新分广义和狭义两类创新。广义的金融创新指发生在金融领域的一切创新活动，包括技术创新、产品创新、体制创新、机构创新、管理创新等；狭义的金融创新主要指金融产品的创新。本文主要围绕狭义创新展开阐述。

金融监管作为规范金融市场秩序、促进金融市场健康发展的一种行政监督力量，更强调通过规则的稳定来维护市场的稳定，体现在监管规章制度上具有相对的不可变更性。金融创新的灵活性则体现在对规章制度的超前性。相对稳定的监管制度是金融稳定乃至社会稳定的基石，尤其在金融市场新旧体制转轨时期，这一效应体现得更为明显。而适度超前的金融创新正是金融机构活力的体现，不创新就没有更高层次的发展，金融市场即会丧失生命力。

监管与创新是一对矛盾的对立统一体。一方面两者是对立的，创新增加了金融体系的不稳定性，在一定程度上削弱了监管有效性，同时监管则可能会产生抑制创新的效力；另一方面两者又具有统一性，良好的监管可以规范和引导创新，消除创新可能引致的负面效应，创新反过来则可促进和推动监管理念与手段的更新。从两者的动态发展过程看，对金融机构的监管与控制和由此产生的规避行为与创新活动是以辩证形式出现的：为获得最大化利润，金融机构通过创新逃避管制，而当创新可能危及金融体系稳定时，监管机构会强化监管，进而再导致金融机构新的创新。因此，监管规则的静态均衡几乎是不存在的，监管和规避监管引发的创新总是不断交替，形成"监管—创新—再监管—再创新"的动态博弈过程。在此过程中，创新与监管不断相互推动，从一个均衡达到另一个均衡，通过一轮又一轮均衡状态的不断打破和重新实现，进而推动创新的不断发展和监管水平的不断提升。

我们在监管实践中，必须正确处理好监管稳定性与创新灵活性间的关系，也就是"稳"与"变"的关系。用发展的眼光看，相对的"稳"是"变"得以实现的基础，即创新必须以稳定的监管政策和金融环境为支撑，缺少稳定，一切创新都将是空中楼阁。而适度的"变"则能确保"稳"在更高层次上得以实现，监管本身不是目的而只是手段，监管目标是通过规范制度，引导机构改进经营管理、规范经营行为、规避经营风险，实现金融市场的稳健运行和有效运转。因此，单纯强调创新的灵活性而忽视监管的稳定性将产生新的风险甚至引发金融危机，金融安全将无从谈起；单纯强调监管的稳定性而忽视创新灵活性，将扼杀金融机构的活力，抑制金融市场发展，不利于良好金融生态的构建。正确的处理方法就是要把握好"度"，监管稳定性并不代表一成不变，强调的只是相对稳定性，必须跟进创新的脚步，及时调整监管政策，对滞后的规章制度进行及时修订。创新的灵活性也不意味着对规章制度可无界限地超越，只鼓励适时、适度的创新。正确处理好二者的关系，在监管中创新、在创新中监管，在博弈中寻求均衡，相互制衡的同时相互促进，才能形成良性互动的双赢局面。

六、监管制约性与经营自主性的关系

对金融机构的监管属行政行为，具有普遍的规制约束作用；金融机构的经营属市场行为，具有独立的自我决策特征。监管制约性与经营自主性二者看似矛盾，相互对立，实则不然，它们在提升金融效率、推动经济和社会发展上是一致的，因而是一种辩证统一的关系。

监管制约性主要体现为一致性、原则性和权威性。一是监管制约性能有效催生金融业的稳健与安全，提升金融业的产出与效率，实现金融安全与金融效率的有机结合。二是通过借助政府行为，监管制约性可弥补市场机制内在缺陷导致的市场失灵，消除或缓解金融业运行中可能出现的垄断经营、信息不对称以及金融机构的经营风险给经济和社会带来的严重负外部性，推动银行业持续稳健高效运营，促进经济社会的繁荣发展。三是体现为市场准入权，通过合理调控金融机构数量，既保持适度的市场竞争，又促进规模经济的形成。四是体现为制定各种“游戏”规则，提倡、鼓励和督促金融机构依法合规审慎经营，并对机会冒险经营进行抵制和惩处。五是体现为增强透明度，能促进金融机构的经营管理和风险状况规范披露，缓解金融机构占据信息优势的不对称状况，强化市场对金融业运营的约束力。六是体现为市场退出机制，使不再具有市场生存能力的机构及时退出市场，避免风险扩张和蔓延，消除其给经济和社会带来的严重负外部性。

经营自主性则表现为实际性、灵活性和差异性。首先，经营自主性在增强市场活力、提升金融效率、推动金融机构服务经济发展和社会进步的同时，也给经济持续发展带来隐患，难以自发实现金融安全与金融效率的有机结合。其次，经营自主性源于市场在资源配置中的基础性地位，是金融机构顺应市场机制的内在要求，是金融机构自我发展、自我约束、自负盈亏、自担风险的集中体现。再次经营自主性带来竞争意识和活力，也埋下了经营过程中自律不足的隐忧；带来逐利目标和动机，也滋生了盲目冒进过度扩张的惯性；带来完善管理的意愿和需求，也带来了成本与效益配比的制约；带来创新的机制和动力，也带来更大风险；带来个体机构看似合理的资源配置结构，却可能掩盖整个行业资源配置的集中性风险。监管制约性与经营自主性是对立统一的关系，对立于对金融安全的相反作用，统一于对金融效率的积极贡献。监管制约性对金融效率的贡献主要体现在保障金融业的持续稳健经营，是一种远期性功效；经营自主性对金融效率的贡献则主要体现在当下的服务产出，是一种近期性功效。监管制约性是普遍的、外在的和服从性的，经营自主性是自身的、个体的和驱动性的，二者是矛盾的，但从总体上看又是统一的。协调二者的关系要做到：一要正确认识金融安全和金融效率的关系。强化金融安全措施，往往意味着金融业现时运营成本的提高和对效率的牵制，但有利于从整体上防控经营风险，有利于持续稳健发展。从长远看，金融安全与金融效率是统一的，二者相互促进；从短期看，监管制约性的天平如果倾向金融安全，则可能伤及经营自主性对金融效率的贡献。二要恰当把握监管制约性的力度。要合理界定监管制约性对金融安全和金融效率的边界，努力维系金融安全和金融效率的动态均衡。要针对一定时期经济社会生活中的主要矛盾，适时调整监管措施和手段，强化或宽松监管环境，为金融机构的经营自主性留下合理空间。三要强化监管制约性的服务功效。要寓服务于监管，积极营造有利于金融机构发展的有利环境，改变经营自主性在处理金融安全和金融效率上的被动局面，如构建完善的公共信息系统，强化对客户关联关系、授信余额、违约信息的披露，组织开展银企洽谈会等。四要合理把握经营自主性限度。市场经济首先是法制经济，自主经营并非随心所欲，经营自主性是有前提条件和限度的。要积极适应监管制约性要求，在制度框架约束下自主经营，否则经营自主性将失去其存在的基础。

七、发展合理性与风控有效性的关系

企业作为市场经济主体，不断扩张并追求利润最大化是必然和合理的，金融机构作为特殊形态的企业，当然有其发展冲动。同时，金融机构作为经营风险的实体，控制风险的有效性是评判其发展合理性的关键因素。

金融业是规模型产业，发展的冲动是合理的。规模经济是固定成本占比较高企业的共同特征，随着产量的增加，摊到单位产品上的固定成本下降，企业的利润率上升。金融机构具有明显的规模经济特征，营业场所、信息网络系统、办公设备、交通工具、人员工资都是固定成本。作为规模型产业，金融机构在追逐利润的内在动力驱使下，追求规模扩张、寻求高速发展当然是合理选择。此外，金融机构在资本收益率方面面临的巨大压力、普遍的流动性过剩压力、业务范围与盈利模式过于单一的压力等，都稀化了其发展的冲动。

金融业又是风险型产业，风控能力是发展的必要条件。金融机构从事货币信贷业务面临多种形式的风险，主要有信用风险、市场风险和操作风险。金融风险具有较强的社会性特征，因为金融机构是高负债率行业，所形成的风险自身很难承担，为防止风险扩张和蔓延，政府通常会接管问题金融机构，损失最终由社会公众负担。

因此，金融机构的风险传播性强、波及面广，单个机构的风险很容易演化成系统的整体风险，对整个经济造成巨大冲击，甚至影响经济安全和国家安全。所以，有效的风控是金融机构稳健发展的基础，也是经济和社会稳定的保证。正是基于金融风险的上述特点，新资本协议将资本充足为核心的银行内部风险控制列为三大支柱之一。外部监管是必要的、是他律；行业联盟是必要的，是纪律；风险控制不可或缺，是自律。而外部监管和行业联盟最终需要借助一定的传导机制，通过金融机构的风险控制发挥作用。

没有发展的风控是空洞，没有风控的发展是风险。金融机构应树立科学发展观，以科学的经营理念为指导，切实按照“准确分类，提足拨备，做实利润，资本充足率达标”的要求加强风险控制，实现可持续发展。近年来发生的多起案件，充分暴露了我国金融机构在风控方面仍存在着许多亟须解决的严重问题，如缺乏系统的内部控制制度和科学的风险识别与评估机制，内控措施零散、间断，监督检查环节不到位，缺乏对内控持续改进的驱动力等。而实现科学发展和风控有效性的关键在于完善内控机制，金融机构应建立以股东大会、董事会、监事会、高级管理层等为主体的公司治理组织架构，保证各机构规范运作，分权制衡。董事会和高级管理层应培育良好的内控文化，提高员工的风险意识和职业道德素质，建立通畅的内外部信息沟通渠道，确保及时获取与内部控制有关的人力、物力、财力、信息以及技术等资源；设立负有内控体系建立、实施特殊责任的专门委员会或部门，并明确其责任、权限和报告路线。完善人力资源政策和程序，确保与风险和内控有关人员具备相应的意识和能力。

八、监管岗位专业化和技能多样化的关系

因监管流程再造形成的政策法规引领、市场准入把关、非现场监管预判、现场检查验证、统计信息支撑的监管职能分设格局，使金融监管岗位的专业化程度大大提高。同时亦对监管人员的技能多样化提出了更新更高的要求。

监管专业化指监管人员的专业品质和专业化程度不断提高的过程，也指监管人员所需具备的相关专业素质和专业结构不断更新丰富的过程，是对监管人员从事特定监管工作的专业水平和实际能力的基本要求。岗位专业化主要解决专业性、深入性和灵敏性问题。一是对监管人员要按专业配置岗位，解决监管专业性问题。原则

是先有所长，再用所长，即对现有人员要扬其所长，配置到相应岗位，适度“归队”，解决学非所用、用非所学问题。对新录用人员，应按所学专业对口分配岗位，贯穿“哪来哪去”的思路。通过专业化岗位配置专业化人员，使监管人员扬长避短，各得其所，解决监管专业性问题。二是细致拆分监管岗位，解决监管深入性问题。监管是一个不间断的宏大系统工程，对整个监管工作过程中的岗位有必要进行专业化拆分，如分信贷监管、财务监管、资本监管、流动性监管、管理系统监管等专业岗位，使监管人员熟知一个专业，适应一个岗位首先达到“一招鲜”的目标。通过不同监管专业岗位的拆分，引导监管人员深入研究本岗位业务，实现监管条线的专业化。三是通过岗位专业化，解决监管灵敏性问题。随着金融市场、风险状况的不断变化，监管政策等亦需随之而变，若缺乏专业化队伍，则难以及时准确地捕捉风险信号，无法应对千变万化的金融市场。唯有建立专业化监管队伍，方能作出灵敏反应，适时调整监管政策，适时确定监管重点，适时调配监管力量。

技能多样化则强调高端复合型人才的培育，即通过被监管机构相对固定和监管人员的岗位轮换，实现监管定点化和技能全面化。技能多样化主要解决全面性、普遍性和多能性问题。所谓全面性即是从全局角度看，每个监管人员的专业化，就是全局人员的技能多样化；普遍性是从时期角度看，随着监管体制、监管机构和监管人员的不断变化，技能多样的需求是长期而普遍存在的，倡导技能多样化将有助于解决此问题；多能性则是从监管人员个人角度而言，先在定点监管机构成为专才后再通过岗位轮换，成长为具备多种专长的复合型人才。

岗位专业化与技能多样化相辅相成、相互促进。岗位专业化是基础，通过规范岗位设置，厘定岗位职责，配置岗位人员，实现不同监管岗位的专业化进而实现监管条线专业化。技能多样化是提高监管效率的需要，是培养高素质监管人才的必由之路。因此，倡导专业化可改变“万金油”式监管队伍问题，是近期迫切需要解决且可以在较短时间内解决的，而技能多样化则需时时重视和长期努力才能逐步解决。鼓励和促进优秀监管人才脱颖而出，真正打造一支学习型、专家型、务实型、开拓型的监管队伍，是提高监管效率和提升监管质量的关键和重要因素。

银行监管事先承诺制的探索与实践

随着银行业监管工作形势的发展，银行业机构总量和业务总量相对无限的发展空间与监管机关人力资源和监管能力的有限增长之间的矛盾越来越突出。为使银行监管顺应银行业发展的需要，真正实现有效监管，保证银行业健康有序发展，摆在银行监管者面前的唯一选择就是充分发挥想象力和创造力，通过监管方法的创新提高监管工作的有效性，以满足银行业监管工作形势发展的需要。深圳银监局结合银行监管工作实际，在美国金融监管当局实行的监管事先承诺制的基础上进行了有益的探索和实践。

一、事先承诺制的机制构造

美国的金融监管当局将政府对垄断型公共服务部门所采取的事先承诺制监管方法植入银行的监管之中，要求商业银行对未来一段时间的监管事项事先作出承诺，并视银行承诺水平的高低与承诺事项的实现情况给予正反双向的监管激励。此举激活了商业银行配合监管部门的内在动力，使监管要求与银行经营目标在一定程度上形成一致和统一，提高了监管工作的有效性，较传统的监管方法更具灵活性。

按照博弈论和信息经济学的观点，事先承诺制的本质是信息不对称条件下，监管当局和银行双方动态博弈的机制设计问题。具体而言，这些机制包括以下几个方面：

声誉资本（Reputation Capital）机制。银行的声誉资本是指其不违反隐性或显性合同承诺、不过度承担可能影响其履行各项合同义务的风险而带来的价值。声誉资本显示了银行在未来任何时点上履行其义务的能力和意愿，决定声誉资本大小的变量很多，主要包括银行的长期发展战略、风险管理能力、合规记录、市场融资优势、管理层和员工的业务素质以及道德水准、透明度等。实施事先承诺制，银行的自主承诺一旦在承诺期内未能实现，银行的诚信、经营的审慎性将受到其股东、债权人、服务供应商等利益相关者的质疑，从而使其声誉资本在短期内显著下降，严重情况下甚至会给银行生存带来危机，最明显的例子就是贝尔斯登由于次贷损失超出预期，致使其声誉资本迅速衰竭，最终不得不破产重组。

特许权价值（Franchise Value）机制。特许权价值是指银行未来一系列预期利润的现值。特许权价值机制与声誉资本机制紧密相关，它是后者的最终体现和直接表现。在其他方面相同的情况下，特许权价值主要取决于银行业务的持续性和业务空间，而事先承诺制对银行业务的持续性和空间影响比较明显。因为能够实现事先承诺的银行，根据消费者选择理论，将从两方面扩大银行的特许权价值：一是连续交易，即在客户与银行发生第一次交易后，由于客户预期能够实现事先承诺的银行会保证和提高银行服务质量，进而激励客户此后与银行持续发生交易。二是扩展交易，即能够实现事先承诺的银行，其最初客户的信息扩散将会对其他客户的消费行为产生羊群效应，从而为银行带来新的客户。在特许权价值机制作用下，那些越诚实、审慎经营的银行其特许权价值越大，而那些追求短期利益和经营冒进的银行特许权价值则越小。

激励相容（Incentive Compatible）机制。事先承诺制的机制设计必须满足两个最基本的条件方能确保其有效性：一是参与约束，即银行参与事先承诺制作出某项承诺要比其不作出承诺能获得更大的预期收益，从而使银行有积极性加入事先承诺制的监管框架中。二是激励约束，即银行对某项监管事项的承诺水平要求越高，其预期收益越大；承诺的水平要求越低，其预期收益越小，从而确保银行有动力选择较高要求的承诺水平。事先承诺制的这两个前提主要是通过差别化的监管政策来实现的，即如果银行作出较高要求的承诺水平，如较高的资本充足率，则监管当局可以通过适当减少现场检查频率、放松市场准入限制等措施对其予以激励。相反，如果银行作出要求较低的承诺水平，则会付出较大的监管服从成本。

惩罚机制（Penalty Regime）。为了防范“空头承诺”所带来的道德风险，有必要明确银行一旦未能实现承诺将要接受的相关处罚。这种处罚可以采取货币或者非货币的形式，如果采取货币形式，比较通行的国际做法是规定“超额损失处罚比率”，即将银行的实际损失减去事先承诺水平的损失，再乘以上述比率便可得出超额损失的具体处罚金额。在“超额损失处罚比率”的设置上，为了与激励相容约束保持一致，应体现出一定的差异性，即对承诺水平要求较高的银行该比率应较低，而对承诺水平要求较低的银行则该比率应较高。由于处罚比率事先确定，因此银行在承诺时可以直接将其作为预期效用函数的一个减项，纳入最优化承诺的决策过程予以考虑。

另外，在银行股权分散、委托代理问题普遍存在的情况下，对于那些损失不易度量、管理层比较偏好自身市场声誉的情况，非货币处罚也非常重要，主要手段包括公开谴责、市场禁入等。

二、事先承诺制对现行监管框架的主要修正及可能存在的问题

（一）事先承诺制对现行监管框架的主要修正

事先承诺制并不是对现行监管框架的全面替代，而是对其没有覆盖或者监管边界不甚清晰的领域通过承诺制的补充提高监管有效性。具体而言，引入事先承诺制可主要从以下几个方面对现行监管框架予以修正和补充：

规制监管与原则监管相结合。目前我国的监管仍主要以规制性监管为主，这种框架主要是通过设定一系列硬指标和强制性规范来实施，银行基本没有选择的空间和余地。例如规定市场风险的 VaR 值转化为监管资本要求的乘数因子最小为 3，这种武断而僵化的硬性规定一方面易诱发银行的监管套利行为，使其事实的风险承担大大高于监管当局的预期；另一方面，对于那些风险厌恶型或者风险管理能力较强的银行，这种规制性硬约束打击了其改善风险管理的积极性。而事先承诺制通过合同形式，将监管当局的监管要求以菜单形式提供给银行供其自主选择，银行可根据各自掌握的私人信息，从自身利益最大化角度动态地作出最优选择。因此，事先承诺制实质是一种软约束性的原则监管，与现行规制监管相得益彰，互为补充，可大大增强整个监管框架的灵活性。

事后监管与事前监管相结合。以巴塞尔新资本协议为代表的监管框架，如三大支柱中的最少资本要求、市场约束和监督检查，主要侧重于事后对银行进行监管。这种事后监管至少存在两方面的缺陷：一是风险管理的本质要求对风险进行前瞻性的识别、度量、控制和缓释。在极端风险事件下，如巴林银行和贝尔斯登的倒闭，作为第二道防线的事后监管对于银行个体没有任何意义。二是对于银行内部的风险管理，如采用内部模型法管理，事后监管则需要很长时间来验证银行在模型使用上的稳健性和合理性，事后监管的滞后性会大大削弱监管的威慑力。而事先承诺制通过事先承诺方式，将监管介入时间前移，从而将监管约束作为一个变量植入银行事前的各项决策之中，这对某些道德风险比较突出的领域能较好地起到防患于未然的

作用。

监管的标准化与差异化相结合。为了体现监管的公平性，避免监管寻租，监管当局在监管手段和措施上有必要尽量保持一致。但若过分强调这一点，将好银行与差银行、大银行与小银行一视同仁地实行“一刀切”的同质化监管，势必会导致同质化的银行发展模式，进而衍生出盈利模式、资产负债结构甚至人员结构方面的大趋同，不利于银行充分发挥各自个性、优势和做大做强。同时，很多监管标准在设定当初的确保证了科学性、合理性，但随着市场条件的不断变化，当初的最佳标准可能会演变为最低要求或者显得过于严苛。在这种情况下，标准本身会给银行业一个错误的导向甚至严重阻碍其发展。而事先承诺制可充分考虑各银行在风险偏好、投资机会、风险管理能力等方面的差异性，针对不同的承诺制定不同的监管政策，从而使得监管框架能对市场条件长期保持良好的适应性，也为银行的差异化经营提供了适宜的外部环境和可能。

外部监管与内部约束相结合。现行监管框架主要强调“监管本位”，即所有监管措施都是从监管当局的目标函数出发，此函数主要考虑整个社会风险成本的最小化。而银行内部的目标函数则主要考虑个体成本的最小化或利益的最大化，在信息不对称普遍存在的情况下，社会成本与个体成本之间的差异会导致银行的经营行为偏离监管当局的期望。与此同时，“监管本位”之下，无论是银行自身还是整个社会，都可能将银行风险管理的所有责任寄托于监管当局。而银行作为一个独立法人，其风险管理程序和措施表明银行自身应承担风险管理的第一位责任，因此过分强调外部监管有本末倒置之嫌。通过实行事先承诺制，不但能够实现监管目标与银行经营目标的有机统一，而且将风险管理的主要责任重新转移给银行自身，可充分发挥银行内部在风险控制过程中的能动性，增强内部约束效力。

过程导向和结果导向相结合。现代监管理论强调监管当局应尽可能少地介入和干扰银行的经营，该理论包含两方面的含义：一是监管措施应尽可能采取市场化手段来实施，二是风险管理的结果是风险管理能力的最终体现。现行监管框架虽然在第一方面作出了一定的改进，但在第二方面的改进仍显不足。例如在市场风险监管中，银行每天的 VaR 值都不能超过相应的资本配置，如果碰上不利的市场条件，即使最终损失没有超过当期资本配置，稳健的管理模型也会触发监管当局的返回测试和对模型结构或者参数的修改。如果实行注重结果而非过程的事先承诺制，只要最终的损失不超过承诺水平，监管当局便不会对银行的内部风险管理过程予以干涉。即使最终损失超过承诺水平，由于惩罚机制的自动启动，在惩罚所带来的各种负面影响触动下，银行自身也会对其风险管理流程进行重新评估，监管当局无须介入。因此，事先承诺制的结果导向在兼顾监管效率的同时，实现了对银行经营管理最小程度的干预。

（二）事先承诺制可能存在的问题

事先承诺制虽然在上述诸多方面相对现行监管框架呈现一定的优越性和互补性，但在实际操作中可能存在下列缺陷：

一是惩罚机制设计过程中的悖论。即监管当局设计完善的惩罚机制需要充分掌握银行的私人信息，例如处罚比率的差异化，最理想的状况是监管当局知晓银行各个投资机会的概率分布。而一旦能充分掌握银行的私人信息，监管当局则可以直接通过明晰的规制性硬约束实施监管，事先承诺制便没有存在的必要（事先承诺制主要在信息不对称的监管领域有较好表现）。

二是对银行经营行为的扭曲。比如对市场风险的资本配置采取事先承诺制，那些银行账户资产占比较高的银行本应该也有能力承担较大交易账户的市场风险，但由于担心一旦未能实现承诺对银行账户带来的负面影响，这些银行反而会缩小交易账户的规模，从而使交易账户的规模出现“小者恒小、大者恒大”的非常态局面。

三是在由于不可控导致银行未能实现承诺的情况下，如果实施处罚，很明显不但有失公允而且会加剧上述对银行经营行为的扭曲，如果不处罚，博弈规则的可信度无疑会显著下降，事先承诺制的效果也将大打折扣。

上述三个方面的缺陷主要是惩罚机制引致的，因此，在惩罚机制效果不明朗而缺陷尚多的情况下，宜适当淡化惩罚机制的使用，重点关注声誉资本等其他三方面机制的运用。

三、事先承诺制适用的主要领域及在深圳银行监管中的实际运用

（一）事先承诺制适用的主要领域

按照事先承诺制的特点，其在以下监管领域运用能取得较好效果。

一是银行和监管当局之间信息严重不对称的领域，如市场风险。由于监管当局对银行市场风险的信息搜寻成本过高，而过度介入银行经营又会导致银行较大的效

率损失，所以通过事先承诺制可以提升监管有效性。

二是监管当局在知识深度、广度或者更新速度上与银行相比存在一定劣势的领域，如信息科技风险，通过事先承诺制实施结果导向可能达到事半功倍的效果。

三是声誉风险比较突出的领域，如银行案件等，在外部监管投入很大力量但效果仍然不佳的情况下，通过事先承诺制强化银行内部约束有助于走出操作风险的监管困境，同时也有助于促进银行从根本上建立案件治理长效机制。

四是实施宏观调控需银行密切配合的领域，如为配合国家在贷款规模、贷款投向等方面的宏观调控，引入事先承诺制有助于银行内部增强对宏观调控政策的执行力度，进而实现银行自身发展与落实国家宏观调控政策的有机统一。

（二）事先承诺制在深圳银行监管中的实际运用

深圳银监局针对辖内银行业快速发展和监管资源相对短缺的实际情况，在银行监管的创新工作中大胆借鉴监管事先承诺制的理念，在监管范畴内选择比较具有弹性的区域或模糊区域以承诺制形成与被监管机构的一致认识，对被监管机构形成约束，达到了在节约监管资源的前提下实现监管目的的效果。

深圳银监局根据事先承诺制的特性及适用领域，结合深圳银行业运行实际，在多方面进行了事先承诺监管的积极探索。

实行监管规划承诺。为提高监管有效性，增强监管透明度，在逐一走访被监管机构的基础上，深圳银监局要求每个监管员事先与各自监管的机构进行充分沟通，认真磋商，努力寻求双方“目标函数”的融合和一致，尽量让机构领会并理解监管意图，并在此基础上确定监管目标，提出监管要求，明确监管措施，为每家机构量身定做一套包括公司治理、风险管理、内部控制、信息科技和案件防控等多方面的短期、中期和长期监管规划，做到“一行一规划，一行一对策”。此举增强了监管的透明度，提高了机构的主动性，使机构变被动接受监管为主动配合监管行动，最终达到机构和监管部门博弈双方目标的一致，进而实现监管效用的最大化。

实行案件责任承诺。针对深圳银行业机构过去普遍存在的对案件防控工作重视不够、盲目乐观、心存侥幸等心理，深圳银监局为加大案件防控力度，在充分沟通并获得承诺方充分认可的情况下与各机构主要负责人逐一签订了“案件专项治理工作目标责任书”，要求其主要负责人对本机构的案件防控进行承诺。“案件专项治理工作目标责任书”明确表述了监管部门对案件防控工作的要求和承诺方应采取的措施，同时，就因发生案件达不到工作目标的要求设置了追究责任的不同档次，承诺方承诺视不同情况接受降级、免职和引咎辞职等不同程度的处理，最终在全辖银行业机构负责人的大会上由监管部门和被监管机构负责人共同签署，监管部门将据此进行后续监督和检查。

实行后续整改承诺。针对近年来对各行现场检查中发现的若干合规性操作问题，深圳银监局为督促商业银行有效整改，将检查出的问题与各商业银行逐一对应，并与各行逐家签署了“风险排查与整改承诺”，要求各行限时整改。同时根据各行普遍存在的风险点，列表告知未发现该风险的银行要加强防范，未雨绸缪，并明确凡承诺整改的风险点或已告知的风险点若再度引发案件，银行主要负责人要引咎辞职。深圳银监局此举规避了逐个对风险点实施现场检查的人力资源不足，同时，通过承诺方式传递了监管意图和预期，取得事半功倍的效果。

实行服务安全承诺。为改善银行业的金融服务水平，防范可能出现的信息科技风险，深圳银监局与各行又签订了服务安全承诺，确保各行信息系统运行平稳，各种服务渠道通畅高效。在信息系统安全的相应要求方面和金融服务的标准方面，监管部门面对各类各层次银行业机构很难制定统一的规范和标准，也就谈不上事后监督与检查。但是监管部门所制定的目标却很明确，即一是保证系统安全运营，二是满足客户的金融服务需求。在这个大前提下，如何贯彻落实，需要各机构按照自身的承诺来实现，避免监管部门提出的要求挂一漏万。

实行业务合规承诺。 针对经济下行背景下商业银行失范行为的抬头和因业务竞争导致的市场秩序问题，深圳银监局选择部分同业之间竞争压力较大的业务领域，如信用卡、票据和房地产金融等，结合现场检查、外部投诉以及银监会的各项风险提示，针对可能存在合规隐患、带有苗头性的风险点设计承诺事项，要求商业银行即使在当前严酷的市场环境下，也不得以突破风险底线为代价追求短期效益，更不能以邻为壑搞恶性竞争扰乱市场秩序。比如对票据业务，要求银行承诺不得以虚开承兑汇票来虚增自身存贷款规模或配合企业套利；对信用卡业务，要求银行承诺不得以竞相放松发卡标准和提高透支额度等形式拓展市场；对住房按揭贷款业务，要求银行承诺严格按照风险评估结果，对二套房贷款利率和首付比例不得突破七折和40%的最低标准。此外，针对 2009 年以来商业银行各种形式集中度风险不断加大的现象，深圳银监局在制定并颁发《深圳银行业集中度风险管理指导意见》的同时，要求各行对单一客户、集团客户、期限等各种形式的集中度风险作出承诺。同时还针对各种类型资产市场泡沫不断积累的情况，要求银行对严格监测贷款资金流向、严禁挪用贷款资金进入股市等资产市场投机行为予以承诺。这些承诺的实施，在显著改善当前略显混乱的市场竞争环境的同时，对于遏制流动性结构性过剩背景下商业银行的各种扩张冲动起到了“紧箍咒”的效果。

事先承诺制在深圳银行监管中取得了较好成效，下一步深圳银监局拟制定专门的制度性文件，对监管部门难以完全掌握银行内部管理信息、模型、流程的其他监管领域，如市场风险、金融创新等也尝试施行事先承诺监管。尤其针对深圳金融创新活跃的特点，引入事先承诺机制有助于保护辖内银行业的创新积极性，强化银行在金融创新过程中的风险责任意识，同时也可解决博弈双方信息不对称导致的监管效率缺失问题。

我国城市商业银行的发展方向与监管取向

城市商业银行是中国金融改革与发展的产物，中国城市商业银行的产生和发展都有十分鲜明的自身特点。自 1995 年国务院决定在城市信用社基础上组建城市商业银行以来，已经有 112 家城市商业银行相继开业。9 年多来，城市商业银行坚持“服务地方经济、服务中小企业、服务城市居民”的市场定位和改革、发展的方针，在积极支持了地方经济发展的同时，自己的市场空间也得到了进一步的拓展，市场份额逐年增加，市场信誉逐步提高，为我国银行业的改革与开放作出了成功的尝试，积累了宝贵的经验。城市商业银行在化解风险中生存，在风险控制的实践中壮大，在改革创新中发展，已成为我国银行体系中的重要力量。截至 2004 年 6 月末，全国共有城市商业银行 113 家，营业网点 5154 个，从业人员 10.7 万人。112 家城市商业银行合计资产总额 15120.18 亿元，占全国商业银行市场份额的 6.05%，占全国股份制商业银行市场份额的 25.9%。存款余额 12294.9 亿元；贷款余额 8467.04 亿元。按“一逾两呆”口径，不良贷款余额 1049.24 亿元，不良贷款比例 12.39%；按五级分类口径，后三类贷款余额 1192.43 亿元，占比 14.08%；2004 年上半年实现利润 46.55 亿元；净资产合计 529.19 亿元。

一、城市商业银行面临的重点和难点问题

城市商业银行的发展，关系到中心城市金融稳定和经济发展，对我国金融体系的健康发展和国民经济持续增长具有重要意义。近年来，城市商业银行的发展已经取得显著成果，但是，必须清醒地意识到，目前城市商业银行与成熟的现代商业银行之间仍然有较大的差距。市场环境变化及政策性因素对城市商业银行的发展将产生巨大的影响，随着货币政策变化、利率市场化、国有商业银行改革的实施、外资银行全面进入国内市场、资本市场改革逐步深入，城市商业银行将面临更大的挑战。目前城市商业银行的发展主要面临下列突出问题。

资本充足率不足日益明显。近年来，由于扩张较快，城市商业银行的总体资本

充足率虽然有所上升，但能满足监管要求的城市商业银行数量仍呈现持续下降的趋势。资本不足不仅降低了城市商业银行抵御风险的能力，并已成为城市商业银行进一步发展的瓶颈。为了补充资本金，提高资本充足率，各城市商业银行纷纷开展增资扩股工作。但目前城市商业银行的增资扩股存在许多困难，一是部分地处中小城市、规模较小、经营管理状况不佳的城市商业银行募股困难；二是部分投资者动机不纯，以非法关联交易与套取银行资金为入股目的，缺乏真正的战略投资者；三是银行董事会在审查拟入股企业的经营状况、关联关系、入股意愿及资金来源等情况时，缺乏必要的手段，难以掌握其真实状况。因此，仅依靠不断增资扩股并不能完全解决城市商业银行资本不足的问题，关键是要建立资本补充的长效机制和从深层次研究解决发展与资本约束之间的关系。

不良资产处置难度加大，提高资产质量任重道远。经过多年的努力，尤其是通过综合处置和资产置换，城市商业银行的不良贷款余额得到有效控制，但是不良贷款比例持续下降主要是依赖规模增长的稀释作用，不良贷款余额则时有反弹，呈小幅增加态势。2004 年 6 月末，城市商业银行损失类贷款余额为 348.49 亿元，比年初增加 31.79 亿元；非信贷资产损失绝对额也较大。因此，城市商业银行控制不良资产增量、消化不良资产存量的任务仍十分艰巨，在今后一段时期，如何通过有效风险控制与超常规、多渠道处理实现不良资产余额与比例的持续双下降仍是其主要任务之一。

发展极不平衡，且呈现明显的地区性差异；少数高风险银行经营困难，风险状态尚难扭转。总体来看，全国城市商业银行的风险状况、控制能力与生存环境差异性较大，表现为整体发展不平衡，其中一些银行自开业之初就陷入历史包袱沉重、资产质量差、财务亏损严重的困境，经营发展十分困难，风险高度集中，处置难度很大，至今仍处于高风险状态。在推动城市商业银行总体发展的同时，密切关注和化解局部地区尤其是个别银行的风险，保证整个系统的稳定是我们当前的重要任务之一。

相当一部分城市商业银行的公司治理还不完善，内部控制和风险管理不能有效发挥作用。例如，董事会、高级管理层职责不清，贷款集中度过高，关联交易风险突出等问题普遍存在。特别是 2004 年年初以来一些大型企业集团问题爆发，给一些城市商业银行很大的教训。由于城市商业银行对这些企业的绝大多数融资缺乏有效担保，目前基本已形成风险。总体来看，城市商业银行的经营管理仍处于较低的水平。

此外，创新和开发能力不足，业务品种和盈利来源单一，综合市场竞争力严重不足，人才储备不足，尤其是高素质的管理人才和专门人才匮乏等也制约着城市商业银行的发展，应引起高度重视。

二、统筹规划，深化改革，增强自我发展能力，提高城市商业银行市场竞争力

从发展历史和经营状况看，城市商业银行的管理体制和经营机制有其特殊性，为保证其稳健和可持续发展，其发展方向和规划安排必须符合自身实际，并充分体现其特点。最近，为了明确城市商业银行经营管理重点，指导城市商业银行的长期发展，中国银监会认真借鉴国外中小商业银行经营管理经验，结合我国城市商业银行实际，分析城市商业银行发展方向和监管取向，制定了《城市商业银行监管与发展纲要》，对城市商业银行的发展提出了规划性要求：认真研究城市商业银行发展与监管中面临的新情况，为城市商业银行可持续发展创造良好条件；按“防险、管理、改革、发展”的方针和实事求是、开拓创新的原则，做好城市商业银行监管工作；完善监管体系，明确职责分工，科学使用监管资源，实现向风险监管、持续监管的根本转变；以“分级管理、突出重点、缩小差距、科学发展”为原则，建立风险识别机制，继续推进分类监管政策，促进城市商业银行的总体发展和区域联合；以公司治理为重点，进一步完善城市商业银行的治理机制，强化内部控制，建立持续发展和风险防范的制度保障加强对城市商业银行资本金的监管，建立及时有效的资本金补充机制；推行贷款质量五级分类，按照审慎监管原则促进城市商业银行资产质量的全面改善；规范信息披露，加强对城市商业银行的社会监督。

城市商业银行要树立科学发展观，加强资本约束，建立资本金长效补充机制。资本是城市商业银行生存和发展的基础，也是防范风险的最后屏障。保持充足的资本既是监管部门的要求，也是商业银行自身长期发展的重要保证。城市商业银行要更新思路，牢固树立资本约束观念，建立资本约束机制，使资产的增长始终处于资本约束之中，避免盲目扩张和风险过度集中。要根据经营状况，认真分析资本充足情况，结合各银行资产增长速度和发展情况以及不良贷款的拨备要求，研究今后3~5年内资本充足率变化趋势，制定资本补充方案和规划。在增资扩股过程中，按

照股权结构的多元化、分散化和科学化原则，合理设置股权，防止不正当的关联交易和内部人控制。城市商业银行要广泛吸收境外战略投资者，优化资本结构，提高抗风险能力，并通过上市、适量发行次级定期债务等方式提高资本充足率。同时，要自我约束，限制风险资产增长速度，扩大中间业务，建立科学合理的考核与激励约束机制，形成资本补充和资本约束的有效合力。

城市商业银行应以公司治理为重点，进一步完善治理机制，强化内部控制，建立持续发展和风险防范的制度保障。建立良好的公司治理结构，转换经营机制，是城市商业银行改革与发展的核心和关键。城市商业银行要抓住当前的有利时机，根据监管部门的要求，积极吸收和借鉴国内外商业银行公司治理的成功经验，分步骤建立协调统一、合理制衡的管理体制和科学有效的决策、执行、监督、激励和约束机制，全面提升城市商业银行公司治理质量。要强调对高管人员金融从业经验的认证和加强对他们的专业技能、管理知识的培训。继续贯彻金融机构内部控制的指导原则和其他内部控制的要求，建立有效的内部控制运行机制，规范城市商业银行经营管理行为，有效防范风险。

各行要尽快改革和完善授信管理体制，实行扁平化管理，重组业务流程。城市商业银行应充分发挥体制特点和机制优势，实行扁平化管理，重组业务流程。当前，要尽快按照集约化经营原则，建立精简高效，职责明晰，权、责、利统一，能充分发挥专业化优势的组织架构，并结合人力资源的优化和有针对性的培训，改造现有的经营决策体系和管理信息系统。要继续积极推进机构扁平化和业务垂直化、集约化管理，整合业务流程和管理流程，建立信贷分析和决策的信息支持系统，尤其要加强零售业务的管理和拓展。此外，要扩大分支机构进行市场营销和管理检查、事后服务的功能，提高业务运作效率和整体获利能力。

城市商业银行应充分发挥自身优势，明确市场定位，寻找合适的发展空间。城市商业银行作为地方性股份制商业银行，具有决策高效、体制灵活、信息传导迅速、地域优势明显等特点，这是城市商业银行与其他商业银行的比较优势。各行应充分发挥这种优势，在市场拓展、业务创新等方面有所突破。此外，面对即将到来的激烈竞争，城市商业银行应细分市场和客户群，强化“三个立足”的市场定位，避免与其他商业银行的盲目竞争，制定科学的发展规划，争取合适的发展空间，实现稳健和可持续发展。

三、实事求是，突出重点，提高城市商业银行监管工作的有效性

城市商业银行监管工作要坚持实事求是、有的放矢、注重实效、逐步深入的原则，督促和指导城市商业银行尽快落实审慎监管的要求。中国银监会成立以后，加大了对城市商业银行的监管力度，不断更新监管理念，推动监管制度创新，完善监管体系，在继续坚持“一行一策，分类监管”原则的同时，提出了“防险、管理、改革、发展”和“分级监管、突出重点、缩小差距、科学发展”的基本思路，以提高市场竞争力为目标，督促城市商业银行完善公司治理、建立良好的经营管理机制和风险内控机制，加快处置不良资产的步伐，并鼓励和支持城市商业银行积极开展引进外资、上市和城市商业银行之间的联合与重组等各项工作。

为促使城市商业银行达到我国股份制商业银行的统一监管标准，实现城市商业银行经营管理质的飞跃，使其实现健康发展的目标，监管部门将结合各行实际，在以下方面加强督促和指导。

加强资本约束和充足拨备，建立审慎经营机制。城市商业银行自身资本约束力不强，普遍存在资产扩张冲动，导致资本充足率普遍较低、风险隐患较大。监管部门将努力引导城市商业银行树立经济资本的理念，建立资本约束机制，并对资本充足率实行严格的监管，健全对城市商业银行资产扩张的约束机制，按照“提高贷款五级分类的准确性，提足拨备做实利润，资本充足率达标”的思路，建立有效的资本金补充机制和渠道，制定科学的发展战略，逐步达到资本充足率的监管要求。此外，要督促城市商业银行努力改善财务状况，增强盈利能力，提高拨备覆盖率，加速风险资产的核销进度。

严格控制关联交易，防范贷款集中度风险。目前，股权结构不合理、股东行为不规范以及关联交易频繁等仍然是影响城市商业银行稳健发展的突出问题。尤其是一些城市商业银行的大股东，利用控股权大搞关联交易，损害存款人及其他中小股东利益，形成银行经营中新的风险。监管部门将进一步加强在这些方面的监管，要求城市商业银行切实加强对关联交易的管理，禁止股东违规获取银行贷款，防范关联交易风险。贷款过度集中是城市商业银行当前发展过程中存在的一个突出问题，严重威胁着银行的安全。监管部门将引导城市商业银行调整信贷结构，完善内部控制，分散风险，提高经营稳健性。

继续加强和改进信息披露，提高透明度。信息披露是加强市场约束的重要手段。及时准确的信息披露有助于强化城市商业银行的市场约束和社会监督，促使其以更加安全稳健的方式经营。城市商业银行信息披露情况一直受到相关部门和社会公众的普遍关注。2004 年，在监管部门的推动下，32 家参加试点的城市商业银行都通过年报形式进行了信息披露，尽管在内容和形式上都存在许多不足，但毕竟迈出了可喜的一步，社会各界也给予了充分认可和理解。下一步我们将继续推动城市商业银行的信息披露工作。真实、准确、完整地披露银行相关信息，主动接受社会监督，促进合法、合规经营，是实现城市商业银行长期稳健发展的重要手段。

实施改造重组，加强联合，提高整体发展水平和市场竞争能力。随着我国银行业改革开放的推进，银行业竞争日趋激烈，城市商业银行个体小、资金少、地域性强等弱势凸显，生存压力加大。对此，许多城市商业银行提出了拓宽发展空间、实现跨区域发展的要求。目前，监管部门支持和引导各行根据实际情况和区域经济发展趋势，选择适当的发展模式，通过在政府和股东主导下的资产置换、增资扩股，引进境外战略投资者等手段实施改造和重组，综合化解历史风险，增强抗风险能力，提高公司治理水平，完善内部控制机制，以满足跨区域经营的监管要求，按照市场规则和自愿原则实施联合重组，实现优势互补、资源整合、共同发展，从而突破单个城市的限制，实现跨区域发展。

继续推进城市商业银行引进境外战略投资者工作。目前，已经有 4 家城市商业银行相继引进境外战略投资者，通过与外方的交流合作，在公司治理、经营管理理念、内部控制等方面发生了可喜的变化。在城市商业银行引进合格的境外战略投资者方面，监管部门一直坚持四条原则：一是积极支持和大力推进城市商业银行与境外战略投资者的合作；二是为维护城市商业银行利益，我们要求城市商业银行在与境外战略投资者的合作中，坚持同股、同价、同权和互利互惠的原则；三是我们要求城市商业银行在引进境外战略投资者时，更加注重学习和借鉴对方先进的管理技术和管理理念；四是主权管理原则。城市商业银行与境外战略投资者签订的合作协议，首先应符合我国的法律规定，并接受我国法律管辖，在我国法律规定无法调整中外双方的利益关系时，可适用第三国法律。今后，我们将继续秉承上述原则，鼓励和支持城市商业银行与境外战略投资者合作。同时，引导城市商业银行根据自身特点、市场定位和发展战略，认真研究和借鉴国外优秀银行的管理体制、经营方式和风险控制机制，以从体制上解决城市商业银行稳健经营和可持续发展的关键问题，保持城市商业银行体系的平稳运营。

我国银行业商业贿赂及其治理的制度分析

商业贿赂是一种社会现象，可能存在于各种市场交易之中。当前我国银行业的商业贿赂有其自身的特点和深刻的制度原因，需要有针对性地采取措施加以治理。

一、银行业商业贿赂的特点

银行业由于其在社会经济生活中的独特地位，其商业贿赂呈现以下特点：一是银行业作为“资金”这种稀缺资源的中介，身兼资金的需求者和资金的供给者双重身份，在利益驱动和竞争压力下，既充当行贿主体又充当受贿主体，以资金需求者的身份具备了商业贿赂行贿主体的驱动，以资金供给者的角度又具备了受贿主体的条件。而一般的商业贿赂活动中，市场交易主体往往是单方面的行贿主体或者受贿主体。二是银行业商业贿赂活动的背后往往伴随着审查标准的降低和违规操作，其结果是经营成本和风险的加大，在损害银行及其股东权利的同时，危害存款人利益。而一般的商业贿赂，其危害多限于市场交易双方。三是银行业的商业贿赂使得利率无法反映真实的风险和收益水平，扭曲了资金价格信号，影响了“资金”这种最重要的生产要素的配置效率，甚至导致市场失灵，破坏市场秩序，妨碍社会主义市场经济体系的建立，对市场机制的破坏远远超过一般的商业贿赂活动。四是金融是现代经济的核心，银行业联系着千家万户和社会的方方面面，与一般商业贿赂活动相比，银行业商业贿赂活动对社会的危害性大、影响面广。五是银行业商业贿赂的活跃程度与经济周期、资金供求状况、金融管制之间存在一定关系。

二、银行业商业贿赂的成因

银行业商业贿赂的产生既有外部客观基础，更有自身制度原因。

从客观基础看，第一，金融资源具有稀缺性。特别是对于经济高速增长的发展中国家，资金在相当长的时期内是一种稀缺资源，其需求始终处于膨胀状态。第二，由于利率管制导致资金市场产生了准“经济租”，引发寻租活动；即使利率自由也存在因信息不对称导致的道德风险和逆向选择，进而限制价格机制在信贷市场上的作用，产生“信贷配给”等市场无法完全出清的现象。第三，银行从业人员客观上掌握一定的“权”，如授信权、贷款权等，且比较难以对其实施有效的监督。第四，缺乏规范的交易规则和刚性的市场约束，不正当交易行为和商业贿赂活动无法得到及时的惩处。这使得银行业作为吸纳和配置金融资源的中介机构存在实施商业贿赂的基础和可能，除非资金的盈余者和资金的短缺者撇开金融中介，通过直接金融或非正规金融的方式融通资金。

从目前我国银行业金融机构自身看，其发展战略、增长模式、经营策略、考核机制等存在严重缺陷，为商业贿赂的滋生提供了温床和条件。定位“做大”的战略目标，选择“规模优先型”或“成长优先型”增长模式，采取“争夺大客户”的经营策略，实行“以存款增量为主”的考核激励机制等，几乎成为目前我国银行业金融机构的经营发展范式。银行的同一经营模式、同一市场取向、同一客户群体、同一考核手段、同一产品结构、同一竞争区域，导致结构性竞争过度。这种经营范式的结果必然是恶性竞争，竞相压低价格或暗中给予好处成了各银行业金融机构无奈的共同选择，商业贿赂也就难以避免。特别是所谓的客户经理制，赋予客户经理相当大的活动空间和经费，专供营销和维护客户。银行员工在银行追逐短期利益考核机制下，极力维护个人的长期从业条件，竭尽所能地把客户紧紧攥在自己手里。客户成了银行员工的资源，而非银行的资源，引发了“存款搬家”和商业贿赂现象。银行员工行为的外部性特征反过来又极大地刺激了其行为的短期化。银行业金融机构扭曲的经营模式和机制使其成为商业贿赂的事实支持者，同时也成为商业贿赂的最终受害者。这也是作为金融中介的银行业商业贿赂的宿命。

三、我国银行业商业贿赂的治理

治理当前我国银行业的商业贿赂需要围绕银行业金融机构经营发展模式和机制的改革创新采取一系列措施。

一要确立科学的发展战略和市场定位。银行业金融机构要针对自身特点，制定理性科学的发展战略，提出合理的切合实际的经营目标，摒弃盲目追求市场占有率和资产规模的陋习，不断细分市场，找准自身定位，结合自身优势，明确各自的目标市场，避免同质竞争，方能杜绝以非市场行为和不正当手段抢夺客户资源的做法。

二要塑造良好的企业文化。要打破主要考核业务量并以此决定员工收入水平的绩效评价制度，改变银行向员工压任务、员工向客户求资源的简单程式化关系，逐步建立起银行、员工、客户三者之间健康持久和谐的合作关系。银行要通过实行有效的激励约束机制和设计科学的员工职业生涯，培养员工对银行的忠诚度，使员工不以个人利益侵蚀银行利益，不因个人需要独占客户资源。通过规范的服务手段，按照规范的市场秩序，培养规范的客户关系，依托科学的信贷文化建设，建立银行与客户间的诚信关系。

三要改进竞争方式和手段。目前银行业的竞争主要是价格竞争，既包括显性的提高（存款）或降低利率（贷款），也包括隐性的给予客户回扣或其他好处。银行业要铲除商业贿赂的土壤，就必须改变现行的竞争方式和手段，通过多样化、个性化、专业化的产品和高效、便利、周到的服务赢得客户和市场，努力打造创新型银行。

四要严格市场纪律与约束。要充分发挥行业自律组织的作用，加强同业监督，规范市场交易规则，完善市场惩戒机制，形成弘扬公平竞争和商业道德，鞭笞不正当竞争和商业贿赂的良好氛围。要健全对“权”的监督约束机制，使之步入规范透明的运行轨道，坚决防止“权”成为谋取不正当利益的手段。对于违反市场规则的银行要有严厉的惩戒措施，对于恶意违规的员工要通过银行间的信息沟通与合作剔除银行业队伍之外。要提高透明度建设，主动接受社会的监督。

五要优化市场结构和生态。商业贿赂与市场形态相关，它往往是垄断和过度竞争的产物。因此，要通过科学的市场准入管理，既要防止形成垄断，又要有效控制银行业金融机构的过快增加，合理布局银行业金融机构，保持必要的市场容量，为银行业金融机构的生存与发展留下空间。

六要推进利率市场化改革。真正使利率反映资金的供求关系，使其成为引导金融资源配置的价格信号，能够覆盖所有的显性和隐性成本或收益，消除因利率管制形成准“经济租”进而引发商业贿赂的基础。

银行差异化发展与差异化监管

中央经济工作会议明确了2012年经济工作稳中求进的总基调，以加快转变经济发展方式为工作主线，以保增长、调结构为目标，目的是转变经济发展中同质同类的发展模式，摆脱低水平重复建设所导致的产能过剩问题。在我国，银行业同样存在着此类问题，发展战略、市场定位、经营模式、发展途径、监管思路等高度趋同，同质同类竞争激烈，低水平重复建设问题严重，造成对大中城市和大中型客户的金融服务竞争过度，而“三农”领域和小微企业的金融服务供给严重不足。虽然表面上多层次、多样化的银行体系在我国已经形成，但却难以发挥与之相匹配的实际功能，制约了我国经济发展方式的转变。

一、银行业同质同类发展模式问题

（一）主要表现

发展战略趋同，争速度、扩规模、设机构。我国银行业的发展战略存在着高度趋同，争速度、扩规模、设机构已成为银行业战略发展的主旋律。国有商业银行如此，股份制商业银行如此，有着特色定位的城市商业银行和农村商业银行还是如此，差异化发展战略基本流于形式。不同规模、不同类型、不同功能的银行都在以最快的速度、最短的时间拼机构、抢地盘，实现着自身规模的扩张。银行业“以速度求生存”和“向规模要效益”的发展战略必然使各个银行产生一种本能的设置新机构的冲动，而置风险、质量、成本和基础客户的培育于不顾。银行业的战略趋同导致其在服务对象、市场定位、服务功能等方面都向同一方向发展，银行体系难以满足各个层次客户的多元化需求。

发展策略趋同，争大户、拉存款、吃息差。受传统利率政策的影响，我国银行业在发展策略上存在着较强的趋同性，主营业务单一，以资产负债业务为主，利差收入成为银行业利润的主要来源，大客户、大项目成为各家银行竞相争抢的对象，基本形成了“争大户、拉存款、吃息差”的趋同性发展策略。在息差的驱动下，银行业大部分产品的设计也都是以吸收存款为目的而展开的。如近两年银行业推出的品种繁多的理财产品，其本质上还是一种揽储获利行为，脱离了财富管理的初衷，蕴含巨大的风险。发展策略的趋同使银行不去花费时间、精力、成本开发新产品，探索新模式，更没有动力去调整发展策略，形成了较强的路径依赖，实际竞争力的提升受到很大束缚。

发展模式趋同，高激励、高压力、高任务。在发展模式上，无论是大银行还是小银行，基本上走的是一套“高激励、高压力、高任务”的发展模式，存在着严重的同质性。为实现拉存款、扩规模的目标，银行业实施“任务导向型”激励模式而不是“价值导向型”激励模式，业绩指标层层加码，员工任务层层加压，对完成者或超预期者给予高额奖励，通过工资、奖金、期权等方式不计成本和代价地激励员工的揽储行为，而对未完成者则给予淘汰，不计后果和影响。

发展途径趋同，专转全、小转大、跨区域。我国商业银行基本遵循着“专转全、小转大、跨区域”的发展途径。以城市商业银行为例，从城市信用社转轨而来的城商行，其最初定位是为中小企业提供金融支持，为地方经济搭桥铺路，为本地居民提供服务，本可以走出一条专业化、差异化、特色化之路，但最终却走上了股份制、综合性、跨区域的路径。目前我国大多数城商行都在全国主要大中城市布局，致使大中型城市的金融服务在本已过度的基础上竞争越发激烈，而在自身的基础区域和基础客户中，其服务的功能和力度则不断相对弱化。

（二）原因分析

专业银行综合化，解除垄断，促进竞争。在银行业“拉存款、放贷款、吃息差”这样一个主要盈利模式中，任何一个银行只要有广泛的存款来源和放款途径，就可以对市场形成某种程度的垄断，取得竞争优势。在这种情况下，专业性银行会因客户资源覆盖面狭窄，存款来源有限，放款途径单一而处于弱势地位，盈利能力受到束缚。为此，专业性银行会本能地向综合化方向发展，以一专多能解除垄断，促进竞争。但客观上，专业性银行在放弃自身专业特点的同时，走上了一条共性的谋生之路。股份制银行走的就是这样一条路径，其后来者城市商业银行同样如此。如果缺乏有效的政策对银行业进行引导，新转制而来的农商行以及正在如火如荼建设中的村镇银行同样会向综合型银行发展，丢掉其应有的专业性定位。

利率非市场化，利差过大。对银行业而言，利率非市场化直接造成三种结果，一是货币资金配置的价格功能失灵，银行业无法通过对利率的灵活调整引导货币资源的合理配置；二是银行业无法获知自己经营的真实成本，市场竞争力的提升受到约束；三是较大的利差空间给银行带来丰厚的利润，银行业没有动力去开发新产品和提供多样化的金融服务，只需扩大存款规模就可以实现大规模盈利，因此形成了以“拉存款”为主线，以“扩规模”为目标的发展模式。

低水平非专业化竞争，创新能力不足。目前，我国银行业竞争激烈，但不是建立在市场细分基础上的专业化、特色化、差异化竞争，而是低水平、同质性竞争，缺乏深度和广度。这种竞争方式诱发的直接结果是银行业创新能力严重不足，无法形成市场认可的银行品牌、业务特色和核心竞争力，无法真正满足实体经济和消费主体的需求，无法通过提供有价值的服务为银行业增加收入，不利于银行业的长期持续发展和远期利益的实现。

追求小而全，肥水不外流，不受制于人。受历史因素的影响，我国中小银行在成立初期都有着自身的特色定位，属于有别于大型银行的专业性银行，但在发展过程中，盲目追求“小而全”，向全能型银行发展，形成了银行办信托、租赁、保险、证券的跟风式风潮。客观上讲，中小银行在这些领域的专业优势并不明显，在人力资本积累、产品创新能力、业务熟练程度和风险控制能力等方面都与专业的信托、租赁、保险和证券公司相比相差甚远。四面出击的经营思路看似走上多元化之路，拓展了收入来源，但实际上是弱化了自己的主业和优势，却又无法超越信托、租赁等专属领域公司，形成了“四不像”式银行。

二、银行业金融体系中市场错位严重

目前，我国金融业面临的严峻问题是融资难、融资贵，诸多行业和地区资金链条紧张，中小企业和农村地区无法享受到正常的金融服务，这种状况对我国经济的平稳发展提出了挑战。问题的症结在于银行业金融体系中存在着多重市场错位，各类市场错位因素的叠加导致了金融资源配置严重失衡。

（一）市场错位的表现

银行业金融机构种类和数量不断增加，金融服务缺位，矛盾激化。从形式上看，我国已基本形成由政策性银行、大型商业银行、股份制商业银行、城商行、农信社、村镇银行等不同规模、不同定位、不同功能、不同特色的多层次、多样化的银行体系，而且银行数量持续增多。正常情况下，这样的银行体系和银行数量已基本可以满足不同市场主体对金融服务的差异化需求，但我国金融服务缺位矛盾却在持续激化，已成为制约我国经济发展的瓶颈，这种现象值得我们深刻反思。其实，这种矛盾的出现并不是因为银行种类少、数量少，而是缺乏良好的金融制度安排，所有银行在发展路径上都是“专转全、小转大或小而全”模式，走的是“去差异化，求同质化”路径，不断偏离原有定位和特色。而在金融服务上，则存在着较为明显的城市化、国有化和规模化倾向，对农村和中小企业的金融服务供给严重排斥，导致金融服务缺位矛盾不断激化。

银行信贷规模不断增加，资金紧缺矛盾激化。近年来，我国新增信贷规模连年增加，信贷存量规模也愈发庞大。庞大的信贷规模一方面推高了CPI，国家不得不采用多种手段对通胀进行调控；但另一方面，却是表外借贷和民间借贷盛行，大量中小企业因资金紧张而破产倒闭，农村地区难以获得金融资源，全国范围内出现了大面积的“钱荒”。信贷规模持续增加与农村地区资金紧缺矛盾不断激化的局面增加了宏观经济调控的复杂性，为防止通货膨胀上涨，需要不断提高基准利率，而基准利率的提高却使本已资金吃紧的部分行业雪上加霜。

银行业工资待遇不断提高，员工幸福指数不断下降。客观而言，银行业薪酬水平确实高于全国平均工资水平，甚至成为平均工资水平最高的行业之一。但在银行业薪酬待遇不断提高的同时，银行从业人员的幸福指数却在持续下降。作为高风险、高收益的行业，银行从业人员承担着大多数其他行业少有的压力，绩效指标连年提升，揽储压力不断加重，加班加点已成为银行从业人员工作的常态，可以说是在用金钱换生命，幸福感不断降低。

（二）市场错位形成的原因

外部环境趋同，资金分配无差异，农村、小微企业无特殊。对单个银行来说，用同等付出获取的宝贵资金投向成本高、风险大的农村地区和小微企业，不能实现其金融资源的最优配置。银行业市场化、商业化是市场经济的内在要求，也是国际通行惯例，但我国在资金分配领域并没有辅之以相关政策支持，使最初定位于农村市场和中小企业的商业银行保持专业性、差异性，以满足农村市场和中小企业的金融服务需求。如果能够通过专项信贷、基金或财政支持的方式对那些致力于农村金融和中小企业的银行给予差异化资金分配，大部分银行将有条件继续保持原有的市场定位，农村地区和小微企业金融资源短缺的矛盾也会得到有效缓解。

资源配置趋同，资金成本无差异，小型机构无保障。在获取资金的成本方面，不论是大银行、小银行，还是专业银行都基本一致，形成“资金成本无差异，小型机构无保障”的局面。在资金成本无差异的条件下，银行业的理性选择是将资金投向利润最高、风险最小的领域，农村地区和小微企业也就无法获得满意的、低成本的、有保障的金融服务供给。如果国家运用低利率资金支持措施对银行业实施差异化资金成本策略，降低小型银行、专业性银行的资金成本，使之能够在大型银行面前保持特色优势，专业性银行则可选择为了获得低成本资金的支持而专注服务于特定区域、行业和企业，避免同质化、白热化竞争的发生。

体制机制趋同，激励模式无差异，注重短期利益，忽视长期利益。良好的激励模式是银行业全面健康发展的重要基础，但我国银行业激励模式的现状却是过度强调短期利益而忽视长期利益。在银行的绩效考核上，主要强调规模指标和盈利指标，银行的专业性、特色性、实现的社会价值和服务的专属领域等内容并没有纳入考核体系。这种激励模式的直接结果是所有银行都竭尽全力拓展那些能够迅速扩大自身规模，提高自身利润的业务和客户上，忽视特色业务的增长及特色业务对利润的贡献，农村地区和小微企业等急需金融资源支持的领域也在这种激励模式下无法获得应有的金融服务供给，形成严重的市场错位。

监管导向趋同，大无约束，小无关照，指标无差异。我国银行业在监管导向上存在着较强的趋同性，在资本充足率、存款准备金、不良贷款率和存贷比等指标上大小银行并无显著差异，在业务资格和市场准入的条件设定上，大小银行并无明显区分，尤其是对专业性、特色性银行而言，在监管指标的设定上并没有因其金融服务的社会价值而受到照顾。虽然监管部门对大小银行实施了差异化的资本充足率，央行也开始强调差别化存款准备金，但这种差异化还是基于银行的规模而异，尚没有特别针对定位于服务农村金融和中小企业的专业性、特色性银行给予明确的支持。

三、推动银行业差异化发展

利率市场化，即通过市场机制调节金融资源配置。目前我国存贷款利率基于官方利率，人为制造出高额的息差空间，使银行将全部精力用于存款规模上，没有能力和动力去开发适应市场需求的金融产品和服务，导致了我国银行业在发展战略、策略、模式、路径等方面的高度趋同化，金融资源错配严重。国家应有目标、有步骤地持续推进，通过有效的市场利率引领金融产品和服务价格体系的市场化，引导货币资金的合理流向，实现资源的优化配置。在目前情况下，利率市场化可通过促进商业银行主导的资金市场发展的方式，形成资金市场的竞争机制，找到真正反映市场需求的资金价格均衡点。

经营区域法制化，村镇不出县，城商不出市，农商不串行。严格规定中小银行的经营区域和经营范围，必要时采取法律形式，恢复中小银行最初的市场定位，满足小城市、农村地区和小微企业对金融资源的需求，具体政策为“村镇不出县，城商不出市，农商不串行”，即村镇银行在县域范围、城商银行在市域范围内经营，农村商业银行在业务经营范围内给予限制，使这类银行专注于特色经营。同时，国家给予这类银行以政策支持。针对这类银行规模小、资本金不足的现状，可考虑允许这类银行发专项债融资，发债筹得的资金必须用于农村金融或小微企业等特定领域。

资源配置合理化，不同收益领域，配置不同成本资金，负债成本与资产收益匹配。在同一资金成本的配置状况下，银行的合理选择是投向收益率最高的项目，以实现利润最大化。强行要求村镇银行、城商行或农商行等区域性、专业性、特色性银行将高成本资金投向低收益的农村地区或微小企业自然是不可行的，违背市场机制和原则。因此，国家可考虑通过金融制度的安排，实现差异化资金成本配置策略，达到银行业的负债成本与资产收益相匹配。具体内容是根据不同银行的服务领域或社会价值，对其进行收益领域的评估，并配置不同成本的资金。例如对专门服务于农村地区的银行，国家可通过再贷款、再贴现等方式降低其资金成本，保持其市场定位，通过这种方式，实现金融资源配置的合理化。

监管差异化，合理运用监管指标支持特色金融机构。在监管领域，实施差异化监管策略，通过各类监管指标的合理运用，体现出监管部门对服务于农村地区和中小企业的金融机构的监管倾斜。具体而言，在风险可控的情况下，对精细化、专业化、特色化银行的资本充足率、存贷比、不良贷款率、存款准备金和业务资格及市场准入等方面给予特殊关照，让它们专注于自身的市场定位，真正实现其自身价值，而不是盲目地随波逐流，追大求全。通过差异化监管指标，有目的地引导金融资源流向农村地区和中小企业，改变金融资源错配情况，改变金融市场错位现状，以此实现国家的民生战略，促进国家经济的平稳快速健康发展。

建立成本最小化和市场化的金融风险处置体系

——日本处理问题金融机构的方法与启示

20世纪90年代日本泡沫经济破灭后，出现了第二次世界大战后首次金融机构破产风潮，截至90年代末期，日本有城市银行1家、地方银行7家、信用金库6家和信用组合72家以不同方式宣布破产。在以间接金融为主的金融体制下，金融机构特别是银行的大量破产，对经济和金融体系产生了不良的影响。日本金融监管当局针对不同情况，本着成本最小化和市场化原则，采用多种处理方式对破产金融机构进行处置，积累了一些经验，值得我们借鉴。

日本金融监管当局笼统地使用"问题金融机构"的概念，来掌握本身因经营管理上的问题或突发性事件的影响而面临发生挤兑、破产或倒闭危险的金融机构。日本对问题金融机构的处置方法有两种：一种是全额赔付，即由存款保险公司直接对这家金融机构的存款人进行赔付，终止其服务功能，使其进入破产清算程序；另一种方法是资金援助，即把问题金融机构的全部或部分业务转移到另一家接受资金援助的合格的承接机构，问题机构的原服务功能可以在承接金融机构中继续运行。1999年日本金融制度议会建立的指引中明确指出：当一家金融机构出现问题，面临倒闭的危险时，应该以成本最小化原则进行处置，因此，要优先使用资金援助的方法，尽可能避免全额赔付，这样有利于控制金融机构破产的社会影响和处理成本。

一、日本对问题金融机构资金援助的具体方法和程序

当一家金融机构面临经营困难时，金融服务委员会主席签发"管理命令书"，明确由金融行政长官负责问题机构的运行和管理。律师、注册会计师和金融专家通常被指定为金融行政长官，存款保险公司也可以充当金融行政长官的角色来处置倒闭银行问题。金融行政长官除了负责报告"被管理的金融机构"的运营、资产等状况，维持机构运行外，还要选择一家承接机构，确保问题金融机构的业务向承接机构平稳过渡转移，同时追究倒闭金融机构原负责人的法律责任。存款保险公司规定业务

转移的方式是：问题机构被承接金融机构购并，将其业务全部或部分转移到健康的承接机构；将其投保存款转移到承接金融机构；由承接金融机构或银行控股公司购买问题机构的股权。在业务转移或购并过程中，资金援助系统体现在：（1）投保的存款受到存款保险公司规定限额的保护；（2）问题金融机构和合格的健康机构共同提出申请，由存款保险公司收购不能转移的不良资产；（3）存款保险公司将向问题机构提供不能转移的那部分资产和负债的一定数量的资金支持；（4）为完成未清产核资的资产的评估提供一定数量的额外资金援助。

资金援助的方式有：捐赠拨款、贷款或资金存款、购买资产、债务担保、承接或购买优先股股票及损失均摊协定等。通常，存款保险机构提供资金援助时要满足三个条件：合并有助于保护存款人；资金援助是合并不可缺少的条件；如果不合并，金融机构将解散或破产，并可能造成其所在地或领域内资金的供需衔接出现困难。

2002 年 3 月，日本过桥银行作为日本存款保险公司的辅助部门正式建立。其主要作用是承接问题金融机构的债权、债务，维持问题机构的经营，直至找到一家合格的承接金融机构。其资本金全部来自存款保险公司。金融行政长官交给过桥银行管理的信贷资产和其他资产要经过金融服务委员会按照公开的标准审核，同时，将那些不能由过桥银行承接的资产出售给资产清收公司。过桥银行一般在两年内完成对问题机构的临时承接任务，如因某些原因在两年内不能完成这些程序，则可再延长一年的工作。过桥银行必须着力于迅速完成承接机构对问题机构的并购、全部业务转移或股权转移，当转移或并购工作完成后，存款保险公司才可以提供资金援助。日本对问题金融机构进行资金援助的处置过程中，存款保险制度贯穿始终，为问题金融机构提供资金来源。

二、启示

目前，我国政府作为处置有问题金融机构的主体，采取的手段主要包括两种：一是政府指定一家健康金融机构托管或者合并有问题的金融机构；二是将有问题金融机构关闭，由中央银行提供再贷款用于兑付自然人存款，组织对关闭的金融机构进行清算工作。和日本相比，对问题银行的处置，我国尚未正式建立存款保险制度，也没有具有明确职责、行使处置功能的专业队伍。资金援助来源渠道单一有限，而且，在使用上没有体现损失分担的原则和市场化的原则。因此，借鉴日本处置问题金融机构的经验，在我国建立成本最小化和市场化的金融风险处置体系具有一定的现实意义。

建立存款保险制度势在必行。从日本的实践经验来看，存款保险制度有效维护了公众对存款机构的信心，从而保持整个银行体系的稳定，同时在处置倒闭投保机构的过程中，确保选择成本最低的处置方式，高效率清算倒闭投保机构，并尽可能减少因存款机构倒闭带来的破坏性影响。在我国建立存款保险制度，可以强化存款人的信心，最大限度地保护中小存款人的利益；在正常金融机构与有问题金融机构之间建立起一道“防火墙”，防止挤兑风波向正常金融机构蔓延；对有问题金融机构的存款人进行赔付和提供援助；通过承接有问题金融机构的资产或股权，向有问题金融机构提供再贷款、存款，注入资本等；改善有问题机构的资本水平，提高其资产的流动性，化解有问题机构的支付风险。对于严重资不抵债、救助无望的金融机构，由存款保险机构主持其关闭清算工作，可以使中央银行和监管当局全力以赴行使货币政策的制定和金融机构的监督管理等职责，逐步将金融机构市场退出工作引向市场化的道路。

完善相关的法律体系。目的在于确立金融机构市场退出的边界与标准，确立处置有问题金融机构当局的行为规则，建立按照规则干预的退出机制，使金融机构市场退出有序、规范地依法进行，最大限度地减低社会成本，保证社会、金融、经济的稳定发展。我国《破产法》《民事诉讼法》虽然规定了企业法人破产还债的程序，但没有考虑到金融企业的特殊性质，很难使其直接适用于金融机构的破产；而《银行业监督管理法》《中国人民银行法》《商业银行法》等金融法律虽然规定监管当局可对已经或可能发生信用危机的商业银行实施接管，也规定了商业银行合并、解散、被撤销和被依法宣告破产的市场退出的法定形式，但大多仅为原则规定，缺乏可操作性，因此，完善我国金融机构市场退出的法律法规，以及制定与之配套的实施细则和操作办法，是解决有问题金融机构的重要前提。

资金援助方式多样化。1997 年日本北海道拓殖银行和山一证券倒闭，由于存款保险公司资金有限，在是否可以使用公共基金的问题上，政府迟迟未予以明确，致使金融市场出现混乱，股价大幅波动，日本金融机构信用等级下降，日元贬值。为此，日本政府拓宽了存款保险公司的融资渠道，赋予其特别融资的权力。在破产损失和处理成本的负担上，日本采取公共资金和行业负担相结合的办法，但对动用财政资金处理有问题金融机构态度十分谨慎。

在我国，当金融机构面临倒闭的危险时，由中央银行再贷款或财政部的中央专项借款提供一定的救助资金，用于兑付对自然人的合法债务，以保护存款人的利益，维护金融体系的安全。随着市场经济的发展，这种救助方式的弊端不断显现。因此，要逐渐与国际通行做法接轨，开辟多样化的援助资金渠道，包括发行次级债券、特别国债，由原有股东增资或引入新股东出资，中央银行采取再贴现、有担保的再贷款间接提供救助资金等手段。援助资金的多样化也有利于损失的分担，减少国家承担损失的成本，并对各方的责任予以明确和制约。而且，将有效避免对中央银行货币政策的负面影响。

建立专业化、市场化的承接有问题银行债权债务的相应机构。日本通过设立存款保险公司、金融行政长官、过桥银行等专门的资产管理机构来承接有问题金融机构的债权债务，并负责对有问题金融机构的重组、并购。在我国建立专门机构，统一承接并市场化处置由中央银行出资救助的有问题金融机构的不良债权，是对已倒闭的金融机构的不良债权进行保全、清收和处置并维护中央银行债权权益的比较好的选择。其优势在于：第一，可以有效降低金融机构和地方政府的道德风险；第二，整合了原有的各临时机构处理有问题金融机构的职能，克服了原有临时机构专业性不强、组织结构不严谨等缺陷；第三，专门化的资产管理机构具有处置方式专业化、市场化、多样化的特点，有助于最大限度地回收资产、降低损失。

兼并、重组应成为处置有问题金融机构的主要形式。处置有问题金融机构的时间越短，其处置成本就越小，对市场的不良影响也会降到最低限度。面对陷入危机的金融机构，开始尽力拯救，在拯救无效的情况下再考虑接管、清算破产或并购。一般来说，各国都尽量避免破产的方式，因为金融机构的破产对社会的震动很大，并影响到人们对整个信用体系的信心。我国从 1996 年广东发展银行收购“中银信”，到 1998 年以来清理整顿城市信用社中合并重组的处置形式，证明金融机构兼并（合并）、重组是化解金融风险、降低处置成本，推动我国金融业发展的重要选择。

发挥投资银行的职能作用。目前我国投资银行仅局限在经济业务上，没有真正发挥其应有的职能作用。如果中央银行和监管当局能够对投资银行参与有问题金融机构处置提供一定的资金支持和政策空间，投资银行就可以起到日本过桥银行的作用，有利于我国有问题金融机构的重组和市场退出。

存款保险及其国际实践经验

存款保险是指为从事存贷款业务的金融机构建立专门的保险机构，成员机构定期缴纳保费，当成员机构面临危机或破产时，保险机构向其提供流动性资助或者代替破产机构在一定限度内对存款人予以赔付的制度。其核心就在于为金融体系提供有效安全网，防止存款人因个别金融机构倒闭而对其他金融机构失去信心，由此导致银行挤兑，从而引发金融危机。

由于世界各国的经济体制、金融体制、经济发展水平和法律体系的不同，各国存款保险制度存在较大的差异，但是其基本目标却是相同的：(1) 保护存款人的利益，尤其是保护居于多数的小额存款人的利益；(2) 建立对出现严重问题濒临倒闭的银行进行处置的合理程序；(3) 提高公众对银行业的信心，保证银行体系的稳定。

一、存款保险的基本模式

存款保险制度最早出现在 19 世纪。1933 年美国联邦存款保险公司的建立确立了现代存款保险制度的基本模式。对于存款保险问题，各国主要有如下几种选择方式：(1) 政府明确宣布拒绝对存款人提供保护，如新西兰；(2) 政府不对存款人提供存款担保，但是明确规定存款人在银行破产清算过程中的清偿顺序优于其他债权人，如澳大利亚；(3) 政府提供隐性的存款保险；(4) 政府明确对存款人提供有限赔付额度的保护；(5) 政府明确宣布对所有存款提供保护。从各国的实践来看，选择前两种方式的国家是极为少见的，最后一种方式常见于发生金融危机的国家。因此，按照国际通行的理论，存款保险可以分为显性存款保险和隐性存款保险两种。

显性的存款保险制度是指国家以法律的形式对存款保险的要素、机构设置以及有问题机构的处置等问题作出明确规定。显性存款保险制度的优势在于：(1) 明确银行倒闭时存款人获得的赔付额度，稳定存款人的信心；(2) 建立专业化机构，以明确的方式迅速、有效地处置有问题银行，节约处置成本；(3) 事先进行基金积累，以用于赔付存款人和处置银行；(4) 增强银行体系的市场约束；(5) 明确银行倒闭时各方责任。

隐性的存款保险是指国家没有对存款保险作出制度安排，但是由于政府在以往银行倒闭时对存款人提供了某种形式的保护，因而形成了公众对存款保护的预期。目前世界各国有 55 个国家实行的是隐性存款保险制度。其基本特征包括：(1) 法律没有明确规定对存款人的保护以及存款保险制度的相关要素；(2) 没有建立处理银行市场退出以及赔付存款人的相关机构；(3) 在银行倒闭时，没有建立专门负责赔付的基金；(4) 社会公众对政府提供存款保护存在一定程度的预期。

理论上，隐性的存款保险的优势在于：首先，由于无须建立专门的存款保险机构，因而可以维持较低的管理成本；其次，政府在处理银行倒闭时，可以针对不同问题采用不同的保护措施；最后，由于政府没有明确赔付的标准，存款人的预期具有一定的不确定性，因此可以促使存款人监督金融机构，在一定程度上降低道德风险。但是从各国的实践经验来看，由于缺乏专业机构和人员，低成本的好处往往会被危机处理过程中的低效率所抵消；由于没有事先的基金积累，缺乏足够的资金来处置有问题银行，这必然会削弱政府在处置过程中的灵活性；存款人比较倾向于相信政府不会让大银行或国有银行倒闭，因此降低道德风险的作用也只能对中小银行有一定作用。

二、存款保险的职能

由于各国存款保险机构设立的目的不同，其功能和职责也有所不同。IMF 最新调查果显示，目前有 34 个国家的存款保险机构职责较为单一，仅负责对存款人进行赔付，也称为“出款箱”功能。其他国家存款保险机构的职能则十分广泛，主要包括：

（一）向存款人提供存款保险

存款保险体系在政府直接或间接的支持下，对保险的存款进行担保，保护公众对银行业的信心，防止银行的“挤兑传染”，维护银行系统的稳定。各国的存款保险制度都具有这一基本功能。

银行业是国民经济体系的重要组成部分，在经济生活中发挥着重要的作用。但是，银行自身的脆弱性与信息不对称性决定了银行业的安全维系在公众对银行的信心之上。实践表明，银行倒闭在任何一个国家的经济生活中都是不可避免的。许多国家通过建立和完善金融安全网来防范和化解金融风险。存款保险制度是金融安全网的重要组成部分，它通过对中小储户存款的有效保护，防止因个别银行挤兑而引起金融恐慌，动摇整个银行系统的稳定。各国的实践经验也证明，设计良好的存款保险制度可以有效防止对健康银行的挤兑，维护公众对银行体系乃至整个经济体系的信心，使金融安全网的功能得以充分发挥。

（二）对成员机构实施监管

部分存款保险机构在提供存款保险的同时，还被赋予对其成员机构进行监管的职能。存款保险机构对银行的监管包括定期与不定期要求商业银行提供财务报表和经营管理状况，采用 CAMEL 评级法对资本、资产、管理、盈利、流动性进行评级，并可以进行现场检查。美国联邦存款保险公司 (FDIC) 除了具有上述职能外，还有权与其他监管部门联合发布停业整顿命令，对其高级管理人员进行严格监管，防止银行高级管理人员的恶意经营和欺诈行为，保证银行安全稳健运行。

存款保险制度有利于建立平等竞争的市场环境。缺乏存款保险制度的市场通常会使小银行处于不利的竞争地位。大银行通常会被认为“太大而不能倒闭”，同时认为政府无法承受大银行倒闭的后果从而会对其采取一些支持的措施，使大银行在市场竞争中享有一定的竞争优势。存款保险制度可以使不同规模的银行获得同等的公众信心，有利于所有金融机构进行公平的竞争。

（三）对有问题银行实施市场退出

对出现严重问题、破产或行将破产的银行进行处置，是存款保险机构的重要职能之一。处置办法包括：(1) 对倒闭银行进行清算，并负责赔付受保存款。(2) 由其他银行竞价购买倒闭银行有价值的资产，包括现金、有价证券、不动产等。竞胜者在收购这些资产的同时承担倒闭银行的存款债务、在倒闭银行资不抵债的情况下，存款保险公司提供额外的资金予以填平缺口。(3) 由存款保险机构公开承诺对被处置银行的所有存款和其他债务予以完全保护，使银行现有服务不被中断，以此恢复公众信心，同时将银行坏账予以剥离，并通过购买银行优先股和债券向银行注入资本，以达到救助目的。

存款保险机构对有问题银行的尽早介入，可以有效控制有问题银行的风险，降低处置成本。在有问题银行市场退出的过程中，通过对存款人进行赔付，可以稳定公众对银行体系的信心，同时，对有问题银行的有效处置和专业化的清算工作，使有问题的银行能够迅速、有序、平稳地退出市场，达到优化金融资源合理配置的目的。而且，通过建立存款保险制度明确了在处置有问题银行的过程中政府、存款人以及金融机构各自所承担的责任，不必完全依靠政府资金或中央银行再贷款来解决和处置有问题银行，从而使政府的负担最小化。

三、存款保险可能引发的负面影响

各国的实践证明，在经济状况和银行体系稳定的条件下，设计良好的存款保险制度可以使金融安全网的功能得到充分发挥。但是，存款保险制度设计中可能出现的负面影响也小容忽视，设计不佳的存款保险制度会降低对参与者的激励，削弱市场约束，从而引发道德风险、逆向选择和代理问题，不利于长期的金融稳定。

（一）道德风险问题

道德风险是指由于存款保险制度的存在，存款人放松了对银行的监督，削弱了银行的市场约束。同时，在实行统一费率的情况下，投保银行的风险不与保费挂钩，银行的经营者意识到由于有政府提供存款保护，挤兑是不可能发生的，因而银行倾向于选择风险更大的资产组合。众多专家学者的研究成果表明，存款保险最大的负面影响就在于有可能引发道德风险。在建立存款保险体系的同时，可以通过一系列的措施来有效防范和控制道德风险。这些措施包括：健全银行的公司治理结构，合理设计存款保险制度的框架和要素来加强市场约束，强化银行监管等。

（二）逆向选择问题

逆向选择问题是指在自愿型、统一费率的存款保险制度中，存款保险制度对经营不善的银行会更具吸引力，经营状况最佳的银行有可能选择退出存款保险体系。由此就会引起其他银行的保费上升，用于抵补处置有问题机构产生的成本。此举势必引发另外一些经营状况良好的银行退出存款保险机制。周而复始，最后只有有问题的银行会保留在体系之内，使存款保险体系变得十分脆弱。

（三）代理问题

代理问题源于在存款保险制度下，存款保险机构与政府部门、投保银行、存款人以及纳税人各方之间的委托一代理关系。例如，存款保险机构有可能将自身利益置于存款人和纳税人的利益之上，从而延缓对有问题银行的处置，导致处置成本的增加。此外，存款保险机构还有可能受到行政因素影响，对一些特别机构特别对待，因而损害了存款人的利益。因此，存款保险机构必须在独立运作与决策的同时，与中央银行、银行监管当局以及其他政府部门相互合作，共享信息，提高决策与实施过程中的透明度。

四、存款保险的最佳实践经验

存款保险制度自 1933 年于美国问世以来，便处于不断修改完善过程中。实践表明，为了使存款保险能够有效地促进金融体系的稳定，除了制度本身设计良好之外，还必须依靠中央银行的审慎监管、银行稳健的财务制度和信息披露体系以及行之有效的法律法规作为强大支持。设计良好的存款保险制度应该是一种激励兼容型机制，也就是通过制度环节的设计来形成各种合理的激励机制，以促进存款保险制度所涉及的各方的良性发展，从而达到维护金融稳定的目的。

国际最佳实践经验表明：首先，有效的存款保险制度应具有足够的社会公众信任度。因此，存款保险制度必须以法律的形式予以明确规定，以作为存款保险得以实施的重要保证。同时存款保险机构所代表的应是存款人和纳税人的利益，拥有足够的透明度，以增强公众信任度。此外，存款保险机构还应具备充足的资金来源以及特别融资的权力，保证在需要时保险基金足够赔付存款人和承担处置有问题机构的成本。

其次，在组织结构上，由于存款保险与最后贷款人和银行监管者的作用是互不相同的，因此应设立单独的存款保险机构，独立行使存款保险的职能，以避免受到其他行政因素的影响。如果中央银行同时负责存款保险，势必影响中央银行宏观货币政策的独立性与公正性，并与中央银行的最后贷款人功能在一定程度上存在利益冲突。此外，如果存款保险机构隶属于其他监管机构，由于银行的倒闭在某种程度上证明监管体制存在一些不足之处，因此监管机构更倾向于采用各种方法使其持续经营，很难按照最小成本原则对银行及时予以关闭，拖延时机无疑会造成处置成本的增加。与此同时，为了能够更有效地行使存款保险制度的职能，存款保险机构必须与金融安全网的其他参与者紧密合作，共享信息资源。

此外，在存款保险制度的要素设计上，应形成对各方的合理激励机制，有效防范和控制道德风险和逆向选择。(1) 强制型存款保险制度。如前所述，一个自愿型的存款保险体系容易引发逆向选择问题。因此，在目前建立了存款保险制度的国家和地区中，80% 实行强制型存款保险制度。有些实行自愿型存款保险的国家，目前也在向强制型转变。(2) 风险差别费率制度。这种费率制度是指成员银行根据自身不同的风险等级，缴纳不同金额的保费。单一费率计算方法简单，且易于管理，而按照风险评级制定的风险差别费率制度则更能准确地反映银行承担的风险状况，使其风险与收益相匹配，从而有效防范道德风险，约束银行的风险行为，督促银行审慎经营。尽管目前许多国家仍采用单一费率方法，但是实行风险差别费率已经成为各国发展的趋势。(3) 合理的保险范围和较低的保险额度。在确定保险范围的时候，通常会将部分存款排除在保险范围之外，以有效提高市场约束，降低道德风险。其中包括银行同业存款、政府存款、专业投资者存款 (例如共同基金)、银行所有者和经营者存款等。有的国家还采取存款人与存款保险机构共同保险的方式，也就是说，保险机构按照一定比例对存款人进行赔付，使得双方共同承担风险损失，以增强存款人对银行进行监督的激励。保险赔付的最高标准一般按照国家人均 GDP 的倍数来确定，国际货币基金组织推荐的标准为 3 倍。另一个在国际上比较认同的赔付标准是使 90% 的存款人得到全额赔付。赔付标准的确定应在保护存款人的同时，将标准降到最低，以有效控制道德风险的产生。(4) 及时处置有问题银行和赔付存款人。存款保险体系建立的目的是为了增强公众对金融体系的信心，因此在对有问题机构的处置上，必须保证能够迅速及时地处置，当机构发生倒闭时，立即对存款人进行赔付。(5) 建立存款保险制度的时机选择。由于存款保险的目的是当银行倒闭时，对存款人进行赔付，以保证其利益不受损害，存款保险本身并不能阻止银行的倒闭，只能起到防患于未然的作用，因此，有效的存款保险制度应建立在银行体系稳健之时，而不应在金融体系面临巨大风险、大批金融机构濒临倒闭之际。

创新监管工作方法 提高监管工作效能
——深圳银监局推出一系列监管新举措

创新监管工作方法，提高监管工作效能，是监管者面临的永恒课题。深圳银监局面临监管资产与日俱增、监管任务日益繁重的局面，因此，创新监管手段，提高监管效率已成当务之急。2008年以来，深圳银监局解放思想，群策群力，结合深圳银行业机构改革创新发展实际，努力探索，竭诚创新，紧密推出了一系列监管新举措，有效提升了监管效能。

一、实施承诺监管，提高监管有效性

深圳银监局实施的所谓承诺监管，即由监管部门和被监管机构博弈双方就某一承诺内容事先进行充分沟通、交流，将双方的“目标函数”有机融合，达成一致意见，并由被监管机构承诺在一定期限内（如半年或一年）履行或解决。承诺到期，若被监管机构未能履行承诺，监管部门则在下一个监管周期对其采取较为严厉的规制监管；若被监管机构较好地履行了承诺，监管部门则给予其相应的激励。承诺监管实质是一种软约束的原则性监管，注重结果而非过程，承诺期内监管部门基本不干预被监管机构的业务经营，由被监管机构自主经营，管理风险，工作更具主动性。同时，监管部门还可因此而降低监管成本，提高监管效率，比传统监管更具灵活性。鉴于此，深圳银监局2008年在多方面进行了承诺监管的探索。

一是实行监管规划承诺。为提高监管有效性，增强监管透明度，2008年年初，在逐一走访被监管机构的基础上，深圳银监局要求每个监管员事先与各自监管的机构进行充分沟通，认真磋商，努力寻求双方“目标函数”的融合和一致，尽量让机构领会并理解监管意图，并在此基础上确定监管目标，提出监管要求，明确监管措施，为每家机构量身定做一套包括公司治理、风险管理、内部控制、信息科技和案件防控等多方面的短期、中期和长期监管规划，做到“一行一规划，一行一对策”。

此举增强了监管的透明度，提高了机构的主动性，使机构变被动接受监管为主动解决经营管理中存在的问题，最终达到机构和监管部门博弈双方目标的一致，有助于实现监管效用的最大化。

二是实行案件责任承诺。针对深圳银行业机构过去普遍存在的对案件防控工作重视不够、盲目乐观、心存侥幸等心理，深圳银监局为加大案件防控力度，在充分沟通并获得承诺方充分认可的情况下与各机构主要负责人逐一签订了“案件专项治理工作目标责任书”，要求其主要负责人对本机构的案件防控进行承诺。“案件专项治理工作目标责任书”明确表述了监管部门对案件防控工作的要求和承诺方应采取的措施，同时，就因发生案件达不到工作目标的要求设置了追究责任的不同档次，承诺方承诺视不同情况接受降级、免职和引咎辞职等不同程度的处理，最终在全辖银行业机构负责人的大会上由监管部门和被监管机构负责人共同签署，监管部门将据此进行后续监督和检查。

三是实行现场检查后续整改承诺。针对 2007 年底进行“会计结算和柜台业务风险排查”检查出的 3035 个合规性操作问题，深圳银监局为督促商业银行有效整改，将排查出的问题与各商业银行逐一对应，并与各行逐家签署了“风险排查与整改承诺”，要求各行限时整改。同时根据各行普遍存在的风险点，列表告知未发现该风险的银行要加强防范，未雨绸缪，并明确凡承诺整改的风险点或已告知的风险点若再度引发案件，银行主要负责人要引咎辞职。

此外，为改善和保障奥运期间银行业的金融服务水平，防范可能出现的信息科技风险，深圳银监局与各行又签订了奥运服务安全承诺，确保各行信息系统在奥运期间运行平稳，各种服务渠道通畅高效。下一步拟制定专门的制度性文件，对监管部门难以完全掌握的商业银行内部管理信息、模型、流程等涉及的市场风险、金融创新等领域也施行承诺监管，解决博弈双方信息不对称导致的监管效率缺失问题。

二、实行联动监管，增强监管协调性

鉴于深圳金融业混业发展已成为客观趋势，为适应金融机构综合化经营趋势，防范不同行业的风险传染，加强对辖内金融控股集团及下属金融机构以及银行业、证券业和保险业机构在组织结构、经营业务、产品创新等交叉领域的信息沟通和协作监管，避免金融机构综合经营和分业监管、多头监管带来的监管真空和重复监管，发挥监管合力，提高监管效能，深圳银监局积极倡议建立联动监管工作机制，并发起与深圳证券局和深圳保监局分别签署了《深圳银行业与证券业监管协作备忘录》和《深圳银行业与保险业监管协作备忘录》，实施效果较好。

联动监管工作机制主要有：一是对金融控股集团及下属金融机构重大金融风险处置等事项进行沟通和协调的监管协调会议及列席会议机制；二是在监管政策的贯彻落实上协调一致的重大监管政策协调机制；三是就上市银行、证券公司、保险公司等机构发生的重大突发事件和风险事件及时相互通报的重大监管事项沟通机制；四是针对银证、银保交叉业务实行监管协作的日常监管协作机制；五是被监管机构信息以及银行和保险机构的骗贷、骗保黑名单相互报送的监管信息交流共享机制；六是金融案件处罚磋商机制；七是案件、事件移送机制；八是相关调查权协助机制；九是金融债权共同维护机制；十是对银行业与证券业和保险业的交叉业务创新进行监管协调的金融创新合作沟通机制。

同时，深圳银监局正在探讨与人民银行、外汇局、公安、工商、税务、房产等部门协商构建个人征信、地下金融、房产权证等多方面信息共享平台与监管或监督、执法协调机制。

三、推行标杆监管，增强监管激励性

商业银行风险评级体系属规制监管，带有较强的指令性，是监管部门对银行提出的刚性的监管要求，客观上易造成银行仅仅满足于达到最低标准，没有动力创新求发展，没有动力精进求更好，进而形成低层面的合规，不能实现监管的初衷，同时也难以判断和衡量银行自身在业内的运营质量及管理水平。加之风险评级更多偏重于对银行宏观的、定性的、时点的、静态的分析与评估，进而难以考察各行运营质量提高和进步的程度。更重要的是，很多影响银行运营质量的管理因素在风险评级中较难涉及和体现，比如员工流失率、社会投诉率、内部投诉率、差错率、发案率、岗位轮换率、银企对账率、后督人员比例是否合理以及员工对金融政策、经营理念的知情度、理解度、执行度如何等。类似问题看似不大，却从不同侧面反映了银行管理水平的高低以及运营质量的好坏，且稍有不慎即可能引发重大风险，比如银企对账率低就难以发现潜藏的案件风险隐患。

针对风险评级的局限，深圳银监局研究拟定了《深圳银行业运营质量评估办法》，谓之“标杆监管”。即在银监会监管框架之下，在风险评级基础上，监管部门对商业银行运营管理的主要流程、关键环节和重要项目等运营管理要素进行审慎、科学、动态、综合的评估，从不同侧面反映和衡量各银行在业内的运营质量及管理水平。同时，监管部门将此评估结果作为对各银行下一监管周期市场准入、高管任职、业务发展、现场检查频率、范围以及采取其他监管措施的重要依据，对商业银行实施正反向监管激励，以此树立行业标杆。

标杆监管的具体评估方法是：参考商业银行自我评价、外部审计和内部稽核评价结果，监管部门对各行运营管理架构、人员管理、流程管理、内部控制、信息科技管理等相关环节设计不同指标并分别打分，然后加权汇总得出各行总分，再取整个行业的平均数为基准值，高于基准值的即为良好或优秀，低于基准值的即为较差或落后。单项指标也一样，高于基准值的即为良好或优秀，低于基准值的即为较差或落后。这样，监管部门对各行的整体运营质量即有一个概览和总的把握，同时各行通过总分的排名和比较，也可衡量自身在业内的管理水准，更重要的是各行可从单项指标的不足查找自身与他行的差距、经营的短板和管理的薄弱环节，进而借鉴他行的好经验，提高自身管理水平，努力向先进银行看齐。标杆监管不同于风险评级，主要偏重于对银行微观操作层面进行定量地、具体地、动态地分析与评估，没有任何排除性规定，带有较强的指导性，属于原则导向性的软约束监管，与规制性的风险评级相得益彰，互为补充，可大大增强对银行监管的激励性。

四、试行贴身监管，增强监管主动性

所谓贴身监管，即通过电子信息化途径直接切入商业银行的管理系统，及时、动态地了解商业银行的经营状况、风险管理等信息，将对商业银行信息的把握前移至事中甚至事前。

为弥补“1104 工程”系统信息事后概念的弱点，深圳银监局对大型银行适时推出了贴身监管，主要有两种方式：一是在商业银行办公场所单独开辟一间供监管员专用的办公室，并配备与其各管理系统联网的电脑，监管员定期（每周）或不定期（每旬内）到商业银行现场办公，查阅相关信息，及时掌握商业银行的经营及变化情况，做到“经常看”；二是在局内各监管员桌面与商业银行的办公系统联网，通过其办公系统了解银行的各类动态信息，做到“天天看”。实施贴身监管取得了较好成效。

一是获取的监管信息更加丰富，尤其对“1104 工程”报表体系形成有效补充，实现了监管信息由点到流的转变。由于“1104 工程”分支机构非现场系统报表更新间隔长，内容固定，文字材料不全面，需要大量信息予以补充和佐证。贴身监管可按管理职能、监管范畴、风险程度等类别掌握信息来源和信息重点，并将这些信息与“1104 工程”相关内容对应，突破了过去依赖商业银行报送规定格式数据和固定模式文字材料的格局，将监管触角直接、主动深入到商业银行，把过去点对点的信息传递直接扩大为信息流的传送。

二是与商业银行的信息交流更加便捷及时，服务也更加到位。过去与商业银行间频繁的信息交流主要以书面材料为主，但实行贴身监管后，与商业银行 NOTES 系统进行了联网，且安全性得到保障，大量的非现场监管信息和现场检查材料均可通过该平台传递，目前已成为监管部门与商业银行各部门信息交流的重要渠道。同时，商业银行一些非密级、需审批或备案的公文也可通过 NOTES 系统提前发至监管部门予以审核，提高了办事效率，受到了商业银行的一致好评，认为贴身监管更是一种贴身服务。

三是可将商业银行的资源为我所用，有助于提升监管能力和监管水平。由于各商业银行拥有较强大的人力、财力、物力资源进行调研、风险评估或购买外部研究机构的信息产品，通过贴身监管，监管员可以及时参阅商业银行的内部市场要情、动态分析、调研报告及其购买的外部研究报告，大大拓宽了获取信息的宽度，有助于提高监管水平，增强监管的前瞻性和主动性。

四是能对商业银行形成一定威慑力，有利于促进其内控及合规文化建设。实施贴身监管，监管员可通过两种层级的贴身监管方式对商业银行做到“经常看”甚至“天天看”，这种类似在线监测、实时监督的方式使商业银行有一种“时刻被监管部门盯着”的感觉，对商业银行的不合规行为无疑形成了直接而强大的威慑力，有助于促进商业银行加强内控，重视合规文化的培养和建设。

顺应形势　超越本位　在联动监管中提高监管有效性

肆行全球的国际金融海啸向各监管机构的工作效率和有效性提出了挑战。以美国次贷为代表的非理性过度金融创新所造就的恶果也从客观上反映出，在愈来愈综合化、复杂化、混业化的金融活动和金融产品面前，线路清晰、手段简单、功能分割的监管体系显得力所不及。为此，深圳银监局积极探索发起建立金融监管协作机制，各分业监管部门通过政策配合、信息沟通、功能渗透、行动一致的协调联动尝试，力图形成综合效应，构筑监管屏障。

一、因势而谋，发起建立金融监管协作机制

随着我国金融机构综合化经营步伐的加快，银行业、证券业、保险业机构在组织架构、经营业务及产品创新等诸多领域均有不同程度的交叉。尤其深圳作为一个区域性金融中心，银行、证券、保险三个市场并存，而且银行与保险机构相互控股，如中国平安集团持有深圳平安银行 90.04% 的股份，招商银行收购了招商信诺人寿保险 50% 的股权；同时平安集团和招商银行又同为上市银行。而目前我国对银、证、保实行分业监管，因此在这种“三业”混营、分业监管模式下，由于监管边界难以明晰界定，一方面，极易出现监管真空，诱发潜在风险，产生风险传染，进而诱发系统性金融风险；另一为面，也难免产生多头监管、重复监管问题，导致监管资源的浪费。

深圳银监局敏锐觉知金融机构综合化经营步伐加快后可能诱发风险的严峻性和紧迫性，于 2008 年年初动议与在深圳的相关金融监管部门建立联动监管工作机制，提高监管效率，杜防监管真空。经与深圳证监局和保监局的充分沟通和周密磋商，分别与对方签署了《深圳银行业与证券业监管协作备忘录》和《深圳银行业与保险业监管协作备忘录》，从而建立了银证、银保间的双边监管协作机制。该机制为日后的金融监管协作工作作出了一系列制度性安排，开创了国内基层金融监管部门间

区域性监管协作的先河。机制安排主要涉及以下方面。

监管协调会议及列席会议机制。监管协调会议主要是对方[1]对金融控股集团及下属金融机构重大金融风险处置等事项进行沟通和协调。同时，任何一方主办或召集的系统内或辖内所监管金融机构及有关部门参加的重要会议，但凡内容涉及对方监管领域的，须主动邀请对方相关人员出席或列席会议。

重大监管政策协调机制。任何一方新近出台的与金融监管相关的重要政策发生变化时，须及时告知对方以便双方在监管政策的贯彻落实上协调一致。同时在制定涉及对方监管对象规范性文件和监管指标时，双方必须加强沟通协作，相互征求意见，必要时联合制定。

重大监管事项沟通机制。双方从促进区域金融发展、维护金融稳定角度出发，就上市银行、证券公司、保险公司等机构发生的重大突发事件和风险事件及时相互通报。同时对重大案件、事件可能导致严重后果需联合采取措施的，双方必须召开监管协调会议紧急磋商，共同决策，协调行动。

日常监管协作机制。主要针对银证、银保交叉业务实行监管协作，包括对银行基金代销适用性、客户保证金第三方存管、银行代销保险基金、代理保险业务等进行合作检查，对交叉业务开展联合验收等。

监管信息交流共享机制。双方将涉及对方监管的机构信息以及银行和保险机构的骗贷、骗保黑名单相互报送，逐步推动双方实现监管对象征信记录和诚信档案的共享、交流。

金融案件处罚磋商机制。任何一方在对辖内金融控股集团及下属上市银行、证券机构、保险机构之间的资金往来、关联交易，业务合作等方面监管中发现其存在违法违规行为，且拟作出的处罚决定可能对对方监管对象的经营发展，产生重大影响或使市场产生较大波动的，双方必须事先通报，必要时相互磋商协调双方立场。

案件、事件移送机制。任何一方接到属于对方监管职责范围内的举报、投诉、信访案件或事件，或掌握属于对方监管职责范围内的检查线索，须及时主动将有关信息、资料、证据及线索移送对方。

相关调查权协助机制。任何一方根据有关法律法规赋予的相关调查权向对方监管对象进行调查而遭其拒绝或不予配合时，对方应在权限范围内，督促其监管对象

---

1 银监局与证监局、保监局之间互为双方。

配合调查，也可提请对方协助调查和取证，必要时双方开展联合调查，共同维护监管权威。

金融债权共同维护机制。当银、证、保金融机构在各自的金融债权维护方面存在异议或发生利益冲突时，要求双方协同立场、积极调解，依法维护银、证、保金融机构各自的债权权益。

金融创新合作沟通机制。双方应积极支持银、证、保金融机构合作开展各项金融创新，对创新中形成的银行业与证券业和保险业的交叉业务监管进行共同研究，并协助银、证、保金融机构磋商解决合作创新过程中的问题及政策障碍。

与此同时，为发挥监管合力，提高监管效能，由深圳银监局发起与人民银行深圳市中心支行签署了日常监管协作机制，意在规范银行业的市场行为并在必要时双方联合稳定市场信心，解决流动性等问题，进一步增强了双方间的联动和沟通。此外，针对深圳地区境内外赌球组织活动猖獗、数起案件均为银行员工参与赌球的区域性特征，深圳银监局日前正积极与公安部门沟通协调，探讨建立协作工作机制，追根溯源，打防结合，构筑案件防控联动机制，合力打击金融领域的各种违法犯罪活动。下一步，深圳银监局还将与工商、税务等政府相关部门沟通磋商，建立协作机制，多管齐下，力争形成一个多角度、全方位的联动监管体系，提高监管效能，严防监管真空，填堵监管漏洞，全力确保深圳金融的平安、平稳运行。

二、积极践行，各方金融监管协作初显成效

深圳银监局与辖内证监局、保监局和人民银行建立的上述若干合作监管与协调工作机制，实施时间不长，但各方合作良好，运行初显成效：

一是共议当前经济金融情势。监管协作机制建立以来，银证、银保分别召开监管协调会议，双方高层级领导就动荡的国际国内经济金融形势及深圳金融业的发展等相关问题进行了广泛交流，统一了认识，提升了协同监管的步调，有力地促进了中央各项政策部署在地方的贯彻落实。

二是共建流动性管理应急预案。针对当前国际金融危机导致深圳金融市场产生信任危机和流动性压力的情况，深圳银监局主动联合人民银行积极建设市场救助体系，双方密切磋商，统一认识，统一行动，制定了《关于应对商业银行流动性问题的应急维稳机制》。该机制对督导商业银行加强流动性管理，稳定市场信心、防范

国际金融市场风险向国内传导，保障深圳银行业体系的安全稳健运行和可持续发展起到了积极作用。

三是共构账户信息查询机制。2008 年 4 月，深圳证监局请求银监局要求银行为其稽查办案过程中的有关账户查询等工作提供便利。按照与证监局签署的监管协作备忘录中的相关机制安排，双方经充分协商后，联合向辖内银行业金融机构发出了《关于协助证监会及派出机构查询证券期货交易当事人和与被调查事件有关的单位和个人在金融机构账户的通知》，大大提高了证监局的办案效率，也为双方下一步的合作奠定了良好基础。

四是共维银企各方权益。深圳地区上市公司众多，且这些公司往往也是银行的重点客户，一旦涉及金融债权维护问题，势必要求证券和银行双方的监管机构介入，方能确保银企双方的利益得到有效伸张。近年来，三九、海王等一系列上市公司相继爆发财务问题，深圳银监局和证监局经过充分缜密的沟通协调，不仅使得银行的各项债权得到落实，风险得到控制，而且帮助一批陷入困境的企业渡过难关，有力促进了经济发展和社会稳定。

五是共推各种金融创新。深圳银监局和人民银行、证监局、保监局抓住深圳市每年一度的金融创新奖评选之机，共同梳理近一年来辖内金融创新领域面临的重大问题，并从技术、法律等视角全面研讨各项金融创新的关键环节，共同评定金融创新获奖名单，以此引导下一年度的金融创新。监管部门间的这种沟通机制，不仅大大提升了辖内金融创新的效率，而且一定程度上弥补了现行监管框架下金融创新可能带来的监管漏洞。

六是共享金融数据信息。按照监管协作备忘录的相关机制安排，深圳银监局定期（每月）从人民银行获取货币信贷和金融市场运行等数据，人民银行也可从银监局获取银行业金融机构的监管数据，双方互通有无，为各项职能的发挥提供了极大便利，同时也减少了数据的重复报送和加工。此外，深圳银监局还定期从证监局和保监局获取其相关监管信息，以了解辖内金融行业的总体运转情况，进而保持对银行业运营的外围环境有一个全局性、系统性的认识。

七是共商银行卡产业发展大计。针对近年来风起云涌的金融 IC 卡发展趋势，深圳银监局和人民银行一起率先在全国启动了深圳市金融 IC 卡发展规划，有力地推动了金融 IC 卡在深圳的试点工作。同时，针对近期信用卡套现日趋猖獗的现实，深圳银监局与人民银行进行充分沟通、论证，联手出台了《深圳市信用卡业务风险管理指导意见》，并拟进一步出台《深圳市信用卡业务风险管理实施方案》。双方在银行卡领域的成功合作，不但为辖内银行卡产业的发展提供了良好的外部监管环境，而且为今后其他领域的监管协作提供了很好的借鉴。

科学规划　主动引导　充分发挥机构准入监管的积极效应

在监管实践中、针对辖内银行业机构局部竞争过度和欠缺并存的不均衡现象，深圳银监局从加强市场准入监管的角度着手，积极尝试创新监管方法，充分发挥准入监管的主动性、规划性及目的性效应，引导商业银行有效避免同质同类过度竞争，加强金融服务，统筹兼顾、科学布设银行网点，确保辖内金融服务的充分、全面和均衡。

一、创新机构准入监管的动因

总体来看，深圳地区金融机构种类齐全，商业银行布点较为充分，为深圳经济发展和民生服务作出了较大贡献。但近几年来，随着竞争的与日俱增，商业银行网点已日渐呈现出疏密不均、竞争过度与服务不足同时并存的不均衡局面。一方面，在特区关内老城区以及新发展的中心区域和热点区域，网点稠密，有的甚至极度饱和。特区内的老城区每平方公里平均有十个以上网点，其中南湖街道办 2.63 平方公里便聚集了 43 个银行网点竞争白热化。而与此同时，在特区关外、新城区尤其较边远的欠发达地区，则网点稀疏、覆盖率低，甚至几万人的社区或几十平方公里的地域内也没有一个银行网点，无任何形式的金融服务，给当地居民生活带来极大不便。关外大浪街道办 36.38 平方公里竟无一家银行网点为居民提供基本的金融服务，更谈不上服务的周到性、全面性和充分性。

究其原因主要有两方面：一是商业银行网点发展的趋利性和盲目性所致。作为服务性企业，商业银行普遍存在经营理念偏重经济效益和眼前利益而社会责任意识和服务意识相对薄弱的现象，因此网点设置大多聚集于能立竿见影的繁华闹市区域。同时商业银行竞争意识的异化，也导致了其竞争行为和竞争手段的同化，普遍粗放经营，纷纷在中心区域抢占地盘，布设网点。加之在客观上商业银行对各区域的社会、经济环境以及同业布点、经营等相关信息的了解也是“只见树木、难见森林”，容易形成一味追风，哪里热闹往哪凑，致使银行网点扩张带有相当的盲目性。二是监管机构被动、简单的审批所致。反观多年来的机构准入监管，基本是各行根据自身需求和分析预判提出申请，监管机构大多亦是予以被动、简单批复，未充分发挥机构准入监管对全辖银行网点整体布局的主动规划效应，进而导致特区内外、新老城区、发达与偏远区域之间网点布设的疏密不均以及服务的不均衡。

二、创新机构准入监管的思路

商业银行网点的整体布局直接影响到金融服务的充分性、全面性和均衡性。为切实改变商业银行盲目布设网点行为、扭转金融服务的不均衡局面，深圳银监局积极深入各区及街道办，对各区域经济发展形势、城市发展进程、人口结构特点及社会治安情况等进行了全面了解，并根据深圳 7 大行政区域辖属 55 个街道办的管辖面积、单位面积网点数量、网点行别、网点平均存款、近两年网点增长数量、近两年网点存款平均增长率等相关指标（中资银行用平均存款及增长率，外资银行用平均资产及增长率），分析比较各区域现有银行网点的饱和程度、服务充分性以及未来的发展潜力，在此基础上形成了《深圳银行业金融机构营业网点准入规划》（以下简称《规划》）。《规划》综合上述各种因素，针对各区域实际情况，提出了“积极鼓励区域、大力支持区域、适度限制区域、缓设或逐步迁出区域”等指导性意见以引导商业银行更科学合理地布设网点，提升辖内金融服务供给的有效性。

同时，为使商业银行更为直观地了解同业网点的铺设总量、具体布局以及各区域的发展潜力等综合信息，知己知彼、避密就疏设立网点，深圳银监局专门为此开发了“深圳银行业网点信息及安全评估系统”（以下简称“系统”）。“系统”包含了网点信息、网点安全评估和信息交流平台三大部分，其中的电子地图不仅提供了各行在各区域设立的营业网点、离行式自助银行、离行式柜员机的详尽信息和地理位置，而且将《规划》中涉及的银行网点饱和状况、经营情况等分析数据也录入了该“系统”基础信息每年更新一次，营业网点增设、变更等信息每月更新一次，供各行布设营业网点分析、决策参考。

三、创新机构准入监管的特点及效应

一是变盲目被动审批为科学主动规划。一直以来，市场准入（含机构、业务和高管）尤其是机构网点的准入监管基本等同于许可审批，而各行受信息局限，布点申请带有较大主观性和盲目性，监管机构亦多是被动地“一报一批”，经年累积，自然形成部分区域银行网点稠密过度竞争、部分区域网点稀疏服务薄弱两个极端导致区域服务的不均衡。而《规划》和“系统”的实施及推出，为商业银行提供了全面充分的信息决策依据，使银行选点更具针对性和科学性。同时，监管机构通过对各区域网点准入实施不同政策，亦可主动统筹规划，引导商业银行按照科学发展观精神要义，兼顾自身效益和社会效益，科学合理布局，提高银行网点覆盖率，保证辖内金融服务的均衡协调。

二是变简单审批监管为深化细化服务。深圳银监局花费大量人力精力和时间潜心调研、分析，制定《规划》，开发“系统”，与其说为监管机构主动规划、科学审批提供了技术支撑和翔实凭据，不如说是为商业银行免费奉送了丰富的决策资讯，解决了仅靠各银行自身无法获悉的方方面面涉及网点准入的全局性、综合性和区域性信息瓶颈，进而深得商业银行的认同、信服和赞赏，并为深圳银监局这种务实求真、急银行之所急、想银行之所想的工作作风大为慨叹，认为这一举措看似平凡，却一改传统的简单被动审批赋予了机构准入监管较高的技术含量，不仅仅是监管手段的一大创新，更是监管机构对商业银行提供的一种深度服务，着实体现了寓监管于服务的监管理念。

三是变单一准入监管为综合联动监管。现场检查、非现场监管和市场准入监管三大板块构成了银行监管的基本架构，而机构网点准入监管无疑是防控风险的源头。深圳银监局成立以来，实施了准入监管与风险评级挂钩，即体现风险监管的理念。但这种革命性的理念转变，并未充分落实到准入监管之中，而只是相对单一地体现为与机构准入数量的挂钩和规划，尚未涉及机构设置所产生的经济效益与社会效益的评估，以及相应的机构发展潜力与对整个银行业系统健康稳定发展的贡献。《规划》为避免就准入言准入的单一性监管，深圳银监局通过精心挑选和设计相关指标，将网点准入审批监管工作与对各行的现场、非现场等监管紧密结合：如与对各行的内控检查、风险评级及服务质效情况相结合；与各行对社会金融服务的贡献度相结合，如某银行上一年度在金融服务薄弱或服务不充分的区域设立一个网点，本年规划中即可调增一个网点指标；与机构设置和机构健康发展的关联度相结合，如考虑机构盈亏点、成本收入比、业务增长率等作为机构区域布局的评估要素，与此同时，《规划》还将网点准入与各行的案件防控工作和安全保卫工作紧密相连，比如一旦某行上年度发案金额达 100 万元以上（含 100 万元，多起案件则合计），则直接取消该行本年度新增网点规划，等等。由此形成机构准入与现场、非现场等监管的有机联动，鼓励支持经营稳健、社会责任感强的银行做大做强。

四是变均等式监管为差异化监管。为构建层次丰富的机构服务体系，培育多种类型的服务主体，以适度的竞争和专业化经营，提高对中小企业金融服务的供给水平，《规划》特别区分新老银行以及大型、股份制、外资等各类银行，考虑合理政策差异、对专注中小企业金融服务的新入驻银行和邮政储蓄银行等予以适度倾斜和优先。同时为培育辖内银行业形成多角度、多层次的服务体系，减少同质同类竞争，提供全方位金融服务，《规划》还鼓励商业银行找准自身定位，打造经营特色，准允其在风险可控的前提下对私人银行、财富管理中心、小企业贷款中心等创新型经营模式进行适度尝试。

五是变静态监管为持续动态监管。《规划》和“系统”将改变以往长年不变的经验、静态式审批监管，在不断实践基础上检讨、总结遗漏及不足，并与时俱进、结合新情况、新问题，进一步完善相关数据指标，丰富更新各类信息，调整网点准入规则，主动引导商业银行合理布局，实现对网点准入的动态持续监管，确保辖内商业银行网点的宽幅覆盖和金融服务的全面均衡。

总之，《规划》和“系统”的导引性监管，不仅仅是对各行和全辖新增网点的简单数量规划，更为重要的是通过针对不同区域提出的差别指引政策，将机构准入监管工作注入了主动规划、积极引导的理念，改变了以往由商业银行盲目申请、监管机构被动审批的格局，从而使机构准入监管工作更加深入、更为主动，切实发挥机构准入监管的积极效应。在《规划》和“系统”的导引下，辖内商业银行 2009 年营业网点规划有近 70% 的网点已拟定在特区外金融服务薄弱和不充足区域。相信通过《规划》和“系统”的持续性导引监管，辖内银行过度竞争与服务不足的不均衡格局有望得到根本扭转。

监管实务探索篇

银行业监管是一门实践性和操作性很强的工作，需要把已有的监管理论用于实际，去思考、去琢磨、去总结，寻找理论与实践的最佳结合点。银行业监管又是一项贯彻性和执行性很强的工作，需要将已有的监管政策、规章制度贯彻落实，去观察、去反馈、去改善，寻找最优的政策着力点。同时，银行业监管也是一项动态演进的工作，随着经济周期的波动、金融形态的变迁、银行业务的变化、风险呈现的形势等不断创新和发展，一批又一批的银行业监管从业人士为之付出了艰辛的努力和宝贵的心血。为更好地履行监管职责，提高监管效能，该篇收录了关于银行业监管工作的一些思索和尝试，包括监管方法的探索与创新、监管手段的增加与拓展、监管工作体系的构建与完善、银行业务流程的规范与健全、对银行风险的防范与化解、对内控机制的治理和建设等，并在工作中进行了有益的尝试。

锐意进取 开拓创新 不断提高深圳银行业监管工作水平

2007年是我国社会经济发展进程中十分重要的一年。党的十七大胜利召开，经济金融在高位平稳运行，银行业改革开放与发展硕果累累。在刚刚结束的银监会2008年工作会议上，刘明康主席作了题为《深入贯彻党的十七大精神 不断开创银行业监管工作新局面》的重要讲话。刘明康主席的讲话高屋建瓴，内容丰富，深入分析了当前我国经济金融和银行业监管面临的形势，对2008年的各项工作作出了全面部署。深圳银监局要以十七大精神为统领，贯彻国家宏观调控政策，深入学习、认真落实刘明康主席的讲话精神，结合深圳实际做好各项监管工作。

一、2007年主要工作回顾

（一）落实风险为本，监管有效性进一步增强

一是深入开展非现场监管。以银监会非现场监管信息系统实施和应用为契机，结合深圳银行业监管实际，实行非现场监管与现场检查在处室内部的适当分离，强化了风险的监测和预警，提高了非现场对现场的指导作用；开发“信贷风险监测系统”二期工程，丰富了监管技术和手段，对集团客户和关联企业贷款的风险监管能力得到提升。二是扎实推进现场检查。2007年共开展62项现场检查，累计检查工作量超过8239人天，查出违规金额63.02亿元，提出整改意见397条。重点对农商行、农业银行等机构开展了全面检查，对银行网点服务的现场检查，对信贷资金违规流入股市房市的现场检查，对大额不良贷款、集团客户贷款、“两高一资”行业贷款的现场检查等。三是积极贯彻落实宏观调控精神。引导银行业金融机构自觉落实宏观调控政策，强化风险管理，控制信贷投放。针对深圳房地产价格上涨幅度较大、银行房地产贷款比重较高的情况，适时下发监管指引和风险提示，取得了较好效果。

（二）坚持改革开放，机构重组引进成效显著

2007 年是我国银行业全面对外开放的第一年，重点做好外资银行的法人转制工作，多家外资银行法人机构落户深圳，深圳发展银行、深圳租赁公司、深圳平安银行、深圳能源财务公司完成重组改造，邮政储蓄银行也完成改制挂牌。此外辖内银行“走出去”取得重大突破，招商银行纽约分行获准设立，实现了近 16 年来中资银行进军美国市场的重大突破。

（三）银行创新活跃，积极推动小企业金融服务

首先加大了对金融创新的支持力度，银行业金融机构创新活跃。2007 年深圳银行业共推出 56 项创新，涉及管理机制、信息系统、产品服务，深圳金融创新奖近一半的奖项被银行业获得。其中“中小企业上市一路通综合金融服务解决方案”获得一等奖，“选择权贷款”“向日葵品牌管理”“步步高房贷理财”成为创新的亮点。推动银行业金融机构完善工作机制，积极开展小企业贷款。同时银监局与市政府共同成功举办第二届中小企业融资洽谈会，拓宽了中小企业的融资渠道，截至 2007 年末，获得深圳银行业授信的小企业超过 7000 户，授信余额超过 300 亿元。

（四）强化内控建设，风险管理和案件防控稳步推进

在银监局的积极推动下，银行机构进一步强化了风险管理和合规文化建设，采取的措施包括：对风险管理的部门和流程进行调整改造，设立专职审批人，推行风险执行官制度，采取客户经理和风险经理平行作业模式；整合资金交易管理流程，试行压力测试和情景模拟，实行市场风险和流动性风险的集中管理。根据深圳银行业案件形势的新情况，在全辖开展了会计结算和柜台业务风险拉网式大排查，通过排查，发现了 2 起案件，暴露了银行机构内部控制中存在的风险点和薄弱环节，为进一步做好案件防控工作打下基础。

（五）贯彻十七大精神，党建工作和内部管理得到加强

以迎接十七大召开和学习贯彻十七大精神为主线，全面加强党建工作。召开了学习贯彻十七大精神大会，举办了第一期处级党员干部党校培训班。加强党委民主生活会和中心组、局务会集中学习制度，完善绩效考核工作机制，优化人力资源配置，设置了事后监督岗。签订党风廉政建设责任书，张贴“约法三章”等廉洁自律规定，深入开展反腐倡廉宣传教育。开展了职工运动会、迎新晚会、局庆等一系列集体活动，活跃了干部职工业余生活。

2007 年是深圳银行业发展历史上最好的一个年头，银行业资产总额超过 2 万亿元，存贷款余额双双超过 1 万亿元，不良贷款率下降到 4% 以内，账面利润实现翻番。截至 2007 年末，深圳银行业金融机构资产总额 20875.91 亿元，增加 6408.90 亿元，增幅 44.30%；各项存款余额 12545.31 亿元，增加 2035.89 亿元，增幅 19.37%；各项贷款余额 10092.52 亿元，增加 1765.35 亿元，增幅 21.20%；不良贷款余额 390.32 亿元，不良贷款率 3.87%，分别下降 149.66 亿元和 2.65 个百分点。全年实现账面利润 349.79 亿元，同比增加 183.64 亿元，增幅 110.53%。

2007 年深圳银监局全体干部职工面对新情况和新问题，沉着应对，创造性地开展各项监管工作，为深圳银行业发展作出了重要贡献。这是银监会统揽全局、正确领导的结果，也是全局干部职工埋头苦干、勇于创新的结果。

二、2008 年监管工作的主要任务

对 2008 年的总体要求是：认真学习领会党的十七大精神，深入贯彻落实银监会党委的工作意图，解放思想，振奋精神，锐意进取，开拓创新，坚持团结协作，加强沟通协调，继续推进改革开放，着力提高监管工作的有效性。2008 年深圳银监局的工作将面临新的形势、新的挑战，为圆满完成年度的工作任务，需要全局上下共同努力。党委要求全体同志按照“实、新、准、精”四字原则做好全年工作：“实”体现队伍的品质，实事求是，真抓实干；“新”体现队伍的素质，不断学习具有新观察、新理念、新办法、新手段；“准”体现队伍的能力，问题抓得准，性质判断准，手段用得准；“精”体现队伍的质量，精心安排，精益求精，精彩纷呈。

（一）深入学习，认真领会，将十七大精神贯彻到实处

1. 精心组织，科学安排，深刻学习领会十七大精神的实质。党的十七大是在我国改革发展关键阶段召开的一次十分重要的大会，对我们的工作具有重要指导作用。学习和领会十七大精神是贯穿全年度的学习任务，党委组织部、宣传部以及即将组成的机关党委要精心组织，周密安排，确保学习时间和学习效果，在按规定进行党委中心组学习的同时，保证以学习十七大精神为主题的党课全年不少于 4 次。

2. 端正认识，联系实际，把十七大精神贯彻到实际工作中。学习贯彻党的十七大精神，要紧密联系银行监管的工作实际、紧密联系干部队伍的思想实际。通过学习贯彻，转变不适应、不符合科学发展观的思想观念，认真查找精神状态上存在的

差距、监管工作中存在的不足，开创深圳银行业监管和发展工作的新局面。要以支部为单位，组织讨论和交流，按季度结合银行业监管和发展的实际总结学习情况，交流学习体会，并就监管工作提出改进意见和建议。

3. 回顾历史，展望未来，坚持解放思想改革开放不动摇。2008 年是我国改革开放三十周年。要组织全局同志及辖内银行业金融机构，通过征文、演讲、展览、研讨等多种形式，开展大学习、大讨论，全面总结深圳金融改革开放的历史成就，展望发展前景，坚定进一步解放思想、坚持改革开放的信心和决心。此次活动计划于 1 月开始，8 月结束，分两个阶段进行。第一阶段的工作目标是通过多种形式，回顾、畅谈改革开放的伟大成果；第二阶段是在三十年成就的基础上，广泛研讨深圳银行业进一步改革开放的思路和方向。

（二）认真研究，正确理解，积极落实国家宏观调控政策

1. 认真学习，积极贯彻，落实国家宏观经济政策。2007 年以来，国家采取了一系列调控政策，但经济增长由偏快转为过热的趋势未能缓解，价格上涨压力加大，节能减排形势相当严峻。中央经济工作会议提出实施从紧的货币政策，严格控制货币信贷总量和投放节奏，改善国际收支平衡状况。在此背景下，2007 年、2008 年这两年经济运行的变数加大，金融运行的不确定性因素增加。作为监管部门，我们必须认真学习和领会国家的相关政策，在非现场监管中关注银行业机构贯彻宏观调控政策的执行情况，通过监管谈话等方式督促落实。

2. 抓住时机，夯实基础，为长远发展积蓄力量。2007 年深圳银行业取得不俗的业绩，在大好的形势面前要保持清醒的头脑，督促银行业金融机构在 2008 年做好以下几方面的工作，增强抵御风险的能力。一是严密防范信用风险。紧缩的货币政策势必导致银根收紧，连续几年高速发展的惯性势必使一些企业感到后续资金紧张的压力，甚至导致资金链断裂。银行有限的新增贷款也会有保有压，淘汰一部分贷款客户，信用风险、不良贷款反弹的压力陡增。因此要严密关注信贷资产质量的变化情况，督促银行业机构采取措施防止不良反弹。二是高度关注流动性风险。从紧的货币政策必然对银行业机构，特别是中小商业银行的流动性形成巨大压力，为确保银行业机构和银行业市场的稳定和安全，一方面要加大对流动性和支付能力的监测，形成预警体系。另一方面要责成银行业机构进行压力测试，在此基础上做好流动性风险管理预案，提前做好计划和安排。同时督促银行业机构调整资产负债结构，避免因期限错配加剧流动性风险。三是加强对市场风险的分析与研究。人民币持续升值，利率多次调整，美国次贷风波对市场的影响逐渐显现，房地产市场、股票市场波动无常，加剧了市场风险压力。要提高对市场条件变化的敏感性，督促银行业机构关注市场风险。四是严格控制集团客户风险。在宏观调控的环境下，集团大客户的风险也随之加剧，为此要严格督促银行业机构按照监管规定严控集团客户的授信，防范集中度风险。同时指导银行业机构在调控期间抓住时机，夯实基础，蓄势待发。

3. 依托政府，加强引导，积极支持地方经济又好又快发展。宏观调控的目的是保证经济的健康和可持续发展，在调控期间要求银行业机构一如既往地支持地方经济的发展，关键问题是符合国家的产业政策。要协调政府相关部门和银行业机构加强沟通，选准目标，达到稀缺资源的有效配置，取得效益最大化。

（三）落实理念，防范风险，确保银行业健康可持续发展

1. 锁定风险，目标监管，监管目的性、有效性要有新提高。银行监管的核心是风险监管，风险监管的原则是立足防范，防范的手段是关口前移。提高监管的有效性是利用现有监管资源圆满完成监管任务的必要条件。针对深圳银行业的发展水平和我们的监管能力，应通过监管与被监管双方的充分沟通，使被监管机构充分了解监管的政策、意图和目标，从而启发和引导其自觉贯彻监管意图，对监管工作形成配合和默契，这是有效提高监管效能的途径。为此，应按照一行一策的原则，在上年度监管实践的基础上，制定年度监管工作规划，设定年度监管目标、要求和工作要点，在充分征求被监管机构意见后确定并实施。监管规划的制定实施，一方面增加监管的透明度、目标明确，有的放矢，另一方面给予被监管机构充分的知情权，便于其理解和配合，逐步打造原则性导向监管的基础。

2. 明确要求，落实责任，案件专项治理工作要有新举措。2001 年深圳银行业发案数量下降，但涉案金额却大幅攀升，案件形势不容乐观。2008 年，银监会给深圳下达的案件防控工作目标是百万元以上案件数量控制在 4 件以内，比 2007 年下降 1 件，各类案件数量控制在 7 件以内。为此，一是在 2007 年风险排查的基础上，根据重点问题和普遍性问题提出监管要求，并逐行签订案件专项治理工作目标责任制。二是督促银行全面落实银监会防范操作风险的十三条，针对深圳实际情况，重点落实轮岗、强制休假、有奖举报、突击检查等制度，多策并举，筑起防范机制。三是对案件专项治理工作的落实和效果进行专项考核，与业务、机构准入挂钩，并给予正反双向的监管政策激励。为充分引起各机构对案件专项治理工作的重视，要进一步加大力度进行督导，适时召开全辖案件专项治理专题会议、案件通报和分析会议。

3. 一行一策，分段实施，法人机构公司治理要有新进步。要根据法人机构的特点和不同的发展阶段，督促其真正健全公司治理的架构，建立公司治理的机制，使公司治理的效能和作用得到充分发挥，而不仅仅是作为一块招牌。一是针对机构各自的特点和不同发展阶段，一行一策，制定公司治理建设的年度目标和中长期建设目标，不要求一蹴而就。二是突出公司治理的有效性，在达成原则共识的前提下，研究探讨多种行之有效的方式。三是将公司治理建设的发展和水平作为监管评价的重要依据，作为实施和调整监管措施的重要要素。

4. 有的放矢，跟踪督促，银行机构内控建设要有新成效。银行的内控质量取决于其对风险的认识、防控水平以及经营实践中的验证和完善能力。内控制度的健全是相对的，缺陷是绝对的，因此对内控建设的要求应更加具体，更有针对性，要以2007 年现场检查和风险排查的结果为基础，以各行存在的个性问题和全行业普遍问题为依据，择其一点或多点，而不是泛泛提出监管要求，且要限定整改期限，有计划、分步骤地予以落实，并通过后续检查评价工作效果。

5. 科学决策，理性发展，银行发展要有新理念。银行规模扩张冲动是银行运营特点决定的，有其合理性。但扩张的前提是具备扩张的条件，其基本条件是经营效益的提高和风险可控。粗放型、外延式的扩张，非但不能提高效益，还必然会酝酿新的风险。深圳的市场环境、机构自身的条件以及来自同业或兄弟行的压力，都导致深圳银行业有着更为强烈的发展冲动。为确保发展的健康和可持续，要督促银行业机构科学决策，理性发展，认真研究不同机构的发展阶段和管理能力的成熟度，参照银行机构的管控能力，管理和经营团队的经验，IT 系统的支撑能力等，测算与之相匹配的合理发展速度，并对其提出指导性意见。在其发展战略明显脱离自身实际并已形成策略风险的情况下，要进行风险提示，并在市场准入环节采取相应的从紧政策。

6. 统筹全局，科学布局，银行业市场准入工作要有新安排。根据银监会年度工作要求，监管工作要从源头入手，狠抓市场准入监管。通过市场准入监管，督促银行加强公司治理建设，强化风险内控建设，建立健全考核激励机制，鼓励和顺应金融创新的需求。在局内组成市场准入委员会，实施跨处室的市场准入事项的政策研究与审批决策。委员会要力图实现两大工作目标：一是形成工作机制，从市场准入角度对银行业的健康发展形成正向激励。二是深入研究市场条件，实施合理的机构布局，同时体现决策的纠错机制和准入权力的制衡机制。

7. 未雨绸缪，事先防范，银行业信息安全监管要有新思路。随着银行科技水平的不断进步，银行的业务经营、风险控制、创新活动、客户服务等领域对信息科技系统的依赖度越来越高。同时，信息科技系统在银行系统中的主导地位也决定了其成为外部高科技犯罪分子的主攻目标。为确保银行系统的安全，信息科技安全的监管工作已列上工作日程。我们要组成信息安全监管委员会，整合跨处室专业人才，专门从事信息、安全监管工作。其工作目标主要是收集相关市场信息，评估银行信息系统的安全，检查督促指导银行的信息安全建设，防范突发事件和高科技犯罪。近期目标是确保奥运会期间的安全与稳定。

（四）实事求是，改革创新，努力提高银行业竞争及服务能力

1. 改革重组，立足创新，全面提升银行业机构的市场竞争能力。2007 年深圳银行业的改革重组工作取得重大突破，对防范化解金融风险和提升抗风险能力起到极大的促进作用，2008 年要一如既往继续推动银行业的改革创新工作。密切关注农业银行股份制改革、上市的各项工作，严格五级分类，做好财务重组的准备；督促邮政储蓄银行建立健全风险控制体系，积极应对开展资产业务可能产生的风险；密切关注国开行和资产管理公司商业化转型过程中出现的新情况、新问题，有针对性地做好监管工作；关注深圳租赁公司重组增资进程；鼓励深国投的业务创新，同时开展对创新业务的评估和检讨。要在充分调研和论证的基础上，探索适当的监管方式，掌控机构改革重组情况，防范风险。

2. 统一思想、强化责任，进一步提高服务社会的能力。银行作为企业势必将利润最大化作为追逐目标，银行作为一个经济实体表现为有限责任，而它同时也作为社会的一分子，其承担的则是无限社会责任。银行的社会责任体现在保证存款人利益，为广大客户提供优质便利的服务，同时还应承担支持地方发展，改善社会环境，反哺社会的责任。要制定银行业金融机构履行社会责任的指导意见，督促引导银行业机构提升服务社会的能力。

3. 眼界开阔，反应灵敏，广泛吸纳和研究监管新方法。作为改革开放的前沿地区，银监会对深圳的各项工作寄予厚望。我们要进一步拓宽视野，增强对市场变化的灵敏性，利用毗邻香港的便利条件，高度关注国际银行业发展的最新动向，及时跟踪银行业监管的新理念、新技术和新方法。为此要组成跨处室的创新工作委员会，建立创新工作机制，加强与香港金管局以及银监会和兄弟局的沟通交流，将他们的新理念和新方法应用到监管工作中。

4. 善于总结，加强交流，在创新的同时推陈出新。创新是银行业监管与发展的不竭动力，支持创新和自我创新是我们工作的要点之一。但对创新不能仅仅理解为无休止的标新立异，关键应立足于有效性，要深入研究分析新形势、新问题，注重总结经验，在看似平凡的工作中归纳总结有效的工作方法，推陈出新，达到低耗高效。

（五）完善制度，建立机制，提高监管工作的规范性

1. 区别对待，明确要求，针对不同类机构明确监管规范。由于各类银行业金融机构在产权结构、公司治理、经营环境等方面各有不同，在风险管理、内部控制以及核心竞争力等方面千差万别，必须对银行业金融机构的特性进行全面深入了解，准确分析和判断各类机构的风险所在和风险程度，因行施策，因险施略，确定不同的监管重点，合理配置监管资源，用最小的监管成本收到最大的监管绩效。在具体监管工作中，要针对当地法人与分支机构、银行机构与非银行机构的不同特点，有针对性地抓住监管的风险点、关键点，制定监管的规划、目标和相关要求，有节奏、有频率地落实监管措施。

2. 专业区分，工作协调，建立明确的现场与非现场协调机制。在非现场监管和现场检查适度分离的情况下，要建立两者间顺畅的交流沟通机制。在非现场监管与现场检查工作的安排中，要体现专业人员和专业岗位的有效设置，建设一支专业化的团队，集成有效的监管力量，实现工作效能的最大化。非现场监管人员应参加现场检查的立项、进点会谈、离场会谈、检查结果讨论，共享各类信息、对被监管机构定期“会诊”等，都是完善交流沟通的有效渠道。非现场监管是风险监管的重中之重，要充分落实非现场监管的责任，在刚性的现场检查任务之中，保证弹性的非现场监管不被挤压。现场检查工作要充分体现在非现场监管引导下的针对性、有效性的监管要求，注重专项检查和后续检查，择其重点，抓出实效。

3. 突出本职，兼顾其他，完善内部外部、垂直横向工作协调机制。根据对内讲团结、对外讲协作的原则，要立足实际探索跨处室的协调机制，建设专业化团队；要立足本位，胸怀全局，建立属地监管与异地监管局之间的有效协作机制；要立足于点，着眼于面，按照银监会总体部署，妥善处理深圳一个点和全国一盘棋的关系。要加强与地方政府的汇报、沟通与协调，依托政府做好监管工作；逐步建立健全与公安司法部门就打击非法集资、地下非法金融活动、银行案件移送等的跨部门协调工作机制。

4. 遵守纪律，行为规范，强化监管队伍管理。要用纪律来约束干部，用纪律来制衡权力，用纪律来防治腐败。工作的主要目标，一是认真落实监管工作中的廉政纪律要求；二是将监管工作标准化，落实履职要求；三是制定监管人员在岗行为规范，落实监管队伍的形象要求。要增强纪律执行情况检查的透明度，增强问责、追究和处理的透明度，使全体干部职工能够相互监督。纪检部门要制定干部廉政工作守则，从制度安排上建立纠错机制和防治腐败的长效机制。

（六）端正局风，加强建设，构建监管工作的坚实基础

1. 勤奋敬业，友爱团结，培育和谐上进的银监局文化。一个单位或一个集体要保持上进的长远动力，要保持开拓的不竭活力，要保持集体的永恒凝聚力，就需要培养一种积极、健康的文化，就要有一股气、有一个魂。针对深圳银监局的现状，我们的“气”应该是：不落人后的志气、争先夺优的豪气、探索创新的勇气。我们的“魂”应该是：团结是纽带、集体是平台、荣誉是生命、进取是灵魂。为此，我们提倡要常怀感恩之心，常做友善之事，常诉同志之谊，常有关爱之举；不可有猜人之心，不可有妒人之念，不可有害人之意，不可有毁人之举。

2. 加强学习，措施到位，着力加强领导班子和队伍建设。面对越来越重的监管工作压力，如何保持旺盛的工作热情，且要达到经久不衰，关键在于强化班子的核心领导能力，同时加强队伍的思想建设、组织建设、作风建设和廉政建设。为此，我们要将深圳银监局建设成为一所学校，养成崇尚学习之风；建设成为一座军营，有着铁的纪律和至高无上的集体荣誉；建设成为一个家庭，在团结友爱、和谐和睦的氛围中共同发展。为充分发挥每一个同志的特长，结合干部的职业生涯培训和成长规划，达到人力资源的最佳配置，以“公开、公平、公正”为原则，适时调整工作岗位，实现干部交流，促进干部全面发展。

3. 完善制度，规范程序，建设科学管理、行为规范的银监局。没有规矩，不成方圆，没有科学的制度安排，就难以形成行为的规范。针对深圳银监局面临的工作任务和形势，要加强政治纪律、工作纪律和财经纪律。为此，要进一步完善内部的各项规章制度，包括：体现民主决策的党委会议、局务会议、局长办公会议制度；体现公平公正的“考勤、考绩、考评”的人事管理制度；体现“奖能、保勤、戒懒、罚劣”的干部政策和考评考核制度；体现公开透明的财务和采购制度；体现下情上达的工会、团委民情民意沟通机制；体现集体亲和力的职工困难救助机制和关注干部职工婚丧嫁娶的关爱性制度安排；体现廉政建设执行力的反腐倡廉、廉洁从政的制度和机制。在全局上下形成纵横交错的制度安排，实现民主集中、反腐倡廉、用人唯贤、勤俭节约和尽职履职等理念的有效落实。

4. 团结紧张，严肃活泼，充分保证和实现全体同志的切身利益。保持和维护全体同志的工作热情，充分体现集体的亲和力，创造一个人人心情舒畅、整体和谐愉快的工作环境，保证全体同志的身心健康，是局党委应尽的责任。为此，一是开源节流，力保工资福利收入不下降；二是保证年度带薪休假；三是安排较高水准的体检；四是合理调整处室架构，提供发展的机会；五是安排喜闻乐见的文体活动，达到减压调整的效果；六是办好食堂，提供良好的后勤保障。

2008 年是我国经济金融发展进程中充满挑战的一年，也是银监会系统履职的第六个年头。站在新的起点，面对极具挑战性的经济金融环境，我们肩上的责任无比重大。我们要团结起来，扎实工作，为开创深圳银行业监管和发展的新局面作出我们应有的贡献！

解放思想　求真务实　共同开创深圳银行业持续发展的新局面

在全国银行业认真学习、深刻领会、全面贯彻党的十七大精神的过程中，我们共同告别了硕果累累的2007年，又迎来了充满机遇和挑战的2008年。刚刚结束的中国银监会2008年工作会议对推动银行业全面健康发展和加强监管工作作出了全面部署。召开2008年深圳中资银行业监管工作会议，就是要传达、学习和贯彻银监会的会议精神，同时结合深圳银行业发展状况，在总结回顾的基础上，提出2008年深圳银行业监管工作的思路和要求。

一、2007年深圳银行业发展的简要回顾

2007年，在银监会的正确领导下，深圳银监局与各银行业金融机构密切配合，共同努力，贯彻落实科学发展观，不断提高监管专业化、规范化和职业化水平，监管工作的质量和效果明显提高；银行业金融机构坚持改革创新，防范化解风险，银行业的发展更趋健康和规范；银行业市场不断注入新观念、新产品、新技术，服务客户，支持经济发展的意识和能力不断提升。

经过全行业的共同努力，2007年深圳银行业取得不俗的业绩，资产总额超过2万亿元，存贷款余额双双超过1万亿元，不良贷款率下降到4%以内，账面利润实现翻番。截至2007年末，深圳银行业金融机构资产总额20875.91亿元，增加6408.90亿元，增幅44.30%；各项存款余额12545.31亿元，增加2035.89亿元，增幅19.37%；各项贷款余额10092.52亿元，增加1765.35亿元，增幅21.20%；不良贷款余额390.32亿元，不良贷款率3.87%，分别下降149.66亿元和2.65个百分点。全年实现账面利润349.79亿元，同比增加183.64亿元，增幅110.53%。在取得上述业绩的同时，深圳银行业的以上变化将会对进一步发展产生深远和积极的影响。

一是转变理念，强化治理，为可持续发展奠定良好基础。深圳银监局在银监会“四、

四、六”监管理念的指导下，多措并举，加强督导；银行业机构深刻领会，密切配合，在公司治理建设和经营理念的转变方面取得明显进步。表现在：法人银行机构公司治理的意识、组织架构的建设和公司治理的效果初步显现；银行业金融机构经营理念由单纯追求规模扩张向以风险为本转变，相应的考核激励机制发生明显变化；银行业机构更加注重资本与发展速度之间的配比关系；五级分类的真实性和准确性、拨备的充足性也有了大幅度提升，审慎的和可持续发展的基础已经建立。

二是改革重组，战略合作，有效化解了金融风险。在监管当局的督促和协助下，银行业金融机构解放思想、大胆探索，通过自身的改革与重组、引进境内外战略合作，以及多种渠道的股权合作等方式，有效地处置和防范了显性和隐性的金融风险。邮政储蓄银行完成改制挂牌；深圳发展银行、深圳租赁公司、深圳平安银行、深圳能源财务公司完成重组改造，从整体上达到了提升抗御风险能力的效果。

三是解放思想，全面创新，激活深圳银行业发展的不竭动力。在监管当局的支持和鼓励下，深圳银行业金融机构，利用深圳银行业市场活跃、信息灵敏、队伍素质和科技水平较高的比较优势，充分解放思想，顺应市场需求，在机制、产品和服务等方面全面创新。同时在开发小企业金融服务、引进国际高端人才、中资机构国际化、外资机构本土化等方面也进行了有益的尝试。深圳银行业金融机构的创新工作及成果在全国名列前茅，也激发了银行业市场发展的活力。

四是认识提高，措施到位，风险防控能力进一步增强。在深圳银监局安排的一系列专项和后续检查督促下，深圳银行业金融机构的风险意识逐步加强，内控体系建设有了长足进步，风险控制能力显著提高。特别是 2007 年组织的拉网式风险排查进一步暴露了银行业金融机构的风控薄弱环节，查找出引发操作风险的风险点，引起各机构高度重视，相关整改工作正在进行中，相信 2008 年会有新的提高。

2007 年，深圳银行业收获了丰硕的成果，同时也应该看到自身存在的不足和问题。银行业金融机构的资产结构和盈利模式单一，应对宏观调控形势的能力有待加强；公司治理架构和考核激励机制还不完善，效能有待发挥；低级操作风险案件未完全杜绝，内部控制有待深化；信息科技基础建设仍然薄弱，系统安全有待提升。这些问题应在 2008 年工作中有针对性地加以解决。

二、2008 年监管工作的思路和工作要求

深圳银行业在充分总结和评判 2007 年工作的业绩和成果时要针对深圳银行业的实际情况求真务实找出差距和问题，有的放矢地进一步解放思想，开拓发展，增强综合市场竞争力。结合 2007 年的监管实践，可以说深圳银行业机构的优势主要体现在对市场的灵敏度高、对创新的动力和自主性强、对监管政策的理解反应快，自身队伍的素质高、开拓市场的能力强、经营与管控的手段新，因此，显得充满活力。而深圳银行业金融机构的劣势表现在：业务和流程及客户结构的相对单一，市场竞争区域的相对狭窄，市场竞争压力相对大；部分银行业金融机构对国家宏观调控政策理解不够全面，防范较低级操作风险仍有疏漏，潜藏着策略风险和操作风险，为此，各银行业金融机构应在思想上高度重视 2008 年面临的机遇和挑战，在策略上要准确应对市场的变化、做到未雨绸缪，在风险的防范上要针对 2007 年发现的问题下工夫整改，做到亡羊补牢。

（一）科学决定，优化结构，全面防范信用风险

2007 年以来经济的快速增长过程中体现出投资高位运行资本市场活跃，信贷增速过快，流动性过剩突出，产业结构失衡等特点，其中房市的不断攀高和股票市场的持续火爆，客观上助推了银行资产的快速扩张和银行利润的快速增长，2007 年中央经济工作会议明确 2008 年将继续落实宏观调控政策，防止经济转向过热和明显通胀，并实行从紧的货币政策。为此人民银行对商业银行信贷总量的增速将实行严格监控，银监会和人民银行已联合召开会议，下发文件对房地产信贷实施严格监控和规范。结合深圳的发展态势，不难看出深圳银行业存在的主要问题，一是银行信贷增速过快，且增长结构不尽合理，加剧了信贷增速与风控能力之间的矛盾；二是房地产贷款过于集中，且增长迅猛，加剧了结构性风险；三是集团客户大额贷款不降反升，加剧了贷款集中度风险；四是银行利润的大幅增长，过度依赖股票市场和房地产市场两大支柱，基础较为脆弱，抵御风险的能力并不牢固。

信用风险仍是深圳银行业面临的主要风险之一，加强信用风险的监测和防范，特别是宏观调控力度加大的情况下，如何确保银行信贷资产质量的继续提高。将是 2008 年监管工作的要点，也是需要破解的难点。为此，一是要针对宏观金融政策的调整，特别是房地产市场的变化，调整信贷政策，在优劣相权、保压兼顾的前提下，

做好压力测试，防范不良贷款反弹；二是抓住时机，优化信贷结构、盈利结构和客户结构，适度降低房地产贷款比重，压缩大额贷款，重点增加中间业务收入，强身壮体，蓄势待发；三是充分估计 2008 年的形势，在可能出现不良贷款反弹和盈利水平下降的双重压力下，要提前加大拨备、核销的力度，以丰补歉，取得主动。

（二）警钟长鸣，未雨绸缪，关注防范流动性和市场风险

2007 年深圳银行业凭借着经济和金融的良好发展态势，实现了高速优质发展，银行资产增幅达 40% 以上，利润增长超过 110%，但在大好局面下隐藏着忧患：一是资产与负债的期限结构不匹配。存款的短期化、活期化和贷款的中长期化在货币紧缩环境下，各银行特别是中小银行支付流动性压力加大；二是人民币持续升值，人民银行反复调整利率，股市波动无常，使银行面临的市场风险加剧；三是美国次贷风波对国际金融市场的影响尚无穷期。国际市场的动荡势必对我国金融市场产生一定的影响，保持合理的流动性，维持正常的支付能力，是保证市场秩序和市场信心，维护银行市场信誉的必备条件。为此，各银行机构一是要制定流动性风险管理预案，在充分压力测试的基础上提前做好流动性安排和计划；二是密切关注市场变化，及时调整资产和负债结构，在业务发展过程中，科学主动地防范市场风险；三是积极主动向人民银行沟通汇报流动性状况，一旦遇突发情况请求人民银行予以流动性支持。

（三）高度重视，措施到位，将案件专项治理工作推向深入

银行案件高发，大要案、恶性案件屡见不鲜的现象严重损害了银行业的社会形象，也给银行造成了巨额的损失和浪费。国务院和银监会高度重视，连续三年开展银行案件专项治理工作，取得了阶段性的可喜成果。就深圳而言，虽经银行业共同努力，但案件形势仍不容乐观，2007 年发案数量下降，但涉案金额却大幅攀升，究其原因：一是长期以来，重发展、轻内控，重开拓、轻管理，重业绩、轻教育的指导思想，导致对操作风险防范机制建设的疏忽；二是内控制度的建设还缺乏针对性和有效性，使一些风险点的防范流于形式；三是只注重一般性的制度防范，忽视了员工熟悉防范手段、铤而走险的危害；四是员工队伍的教育和监督以及企业文化建设也较薄弱。

落实案件专项治理的各项措施，维护银行资金安全和社会形象，严厉打击金融犯罪是 2008 年银行监管的重要组成部分，深圳银监局进一步采取有效措施将该项工作推向深入。一是在 2007 年风险排查的基础上，根据重点问题和普遍性问题提出监管要求，并逐行签订案件专项治理工作目标责任制；二是全面落实银监会防范操作风险的十三条，针对深圳实际情况，重点落实轮岗、强制休假、有奖举报、突击检查等制度，多策并举，筑起防范机制；三是监管部门要对案件专项治理的落实和效果进行专项考核，并与业务、机构准入监管挂钩，给予正反双向的监管政策激励。

（四）健全架构，建立机制，充分发挥公司治理的作用

目前，对于建立良好公司治理架构的重要性和紧迫感已成为法人机构的共识。但就深圳的法人机构而言，在认识一致的前提下，如何针对各机构的特点和不同的发展阶段真正健全公司治理架构，建立公司治理机制，使公司治理效能和作用得到充分发挥，而不仅仅是作为一块招牌，则需要首先对现有公司治理的缺陷有深刻的认识，一是“形似”而“神不似”，虽然按照公司治理的要求建立起了必要的架构，也有了相应的制度安排，但没有形成机制，不能充分发挥作用；二是“有形”而“无神”，虽然建立了公司治理的架构，但缺乏制度保证，相应的架构不能有效运转；三是“形”尚有缺，在指导思想和架构的建设方面尚不完备，也就谈不上有效的公司治理。

良好的公司治理是机构健康规范经营发展的基础，是机构理性成熟的表现，也是实现原则性导向监管的条件。为此，一是针对银行自身的特点和不同发展阶段，一行一策，制定公司治理建设的年度目标和中长期建设目标，并不要求一蹴而就；二是突出公司治理的有效性，在达成原则共识的前提下，研究探讨多种行之有效的方式；三是公司治理建设的进步和水平将作为监管评价的重要依据，也是影响监管政策的重要要素。公司治理成熟度将直接影响银行业金融机构的业务创新机构布局以及综合性服务功能建设等诸多领域的准入。

（五）加大投入，防患未然，确保银行信息科技安全

信息科技系统的发展已成为当代银行开展业务活动，推进金融创新，提高服务质量，加强内部控制，增强综合竞争力不可或缺的手段和保证。信息科技系统独特的重要位置，自然成为犯罪分子和集体犯罪的目标。银行发展状况与信息科技系统更新间的失衡，加剧了信息科技安全面临的风险。就深圳地区而言，一是不同程度地存在着重业务投入轻科技投入，重市场扩张轻系统更新，重短期效益轻长远建设的意识，导致信息科技系统基础薄弱，系统陈旧；二是存在侥幸心理，得过且过，人力、财力投入有限，灾备中心是否能够应对重大突发事件心中没底，也不敢演练；三是系统宕机、恶意攻击等情况尚属极个别情况，没有危害实例，仍未引起充分重视，信息科技安全未被纳入管理层的视线。

银监会高度重视银行业信息、科技系统的安全问题，从长远计要建立信息、安全监管体系，从近期计要确保奥运会期间的系统安全。深圳银行业的特点是对金融电子化依赖程度较高，以信息系统为支撑的创新活动和支付清算异常活跃且金额巨大，因此确保银行信息系统安全将成为银行业监管的组成部分。一是各银行业金融机构必须给予高度重视，组成维护信息科技系统安全和应对突发事件的组织机构，监管机构也要有相应的组织机构与其对接；二是组织对本机构信息系统的运行安全问题进行全面评估，就存在的问题和隐患作出改进完善的工作计划，并投入人力、财力予以落实；三是做好灾备中心建设并进行实用性测试，防患于未然。

（六）解放思想，注重实效，在金融创新支撑下取得竞争优势

随着银行科技水平的进步、市场对金融产品和服务需求标准的提高以及国际先进银行对市场的渗透，创新能力对一家银行的生存以及在竞争愈演愈烈的市场中取得主动起到越来越重要的作用。深圳银行业在创新领域一直处于相对优势，且创新热情和能力还在不断提高，但创新工作仍存在改善的空间：一是产品和服务的创新较旺，打开了市场，赢得了客户，但机制和技术的创新表现滞后，对于创新的风险控制和滚动创新缺乏支撑力；二是同质同类的创新产品较多，缺乏独创性和高技术含量；三是创新主体的结构不合理，不同类机构创新成果差异较大。

为巩固深圳银行业在创新领域的优势，取得市场竞争的相对优势，各银行机构应进一步解放思想、加大力度，在监管部门的支持下加快创新频率，提高创新质量。深圳银监局将借十七大的东风，在全辖组织开展改革开放三十年回顾与展望的大学习、大讨论活动，进一步解放思想，加大改革开放力度，以开拓创新为先导，开创深圳银行业发展的新局面。但银行业创新应该把握：一是创新的原则、创新的基础应立足于机制创新，要有科学的机制和规范的流程；创新的意识要立足于有效提升服务质量和增强竞争力，避免同质同类和为创新而创新；创新的基本前提必须是风险可控，遵章合规；二是创新要突出个性化、系统化、持续化，要根据自身的经营特点、客户结构、市场需求和自身的开发能力，有目的、有节奏地形成持续创新能力；三是创新的生命力在于不断地回顾、评价、修正、完善，使创新更加适应市场，适应目标客户群。

三、银行业发展中需关注的几个问题

一是银行经营的主业化问题。随着我国资本市场和银行市场的不断渗透，银行客户对资金、保险、资本市场业务的综合性服务需求的增长以及金融产品创新的加剧，金融分业的边界越来越不清晰，银行、证券、保险、信托各类机构间的相互交叉和融合的金融控股集团也应运而生。为解决综合性服务的功能问题，银行业也提出要混业渗透，这是顺应市场变化的一种策略选择，但不是唯一的选择，还可通过战略合作、相互代理等多种形式弥补服务功能的不足。但无论以何种方式达到综合服务的目标，商业银行都应将银行业务作为主业，其他的任何手段都应以服务主业为目的。盲目的集团化综合经营有可能消耗主业发展的能力和资源，同时也有可能产生风险传染效应。

二是盈利结构的多样化问题。随着我国银行业市场的不断开放，参与市场竞争的主体无论在种类、数量和质量上都在迅速上升。市场竞争的压力逐年上涨，传统业务的利润空间已被挤压到极小幅度，而极不稳定的股票和房地产市场托起的利润空间又难以长久依托。为此，有意识地培育新的、较稳定的利润增长点，并使之多样化是一种长治久安的选择。

三是发展战略的理性化问题。银行发展应充分考量自身的特点、市场条件，特别是自身的承受能力，不能盲目地追求发展速度和市场占有率。科学的发展速度应与银行的风控能力、经营团队的管理经验、IT 系统的承受能力等相匹配。同时要密切关注市场的变化，避免低水平的同一区域、同质同类的恶性竞争。要有取有舍，能舍能得，实现科学高效、风险有度的良性理性发展。

四是考核激励的合理化问题。建立科学合理的考核激励机制，是银行经营策略得以贯彻落实的制度保证。坚持审慎发展原则的银行，势必会采取综合业绩考核方式，突出对风险、收益和合规的考量，而不是单纯针对发展速度或片面强调单一指标，否则就会助长粗放式的发展和违规及弄虚作假行为。

五是员工利益的长远化问题。一家良好品牌银行的建立有赖于一支具有良好文化的团队，而不是简简单单依靠制度的约束和机制的激励。目前银行业普遍存在的一个怪圈是，银行用其自身的资源造就了无数的客户经理，而客户经理将银行客户资源转变为个人资源，导致客户经理的短期行为。而客户经理的流动在一定程度上导致银行客户的流动，造成客户的不稳定性。另一方面，银行的考核机制在无情地淘汰着自己的员工，势必加剧队伍的不稳定性，银行员工的经验是银行的财富，有银行员工队伍的稳定才有银行长远发展的稳定。因此，培育企业文化，使员工的利益长远化是银行业面临的共同课题。

六是银行责任的社会化问题。银行作为企业势必将利润最大化作为追逐目标，银行作为一个经济实体表现为有限责任，但作为社会的一分子，其承担的则是无限的社会责任。银行的社会责任体现在保证存款人利益，为广大客户提供优质便利的服务，同时还应承担支持地方发展，改善社会环境，反哺社会的责任。

七是创新活动的科学化问题。金融创新是银行持续发展的动力，但创新工作的目标应该是科学有效，创新的意识是提高服务质量、赢取更多的客户和获取最大效益，创新的前提是合法守规和风险可控，要避免为创新而创新，避免同质同类的低技术含量的创新，避免脱离实际和不符合本机构特点或发展阶段的无效创新，要使创新真正成为增强竞争力的强有力手段。

八是监管工作的服务化问题。监管工作是监管机构依法履行的社会责任，具有强制性和权威性。监管工作又具有服务属性，是通过有效的工作来促进银行业的安全和健康，为促进银行监管工作的有效性，监管部门将采取走访、会谈等多种方式贴近被监管机构。通过制定年度监管规划等方式一行一策、增加监管工作的透明度，达到监管与被监管之间的统一和配合。

深化改革　防范风险　全力确保深圳银行业安全稳健运行

学习贯彻中国银监会2008年年中工作会议精神，总结深圳银行业2008年上半年主要工作，部署下半年重点工作。

一、2008年上半年主要工作

2008年上半年是一个形势变幻莫测、令人眼花缭乱的时期。从国内和国际形势看，经历了雪灾和震灾以及奥运火炬传递等历史事件，经历了坎坎坷坷，也激发了中华民族的爱国激情。国际能源和原材料价格飙升，次贷危机引发的国际金融矛盾和问题对世界经济和中国经济形成困扰带来的挑战。就深圳而言，宏观调控的政策效果显现，经济增速大幅放缓；受汇率等政策的影响，出口型中小企业面临巨大压力；受宏观调控影响，房地产价格大幅下挫，房贷风险成为全国关注的焦点；重大案件的发生和房贷业务中的违规操作，引起社会对深圳银行业健康度的质疑；面对大众的金融服务质量、抗震救灾中社会责任的体现以及服务奥运的金融信息系统安全等同样对深圳银行业形成巨大压力。

但可喜的是抗震救灾工作获得国际社会的普遍好评，一届成功的奥运会也已不仅仅是美好的愿望。在国内国际复杂的经济形势下，上半年国民经济仍然维持了平稳发展的态势。深圳银行业全体员工以饱满的热情和奋进的精神投身于深圳银行业的建设与发展，取得了喜人的成绩。具体地讲，就是坚持一条主线，抓住四个重点，完成六项任务。即：以十七大精神为统领，以改革开放三十年回顾与展望为契机，坚持以人为本和科学发展观，认真贯彻落实银监会工作会议精神为主线；牢牢抓住深化改革、防范风险、协调有序和创新提高四个重点；在统一思想、防范风险、规范秩序、改革开放、社会责任和协调发展六个方面作出了卓有成效的尝试。

（一）统一思想，振奋精神，以高度的责任感投身特区银行业建设与发展

2008 年是我国改革开放三十周年，作为改革开放前沿的深圳在深圳银监局的倡导下，全辖各银行业机构积极参与了“深圳银行业改革开放三十年回顾与展望”系列活动。为贯彻落实党的十七大精神，认真回顾和总结深圳银行业改革开放三十周年的历程，进一步解放思想，深化金融改革、推进银行创新，促进深圳银行业又好又快发展，起到了统一思想、激发热情、振奋精神、鼓舞士气的作用。回顾与展望活动计划贯穿全年，已完成征文、演讲、图片展览三个部分，深圳银行业各机构全部参与了此次活动，共收到征文 151 篇，评选优秀征文 40 篇，参加演讲的选 21 人，获奖选手 10 人，征集历史图片 462 幅。深圳银行业率先举办的改革开放三十年回顾与展望活动在银监会、市政府和社会上引起广泛关注，在业内起到了动员和鼓励的作用，为深圳银行业的进一步改革开放创造了良好的氛围。

（二）深刻领会，认真贯彻，执行国家宏观调控政策

随着国家宏观调控和经济形势的变化，经过 2007 年高速发展的深圳银行业面临国际形势严峻、资金供应收紧和不良贷款反弹的巨大压力，为保证国家宏观调控政策得以有效贯彻执行，深圳银监局协同各银行业机构开展了一系列有针对性的工作：一是结合深圳实际，加强对热点问题如宏观调控下利率、汇率和资本市场波动对深圳银行业和经济运行的影响，房地产贷款的风险状况，中小企业金融服务环境等的调查研究，为银监会和市政府有关部门的决策提供了建议和依据。二是深入分析经济形势变化对深圳银行业的影响，有针对性地对银行业金融机构防范风险提出建议，督促银行业金融机构采取措施防范不良贷款反弹，积极应对，做到未雨绸缪。三是召集银行业金融机构主要负责人召开专门会议，部署国家宏观调控政策落实工作。四是针对房地产贷款存在的风险隐患向各机构发出风险提示，并发出《关于进一步规范个人住房贷款有关问题的通知》，再次强调国家政策的严肃性，要求各银行业机构强化合规意识，严格执行国家房贷政策、加强房贷管理，并加大责任追究力度。五是有针对性地开展房地产贷款、信贷资金违规流入股市等方面的现场检查。

（三）周密安排，查防并举，切实防范和处置操作风险

针对年底、年初大案频发的严重形势，在深圳银监局的倡导和督促下，深圳各银行业机构纷纷行动采取严厉措施规范操作行为，严密防范操作风险。一是加强组织建设和制度建设。为进一步强化案件治理工作，深圳银监局成立了案件防控委员会，并设专职工作人员，制定了《深圳银监局案件防控 2008~2010 年工作规划》《深圳银监局案件防控委员会工作细则》。同时责成各银行业机构组成案件治理的专门组织机构，落实相关责任，使案件防控工作更加规范和有效。二是召开专项会议，落实目标责任。深圳银监局召开 2008 年深圳银行业案件专项治理工作会议，与各行签订了“案件专项治理工作目标责任书”并要求各行层层签订案件防控目标责任书，对应每个风险点签署“风险排查与整改承诺”，切实推动整改落实，督促机构主动防范案件，将案件治理工作不断引向深入。三是深入开展风险大排查工作。深圳银监局组织各银行业机构开展了为期四个月的拉网式风险大排查，排查发现风险点 3035 个，并督促各行及时落实整改。四是督促发案银行做好整改工作。实地持续跟踪已发案件的银行业机构，督促银行全面改进内控，加强问责，做好防堵风险隐患、减少资金损失工作。五是针对案件治理组织专题宣讲，意在有针对性地督促银行常抓不懈，警钟长鸣。经过艰苦努力，全辖银行业机构整体防范操作风险的手段和能力有了显著提升，3 月以来，全辖实现了零发案。此外，发案银行在深圳银监局督导下，已基本完成案件的处理和整改工作，目前案件整改情况的后评估工作已经完成，两家发案银行的市场准入限制也已解除。

（四）坚持开放，深化改革，创建金融都市的新局面

为巩固和提升银行业的抗风险能力和服务水平，丰富银行业服务的层次和产品挖掘金融大都市的发展潜力。在深圳银监局的督导下，深圳银行业市场注重通过内部改革激发活力，坚持开放丰富市场：一是各银行业机构根据自身发展状况和监管机构的指引，积极推动公司治理建设、构建企业文化；加强内控建设，完善事后监督体系；加强战略研究，完成战略转型；加强团队建设，实现中外人员优势互补；加强案件治理工作、落实责任追究。二是针对市场变化和内控能力，合理做好机构布局，在本地、外省和境外逐步增设机构开拓新的业务区域。三是创造条件不断引进新机构，丰富市场元素和结构，促进合理有序的市场竞争，弥补局部市场服务的缺失和不足。2008 年上半年，深圳银行业机构共设立 23 家同城支行，设立异地分支机构 5 家，收购境外机构 1 家，6 家股份制商业银行获准或正在申请设立深圳分行。设立外资法人银行 2 家和外资银行分行 2 家，新批 9 家外资银行支行，外资银行业营业性机构增至 69 家，列全国第二位。银行业机构的不断进入和跨出标志着深圳银行业的日趋活跃和成熟。

（五）履行责任，确保安全，为金融服务质量提升奠定基础

2008 年是奥运年。为加强奥运期间的金融安全和金融服务，确保奥运会顺利举行，深圳银监局督促银行科技信息系统升级，防范信息科技风险，提升金融服务水平。一是抽调精干人员成立信息科技风险监管委员会和监管小组，负责对银行业金融机构信息科技风险状况的现场检查和非现场监管。小组完成了对四家法人银行信息科技风险的调查评估并配合银监会信息中心完成了对部分银行的信息、科技风险现场检查。同时，在充分沟通基础上，责成商业银行就科技信息安全的有关要求作出承诺。另外，监管机构的“信息科技非现场监管系统”也正在紧张开发，信息科技监管工作即将纳入日常监管范畴。二是有效推动深圳银行业文明优质服务水平迈上新台阶。上半年，深圳银监局组织人员完成了对辖内银行奥运金融服务的抽查和暗访，对于发现的问题，督促银行及时整改并要求银行以迎接奥运、服务奥运为契机转变服务理念，加强服务管理，建立优质服务平台。同时还制定了《深圳银行业金融机构履行社会责任指导意见》和《深圳市国内银行迎奥运提升金融服务指导意见》，引导银行业机构加强安全保卫工作，提升服务水平，积极承担社会责任。

（六）加强协作，提高合力，构建良好的监管工作大环境

随着深圳银行业的逐步进步和逐渐成熟，在加强合规监管的同时，深圳银监局积极探索更加适合深圳银行业实际和更加有效的监管模式和监管体系。一是在市政府倡导的人民银行、银监局、证监局、保监局、深圳证券交易所建立监管联席会议制度的基础上，针对商业银行跨业发展趋势，深圳银监局积极倡议建立联动监管工作机制并发起与证监局和保监局分别签署了《深圳银行业与证券业监管协作备忘录》和《深圳银行业与保险业监管协作备忘录》，意在混业发展的态势下，为商业银行的健康发展建立监管与服务机制。二是改善和创新监管工作的方法和理念，力图实现监管双方的协调和统一，增加监管透明度，增加被监管机构的知情权和话语权。通过制定年度监管规划，使被监管机构了解监管意图，实现导向监管；通过事先承诺制，形成双方的协调统一，减少过程监管实现目标监管；通过贴身监管，实现适时监督与监测、减少报告监管。

在各银行业机构的理解和配合下，深圳银监局通过尝试导向监管、事先承诺监管和贴身监管使监管与被监管双方的关系日渐和谐，监管部门的工作效率和效果也不断提高，在人力不足的情况下比较圆满地完成了监管工作任务，深圳银行业也取得了骄人业绩，截至 2008 年 6 月末，深圳银行业各项资产 27152.20 亿元，比年初增长 32.44%；各项存款余额 13567.98 亿元，同比增长 15.33%；各项贷款余额 11033.82 亿元，同比增长 15.08%，增速比上年同期回落 5.87 个百分点。银行业不良贷款余额 340.86 亿元，比年初减少 49.43 亿元；不良贷款率 3.10%，比年初下降 0.77 个百分点。上半年，银行业共实现税前利润 254.12 亿元，同比增加 90.39 亿元，增长 57.70%。

二、2008 年下半年主要工作

一是以改革开放三十年为契机，在回顾总结的基础上，展开全行业的大讨论，充分研讨深圳银行业的发展方向和银行发展的战略，并组织以“深圳银行业未来发展”为主题的专题研讨。

二是密切关注宏观经济的发展态势，严格信贷制度和纪律，严防不良贷款反弹，确保实现双降，特别要密切关注房地产等敏感行业的风险变化，做好压力测试，一旦发现风险苗头，要快速反应，采取措施，防范风险的蔓延和扩大。

三是严防恶性案件的发生，要在风险排查的基础上做好回头看工作，对已发现的风险点必须百分之百地消除和弥补。要求案发银行的整改工作必须实事求是作出落实规划，同时要派出后评估小组跟踪落实，对发案银行要严格执行案件责任追究。

四是强化合规守法意识，加强员工合规教育，特别是基层一线临柜人员，树立银行合规守法的形象，对违规行为一经发现必须立即纠正。要安排房地产信贷的专项现场检查，从合规和风险两个角度对房地产信贷业务进行清理。

五是加强对小企业的金融服务，支持小企业发展，培养稳定的基础客户防范集中度风险，鼓励银行在内部设立专门的事业部或专业支行创新体制机制适应小企业金融服务的需要，同时要把对小企业的金融服务力度纳入考评范畴。

六是强化社会责任，提高服务质量，强化创新活动，满足社会需求，创新活动要立足服务，开拓市场要避免过度宣传，误导公众。

坚定信心　迎难而上　巩固深圳银行业稳定发展的良好局面

已经走过的2008年是我国经济金融发展极不平凡的一年，国内外金融、市场的急剧动荡和宏观经济形势的快速变化，给商业银行的经营带来前所未有的挑战。深圳银行业以科学发展观为指导，临危不乱，坚持创新拓展和风险控制两手抓，各项发展取得长足进步。展望2009年，银行业责任重大，困难空前，形势严峻，整个行业的发展面临巨大的压力，但挑战伴随着机遇，如何准确判断形势，正确调整策略，坚定信心，克服困难，这是历史对于我们的考验。我们要统一认识，携手努力，共克时艰，2009年进一步巩固深圳银行业稳定发展的良好局面。

一、2008年工作回顾

（一）深圳银行业发展状况

1. 资产情况。2008年末，深圳银行业金融机构各项资产总额20605亿元，比年初增加85亿元，增幅0.41%。各项贷款余额11234亿元，比年初增加1181亿元，增幅11.75%。从贷款期限结构看，短期贷款2757亿元，减少114亿元，降幅为3.93%；中长期贷款7191亿元，增加924亿元，增幅14.69%。从贷款机构分布看，中资银行业金融机构贷款10445亿元，增加1249亿元，增幅13.58%；外资银行业金融机构贷款789亿元，减少52亿元，降幅6.13%。

2. 存款情况。2008年末，全市银行业金融机构各项存款14261亿元，比年初增加1716亿元，增幅13.68%。其中企事业单位存款6708亿元，增加876亿元，增幅15.02%；储蓄存款5126亿元，增加1120亿元，增幅27.96%。从存款的机构分布看，中资银行业金融机构存款13581亿元，增加1560亿元，增幅12.98%；外资银行业金融机构存款680亿元，增加156亿元，增幅29.72%。

3. 风险状况。2008年末，全市银行业金融机构不良贷款余额268亿元，比年初减少122亿元，不良率2.4%，比年初下降1.47个百分点。从不良贷款的结构看，次级类贷款106亿元，减少33亿元；可疑类贷款127亿元，减少62亿元；损失类贷款35亿元，减少27亿元。从不良贷款的机构分布看，中资银行业金融机构不良贷款余额253亿元，减少128亿元，不良率2.44%，下降1.69个百分点；外资银行业金融机构不良贷款余额15亿元，增加6亿元，不良率1.89%，上升0.8个百分点。

4. 利润情况。2008年，全市银行业金融机构实现税前利润411亿元，同比增加61亿元，增幅17.55%。其中中资银行业金融机构实现利润390亿元，增加59亿元，增幅17.93%。外资银行业金融机构实现利润21亿元，增幅10.85%。五大国有商业银行利润增长较快，实现利润226亿元，增幅37.86%，占全市银行业金融机构利润总额的55%；股份制商业银行利润增长压力初显，实现利润98亿元，增幅1.37%，个别中小银行利润大幅下降；政策性银行利润增长最快，实现利润15亿元，增幅98%。

（二）监管工作的主要举措

1. 探索创新监管方法。一是实施承诺监管，提高监管有效性。将操作风险和运营风险通过事先承诺，明确监管目标，简化监管过程，相继在案件责任、后续整改、奥运金融服务安全等多方面进行了承诺监管的积极探索。二是实行协作监管，增强监管联动性。分别与人民银行、证监局和保监局签署了监管协作备忘录，建立了金融监管协作机制。三是推行标杆监管，增强监管激励性。通过对银行运营指标的全面评估，对银行实施正反向监管激励。四是试行贴身监管，增强监管主动性。通过电子信息化途径直接切入银行业务运营和管理系统，实现实时监测和无距离监管。五是实行规划监管，增强监管透明性。通过宣讲监管政策、明确监管意图，提出监管要求，做到“一行一规划，一行一对策”，增强了监管透明度。

2. 构建监管工作体系。一是打造深港交流合作新局面；二是探索信息科技监管新领域；三是完善小企业金融服务新体系；四是建立法人并表监管新模式。

3. 突出监管工作重点。一是全面防控案件风险。通过实施案件防控目标责任制、派驻督导员建立一级督导体系、组织案件防控宣讲、制定案件治理规划、开展案件防控后评估、发布《银行业员工行为规范指导意见》等措施，初步确立了案件防控工作的长效机制。二是严格控制信贷风险。督促商业银行加大拨备、核销力度，以丰补歉。三是密切防范市场风险。重点关注银行证券投资、衍生产品等交易账户盈亏状况，采取切实措施减少利率和汇率风险。四是严防流动性风险。加强对辖内银行业流动性风险的监测、预警和压力测试工作，制定了《关于应对商业银行流动性问题的应急维稳机制》。五是高度关注声誉风险。督促银行对产品设计、营销和售后服务各环节存在的问题进行全面整改，做好各项投诉服务工作。六是密切跟踪政策风险。密切跟踪各行因政策变动诱发的风险，并督促其积极应对。

（三）银行业市场的变化情况

第一，市场服务功能不断丰富。层出不穷、含金量高的金融创新大大丰富了市场服务功能。第二，市场服务体系不断完善。一是通过引入新的银行业金融机构，不断丰富市场体系的外延，新增分行级以上机构 6 家。二是通过改革和创新，不断丰富市场体系的内涵。通过创建小企业贷款事业部制，设立私人银行，完善和丰富市场服务体系。

（四）存在的主要问题

1. 过度竞争挑战市场秩序。房贷新政实施以来，由于各银行对新政的执行标准宽严不一，客观上为一些银行实施不正当竞争提供了机会，按揭贷款一度呈现“大搬家”的趋势，市场秩序陷入混乱，银行的经营成本和风险显著增大。对待住房按揭贷款的监管政策，一是坚决查处假按揭，二是不支持转按揭。此外，随着近年来银行纷纷实施业务转型和对中间业务收入考核力度的加大，信用卡和国际结算等业务成为各行的必争之地，已经出现突破银行的盈亏平衡点，挑战监管底线的现象。

2. 失范行为导致声誉损失。理财产品的亏损状况短期内难以扭转，银行的失范行为势必对银行业声誉造成负面影响。表现为：一是混淆产品性质，将理财产品按储蓄产品进行推销；二是宣传不当，存在夸大收益、掩饰风险的情况；三是客户选择错误，没有“把应该卖的产品卖给应该买的人”。

3. 员工操守诱发操作风险。案件防控的机制建设、银行对案件防控的认识和重视程度尤其是银行对员工操守与行为规范的掌控尚需深化和加强，案件发生的土壤仍然存在。

二、2009 年面临的形势和问题

2009 年国际总的经济和金融形势是：由虚拟经济引发的国际金融危机正在快速向实体经济蔓延，由投资银行引发的灾难正在逐步向商业银行发展；金融危机的深化尚未有穷期，全球经济的衰退已经显现。国内的经济金融形势是：国际经济的衰退导致需求的不足、国内经济受国际市场的影响已经步入下行期，受实体经济下行的影响，国内金融业的发展态势放缓，金融业困难的局面正在趋于形成。深圳银行业面临的形势是：投资渠道阻塞、资本市场回暖乏力，理财创新中间业务空间受限；利率调整利差收窄，传统盈利空间受限。商业银行的竞争势必回归传统，在传统信贷市场利差收窄、竞争加剧的形势下，信贷管理和市场秩序面临挑战。国家拉动内需的政策顺应商业银行趋利的需要，势必形成扩张的冲动；银行客户在经济下行期信用评级下滑，银行风险偏好面临调整，信用风险的控制面临挑战。脆弱的市场诚信体系和不成熟的担保体系，在政策大幅调整和市场急剧变化的环境下，势必对银行风险的积聚起到催化剂的作用。

为应对 2009 年的形势，作为监管部门，我们既要坚决贯彻国家的整体政策，又要严格防范金融风险，还要寻求行业发展的机遇，一定要在科学发展观的统领下统筹兼顾、全面协调地处理好银行业监管与发展、利益与责任的关系。首先，我们要充分关注新经济形势下面临的六个方面的问题（关系）。

一是兼顾消除国际金融危机的负面影响和落实国家宏观经济政策之间的关系。受国际金融危机的影响，国内实体经济将面临大幅下滑的压力，企业界普遍对明年的经济增长持悲观态度。为此部分优良企业纷纷收缩战线减少投资，在资金回收的前提下提前归还银行贷款，商业银行出现短时间资金相对剩余、资金效益下滑的局面。另一方面，由于市场条件变化，部分传统优良企业订单下降，财务恶化，经营出现临时困难，急需银行资金支持。但企业的信用评级下跌，无法达到银行传统的正常授信标准，银企之间的关系面临挑战和恶化态势。综观 2009 年的经济发展态势，从宏观角度，国家拉动内需政策的资金逐步到位，势必激发商业银行的扩张冲动；从微观角度则企业信用评级下滑态势难以逆转银行信贷发放无法满足风控体系的要求。就监管角度而言，经济下行期对信贷风险的监管是首要任务，但是面对国家经济政策的落实，银行业究竟应该共渡难关还是独善其身成为银行经营与监管共同面对的年度策略的选择。

二是兼顾活跃房地产市场政策与维护市场秩序的关系。房贷政策的大幅调整使原来突出风险控制的明确导向转为激活房地产市场为主、兼顾风险控制的方向，在执行中政策的模糊程度和取舍难度同步增加。一方面，首套房按揭的标准难以把握，存量按揭贷款的转按揭冲动正在体现；另一方面，政府和购房人对政策的期望值正在升温，监管工作面临尴尬。房贷政策的逆向化和模糊化使监管的原则和标准难以把握，放任不究不可能；银行为抢市场以转按揭挑战市场秩序和行业标准，却体现了广大购房人的利益；监管机关既要防范风险，也要顺应国家经济政策，又要维护市场秩序和安全，还要实现人民群众利益最大化，监管政策的把握和落实面临多难命题。

三是兼顾社会安定和市场规律的关系。由于投资环境的急剧恶化，商业银行理财业务产品亏损严重。理财产品销售过程中，商业银行存在虚夸收益掩饰风险和销售手段不当，特别是“没有把该卖的产品卖给该买的人”客户选择错误等问题，在收益下行以致出现亏损的情况下，银行和客户的矛盾有恶化的趋势。尤其是中国香港地区雷曼迷你债券的损失给香港政府造成巨大压力，香港对债券损失予以补贴的处置原则势必传导到内地，将会进一步加剧理财业务亏损问题的处理难度。目前，为避免激发群体事件，个别银行屈于社会压力已经与客户开始探讨个案赔付办法。如若各商业银行以“个案”方式高额赔付以缓释矛盾，在信息发达的当今社会难免演变为“惯例”迫使商业银行进行系统性赔付。对理财产品亏损的全额赔付，一方面会因补偿个人利益伤及社会利益，另一方面会开创背离市场规律操作的先河。当前的首要问题是要统一原则和标准，避免因银行之间和地区之间处置标准的差异引发社会矛盾。

四是兼顾金融创新和有效监管的关系。此次国际金融危机的引线源自非理性过度创新，这已经成为全球金融界的共识。目前银行业已经出现谈新色变的苗头，市场回归保守的态势已经显现。通过对危机的反省加强风险意识和审慎意识固然重要，但相对危机的危害而言，金融创新的萎缩和市场发展的停滞对银行业的长远利益危害更重。就目前而言，银行的利润空间收窄，银行发展的空间受限，在经营指标的压力下缺少了创新的支撑，商业银行必然要回归到低水平的无序竞争，银行业多年来的改革成果就可能毁于一旦。因此，如何在控制风险的前提下激活金融创新的动力将是监管机构面临的挑战。

五是兼顾小企业金融服务和风险控制的关系。随着国际国内经济形势的变化，深圳市中小企业所受负面影响逐步显现。2008 年以来注销工商户超过 54000 家，是前两年的总和。据不完全统计，截至 2008 年 10 月社保退保超过 74 万户，企业工资户销户超过 26 万户，表明小企业面临严峻的形势，同时对深圳经济的增长形成压力。在此情况下，一方面小企业金融服务的需求更加急迫，另一方面小企业的风险变数也在增加，银行业如何按照国家宏观政策的要求，既要履行支持小企业发展的社会义务，又要严格控制风险，还要创新和提升服务产品和质量，这将是银行业面临的新挑战。

六是兼顾银行利益和市场分工之间的关系。随着国有银行私人银行机构的设立以及城市商业银行的引进，深圳银行业市场的要素更加丰富，竞争也日趋激烈。积极鼓励银行业机构根据自身的特点创新金融服务，同时适度限制低水平同质同类竞争成为培育健康市场的客观要求。但是银行盈利的主要手段仍是依靠贷款规模，特别是在当前经济环境下中间业务发展不畅，为求利益，银行业抢大户的冲动会更加强烈。如何在保证银行短期利益的前提下，培育分工明确、相互补充、功能丰富的健康的银行业市场，是需要统筹解决的现实问题。

三、2009 年监管的总体思路

2009 年银行监管工作的总体目标是：“一个力保”（力保经济增速）、“两个坚持”（坚持控制风险和维护秩序）、“三个改善”（改善小企业金融服务、社会金融服务和金融服务网络及手段）、“两个培育”（培育银行市场体系发展、银行企业文化建设）和“四个实现”（实现银行业服务的创新和进步、实现银行监管有效性的改善和提高、实现银行资源配置的节约和高效、实现银行不当行为的减少和杜绝）。坚持的原则是“八个坚定不移”（坚定不移把贯彻国家经济政策作为己任、把队伍建设作为主线、把保护群众利益作为要务、把监管体系建设作为重点、把风险监管作为焦点、把创新探索作为出路、把银行业市场建设作为方向、把监管有效性的提高作为目标）。

1. 继续做好规划监管。要在科学客观分析 2009 年经济金融运行新形势的基础上，结合各银行面临的具体问题，做好 2009 年的监管规划工作。要与银行充分沟通，提出监管要求，明确监管意图，与银行达成共识，根据年度面临的形势作出年度策略安排，体现“双边规划”特征。同时要实事求是，找准问题，将短期规划与中长期规划有机结合，中长期规划要突出战略性、前瞻性，短期规划要强调时效性、操作性。不要急于求成，应循序渐进，分步实施，年度内能解决的问题争取年内解决，解决不了的可通过跨年度监管持续跟踪和改善。

2. 周密部署各项检查。一是做好各项后续检查工作，包括对去年现场检查中发现的一些突出问题的后续检查掌握整改情况，落实整改效果；对 2008 年监管规划的完成情况进行检查评估，详细分析规划未能实现的原因并据此调整 2009 年的监管规划，保证规划的连续性。二是结合 2009 年经济金融特点，有针对性地开展一些全局性的专项现场检查工作，具体包括对全市信用卡业务进行快速检查，摸清风险底数，及时向银行提示风险；对银行向担保公司授信等情况进行检查，摸清担保公司在银行体系的风险敞口；对大企业集团或大企业授信情况的检查，包括企业互保特别是关联企业互保等情况，重点关注受宏观经济影响较大的行业代表企业；对银行落实国家宏观调控政策所投放的项目风险情况的检查，评估银行在平衡政策导向和风险控制之间关系的能力。对银行的交叉业务、代理业务进行检查，防范混业造成的风险。

3. 稳步推进市场建设。继续加大力度，引进和落实一批中小型银行业金融机构落户深圳，进一步丰富市场元素，构建层次分明、功能互补的市场体系。引导各银行业金融机构结合自身特点，通过实施差异化的客户战略、产品战略等措施，确立各自竞争优势，避免同质同类竞争，建设信息快捷、内容丰富的信贷征信系统，加速市场诚信建设，推动银团贷款等跨行合作模式，降低集中度风险，促进行业合作共赢。加强和完善银行业公会的功能和作用，充分发挥行业自律和行业维权的影响力。进一步加大金融知识的宣传和普及力度，提高消费者的金融风险意识，接受社会监督，将社会评价作为检验和提升自身发展质量的重要指标和参考。

4. 全力支持金融创新。在目前利润空间收窄、发展空间受限的情况下，唯有创新才能求得发展。结合深圳金融市场特点：一是尝试将经营规范、内控完善、市场领先的小额贷款公司（中安信业）发展为社区银行，成为村镇银行在城市的试点，以疏导和缓解对“地下金融”的需求，解决小额贷款筹资瓶颈；二是配合国家启动内需政策，将具备一定客户基础和市场经验的小额贷款公司（信安易贷）在条件成熟时转型为消费信贷机构或零售银行，丰富居民消费金融服务；三是稳步推进各项银保、银证合作的深度和广度，尤其是鼓励银行通过综合化经营、跨业合作等方式，改善利润结构，开辟新的利润增长点；四是大力支持大型银行基层网点的功能创新，通过设立私人银行、财富管理中心等创新性营业网点，不断细分服务市场，丰富服务内涵；五是加大力度促进深港澳三地银行业和监管机构的合作，按照国家通过的《珠江三角洲地区发展规划实施纲要》的要求，共同构建与世界级国际大都会要求相适应的银行监管协作体系；六是积极慎重地研究推动大型企业并购活动的信贷支持和银行信贷资产证券化及信贷资产转让等尝试。

5. 全面落实年度评估。全面评估 2008 年各银行业金融机构年度规划的完成落实情况，认真查找分析原因，拟定对策；按照《深圳市银行运营质量评估办法》的要求，开展 2008 年度运营质量的试评估工作，并根据评估过程中暴露出来的问题，进一步修订完善评估办法；结合 2008 年评估结果，对应启动相关监管对策，对商业银行形成软约束或软激励监管。

6. 培育和谐有序的市场文化。重点发挥三个机制的作用：一是银行自身的自律机制，各行要综合考虑自身在资金、系统、人才和客户资源等方面的特点，以确立长期和基础性竞争优势为出发点，以确立特色的经营文化和市场定位为手段，通过制定科学合理的中长期战略规划，避免过分强调短期目标而出现市场趋同行为。二是监管部门辅导约束机制，监管部门要按照银行业市场中长期规划和市场格局的要求，对不同类型的机构要有意识、有计划地加强引导，对个别机构在发展中出现的偏差，要强化监管辅导，既促进单个机构中长期发展目标的实现，也有利于整个银行业市场的秩序稳定。三是同业之间的交叉监督机制，充分发挥银行同业之间的信息优势，鼓励对他行的失范行为进行举报，并对整改落实情况进行监督。

四、2009 年监管工作重点

1. 重点关注信贷操作程序。一方面督促银行处理好长远战略和年度策略之间的关系，坚定不移地把贯彻国家经济政策作为己任，积极审慎调整风险偏好，科学调整考核指标，加大信贷对经济发展尤其对中小企业的支持力度。另一方面重点盯住银行信贷发放过程，贷款“三查”制度的落实情况，加强对信贷发放操作环节的监测和检查力度，关注信贷发放是否符合相关政策和相关制度，发放程序是否合规，行为是否规范，全力纠正违规和破坏秩序的行为，处理好信贷扩张与控制风险的关系，避免因操作源头不规范大量发放贷款引发潜在风险。在不良贷款监测由“双降”改为“权控”的情况下要全力以赴，多种方法并举，严密防范信贷风险，加大清收拨备核销的力度有效处置。

2. 高效推进案件治理。继续探索实践事先承诺制在案件防控领域的运用，从案件防控责任承诺制、风险排查整改承诺制、行业内员工行为自律承诺制三个层面推进事先承诺制的全面落实。充分发挥案件治理二级督导制度的功效，提高商业银行在防范操作风险上的主动性、积极性，建立案件治理的长效机制。结合深圳银行业特点，区分中外资银行、法人银行和分行、国有银行和股份制银行等在案件治理上的不同要求，分别制定差异化的案件治理方案。结合年初制定的案件治理三年规划要求，密切跟踪商业银行的整改落实情况并按照银行业金融机构案件防控工作考评办法要求，落实对应监管对策安排。

3. 审慎实施产品评估。2009 年的经济金融形势将给商业银行带来两方面的市场压力：一是市场扩张压力，二是市场竞争压力，扩张压力会导致银行过度承担风险，竞争压力会诱使银行突破合规底线。各行要对这两个维度的风险有前瞻性地认识并保持高度警惕，在理财产品按揭贷款等各项产品开发和市场拓展过程中，不能以放弃合规性审查为代价盲目扩张市场，必须做到风险度和合规性的艺术平衡，监管部门也将结合国家宏观调控要求，处理好支持经济发展与控制银行风险的关系，无论是对于新业务、新产品的准入，还是日常业务发展，都将合规性作为首要前提，审慎实施产品评估，坚决反对以金融创新和执行国家政策为由破坏市场秩序的行为。

4. 规范整肃信用卡市场。经济下行期信用卡业务的信用风险、诈骗等损失事件的概率会显著上升，各行要全面排查信用卡业务风险，深刻检讨自身在业务发展战略、模式和流程上存在的问题，并通过改善绩效考核导向，纠正信用卡业务的激进扩张倾向。深圳银监局 2009 年也将对信用卡业务展开现场检查，对个别违规操作、不计成本恶性竞争的银行，将采取各种限制扩张甚至暂停业务资格等严厉措施，坚决打击通过恶性价格竞争等手段争夺市场份额的行为，引导信用卡市场规范、有序发展。

5. 防范化解担保风险。督促商业银行全面排查担保风险重点关注关联互保、连环保等不规范担保行为，对风险隐患比较突出的担保贷款，要通过担保置换、改善担保条件等手段，有效缓释担保风险。要加强与市政府的沟通协调，共同构建稳健的社会担保体系建设；通过明确责任，统一标准，构建务实、有效的担保监管体系；要找准定位，积极创新，打造坚实、规范的担保市场体系；要夯实基础，创造条件，优化担保公司发展所依赖的环境体系。此外，还要充分发挥同业公会的作用，对个别激进冒进、口碑不佳的担保公司要及时发出风险提示；对涉及一些大企业、大集团的关联互保和连环保，同业公会要组织各商业银行统一行动，集体维权，化解担保风险。

6. 切实降低集中度风险。信贷成本的规模效应使银行对“垒大户”形成内在激励，短视理性预期使银行过度考虑规避当前风险而没有前瞻意识到未来的集中风险。所以“垒大户”是银行的天性，集中度风险也一直是银行的通病。特别是在经济下行时期，银行出于对社会整体信用风险水平的担忧，“惜贷”中小企业、选择大客户自然成为其防御性经营策略，信贷资源更加集中，“大企业陷阱”风险度更高。所以各行应加强同业合作，采取银团贷款等跨行合作模式，分散和降低集中度风险，促进行业合作共赢。

7. 促进行业征信信息共享。加速市场诚信建设，建设信息快捷、内容丰富的信贷征信系统，共享行业征信信息实际上是一种有效的行业保护手段。所以，各行有义务将恶意逃废债企业向同业沟通，共同联手，形成一种市场制衡力量。同时，第一个与企业发生贷款关系的银行有义务向同业提供该企业的风险预判等相关情况。这既是对同业的负责，同时也是对各行自身利益的保护。

深化监管促发展　全面创新铸中心

2009 年，深圳银监局认真落实国家宏观经济政策，密切关注国际国内形势变化背景下辖内经济呈现的新问题、新需求和新机遇，多措并举助推深圳经济持续增长；完善监管手段，创新监管方法，防控金融风险，确保辖内银行业健康发展；积极配合深圳市综合配套改革总体方案的实施，探索深圳银行业市场体系创新改革、力推深圳金融中心城市建设。

一、积极贯彻国家宏观调控政策，全力支持地方经济发展

在国际金融危机的冲击下，深圳企业和银行均面临着前所未有的困难。为配合市政府应对危机的总体部署，深圳银监局在年初及年中监管工作会议中多次强调，深圳银行业要结合深圳经济实际和自身发展战略，迎难而上，切实提升金融服务水平，完善金融服务功能，加大对经济发展的支持力度。截至 2009 年 10 月末，深圳银行业金融机构贷款余额已经突破 1.5 万亿元，达到 15132.90 亿元，比年初增加 3944.54 亿元，同比多增 3008.75 亿元；比年初增长 35.26%，高于全国平均水平 4.95 个百分点。

——推动银企合作，深化金融服务，助推优质大企业危中寻机保增长。2009 年年初，深圳银监局主持召开在深圳经济发展中具有举足轻重地位的多家绩优龙头企业和深圳大型银行共同参加的银企座谈会，让银企双方面对面沟通交流，提出需求，推介产品，寻求合作共赢切入点。随之，为支持国家开发银行等更好地为以华为为代表的深圳外向型龙头企业提供金融服务，在充分调研的基础上，针对深圳的实际情况，在银监会的支持下，大胆创新，鼓励银行突破原有的业务模式，满足了企业的迫切需求。此外，还着力推动组建银团贷款支持大型市政企业，9 月，深圳 13 家银行为深圳地铁集团公司提供了 233 亿元的地铁二期工程银团贷款，是目前深圳地铁建设史上规模最大的一批银团贷款。

——深入调研、多措并举，帮助中小企业共克时艰逆势突围。在学习实践科学发展观的同时，为使中小企业平稳度过危机，深圳银监局组成专题小组，由分管副

局长带队走访大量中小企业，深入了解中小企业生存状态和金融需求，据此提出中小企业金融服务指导意见。在深圳银监局的积极督导和强力推动下，深圳所有银行均设立了中小企业金融服务的专营机构或专营部门，做实了“六项机制”，形成了中小企业金融服务的框架体系。截至 2009 年 9 月末，深圳中小企业贷款余额 2798 亿元，比年初增加 387 亿元，中小企业贷款占全部贷款的比例为 44.5%。

——由市及区，主动沟通，全面促进金融服务纵深发展。深圳银监局一贯重视与市政府相关部门的沟通协调，年初专门致函深圳辖内 6 个行政区（及光明新区）区长，表示深圳银监局愿积极配合各区政府深入推进银企合作，帮助企业危中寻机，抱团取暖，共克时艰，同时针对各区经济金融发展的不同特点提出了诸多意见和建议。局领导随即还前往各区政府登门拜访，听取各区政府对银行服务的需求，共商当前危机下如何帮扶企业走出困境，并现场解决金融服务中存在的问题。

二、认真履行监管职责，切实维护辖内金融稳定

金融业是深圳的四大支柱产业之一，银行业又是金融体系的主要组成部分，在应对危机的严峻时刻，维护银行业的安全稳定对于深圳经济发展至关重要。深圳银监局认真履行监管职责，防止个别、局部的风险苗头演化为系统性风险，有效地保证了辖内银行业稳健运行、维护深圳经济社会安定和谐。

——严格规范房地产贷款业务，避免房地产市场泡沫影响深圳经济社会稳定。2009 年上半年深圳银监局投入 210 人天检查房地产业务，查出 25 个典型违规问题并要求银行必须采取有效措施严格落实按揭成数，保证首付款真实足额，严审借款人资质和购房用途等关键要素，切实控制房地产贷款风险，防止房地产的过度炒作，促进房地产市场稳健发展。

——以个人消费贷款现场检查为突破口，确保信贷资金满足实体经济需求。针对部分银行出现信贷资金流入股市的苗头，深圳银监局先后两次对 9 家业务增长迅猛的银行开展个人消费贷款检查，检查工作量 162 人天，发现了 7 个信贷资金违规流入股市的典型案例。同时，要求银行迅速采取措施整改并进行相关的责任处理，严禁信贷资金违规流入股市，确保信贷资金满足实体经济需要。

——及时组织票据业务检查、维护市场正常秩序。针对 2009 年初票据业务激增的现象，深圳银监局组织了全辖区票据业务专项现场检查，现场检查工作量 120 人天，

查出 12 个典型案例，发现了票据业务中诸多违规新手法，引起银监会高度重视。同时再次重申监管要求，严禁虚开的、无真实贸易背景的票据业务，确保信贷资金服务实体经济。

——全面规范信用卡业务管理，及时遏制风险苗头。深圳银监局敏锐发现信用卡业务潜藏较大风险，并有可能滋生洗钱等犯罪行为，影响社会稳定。2009 年开年即抽调 30 名监管骨干，投入 15 个工作日，对深圳地区信用卡业务进行了全面检查，检查覆盖了 15 家银行和 22 家特约商户，发现了 26 个典型问题。随即制定了《深圳市信用卡业务风险管理指导意见》，规范信用卡市场行为，引导信用卡业务健康发展。

——密切关注异地贷款，保证深圳银行信贷资金安全。2009 年以来，充裕的流动性和区域经济发展差异使得深圳银行业异地贷款加速增长，异地贷款占贷款总量的比例一度达到 1/3。异地贷款有其存在、发展的合理性，但其固有的风险管理缺陷和当前经济运行的不确定性给信贷资金安全带来了诸多隐患。深圳银监局要求银行必须充分考虑风险管理能力和成本约束等因素，合理确定异地贷款的规模、结构，制定并完善异地授信的区域准入标准、客户准入标准、项目准入标准和具体授信方案，尽量利用内部银团方式开展异地贷款。

——持续深入开展案防工作，确保银行体系安全。深圳银监局 2009 年着重强调了目标责任落实、二级督导机制、持续风险排查、案件问责处理等监管要求，组织辖内各行开展案件风险排查“回头看”工作，对部分银行进行了现场督导，始终保持对案防工作的高压态势，实现了零发案率的良好局面。

三、配合市政府深入落实深圳市综合配套改革方案，大力推进深圳金融中心城市建设

《深圳综合配套改革总体方案》的获准实施，是深圳这个步入而立之年的新兴城市改革发展的又一个里程碑，为深圳的进一步发展创造了新的机遇，获得了新的空间，也带来了新的挑战。作为对 GDP 贡献率达 13% 的金融业，无疑要在新一轮的发展中承担支柱产业所应发挥的作用。

——推动银行间合作，全面提升深圳银行业集聚作用。2009 年 9 月，深圳银监局发起并与深圳市政府金融办、招商银行、深圳发展银行、平安银行共同举办首届“银行间合作高峰论坛”，邀请辖内银行与全国 40 余家中小银行参会，共同探讨全国银

行间的战略合作以及在系统、产品、技术、资金、信贷、培训和创新等诸多领域的专项合作。论坛成果显著，首次拉开了深圳银行与异地银行全面、系统合作的序幕，初步确定了银行间合作的内容、次序和重点，积极探索了深圳银行业未来发展方向。不少异地银行和本地同业当场即与招商银行等敲定在产品、资金、培训等领域开展全面合作。

——积极提倡、推进“五大基地”建设，进一步增强深圳银行业“中心”作用。深圳银监局提出在向具备辐射功能的金融中心城市转化的过程中，深圳在战略上应在保持一般性市场功能培育的同时更多地注重后台基地、培训基地、创新基地、信息基地、中小企业融资基地等五大“非主板”服务性功能的建设，以五个基地建设为切入点，构建跨区域的银行间战略合作联盟关系，从而逐步形成凝聚与辐射的功能，成为金融中心城市建设的突破口。目前，五大基地的建设已经启动，有关工作方案正在制定中。

——积极引进中小银行机构，充分发挥市场吸纳作用。为进一步完善市场功能，增加市场活力，在2008年引进3家城市商业银行的基础上，2009年又新增4家落户深圳，还有4家正处于筹建阶段。经过深圳银监局力争，银监会已批准深圳在2009~2011年组建6家村镇银行，有关具体组建工作方案已报市政府并得到肯定。目前已经正式受理相关主发起银行的申请资料，有关筹建工作已经展开，年内已批筹2家村镇银行。

——推动新设各类机构，加快形成市场集成作用。在全国新设银行机构收紧的情况下，经过深圳银监局向银监会积极请示、沟通，平安利顺货币经纪公司已经开业，中集集团财务公司获准筹建，预计年内可开业。在深圳银监局全程指导、推动和参与下，比亚迪汽车金融公司的合作方已经确定，申请筹备工作已经进入实质性阶段，有望年内或2010年初获准筹建。设立比亚迪财务公司的可行性方案也正在研究之中。经深圳银监局多次沟通，银监会同意在消费信贷机构试点范围扩大时，将优先列入深圳。

——支持深圳银行业设立异地分支机构，大力提升深圳金融中心城市的辐射作用。目前深圳已有3家股份制银行申请在广东省内设立异地分支机构，其中民生银行江门支行已经开业。经与广西银监局沟通，目前各方对深圳农商行在广西设立异地分支机构已基本达成一致意见，有望在年内批准筹建。这将成为深圳农商行跨区域经营的标志性事件，进一步增强深圳本地机构向周边地区的辐射作用。

四、着力加快创新步伐，全面提升深圳银行业核心竞争力

创新既是深圳银行业的传统优势，也是深圳银行业提高核心竞争力、在日益激烈的市场竞争中立于不败之地的必然选择。深圳银监局提出，应进一步解放思想，不为成绩所累，不为定式所困，不为视野所限，用足政策、强化优势，结合实际需求，积极采取有效措施，高效提供专业的指导和协调，强力支持金融创新。

——支持平安银行创新产品，充分发挥平安集团与银行优势互补能力。经银监会批准，深圳银监局促成了平安银行信用卡在无机构网点地区的发行，实现信用卡客户和寿险客户资源的最优整合。深圳银监局积极推动、规范平安银行与平安产险合作，开办平安产险提供保险承诺的异地小额信贷业务，鼓励平安银行进行银保合作尝试，发挥集团的综合化经营优势。经过平安银行与银监会的多次沟通，现已达成基本共识，目前正处于完善方案的阶段。上述两项创新有深圳特色，是迄今全国真正意义上的银保合作的唯一尝试。

——推动深圳银行在港设立跨境离岸支行，实现深圳“二次凝聚”。改革开放三十年来，国际银行业通过香港，并以深圳为跳板进入内地，造就了深圳银行业的繁荣与辉煌。随着改革开放的深化，深圳逐渐丧失了这一优势。为振兴深圳银行业市场，从战略上考虑，深圳可以继续发挥通道和桥梁作用，反过来助推内地中小银行以香港为跳板进入国际市场。近十年来，各地中小银行迅猛发展，走向国际市场是历史的必然。通过深圳和香港两地的练兵，积累经验，也是各中小银行的愿望和选择。深圳银监局已向银监会建议今后在 CEPA 框架中增加深圳中小银行机构在香港设立跨境离岸支行的内容，目前已与银监会相关监管部门达成初步共识，有望在 2010 年初的 CEPA7 谈判中落实。以此为契机，推动中资银行尤其是中小银行通过深圳，以香港为跳板，走向国际市场，从而形成深圳金融中心城市的“二次凝聚”。

——打造深圳金融创新试验区，形成创新特色优势。充分利用深圳金融业在政策创新机构集聚、市场需求等方面的优势，通过探索有利于金融创新的监管政策以及深入推动深港金融创新联动等措施，构建金融创新试验区。目前，深圳银监局已形成初步方案并准备上报银监会，争取获得政策支持，在深圳打造金融创新试验区。

——开展小企业金融服务试点，以机制创新促进小企业金融服务水平提高。在

2008 年制定的小企业金融服务方案基础上，深圳银监局与各商业银行总部交流，有意选取部分态度积极、小企业金融服务基础好的银行进行试点，将小企业金融服务方案的内容落到实处，将银行总部培育、监管政策引导和地方政府的资源支持进行整合，并结合深圳启动创业板等市场特色，制定具备操作性、实效性的方案，待试点成熟后在深圳全面推广。

夯实基础　控制节奏　在调整中谋求更好发展

今天召开2010年深圳中资银行业监管工作会议，传达贯彻中国银监会2010年工作会议精神，总结2009年主要工作。分析当前形势，部署2010年深圳银行业监管工作重点和要求。

一、2009年主要工作回顾

2009年是21世纪以来我国乃至全球经济和金融发展最为困难的一年，国际金融危机的严重冲击给银行业经营管理带来前所未有的挑战。深圳银行业以科学发展观为统领，始终注重2009年初工作会议提出的“一个力保”（力保经济增速）、“两个坚持”（坚持控制风险和维护秩序）、“三个改善”（改善小企业金融服务、社会金融服务和金融服务网络及手段）和“四个实现”（实现银行业服务的创新和进步、实现银行监管有效性的改善和提高、实现银行资源配置的节约和高效、实现银行不当行为的减少和杜绝），圆满完成了年度工作任务。深圳银行业在困难的形势下，团结一致，众志成城，坚决贯彻国家的宏观政策，积极支持地方经济发展，努力提升对客户的服务水平，在创新中谋求发展的机遇，在规范中实现管理水平的提升，全年创造了骄人的成绩。在银行业的鼎力支持下，深圳GDP增速为10.5%，达到年初预期，其中金融业增速为20%，占GDP的比重为14%。深圳银行业资产总额27634.10亿元，增长34.25%，高于全国平均水平8个百分点；存款余额18357.47亿元，增长28.73%，高于全国平均水平1.06个百分点；贷款余额14783.39亿元，增长31.59%，低于全国平均水平1.36个百分点。实现税前利润335.35亿元，下降13.04%。不良贷款余额226.66亿元，增加4.63亿元；不良贷款率1.54%，下降0.45个百分点。不良率低于全国平均水平1.80个百分点。商业银行拨备覆盖率122%，上升11个百分点，拨备覆盖率低于全国平均水平33个百分点。银行机构总量72家，新设分行8家；已有2家村镇银行获准筹建；深圳农村商业银行实现跨区域发展，民生银行江门支行获准开业，股份制银行异地支行正式启动；平安利顺货币经纪公司成立，市场构成要素进一步丰富；银行创新产品 106 项，与上年相比增加 33 项。小企业贷款余额 823.47 亿元，增长 21.30%；占比 12.85%，提高 0.54 个百分点（中小企业贷款余额 2918.04 亿元，增长 21.04%；占比 45.53%，提高 1.81 个百分点）。银行案件保持零发案。银团贷款余额 953.51 亿元，增长 69.38%，银行间合作高峰论坛于 2009 年 9 月 9 日召开，银行间合作开局。2009 年深圳银行业监管工作繁重而卓有成效，突出的有以下几个方面。

（一）积极贯彻国家宏观调控政策，推动银行业全力支行地方经济发展

一是推动银企合作，深化金融服务，助推优质大企业危中寻机保增长。年初，组织召开在深圳经济发展中具有举足轻重地位的多家绩优龙头企业和深圳大型银行共同参加的银企座谈会，让银企双方面对面沟通交流，提出需求，推介产品，寻求合作共赢切入点。为支持国家开发银行等更好地为以华为为代表的深圳外向型龙头企业提供金融服务，在充分调研的基础上，针对深圳的实际情况，在银监会的支持下大胆创新，鼓励银行突破原有的业务模式，创新开展国际保理等业务，满足了企业的迫切需求。

二是深入调研，多措并举，帮助中小企业共克时艰逆势突围。为使中小企业平稳度过危机，深圳银监局组成专题小组，由分管副局长带队走访大量中小企业，深入了解中小企业生存状态和金融需求，据此提出中小企业金融服务指导意见。在深圳银监局的积极督导和强力推动下，深圳所有银行均设立了中小企业金融服务的专营机构或专营部门，努力落实“六机制”建设，形成了中小企业金融服务的框架体系。

三是由市及区，主动沟通，全面促进金融服务纵深发展。深圳银监局一贯重视与市政府相关部门的沟通协调，年初，局党委专门致函深圳辖内 6 个行政区（以及光明新区）区长，表示深圳银监局愿积极配合各区政府深入推进银企合作，帮助企业危中寻机、抱团取暖、共克时艰，同时还针对各区经济金融发展的不同特点提出了诸多意见和建议。局长、分管副局长还前往各区政府登门拜访，听取各区政府对银行服务的需求，共商当前危机下如何帮扶企业走出困境，并现场解决金融服务中存在的问题。

四是主动规划，积极引导，扩大银行网点服务覆盖面。深圳银监局实施《深圳银行业金融机构 2009 年度营业网点准入规划》，区别新老银行及各类创新型机构，并结合监管评级、服务质效、案发情况及承担社会责任等综合因素，针对辖内每个区域（大至 7 个行政区、细到 55 个街道办）提出了布设营业网点的具体指导性意见（如大力支持区域、适度限制区域、缓设或迁出区域等），鼓励银行兼顾自身效益和社会效益，在中小企业密集度高、金融服务薄弱区域设立网点，扩大银行网点覆盖率，保障辖内各区金融服务尤其是中小企业、农民等弱势群体金融服务的充分、全面。同时配套设计了“深圳银行业网点地图和安全评估系统”，直观反映银行网点聚集状况，2009 年全市净增营业网点近 60% 设在关外。

（二）敏锐关注重点风险领域，切实维护辖内金融稳定

一是严格规范房地产贷款业务，避免房地产市场泡沫影响银行业安全。上半年深圳银监局投入 210 人天检查房地产业务，查出 25 个典型违规问题。要求银行必须采取有效措施严格落实按揭成数，保证首付款真实足额，严审借款人资质和购房用途等关键要素，切实控制房地产贷款风险，防止房地产的过度炒作，促进房地产市场稳健发展。指导银行同业公会制定房贷业务操作守则，组织银行同业签订停止支付房贷中介返点费用的公约。

二是以个人消费贷款现场检查为突破口，确保信贷资金满足实体经济需求。针对部分银行出现信贷资金流入股市的苗头，深圳银监局先后两次对 9 家业务增长迅猛的银行开展个人消费贷款检查，检查工作量 162 人天，发现了 7 个信贷资金违规流入股市的典型案例，随即责令银行整改和问责，严禁信贷资金违规流入股市，确保信贷资金满足实体经济需要。

三是及时组织票据业务检查，维护市场正常秩序。针对 2009 年开年以来票据业务激增的现象，深圳银监局组织了全辖票据业务专项现场检查，现场检查工作量 120 人天，查出 12 个典型案例，发现了票据业务中诸多违规新手法，引起银监会高度重视。深圳银监局重申监管要求，严禁虚开的、无真实贸易背景的票据业务，严格规范票据业务操作，确保信贷资金服务实体经济。

四是全面规范信用卡业务管理，及时遏制风险苗头。深圳银监局在监管中发现信用卡业务操作极不规范，过度授信和盲目授信严重，潜藏较大风险。同时，市场秩序的混乱造成银行声誉严重受损。为此，深圳银监局 2009 年开年即抽调 30 名监管骨干，投入 15 个工作日，对深圳地区信用卡业务进行了全面检查，检查覆盖了 15 家银行和 22 家特约商户，发现了 26 个典型问题。随即制定了《深圳市信用卡业务风险管理指导意见》，规范信用卡市场行为，引导信用卡业务健康发展。

五是密切关注异地贷款，保证银行信贷资金安全。充裕的流动性和区域经济发展差异使得深圳银行业异地贷款加速增长，异地贷款占贷款总量的比例一度达到1/3。异地贷款有其存在、发展的合理性，但其固有的风险管理缺陷和当前经济运行的不确定性，给信贷资金安全带来了诸多隐患。深圳银监局指导商业银行充分考虑风险管理能力和成本约束等因素，合理确定异地贷款的规模、结构，制定并完善异地授信的区域准入标准、客户准入标准、项目准入标准，尽量采用内部银团方式开展异地贷款。

六是敏锐关注银信合作，防范逃避监管行为。深圳银监局敏锐发现银信合作业务呈现异常激增现象，原因既有社会财富管理的实际需要，更主要的是银行通过信托平台，将表内信贷资产转到表外，借此回避项目贷款条件、资本充足率、存贷款比例以及集中度等监管要求，造成了杠杆率放大、风险加大的事实，同时也影响了监管部门对宏观经济形势的准确判断。深圳银监局迅速调研并报告银监会，得到银监会领导的高度重视。

七是深入调研担保业状况，防风险于未然。针对深圳担保业良莠不齐、两极分化状况，深圳银监局经过调研，提出了提高担保机构准入门槛、明确不同性质担保机构的功能定位、规范行业监管制度、加快再担保体系建设、健全风险补偿和分担机制等政策建议。要求银行在风险可控前提下，积极稳妥地与担保机构开展业务合作，促进担保业健康发展，共同为中小企业提供金融服务。

八是持续深入开展案防工作，确保银行业体系安全。深圳银监局不断督促辖内银行业机构建设案件防控长效机制、持续保持案防高压态势，在全国案防工作形势严峻的背景下，实现了零发案率的良好局面。

（三）大力改进监管手段，不断提高监管有效性

一是强化法人监管。积极推动辖内法人银行业金融机构进一步提高公司治理水平，采取走访、会谈及现场检查等多种方式，督促银行董事、监事和高管人员认真履职，做好机构中长期战略规划，明确各自的职责边界。对股权结构不合理、公司治理有缺陷的机构，约见相关董（监）事，阐明相关要求，对不作为的董（监）事发出监管提示。

二是启动并表监管。制定《招商银行并表监管方案》，明确提出了并表监管的4个目标和3大类22项具体内容，拟定了招商银行并表监管两年规划。在此方案的指引下，对招商银行进行了境外股权投资和招商基金并表监管两项现场检查。

三是尝试阳光监管。部分银行放宽房贷标准引起媒体和社会舆论高度关注，关于个人消费贷款可直接用于炒股的误导宣传，严重伤害了商业银行的形象和声誉，为制止违规行为，规范柜台操作，在常规的现场检查等方式外，深圳银监局创造性地尝试了阳光监管方式，指导银行同业公会制定并印发了房贷业务操作守则和严禁信贷资金入股市等规定，要求各银行在所有营业网点醒目处张贴公示。公众可以直观、明确、方便地获知商业银行业务方面的主要政策规定，使得银行处于社会公众的广泛监督之下。

四是深入服务监管。在近年引入多家城市商业银行的新形势下，深圳银监局积极探索对新设银行分行开业过渡期的监管思路，采取对新设银行分行进行内控测评的监管举措，寓监管于服务中，帮助新设机构在开业过渡期建立一套较好的风险管理文化和较为完善的内控体系，为其在深圳地区实现长远发展夯实基础。

五是加强创新监管。为全面评价深圳银行业的创新水平，进一步促进深圳银行业深化创新，深圳银监局制定了深圳市银行业金融机构金融创新评估方案，并据此形成了《2009 年深圳银行业金融创新评估报告》，完成对银行业创新体系、能力和成果的综合评估，此举在全国尚属首次。

六是开创科技监管。深圳银监局牵头并全过程参与银监会信息中心布置的信息科技风险非现场监管报表设计、修订和完善工作。顺利完成对平安银行、深圳农村商业银行信息、系统建设和信息科技风险的现场检查，对银行存在问题提出整改要求。还对 4 家中资法人银行信息化建设和科技风险管理状况进行了评估。

（四）深入落实深圳市综合配套改革方案，大力推进深圳金融中心城市建设

一是推动银行间合作，全面提升深圳银行业集聚作用。2009 年 9 月，深圳银监局发起并与深圳市政府金融办、招商银行、深圳发展银行、平安银行共同举办首届“银行间合作高峰论坛”，邀请辖内银行与全国 40 余家中小银行参会，共同探讨全国银行间的战略合作以及在系统、产品、技术、资金、信贷、培训和创新等诸多领域的专项合作。论坛成果显著，首次拉开了深圳银行与异地银行全面、系统合作的序幕。初步确定了银行间合作的内容、次序和重点，积极探索了深圳银行业未来发展方向。

二是积极倡导推进“五大基地”建设。进一步增强深圳银行业“中心”作用。深圳银监局提出，在向具备辐射功能的金融中心城市转化的过程中，深圳在战略上应在保持一般性市场功能培育的同时更多地注重后台基地、培训基地、创新基地、信息基地、中小企业融资基地等五大“非主板”服务性功能的建设，按照“实事求是、解放思想、扬长避短、错位发展”的原则，以五个基地建设为切入点，构建跨区域的银行间战略合作联盟关系，从而逐步形成凝聚与辐射的功能，成为金融中心城市建设的突破口。

三是积极引进中小银行机构，充分发挥市场吸纳作用。为进一步完善市场功能，增加市场活力，在 2008 年引进 3 家城市商业银行的基础上，2009 年又新增 4 家落户深圳，还有 4 家正处于筹建阶段。银监会已批准深圳在 2009~2011 年内组建 6 家村镇银行，深圳银监局制定了具体组建工作方案，并已批筹 2 家。

四是推动新设各类机构，加快形成市场集成作用。平安利顺货币经纪公司已经开业，中集集团财务公司获准筹建。在深圳银监局全程指导、推动和参与下，比亚迪汽车金融公司的合作方已经确定，申请筹备工作已经进入实质性阶段。设立比亚迪财务公司的可行性方案也正在研究之中。

五是支持深圳银行业设立异地分支机构，大力提升深圳金融中心城市的辐射作用。目前深圳已有 3 家股份制银行、1 家外资银行申请在广东省内设立异地分支机构，其中民生银行江门支行已经开业。深圳农村商业银行在广西设立异地支行已获准筹建，这将成为深圳农商行跨区域经营的标志性事件，有利于增强深圳本地机构向周边地区的辐射作用。

六是打造深圳金融创新试验区，着力增强金融中心城市的创新作用。充分利用深圳金融业在机制创新、机构集聚、市场需求等方面的优势，通过探索有利于金融创新的监管政策以及深入推动深港金融创新联动等措施，构建金融创新试验区。深圳银监局已形成初步方案并上报银监会，争取获得政策支持，在深圳打造金融创新试验区。

二、深圳银行业面临的形势和挑战

2010 年是实施“十一五”规划的最后一年，也是应对国际金融危机的关键之年。国际经济金融出现回暖企稳的态势，但基础十分脆弱，世界范围的贸易战愈演愈烈，在货币汇率领域各国钩心斗角，竭力博弈，外贸形势难以乐观。国内经济形势也充满了矛盾和变数，拉动内需的宏观政策出现微妙变化，信贷总量严格设限，信贷节奏受到控制，信贷投放的领域也有了限制性的规定，银行传统业务的发展空间收窄。在这一大的宏观背景下，2010 年信贷投放量将面临适度的调整和压缩。大量的中长期贷款特别是政府融资平台的固定资产或市政项目融资面临政策调整，风险系数加大，而中央部门对政府融资平台的开包清理政策将会在一定程度上引发即期风险，信贷资产质量堪忧。在信贷增速放缓，信贷总额受限的大背景下，2009 年信贷快速增长的惯性有可能导致局部资金链的断裂，在威胁信贷资产质量的同时，虚假违规的票据业务及银行案件和非法集资的风险加剧。在传统的信贷渠道受阻不畅的同时，银行基层机构屈于增长的压力，势必极力争夺个人业务，房贷、消费贷、信用卡等业务领域挑战违规、破坏秩序的动力正在形成。各银行总部信贷政策的转向与宏观政策及政策执行影响力之间的时间差，将会同时显现流动性风险、政策风险和市场风险。多重风险的聚集和逐步显现，无疑会对银行各层面的经营人员形成巨大压力，信贷资产分类的准确性，信贷资产风险的迁徙度和偏离度也应引起高度关注。

中国银监会和中国人民银行作为货币信贷投放的政策制定和执行部门，将会加大信贷总量和节奏的执行力度。银监会将在实施微观审慎监管的同时，加大宏观审慎监管的力度，在已有的指标监管的基础上加大动态监管的力度。总之，2010 年形势变化之快，未知因素之多，应引起银行业的高度重视，并积极应对。

三、2010 年监管工作重点

2010 年银行业监管工作的总体要求是：全面贯彻中央经济工作会议精神和中国银监会工作会议部署，深入贯彻落实科学发展观，坚持改革创新、坚守风险底线，着力保持监管政策的连续性和稳定性，着力提高监管政策的针对性和灵活性，着力提升监管方式的科学性和有效性，着力把握优化信贷结构、提高信贷质量的目标，在保证总量、控制节奏、调整结构的前提下，全面增强风险管理能力和可持续发展能力，为维护银行业安全稳健运行和经济平稳较快发展作出积极贡献。总体来看，2010 年的主要监管工作是：重点关注四个问题，严格规范三类业务，着力实施四项工作，继续推进和完善深圳银行业市场建设。

（一）重点关注四个问题

一是在严控信贷总量的前提下、重点关注信贷投放节奏和投放结构。2010 年对于全国的信贷总投放量，各行必须严控，不得擅自突破或违规变相突破。在此前提下，深圳银行业要坚持以实体经济有效需求和审慎标准为条件，科学把握资本质量、信贷质量与可持续发展的关系，切实把握好信贷投放节奏，控制信贷的非理性增长，特别要防止在季度之间、月度之间出现大起大落、大幅波动现象，确保信贷实现合理、有序、平稳投放。同时，各行还应提高政策的针对性和灵活性。着力优化信贷结构，提高资产质量，真正实现全年保总量、控节奏、调结构的目标。

二是重点关注地方政府融资平台贷款，防范财政风险和金融风险。各行必须将所有地方融资平台贷款全部打开，按照“了解你的客户、了解客户业务、了解客户风险”的原则，逐笔梳理，按项目对应，并逐个重新评审。对无项目对应或项目不合规、合同手续不全、风险缓释不足等有瑕疵的贷款，应及时采取补救措施，同时调低资产分类级别，及时增加拨备额度。开包之后、原则上由占份额最大的银行牵头转组银团，以分散集中度风险。同时，对新的地方融资平台贷款，必须严格审查其报批核准等相关手续是否完备、项目资本金是否真实到位以及相关用地是否符合环保和产业政策等，不符合相关规定的，坚决不予发放贷款。

三是重点关注房地产信贷风险，规范和整顿房地产金融市场秩序。首先，各行对开发贷款要严守风险底线，对项目资本金不足、负债率过高，特别是有违法违规行为的房地产开发商，必须严格控制信贷投放。同时要按照“三个办法、一个指引”的原则，采取实贷实付的方法，严格信贷管理。在继续支持居民自住和改善型住房消费的同时，严格执行二套房贷政策，凡不能提供合法有效证明的，一律按二套房对待，严守四成最低首付标准，并鼓励银行按照市场价格变动合理提高成数、利率亦应在基准利率之上按照风险定价。同时要加强个贷业务“三查”，严格面谈、面签制度，切实抑制投机性购房、确保房地产市场的健康稳定发展。

四是重点关注案件风险、继续保持“双降”局面。银监会要求银行业金融机构2010 年必须继续保持案件“双降”、案件数量和涉案金额均不得超过 2009 年水平，2009 年深圳银行业金融机构对案防工作非常重视，措施得力，成效显著，全年未发生一起案件。2010 年在面临政策调整和新的信贷环境下，案防工作任务更重、压力更大，各行必须继续把案防工作放在首位，重点关注和加强对基层分支机构尤其是案件高发部门和环节的督导查访。我局也将严格执行案防工作与相关的准入监管挂钩制度，坚决控制案件风险，确保深圳银行业来之不易的安全稳定局面。

（二）严格规范三类业务

一是严格规范信用卡业务。随着商业银行近年来竞相发展零售业务，信用卡业务得到突飞猛进的发展，成为继个贷之后的又一“新宠”，目前深圳信用卡交易量已占刷卡交易量的半壁江山。但我们应清醒地看到，繁荣背后的问题和风险也在不断积聚，且已呈现较大隐忧，尤其是一人多卡、以卡养卡、多头授信、过度授信现象日益严重。各行竞相扩大授信额度，放大了信用风险，不良率亦逐年攀升，资产质量堪忧。因此 2010 年各行必须严格规范和整顿信用卡业务，首先严把准入关、不得不计成本，过度营销，盲目扩张，超速发展，向“二低三高”人群（低龄、低收入、高龄、高风险行业和高流动性职业人群）发卡，从源头上控制风险。同时要遵循审慎原则，对信用卡申请人按照统一授信原则，全面评估客户的其他个人负债和整体还款能力，按户合理确定综合授信额度，尤其对已持有多家银行的多张信用卡客户，应综合评估其风险程度审慎发卡，避免过度授信，要在规范整顿中逐步完善和提高风控水平，确保信用卡业务的健康发展。

二是严格规范票据业务。由于我国利率的双轨制运行和票据业务特有的对银行表内外和资产负债结构的调节功能，进而使得票据在某种意义上成为了银行和企业实现“双赢”的最佳工具，因此票据违规现象便是任何经济环境下都可能呈现的一个常态性问题。在 2009 年资金非常充裕的背景下，票据显然是企业降低融资成本和套利的首选，进而致使票据业务出现超常规的增长，据相关调查和检查发现，其中不乏大量缺乏真实贸易背景的融资票据。在 2010 年新的信贷政策和环境下，将不仅面临来自企业方面的压力使票据违规和虚假现象增多的趋势，更重要的是银行可以借票据业务实现表内外的资产规模调节，进而规避规模监管、突破规模限制。因此我局 2010 年对票据业务的关注度和监管力度将有增无减，希望各行切实规范票据业务，确保本行签发和贴现的每张汇票均有真实贸易背景。同时还要加强对票据业务信用风险、操作风险和合规风险的控制，尤其要加强对贴现资金流向的监控，防止资金流入国家禁止的行业或用于证券投资等领域。

三是严格规范理财业务。为实现优势互补，近年来银行和信托公司的业务合作得到长足发展，其中银信理财合作发展尤为迅猛，目前全国银信理财合作的规模已超万亿元，深圳规模也早超千亿元大关。但在银信合作中出现了不少新问题，尤其是通过发行理财产品募集资金形成“资金池”，通过银信合作将资金运用出去形成

“资产池”，再将两者进行匹配管理，使每笔资金和资产均淹没在“池”中，不仅使单笔理财资金在用途上无法与单个项目一一对应，还可规避贷款规模控制、行业限制以及单一贷款集中度比例等监管规定，将银行信贷资产改头换面为信托资产，继而由表内移至表外，规避资本监管，使“资金池”与“资产池”成为规避监管的“避风港”。因此，各行2010年必须按照银监会111号《关于进一步规范银信合作有关事项的通知》精神，认真清理和甄别存量合作项目，根据资产的实际性质，如实纳入监管范畴。同时对银信合作的新项目必须认真遵守相关规定，提高合规经营意识，特别在2010年的新政和新的信贷环境下，严禁打政策“擦边球”，依法合规开展银信合作，实现合作的内涵式增长。

（三）着力实施四项工作

一是着力尝试推动小企业贷款。为切实解决小企业“融资难、贷款难”问题，结合银监会关于《银行开展小企业贷款业务指导意见》和深圳市场实际，在2009年《深圳小企业金融服务体系建设工作方案》的基础上，深圳银监局将根据刘明康主席在工作会议上的讲话精神，进一步修订完善试点工作方案。同时积极与政府密切沟通，力争在税收政策、税前拨备以及建立小企业贷款风险补偿基金等方面取得政府的支持，给予相应的优惠，为银行开展小企业金融服务创造良好条件，提高银行拓展小企业授信业务的积极性，确保银监会要求的2010年小企业信贷投放增速高于全部贷款增速、增量高于上年目标的实现。

二是着力尝试推动银团贷款。2009年在银行业共同努力下，辖内银团贷款工作取得了一定成效，但实际效果和影响差强人意。2010年深圳银监局将加大力度，坚决推动银行业金融机构按照《深圳市国内银行业银团贷款合作公约》的要求发展银团贷款模式，且要根据实际情况适度调低单笔贷款组团金额。与此同时，各行要进一步完善大额授信风险的识别、评估和控制机制、切实分散和防范集团客户风险和贷款集中度风险。此外，鼓励不同类别银行间相互合作、错位补充，在政策性银行与商业性银行之间、大银行和小银行之间以及中外资银行之间尝试资金和信贷等多领域、全方位的深度合作，有效缓释和分散风险，形成各类机构差异发展、互为补充的共赢局面。

三是着力尝试实施动态监管。按照中央关于“探索建立宏观审慎管理制度、加强风险监管，防范系统性金融风险”的要求，密切跟踪宏观经济波动可能对银行业风险和资本造成的影响，探索完善前瞻性的监管方法，切实控制好银行信贷投放节奏。为此，在继续用好存贷比、不良贷款管理、大额授信集中度等传统监管工具的同时，尝试在科学测算的基础上，根据各行的资本变化趋势和信贷增长速度以及信贷资产分类的迁徙度和偏离度实施动态拨备和动态资本监管，尤其将注重资本充足率、拨备覆盖率以及贷款价值比率等动态监管指标，督促各行严格资本管理和资本约束，进而控制信贷总量平稳投放，确保银行业持续支持经济发展的能力。

四是着力尝试实施“三个办法、一个指引”。“三个办法、一个指引”是确保信贷资金进入实体经济更为有效的手段和保障，因此各行必须将“三个办法、一个指引”的实施落实作为 2010 年全年工作的重中之重，要按照已确定的实施时间表，统一思想认识，统一行动步骤，防止不公平竞争。为此，深圳银监局将专门成立“辅导督察小组”，加强对银行业金融机构的督促引导，加强与地方政府和相关部门的沟通联系，加大对银行高管人员、业务主管和一线操作人员多层次、多轮次的培训力度和对社会公众的宣传力度。同时强化监管考核问责，将各行执行新规的情况作为对其监管评价的重要参考，对执行不积极、不到位造成重大负面影响的银行，将按照有关法律法规和审慎监管要求严格问责。2010 年深圳银监局将结合深圳实际，强力推动银行业树立“实贷实付”理念，建立“营销、审查、发放、管理”相分离的精细化信贷管理模式，从源头上控制信贷资金被挪用风险，同时亦借此督促银行业真正实现发展方式的转变。

（四）推进和完善深圳银行业市场建设

深圳银行业市场是一个比较规范、比较成熟、很有活力、很有激情的市场，但是进一步规范、推进和完善深圳银行业市场建设的空间仍然很大，需要辖内各银行业金融机构牢固树立四个意识，共同推进和完善银行业市场建设。

一是大局意识。经过 30 年发展，深圳银行业体系已十分健全发达，尤其随着近年一大批中小城市商业银行加速落户深圳以及货币经纪公司、汽车金融公司和村镇银行等新型金融机构的相继创建，深圳银行业市场的要素更加丰富，金融集聚度不断提高，竞争也日趋激烈。为此，辖内银行业更需从大局出发，培养一体化的共存共荣意识，根据自身发展战略和市场实际，准确定位服务对象，避免挑战合规风险，扰乱市场秩序，共同维护行业利益，崇尚行业形象，脱离低水平同质同类竞争，力争培育一个分工明确、错位互补、功能丰富的健康的银行业市场。

二是社会意识。各银行业金融机构要统筹兼顾自身利益与社会责任，树立社会责任意识，明确社会责任目标，积极承担社会责任。特别要高度重视客户权益保护，正确妥善处理来自客户和社会的各类投诉和建议，并根据市场反映情况查找自身的问题及原因，在媒体等公众舆论的监督下不断提高服务质量，完善服务方式，改进服务手段，满足客户的金融服务需求。

三是服务意识。银行业金融机构作为金融服务行业的主力军，必须进一步增强服务意识，除继续优化服务流程、改进服务方式、合理配置服务资源、不断提高服务技能和改善服务环境外，更应在提高服务质量和提升服务层次上下工夫。要想客户之所想，随时根据客户的不同需求敏锐研判，前瞻性地谋划和创新产品，力争在综合理财和国际业务等领域有较大的创新和突破。

四是责任意识。各银行业金融机构要根据银监会《商业银行薪酬机制监管指引》的相关要求和深圳银行业公司治理的实际，推动各行按照中央关于“继续完善商业银行公司治理，引导商业银行建立科学有效合理的薪酬制度”要求，把短期利益与长期利益、个体利益与整体利益有机结合起来，并通过科学地改革和完善考评体系，实现正反双向和时空延伸的激励机制建设，培养和落实对自己负责、对企业负责、对社会负责的多角度责任意识和对昨天负责、对今天负责、对明天负责的长远责任感。

经过大家的共同努力，我们度过了艰难却又回味无穷的一年。深圳银行业取得的成就是有目共睹的，是全行业员工付出的心血换来的。新的一年我们还会面临更多的困难和矛盾，让我们团结一致，密切配合，同心同德迎接新的机遇和挑战，为深圳银行业美好的愿景而共同奋斗！

优化监管资源　创新监管手段 着力提高监管有效性

2008 年，我与局党委班子成员一起以科学发展观为统领，认真贯彻银监会工作会议精神，积极引导深圳银行业应对国际国内经济金融形势的急剧变化，保持又好又快发展。同时通过加强思想政治建设，优化监管资源，创新监管手段，狠抓内部管理，强化监管协作，提升执行力，圆满完成银监会党委交办的工作和局年度各项重点工作。

一、政治坚定，夯实制度，加强思想政治建设

一是加强党的组织建设，成立机关党委，改组充实局纪委。二是建立健全会议制度、人事管理制度、财务制度等。三是狠抓政治思想工作，培育“深圳银监局文化”，即树一股气（不落人后的志气、争先夺优的豪气、探索创新的勇气）和铸一个魂（团结是纽带、集体是平台、荣誉是生命、进取是灵魂），做“四种人”（高尚的人、有追求的人、有文化的人、聪明的人），反对“四个主义”（自由主义、拜权主义、本位主义、教条主义），建设“三个一工程”（一所学校，一座军营，一个家庭）。

二、以人为本，科学组织，实现资源集成

一是以打造一支专业化、职业化监管队伍为目标，改进和完善员工职业生涯规划管理。二是以实现现场检查与非现场监管高效联动为导向，积极推进监管资源团队化、行政管理属性化的有效集成。成立跨处室现场检查委员会和非现场监管委员会，既提升了现场检查能力，又加强了非现场监管的规范化和指导功能。三是以统一监管标准和实现权力制衡为出发点，科学设置跨部门专业委员会。按照“适度集中、凝聚专长、形成合力、做实功能、提高效率”的原则，建立机构监管和功能监管相结合的矩阵式集成化专业委员会。目前已成立现场检查委员会、非现场监管委员会、市场准入规划委员会、金融创新与深港合作工作委员会、信息科技监管委员会等。

三、创新观念，改进方法，提高监管工作效率

一是实施承诺监管。监管部门和被监管机构就某一承诺内容事先进行充分沟通、交流，达成一致意见，并由被监管机构承诺在一定期限内履行或解决。2008 年已将案件责任、后续整改、奥运金融服务安全等事项，通过事先承诺明确监管目标，达到了在节约监管资源的前提下实现监管目的的效果。二是实行协作监管。积极倡议建立金融监管协作机制，分别与人民银行深圳市中心支行、深圳证监局和保监局签署了监管协作备忘录。三是推行标杆监管。评估银行在业内的运营质量及管理水平，据此对各行下一监管周期采取不同监管措施，对银行实施正向监管激励，以此树立运营管理行业标杆，落实导向监管。四是试行贴身监管。通过电子信息化等科技手段直接切入商业银行业务运营和管理系统，实现实时监测和无距离监管，增强了监管工作前瞻性和主动性。五是实行规划监管。在与机构充分交流、达成共识基础上，为每家机构量身定做一套监管规划，增强了监管透明度，使机构变被动接受监管为主动解决问题，形成了监管双方的合力。

四、尊重规律，抓住重点，增强监管有效性

一是全面开展案件防控工作。通过综合治理，扭转了以前案件频发态势，2008 年辖区发生案件仅 1 起，在全国处于较低水平，有关做法和效果得到了银监会的表扬和肯定。二是严格控制信贷风险。2008 年全市银行业不良贷款实现了“双降”，不良率第一次降到 2% 以下。三是密切防范市场风险。密切监测楼市动态及房贷风险，督促银行做好压力测试和流动性应急计划，与人民银行建立应急维稳机制。四是全面落实法人监管责任。根据法人银行不同特点，采取不同监管策略，鼓励走特色化发展道路。五是密切关注国际经济金融形势变化。与香港金管局建立沟通协调机制，加强对机构和市场信息的沟通与交流。六是紧密跟踪理财业务风险。及时组织理财产品专项检查。督促银行整改问题，建立应急预案，妥善化解矛盾。密切关注香港处理雷曼迷你债的进展以及可能引发的传染效应。

五、扎根现实，着眼长远，增强监管基础建设

一是积极探索小企业金融服务模式。《深圳小企业金融服务体系建设工作方案》

获得 2008 年度深圳金融创新特别奖，并受到市政府高度重视。二是探索信息科技监管新领域。探索信息科技监管的工作思路得到银监会肯定和支持在深圳设立了信息科技工作室。三是推进深港金融创新合作。引导辖内银行业深入开展创新活动，促进深港金融发展和监管的交流与合作。四是倡导银行业社会责任建设。发布的《深圳银行业社会责任报告》是国内首份银行业社会责任评估报告，突破了过去以单家银行为单位进行社会责任评估的框架，为银行业履行社会责任树立起榜样和标杆。

六、加强纪律，履行职责，有效做好党风廉政建设

一是高度重视。局党委坚持“两手抓，两手都要硬”的方针，把党风廉政建设纳入全年工作整体规划。二是组织健全。构建了党委统一领导，党政齐抓共管，纪委、纪检监察室组织协调，部门各负其责，依靠群众参与的工作机制。三是广泛征求意见。通过召开干部、青年座谈会，向全体职工发放问卷，发函被监管机构，发放廉政建设互动卡等方式，收集对党风廉政建设执行情况的意见和建议，构建起上下通畅、高效透明的信息沟通渠道。四是层层落实责任。按照“一把手”负总责和“谁主管，谁具体负责”原则，一级抓一级，层层抓落实，层层签订党风廉政建设责任书。五是创新监督制度。制定的深圳银监局人、财、物跟踪监督制度，成为加强党风廉政建设的又一新举措。2008 年对选拔干部、采购设备和系统招标等进行监督，取得良好效果。

抓学习　防风险　带队伍
促创新　保增长　筑防线

在2009年年初深圳银监局年度工作会议上我代表局党委提出了"一个力保"(力保经济增速)、"两个坚持"(坚持控制风险和维护秩序)、"三个改善"(改善小企业金融服务、社会金融服务和金融服务网络及手段)和"四个实现"(实现银行业服务的创新和进步、实现银行监管有效性的改善和提高、实现银行资源配置的节约和高效、实现银行不当行为的减少和杜绝)的工作目标。时值岁末年初，全面盘点2009年度工作，非常欣慰各项工作规划已圆满完成，几大工作目标也基本实现。

回首2009年，尽管是21世纪以来我国乃至全球经济和金融发展最为困难的一年，也是深圳经济金融发展史上最困难的一年，国际金融危机的严重冲击给深圳银行业经营管理带来了前所未有的挑战，但在银监会党委的英明决策和正确领导下，我和班子成员一起以科学发展观为统领，在困难形势下团结一致，众志成城，坚定不移地支持银行业金融机构贯彻国家宏观政策，支持地方经济发展。同时坚持创新发展与风险控制两手抓，在创新中谋求发展，在规范中提升管理，有力助推了深圳银行业持续稳健的发展。

一、抓学习：不断提升政治理论素质和监管业务水平

首先我非常注重加强自身学习。主要通过中心组学习、听党课、培训以及自学等多种形式，主动吸纳并更新知识，提高政治和业务素质。学习内容主要包括胡锦涛总书记在纪念党的十一届三中全会召开30周年大会上的重要讲话和在中纪委第三次全会上的重要讲话，温家宝总理在国务院第二次廉政工作会议上的重要讲话，党的十七届四中全会精神，刘明康主席的系列重要讲话，银监会党委的重要工作会议精神，以及有关当前经济金融形势和应对危机的举措、新加坡的金融创新与金融监管等。其次是带领全局员工共同学习。要求机关党委及时组织各支部认真学习上述系列重要文件和相关材料、深入领会精神要义，结合实际研究讨论。同时，我结合

《珠江三角洲地区改革发展规划纲要》和《深圳综合配套改革总体方案》，撰写了《扬长避短　错位发展——深圳金融中心城市建设思路》，刘明康主席曾批转银监会相关部门学习研究，我局也以党委中心组学习文件形式发全局学习研讨。除此之外，为更好地适应监管需要、履行监管职责，倡导全局员工树立终身学习理念，并要求人事部门应监管之需，采取“走出去、请进来”等多种形式组织各类业务及技能培训，提升员工素质，取得很好成效，目前全局上下已形成人人热爱学习、崇尚学习、创建学习型组织、争做知识型职工的良好氛围。

二、带队伍：着力激发干部队伍潜能和夯实队伍作风建设

一是坚决贯彻中央组织部《党政领导干部选拔任用工作条例》及银监会党委的要求，注重加强干部队伍建设，加大了干部任职、交流和外派力度，全年共提拔各层级干部 45 人，岗位交流 14 人、推荐外派干部 4 人。在选拔任用干部时，通过部门酝酿、民主测评、党委研究、公示监督等，程序严格规范，方式民主透明。二是进一步深化“深圳银监局”文化内涵，提出“五个提倡”“四常四不”“建设三个一工程”“做四种人”“反对四个主义”等行为规范要素，积极倡导和践行严谨和谐、上进求实的工作作风，并要求全局员工将“深圳银监局”文化融入日常工作之中，增强责任意识和服务意识，养成良好职业操守，从自身做起，从细节做起，做深做实监管工作。三是注重加强民主交流，听取各方心声，除认真开好民主生活会外，重大决策均通过党委会、局务会充分讨论决定，有关人事安排均事先与班子成员沟通。同时，还多次主持召开了青年员工、职工代表和处级干部等不同层面的座谈会，与各级干部尤其是基层员工面对面交流思想，加强沟通，在此基础上针对每个干部员工的不同特点，尽量用其所长，补其所短，充分发挥每个干部员工的聪明才智，调动大家的主动性和创造性，齐心合力做好监管工作。

三、保增长：积极贯彻国家宏观政策支持地方经济发展

为应对国际金融危机对深圳经济的强力冲击，多措并举，支持银行业金融机构认真贯彻国家宏观政策，加大对地方经济的支持力度。一是在 2009 年初主持召开大型骨干企业与大银行座谈会，推动银企合作，深化金融服务，助推优质大企业危中

寻机保增长。二是专门成立中小企业金融服务小组对近 187 家中小企业展开调研，且现场走访 40 多家中小企业，深入了解它们在危机下的生存状况和其对银行、政府以及监管部门的急切呼声，帮助中小企业共克时艰，平稳度过危机。三是主动致函辖内 6 个行政区区长并登门拜访听取意见，因区制宜合力打造经济金融相生共荣发展环境。同时要求创新机构准入监管手段，通过准入规划监管，积极引导和鼓励银行兼顾自身效益和社会责任，在中小企业密集度较高的区域布设网点，尽力为中小企业提供全面、优质的金融服务。四是根据银监会相关要求，强力督导和推动辖内银行设立中小企业金融服务专营机构或专营部门，做实“六项机制”建设，加大对中小企业的金融服务和信贷支持力度。

四、防风险：突出监管工作的前瞻性、敏感性和有效性

保增长与防风险常常难以两全。为此，针对国际金融危机深化对国内实体经济的冲击和对金融领域的波及，在 2008 年底学习实践科学发展观活动开展时，便明确提出既要贯彻执行国家加大金融支持经济发展力度的精神，又要严格防范金融风险，并强调其落脚点在于必须处理好六个关系（兼顾消除国际金融危机的负面影响与落实国家宏观经济政策之间的关系、兼顾活跃房地产市场政策与维护市场秩序的关系，兼顾社会安定与市场规律的关系，兼顾金融创新与风险控制的关系，兼顾小企业金融服务与管控能力的关系，兼顾银行利益与市场分工的关系）。因此对 2009 年保增长背景下可能出现的风险隐患有比较深刻的认识和充足的思想准备，进而采取了一系列措施对银行业可能出现风险的领域和苗头进行了深入调研、分析和预判。一是在 2009 年年初先后组织成立了各类专题小组对信贷市场运行、担保行业现状和银信合作风险等进行监测和调研，及时敏锐捕捉到刺激经济政策启动初期银行票据业务的异动，以及担保体系不完善对小企业融资的影响和信贷高增长背景下银信合作出现的新动向。二是重点部署对信用卡、票据和个人消费信贷业务以及网银安全的专项检查，在全国率先洞察到局部行业、局部领域出现的风险苗头和隐患，且引起银监会领导高度重视，并在系统内有针对性地部署检查项目，全面规范上述业务。三是部署相关处室密切关注和调研地方政府融资平台贷款、房地产信贷和异地贷款业务，并要求对银行业金融机构进一步宣讲政策和提示风险，多角度规范完善风险隐患较大的业务。四是以承诺监管为抓手，持续保持案防高压态势，进一步巩固案防

工作成果、2009 年辖内银行出现了零发案率的良好局面。

五、促创新：多措并举打造环境助推深圳银行业创新发展

创新是银行业生存和发展的不竭动力，2009 年主要抓了以下几个方面的创新：一是秉持“实事求是、解放思想、扬长避短、错位发展”的原则，提出以后台基地、培训基地、创新基地、信息基地、中小企业融资基地等五个“非主板”基地建设为核心，借此提升深圳银行业的集聚和辐射作用，并作为实现深圳金融中心城市建设的突破口。二是积极推动银行间合作，在 2008 年 9 月成功举办了首届“银行间合作高峰论坛”，邀请辖内银行与全国 40 余家中小银行参会，共同探讨全国银行间的战略合作以及在系统、产品、技术、资金、信贷、培训和创新等诸多领域的专项合作。论坛成果显著，首次拉开了深圳与异地银行间全面、系统合作的序幕。三是为进一步丰富服务层次、提高市场集聚度，积极吸引中小银行进驻深圳，截至目前已新引进 11 家银行。同时结合深圳实际积极推进村镇银行筹组试点，已批准两家村镇银行筹建。另一方面，积极支持深圳银行业“走出去”设立分支机构，增强向周边地区的辐射，已有 3 家股份制银行和 1 家外资银行申请在省内设立异地分支机构，同时深圳农商行也已获准在广西筹建支行。四是为有效解决小企业“融资难、贷款难”问题，要求相关部门针对制约小企业发展的主要症结，制定了小企业授信问责指引和深入推动小企业金融服务工作的试点方案，旨在通过正向监管激励和政府在税收政策、税前拨备以及建立小企业贷款风险补偿基金等方面给予优惠和支持、为银行拓展小企业金融服务创造良好条件。五是为进一步规范房贷市场，在全国银行业率先推出《二手房按揭贷款业务自律公约》并主持各国内商业银行行长签署自律公约。要求银行在办理房贷按揭业务中不得以任何形式向房地产中介机构支付佣金，有效维护了银行业整体利益。六是为促进银行业深化创新，提升核心竞争力，要求相关部门尝试对辖内银行业金融创新，从创新的机制体制、风险管理水平、创新的经济效益、社会价值和创新的原创性等多个维度进行综合评估，此举在全国尚属首次。在我局的大力推动下，2009 年深圳银行业创新产品达 106 项，比 2008 年增加 33 项。七是纵观深圳 30 多年发展历程、前 30 年国际银行业通过香港以深圳为跳板进入中国，因此后 30 年中资银行业也应通过深圳以香港为跳板走向国际。从此战略角度出发，向银监会提出了 CEPA 框架深圳中资银行在香港设立跨境离岸支行的构想，希

望借此使中资中小银行能贴身接受国际先进银行经营理念，熟悉国际市场运行规则，进一步提高风控水平和服务能力，为其将来真正走出国门迈向国际创造条件。

六、筑防线：强化党风廉政建设和纪检监察的保驾护航作用

为依法、公正、廉洁、高效监管提供有力保障，发挥党风廉政建设和纪检监察对监管人员的保驾护航作用，一是以邓小平理论和“三个代表”重要思想为指导，以党风廉政建设为抓手，深入贯彻落实科学发展观，要求全局员工牢筑思想道德防线，增强廉政执法意识，倡导廉洁自律之风。二是多次主持召开党委专题会议，组织学习中央和银监会关于党风廉政建设和反腐败工作部署，认真贯彻《建立健全惩治和预防腐败体系 2008~2012 年工作规划》，同时调整充实纪委班子，研究制定《工作意见》进行责任分解，加大党风廉政建设责任制落实力度。三是扎实开展党风廉政教育，要求纪检监察部门认真组织教育清理“回头看”活动、“三项法规”学习和反腐倡廉警示教育巡展活动，做实廉政建设互动卡、行风评议和执法监察工作，并将反腐倡廉与业务工作同研究、同规划、同部署、同检查、同考核、同问责。四是加强反腐倡廉、廉洁从政的制度和机制建设，整理完善人、财、物各项制度，实现以制度管人。同时充分发挥行政监督委员会和政府采购委员会的作用，切实加强内部监督。五是要求相关部门坚持查防并举，不断加大案件查处和信访举报核查力度，为监管工作提供强有力的纪律和作风保障。

深圳银监局 2009 年既是打基础的一年，也是见成效的一年。在全局同志们的全力配合下，在年度工作中自己尽了一份努力，也得到了银监会和地方政府的好评。但是，在年度工作中还有不尽如人意之处，开局过多导致效率不高，点子过多导致深度不够，调整过快导致认识不充分。在新的一年里，要按照刘明康主席的要求，进一步发扬求真务实的精神，以提高监管效率为目标，将工作做精、做细、做深、做实。

加强对农行和农信社监管　防范化解金融风险

一、统一思想，统一认识，采取得力措施，把农业银行和农村信用社风险监管工作抓实抓好是这次会议的主要目的

（一）加强对农业银行和农村信用社的风险监管，是贯彻银监会年中工作会议的需要

刘明康主席在银监会年中工作会议上要求，要把下半年的监管重点放在对农业银行和农村信用社的监管上。农业银行和农村信用社机构比较多、摊的面比较广、难度和工作量也比较大、风险相对较为突出，但这也恰恰是我们监管工作的重点所在。按照银监会年中工作会议精神，各省银监局目前正在安排部署对这两类机构的现场检查工作。我局在年初工作会议上就将这两项工作作为山西省今年的工作重点进行了安排部署，目前，对全省农行系统的现场检查任务已到了收尾阶段，同时 2007 年我们还组织了对省联社，尧都区、河津市农村信用社的全面检查，应该说，我们对农业银行和农村信用社现场检查的安排上取得了主动，抢得了先机，同时也积累了经验，找到了有效办法，为下半年进一步搞好对全省农行系统和农村信用社的现场检查工作奠定了较好的基础。

（二）加强对农业银行和农村信用社的风险监管，是山西省防范金融风险的需要

从山西省实际情况来看，由于历史等方面的原因，农业银行和农村信用社资产质量比较差，操作不够规范，机构网点多，管理半径长，管理层次多，队伍素质不整齐，风险较高，案件高发，是我们在监管工作中需要重点关注的机构。因此，加强对农业银行和农村信用社的风险监管，是防范金融风险的需要。

（三）加强对农业银行和农村信用社的风险监管，是深化农村金融改革的需要

按照全国金融工作会议的要求，目前，农业银行和农村信用社都面临着改革的任务。农业银行面临着股份制改革，全国金融工作会议确定了农业银行股改的总体

原则和时间表，主要是资产重组、资产剥离和股改上市。农村信用社的改革经过一段时间的工作，取得了阶段性成果，面临的形势和任务是进一步深化改革，可以说，能否有效地防范和处置农业银行和农村信用社面临的金融风险，直接关系到这两家机构的改革进程，影响深远。

（四）加强对农业银行和农村信用社的风险监管，是改善农村金融服务、支持社会主义新农村建设的需要

发展县域经济、推进社会主义新农村建设是党中央、国务院的重大决策，金融在支持县域经济和社会主义新农村建设中起着重要的作用，目前农村金融服务的任务主要由农业银行和农村信用社承担。所以，这两类机构的风险是否得到了很好的控制，改革进展是否顺利，对新农村建设和县域经济的发展将产生非常重要的影响。

因此，大家一定要统一思想，提高认识，按照省局的统一部署，充分认识加强对农业银行和农村信用社风险监管的重要意义，结合各地实际，形成工作方案，切实加强对农业银行和农村信用社的风险监管工作。

二、下半年加强对农业银行、农村信用社风险监管的主要任务和目标

（一）农业银行方面

1. 对全省农行系统的风险作出全面的分析和判断。在上半年现场检查的基础上，结合非现场监管等情况，综合资产质量、盈利水平、拨备能力、内控建设等指标，对全省农行系统的风险等作出全面的分析和评判，并结合山西省的实际情况，解放思想，实事求是，向银监会提出对农行系统改革的意见和建议。

2. 根据重大违规和案件线索，做好“严查、深挖、移送”工作。对于农业银行的现场检查，具有其特殊性，是因为这次检查是在农业银行股份制改造中进行的，是在审计署对农业银行进行全面审计，为下一步资产重组、不良贷款剥离等做好相关准备的大背景下进行的。因此，我们在下一步现场检查工作中要有一定的针对性，要认真履行职责，排查所有可疑点，重点关注违规操作造成损失和违法操作行为案件的相关责任人和相关线索，并对重大违规和案件线索保持高度的敏感性，切实做到严查深挖，严厉查处，争取工作的主动。下一步省局还将进一步建立案件移送制度，督促各银行业金融机构或由监管部门积极主动向司法机关移送相关案件；由监管部

门移送的案件，如果司法机关不受理，均要取得司法部门的书面证明，最大限度地保护我们的干部。

3. 提高现场检查报告水平，实事求是、有针对性地提出整改要求。对于农业银行的现场检查报告，在严格遵守银监会现场检查报告要求的同时，要解放思想，有所创新，注重实效，努力提高现场检查报告的针对性。首先，要解决对现场检查的认识问题，充分认识现场检查的目的是为了帮助机构纠正问题、修正行为、防范风险、增强内控、提高水平。在解决思想认识问题的基础上，思路要放得更宽些，要区别规制监管和原则监管，要注重检查的实际效果，注重与被监管机构的沟通，注重现场检查整改意见的落实情况。并在序时性监管中持续跟踪、加强后续检查，狠抓整改意见的落实，确保各机构在每次现场检查后都能及时整改存在的问题，每年都有所进步。如机构已认识到了错误且在检查前就已改正的，或者机构认识到了错误，一时难以马上完成整改，但制定了整改方案，明确具体的整改目标、整改要求和整改时限，则我们的现场检查就起到了积极有效的作用。另外，今后我们的现场检查要摸索出新的路子、新的办法。如对尧都区农村信用社现场检查中运用的一些方法，不要将所有的事情包揽过来，弄清一件事情，将其他规制性方面的事情告诉被监管机构，由其去整改和落实，这样不仅提高了现场检查成效，而且也解决了我们检查时间和人员不足的缺陷。

（二）农村信用社方面

1. 全面开展，重点突破，圆满完成农村信用社现场检查工作。一是总结经验，改进方法，提高现场检查效能。省局要认真总结对尧都区农村信用社全面现场检查的经验，将现场检查中好的办法应用到对全省农村信用社的现场检查中。制定统一的现场检查方案，根据对尧都区、河津市农村信用社等现场检查情况，汇总全省农村信用社的风险要点，指导全省搞好现场检查工作。要根据监管部门的实际情况，改进监管方法，充分发挥被监管机构在现场检查中的作用。二是各分局要根据人力、精力、能力和辖区农村信用社的实际情况，选择一个业务种类较全、具有代表性的县（市）农村信用社进行全面风险检查，努力取得重点突破。三是做到点面结合、自查和委托检查相结合。各分局在做到点的工作的同时，也要完成面的工作。督促指导省联社办事处（市联社）执行省局确定的方案，同时要加强培训、搞好辅导，提出统一的标准、要求和时限，组织开展好对辖内其余各县（市）农村信用社的现场检查工作，检查面要达到 100%。督促其完成对其余农村信用社的现场检查工作。各分局要在省联社办事处（市联社）检查的基础上，进行抽查，确保质量。力争做到点上要有深度，面上要有广度。

2. 深挖案件线索，严格纠正违规。农村信用社通过案件风险百日排查，风险得到了一定的暴露、堵截和整治。但是，“冰冻三尺非一日之寒”，一个百日排查活动不可能完全解决案件问题，一些人仍存有侥幸心理，案件治理形势依然严峻，仍然存在较大的风险隐患。下半年，在现场检查中仍要高度重视农村信用社风险的检查工作，对于现场检查中发现的违规和案件线索，要保持高度的敏感性，切实做到严查深挖，严格纠正存在的违规问题，并按照案件移送制度的要求，做好相关移送工作，尽到监管职责。

（三）针对问题，督促整改

对于现场检查中发现的风险隐患，要本着实事求是的态度，要分清性质是制度上的还是操作上的问题或过失，制定可操作的、具体的整改意见，采取得力措施督促其整改。对那些历史形成的，问题比较严重的，并非一时可以解决的，要加强与被监管机构的沟通，督促其制定整改的时间表，力争取得阶段性成效，降低风险。对那些管理混乱、风险严重的高风险信用社，可以通过叫停业务进行整顿，待机构整改达到标准后，再逐步恢复业务。

三、几个要点问题

1. 对于全省农行系统现场检查问题的处理。要充分考虑目前农行面临股改的特殊时期，严格依据有关法律法规，坚持“严、准、狠”的标准，对有关问题进行处理。

2. 对于全省农村信用社的监管。面对全省农村信用社的实际和基础，既要实事求是，又要克服司空见惯的想法，对历史上形成的问题，不可能一次性检查改正，但也不能法不责众，不处罚、不纠改，听之任之。在全面推进对农村信用社风险监管的同时，要针对其问题采取有效的措施和手段，有重点地解决重点问题，切实搞好对农村信用社的监管。当前，要重点关注循环滚动签发银行承兑汇票、冒名贷款、个人结算账户违规使用等问题。

3. 要注意防止农业银行和农村信用社之间的违规行为。由于历史原因，这二者之间一是业务接近，二是风险都比较突出。目前二者之间开展的资金往来业务违规行为较多，因此在今后的监管中，要制定相关办法采取有效措施防止二者之间的违规行为，从制度上进行约束规范。

4. 要注意关注几种业务的风险。一是要密切关注农村信用社票据业务的风险，在全省范围内对票据业务进行全面整顿，暂停新开办票据业务的审批，对风险严重的业务，要以壮士断腕的勇气，坚决叫停其业务，防止风险进一步积聚。二是关注农业银行和农村信用社异地存款的问题。三是关注重要空白凭证管理不到位的问题。我认为重要空白凭证只要抓住实物这三个环节，风险就能降低一大半。四是关注集团客户、关联企业贷款特别是向限制性行业投放的大额贷款。

5. 加快农村信用社改革步伐。一是切实搞好统一法人社的组建工作。统一法人社的组建，不是简单的“翻牌”，而是机制的改革，要严格按照标准进行。二是央行票据兑付工作。积极督促各级联社，加强向当地政府汇报和沟通，促使政府部门帮助农村信用社拿到中央给予的央行票据这一最大优惠和实惠政策，真正达到“花钱买机制”的目的。否则过期票据不能兑付，它们将成为千古罪人。

推进全省邮政储蓄网点规范化管理

我先自我介绍，因为我刚刚到任，2 月 10 日来山西银监局报到，中间由于年初北京的会比较多，来来回回地跑，真正在山西也就一个月左右的时间，还没有发言权，特别对邮政储蓄这个领域，过去研究的也少。今天我们在这里开个全省的会，要求我来讲一讲，讲得不对的地方请同志们多多批评指正。在这次会上，我想和大家以交流的方式，谈一谈关于邮储方面的想法。

首先我想先回顾一下我们 2005 年的工作和 2006 年工作上的一些设想。2005 年山西银监局主要做了这么几项工作，一是制定了《山西银监局邮政储蓄网点管理实施细则》，这个应该说是我们在制度方面的一项措施，这个制度的贯彻落实是对山西邮政储蓄网点管理做的一些规则上的安排，应该说对我们邮储的健康发展起到了一定的作用。二是根据银监会的政策和下一步邮政储蓄改革的方向，我们安排了邮政储蓄分账核算的工作，成立了领导小组，也实施了一些有关的措施，这项工作应该说是一项基础性的工作，也是一项非常重要的工作。因为下一步在邮政储蓄这个系统的改革改造当中，也是要充分突出这一点，就是说，邮政和储汇要分账管理。三是在具体工作当中，我们给了邮政储蓄一些比较优惠的政策，比如说在网点设置上，2005 年一年批了 60 多家网点，这个网点的增长速度在整个银行业当中也是绝无仅有的，其他的银行也好，非银行机构也好，从营业网点这个角度来说，是没有这个增长速度的，应该说是我们监管部门对邮政储蓄的一些政策性的倾斜。2005 年我们监管部门从监管角度或者履职的角度上，做了以下几项重点工作。第一项是在内控方面，督促各地的邮政储蓄网点，加强内控管理。因为对一家金融机构来讲，内控是非常重要的一项工作，只有把内控的制度和体系建立起来，才可以有效地防范风险。当然，邮储机构从现在开始划段，以前基本上都是吸存，然后上存人民银行，从资金的运用角度看风险不大，下一步改革成为邮政储蓄银行的话，就有了一个资金使用的问题了，从内控角度说，又将面临一个新的题目。2005 年我们抓的内控方面主要是操作层面的一些问题，如网点安全设施建设、人员规范化运作等，应该说还是一些比较低级的问题，那么从今天开始，如果邮政储蓄银行改革改制完成的话，我们的内控建设应该有一个新的起点，应该有更高的起点。第二项内容是我们进行了代理业务的检查。第三项是在银行业内部普遍进行的案件专项治理工作。我想，作为银行业金融机构来说，这项工作应该是永久的，今天要做，明天要做，后天还得做。因为案件专项治理工作，是我们行业的特点，是一项要一直抓下去，永远抓下去的工作。邮储机构改制成为银行以后，这项工作就会更重。第四项工作是抓了网点的达标检查，这项工作也是根据邮储的特点来安排的。邮储的网点比较多，而且深入基层，现在除了农信社有这么深入以外，其他机构都达不到这种程度。现在大银行有一种理念是，网点要上收，现在国有银行的基层网点在撤退，而邮储在进一步地铺设网点，那么在铺设的过程当中，就要注意这么一个问题，即营业场所和资金的安全问题，为此我们专门做了网点达标的检查。这是我们 2005 年做的主要工作。2006 年我们大体上有一个工作的思路和想法，要在今年贯彻下去。归纳起来大体上也是四个方面，第一项工作是我们针对邮政储蓄的监管工作在监管理念上也有一个转变的过程。现在面临这样的形势，我们要将合规性监管逐步转向风险性监管。我们大家可能都知道，银监会成立以后，提出四大监管理念，就是“管法人、管内控、管风险、提高透明度”。在这当中，我们要对号入座，对邮储机构而言，不一定对得全，但对邮储银行的话，这四条都对得上。下一步我们主要是从管风险、管内控的角度加大工作力度。还有一个“透明度”问题，“提高透明度”其实是为了解决金融机构和老百姓之间的信息不对称问题，老百姓把钱存到我们这儿来了，这钱到底是怎么用的，用的情况怎么样，存款人不清楚，只是按照一般性的信任概念，认为“邮储银行信得过”，就把钱存进来了，至于钱怎么用，老百姓并不知道。从监管角度，我们要求增强透明度，就是要告诉广大储户，资金是怎么用的，效率怎么样，风险怎么样，让储户有一个选择的机会。大家都披露信息以后，老百姓可能说，我存别的银行不好，风险大，邮政储蓄银行很稳健，信得过，所以我们把钱存这儿来，实际上就是说要有一个选择的机会。所谓管风险，就是我们过去的操作方式是只把资金吸存进来，然后上存人民银行，风险只存在于资金的吸存过程中，上存人民银行应该是无风险的。但是下一步改革以后，我们将既有资金的吸存过程，又有资金的使用过程，双重的风险都会出现，因此我们的监管工作将从合规性监管向风险监管转变，也就是说，要控制风险。第二项工作是继续督促邮储网点进一步规范化，这个还是从操作层面来做，邮政储蓄网点深入基层，层次比较多，我们要以规范化作为我们的目标。金融机构作为一种特殊行业是有自身的标准的，和开小店不一样，因为作为金融机构，我们的钱不是自己的，等分账以后，大家可能会更清晰地体会到这一点。因为我们的资本金是有限的，我们在资本金基础上，大量吸收的是存款人的资金，这就要求我们要规范，我们要对得起我们的存款人。第三项工作是根据银监会的安排，我们会适度地安排我们的现场检查工作。现场检查是我们监管部门的一种监管手段，现场检查的目的是要通过实点实地的检查，督促机构加强内部管理、改善经营状况。第四项是我们要做一些调研工作。邮储面对一个重大的改革情况，我们监管部门要针对这一情况，做好我们的调研工作。要把山西邮政储蓄改革的特点和变化情况，及时上报到北京去，作为决策上的一个依据。

我们 2005 年的工作及 2006 年的工作安排，大体上就是这些。下面我想和大家自由地沟通一下、交流一下，不一定准确，也不一定正确，只是一些个人的想法，想和大家作一探讨。邮政储蓄机构开办的时间已经很长了，据我了解，至少五六年前就有邮政储蓄机构改革、成立邮储银行的消息，2006 年年内确定要完成邮政储蓄银行的组建工作，要把邮政储蓄银行真正做起来。经过五六年的修炼，邮储银行终于要修成正果了。但是要辩证地看待这个问题，形势是喜人的，形势也是逼人的，前途是光明的，但道路上还要付出很多艰辛，因为我们面临一个改革改制的过程，任何一项改革都会收到巨大的效益，但任何一项改革，对参与改革的人来说，都是一个痛苦的过程，希望大家要有一个思想准备。我想和大家讲一讲我个人的看法，有四个方面。

要在改革的过程中，始终坚定信心。在改革中，不管我们经历怎样的痛苦，一定要认识到我们的前景是光明的，我们还是有我们自己的优势的。优势要看清楚，才能坚定我们的信心。我认为邮储改制成银行大致有以下四方面的优势：第一个优势就是邮储的网点，这是其他任何银行都比不了的。邮储的网点设置广泛，而且，从最初的设置上，就体现出拾遗补阙的特点，这种自身的特点使邮储天生具有一个垄断性领域。具体而言，首先邮储的网点数量是其他任何机构都比不了的，而作为一家金融机构，网点是基础。其次，邮储网点的设置与其他金融机构不产生正面冲突，正如上面讲的，在农村，其他金融机构的策略是撤出，而邮储在继续布置网点，这样，它们在市场中实际上抢占了一块空白点，具有了一种相对的垄断性优势。第二个优势，我认为它们的市场切入点也是很有特点的，经过这么多年的铺垫，它们积累了自己的基础，给它们的发展提供了条件。它们的市场切入点是其他机构没有的，也是其他机构取代不了的。第三个优势是邮储和邮政业务是相伴共存的，这样又有了一个非常独特的市场切入点。我们要求储汇和邮政要分账，是从经营的角度要求的，但从发展的角度看，二者相伴共存创造了邮储的一个很好的切入点，是别的机构取代不了的。别的银行只是单独去寻找客户，而它们的客户一部分是自己寻找的，还有一部分是自动找上来的，因为邮政系统是老百姓生活当中离不开、少不了的。第四个优势是事先有准备、有安排、有发展的基础，有自己的队伍。除去四大国有银行，股份制银行一般都是从一张白纸起家，理论上讲，一张白纸可以画更美好的图画，但是作为一家银行来讲，它需要有一支比较成熟的队伍和比较稳定的客户。这是两个必要条件，但从股份制银行的发展来看，成立当初它在这方面是比较欠缺的。而邮政储蓄经过这么多年的打拼，邮政储蓄人员已经从理念上树立起银行的打法和规则，这是一个比较好的基础。其优势主要有这四个方面，可能还有其他的，在这儿就不细谈了。

在认清优势的同时，我们还要清楚现在面临的挑战，我想也是从四个方面跟大家谈这个问题。改革之前，邮储只是单纯的吸存机构，不用为资金使用问题操心，资金上存人民银行吃利差，小富即安。成为银行后，就面临着既有资金的进口，又有资金的出口，即资金要运用起来。传统的银行操作方式是把资金吸纳进来，再通过信贷手段放出去吃利差，这种传统的银行操作方式对邮储这个行当来说还是一个新问题，过去只吸不放，现在既吸又放，放出去给了邮储一个利润空间，但邮储要面对资金运用的风险。历来收益和风险是相辅相成的，收益越高，风险越大，二者是成正比的。邮储要在谋求高收益的情况下，控制好风险，这对全国邮储系统的员工来说都是一个挑战。他们过去积累的经验还仅局限于负债上，下一步要做资产业务，吸得进来，还要放得出去，对他们来说是一个新问题、新挑战。第二个问题是邮储过去是一个单纯的储蓄机构，运营机制、体制和银行相比，有很多不同，下一步转制成为银行后，在自身的体制机制、运营特点方面，甚至包括内部的组织机制及内容架构上，还面临着一种变动。邮储过去的操作很简单，下一步要面临按照银行的操作方式操作的问题。既然是银行，就要按照统一的规则来做，这是一个巨大的变革的过程。第三个是在转变过程中，我们的治理环节、内控环节和风险控制环节的改革问题对国内及国际上的银行来说，都是一个永久性的题目。对于老银行来讲，这是一个需要重点抓好的工作，对新改制的银行来说，这种要求就更迫切，任务也更沉重。银行必须有一套完善的公司治理架构，这个工作解决不了或者解决不好，其他工作就无从说起。公司治理是一个决策的环节，试想，如果决策就错，从执行层面讲，就不可能对。良好的公司治理可以保证决策的正确性。从山西省的情况看，一定要在保证治理正确的情况下，做好内控安排。要建立起一整套制度，保证决策环节可以贯彻下去，在这个基础上提高竞争水准及风险控制。这是我们大家要共同遵守的一个规则，这项任务是重中之重，而且任重道远。第四个要和大家谈的是邮储有天然的优势，即邮储与邮政相伴共存，下一步作为一家银行，邮储就面临市场竞争和人力资源支撑的问题。刚才说过，邮储有一支自己的队伍，但队伍素质怎么样，能不能适应竞争的需要，还要靠实践来检验。从银行运作的角度看，我认为，邮储队伍还应该更进一步地提高素质。办成一家银行除了有好的理念和好的系统外，更重要的是要有好的人来做这些好的事。人力资源的安排是搞好一家银行的基础条件。

我想，我们面临的挑战基本上有以上四个方面。在这个基础上，我想和大家谈一下我们需要警醒的几个问题。首先要从理念上充分认识到资金融入和资金使用的关系，跳出原来的框框。原来只要求尽量吸储，下一步要考虑的是不光要吸储，而且融入的钱一定要能够运用出去，这是一种转变，大家在理念和认识上一定要转变过来。第二个要认清资金运用成本和资金收益二者的关系。原来很单一，成为银行后，要考虑资金成本和资金效益问题。第三个是收益和风险之间的关系。当前我国银行业主要利润来源还是利差收入，这就有一个收益和风险的平衡问题。第四个方面是市场竞争和规范经营的关系。目前市场竞争已经相当充分，在某些领域和某些客户群体当中，已经出现局部性、结构性的竞争过度，导致恶性竞争状况。转变成为银行后，邮储实际上是市场上的后来者，各家银行已经有了各自的势力范围，要在这种局面下打造自己的业务领域和经营范围，只有和其他银行竞争才有生存空间。在竞争问题上，要考虑自身能力，同时要遵守市场规则。二者是矛盾的，也是统一的。从监管角度说，我们要维持一种公平、规范的市场竞争秩序。这个问题一定要和邮储系统的同志们讲明白，因为邮储过去确实有一些由自身特点决定的不规范的地方。成为银行后，这些不规范的地方一定要杜绝。要提醒大家的主要是以上四个方面的问题，这四个问题其实就是四个矛盾，要把这四个矛盾解决好，把它们统一起来。

接下来要和大家谈的是邮储改制成为银行后，发展战略的选择问题。不一样的省情，可能在发展的选择问题上，会有所不同。从目前的市场格局看，邮储注定不能和大银行去抢大客户，至少在初级阶段还不可能。邮储作为金融市场的一名新兵，一定要考虑自身能力去做事情。从其定位上，我认为不能着眼于大客户，而应该去抢市场的薄弱环节和空白点，如小额贷款、农户贷款、城市居民贷款和微型小企业贷款，这些是金融机构的薄弱环节，是大的商业银行不愿意去做的事情。从此入手，舍劣势而取优势，才是邮储的出路所在。而做小额客户，一定要有一个制度上的安排，因为小客户往往是不成熟的，风险较高。由于客观原因，目前我国银行业制度安排大多是“工行模式”，缺乏创新，尽显同一性，体现在运作模式、组织架构、管理制度、运作机制等方方面面，甚至于客户、产品、区域都具有同一性。山西邮政储蓄银行开始运作以后，我希望能够跳出这个圈子，走适合自己的经营道路、探索自己的业务领域，这就要求在体制机制的设计上要有所考虑，如激励机制等配套机制一定要适应发展小客户的需要而有所调整等，照搬大银行的制度和做法是行不通的，一定要符合自己的竞争战略和市场定位。这也是我要谈的第二个内容。第三个是要立足于小企业，争取最大的利润和市场空间，这就考验邮储的定价能力。高风险历来体现高收益，业务的开展一定要和市场定价密切结合。大客户别的银行都在抢，利率已经压到最低。小客户没人做，目前大多通过民间融资、高利贷等满足融资需求，市场价格是非常高的。作为将来的邮储银行，可以在利率市场允许的范围之内，根据自身可承受风险适当提价，将风险尽量覆盖。即在策略选择上，要定位于小企业，激励机制要体现出服务小企业的特点，而在针对小企业的具体业务操作上，要创造出自己的盈利空间。

更新理念　创新工作　高效务实地做好监管工作

山西银监局党委认真贯彻落实科学发展观，大力弘扬求真务实精神，积极更新监管理念和监管思路，大胆创新监管手段和监管方法，全面加强干部队伍思想作风建设，切实处理好监管工作的“六个关系”，监管工作取得明显成效。

一、在干部队伍建设上，坚持以人为本和人性化管理，注重处理好严明纪律与讲求和谐的关系

人是做好监管工作的内因，也是根本因素，只有充分调动好、发挥好、保护好干部职工工作的主动性、积极性和创造性，才能从本质上提高监管工作的质量和水平。山西银监局新一届党委从组建伊始，面对干部队伍建设中存在的突出矛盾，敢于直面问题，正视矛盾，在健全各项内部管理制度并严格制度执行力的基础上，把加强干部队伍思想作风建设作为工作的突破口，在全系统响亮地提出了“树正气、聚人气、鼓士气”，同时，畅通民主渠道，加强思想沟通，关心职工生活，理顺情绪，化解矛盾，解决长期以来干部职工思想和意识上存在的一些顽症，在短时间内收到明显效果，正气抬头、人气渐旺、士气上升，逐渐在全省银监局系统营造出一个人心思进、团结和谐的氛围。在省局机关内部监管流程再造工作中，山西银监局党委按照“自愿选岗、民主推荐、组织考察、党委决定”的程序，充分尊重个人意愿，考虑工作连续性、监管处职责特征以及人员学历、职务、性别比例、年龄、性格、特长等多方面内容，发掘每个人的优点和长处，努力做到用当其愿，人尽其才。在岗位调整中，处级干部和一般干部属于个人志愿的比例分别达到 70% 和 83% 以上，绝大多数干部都心情愉快地走上了新的岗位，实现了人力资源的科学整合与合理配置，最大限度地消除了因各种内部矛盾导致的工作热情不高、推诿扯皮、相互内耗、效率低下等问题，为监管工作提供了强有力的人才保障和智力支持。

二、在与被监管机构的关系上，坚持良性互动和查防结合，注重处理好事前防范与事后查处的关系

准确把握和认真处理好与被监管机构之间的关系，是做好监管工作的前提，是提高监管水平和监管质量的基础性条件，也是银行业金融机构合规稳健发展的必然需要。山西银监局党委十分重视发挥事前风险防范的作用，努力将监管关口前移，切实做到防患于未然。一方面，更加注重非现场监管工作，结合实际建立了更具敏感性、前瞻性和实用性的非现场监管指标体系和报表体系框架，从不同层面、不同角度对银行业金融机构的风险进行持续监测与分析，事前掌握苗头性、倾向性、普遍性的风险问题，适时进行风险预警，避免风险的聚积和爆发。另一方面，更加注重深入被监管机构，走访被监管对象，与被监管机构进行各个层次、各个方面的座谈和交流，掌握第一手资料，有效增进双方沟通，实现良性互动，使监管者意图得到很好的贯彻，切实寓监管于服务之中。通过前移监管关口，使被监管机构普遍意识到监管部门不仅在查风险、找问题，而且是在帮助被监管机构堵漏洞、强内控、促发展，更是为其防范风险、稳健经营提出正确的导向。银行业金融机构主动接受监管、密切配合监管、积极进行整改的意识明显增强，监管者与被监管者逐渐形成良性互动、密切配合、统一和谐的工作关系。与此同时，山西银监局也非常重视事后查处工作，对于那些违反经营规则扰乱市场秩序、违法违规酿成风险和案件的银行机构和有关人员进行严肃查处，绝不姑息，以儆效尤，起到了很好的示范和威慑作用，充分显示了监管的权威性和严肃性，使银行业金融机构经营更加审慎合规，发展更加良性健康。

三、在监管方式的选择上，坚持分类监管和差别监管，注重处理好监管任务重与人力资源紧张的关系

人员少、任务重、要求高，是当前银行业监管部门普遍面临的一个问题，如何利用有限的人力资源高质量地完成各项监管任务是必须妥善解决的问题。山西银监局党委针对不同的机构，确定不同的监管重点，分别采取了“看、管、帮、告”的监管方法。对国有商业银行和股份制商业银行分支机构突出“看”，督促其落实各自总行的管理制度和操作规程；对业务较为单一的政策性银行、资产管理公司和邮

政储蓄机构突出“管”，重点监管其内控是否严密，经营是否合规；对城市商业银行、农村信用社、非银行金融机构等地方性法人机构突出“帮”，重点督促和帮助其完善公司治理结构、加强内控管理、化解历史包袱、规范经营行为，实现健康发展；对所有的银行业金融机构及时进行风险提示，并将有关合规经营及风险情况以适当的方式告知其上级或董事会，以“告”落实监管者之基本职责。同时，在监管实践中，针对银行业金融机构的具体情况，实行不同频率、不同强度、不同方式的监管，使好的金融机构在一定时期、一定范围内免受或少受检查；差的金融机构在一定时期、一定范围内必须接受高频率、高强度的检查，真正体现个性化，富于激励性，提高有效性。新的监管意识在体现银监会“四四六”监管理念内涵与要求的基础上，实现了监管思维方式的转变，使监管资源得到进一步优化，监管工作思路更加明确，重点更加突出，措施更加得力，效果更加明显。

四、在追求监管效果上，坚持点面交叉和相互制衡，注重处理好监管专业化与监管工作效率的关系

随着商业银行由“部门银行”向“流程银行”的改造，新产品、新业务层出不穷，这给监管专业化水平提出了更高的要求，建立非现场监管与现场检查适当分离和相互配合的工作机制，不断提高监管的针对性和有效性已势在必行。山西银监局党委在银监会监管信息系统框架下，经过充分的调查论证，按照“政策法规一市场准入一非现场监管一现场检查一违规查处一风险评级一信息披露”的框架重新设置了监管处室，淡化了按监管对象设置部门的界限，突出了监管业务条线的要求，努力构建各流程之间紧密联系和相互制衡的新格局。同时，适应内设监管机构和流程调整的需要，在合理确定局领导分工的基础上，强化了牵头协调职能，并建立重点工作跨部门协作小组机制，有效整合监管资源，形成监管合力。监管流程再造后，监管业务的各个环节得到了相互制衡，监管权力得到了制约，有效地防止了滥用权力，同时，监管专业化水平得到较大程度的提高。但随之而来的一个问题就是如何有效解决业务流程之间的衔接与配合，减少重复劳动和推诿扯皮，进一步提高监管效率。山西银监局党委配合监管流程的改造，着手研究和建立明确的监管工作协调机制，从总体原则、组织保证、具体协调等层面规范各监管部门之间的职责和流程，最大限度地降低协调成本，实现各监管业务流程之间、各监管部门之间的密切合作与协

调配合，最大限度地发挥监管效能。

五、在加强金融监管与支持经济发展上，坚持实事求是和循序渐进，注重处理好监管目标导向与市场客观环境的关系

金融监管的目标就是通过控制和防范风险，维护金融消费者的合法权益，同时，通过确立科学合理的监管导向，增强金融对经济发展的支持力度，加快经济和谐健康发展。但实践中加强金融监管与支持经济发展在某些时候是相互矛盾的，如何实现二者的有机统一，是监管部门必须解决的难题。自 2005 年以来，国家全面实施宏观调控政策，由于山西省的产业特征以能源重化工为主，很多产业和行业都在调控的范围之内，因此受到的影响很大。各银行业金融机构一方面加紧回收贷款，减少存量；另一方面，纷纷实施紧缩的信贷政策，控制增量。这使得山西省金融机构的存差呈不断扩大的趋势，使地方经济发展受到了较大冲击。山西银监局党委紧紧围绕经济金融运行中的重点、热点、难点问题开展调查研究，有针对性地向商业银行做好风险提示工作。特别是组织对产能过剩行业及其信贷风险状况进行了全面调查，形成了焦炭、钢铁等七个专题调研报告，提出了结合区域经济特征，解决产能过剩问题和银行信贷风险的具体建议，引起国家有关部门的重视，其中对《焦炭行业产能过剩 银行信贷风险加大》，温家宝总理作出了重要批示。山西银监局还组织力量将 2004 年以来国家、银监会和省委省政府有关宏观调控和防范风险的政策规定进行了归集、整理，以晋银监办〔2006〕203 号文件印发各银行业机构加以学习和贯彻执行，收到了很好的效果。山西银监局党委针对山西省客观市场环境，认真贯彻落实相关监管政策，审时度势地将支持小企业发展作为服务地方经济发展的突破口，研究制定了《山西银监局推动小企业贷款总体实施方案》并被省政府转发各地执行，通过打造沟通协调、信息共享、信用征集、机制创新、经验交流等“五大平台”，力争与地方政府及其相关部门和银行业金融机构协调配合，共同形成支持小企业发展的合力。从实际情况看，这些措施收到了良好的效果，小企业融资难的问题得到初步化解。山西银监局党委在加强对城市商业银行、农村信用社等地方性中小金融机构风险监管的同时，积极鼓励和引导其充分发挥自身优势，加大对地方经济的支持力度，有力地支持了“三农”“两区”开发和社会主义新农村建设，促进了经济社会的和谐发展。

六、在推动商业银行改革发展上，坚持审慎稳健和开拓创新，注重处理好发展理念与发展手段的关系

受传统经营思想的影响，目前还有相当一部分银行业金融机构没有真正树立科学发展观，经营指导思想上主要偏重业务规模的扩张，不注重内部风险的防控，没有真正树立起审慎经营和防范风险的意识，仍然存在片面追求发展高速度和规模扩张，为抢占市场不择手段甚至违规经营，这种非理性和违规的粗放经营，违反了审慎经营原则，加剧了金融不正当竞争，使金融风险随着规模的扩张不断叠加。山西银监局党委认真落实科学发展观，在有效防范风险、保持稳定的同时积极鼓励创新、促进发展，先后制定了《山西银监局关于贯彻落实中部崛起战略促进银行业改革创新发展的实施意见》《山西省农村合作金融发展纲要》《山西省城市商业银行联合重组晋商银行实施方案》等一系列旨在推动银行业创新发展的政策，从市场准入、便利许可、信息共享、扶持指导等方面采取了许多实质性的措施。指导督促银行业金融机构建立科学合理的绩效考核制度，同时进一步拓展监管外延，丰富监管内容，将商业银行发展规划、经营策略、考核制度、服务质量等纳入统一的监管体系之中，切实提高监管工作的科学性和可行性。督促商业银行更加注重内控制度建设和依法合规经营，建立有利于稳健经营和合规经营的正向激励机制，建立科学的业务操作流程和风险管理制度，切实加强内部管理，坚持审慎经营，不断提高风险管控水平。山西银监局党委还将严厉打击各类非法集资行为作为监管工作的一项重要内容，积极协调和推动省政府成立了山西省处置非法集资活动领导小组，负责领导和协调处置非法集资活动。同时，认真履行职责，积极配合地方政府加大对非法集资的处置力度，力争将非法集资活动消灭在萌芽状态，维护正常的经济金融秩序，为银行业金融机构健康发展创造良好环境。

紧握内控执行力　建设“生命线”

综观近几年银行业金融机构的案件风险发展态势，核心问题在于内控制度执行不到位，绝大部分案件都直接或者间接地反映出违规操作的问题。银行基层机构对内控制度视若无物，高层管理机构对违反内控制度熟视无睹，直接导致了有制度、无执行，有要求、无落实，从而造成屡查屡犯、屡纠屡错、前赴后继的违反内控制度行为的发生，引发了同质同类案件的反复发生。基层监管机构对违反内控制度的行为从屡禁不止到无能为力，银监会“管内控”的理念渐趋悬空。且随着银行业改革发展的形势变化，市场竞争强度的不断提升，内控制度作为银行的生命线非但没有趋强的态势，反而出现继续弱化的苗头，不能不引起监管部门的重视与思考。

一、全面认识违规表现

信贷类业务的违规表现。违法放贷案件多发重发的主要原因是银行业金融机构员工缺乏合规经营意识，严重违反“贷款三查”制度，不按“三个办法、一个指引”的文件要求执行。具体表现为：

贷前调查环节。在贷前调查过程中，银行业金融机构员工对国家相关产业政策不闻不问，对项目批文的真实性不予查证，对借款人资质、信用记录、企业经营状况不实地调查，对担保人的主体资格、代偿能力、抵（质）押物的真实合法性、变现能力不予核实，仅凭客户单方提供的材料就形成调查报告，严重损害尽职调查报告的真实性、完整性和有效性。

风险评价和审批环节。在贷中审查阶段，部分银行业金融机构未认真落实风险评价制度和独立审贷，未能客观公正和充分、准确地揭示业务风险。多起案件表明在信贷项目评审过程中，银行业金融机构工作人员未严格执行审批程序，对设置的定量或定性的指标和标准置若罔闻，未从借款人、项目发起人、项目合规性、项目技术和财务可行性、产品市场、融资方案、资金用途、还款来源、企业财务报表、担保、保险等多角度、全方位地进行贷款风险考评，更未对影响借款人生产经营和还款的其他因素进行系统分析，盲目授信。

贷后管理环节。银行业金融机构放贷后未严格落实贷款质量监控制度，未对抵（质）押物进行贷后动态监测和价值重估。多起案件都反映案发机构未按照总行要求落实核贷环节规定，未如实办理抵押物核验，在办理抵押登记过程中未实现双人核保，全过程由一人办理，甚至出现让客户代为办理的严重违规行为。具体放款过程也不符合“三个办法、一个指引”等规范性文件要求，未根据工程进度放款，而将贷款一次性全额直接打入借款人账户。上述行为造成贷后企业资金去向不清，银行业金融机构对企业是否出现偿付问题概不知情，贷后跟踪检查制度形同虚设。

银行承兑汇票类业务的违规表现。部分银行业金融机构为追求业务拓展，将票据业务作为“低风险”业务盲目发展，银行员工在办理业务中未尽职调查，大量违规开出和承兑无真实贸易背景的银行承兑汇票。此外，银行业金融机构办理银行承兑汇票业务还不同程度地存在业务授权管理不规范、逆程序办理业务、抵（质）押不落实、保证金账户管理不严、查询查复流于形式和印、押、证管理失控等问题，导致银行承兑汇票案件频繁发生。

现金管理与金库类业务的违规表现。对现金业务未落实日清日结、账实相符，库存现金实物与会计账簿的记录核对相符的规定，未做到主管人员现场监督柜员轧账或日终交叉换人复点尾箱的制度要求，共同封包加双锁程序形同虚设，现金超存现象严重，查库制度不落实。此外，一些基层银行机构存在金库和现金管理业务一人顶岗、“一身兼两任”的混岗现象，岗位制约、岗位监督失效，埋下了严重的风险隐患。

储蓄存款类业务的违规表现。业务授权流于形式，授权卡随意借用，授权密码不按要求管理、不定期更换，密码变明码；不与客户签订服务协议，也不履行申报、审批手续，违规单人携带凭证、印章，擅自开展上门收款业务或违规代客户办理存款业务；重要空白凭证、印章管理混乱，查库不查凭证、重要凭证使用登记不全、领用限额与销号制度执行不严、印章违规混用串用、在空白凭证上违规加盖印章；违规套取存单，骗取储户存款；私自截留客户银行卡或违规制作同账户的银行卡，窃取客户密码，盗取客户存款；客户未到场，违规办理卡折挂失手续；不按规定核验储户身份证明，不执行实名开户制度，开立虚假账户；允许代办人替客户开通网银业务或私自开通网银，下载客户证书，截留密钥等。

单位存款类业务的违规表现。单位存款类业务案件反映出部分银行业金融机构违反结算账户管理规定，对开户资料真实性、完整性和合规性的审查不严，离柜开户或违规为无经营项目或贷款等业务的异地企业办理开户手续；未得到客户授权的情况下，允许代理人代办开户手续，在客户开立账户后，未落实客户回访制度；对客户印鉴管理不善，随意存放或违规允许借阅、使用；企业大额走账不按规定与企业的相关热线联系人联系验证，不执行大额支付分解授权审批制度；长期不与客户对账或不按照规定时限与客户对账并及时回收对账单，未换人对账或违规由客户经理上门对账；未按规定处理客户反馈的回单，不认真核对预留印鉴；在办理购买支票、开户和存取款等业务时，违规离柜代客办理业务；未经客户授权或不能确认客户身份的情况下开通企业网银；未按规定程序、要求严格审查客户提供的凭证、印鉴的真实性。

二、科学分析问题成因

从银行业金融机构层面讲，公司治理的欠缺直接导致内控方面的严重问题。

一是战略导向出现偏差。银行业金融机构一味追求发展速度，在愿景规划上重规模轻质量，过度下达经营指标并层层加码，迫使员工为完成任务不惜违规，放弃制度和风险控制；在考核激励上重利润轻内控，过度将财务费用和绩效工资奖励与存贷款任务和机构发展速度等挂钩，而对严格内控管理、防范操作风险考核比重小，相比之下，违规成本较低，一定程度上助长了违规行为，甚至出现上下齐心利用多种手段逃避制度管理的现象；在业务发展上重营销轻管理，部分银行业金融机构高管层尤其是基层机构负责人关心的是经营业绩，而很少有动力、有时间、有精力去研究内部管理、关注员工动态等。

二是制度执行力刚性不足。从银行机构对监管规章的执行上看，简单化执行和表面化执行、递减式执行和被动式执行、抵触性执行和选择性执行大行其道，从而导致制度无从约束。从银行员工对内控制度的执行上看，规避制度和破坏制度时有发生，而且都不能在日常的管理中得到有效制止和纠正，制度刚性无从谈起。更为严重的是，部分基层机构负责人在异化的考核激励作用下，一心拉存款、扩业务，片面强调效益，为此甚至不惜带头破坏制度，在这种情况下，制度对普通员工的约束也就自然软化。

三是人员配置和培训教育欠缺。人员岗位配置与风险控制要求不匹配，对内审稽核、合规等部门人员配备与业务发展速度差距较大，曾经拥有的强大、独立的内审稽核队伍非但没有伴随业务发展与时俱进，相反在快速的业务膨胀过程中，内审稽核力量被相对弱化稀释。对一线特别是柜台人员配备不到位，身兼数职情况普遍，缺乏必要的内部监督制约。综合柜员制已经在银行业金融机构全面推行，这种综合性的柜台服务满足了银行客户不同类别的服务要求，提高了服务质量，节约了客户时间，但是也打破了传统的“双人四眼”内控原则，在实际运行过程中偏执地把综合柜员理解为单人服务、一人临柜，恐也有失偏颇，使柜台操作风险案件成为偶然中的必然；员工的基本培训也是少之又少，以往国有银行新员工要由老员工“传帮带”1 至 3 年时间，才能独立进行记账、会计、出纳等工作，而现在大部分银行业金融机构的新员工，上岗培训不超过 3 个月，应对较复杂的柜台操作时也会生疏甚至混乱，更不要妄谈对职业道德的培养和企业文化的熏陶。

四是合规文化引领不到位。银行在合规文化建设上投入的精力、在合规教育上的投入是少之又少且呈递减态势，而不规范的操作和观念通过以老带新却得以延续和泛滥，人情大于制度、关系高于规章、信任代替监督的情况屡禁不止。责任惩戒追究不到位，合规文化失效、执行力出现弱化的情况下一旦发生案件，处理时则避重就轻，讲情面，大事化小，处罚流于形式，未达到应有的惩戒和警示效果。纠偏工作不到位，对存在问题的原因分析表面化，整改措施“头痛医头、脚痛医脚”，缺乏具有主动性、深入性、系统性的纠错安排，同时对整改缺乏有效的跟踪监督和评估措施，整改工作不建台账、不督办，严重流于形式，没有整改到根源上。

从监管层面讲，监管的宽容和软约束间接纵容了银行业金融机构内控执行问题难以根除。一是“管风险”形成硬约束，“管内控”只有软要求。银监会成立以来，“管风险”理念深入人心，资本充足率等一系列指标体系完善，银行业金融机构一旦触碰风险监管“红线”，限业务、停准入硬约束措施齐备，风险监管取得巨大进步。而与此不同的是，银监会从 2006 年以来就相继出台了《关于加大防范操作风险工作力度的通知》和《商业银行业金融机构操作风险管理指引》等制度性文件，由于没有跟进硬约束的措施，因而没有引起足够的重视，收效甚微。“管内控”作为银监会一项重要监管理念没有辅之以严厉的监管政策加大惩戒处罚的力度，没有硬性成为准入限制的必要前提，长期以来对内控监管的宽容逐渐成为常态。“一手硬一手软”的监管措施使银行业金融机构在弱化内控执行力方面由侥幸变为坦然。

二是案件防控工作偏重结果，而淡化了作为过程的内控执行力建设。长期以来，银监会对案件防控工作强调“案件数量和涉案金额双下降”的考察，对遏制案件高发起到了显著作用。但是监管机构对银行业金融机构操作风险防控的基础建设和执行过程未提出具体化、强制性的要求，没有发挥出“管风险”与“管内控”相互作用、融会贯通的协调作用。对银行业金融机构内控建设水平和管理质量的评估没有与银行业金融机构风险评级有机结合，对银行业金融机构内审稽核队伍建设、职能发挥、工作质效的监控也远未形成体系。因此，虽然具备了较为成熟的案件处置工作体系，但防范案件的工作体系尚未真正形成，案件处置的突发性、阶段性特点与日常监管的持续性、常态性属性还有待进一步结合。

三是对案件处理严厉，对导致案件的违规行为惩戒不足。近年来，银监会建立了一整套“上追两级”“双线问责”“一案四问责”的案件责任追究体系，对涉案人员、相关人员和上级领导实施严厉问责，形成了案件治理的高压态势，有效发挥了震慑作用。如果将对案件责任“上追两级”的措施移植到对银行业金融机构日常违规行为和内控执行不力的处理上，则可以在相当大的程度上使案件防患于未然，从而有效遏制案件风险。

三、“管内控”贯穿全面监管始末

将内控执行力建设作为贯彻落实“管内控”理念来强力实施，将内控执行力与监管评级、现场检查频率相结合，贯穿于全面监管之中。在“管内控”理念的大前提下，借鉴风险监管方法，按照银行业金融机构不同的类别、规模、层次，提出不同的监管要求，分析风险点，强化落实执行力。要求银行业金融机构自行在内控建设、合规经营和制度落实方面提出规划并作出承诺，监管部门将有针对性地进行重点检查，并对不达标机构作出处罚，以保证工作质量和效果。一旦出现因操作风险引发的案件，则深挖合规、内控方面的问题，并尝试与监管评级挂钩。风险评级高的机构，则内控执行的标准高，反之亦然。内控执行力不达标机构则可降低风险评级。

强化银行业金融机构内审稽核队伍建设，构建独立、科学、高效的内审监督体系促使内控的执行和落实。监管的效用就是充分调动、激励、引领直至强制银行业更好地发挥其自身的主观能动性，针对目前银行业金融机构内审稽核部门逐渐弱化、边缘化的现状，监管部门应要求银行业机构将内审稽核队伍建设、组织保障纳入案防工作目标责任制，在内控建设中要全面落实内审稽核职能的定人定岗定责的责任体系，形成职责清晰、主动负责、协调有序的工作局面，充分发挥内审稽核第三道防线的作用。要强制内审稽核向下延伸，与基层机构的风险控制及业务合规有机结合，以突击检查和全面检查解决检查深度和覆盖面的问题，突查的安排应满足对本辖区或特定机构的风险覆盖，要特别加强对基层网点和一线柜台的突查，通过飞行检查、暗访暗查等灵活的方式，体现检查的突然性和针对性，达到震慑作用。

监管机构强力推动，加大纠错惩戒力度，将对案件问责“上追两级”的措施前移至对违规行为处罚，事先筑构防线。在继续实施“上追两级”“双线问责”“一案四问责”等案件责任追究办法的基础上，探索继续深化责任追究。探索将“上追两级”的措施前移上溯至对违规的处理，对于各类违规问题，特别是对屡查屡犯、屡纠屡错和各类重复出现的操作风险隐患和重大违规行为，实现“硬约束”“零容忍”，尝试实行违规问责制，不仅追究当事人的责任，而且追究本行和上级行的管理责任。对于已进行过风险提示、又发生同质同类案件的机构，除追究其案件责任外，还要追究其落实风险提示不到位的责任，且加重处罚。

完善案件风险、内控执行力建设与各项准入的挂钩机制，对案件整改验收要覆盖到内控执行力建设方面，且实行质量达标复准和银监会、银监局两级复准。进一步完善监管部门正在实行的案件风险“四挂钩”制度，强化对复准的验收，改变以往案件整改验收以时段为标准的做法，探索以质量是否达标为准，且验收范畴不仅涵盖案件风险整改，还要包括内控建设。同时，整改验收尝试实行银监会、省局两级复核制，不到位的不复准。对虽未发案、但内控存在明显问题的银行也可采取停准入促达标的手段。

将案防工作与资本监管挂钩，将风险约束的手段融入内控执行力建设和案件防范工作，使其更多地与银行的发展速度同步起来，以激发银行加强执行力的自我动力。具体做法，可比照不良贷款处理要求，对于案件风险金额，要求银行业金融机构进行全额拨备；对于已形成的案件损失金额，要求机构直接从资本金中扣减。与此同时，还可以比照不良贷款提取准备金的规定，以全国平均发案率为参照，要求银行业金融机构提取案件风险一般准备金；对于历史发案率高的机构，要求其提取案件风险特别准备金。这种“双管齐下”强制性与资本监管挂钩的措施，或将促使银行业金融机构在重营销重规模的同时，“自觉”强化内控执行建设和案件防范工作。

宏观经济与监管调控分析篇

银行业监管向来是与宏观经济紧密联系在一起的，经济周期的更替、经济景气程度的波动都会给银行的经营行为带来很大的影响，银行体系会随着宏观经济的起伏呈现出顺周期特征，尤其是对房地产等资产价格的变动更为敏感。在经济繁荣时，银行会持有相对较低的资本和拨备，在经济衰退时，银行则会持有较高的资本和拨备，在经济周期的不同阶段，银行面临的市场风险、信用风险、流动性风险等会呈现不同程度的差异，其稳健性也会受到不同的影响。相反，银行体系自身的波动也会给宏观经济带来加速或减速的作用，影响宏观经济运行。因此，监管调控需要跟随宏观经济的波动而调整，充分认识这种影响，才能够使监管行为有的放矢，张弛有度，有效地进行宏观审慎监管。该篇内容主要考虑了在宏观经济的影响下如何对银行业进行有效监管的问题，以更好地为宏观经济服务，促进经济稳定增长，主要包括人民币币值的升降、利率的调整、房价的波动、产能的变化以及整个宏观经济波动下的银行业监管行为。目的是更好地把握银行业监管规律，提高监管的科学性，增强监管的有效性，使银行业监管更好地服务于金融稳定，服务于经济平稳运行。

新一轮宏观调控下深圳经济金融运行综合分析报告

自2007年下半年起，国际经济形势出现了一些新情况，次贷危机在美国的全面爆发并由金融领域向实体经济领域传播，给全球发达经济体的经济前景蒙上了阴影，初步判断是作为世界经济龙头的美国经济可能由此陷入滞胀，在经济高度全球化的今天，我国等新兴市场国家亦难独善其身。反观国内，经济矛盾不断凸显并日趋激化，流动性泛滥，房市和股市泡沫扩大，环境状况不断恶化，通货膨胀压力空前加大……针对国内外复杂的经济金融形势，国家陆续实施了一系列包括货币、财政、产业和税收政策在内的宏观调控。调控效果如何？政策是否过于猛烈，致使经济有硬着陆危险？以及将来如何在防止通胀和抗击衰退之间取舍政策？等等，带着这些问题我们进行了一些分析和思考。深圳外向型经济特性显著，对宏观调控和国际环境变化的反应更为灵敏，新一轮宏观调控对深圳经济金融及银行业运行产生了深刻且深远的影响，在此拟以五个子报告形式，着力从不同视角分析和阐述宏观调控对深圳经济、金融、房地产、热钱及小企业经营等诸多领域的影响，以此把脉当前宏观调控的效果及未来经济金融走势。

经济增速明显放缓，市场物价高位徘徊。宏观调控之下的深圳经济，既有全国经济运行的共性，也有区域经济发展的特性。出口拉动型经济是当前我国经济发展的一个缩影，2008年第一季度以来深圳经济出现的新情况、新问题，完全可视为全国经济下一步走向的风向标。报告一《宏观调控对深圳经济的影响分析》，主要考察了本轮经济周期中，深圳经济的“三驾马车”投资、出口和消费与全国同期的比较情况，并对2008年深圳经济的发展前景进行了展望。分析表明，2008年第一季度全国经济运行的特点是“经济放缓，通胀升温”，而深圳经济放缓幅度更大，通胀水平基本与全国同步，离宏观调控初衷尚有较大差距。

银行管理面临挑战，长远发展存在隐忧。银行业是经济发展的资金中枢，是我国经济的真正“晴雨表”，目前实施的所有宏观调控政策，最终都会传导至银行体系，从而不仅影响银行经营本身，而且通过银行反射影响到实体经济，由此意义上讲，银行又是宏观调控的中枢。报告二《新一轮宏观调控下深圳银行业运行：影响与展望》，主要对新一轮宏观调控之下银行业运行的总体环境从价格、规模、业务、风险等方面进行了全面梳理，在此基础上就宏观调控对深圳银行业资产负债、风险管理、盈利状况以及战略调整的影响展开了具体分析，并结合近来国内外一系列金融改革和突发事件，就 2008 年国际、国内和深圳银行业的运行前景进行了初步展望。分析发现，本轮宏观调控加大了银行业风险管理难度，对银行业转型发展提出了新的挑战，银行必须积极应对，适时调整经营战略，优化利润结构，方可实现可持续发展。

房市调整效果初显，银行风险不容忽视。房地产业作为此轮经济周期中的龙头行业，对经济的拉升可谓居功至伟。仅就该产业增加值占 GDP、房地产贷款占银行资产和购房支出占居民消费的比重来看，其发展已超越该产业发展本身，进而与社会经济金融的方方面面紧密相关。深圳作为全国房地产业发展的热点地区，其房市走势是评估宏观调控效果和洞察全国房地产市场走向的最好范本。报告三《深圳房市的走势、关注的问题及建议》，主要对近期深圳地区房价的调整变化及未来走势进行了深入分析，并提请银行高度关注风险苗头。自 2007 年第四季度房地产市场出现高点，现已开始全面调整，至 2008 年第一季度，深圳房价跌幅已位居全国大中城市前列。随着调控的持续深入，不排除房价出现恐慌性调整的可能。

目前深圳银行已出现购房人断供和开发贷款逾期情况，说明房贷风险正逐渐显露。

热钱流入难以估测，未来走势变量甚多。本币升值背景下的热钱流入是世界各国面临的共同难题，特别是我国资本项目尚未实现开放，受“蒙代尔不可能三角”的困扰，热钱大量流入不但会使宏观调控效果大打折扣，而且将对一国经济金融安全产生巨大冲击，带来潜在隐患。在当前“三率”（通货膨胀率、汇率、利率）高企的背景下，深圳毗邻香港的便利条件更是使其成为热钱流入的温床。报告四《人民币升值和通胀加息双力助推下的深圳地区热钱流入浅析》，主要分析了深圳地区热钱流入的渠道、规模、特点以及其对经济金融的不利影响，并提出须高度关注目前经常项目顺差下降反映出的投资收益回流现象，以及警惕美元反转条件下热钱大规模撤出带来的金融风险甚至由此而引发的金融危机。

小企业经营日渐艰难，外向型企业雪上加霜。深圳小企业是全国小企业的代表，绝大部分处于全球产业链的下游。在宏观调控政策组合拳之下，抗风险能力较弱的小企业尤其是外向型小企业首当其冲，经营环境显著恶化。而发展小企业的经济意义、社会意义不可忽视，宏观调控之下小企业生存空间受到挤压的问题应从战略高度予以重视。报告五《宏观调控对深圳小企业的影响分析》，主要分析了从紧货币政策下深圳地区小企业的授信情况，以及人民币升值、出口退税政策调整、新劳动法实施等一系列宏观调控对深圳小企业经营环境产生的冲击和影响，并在此基础上提出了改善小企业融资环境、创新小企业金融服务的思路，力求从根本上解决小企业融资难问题。

2008 年将是我国经济最为困难和最具挑战的一年，宏观调控也将充满更多的变数。在本报告撰写期间，美联储宣布再次下调联邦基金贷款利率 25 个基点至 2%、国内 4 月宏观经济数据显示 CPI 再次上扬至 8.5% 高位、央行再次上调存款准备金率 0.5 个百分点、汶川大地震的爆发……面临这些时刻涌现的新问题和新约束，应如何推进 2008 年的后续宏观调控？未来国际国内金融形势走向如何？深圳经济金融又会何去何从？我们将拭目以待，并予积极、冷静应对。五个子报告附后：

《宏观调控对深圳经济的影响分析》

《新一轮宏观调控下深圳银行业运行：影响与展望》

《深圳房市的走势、关注的问题及建议》

《人民币升值和通胀加息双力助推下的深圳地区热钱流入浅析》

《宏观调控对深圳小企业的影响分析》

宏观调控对深圳经济的影响分析

2005年以来，国家陆续出台的一系列宏观调控政策，旨在实现两个“防止”：一是防止经济增长由偏快转向过热，二是防止物价由结构性上涨转向全面通胀。与全国相比，深圳调控效果如何？文本试作一简要分析。

一、宏观调控对深圳经济增长和市场物价的影响分析

（一）经济增速显著放缓，率先回落于全国

2008年第一季度，深圳经济继续保持增长，但增速明显回落，且下降幅度明显大于全国平均水平：第一季度全市生产总值1683.92亿元，同比增长10.2%，增速减慢2.5个百分点，低于同期全国10.6%的GDP增长速度。

1. 工业对经济增长贡献明显减弱。2008年第一季度，深圳市第一产业增加值1.58亿元，下降16.7%；第二产业增加值825.07亿元，同比增长8.40%，增速回落4.7个百分点；第三产业增加值857.27亿元，同比增长11.9%，增速回落0.5个百分点。规模以上工业企业增加值增长9.4%，增速首次低于两位数，同期回落4.5个百分点。外商及港澳台投资企业增加值占工业增加值比重61.1%，增速较全市工业增加值增速低7.6个百分点，首次如此大幅度低于全市平均水平。20多年来，深圳工业一直保持两位数的增长率，2005年工业占GDP的比重达到50.2%，首次超过第三产业而居经济主体地位。近年受人民币升值等一系列调控措施影响，深圳一些劳动密集型企业甚至部分支柱型电子企业开始外迁，工业增速开始回落，工业增加值增速回落至20年来的低位。

2. 固定资产投资下降。2008年第一季度，深圳市固定资产投资231.79亿元，同比下降3%。全社会固定资产投资在2003年达到增长高峰后（增速为20.4%，2004年以来不断回落，2004~2007年全社会固定资产投资增幅分别为15.1%、8.1%、7.8%和5.6%。2008年第一季度延续跌势更是呈现负增长。主要是国家对一些重大工程项目审批日趋严格，加之一些重大工程项目的报批手续和征地拆迁等前期准备工作不畅等原因，投资进度不到全年的10%，直接导致第一季度全社会固定资产投

资出现负增长。而同期全国固定资产依然保持较高增速，同比增长 24.6%。

3. 外贸进出口放缓。2008 年第一季度，深圳外贸进出口总额 643.4 亿美元，同比仅增长 10%。其中，出口 380.2 亿美元，同比增长 14.9%；进口 263.2 亿美元，同比增长 37%。外贸进出口、出口、进口增速分别低于全国增速 74.6 个、6.8 个和 24.9 个百分点。从结构上看，不同所有制企业对宏观调控的敏感度不一，民营和三资企业出口增速回落明显，同比分别回落 41.4 个和 21.6 个百分点。国有企业出口增幅上升，同比多增 5.6 个百分点；宏观调控对不同生产贸易形式的企业影响不一，一般贸易和进料加工贸易出口增幅回落，同比分别回落 33.7 个和 28.3 个百分点。“三来一补”出口增幅提高，同比多增 11.4 个百分点；不同出口地国家由于汇率变化的不对称性，影响也不同，出口中国香港、美国和日本市场增幅下降，同比分别少增 38.4 个、10.6 个和 23.1 个百分点。出口欧盟增幅上升，同比多增 3.2 个百分点。

4. 消费市场增长较快。2008 年第一季度，深圳实现社会消费品零售额 551.97 亿元，同比增长 19.40%，与全国增长率 20.6% 基本持平。增幅同比加快 4.5 个百分点，很大程度上源于消费价格上涨，若扣除价格上涨因素，实际消费品零售额增幅为 10.9%。在商品销售总额中，食品销售总额增长最低，仅增长 4.7%，金银珠宝类、汽车类、家用电器和影像器材增长较快，分别增长 48.9%、45.7% 和 36.8%。可见伴随着居民收入的稳步增长，消费增长呈现加速态势，人均消费增长较居民人均可支配收入增长高出 14 个百分点。此外，深圳消费结构也进一步优化升级，大宗耐用消费品支出比重和增速都达到历史高位。

（二）市场物价高位徘徊，涨幅与全国基本同步

1. 居民消费价格指数 (CPI)。2005 年以来，深圳 CPI 虽然持续上涨，但除 2006 年外 CPI 涨幅均略低于全国。2005~2007 年深圳 CPI 分别比上年上涨 1.6%、2.2% 和 4.l%，同期全国 CPI 分别上涨 1.8%、1.5% 和 4.8%。但进入 2008 年以来，深圳和全国 CPI 均大幅飙升，分别上涨 7.3% 和 8%，深圳涨幅与全国基本同步，主要是食品类价格同比大幅上升 17.1% 所致。其中，肉禽及制品、植物油价格升幅最高，分别为 39.7% 和 40.5%，鲜菜升幅也达 19.2%，水产品涨幅为 14.7%，粮食为 11.6%。

2. 原材料、燃料、动力购进价格指数。2005~2007 年，深圳原材料、燃料、动力购进价格指数基本与全国同步上涨。2008 年第一季度涨幅加大，同比上涨 5.4%，低于全国 9.8% 的平均水平。指数上涨主要是因为近年来国际原油价格上涨，以及部分稀缺资源类产品如有色金属冶炼和压延加工业产品价格不断上升所致。涨幅低于全国是因为相关行业在产业结构中占比较低，导致其在价格指数中权重较低。

3. 工业产品出厂价格指数 (PPI)。值得注意的是，深圳工业品出厂价格指数 (近三年持续下降，同比涨幅分别为 –1.2%、–1.8% 和 –1.6%，远低于全国 4.9%、3% 和 3.1% 的平均水平。2008 年第一季度，随着全国通胀压力进一步加剧，深圳 PPI 同比仅上涨 0.4%，远低于全国 6.9% 的平均水平。主要原因是深圳产业结构比较特殊，支柱产业电子信息类产业的销售收入占全部工业销售收入的近 60%，而电子类产品因竞争激烈和技术更新较快，产品价格一降再降，直接影响了深圳工业品出厂价格总水平走势。

综上：综观本轮宏观调控，总的印象是调控措施没有完全发挥预期效用。2008 年第一季度，全国经济运行的特点是“经济放缓，通胀升温”。深圳经济的外向型特征使其经济放缓的幅度更大，整体通胀水平基本与全国同步。一般情况下，经济趋缓应导致物价下滑，而现在经济是缓下来了，物价却仍在高位运行，且短期内难有回落之势。因此，总体来看，深圳宏观调控政策效用不够理想，离宏观调控初衷尚有较大差距。

二、深圳经济运行的主要特点

从近三年深圳主要经济指标变化可以看出，与全国平均水平相比，2005 年以来深圳经济运行呈现如下特点：

（一）经济周期不完全同步，经济增速率先回落

近三年深圳与全国主要经济指标增速一览表（%）

年份	2005		2006		2007		2008 年第一季度	
主要经济指标	深圳	全国	深圳	全国	深圳	全国	深圳	全国
GDP	15.1	10.4	16.6	11.6	14.7	11.9	10.2	10.6
其中：工业增加值	18.8	11.4	16.9	16.6	15.1	18.5	9.4	16.4
全社会固定资产投资	8.1	25.7	7.8	24	5.6	24.8	-3	24.6

续表

年份	2005		2006		2007		2008 年第一季度	
进出口	24.2	23.2	29.9	23.8	21.1	23.5	10	24.6
出口	30.4	28.4	34.1	27.2	23.8	25.7	14.9	21.4
进口	17.2	17.6	24.6	20	17.5	20.8	3.7	28.6
消费品零售总额	15	12.9	16.2	13.7	14.6	16.8	19.4	20.6
居民消费价格指数（CPI）	101.6	101.8	102.2	101.5	104.1	104.8	107.3	108
工业产品出厂价格指数（PPI）	98.7	104.9	98.2	103	98.4	103.1	100.4	106.9
原材料、燃料、动力购进价格指数	105.1	108.3	104.2	106	102.9	104.4	105.4	109.8

从全国来看，本轮经济启动于 2000 年，经过两三年的低速增长后，从 2003~2007 年连续 5 年 GDP 增速保持在 10% 以上，尤其是 2005~2007 年呈加速增长的态势，并在 2007 年达到 11.9% 的高位。反观深圳，虽然经济增长速度一直快于全国平均经济增长速度，但自 2003 年见顶以来一直在低位徘徊，2005~2007 年连续三年全市生产总值增长维持在 15% 左右，并于 2006 年率先见顶回落（见图 1）。

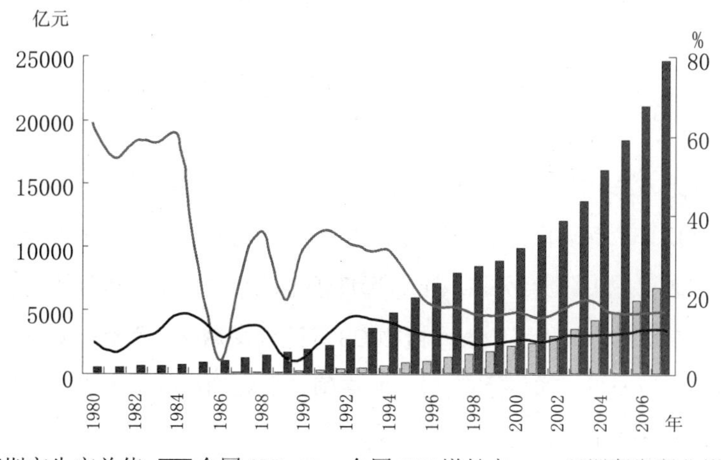

图 1　全国和深圳地区生产总值及其增长率趋势

继 2007 年经济增速出现回落以后，2008 年第一季度深圳经济进一步出现滑落迹象，且下降幅度明显大于全国平均水平。可见，深圳经济发展周期与全国经济发展周期不完全同步，主要原因是深圳经济对国家宏观调控和国际环境的变化更为敏感。

（二）经济发展驱动因素不同

1. 投资对经济增长的拉动较弱。自 2000 年中国经济重新启动以来，固定资产投资一直保持在两位数的增长速度，2003 年以来增速更是每年都保持在 20% 以上，2005~2007 年全国固定资产投资增长速度分别为 26%、23.9% 和 24.8%。从投资、出口和消费增速与 GDP 增长的关系来看（见图 2)，近年来经济持续高速增长，主要与固定资产投资和出口的拉动有关。

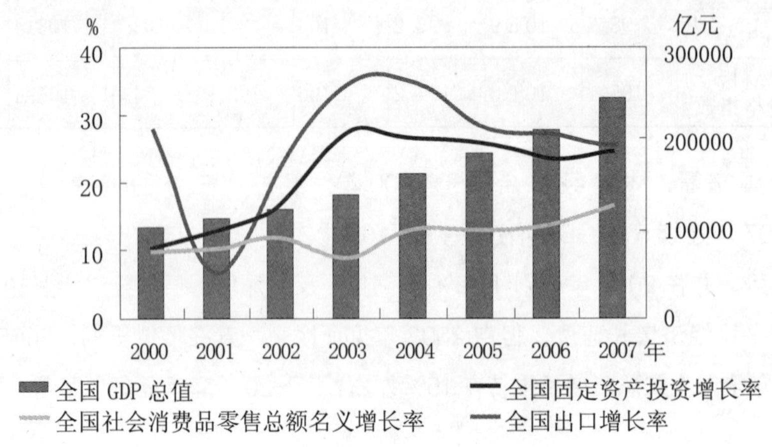

图 2　全国投资消费出口增长率与 GDP 增长变化趋势

与全国相比，深圳的经济增长主要靠出口拉动，投资的拉动作用相对较弱（见图 3)。2005~2007 年，深圳固定资产投资额的增长速度分别为 8.1%、7.8% 和 5.6%，与全国平均增速相差 15 个百分点以上，远低于全国平均水平。深圳固定资产投资绝对额虽然一直在增长，但投资增长率自 2003 年达到短期高点之后一直在低位徘徊，2005~2007 年仍未走出多年来的低谷，并在国家宏观调控政策的影响下继续呈下降态势，几乎为近十余年来最低。

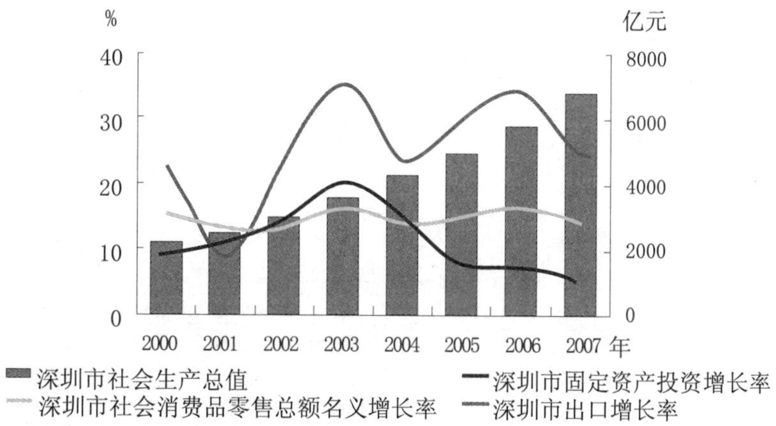

图 3　深圳地区投资、消费和出口增长率与 GDP 增长变化趋势

2. 出口对经济增长的驱动较强。2005~2007 年，全国外贸进出口平均增速分别为 23.5%、23.8% 和 23.5%。其中，出口增速分别为 28.4%、27.2% 和 25.7%，进口增速分别为 17.6%、20% 和 20.8%，外贸顺差分别为 1019 亿美元、1775 亿美元和 2622 亿美元；同期深圳外贸进出口增速分别为 24.9%、29.9% 和 21.1%。其中，出口增速分别为 30.4%、34.1% 和 23.8%，进口增速分别为 17.2%、24.6% 和 17.5%，外贸顺差分别为 202.19 亿美元、348.05 亿美元和 494.53 亿美元，按 2007 年末人民币对美元汇率折算，当年顺差额占深圳市生产总值的 53.36%，占全国外贸顺差总额的 18.86%。

由此可见，2005~2007 年深圳经济主要靠强劲的出口拉动 (见图 3)，但受人民币升值和外部因素等影响，波动幅度较大，进出口增速从略高于全国平均水平到逐步低于全国水平，外贸顺差与全国一样连创新高。外贸顺差较大的原因，主要是近年来美元对主要货币持续贬值，而人民币对美元升值幅度有限，加之美国和全球经济近年来持续增长，人民币相对欧元、加元等其他国家货币实际贬值，带动了对相关国家的出口增长。

3. 消费增长相对不足。从全国来看，近几年消费增长旺盛，增速一直高于 GDP 增长速度 (见图 4)。

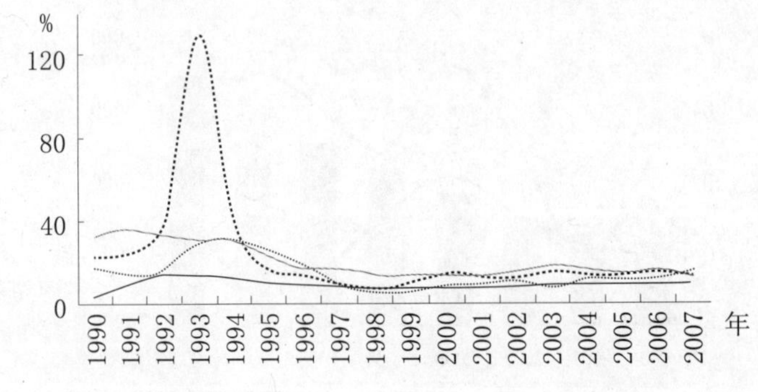

图 4　全国和深圳地区 GDP 和消费增长变化趋势

2005~2007 年，全国消费品零售总额增长速度分别为 12.9%、13.7% 和 16.8%。主要原因是近三年全国城镇居民人均可支配收入增长较快，分别达到 10493 元、11759 元和 13786 元，增长幅度分别为 11.37%、12.1% 和 17.2%。

深圳近年来消费增长相对不足，主要原因在于深圳人均可支配收入基数较高，增长幅度慢于全国，对日常消费增长起到了一定的抑制作用。2005~2007 年城镇居民人均可支配收入分别达到 21404 元、22667 元和 24870 元，增幅分别为 -22.11%、5.43% 和 10.21%，消费品零售总额增长分别为 15%、16.2% 和 14.6%。

三、未来经济展望和政策建议

(一)2008 年经济展望

1. 经济增长或现拐点。考虑美国次贷危机带来的美国乃至全球经济放缓的风险加大，以及人民币对美元不断升值的影响，2008 年深圳出口增长或将出现大幅下降；国家紧缩银根政策，使深圳固定资产投资难以大幅增长，且在 2008 年首次出现自 1980 年以来的负增长；居民消费虽持续增长，但短期对经济的拉动有限。由此，我们对深圳全年的经济增长并不乐观，尤其是如果美国经济下半年仍无起色，2008 年经济出现拐点的可能性较大。深圳市政府将 GDP 增长定在 12% 的目标已经相对乐观，极端情况下 (如美国经济出现大幅衰退) 预计增速可能回落至 10% 左右。

2. 物价上涨短期压力仍大。鉴于深圳第一产业占比极低，且相当数量农产品外销香港，因此深圳 CPI 走势短期将主要取决于全国农产品的供求状况。而产业结构失衡短时间难以改变，所以 2008 年要实现深圳市政府工作报告中提出的将 CPI 控制在 4% 以内的目标有相当难度。但随着生猪等农产品供应的改善，估计 2009 年 CPI 将出现较为明显的回落；深圳产业结构的特点决定了 PPI 将随整体物价的上涨而有所上升，但幅度不会很大；原材料、燃料、动力购进价格主要受国内和国际经济形势的影响，在国家严控电力、成品油、水等产品价格情况下估计涨幅将逐渐趋缓。

（二）政策建议

1. 转变发展理念，调整产业结构。经过持续多年的高速增长，深圳经济已迈入了以电子信息产业为龙头、重工业和轻工业协调发展、第二产业和第三产业齐头并进的良性发展轨道。尽管近年来深圳经济发展遭遇了诸如土地资源短缺、劳动力成本上升、优惠政策丧失等不利因素和发展瓶颈，但同时由于国家一系列宏观调控措施的出台和外部经济的放缓，正好给深圳淘汰落后产能、向上延伸产业链发展高附加值产品进而调整产业结构、转变增长方式提供了难得的战略机遇和发展机会。建议转变粗放增长的发展理念，加大产业结构调整力度，在经济全球化趋势下，重点发展第三产业和技术密集型、符合节能减排等国家产业政策要求的金融业、现代物流等高端服务业和集成电路、半导体、汽车电子、生物医药及计算机软件等高新技术产业。

2. 坚决压缩需求，防范恶性通胀。由于深圳的物价水平更多取决于外部因素，在目前全球农产品涨价以及我国经济有可能由偏快转向过热的背景下，深圳地区物价走势短期恐难乐观。尽管国家为控制通胀采取了许多措施改善供求关系，如增加农业财政补贴、降低或取消出口退税、加强价格监控，严格物价管理等，但在压缩总需求尤其是压缩投资需求时并不是十分坚决，主要是顾忌美国经济一旦陷入衰退可能对国内经济造成严重影响，造成国内经济硬着陆的风险。实际上，鉴于恶性通胀的危害性和本轮通胀的复杂性，应重新认识增长与质量的关系，坚决摒弃从中央到地方盲目追求经济发展速度的错误理念，逐步完善对地方政府的考核。为此，当务之急是把总需求尤其是投资需求压下来，才能有效控制推动物价上涨的需求因素，防范恶性通胀。

新一轮宏观调控下深圳银行业运行：影响与展望

2007年至2008年，在国内外复杂经济金融形势交织的情况下，我国宏观调控密度和力度创下近十年之最，进入2008年第一季度，宏观调控的各种效应逐渐显现。银行作为经济运行的资金中枢，宏观调控对其有着最直接、最深刻的影响。为促进深圳银行业平稳发展，准确把脉宏观调控成效，我们对新一轮宏观调控之下深圳银行业的运行情况进行了相关分析。

一、新一轮宏观调控下深圳银行业运行环境评估

(一)价格环境

利率调整：2007年1月至2008年3月，人民银行先后6次上调存贷款基准利率，平均调整频率为45天/次。在此采用日均余额加权平均法，对历次调整对银行存贷款利率的累积影响进行测算，具体影响如表1所示。

表1 存款利率调整对商业银行的累积影响

单位：基点

存款	活期	3个月	6个月	1年	2年	3年	5年
对2007年该期限品种存款利率的影响	4.1	39.29	33.53	27.85	17.09	13.61	11.65
对2008年该期限品种存款利率的影响	0	150.33	146.45	129.91	92.16	70.18	51.9
该品种成本率提高	-4.1	111.04	112.92	102.06	75.07	56.57	40.25

表2 贷款利率调整对商业银行的累积影响

单位：基点

贷款	6个月	1年	1～3年	3～5年	5年以上
对2007年该期限品种贷款利率的影响	21.9	19.5	15.66	13.6	10.41
对2008年该期限品种贷款利率的影响	95.7	112	116.42	116.42	92.42
该品种收益率提高	73.9	92.5	100.76	102.82	82.01

很明显，虽然 2007 年的加息具有“重存轻贷”特点，但由于占比近 50% 的活期存款利率没有提高以及商业银行“借短贷长”的特征，除最后一次外，这几次加息对银行业利差都有改善。但由于资产负债的重新定价存在时滞，据测算，2007 年加息效应的滞后释放将促使 2008 年银行存款利率比 2007 年提高 48.8 个基点，贷款利率比 2007 年提高 91 个基点，存贷利差提高 25 个基点。随着存贷款基准利率的提高和流动性收缩，国债、央行票据等投资市场收益率也不断攀升，上扬幅度达 40% 以上，见图 1 和图 2，从而给那些持有大量投资头寸的银行带来不菲的利息收入。

汇率变化：汇率的变化对银行的本外币头寸管理、汇兑损益和中间业务等有着直接影响。在考察周期内，人民币对主要货币升贬不一，在汇率波动性方面也呈现较大差异，如图 3 所示。其中对美元升值约 12%，呈现单边升值态势；对英镑升值约 8%，其间振幅达 11%；对日元贬值约 7%，振幅达 140%；对欧元贬值约 8%，振幅达 11%。

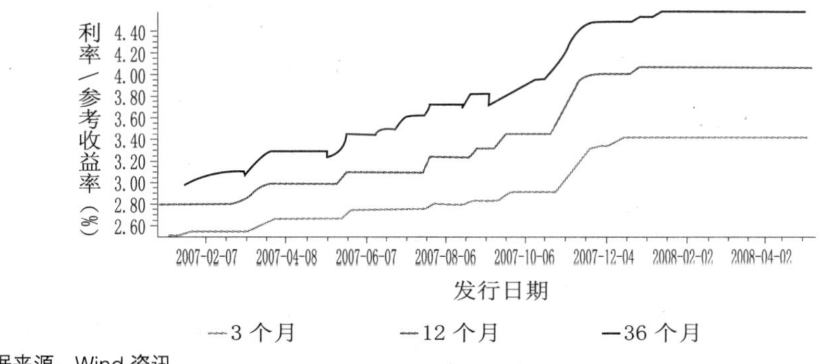

数据来源：Wind 资讯。

图 1　2007 年 1 月至 2008 年 3 月央行票据收益率曲线

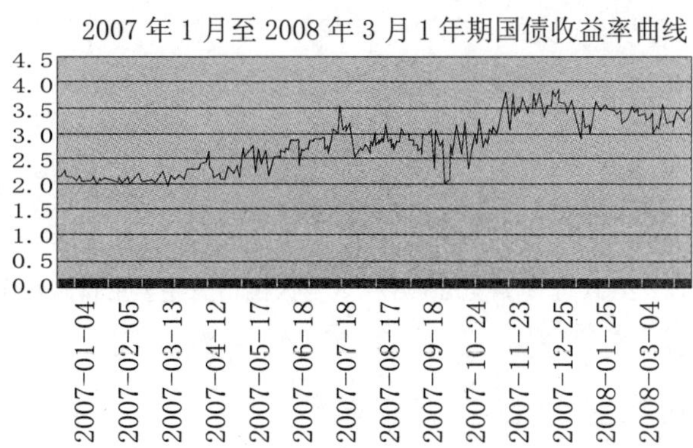

图 2　2007 年 1 月至 2008 年 3 月银行间国债市场 1 年期国债收益率

2007 年 1 月至 2008 年 3 月人民币兑美元、欧元和英镑走势图

——人民币兑美元　——人民币兑欧元　……美元兑英镑

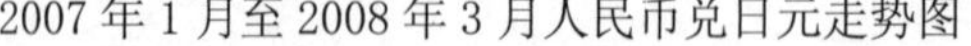

2007 年 1 月至 2008 年 3 月人民币兑日元走势图

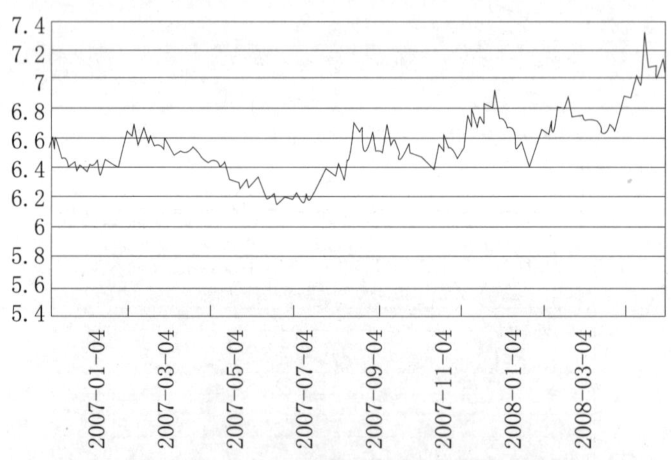

图 3　2007 年 1 月至 2008 年 3 月人民币兑主要货币走势图

（二）规模环境

影响银行规模扩张主要有以下几个因素。

额度控制：2007 年央行加大对银行贷款规模的控制力度，2008 年新增贷款不

得超过 2007 年新增贷款额，并且严格按季度投放，各季度投放比例依次不得超过全年新增计划的 35%、30%、25% 和 10%。按照这一要求，深圳地区 2008 年新增贷款应控制在 1800 亿元内，各季度投放分别不得超过 630 亿元、540 亿元、450 亿元和 180 亿元。但由于各银行总行可以根据区域经济发展特点和自身战略，对新增贷款的投放额度和时间在系统内进行协调调配，同时由于外汇贷款不受此计划约束，因此实际规模控制可能较上述测算宽松。

存款准备金率：虽然其调整首先是减少总行层面的超额准备金率，进而影响到贴现等低息资产，最后才会对贷款等高息资产形成实质影响。但是 2007 年以来，连续 13 次累计上调准备金率 7%，冻结资金累计超 2 万亿元，大银行由于吸储能力强受此影响不大，中小银行头寸较为紧张。

央行票据：2007 年 1 月至 2008 年 3 月，央行累计发行定向票据 5500 亿元，这些票据与市场化发行的票据在收益率方面存在较大差异，其效果类似于存款准备金，进而也构成制约银行贷款规模的因素之一。

上述分析是假设全年严格执行从紧的货币政策对贷款规模的制约，但是从目前国内经济形势和有关部门的表态来看，调控有松动的可能性。在此背景下，外汇储备的变动情况和对冲规则将成为影响银行生息资产规模扩张的另一重要因素，这一点从 2007~2008 年两者的高度相关性即可体现出来，如图 4 所示。

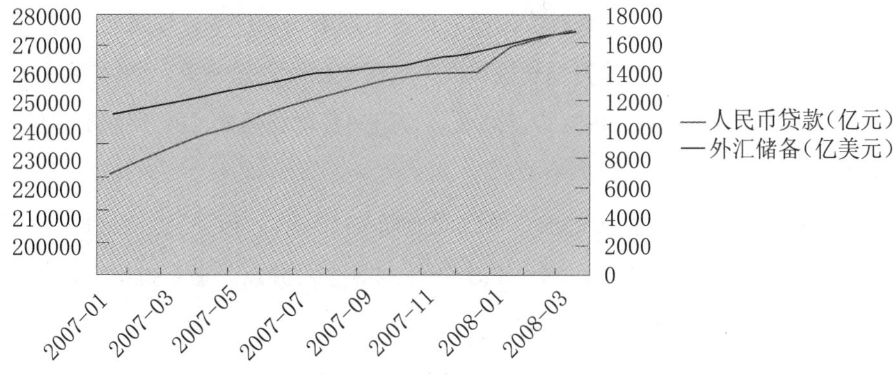

图 4　2007~2008 年人民币贷款与外汇储备变化趋势

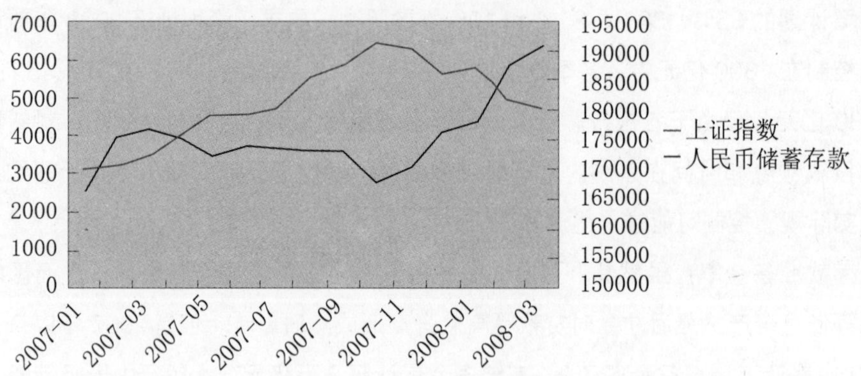

图 5　2007 年 1 月至 2008 年 3 月上证指数与人民币储蓄存款变动趋势

（三）业务环境

经济是银行业务开展的土壤，宏观调控对深圳经济的影响在 2008 年第一季度已全面体现出来，在此着重关注和分析与银行业务联系紧密的几大因素。

生产：第一季度深圳市生产总值同比增长 10.2%，增速降低 2.5 个百分点，第三产业对 GDP 增长的贡献率首次超过工业达到 59.5%，显示经济增速显著放缓，工业对经济增长贡献明显减弱。第一季度固定资产投资同比下降 3%，第二产业投资同比下降 31%，第三产业投资同比增长 10.2%。显示投资结构有优化的趋势，但投资总体乏力表明经济发展后劲存在隐忧。

消费：第一季度深圳市实现社会消费品零售总额增长 19.4%，增幅比 2005 年同期加快 4.5 个百分点。人均消费增长较居民人均可支配收入增长高出 14 个百分点，大宗和耐用消费品支出保持 40% 以上增长。显示消费增长强劲，并且消费结构呈现升级趋势。

外贸：第一季度深圳外贸进出口总额同比增长 10.0%，但外贸进出口、出口、进口增速分别低于全国增速 14.6 个、6.8 个和 24.9 个百分点。显示进出口环境显著恶化，外向型发展优势不复存在。

资本市场：影响银行业务环境的因素还包括宏观调控下资本市场的发展和波动，2007 年 1 月至 2008 年 3 月，上证指数最高涨幅达 130%，最大跌幅达 40%，两市成交量最高近 3200 亿元，最低仅 700 亿元，股市的大幅波动对银行的资产负债管理造成较大影响，如图 5 所示，股票市场对银行储蓄起到很明显的分流作用。此外，直接融资市场的其他工具对银行的资产结构也有较大影响，2007 年 1 月至 2008 年 3 月，短期融资券累计发行 3249 亿元，企业债 1958 亿元，公司债 177 亿元，三项合计约占该期间银行新增贷款的 12%，考虑到发行主体多为优质大企业，因此对银行资产配置的客户结构影响较大。

（四）风险环境

行业调控政策带来的政策及合规风险：2007 年以来，为优化产业结构和缓解通胀压力，国家出台了一系列产业调控政策，涉及“两高一资”行业进出口税率调整、企业贷款申请的环保要求、部分行业商品的临时价格干预、房地产企业补交土地增值税和商业性房地产信贷管理等。这些行业调控政策的密集出台，对于与这些行业有业务往来的银行必将形成较大的政策风险和合规风险。

行业财务状况恶化带来的信用风险：各项调控之下，各行业的财务状况呈现恶化趋势。2008 年 2 月，深圳工业企业利润总额同比增速大幅下降 (43.78% 到 16.5%)，在财务费用不断上升背景下，企业尤其是下游企业的利息保障倍数呈现下降趋势 (见表 3)，表明银行信用风险环境恶化。

表 3　工业企业利息保障倍数变动情况

单位：亿元

	2006 年 1~11 月	2007 年 1~11 月	2008 年 1~2 月
财务费用			
上游企业	1248	1640	332
下游企业	1834	2287	450
工业企业合计	3081	3927	782
息税前利润			
上游企业	9702	13110	2098
下游企业	9912	13767	2166
工业企业合计	19614	26878	4264
偿债利息保障倍数			
上游企业	7.8	8	6.3
下游企业	5.4	6	4.8
工业企业合计	6.4	6.8	6.5

利率风险、汇率风险及流动性风险：银行风险环境还包括上述各种环境综合影

响之下形成的利率风险、汇率风险和流动性风险。由于当前银行短期利率敏感性缺口为负，总体利率敏感性缺口为正，如果短期内活期存款加息或者将来进入减息通道都会使银行面临较大利率风险。此外，我国银行业外汇敞口近5000亿美元，人民币的快速升值也将导致巨额汇兑损失。

二、新一轮宏观调控下深圳银行业运行影响分析

在上述诸多环境因素的影响下，2008年第一季度，深圳银行业运行出现了一些新情况、新问题值得关注。

（一）存贷款结构分析

贷款方面：一是人民币贷款增速放缓，外币贷款需求持续旺盛。截至2008年3月末，深圳银行业金融机构人民币各项贷款余额8918亿元，比年初增长450亿元。各项外汇贷款余额260亿美元，较年初新增36亿美元。

二是公司贷款增速放缓，消费贷款规模萎缩明显。人民币公司贷款比年初新增430亿元，同比少增78亿元。消费贷款比年初下降12亿元，同比少增212亿元。

三是中长期贷款比例不断提高。为充分利用有限的信贷规模和收益率曲线上斜效应，绝大多数银行采取了压缩低风险、低收益的票据业务转而扩张高风险、高收益中长期贷款业务的策略，中长期贷款比例不断提高。截至2008年3月末，深圳银行业金融机构中长期贷款余额6691.80亿元，同比增加1576.03亿元，增幅30.81%。中长期贷款比例62.29%，同比上升5.86个百分点；短期贷款余额3157.65亿元，同比增加682.34亿元，增幅27.57%；票据融资余额392.07亿元，同比减少679.75亿元，减幅63.42%。

四是流动性比较充裕的国有银行和政策性银行贷款扩张加快，中小股份制银行受流动性约束扩张乏力。国有银行贷款余额1927亿元，同比增长24%。政策性银行贷款余额1099亿元，同比增长50%。外资银行贷款余额909亿元，同比增长35%。股份制银行贷款余额363亿元，同比增长1.5%。

存款方面：一是受资本市场波动等影响，存款加速回流。截至2008年3月末，深圳银行业金融机构人民币各项存款余额12666亿元，比年初增长874亿元，同比多增160亿元。其中，国有银行存款余额6882亿元，同比增长26%。外资银行存款余额583亿元，同比增长58%。股份制银行存款余额5243亿元，同比增长

90%。可见，外资银行的存款战略开始见效，而中小股份制银行吸储空间受到挤压。

二是由于回流资金追求收益性特性，存款定期化趋势加速。截至 2008 年 3 月末，深圳银行业金融机构人民币各项定期存款余额 4447 亿元，比年初增长 552 亿元，新增储蓄存款中定期存款比例高达 62%。外币存款规模萎缩，外币存贷款匹配管理难度加大。截至 2008 年 3 月末，深圳银行业金融机构各项外汇存款余额 101 亿美元，比年初下降 2 亿多美元，外汇存贷比 287%，外币流动性紧张局面进一步加剧。

（二）风险分析

信用风险方面：宏观调控影响诸多行业，但银行信用风险尚处安全边界。人民币升值和利率调整挤占了企业业务及利润空间，深圳一些企业出现了资金周转不畅甚至亏损倒闭情况，但由于各行风险预警措施得力，以及贷款抵押物不断升值等原因，资产质量总体呈好转之势。2008 年第一季度，深圳银行业不良贷款余额 385 亿元，比年初减少 4.8 亿元，同比减少 130 亿元，其中次级类贷款 128 亿元，可疑类贷款 197 亿元，损失类贷款 60 亿元，不良率 3.6%，比年初降低 0.27 个百分点，同比降低 2.09 个百分点。从各银行情况看，除光大银行和华夏银行资产质量呈恶化趋势，不良率分别比年初上升 3.92 个和 0.27 个百分点外，其他银行不良率都有不同程度的下降，下降幅度最大的深圳发展银行（深圳地区）不良率减少 1.41 个百分点。

此外，从与此轮宏观调控联系最为紧密的房地产行业贷款来看，截至 2008 年 3 月末，深圳中资银行房地产贷款（包括房地产开发贷款和住房按揭贷款）余额 3739 亿元，占银行业贷款资产总额的 39%。由于房价回落和成交持续低迷、开发商工期滞后或销售情况不理想，给房地产贷款带来压力，如建设银行深圳市分行 2008 年新增逾期贷款中，涉及房地产开发贷款逾期金额 4.24 亿元，占比 65.63%。由于深圳各家银行历史上经历过房地产泡沫的洗礼，风险管理能力均较以往有了大幅提高，信用风险尚处于安全边界。

流动性风险方面：中资银行好于外资银行，国有大银行好于中小股份制银行。截至 2008 年 3 月末，深圳银行业金融机构存贷比为 82.15%，比年初增加 0.59%，同比增加 0.76%，显示流动性压力仍然较大。其中，外资银行存贷比为 191.18%，比年初增加 35.44%，同比增加 10%；中资银行存贷比 78.93%，比年初增加 0.79%，同比增加 0.97%。中资商业银行中，存贷比最高的为兴业银行达为 78.93%，最低的深圳农村商业银行，为 55.22%。国有银行存贷比为 71.59%，比年初减少 2.83%，同比减少 0.87%。股份制银行存贷比为 70.26%，比年初增加 0.22%，同比减少 4.3%。

市场风险方面：人民币的持续升值不但使银行的交易账户汇率风险管理面临考验，且其外汇资本金、拨备和存款准备金等一系列项目都暴露在汇率风险下。如招商银行存款准备金和外汇资本金两项合计约 46 亿美元，如果按照 2008 年美元兑人民币预期贬值 10% 的幅度计算，仅此一项便损失 30 多亿元人民币。而利率的频繁变动，特别是将来很可能出现的利息调整方向和幅度的变化，将对银行的利率风险管理形成挑战。尤其是中小型银行，由于其资产负债存在不稳定性，利率敏感性缺口波动较大，利率风险尤其突出。

（三）盈利分析

截至 2008 年 3 月末，深圳银行业实现税前利润 118 亿元，同比增长 50 亿元，增幅达 73%。由于利差和贷款规模同时扩大等原因，第一季度共实现净利息收入 126 亿元，同比增长 53 亿元，增幅达 73%，对利润贡献率为 106%；虽然资本市场波动对银行中间业务收入构成一定影响，但人民币汇率和利率的频繁变动也加大了对结售汇、本外币理财等业务的需求，第一季度实现手续费净收入 23 亿元，同比增长 12 亿元，增幅达 109%，对利润贡献率为 19%；由于市场收益率不断攀升，投资收益也出现较大上涨，第一季度共实现投资收益 16 亿元，同比增长 105%，对利润贡献率为 14%。可见，深圳银行业净利息收入占比过高，中间业务收入对资本市场依赖严重，利润构成有待进一步优化。

从银行类别分析，五大国有银行实现税前利润 65 亿元，同比增长 30 亿元，占比 55%，同比提高 4 个百分点；外资银行实现利润 6 亿元，同比减少 0.26 亿元，占比 5%，同比降低 4 个百分点；其他银行实现利润 42 亿元，同比增长 19 亿元，占比 36%，同比提高 2 个百分点。说明在目前银行的盈利仍然以利息收入为主的情况下，调控政策的实施强化了大银行的市场主导地位（贷款规模大所致）。

此外，我们采用杜邦分析法，对国有银行和其他股份制银行的盈利模式进行了分析，分析结果如表 4 所示。中小股份制银行的贷款增幅不到国有银行的 1/10，但利润增幅却相差无几（前者为 82%，后者为 86%）。主要是由于中小银行的利差状况显著优于国有大银行，这可能与中小银行对其客户有较大的贷款定价权密切相关。而对中间业务的分析表明，2008 年的资本市场波动使国有银行倚仗网络和交叉营销等便利，继续扩大其在传统中间业务上的优势，中间业务收入实现 120% 的增长，而中小银行仅实现 40% 的增长。

表 4　银行盈利模式的杜邦分析法估算

	净利差	营业支出 / 营业资本收入比	中间业务占利润比重
国有银行	4%	32%	22%
其他股份制银行	6%	44%	13%

(四)战略分析

在宏观调控背景下，银行进行了相应的战略调整：一是在宏观调控和直接融资市场发展的双重影响之下，银行出现了部分优质大客户流失现象，为充分利用有限的贷款规模指标实现利润最大化，各银行普遍收紧贷款条件，提高贷款利率，并借机实现战略转型，将业务发展重心适当向优质中小企业倾斜，从而使小企业贷款出现平稳增长。截至 2008 年 3 月末，深圳银行业小企业贷款达 14899 户，比年初增加 1041 户；贷款余额 203 亿元，比年初增加 15.7 亿元，增幅为 8.38%。同时，银行根据小企业特点不断量身定做一系列贷款产品，如中小企业上市一路通、中小企业信用培养计划、供应链金融、选择权贷款等，在创新贷款模式、提高风险管控能力方面进行了有效探索。

二是更加重视中间业务发展。2007 年股市火爆让银行饱尝了中间业务的甜头，2008 年各行在中间业务上的竞争更趋激烈，在股市动荡背景下第一季度仍实现中间业务收入 24.5 亿元，同比增加 11.2 亿元，增幅达 85%，实属不易。银行发展中间业务既是为了开辟新的利润来源，还有配合存贷款业务开展的考虑。例如通过发行理财产品可以提高吸储能力，通过与信托公司合作发行投向银行大客户的信托产品，可以规避贷款规模限制充分满足客户资金需求。

三是为抵消宏观调控带来的不利影响，银行业务创新动力增强。如中行深圳市分行通过创新产品——进口汇利达，仅此一项即为该行第一季度创造 2.3 亿元净收入，占其第一季度税前利润的 13%。业务创新既有银行自身的努力，也有监管部门的全力支持和参与，如远期利率协议和近期刚刚推出的中期票据，便是监管部门鉴于宏观调控环境的改变顺势而为。

三、前景展望

（一）对国际银行业的展望

以美国为代表的国际银行业 2008 年运行主线，依然是如何克服次贷危机带来的各种影响。自 2007 年 8 月美国次贷危机恶化以来，各相关国际组织、政府部门以及金融机构自身通过注资、出售非核心资产和削股减息等方式全力开展救助行动，但次贷危机的影响远未结束，并且危机的蔓延将分三阶段深刻影响国际银行业及经济发展：第一阶段银行根据市价变化对所持资产进行减记；第二阶段坏账增加、信贷成本上升；第三阶段信贷紧缩和监管强化。

迄今为止，上市银行和券商已根据市价变化，对所持资产总计减记了 2230 亿美元（见表 5），银行业整体减记约 3500 亿美元。国际货币基金组织最近的一份研究报告预计次贷危机可能给金融业带来 9450 亿美元损失，其中未证券化的美国贷款损失 2250 亿美元，相关证券根据市价变化减记 7200 亿美元，而银行业已根据市价变化减记 3400 亿 ~3800 亿美元。可见，次贷危机的第一阶段已经接近尾声。

表 5　与信贷市场相关的信贷减记

单位：百万美元

	资产支持证券担保债务凭证、次级债抵押贷款支持债券	杠杆收购及杠杆贷款	结构性投资工具	商业地产抵押支持债券	单一险种拨备金	其他产品	总计
美国	93258	6969	540	2160	2658	10079	115663
欧洲	72829	4321	1797	989	5785	5237	92959
其他地区	11208	0	848	0	2321	498	14876
总计	179295	11290	3185	3149	10764	15814	223498

目前危机正进入第二阶段，在此阶段，银行贷款坏账和信贷成本上升，贷款拖欠由次级贷款向 Alt-A 类抵押贷款、信用卡和汽车贷款等优质抵押贷款蔓延。特别是随着美国经济陷入衰退、失业率上升，资产质量可能进一步恶化，从而导致信贷成本显著上升。目前美国 2008 年信贷成本（用拨备 / 平均贷款余额衡量）的预期值已超过 1991~1992 年美国储蓄信贷机构危机时期创下的历史高点 164 个基点，达到 187 个基点。

伴随着第二阶段的持续，银行业面临持续的流动性压力和避险意识的增强、风险的重新定价、承保标准变得更加严格和证券化的缺乏等都会促使银行撤出或缩减高风险业务，即信贷减缩（第三阶段），此过程可能会持续 2~3 年，并最终促使监管当局全面强化监管，特别是那些不甚透明的金融领域。因此在美联储连续大幅减息、布什政府批准大幅退税和冻结部分贷款利率以来，银行业的财务和信任危机已经过去，2008 年的国际银行业将在次贷危机和美国经济衰退甚至陷入滞胀的背景下，以资本重组、业务重整、监管重塑为主题，开展痛苦而漫长的内部调整。

（二）对国内银行业的展望

内外交困的 2008 年将是中国经济最具挑战的一年，宏观经济面临双重威胁：国外经济的快速衰退和国内的严重通胀。一些国内外研究机构对 2008 年的宏观经济和宏观调控走势作出预测，如表 6 所示。

表 6　2008 年宏观经济和宏观调控预测

预测机构	GDP	投资	进出口	CPI	加息幅度	人民币升值
社科院	11%	20%		4%		
德意志银行	10.40%				上半年 54 个基点	6%~7%
摩根士丹利	10%			4.00%	27~54 个基点	
瑞士一波	10%			6%		10%
国家信息中心	10.80%	23.50%	出口 19% 进口 18% 顺差 3284 亿元	4.50%		
高盛	10.20%				0	10%
安邦集团	10%~11%	20%	出口 25% 进口 20% 顺差 3000 亿美元	6%	54 个基点	7% 以上

按照这些预测，2008 年国内银行业的运行环境具有更多的不确定性，在此背景下，银行业的运行将围绕两个主题展开。一是防范宏观调控对银行资产和经营带来的各种风险，二是保持银行利润增长的可持续性。就银行风险而言，主要是防范经济下行阶段信贷资产的信用风险。我国经济已经连续五年保持两位数增长速度，与此同时信贷投放也快速增长，2005 年、2006 年、2007 年各项贷款余额同比分别增长 12.7%、14.7%、16.4%，2008 年如果按照第一季度速度也会达到 16% 以上。若加上 2004 年的信贷投放，此轮经济扩张周期新投放的贷款占比达 60%，因此一旦

经济确认进入衰退，这些资产将要经受较大的压力测试。

围绕第二个主题，宏观调控对银行利润的正面影响（如利差扩大等）在 2008 年可能会削弱，但其他积极因素正在显现，如新的《企业所得税法》将中外资银行所得税税率并轨为 25%，并实现员工工资税前抵扣等措施，据测算，该项调整将可为银行带来 15% 以上的利润增长。目前监管部门积极推动的综合化经营，使银行可以参股证券、保险、基金、信托和租赁等非银行金融业，将大大提高银行非利息收入比重和资产运用的协同效应。而贷款规模控制给银行生息资产扩张带来的难题，也随着 2008 年 4 月 22 日首批中期票据在银行间市场产生而得以疏解，中期票据风险较小、收益率可观，这将极大改善银行的资产运用空间。综合考虑这些因素，2008 年国内银行业风险控制是重中之重并且压力尚大，但利润增长的可持续性则可相对保持乐观。

（三）对深圳银行业的展望

挑战：国外次贷危机对深圳银行业运行的直接影响不大，四家在深圳的中资法人银行，均未有次级按揭相关头寸，只有招商银行持有约 3 亿元、深发展约 700 万元非次按相关债券头寸，按照人民币升值 10% 和 5% 的损失测算，税后损失 1000 万元左右，基本可以忽略。但是次贷危机对深圳银行业运行的间接影响不可小觑，特别是深圳作为出口导向型城市，美国经济陷入衰退对深圳本地的出口企业打击较大，随着危机的深入，这部分企业的风险将会逐渐暴露。

再则，宏观调控之下，深圳经济显著减速，部分行业如房地产业经历前两年的快速扩张已进入回调整理期，房价下跌和居民购买意愿下降使银行存量资产风险显著增大。同时固定资产投资等先行指标预示深圳经济增长疲软，后劲不足，依托于本地经济发展的银行业，后续发展空间将受到很大制约。当然，更多的挑战还来自银行内部，比如面对汇率和利率的频繁变动，如何在赚取外汇贷款高额利差收入的同时防范汇率风险，将使银行产品定价能力受到考验；如何调和银行一线部门落实宏观调控要求与实现利润指标的矛盾，需要银行在内部流程和考核机制上作出较大调整等。

机遇：2008 年的深圳银行业纵然将面临诸多挑战，但同时也存在一些重大战略机遇可以把握：如深港合作的进一步深化和广东省政府提出的打造穗深港金融走廊的战略构想，利用毗邻香港优势构建深圳金融创新和资本项目开放桥头堡的提议也正处于政府有关部门的酝酿中，深港两地银行业金融机构的业务合作将迈上新台阶等。此外，资本市场的一些创新和重大举措预期也将于 2008 年推出，如融资融券、股指期货以及深圳创业板的推出，将显著提升深圳区域性金融中心地位，届时不但可以为银行带来大量的资金流和可观的中间业务收入，而且通过提振本地产业活力，部分抵消宏观调控给深圳经济带来的负面影响，从而大大改善银行的营商环境。

四、对策建议

（一）调控政策要从国与国之间利益博弈的战略高度进行统一部署协调，并应保持足够的灵活性

2007 年第四季度至 2008 年第一季度，发达国家以一种不负责任的以邻为壑战略，通过频繁降低利率和不断向经济体系输入流动性等措施，纵容本币贬值，导致大量资金涌向新兴市场国家和大宗商品市场，从而将滞胀风险顺利转嫁到我国。但与此同时，国内频繁出台了一系列调控政策，在内、外双重挤压之下，由于这些政策在出台时机和力度上缺乏有效协调，不但使经济冒着硬着陆的风险，而且也使宏观调控的效果大打折扣甚至适得其反（例如人民币快速升值带来的恶性循环）。此外，国外金融市场和实体经济有企稳迹象，市场上普遍预期 2008 年第四季度美联储可能进入加息通道，美元届时可能出现反转，大宗商品市场破灭和房地产等资产价格调整、热钱撤退可能给经济带来震荡。所以，宏观调控必须对此保持高度警惕，并以足够的灵活性来应对可能出现的新情况。

（二）尽快稳定人民币升值预期，明确汇率目标区

人民币持续升值的预期比人民币升值本身更为可怕，它会将未来的升值压力和影响提前甚至放大反应，从而对现实经济和金融产生干扰。特别是 2008 年第一季度以来，人民币汇率的持续、单边加速上扬，让市场各参与方对汇率的目标区分歧很大，不但加大了实体经济运行和决策的不确定性，而且会给国际投机资本留下较大空间。在目前人民币短期升值幅度较大情况下，宜适当减缓升值步伐，明确汇率目标区，以有效打击投机资本和实现经济的软着陆。

（三）调控政策应体现差异化，避免“一刀切”

一是诸如利率和贷款规模控制等宏观调控政策的出台要考虑到国家产业政策的连续性。比如对小企业贷款，不应将其授信增长纳入总规模增长控制范围，真正体现有保有压、鼓励小企业发展的精神。

二是调控对银行也要有所区别。经营稳健、资本充足和管理领先的银行，在调控政策执行方面可给予其一定空间，包括执行差别化的存款准备金率和差别化的存贷比等监管指标，这对银行的发展既可实现“扶优限劣”，又能避免“一刀切”对实体经济造成伤害。

（四）银行要加强宏观政策走势的研判，主动实施战略调整

宏观调控和国内外经济联动性的增强，将使各种经济变量的高频变动成为一种常态，银行必须大力加强对国内外宏观经济金融形势的研究，将银行战略研究制度化、专家化。此外，宏观调控政策的密集出台，使得银行经营传统的规模战、价格战回旋余地渐小，必须通过实施管理和技术创新压低经营成本，通过产品创新拓展新的利润增长点，充分利用宏观调控带来的机遇，有效化解宏观调控带来的挑战，主动实现战略转型。

深圳房市的走势、关注的问题及建议

一、深圳房地产市场的调整已全面展开

随着国际国内环境发生重大变化，深圳房地产市场在经历了连续三年大幅上涨以后，受市场自身规律调节和国内宏观调控政策的叠加效应作用，在2007年第四季度出现高点，随后开始全面调整。

（一）深圳房价连续大幅上涨后全面回落

深圳房价从2004年下半年开始启动，经过连续三年快速上涨，商品住宅销售均价从2004年的5980元（每平方米，下同）上涨到2007年的13370元，其中2007年10月均价更达17350元的高点，比2004年上涨190%。随后深圳住宅价格迅速回落，住宅价格2007年11月为15069元，比10月下降13.15%。到2008年3月深圳住宅均价为13618元，环比2月降幅为16.53%，比10月高点降幅为21.5%。尤其在某些前期涨幅居前的片区，甚至出现了30%至40%的降幅。再加上开发商送装修、送面积、送家电及特价房等变相降价，实际房价降幅更大。另外，根据国家发展和改革委员会、国家统计局调查，2008年1~3月，深圳房价涨幅环比分别下降1.2%、0.3%和2.5%。其中，从3月的情况来看，深圳、南京、成都等十个城市房价环比出现下跌，下跌城市数量占被调查城市总数的比例达到1/7。深圳曾作为中国城市房价劲涨“兵团”中的领军者，现成为被调查的七十个城市中跌幅最大的一个。

（二）新旧住房交易面积急剧萎缩，市场观望气氛浓厚

新房成交提前缩量。从2007年各月新建商品住宅销售面积看，自2007年初开始，住房销售面积持续下降，从1月的80.26万平方米，下降至10月、11月、12月的15.36万平方米、17.99万平方米、18.65万平方米；尤其是往年市场成交较为活跃的10月，销售面积仅为15.36万平方米，是年度成交量最低的月份。2008年1月、2月、3月新建商品住宅销售面积分别为26.53万平方米，6.44万平方米，18.97万平方米，第一季度，新建商品房销售面积同比下降下70.43%。

二手住房成交调整滞后。2007年1~7月，二手住房市场总体呈快速上升局面，

交易面积从年初的平均 60 万平方米上升到 7 月的 134 万平方米。8 月以后销售量开始出现大幅回落，8 月成交量环比 7 月下降 26.39%；9 月环比下降 43.04%；10 月环比下降 36.78%，交易量跌至年内最低，仅有 35.55 万平方米；11 月、12 月，每月交易量均在 40 万平方米以内的较低水平。2008 年 1 月、2 月、3 月二手房住宅交易面积仍保持较小的规模，分别为 25.22 万平方米、12.62 万平方米、22.98 万平方米，至 2008 年第一季度，二手住宅交易面积 60.82 万平方米，同比下降 68.73%。二手住宅与新建商品住房交易面积的比例由 2005 年的 1.86 ∶ 1 降至 1.17 ∶ 1，二手住房市场仍处于观望期。

（三）房屋供给大于需求，空置面积增加

2007 年房屋供给略有减少，但需求减幅更大，空置面积增加。2007 年商品房施工面积 3160.94 万平方米，其中住宅施工面积 2185.53 万平方米；商品房竣工面积 630.46 万平方米，其中，住宅竣工面积 434.7 万平方米；商品房新开工面积 876.4 万平方米，同比增加 23.39%，其中住宅新开工面积 621.91 万平方米，同比增加 18.96%；商品房批准预售面积累计为 646.17 万平方米，其中住宅批准预售面积 589.2 万平方米。而全市商品房销售面积 555.16 万平方米，同比减少 30.04%，其中，住宅销售面积 500.4 万平方米，同比减少 29.04%。商品房空置面积 152.66 万平方米，同比增加 1.29%。2008 年第一季度，商品住宅供应有较大增长，商品房空置有所加大。全市商品房施工面积为 2421.45 万平方米，同比增加 2.61%，其中住宅施工面积 1715.39 万平方米，同比增加 4.1%。商品房新开工面积 250.56 万平方米，同比增加 22.74%，其中住宅新开工面积 176.79 万平方米，同比增加 16.82%。第一季度，新建商品房批准预售面积为 105.53 万平方米，同比上涨 40.30%，其中住宅批准预售面积为 84.28 万平方米，同比上涨 23.85%。而新建商品房销售面积 59.42 万平方米，同比下降 70.430%。其中，住宅销售面积 51.94 万平方米，同比下降 70.68%；办公楼销售面积 0.33 万平方米，同比下降 96.28%；商业用房销售面积 6.61 万平方米，同比下降 43.31%。第一季度，商品房空置面积 147.72 万平方米，同比增加 5.62%，其中住宅空置面积 66.37 万平方米，同比增加 64.47%。

（四）商品住宅销售对象以国内购房人为主，外来购房资金比例较小

2007 年全市国内购房人购房套数 47488 套，占总套数的 93.55%，购房资金 620.55 亿元，占总资金的 92.76%。境外购房人（含港澳台）购房资金 48.47 亿元，占总资金的92.76%，其中港澳台购房资金41.52亿元，占总资金的6.21%。2008年第一季度，全市国内购房人购房套数5311套，占总套数的94.67%，购房资金42亿元，占总资金的90.58%。境外购房人(含港澳台)购房套数299套，占总套数的5.33%；购房资金4.37亿元，占总资金的9.42%，其中港澳台购房资金4.02亿元，占总资金的8.67%，外来购房资金所占比例仍相对较小。

(五)房地产贷款大幅下降，个贷违约率逐月增长

2007年9月27日，我国实施了房贷新政和贷款规模调控政策，银行向房地产领域输入的资金流量迅速减少。深圳市房地产贷款发放额8月为145亿元，至9月为99亿元，环比下降31.7%，10月仅为49亿元，环比又下降50.5%。2008年起银行抬高房贷门槛，房贷量保持在低位水平。2008年第一季度，全市房地产信贷发放额仅为145亿元，其中，个人购房贷款余额比年初减少20亿元。尽管各行个贷整体不良率较年初没有增加，但是违约率的逐月增长仍令人堪忧，尤其是2007年以来新发放的贷款。如某行2007年以来发放贷款的30+违约率(逾期大于等于30天的贷款)，截至2007年12月为0.513%，2008年1月为0.622%，2月为0.797%，3月为0.865%，4月为1.142%。如果房价进一步下跌，违约率肯定会进一步上升，客户弃供的情况也会增多。

(六)政策性住房供给增加，进一步对房价有所抑制

90/70政策的调控作用逐步显现。2008年1月、2月、3月，90平方米以下商品住宅批准预售套数占商品住宅批准预售总套数比例分别为47.22%、62.6%、43.8%；90平方米以下商品住宅销售套数所占比例分别为67.64%、67.86%、68.99%。90平方米以下住宅均价分别为10728.64元、11882.25元 10962.44元/平方米，比住宅整体均价低近两成左右。目前，按照90/70政策审批的项目已陆续成批量进入市场销售期，中小套型普通商品住房供应正在稳步增加。

保障性住房逐步推出。2007年深圳已推出6006套保障性住房。根据国务院24号文件，深圳市制定并公布了《深圳市住房保障发展规划(2008~2010)》和《深圳市住房保障2008年度计划》，全市计划三年内建设9.73万套保障性住房，其中2008年要完成4.58万套保障性住房的开工建设任务。

当前深圳的房价从绝对值上来看与发达国家比较接近，民众的收入水平已不支持房价继续保持高速上涨。虽然在资金流动性过剩、经济和人口较快增长、居民收入增加，以及深港一体化进程加快等背景下，长期来看，深圳房地产市场仍有持续增长的宏观环境，但从国家大的政策背景来看，随着国家继续实施从紧的货币政策，加大金融、税收政策的调控力度，住房投资、投机需求将受到进一步的抑制，同时，当前可售住房供应相对较为充足，今后保障性住房和限价房也将逐步入市，并分流部分住房需求，因此房价在今后一段时间内将继续调整。值得注意的是，目前市场预期已发生根本变化，如果宏观调控力度进一步加大，不排除房地产市场出现恐慌性调整的可能，并危及银行信贷资金的安全。

二、需要关注的问题

（一）宏观调控的灵活性问题

两年多来，国家对房地产业实施了持续增强的宏观调控，抑制了房地产投机行为，有利于房地产市场长期向好。但 2007 年下半年以来，国际环境风云变幻，美国次贷危机的影响持续恶化，如 2008 年 3 月，美国新屋销售中间价创下近 40 年来最大跌幅，同时，销量也降至近 17 年来最低点，美国经济衰退迹象明显。在当前国际国内经济关联度不断加大的背景下，国内经济拐点也在 2007 年第四季度出现，出口顺差减少，企业利润大幅回落，2007 年头两个月国企利润甚至下降 5.6%；股市深幅下挫，2008 年第一季度上证综指跌幅就高达 38%，与 2007 年高点比最大跌幅超过 50%；房地产市场的调整也已在部分城市或区域展开，如 2008 年 3 月全国至少有十个大中城市房价出现回落，房价涨幅较大的城市成交量也急剧萎缩。种种迹象表明，市场预期正发生逆转，经济大调整已提前拉开序幕。面对形势变化，宏观调控政策有必要进行适当的调整，防止矫枉过正，造成经济的巨大破坏。

（二）房市调整下银行贷款的风险问题

1. 房地产市场大幅波动的风险。截至 2008 年 3 月末，深圳市中资银行房地产贷款余额为 3739 亿元，占全市中资银行各项贷款余额的 39%。其中，2007 年 3~9 月房价和房贷高峰时发放的房地产贷款有 709 亿元，加上发放以房地产为抵押的公司贷款（非房地产公司）134 亿元，合计 843 亿元。银行在房价和房贷高峰时发放的贷款风险最容易暴露。目前已陆续发生因房价下跌导致部分楼盘业主群体性上访并断供的情况。

2. 中小开发商资金链断裂的风险。房地产行业是资金密集型行业，房地产企业多利用高财务杠杆进行经营，资金链条紧绷，信贷政策持续紧缩对开发商资金压力不断加大，资产负债率较高的中小开发商面临着资金链断裂风险。目前，大多数银行发放的开发贷款为 3 年期左右，从 2005 年和 2006 年银行开始大规模发放，按此推算，大多数开发贷款将会集中在 2008 年、2009 年两年到期，银行面临的形势不容乐观。

3. 房地产企业多头授信的风险。由于深圳在建工程不能办理抵押登记，所以深圳房地产企业的项目开发贷款担保方式一般为关联担保或信用，抵押方式较少；同时，由于房地产贷款综合收益较高，房地产企业成为各银行营销的重点，这也造成了深圳房地产企业容易在多家银行同时取得贷款，出现一个项目多头融资、过度融资的情况。企业信用的过度扩张加大了银行资金风险。

4. 中介机构不规范行为的风险。当前中介机构良莠不齐的情况突出。从资产评估机构看，对抵押物进行评估随意性很大，即不考虑抵押物的实际产权和欠费状况，未扣除土地增值税和营业税等。再加上抵押物的种种缺陷和高昂的处置费用，因此，抵押物的处置常给银行带来损失。从地产中介看，部分地产中介在二手房交易中，利用收、付款的时间差，挪用客户首付款以及银行贷款去炒楼、炒股、开设门店，而开设的门店越多，吸纳的房款就越多。地产中介的“拆东墙补西墙”在房产“牛市”时不易出问题，但在楼市不景气时风险就会暴露，“中天置业”作为业内知名中介一夜倒闭就是典型的恶果。

（三）银行执行调控政策的难点问题

1. 概念界定不清导致执行难。一是《关于加强商业性房地产信贷管理的通知》(以下简称《通知》) 中“本地区”的地域范围是指同城，还是指商业银行分支行经营地域范围，界定不清晰；二是“空置 3 年以上”的时间概念是指主体封顶、竣工验收，还是开发商取得销售许可证后空置 3 年以上，没有明确界定，使得商业银行在具体执行中“避严从宽”，购房人在实际操作中有很大的“活动空间”来规避房贷新政的调控作用，使政策效力大打折扣。

2. 房贷相关信息的准确性获取难。《通知》要求“对经国土资源部门、建设主管部门查实具有囤积土地、囤积房源行为的房地产开发企业，商业银行不得对其发放贷款”。但目前国土资源、建设主管等部门并没有建立相应的信息发布机制，商业银行对房地产开发商进行授信时从正常渠道取得此类信息有较大难度。《补充通知》

规定以家庭为单位认定房贷次数，对“第二套房”有了明确的界定标准。但由于目前人民银行个人征信系统尚未与民政部门联网，婚姻状况信息无法及时查清。

3. 企业项目资本金监控难。《通知》规定“对项目资本金（所有者权益）比例达不到 35% 或未取得土地使用权证书、建设用地规划许可证、建设工程规划许可证和施工许可证的项目，商业银行不得发放任何形式的贷款”。但在房地产开发企业可能在外地有多个开发项目，或是一个开发项目分多期开发的情况下，对项目资本金的监控会有难度；另外，在项目开发运作中，项目资本金并不完全等同于所有者权益。除新注册成立的项目公司外，一些成立较早，开发时间较长的开发商，其包括注册资本在内的净资产已滚动投入到各个项目中，各个项目的回笼资金又滚动投入到其他项目上，很难界定出某个项目的自有资金是否直接来源于所有者权益。

4. 银行监控房贷用途难。《通知》要求“商业银行不得向房地产企业发放专门用于缴交土地出让金的贷款”。房地产企业在多个项目滚动开发时，银行监控贷款用途是否改变有较大难度。

三、有关建议

（一）按照商业银行资质调整信贷调控目标

信贷规模调控不仅应考虑全国信贷规模的控制，还应考虑商业银行的信贷管理水平，避免本轮经济周期后形成大量不良贷款，影响金融体系稳定性。建议银监会向商业银行下达信贷调控目标时，不仅应考虑商业银行已经投放的信贷规模，更应该考虑商业银行的资本充足率、拨备覆盖率、不良贷款率和信贷管理水平等因素，实施分类管理：先按照规模分为国有大型商业银行和股份制商业银行等，再在大类中根据资本充足率、拨备覆盖率、不良贷款率和过去表现的信贷管理水平等因素对商业银行进行分类，分别下达调控目标。

（二）根据地区和企业风险制定区别信贷政策配套

在房价涨幅持续居于全国前列、泡沫风险严重积累的地区，可以考虑进一步提高首付比例，防止房价大幅波动时，现有的贷款成数无法覆盖风险敞口；对房价持续调整的地区，不宜进一步出台新的调控措施，以免加大市场波动的冲击。建议银监会组织或协调有关部门，明确对房地产行业中龙头企业的区别支持政策，在不良资产控制额和减值准备方面给予更加灵活的政策，同时支持商业银行按照不同地区和不同行业的信用风险程度制定差别化的呆账拨备政策。建议对经济型住宅开发在政策上给予更大的倾斜，包括可以跨地区借贷融资，政府对经济型住宅开发贷款作出利息补贴及税收优惠等。

（三）建立完善征信系统和信息共享系统

建议尽快完善征信系统，督促商业银行（含外资银行）及时将相关房贷信息录入企业（个人）信用信息基础数据库，便于查询与监督；同时利用个人征信系统与房屋权属登记机构、户籍登记机构、婚姻登记机构建立共享信息，为商业银行审查认定借款申请人是否为购买第二套及以上住房扫除技术障碍。建议有关部门建立商品房产权查询的全国性联网系统，方便银行机构对借款主体的第二套住房判断。

（四）督促银行加强房地产客户集团关联授信管理

对于存在股权关联、人员关联等关联的跨区域经营的房地产集团公司，实行严格的关联公司集团授信管理，根据集团公司的所有者权益总额、公司资信状况及项目情况，相应设定关联公司集团授信额度控制线，核定房地产项目授信额度，并在相关系统中进行反映，各商业银行应在总控制线内办理相关业务，以保证集团内所有项目自有资金的充足和防止过度融资。

（五）解决银行执行调控政策中的难点问题

明确银行执行调控政策中的一些概念问题，便于银行操作。比如，在一定条件下，股东借款可以视同项目的自有资金。由于房地产开发必须通过在项目所在地成立项目公司的形式进行开发，单个项目完成后项目公司的使命就已完成，股东本应可以将项目的投入转移至其他新项目，但根据相关法律规定，股东投入的资本金不得抽回，股东只能通过公司清算方式收回资本金。因此，即便是最有实力的房地产公司，也无法做到每个项目的投入完全采用资本金投入的方式，而是一部分投入以资本金形式，其余部分采用股东借款的形式。在股东出具承诺“在归还银行贷款之前不得抽回股东借款”的前提下，股东借款和项目资本金同样起到了抵御项目风险的第一道挡板的作用，因此，建议在上述前提下，股东借款可以视同项目的自有资金。

（六）争取法院支持，尽量缩短诉讼时间

为确保银行信贷资金安全，加快银行不良贷款处置进度，需要地方法院给予一定配合，缩短诉讼时间，及时拍卖抵押物，使银行尽快收回不良贷款。

人民币升值和通胀加息双力助推下的深圳地区热钱流入浅析

2005 年 7 月汇率改革以来，人民币快速升值 15.3%。但贸易顺差增长近 160%。贸易顺差的快速增长带来了外汇储备的陡增，并引发加剧人民币流动性过剩、升值预期加大、资产泡沫、消费价格指数上升等一系列连锁反应。为抑制通胀，央行 2007 年先后 6 次加息。进入 2008 年，尽管贸易顺差先升后显著回落，但人民币升值增速不减，截至 4 月底，又累计升值 5.65%，且仍处在加速升值的趋势当中，而多项经济指标表明通胀的压力仍然很大。所以，受人民币升值预期和通胀加息双力助推的热钱涌入已成为当前经济的一大焦点。以外向型经济占主导地位的深圳，多种迹象表明近期热钱有加速涌入之势，及时研究其成因及对策似有管中窥豹的意义。

一、热钱涌入成因分析

“热钱”又称“国际游资”投机性短期资本，是国际上合法或非法的过剩资本，以逐利为目的通过各种渠道在国际上迅速流动，给各国经济造成冲击。热钱并非一成不变，一些长期资本在一定情况下也可以转化为短期投机性热钱，关键在于经济和金融环境是否存在资金从投资走向投机的诱因。热钱是引发相关国家、地区乃至全球金融市场动荡甚至经济危机的重要根源。20 世纪 80 年代的墨西哥金融危机、20 世纪 90 年代的亚洲金融危机中，热钱都起到了推波助澜的作用。

热钱为何相中我国？是因为全球其他国家经济增长放缓、我国经济长期高速发展、全球热钱正急于寻找出口而流入吗？显然，这只是很表象的原因。本质原因在于我国经济运行中的结构性矛盾：我国经济增长主要靠投资和对外贸易拉动，国际收支不平衡，外汇储备过多、增长过快不断加强人们对人民币升值的预期；巨额贸易顺差结汇导致流动性过剩；固定资产投资过快、信贷投放过多，引发食品、粮油等基本消费品和煤炭、石油等能源要素的快速上扬，带动物价乃至资产价格的整体上涨。这几方面综合作用使我国经济逐渐进入高增长、高通胀、高利率的运行轨道。为抑制外汇流动性过剩，央行不得不在公开市场上持续释放基础货币购汇，导致人民币流动性过剩和通胀放大。而为抑制通胀，央行又不得不反复采取加息、发行央行票据和提高存款准备金率等调控手段进行对冲，不仅造成央行资产外汇化和负债人民币化的货币错配问题日益严峻，还形成人民币汇率和利率双高且同向不断增长的奇特现象，给热钱进入提供了双重套利空间。

从2007年9月起，美联储为应对次贷危机，连续7次降息，联邦基金利率由5.25%降至目前的2%。我国央行2005年则连续六次加息，一年期存款基准利率从当时的2.52%提高到目前的4.14%。而2008年仅4个月，人民币对美元升值累计超过5.56%。中美“利差倒挂”以及人民币升值带来的套利和套汇吸引了海外热钱汹涌入境，因为仅套利和套汇，就可让热钱收益超过至少10%。据专家最新推算：截至2005年底，在我国境内的热钱超过3200亿美元，2006年和2007年底大约分别为4000亿美元和5000亿美元，到2008年和2009年底，极有可能分别突破6500亿美元和8000亿美元。

二、深圳地区热钱流入现象分析

我们可沿着经常项目、资本项目、地下钱庄等通常的热钱流入途径，分析深圳地区热钱流入的特点。

现象一：净结汇量的快速上升反映了趋利性外汇资金的流入。

进入2008年以来，深圳银行业金融机构结售汇业务量快速增长，第一季度累计办理即远期结售汇业务量达345.29亿美元，同比增长72.25%。其中，结汇、售汇业务分别同比增长82.47%和46.17%，结汇业务量增速明显快于售汇业务。同期净结汇量180.22亿美元，同比增长105.87%，净结汇量的快速增长充分反映了客户对人民币升值的强烈预期，2008年第一季度净结汇量与外商直接投资和贸易顺差的差额超过60亿美元，反映出趋利性外汇资金的流入。

现象二：人民币币值和贸易顺差双增悖论。

汇率改革以来，深圳贸易顺差与人民币汇率同步保持快速增长(见表1)。

表1　汇率改革以来深圳市贸易顺差情况

单位：亿美元，人民币/1美元

年份	2005年7月21日	2005年末	2006年6月末	2006年末	2007年6月末	2007年末	2008年3月末
美元兑人民币汇率	8.2765	8.0702	7.9956	7.8087	7.6155	7.3046	7.01
贸易顺差（全国）	499	1019	614.5	1774.7	1125	2622	414.2
贸易顺差（深圳）	85.95	201.44	123.60	348.05	212.74	494.53	117.03

但从币值方面看，人民币快速升值只是相对于美元、港元，对欧元没有升值甚至反而贬值，对日元的升值幅度较小。从贸易结构看，中国香港、美国、欧盟和日本是深圳的四大贸易伙伴，汇率改革以来，深圳对欧盟的贸易顺差保持快速增长，对日本的贸易逆差虽然有所扩大，但幅度不大，这与人民币兑欧元、日元的汇率走势基本相符。但汇率改革以来人民币对港元、美元的快速升值与深圳对美国、中国香港的贸易顺差持续保持快速增长(见表2)的背离现象值得我们高度关注。

表2　汇率改革以来深圳与四大贸易伙伴的贸易情况

单位：亿美元，人民币/1欧元、100日元、1美元、1港元

年份	2005年7月21日	2005年末	2006年6月末	2006年末	2007年6月末	2007年末	2008年3月末
欧元兑人民币汇率	9.9914	9.5797	10.1313	10.2665	10.2337	10.6669	11.0718
贸易顺差（欧盟）	33.51	71.26	37.98	94.71	59.94	150.63	27.52*
日元兑人民币汇率	7.3133	6.8716	6.9467	6.563	6.1824	6.4064	7.0624
贸易逆差（日本）	-36.78	-70.12	-35.99	-79.55	-40.77	-87.40	-10.69*
美元兑人民币汇率	8.2765	8.0702	7.9956	7.8087	7.6155	7.3046	7.01
贸易顺差（美国）	88.82	182.25	93.08	227.60	105.29	243.64	31.17*
港元兑人民币汇率	1.0637	1.0403	1.0294	1.0047	0.9744	0.9364	0.9015
贸易顺差（中国香港）	199.01	424.60	231.60	562.98	302.26	675.95	92.90*

注：带*者为2008年2月的数据。

结合深圳贸易结构和近期企业外迁潮看，这种情况更不符合逻辑。加工贸易是深圳市最主要的出口贸易形式，多年来对出口的贡献度始终保持在 60% 以上，一方面，随着人民币升值、出口退税和台账保证金、新《劳动法》实施等政策出台影响，贸易顺差本应下降；另一方面，受上述政策影响，不少企业外迁也应导致贸易顺差的下降。而净结汇量的大幅上扬，使我们有理由相信贸易顺差的快速增长中存在没有真实经济交易背景的成分，即热钱的流入。海关的一些统计数据也验证了热钱从贸易渠道流入，以其“自动数据处理设备及其部件”为例，2007 年其出口值在深圳市主要出口商品中排名第三。2005 年以来，自处理设备的出口值和出口量增速差一直在 10% 左右波动，但 2007 年起，这一差额陡增至 30% 以上，即出口值大增而出口量下降，但无论是出口价格还是出口产品结构的调整都不支持如此大的变化，说明极可能是高报出口。

现象三：境外投资的显著增加。

一是利润留存方面。据国家统计局和国家外汇管理局统计，自 2003 年开始，外商投资企业的收益汇出占利润的比重由前 5 年的 171.9%，陡降为近年来的 57.2%，这符合人民币升值预期和中美利差的相对变动。就深圳情况看，2007 年，外资企业占深圳出口企业家数的 61.44%，对深圳出口增速的拉动率为 12.82%，贡献率为 53.84%。

二是外债方面。外商投资企业其一是从在华外资银行贷款，其二是向国外出口商、国外企业和私人借款。以外商投资企业在深圳外资银行的存贷款为例，汇率改革以来，外商投资企业在深圳外资银行的外币存贷款呈现逆向运行态势。一方面，大量客户加快结汇步伐，外币存款增长乏力。截至 2008 年 3 月末，外商投资企业在深圳外资银行外币存款余额 10.06 亿美元，比 2005 年 7 月末增长 27.83%。另一方面，对外币负债需求强劲。截至 2008 年 3 月末，外商投资企业在深圳外资银行外币贷款余额 30.59 亿美元，比 2005 年 7 月末增长 32.54%。有证据表明，不少境外资金以直接或间接投资的方式流入国内热点行业。以房地产市场为例，其一是通过在深圳设立外资房地产公司或参股国内房地产开发企业进入市场。2006 年以前，深圳有外资房地产开发企业 403 家，占全市外资企业的 1.23%；注册资本总额 47.96 亿美元，占全部外资企业注册资本的 7.76%。2007 年，在深圳新设房地产企业 12 家，注册资本 8.52 亿美元。从实际利用外资情况看，2007 年深圳房地产企业实际利用外资 2.31 亿美元，同比增加 0.83 亿美元。其二是表现为非居民直接购买房产。以深圳某国有商业银行个人住房贷款规模最大的一家支行为例，截至 2006 年末，该支行为港澳台人士发放个人住房贷款 556 笔，余额 2.20 亿元，分别占该支行个人住房贷款笔数和余额的 6.53% 和 8.67%。

现象四：港人在深圳存款持续上升。

由于中国香港地区实行与美元挂钩的联系汇率制，为博取汇差和利差的双重好处，港人过境开户数和存款金额激增。截至 2008 年 4 月 20 日，港人在深圳中资商业银行开立人民币存款账户 1173904 户，比年初增加 348137 户；人民币储蓄存款余额 397.70 亿元，比年初增加 147.73 亿元，增幅为 59.10%。其特点：一是 2008 年以来，港人人民币储蓄存款增速明显快于深圳市人民币存款平均增速，高出 52.1 个百分点；二是定期存款余额增长较快。截至 4 月 20 日，港人人民币定期存款余额 212.13 亿元，比年初增加 117.20 亿元，占全部港人存款增加额的 79.33%，其中 3 个月定期存款的存量和增量占比最大。

现象五：地下钱庄凶猛。

近年来，从暴露的个案看，通过地下钱庄的热钱流入在深港地区十分活跃且规模巨大。2007 年 8 月，国家外汇管理局深圳分局和深圳市公安局联合行动，成功捣毁“杜某”地下钱庄。该地下钱庄 2006 年至 2007 年 5 月仅深圳办事处交易金额即达人民币 43 亿多元，其客户遍及全国 31 个省及行政区。

由于地下钱庄经营隐蔽的特性，难以估算借此流入的境外资金。但从近年来香港货币兑换店的快速增加以及深圳巨大的现金净投放中可以看出些许端倪。香港财经事务及库务局的资料显示，香港警方登记注册的货币兑换店由 2003 年的 360 家增至 2007 年的 1700 家。香港货币兑换店如火如荼地发展映衬出与之密切联系、存在资金往来的境内地下钱庄的活跃。另外，2000 年以来，深圳出现了连续数年巨额现金净投放现象，从 2000 年当时创纪录的 179 亿元到 2007 年的 1340 亿元，以 10 年 10 倍的速度增长。2007 年，深圳的现金净投放已占到全国的 41%。

三、深圳地区热钱规模估算及影响分析

(一)2008年第一季度深圳地区热钱流入估算

根据央行统计(按通常的计算方法),2008年第一季度我国外汇储备增加139亿美元,扣除同期进入国内的FDI和贸易顺差,尚有850亿美元的外汇储备得不到合理解释而被认为是热钱。如前分析,在正常流入的FDI和贸易顺差当中仍然有相当部分值得怀疑,因而这个数字是比较保守的。

在数据可得性允许范围内,我们按类似思路对深圳地区2008年1~3月的热钱流入量进行了粗略估算,即以深圳市的结售汇顺差减去外商直接投资和贸易顺差。估算依据是把没有真实经济交易(投资和贸易)的外汇流入看做热钱,这部分外汇流动性大、投机性强,其流向的改变将对一个地区的金融市场产生较大影响。据此估算,深圳市2008年1~3月热钱流入数量约为63.2亿美元,约占全国热钱流入量的7.4%。

(二)热钱流入的影响分析

热钱是以投机逐利为目的的游资,如果规模巨大而又监控不力,往往会对金融市场乃至整个经济带来巨大冲击。

1. 影响货币政策实施的有效性,增大通货膨胀压力,深化经济运行中的结构性矛盾。如前测算,当高达5000亿美元的热钱流入国内,为维持汇率的相对稳定性,我国大约需投放3.5万亿元人民币基础货币买进外汇,人民币货币供应量剧增,造成流动性过剩,加大了通胀压力,而同时采取加息、提高存款准备金率和发行央票等手段,又会使央行、商业银行成本高企不堪重负。据测算,即便不考虑央票的发行期数和持有期,只是最粗略地以央票余额和平均持有期一年来估测,2007年底约4万亿元的央票给央行带来的利息成本大约在1600亿元。目前16%的法定准备金率冻结了银行业40万亿元存款中的6.4万亿元,约4%的超额准备金率则冻结了1.6万亿元,在2007年给央行带来的利息成本约为1360亿元。假定商业银行的存贷净利差为2.5个百分点,贷存比为70%的话,则在2007年给商业银行带来的利息损失约1400亿元。深圳经济是较典型的外向型经济,大额热钱的涌入同样会造成类似影响,这在高结汇量和人民币巨额净投放上已得到验证。

2. 助长国内资产泡沫膨胀,加大国内银行体系潜在的风险。大量境外资金流入往往选择升值较快的重要资源行业、股市、楼市或外汇等市场,鼓动投机氛围,吹

大资产泡沫，而我国是以间接融资为主的国家，最后的风险势必会转移和积聚到国内银行体系，为经济下滑、游资撤离后银行不良资产激增种下祸根。近两年楼市和股市的先劲涨后暴跌，已发出预警信号，并使深圳部分企业和银行初尝苦果。

3. 当前经济运行矛盾复杂，一旦资本逆转，游资撤离，定会对我国经济造成极大影响。如温总理所说“2008 年恐怕是中国经济最困难的一年。难在什么地方？难在国际国内不可测的因素多，因而决策困难。”当前通胀和 CPI 仍在高位徘徊：目前 7.83% 的基准利率已非常接近于 2007 年规模以上工业企业 8.51% 的税前利润水平，加之多次加息等调控政策已使央行和商业银行成本高昂，央行收缩银根和企业的盈利能力都使得继续加息的空间不大；外贸政策调整效应逐步显现，贸易顺差的减少，虽有利于解决外汇储备过快增长问题，但从 2005 年 7 月汇率改革以来，人民币对美元名义汇率已升值了约 20%，同期人民币因通货膨胀对内贬值也约 20%，使外贸企业的购买力和经营能力大幅下降，甚至使不少珠三角、长三角外贸企业直接关门歇业。种种复杂因素和困难使得热钱资本流动的逆转风险放大。而一旦资本出逃，将带来难以估计的负面影响，东南亚金融危机就是前车之鉴。据专家测算，截至 1996 年底进入东亚的热钱约为 5600 亿美元，直到韩国爆发危机后的 1998 年底流出东亚的热钱约为 8000 亿美元，给东亚经济造成重创。目前我国承受的热钱流入规模已超出东亚危机前整个东亚所承受的规模，但我国 GDP 规模至多只有东亚危机时日韩加上东盟 GDP 规模的 1/4，所以监督和控制热钱，责任重大。

4. 热钱往往与违法违规活动结合。由于我国目前尚施行资本项目管制，为逃避管制，热钱往往通过虚报价格、编造合同、违规携带外汇、非法兑换本外币等违法违规手段出入境，甚至与洗钱活动相纠结。深圳地区作为对外开放的重要口岸、人民币清算的主要区域，尤其需要高度警惕，“杜某”地下钱庄已给我们很大警示，一旦防控失之懈怠，不仅会破坏深圳地区的金融市场和良好的经济发展态势，还将对城市声誉造成较大的负面影响。

四、相关政策建议

热钱问题虽然形势严峻，但好在我们对资本项目实行严格管制，只要监控措施得当，应能控制风险。

（一）建议外汇局与海关等相关部门联动，尽快建立严格、清晰的贸易项下和资本项目的资金流动和结售汇动态监测指标体系，同时建立外资进入房地产市场、证券市场以及外汇市场和货币市场的统计监测分析机制。这是当务之急。因为有此基础，我们才能比较准确、及时地分析外汇储备增长和热钱流动情况。

（二）健全完善外资监管的相关规章制度。热钱流动的手法不断翻新，目前法律与制度总体比较落后于现实，如对外商投资企业外债管理以及与热钱监管相关的现金管理方面，我国目前还是以 1988 年颁布的《现金管理暂行条例》及《现金管理暂行条例实施细则》规范，显然已落后于实践。应充分借鉴国外成熟的外资管理监管制度，吸取墨西哥、泰国这些曾受“热钱”冲击国家的相关监管制度的合理成分。

（三）加强资本管制有效性研究，防止热钱大进大出给经济带来的冲击。局部性的资本管制对经济开放体作用有限，相关宏观经济部门应深入对资本管制有效性的研究，加强相互间的协调配合和信息共享。在资本流入管理政策上，简单限制流入的政策事实上已经失效，应转向强调资本流入管理的规范性，特别是规范经常项目下投资收益流入和流出行为、跨国公司内部信贷资金和其他资金调拨行为。在资本流出方面，积极研究和借鉴其他国家的方法和经验，如征收外币流动利息预扣税等，保持对资本外逃的有效管制。

（四）提高宏观经济调控的协调性、有效性，防止资产泡沫的产生，引导热钱流向合理领域。一是对关系国计民生的重要行业进行重点监控，防止由于基础产品价格攀升造成大幅度的通货膨胀；二是对投机资本容易涉足的行业推出适当的政策控制短期投机行为，鼓励长期投资和居民消费尽量化短为长，把资金引入实体经济中；三是积极引导国内产业结构的调整，改变过度依赖对外贸易拉动经济的状况。

（五）加大政策执行力度，政府相关部门应对地下钱庄等非法资金流通渠道予以坚决打击，定期开展外汇资金流入和结汇后人民币资金流向等专项检查，对没有真实贸易背景的异动资金交易进行严肃查处，同时加强跨境短期资本流动管理的国际合作，与近年来人民币持续升值及热钱不断涌入的亚洲有关国家以及美国等发达国家建立卓有成效的多边合作。

宏观调控对深圳小企业的影响分析

一、从紧货币政策对深圳小企业授信的影响

1. 小企业授信余额平稳增长。截至 2008 年 3 月末，深圳银行业金融机构对小企业授信户数 14889 户，比年初增加 1041 户；贷款余额 203 亿元，比年初增加 15.7 亿元，增幅为 8.38%(见表 1)，占深圳银行业贷款总额的 1.86%。其中：深圳工行、农行、中行、建行、交行五大行小企业贷款规模比年初增长 12.2 亿元，股份制商业银行和外资银行业金融机构分别增长 3.9 亿元和 0.48 亿元，只有政策性银行减少 0.24 亿元 (见表 2)。

表 1　深圳银行业小企业贷款情况一览表

项目	贷款余额（万元）	
	2008 年 3 月末	比年初
小企业授信户数	14889	1041
小企业贷款余额	2030128	156992
其中：正常贷款	1869532	153735
不良贷款	160596	3256
其中：逾期贷款	132439	-1677
其中：重组贷款	41992	-615
小企业表外授信余额	408534	145521
小企业表内外授信总额	2438663	302513

注：本表汇总范围为国有商业银行、政策性银行、股份制商业银行 (深圳发展银行和招商银行为深圳地区数据) 、深圳平安银行 (深圳地区) 、深圳农村商业银行和外资银行业金融机构。

表 2　深圳不同类型银行小企业贷款情况表

机构	贷款余额（万元）	
	2008 年 3 月末	比年初
国有商业银行（工、农、中、建、交）	1038561	122198
政策性银行	157137	-2403
股份制商业银行	591803	32433
外资银行业金融机构	132954	4764
合计	2030128	156992

注：本表将深圳平安银行 (深圳地区) 、深圳农村商业银行一并纳入了股份制商业银行。

可见，紧缩性货币政策对深圳小企业授信基本没有影响，贷款份额不仅没有减少，甚至还有小幅增长。主要原因是受贷款规模控制，多数银行借此提高了对大客户的议价能力，但在直接融资便利性不断提高的同时，利率和银行授信标准的提高使部分大型质优企业转而通过资本市场融资。因此，大型质优企业的“脱媒”趋势也迫使银行转变经营策略，借机拓展小企业贷款业务，调整贷款结构。当然，由于存款准备金率的上调和对银行信贷规模的调控指导在总体上降低了银行信贷扩张能力，在确保重点大中型企业资金需要的同时，小企业的融资需求难免会受影响。尤其是个别中小股份制银行受限于资本充足率及资金规模，2008 年第一季度小企业贷款余额较年初有较大下降，如华夏银行下降 24.5%。

2. 资产质量较为稳定。截至 2008 年 3 月末，深圳银行业金融机构小企业不良贷款余额 16.06 亿元，比年初增加 3256 万元 (见表 1)，增长 2.07%；小企业贷款不良率 7.92%，比年初下降 0.49 个百分点，但仍远高于深圳银行业不良率 3.6% 的水平。其中，小企业不良率较高的有中信银行 38.79%、兴业银行 25.55%、农商行 10.85%。不良额略有增加的原因主要是贷款基准利率的不断上调使企业资金成本上升。尽管一些银行从支持小企业角度出发，根据有关政策适度降低了贷款利率上浮水平，但在贷款基准利率日益高企的情况下，小企业贷款实际利率还是大幅上升。6 次加息后一年期贷款基准利率上升 1.38 个百分点，即使不考虑上浮情况，资金成本已增加 22.66%，因此不少小企业不堪重负，利润大幅降低，资金链吃紧进而出现不良资产。

二、相关政策调整对深圳小企业经营的影响

1. 人民币升值。自 2005 年 7 月汇率改革以来，人民币对美元累计升值 17.2%，2008 年第一季度呈加速升值趋向。深圳产业结构处于全球产业链的下游，加工贸易占比较高，而加工贸易的特点是受成本影响较大，对价格比较敏感。人民币升值带来出口价格上涨导致产品竞争力下降，尤其是那些技术含量不高、议价能力不强的出口型小企业的利润空间不断被挤占。据调查，约四成银行反映因人民币升值导致小企业还款困难，如荷兰银行 2008 年第一季度 3 笔小企业不良贷款中，有 2 笔属因人民币升值导致企业经营陷困而还款困难。据了解，随着人民币的持续升值，部分企业已开始不接订单，不少小企业开工率只有 50%~60%，企业出口收入平均降

5%~15%。同时，国内通胀的持续升温使小企业经营成本增加近 20%。

2. 出口退税政策调整。2007 年 4 月以来，为遏制“两高一资”产品出口，国家调整了有关商品的出口退税政策，旨在抑制外贸出口的过快增长，缓解外贸顺差过大带来的一系列矛盾。据调查，约有八成银行认为出口退税政策的调整对出口型小企业影响较大。由于竞争激烈，多数出口型小企业利润率在 5%~10% 之间，而出口退税税率的降低，导致其利润降低 20%~50%，对主要依靠出口退税获利的企业而言，退税政策的调整无异于灭顶之灾。以小企业贷款较多的招行为例，2008 年第一季度，该行受出口退税因素影响的小企业客户约有 160 家，其授信金额占该行小企业授信总额的 37.6%。

3. 新《劳动法》实施。2008 年 1 月 1 日实施的新《劳动法》为保护劳动者合法权益，要求企业进一步改善员工薪酬、福利及必要的社会保障。该法的实施无疑增大了企业经营成本。据测算，该法实施后企业经营成本平均增加 10% 左右，特别是劳动密集型、制造业小企业经营成本的增加更为显著，利润受到很大影响，很多业务甚至无利可图。

综上所述，本轮宏观调控对深圳小企业尤其是对外向型小企业的经营发展冲击较大，但影响比较复杂，主要受人民币升值、出口退税调整、从紧货币政策、劳动用工成本增加、原材料价格上涨等因素的影响。相对而言，从紧货币政策对深圳小企业授信影响不大（对小企业授信本来占比就非常低，仅为贷款总额的 1.86%），资产质量尚可（客户质量较好，有一定抗风险能力）；而人民币升值、出口退税政策调整以及新《劳动法》的实施对深圳外向型企业尤其是以加工贸易为主的小企业冲击较大，订单不足，开工不足，成本增大，竞争能力削弱，经营陷入困境甚至倒闭。如“深圳市金卧牛贸易有限公司”和“深圳市红威皮革制品有限公司”，因受原材料价格飞速上涨、人民币升值、退税降低等影响，资金链中断，前者濒临倒闭，后者已经消亡，致使银行贷款呈现逾期。

同时，为应对土地、劳动力、原材料等生产要素价格的上升以及出口退税率下调等因素带来的成本压力问题，越来越多的企业将加工贸易改为其他贸易方式运作，甚至将订单或工厂转移至别的地区，导致深圳实际运作加工贸易的企业数量逐年减少。据海关统计，2007 年深圳市加工贸易实际运作企业同比减少 627 家，2006 年和 2005 年则分别减少了 425 家和 113 家。以占深圳出口份额 1/5 的富士康集团为例，其辖下的鸿富锦精密工业（深圳）有限公司、富泰宏精密工业有限公司从 2007 年已开始将部分附加值低的订单外迁，2008 年该集团订单外迁的进程仍在继续。晶冠科技（深圳）有限公司、鑫茂科技（深圳）有限公司等几家进料加工型企业也存在类似情况。此外，由于种种原因，近年来还出现了深圳企业在内地设厂现象，且涉及的行业已从传统的劳动密集型行业转向一些主导行业。

三、加强小企业金融服务的相关建议

1. 创新小企业金融服务模式

对上述宏观调控下小企业经营的日渐艰难，作为金融监管部门无力改变相关政策，但在帮助小企业融资方面应该可以作为。我们认为：现有融资格局下，银行严格的内部风控要求其不得不寻求固定资产抵押等。加之小企业授信使银行的成本与收益不对称，做一笔小企业贷款的工作量与做一笔大中型企业贷款的工作量基本一致，但效益却有天壤之别，且小企业贷款风险更甚。故无论是银行还是客户经理，基于经营和考核压力，都存有做大企业贷款的冲动，进而难以满足小企业的融资需求。笔者从相关调查结果了解，深圳目前小企业贷款满足率非常低，绝大多数小企业处于嗷嗷待哺状态。如果信贷规模继续从紧，银行优先确保大中型企业资金需要，小企业贷款难免会受冲击。

因此，要从根本上改变小企业融资难状况，做好小企业金融服务工作，必须充分尊重小企业授信的特点和专业化要求，按照科学发展观推动社会和银行建立一个好的机制和体制，创新小企业金融服务模式，将小企业融资和大企业融资分开，对小企业提供专业的金融服务和管理。因为二者服务对象、服务方式不一样，风险涵盖的内涵不一样，风险处置手段和处置方式不一样，对人员培训、人员技能的要求也不一样，加之我们目前的信息科技手段对风险定价还没有一个精确的度量，如果和大企业管理混在一起，这会使小企业金融服务工作做不到位，甚至偏离小企业金融服务方向。为此，我们认为有必要在现有银行融资格局下，再创新小企业金融服务模式，二者互为补充。思路如下。

或：通过加强对现有非金融性小额贷款机构（如深圳中安信业小额贷款公司）的改造和扶持，培育其做大做强。具体由地方政府划拨部分种子资金，协助小额贷款机构加强与社区和居委会的合作，提升小额贷款机构的社会形象，并为其业务拓展、风险管理提供便利。同时监管当局也可通过召开协调会、洽谈会等形式，鼓励银行直接向实力较强的小额贷款机构提供一定的授信额度，打通正规金融与非正规金融之间的资金流动渠道，帮助其实现商业可持续发展。

或：探索由银行设立独立的小额贷款机构（为银行的二级独立法人）或通过银行注资改造现有小额贷款公司（控股或参股），专司小企业金融服务和管理。即人分离，账分开，完全独立核算，包括战略战术分开，激励机制、考核标准统统分开，不受其他因素干扰。

或：将现有小额贷款公司直接转化为非银行金融机构，允许其进入同业市场或发行金融债券融资，解决制约其持续发展的资金问题。当然，届时需通过制定针对性的监管框架将其纳入监管。

2. 调整相关政策支持小企业金融服务

一是在对小企业贷款不良率考核及核销方面，针对小企业贷款风险较高的情况，建议对小企业贷款不良率的考核指标有别于其他贷款。同时对小企业贷款采取更灵活的核销政策，避免高不良贷款额和高拨备额的“双高”现象，切实鼓励银行发展小企业贷款。

二是在信贷规模控制方面，建议对小企业贷款的增长不设限制，即不将其授信增长纳入总规模增长控制范围，真正体现有保有压的精神，解决小企业融资难问题。

三是在风险资本占用方面，建议对小企业的风险资本占用参照个贷做法，在风险资本占用权重上给予适度倾斜，鼓励银行积极为小企业融资提供服务。

四是在信用环境方面，建议加大征信系统建设力度，与工商、税务、质检等部门加强沟通和联系，有效解决银企信息不对称问题。

五是在政策扶持方面，建议政府建立小企业发展基金，为小企业提供一定的税收优惠政策，或将政府采购适当向小企业倾斜。同时应向银行提供适当的风险补偿，并协助银行进行贷后管理（政府基层部门如街道办、居委会）。

六是在担保体系方面，建议政府完善中小企业信用担保体系，建立专门的担保机制为中小企业提供融资担保，设立更直接的机构对中小企业贷款后的项目运作、资金使用以及货款回笼等全流程进行指导和监督，有效控制融资风险。

“两率”调整正逢其时　深圳银行业反响强烈

国家统计局公布的经济运行数据显示，2008 年 8 月 CPI 同比上涨 4.9%，连续四个月出现下降，PPI 同比上涨 10.1%，再创历史新高，CPI 与 PPI 之间的“剪刀差”使得企业盈利被极度压缩，规模以上工业企业增加值增幅已从 6 月的 16% 降至 8 月的 12.8%。与此同时全国上半年大约有 6.7 万家中小企业倒闭，出口增速继续回落，种种迹象表明国内经济下行风险显著加大。特别是在美国次贷危机进一步恶化的背景下，宏观调控目标已由“双防”转为“一保一控”。与这一转变相适应，在前期对商业银行中小企业贷款规模结构性调整的基础上，9 月 15 日，国家对货币政策再次作出调整，即“两率”下调。这一调整正值我国宏观调控关键时期，必将对经济金融运行产生深远影响，“两率”调整对深圳经济及银行业运行将产生的影响成为深圳银监局和银行业金融机构关注的焦点。

“两率”调整在深圳银行业引起较大反响，据商业银行称，在当前国内经济明显放缓、国际经济金融形势严重恶化的背景下，“两率”调整意义重大，首先将对深圳地方经济产生积极影响：一是降息直接减轻了企业的财务成本，一定程度上缓解了当前企业居高不下的运营成本，为提升企业盈利能力创造了条件；二是调低存款准备金率，有效缓解了资金紧张局面，加大了支持经济的力度，尤其为扩大中小企业融资比重、改善中小企业融资环境奠定了基础；三是在全球金融市场陷入恐慌、各国货币当局普遍作出强烈反应的情况下，国内货币政策的相机调整，对于维持国内公众对金融体系的信心，阻隔国际金融风险向国内的传导也将发挥重要暗示作用；四是在贷款规模不变的前提下，通过调整利率的期限结构等差异化调控手段，既保证了经济体系合理的资金需求，又避免了总需求进一步扩张带来的通胀压力，符合“一保一控”的要求。

从长远来看，“两率”调整也将有利于银行业的发展：首先，货币政策的适当放松总体上改善了企业的融资环境，特别是短期周转资金压力、中小企业融资难等问题将得到一定程度的缓解，从而为改善银行信贷资产质量、拓展优质客户提供了前提。其次，通过调减存款准备金率，中小商业银行的流动性管理空间得到扩大。如 2008 年 8 月，深圳银行业存贷比达 85.62%，远高于 75% 的监管警戒线，此次存款准备金率调整，将给深圳银行业释放出约 55 亿元流动性，从而部分抵消贷款利息下降给银行利润带来的不利影响。此外，在信贷需求疲软、信贷资产收益率下降的背景下，“两率”调整使得无论是对于银行的存量还是增量资金，债券市场的吸引力都将不断增大，从而会给银行的债券资产带来丰厚的资本利得。

同时，深圳商业银行反映，作为“两率”调整的实施对象，从短期看，此次调整将对深圳银行业带来较大压力和挑战：一是给银行利润增长带来较大压力。2008 年上半年，深圳银行业净利息收入占净利润比重为 103.18%，利率下调将使银行存贷利差在上半年基础上进一步收窄，但具体到各行，由于业务结构、期限结构和定价策略的不同，影响也不一样。二是银行资产负债结构面临调整。由于短期贷款利息调减幅度较大，可能导致客户的短期贷款需求增加、固定利率贷款产品需求出现反转、固定利率住房消费贷款出现集中提前还款等。同时受非对称降息的影响，银行存款定期化趋势也势必会进一步加剧。三是给银行风险管理带来较大挑战。目前深圳银行业中长期贷款占比 63.07%，活期存款占比 62.31%，呈现出明显的“借短贷长”特征，此次调整将加剧“借长贷短”的趋势，在此过程中商业银行资产的重定价风险、基差风险和收益率曲线风险会日趋突出，利率风险管理能力将经受巨大考验。

我们认为，“两率”调整是国家从国内外宏观经济金融形势出发，着眼于经济平稳健康发展和银行业的长期平稳运行，高瞻远瞩所作出的一个重要战略部署。作为深圳银行业监管部门，深圳银监局将借助“两率”调整之机，因势利导，督促商业银行进一步做好工作，将“两率”调整对银行体系的冲击最小化、宏观调控的成效最大化。

一是督促商业银行在新形势下加强对宏观经济金融形势的研判，密切关注国内和国际经济基本面和货币政策的实施动态，特别是次贷危机的持续恶化给国内经济和金融运行所带来的影响。紧密跟踪国内经济发展动向，特别是各项经济指标所对应的货币政策或财政政策的含义。加强对国内金融改革、市场开放等重大金融事项的研究，充分评估其对银行业的影响，前瞻性地调整银行经营策略，合理规避各项政策和市场风险。

二是督促商业银行继续严格执行国家产业政策，做好货币政策传导中介，在“两率”调整的形势下“有保有压，区别对待”，加大对高新技术企业、中小企业的支持力度，坚决控制“两高一资”行业的信贷投放，切实用好信贷资金，确保宏观调控各项措施落到实处。

三是督促商业银行大力推进经营转型，调整资产结构，逐步改善信贷资产占比过高问题，实现资产配置的多样化。同时大力发展中间业务，提高非利息收入比重，改善收入结构，实现利润来源的多元化，以积极的手段消化利率调整对银行盈利形成的压力。

四是督促商业银行进一步强化风险管理，密切关注经济下行、产业政策调整对银行资产质量的不利影响，尤其要关注房地产、进出口企业的信用风险，未雨绸缪，主动应对，提足拨备，确保银行信用风险可控。全面做好银行流动性管理，建立流动性应急预案，努力保持银行资产负债的平稳运行，切实保障流动性安全。根据利率风险管理的有关要求，通过平衡资产负债结构、调整存贷款定价方式和表内、外对冲等方式，全面提升利率风险管理水平。

宏观经济新形势下银行信贷行为异化分析

进入 2009 年以来，深圳银行业出现了一般性贷款余额下降、票据贴现大幅增长的现象。深圳银监局在前期对 7 家银行信贷业务尤其是票据业务进行初步调查的基础上，最近就全辖信贷市场情况及异常变动原因进行了剖析。

截至 2009 年 1 月 31 日，深圳银行业金融机构贷款余额 11346 亿元，同比增长 7.9%，低于全国平均水平约 12 个百分点；环比增长 1.5%，低于全国平均水平近 4 个百分点。所以总体来看，在当前国家拉动需求促进增长政策背景下，深圳地区的信贷增长相对全国较为缓慢；从贷款投放结构看，短期贷款不升反降，同比下降 11.72%，环比下降 3%；中长期贷款同比增长 11%，环比增长 0.7%；票据贴现余额同比增长 115%，环比增长 22%(对深圳银行业 1 月贷款增长贡献率为 114%)。可见深圳银行业信贷市场呈现出一般性贷款余额下降、票据贴现大幅增长的“一降一增”格局，银行信贷行为异化背离了国家宏观调控政策的初衷，一定程度上也反映出当前货币政策的困境。

首先，有效信贷需求不足、传统贷款业务明显下降成为年初深圳银行业运营的一大特点。

1. 产业发展战略差异导致的需求不足。国家 4 万亿元刺激经济的计划在行业上主要侧重于第二产业中的一些重工业和传统产业，这些行业一般投资金额大，短期内能迅速启动，且对其他方面的配套要求较低，有利于扭转经济急速下滑局面。而深圳这几年的发展战略是做大做强第三产业 (2008 年第三产业增加值已经超过第二产业)，第三产业虽然附加值很高，但对项目配套和本地软实力的要求更高，所以短期内难以说动就动，客观上导致了贷款投放缺乏产业基础。

2. 区域经济发展差异导致的需求不足。在国家目前已经出台的行业振兴规划中，很多大项目都是针对农村或中西部地区，这些地区的城镇化、工业化水平较低，因此对应的各项投资需求巨大。而深圳等沿海发达城市城镇化、工业化水平已经达到一定高度，同时受城市发展空间制约，政府基础设施等方面的投入也已相对饱和。据了解，2009 年深圳市政府投资项目有 600 亿元（而与深圳 GDP 相当的内地省份政府投资动辄几千亿元），资金缺口约 330 亿元，而且深圳地区财政状况较好，对银行配套资金的要求也不如内地省份急切。

3. 市场化程度差异导致的需求不足。深圳作为经济特区是国内市场化程度最高的城市，银行资产负债表的扩张或信贷投放，很大程度上取决于市场的自主性需求（政府部门主导的投资项目历来都不是银行资产负债表的重点）。而深圳经济对外依存度高，不少中小企业直面国际金融危机的冲击，需求锐减，濒临生存危机；不少优良大型企业对 2009 年经济也较为悲观，缩减投资规模，甚至收缩战线提前还贷；私人部门的投资因受目前一批企业关停并转影响、对未来盈利预期日趋悲观，短期内自主性贷款需求也不断萎缩；加之房地产市场持续低迷等影响因素的综合叠加，使深圳投资需求很难提振，自然导致信贷增长的乏力。

其次，在信贷需求不振的大背景下，银行票据业务的逆势增长成为年初辖内银行业运营的又一大特点。

1. 利率双轨制下需求主体"情钟"票据融资。目前票据贴现利率已完全市场化，而贷款依然维持管制利率，在当前流动性充裕、需求不足、（深圳）银行竞争日趋激烈的背景下，贴现利率竞相走低，一天一样，与短贷利率差距达 3% 左右（深圳贴现率在 1.5%~1.7% 甚至更低，而短贷半年期利率为 4.68%)。利率双轨制运行增大了企业的融资选择性，一些企业尤其是有条件的大型优质企业为降低融资成本，往往以滚动签发票据的形式替代至少一部分短期贷款。因此，某种程度上票据已成为传统短期流贷的替代性工具，目前深圳信贷市场呈现的短贷与票据贴现之间此消彼长、"一降一增"的关系便折射出票据融资对一般性贷款的挤出效应。

2. 利率倒挂诱使部分需求主体以票据套利。利率双轨制不仅导致贴现利率大幅低于贷款利率，同时也低于定期存款利率，形成倒挂（存款也实行管制利率，如 6 个月期为 1.98%，贴现率在 1.5%~1.7% 乃至更低），利率倒挂无疑给企业带来一定套利空间。据银行反映，确有一些企业因对未来经济不乐观利用利率空间以票据套利，且多为自身实力强、在银行有较大资金结算量的大型优质企业（因这类企业议价能力强，易获得银行开票及贴现；中小企业因信用等诸多因素较难获得开票，且即便能开但因量小贴现率也较高，故基本无空间套利）。其手法一般为先以 100% 自有资金（保证金）存定期获高息、再在各银行间询价以低利率贴出资金满足其流动资金之需（所谓“腾笼换鸟”法）。此类套利由于确有真实贸易背景，似难以厚非。

再次，市场形势的急剧变化使作为银企关系主导方的银行在信贷业务发展方面陷入无奈，从而选择低收益、短期限的票据业务。

1. 需求不足致使贷款难以投放。前面已提及，由于深圳的产业发展战略差异、区域经济发展差异以及市场化程度差异等诸多因素导致的需求不足较内地省市严重，因而银行资金投放困难。预期随着一些项目的启动，2 月、3 月贷款投放会有所加快，但此后若宏观形势未能好转，贷款增速或将有继续滑落的可能，因此深圳很多银行在异地寻找项目放贷的愿望强烈。

2. 为“避险”对部分需求放贷尤慎。一方面，大项目、大企业信贷需求不足，银行有钱难投。另一方面，确有一些融资需求的中小企业（受金融危机影响实际上其投资需求已大大缩减），由于其成长过程中自身的诸多问题及社会诚信环境缺失、风险补偿机制不完善等因素，为“避险”，银行又不敢轻易放贷，尤其在目前经济走势不明朗情况下，对中小企业的放贷更是慎之又慎。

3. 为谋资金出路无奈“重票据、轻贷款”。在适度宽松货币政策下，流动性相对充裕。深圳银行尤其是在大项目大企业有效需求不足资金无处可投以及为“避险”对中小企业不敢轻易放贷的两难情势下，银行与其让资金闲置不生息（同时还要付资金成本）或投向风险较大的中小企业，不如退而求其次，尽量做大低风险、低收益的票据规模（理论上只要贴现率不低于人民银行 0.72% 的超额准备金率即可贴票），以此弥补贷款下降对其整体收益的影响。此外，也不排除在目前国家扩内需促增长政策背景下，一些银行为满足国家和监管部门加大对经济的金融支持力度的要求和完成上级行对其各项业务指标的考核，通过承兑和贴现的封闭运转同时做大资产负债规模的行为。

总之，在深圳有效需求不足而资金又非常充裕的背景下，票据可谓是银行成功“避险”并实现表内外资产规模调节、资产负债结构调整和规模扩张的首选，也是企业降低融资成本及套利的最佳工具。换言之，某种意义上票据已是当前形势下银行和企业实现“双赢”的最佳契合点，因此票据融资大幅增长势所必然。

综上所述，深圳信贷的“一降一增”现象反映出经济形势变化对银行资金需求的调整，票据业务的非正常现象蕴含了正常的因素。但需要关注的是，由于目前银行业资产的票据化趋势和负债定期化趋势日益明显，这种资产负债的结构性变化对银行业的利润影响较为显著。通过对深圳银行业金融机构 2008 年 1 月末与 2009 年 1 月末资产负债表的静态比较，考虑到利率调整利差收窄原因，初步估算 2009 年 1 月末，深圳银行业金融机构利息支出减少 41 亿元，利息收入下降 119 亿元。因此利率调整和资产负债结构的变化压缩了银行利润空间，使深圳全辖银行业净利润减少约 78 亿元，约占 2008 年深圳银行业金融机构净利润的 20%。同时，官方利率的调整、信贷有效需求的萎缩、中间业务的下降以及理财创新产品的停滞无疑极大地压缩了银行的利润空间，在年度业绩考核压力下，必然会增加银行基层机构挑战合规和秩序的可能性，尤其是在票据业务等可替代信贷业务的薄弱环节，银行操作的合规性和风险控制的有效性更需高度关注。

把握宏观政策 强化风险管控 切实做好深圳银行业房地产信贷管理工作

近年来，国家适度从紧的调控政策对调节房地产市场供需、抑制投机起到了较大作用，但2008年深圳房价跌幅较深，房市波动较大，对银行业房地产贷款产生了一定影响。深圳银监局高度重视，密切关注，督促辖内银行业机构准确把握国家宏观调控政策，强化风险管控，提高遵纪合规意识，切实做好银行业房地产信贷管理工作。

一、房市波动对深圳银行业房地产贷款的影响

受市场自身规律调节和宏观调控政策的叠加效应作用，2008年以来，深圳房地产市场价格与成交量出现了较大幅度的回调。商品住宅价格在经历了连续三年大幅上涨后于2007年11月开始全面回落，2008年6月，深圳商品住宅均价为每平方米11159元，比2007年10月的高点下降35.68%。同时，住宅交易量也急剧萎缩，2008年6月，新建商品房销售面积170.41万平方米，同比下降54.38%。二手住宅交易面积161.89万平方米，同比下降68.48%。

房市的波动对深圳银行业房地产贷款产生了一定影响。

首先，从贷款发放情况看，2008年上半年，深圳市房地产类贷款（包括房地产开发贷款、个人购房按揭贷款、以房地产为抵押的个人贷款和公司贷款）总体仍保持增长势头，但个人购房按揭贷款呈现下降趋势。截至2008年6月末，深圳市中资商业银行房地产类贷款合计4330亿元，比年初增加275亿元，增幅6.76%。其中，个人住房按揭贷款2334亿元，比年初减少39亿元；房地产开发贷款1088亿元，比年初增加128亿元；以房地产为抵押的个人贷款和公司贷款为365亿元和543亿元，分别增加153亿元和33亿元。

其次，从房地产贷款质量而言，2008 年上半年深圳银行业房地产类不良贷款余额和比率总体保持双降趋势，但个人购房按揭贷款和以房地产为抵押的个人贷款不良余额和比率有所上升（按逾期 90 天确定为不良贷款口径，下同）。截至 2008 年 6 月末，深圳市中资商业银行房地产类不良贷款余额合计 81 亿元，比年初减少 4.7 亿元；不良比率为 1.9%，比年初下降 0.24 个百分点。其中，房地产开发贷款不良余额和比率分别下降 3.8 亿元和 0.7 个百分点；以房地产为抵押的公司贷款不良余额和比率分别下降 5.2 亿元和 1.4 个百分点；个人住房按揭贷款不良余额和比率分别上升 2.11 亿元和 0.11 个百分点；以房地产为抵押的个人贷款不良余额和比率分别上升 2.9 亿元和 0.56 个百分点。

二、深圳个人住房贷款的风险分析

总体来看，深圳银行业个人房贷业务目前尚处于正常状态，虽然不良贷款余额 17.35 亿元和不良率 0.79% 比年初均有所上升，但由于深圳银行历史上经历过房地产泡沫的洗礼，风控能力较以往有了大幅提高，且各行都提有较充足的拨备，所以风险可以有效控制，不致出现系统性风险。但是，随着房地产市场的变化，2008 年以来个人按揭贷款的违约率（逾期 90 天内）呈现上升态势，尤其是 2007 年以来房价高峰时期发放的贷款违约率较高。截至 2008 年 6 月末，深圳市中资商业银行个人住房贷款逾期 1~90 天的有 24057 笔，比年初增加 5233 笔；逾期贷款余额 101.53 亿元，比年初增加 30.01 亿元，增幅较大。如果房价继续下跌，违约率会进一步上升，客户弃楼断供的潜在风险随之增大，银行个人房贷质量将面临较大压力。而且随着个贷违约率的不断增大，中小开发商的资金链也将面临严峻考验，进而影响开发贷款的质量。因此，必须高度关注个贷违约率变动情况，严防违约引发大规模断供，进而威胁银行信贷资金的安全。

按照国际惯例，商业银行一般将连续逾期三个月以上的贷款划为不良，并视同断供进入法律诉讼程序，但也不排除此类客户日后补足欠款、继续供楼的可能，因此不良客户并非 100% 真正弃楼断供；而对逾期三个月以内的客户，银行一般将其视为违约，违约也不一定形成断供，除非客户在此期间正式声明放弃房产不再供款。深圳房价下跌后的确有少数客户断供，但目前没有出现大面积断供现象。据调查，断供多为以下情形所致。

一是由于房价下跌成为“负资产”而断供。受诸多因素影响，深圳房价下跌幅度较大，部分房产缩水成为负资产，这对有多套房产的炒楼者来说压力很大，在租不抵供、不堪重负的情况下，断供即成了其不得已的选择。但并非所有负资产客户都选择断供，负资产与断供不能直接画等号，很多购房者尤其是自住购房者，即便房产成为负资产，鉴于自住房产属生活必需品以及对个人信用记录影响等诸多因素，一般不会轻易选择断供。

二是因购房者经济状况恶化而断供。2008 年以来通货膨胀率连创新高，股价暴跌又导致现金资产大幅缩水，加上央行连续多次加息以及宏观调控使部分行业和一些中小企业的员工工作和收入不稳定，经济状况日渐恶化，无力承受月供而断供，尤其对那些超过自身经济实力的购房者更是雪上加霜。

三是因业主和开发商间的纠纷而断供。如部分楼盘的开发商在未取得竣工验收证明的情况下提前入住，楼盘存在质量及安全问题，以及以虚假宣传误导消费者或承诺不能兑现（包括赠送面积等）等原因，业主便以断供为由要挟开发商给予相应经济赔偿。虽然这种情况引发的断供不是针对银行，但却给银行贷款带来风险隐患。

为评估未来房价继续下跌情况下的个人住房贷款风险，深圳银监局要求商业银行进行压力测试，即假定深圳房价（以 2008 年 4 月为基数）在下跌 10%、20%、30%、40% 条件下个人房贷的风险情况。经初步测算，若房价下跌 10%，个人房贷不良率将达 1.28%；如房价下跌 20%，不良率将达 1.62%；如房价下跌 30%，不良率将达 2.22%；如房价下跌 40%，不良率将达 3.29%。值得注意的是，个人房贷不同于其他贷款，东南亚金融危机时，香港个人房贷的不良率最高也仅为 1.43%，这对我们是一个警示，对房市的变化趋势和个人房贷风险必须高度关注，严密监控。

三、深圳银监局多措并举督促商业银行防控信贷风险

深圳银监局高度关注房市波动对银行信贷资产安全的影响，2008 年以来相继采取了一系列措施防控风险：一是多次召集商业银行行长召开有关房地产风险防控的工作会议，提示风险，强调合规；二是根据央行和银监会联合发布的房贷新政，对房地产贷款进行现场检查，督促商业银行严格执行国家宏观调控政策，并在合规和风险可控前提下，鼓励商业银行有保有压，支持房地产业的健康发展；三是针对深圳房市波动情况，督促商业银行进行压力测试，密切关注房市变化，并对未来房价

继续下跌可能导致的各种潜在风险形成专门预案，将房价下跌对深圳银行体系的冲击降到最低；四是专门成立“房地产风险监测小组”，密切关注和监测深圳房市的最新动态及银行房贷风险，提升监管的前瞻性和主动性；五是针对商业银行已经形成的断供房贷进行专项检查，逐笔逐户深入剖解和分析断供贷款的客户结构、类型及断供原因，并对断供贷款发放的合规性进行认真查实，严厉处罚违规行为。

同时，针对当前互联网和一些媒体对深圳个人住房贷款的误解和猜测，深圳银监局在前期召开新闻发布会澄清事实的基础上，还加强了对商业银行的风险提示，并通过下发通知、召开风险管理座谈会、监管会谈、非现场监测和实地调研等手段，督促商业银行建立应对突发事件的机制，切实防范房地产信贷风险；同时，注意加强政策宣传，做好舆情引导，一方面统一对外宣传的部门和口径，根据突发事件的性质和特点，以适当的方式向媒体披露，引导舆情发展，保持房地产市场的稳定。另一方面及时组织商业银行加强信息披露，澄清不实信息；此外，还积极与政府进行沟通协调，争取地方政府的支持与理解，并加强与金融办、发展改革委、国土局、人民银行等部门的沟通配合，加强信息交流与共享，及时发现风险隐患，共同落实宏观调控政策。

为切实防范房市波动给银行带来的风险隐患，深圳银监局最近又对商业银行提出七大要求，进一步强化风险管控：

一是继续严格执行国家有关房贷政策，切实防范各类风险。为进一步细化房贷政策，严格监管要求，深圳银监局制定了《关于加强深圳市国内商业银行房地产信贷管理的指引》，要求商业银行对国家房贷政策要真正“理解到位、贯彻到位、落实到位、执行到位”，不能存有侥幸心理或有意无意打“擦边球”、间接或变相放松政策标准。

二是密切关注宏观经济及房地产行业走势，定期对房贷质量进行监测分析。要求商业银行关注宏观经济波动以及房地产行业的走势，根据 GDP 增长率、固定资产投资增长率、社会消费品零售增长率、CPI 增幅等，分别测算在多种情况下的客户违约率、预期损失以及不良率的变动情况，真正做到“整体风险能控制，个体风险有预案”。

三是强化风险管控，防范房地产开发贷款风险。深圳大多数银行从 2005 年和 2006 年开始大规模发放开发贷款，且期限一般为 3 年，所以多数开发贷款将集中在

2008年、2009年两年到期，形势不容乐观。要求商业银行密切关注楼盘实际销售进度，动态监测开发商的资信与财务状况，严防开发商资金链断裂的信用风险。

四是严格执行个人住房贷款政策和条件，不得变相放松相关标准。要求商业银行严格执行对借款人的资格审查，严格落实第二套个人住房贷款的认定标准，严禁以各种名义和各种手段变相放松第二套房的贷款标准。

五是严防“假按揭”“假房价”“假首付”的“三假”操作行为。要求商业银行防止资质较差的房地产开发企业通过虚构售房合同、伪造借款人签名等手段办理“假按揭”，或利用预售环节以分期首付或为购房者垫付首付款等手段为借款人办理“假首付”，以及通过虚高房价以“假房价”等方式转嫁风险。

六是加强全员培训，注重遵纪合规文化建设。要求商业银行加强培训，提高员工的政策水平与业务素质，包括对国家宏观调控政策的了解，对银行业法规的了解，对自身业务规定的了解，熟知业务操作流程，准确把握操作风险点，增强员工合规意识。

七是准确把握宏观调控政策，有保有压开展房贷业务。要求商业银行在严格控制信贷总量的同时，也要准确把握宏观调控政策，对开发商的合理资金需求以及居民首套房自住贷款需求应积极支持，予以满足，做到有保有压开展房贷业务。

当前深圳地区信贷扩张背后的几点隐忧

截至2009年第一季度末，深圳银行业金融机构各项贷款余额13344亿元，剔除招商银行总行对全国分行集中办理转贴现因素影响，比年初增加834亿元，同比增长12.33%。第一季度深圳地区GDP同比增速高于全国0.4个百分点，而贷款同比增速却低于全国14.16个百分点，表明深圳信贷投放与全国相比颇为保守。但与此同时，第一季度深圳地区GDP同比增速比2008年下降约4个百分点，而贷款同比却多增201亿元，表明当前深圳信贷投放与历史相比又略显激进。在这种看似矛盾的格局背后，深圳银行业市场的一些积弊沉渣泛起，特别是在目前流动性普遍充裕背景下，银行的一些体制机制缺陷进一步加深了问题的严重性，成为当前信贷扩张的隐忧。

一、投放结构颇存远忧

一是集中度风险突出。从行业投放结构看，第一季度深圳银行业对公贷款中新增最多的是制造业、批发零售业和交通运输业，贷款余额分别增加178亿元、136亿元和97亿元，三个行业合计占新增对公贷款的59%。从客户投向结构看，一是深圳银行业对大企业贷款的占比2009年前三个月分别是60%、61%和65%，呈逐月提高趋势，而同期小企业贷款占比则分别为3%、2%和2%，始终在低位徘徊。在这种行业、客户集中投放格局下，个别银行的集中度风险日趋突出，特别是一些中小银行，其单一客户或前十大客户的集中度已接近监管红线，若考虑到一些大客户尚有未启用的授信额度，将来突破监管要求的可能性极大，严重情况下易产生系统性风险。二是新增投放不断滑向边缘客户。超额、重复授信现象在某些质量不高的客户中开始出现，如深圳观澜湖高尔夫球会作为一个银行内部评级仅为BB级的企业，得到的三家银行授信总金额竟达30亿元。同时过去一度被纳入银行关注甚至不良清单的客户，近期也开始逐渐进入银行视野，成为银行存量营销的重要对象，如个别银行对“浙江华联三鑫”第一季度继续追加投放 3.2 亿元等。三是远期利率风险突出。第一季度末深圳银行业中长期贷款占比 63%，随着下一步政府项目的集中启动，中长期贷款的比重将会有更大的提高，而一旦此后经济开始复苏，银行资金来源的活化比重提高，这种资产负债结构蕴含的基差风险、重定价风险、收益率曲线风险和期权风险都会大幅攀升。

二、票据融资新患隐现

截至 2009 年第一季度末，深圳银行业票据融资余额 2405 亿元，剔除招商银行总行对全国分行集中办理转贴现影响，同比增长 400%。票据业务的高速增长已经持续数月，年初我局率先对其原因作过深入分析，而今看来有几个新趋势更加明显，需引起足够重视：一是票据贴现资金主要流向大型企业，并未惠及众多中小企业。据调查，深圳银行业第一季度新增票据融资中 70% 以上流向银行大客户，部分银行前十大客户在票据融资中的占比甚至高达 80% 以上，冀望票据融资实现大企业信用置换中小企业信用的格局尚未出现。同时，因为大企业票据融资杠杆效应更为突出（大企业承兑环节保证金比例远低于中小企业所致，部分企业如华为、中兴甚至为零，杠杆比例理论上无限大），进而使得整个社会资金配置冷热不均的矛盾更加突出；二是票据融资成为分行与总行、银行与监管部门之间博弈的工具。绝大多数总行对分行还保留贷款时点数、当地市场份额等指标的考核，部分银行甚至预期监管部门迟早会出台规模控制措施，因此利用票据融资月末、季末对冲指标的意图非常明显，例如深圳农行 2009 年 3 月下旬一次性转入 61 亿元票据，占第一季度该行新增贷款的 300%；三是纯融资性票据从第二季度开始将会有较大幅度上升。自 2008 年 11 月以来，深圳银行业票据承兑业务开始快速上涨，承兑余额由 617 亿元跃升至第一季度末的 1038 亿元，部分银行的增长幅度甚至高达 300% 以上。这些票据至 2009 年 5 月、6 月将逐步兑付，在目前票据成本低廉、手续简便的背景下，绝大多数企业都会选择通过滚动签发票据、回流贴现资金方式兑付前期票据，由此可能形成大量无真实贸易背景的融资性票据，并产生银行资金事实上的“短借长用”和“体外循环”的现象。

三、过度放权考验重重

为提高基层银行在当地市场的竞争力，几乎所有总行都大幅扩大了其分行授信业务的审批权限（仅权限额度就平均提高200%以上），取消了分行行业限额管理，并通过简化审批流程等措施提高对信贷需求的反应速度。这些措施固然为贯彻宽松货币政策赢得了效率，但放权过快、幅度过大亦将带来不少问题：首先是个别总行授信“指挥棒”过于冒进，或者某些分行利用总行在线监控水平较低等缺陷，贷款的门槛和标准可能面临考验。例如兴业银行总行对分行开展政府融资平台融资明确提出弱化自筹资本金要求和以信用放款形式参与竞争，对土地储备贷款不仅弱化资本金要求和放弃土地使用权证抵押，而且不再要求封闭运作，对中长期经营性物业抵押，授信金额可以达到押品估价的八成等。个别银行甚至出现了直接发放无本贷款置换他行授信、对擅自扩大项目范围的客户追加贷款、对曾经被列入黑名单的客户重新授信的情况。其次，过度放权后如果基层银行没有建立起匹配的风险管理体系和能力，还会带来一些系统性问题，例如目前信贷资产转让需求巨大，一些总行全面放权支持分行参与资产转让，但一些大银行挑肥拣瘦和本身存在的道德风险使得资产转让呈现良莠不齐状态，而中小银行在转让市场上又嗷嗷待哺，如果缺乏“二次”审批和相应的贷后管理能力，授让之后难免会出现消化不良情况，银行体系的金融风险可能将进一步向中小银行积聚。

四、异地贷款增长过快

截至2009年第一季度末，深圳银行业金融机构异地贷款（不含票据贴现）1561亿元，比2008年同期增加220亿元。特别是2009年第一季度以来，异地贷款的投放速度有所加快，据不完全统计，2009年第一季度深圳银行业对异地企业单笔5000万元以上授信达565亿元，实际发放异地一般性贷款272亿元，占同期新增一般性贷款的57%。异地贷款快速增长的原因主要有三：一是深圳中小型“三来一补”企业居多，这些企业的利润中心和投资决策权不在国内，因此其对应的资金需求不大；二是一些总部在深圳的企业最近几年开始逐步实施“走出去”战略，客观上要求深圳银行业采取“跟进”战略，以更好地管控风险和服务企业；三是深圳地方政府和国有企业大多资金较为丰裕，国家4万亿元政府投资又基本与深圳无缘，深圳作为区域性金融中心所充斥的大量廉价流动性有着强烈的流向异地逐利的冲动。然而由于异地贷款本身存在的风险管理缺陷和当前经济运行的不确定性，异地贷款的风险日趋暴露，主要表现形式有：一是地方财力不支，加之项目收益不佳，还款来源无保障，如深圳交行对茂名市公路局 1.4 亿元的贷款；二是异地贷款日常监控薄弱，难以及时掌握企业资金运用、回笼和项目的进展情况，项目竣工风险突出，如深圳中行对湖北江坪河水电站项目 28 亿元的授信；三是贷款“三查”不到位，对贷款要素审查不严，债务关系不清晰，加之存在地方保护主义，债权存在落空危险，如深圳光大银行对哈工大集团 3.6 亿元的授信。

五、市场秩序日陷混乱

面对 2009 年经济金融发展的严峻形势，为完成总行下达的业务指标，各银行普遍采取了全方位的“以量补价”策略，使得目前部分业务的市场秩序因过度竞争陷入混乱。首先是房地产按揭贷款市场，个别银行利用“房贷通”理财账户，通过全额实时以存抵贷方式，变相大幅降低按揭贷款利率以抢夺客户，或者通过所谓产品创新，将适用于中长期贷款利率的按揭贷款套用短期贷款利率实际支付，并在此基础上再给予 70% 的折扣。此外对于监管部门坚决反对的“加按”业务近期又现抬头之势，而对经营性房产按揭，部分银行直接给出贷款基准利率下浮 10% 的优惠，更为极端的是个别银行通过“押旧买新”操作，将个人房产抵押消费贷款转化为个人住房按揭贷款享受各项政策优惠，并相应延长贷款期限，对贷款资金用途疏于审查，造成了较大的风险隐患；其次在理财业务方面，个别银行以安抚前期投资亏损客户为名，私下对新的理财产品收益进行担保，部分银行出于做大中间业务、留住贷款客户等多重考虑，通过对新近发行的信托产品承诺到期回购资产的形式，对信托产品的收益进行隐性担保；最后是外币贷款竞争加剧，据了解，绝大多数银行在对 2009 年的业务考核指标中加大了对外币贷款的考核力度，部分银行为争夺市场份额不惜给出一个月期 Libor-10bp 贷款价格，年化利率仅为 0.5% 左右，严重低于国内市场平均外汇资金成本。

六、投放后劲严重不足

由于一些固有的政策限制和银行自身风险管理的要求，深圳银行业 2009 年第一季度信贷快速增长的主要驱动因素如票据融资和异地贷款很难成为持续投放的主力，下一步的投放将主要取决于本地房地产市场的复苏和市政府融资平台的启动。

而就房市来看，深圳第一季度交投同比大幅上升，其中新建住宅销售面积同比增长205%，二手住房成交面积同比增长 176%，从深圳银监局监测的“二手房交易赎楼贷款投放量”看，该指标第一季度以来逐旬显著回升，3 月指标值是 1 月的 2.1 倍，但进入 4 月后，形势又急转直下，据部分银行初步估计交易量下滑约 40%，由此判断第一季度的交投活跃主要为去年累积刚性需求的短期释放，结合目前土地不断流拍的事实，市场复苏依然遥远，新增投放压力重重，部分开发商甚至趁着第一季度的“小阳春”，迅速回笼资金归还银行贷款；在市政府融资平台贷款方面，据测算理论上政府项目对外部资金的需求至多为 240 亿元，因此贷款投放呈现“僧多粥少”局面。在有效信贷需求严重不足的情况下，银行体系充斥的大量流动性可能带来两方面的问题：一是信贷资金挪用风险显著增大，部分大型企业倒腾银行体系廉价流动性，对部分供应链上下游中小企业进行“二次放贷”或者通过委托贷款形式赚取利差，从近期部分银行委托贷款的快速增长中即可得以佐证，例如深圳华为投资控股有限公司 2009 年第一季度末仅在深圳中行的委托贷款余额就高达 47 亿元，比年初增加 7 亿元。二是操作风险增大，一些不法企业可能抓住银行流动性充裕、放贷心切的心理，银行内部员工亦可能在繁重的考核压力下利用当前贷款手续简化、“三查”宽松的便利条件铤而走险，内外合谋诈骗贷款。

深圳银行业房贷风险趋势简析

一、房贷总量稳定增长

2008 年以来，深圳银行业房地产贷款总体保持稳定增长 (见图 1)。截至 2008 年 9 月末，深圳银行业金融机构房地产贷款合计 372 亿元，比年初增加 127 亿元，增幅 3.53%。其中：房地产开发贷款 1196 亿元，比年初增加 132 亿元，增幅 12.4%；个人购房贷款 2492 亿元，比年初略增 0.6 亿元，与年初基本持平。

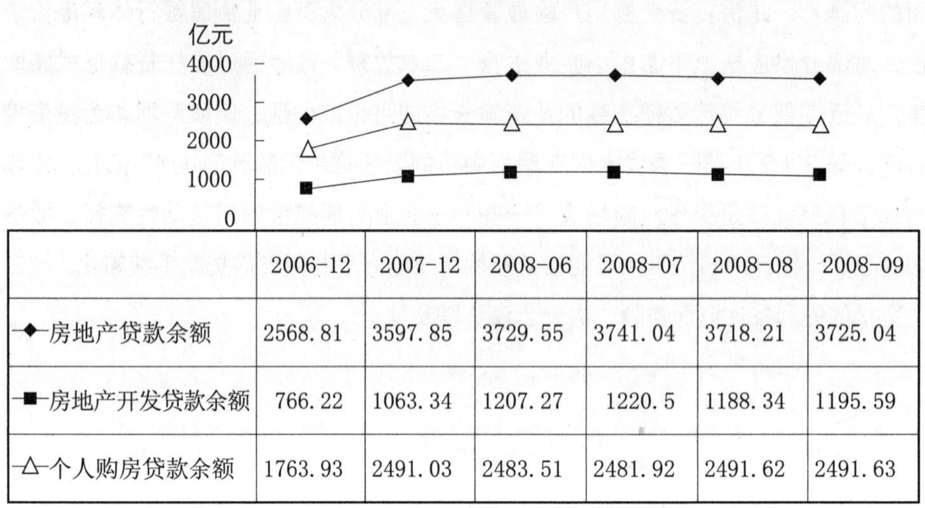

	2006-12	2007-12	2008-06	2008-07	2008-08	2008-09
◆房地产贷款余额	2568.81	3597.85	3729.55	3741.04	3718.21	3725.04
■房地产开发贷款余额	766.22	1063.34	1207.27	1220.5	1188.34	1195.59
△个人购房贷款余额	1763.93	2491.03	2483.51	2481.92	2491.62	2491.63

图 1　2006-12~2008-09 房贷余额趋势图

深圳银行业房地产贷款占全市各项贷款比重较大。截至 2008 年 9 月末，深圳银行业房地产贷款占全部贷款的 33.84%(见图 2)，远高于全国 18% 的占比，行业集中度风险较高。

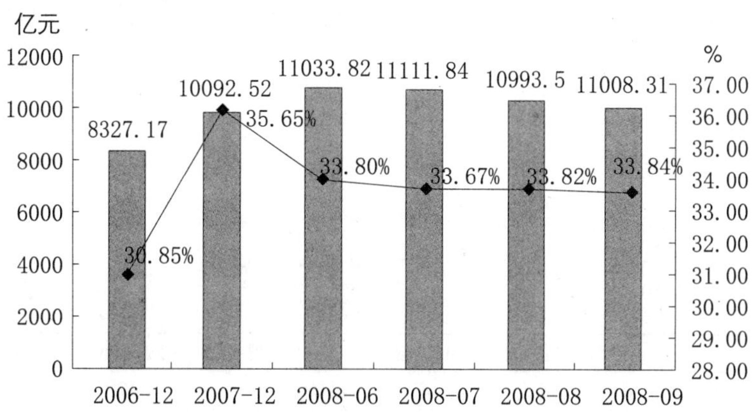

图 2　2006.12~2008.09 房贷占比情况图

二、房贷质量保持“双降”

截至 2008 年 9 月末，深圳市银行业金融机构房地产贷款不良余额合计 47.78 亿元，比年初减少 2.27 亿元，不良率 1.28%，比年初下降 0.11 个百分点。其中：房地产开发贷款不良余额 26.8 亿元，比年初减少 2 亿元，不良率 2.24%，比年初下降 0.47 个百分点；个人购房贷款不良余额 18.5 亿元，比年初增加 1.4 亿元，不良率 0.74%，比年初略升 0.06 个百分点 (见图 3、图 4)。总体来看，2008 年前三个季度，深圳银行业房地产贷款处于正常状态，不良贷款余额和不良贷款比率总体保持双降，其中开发贷款不良呈现下降趋势，个人房贷不良略有上升，但波动不大。主要原因一是在此轮房价跌势中“负资产”贷款占比较低，据初步统计，在 2008 年 5 月房价跌至最低位时，深圳银行的负资产按揭贷款为 43.49 亿元，占全部按揭贷款余额的 1.76%。二是即便房价下跌沦为负资产，也并非所有负资产客户都选择断供形成不良。据调查，目前深圳只有少数业主断供，尚未出现大面积断供现象，多数购房者尤其是自住购房者，即便其房产成为负资产，鉴于自住房产属生活必需品以及断供对个人信用记录的不良影响等诸多因素，在银行合规放贷和购房者未出现收入大幅度变动的情况下，量入为出的购房者即便在房价出现波动时，一般也不会轻易断供。所以仅仅因房价下跌为负资产而主动断供的少，主要是因今年以来通货膨胀率连创新高，股价暴跌导致现金资产大幅缩水，加上央行连续多次加息、人民币升值以及宏观调控使不少中小企业关停或向内地迁移 (如近年深圳仅电子企业就外迁了 600 余家)，导致部分行业和企业员工工作和收入不稳定，经济状况日渐恶化无力承受月供而被迫违约或断供。

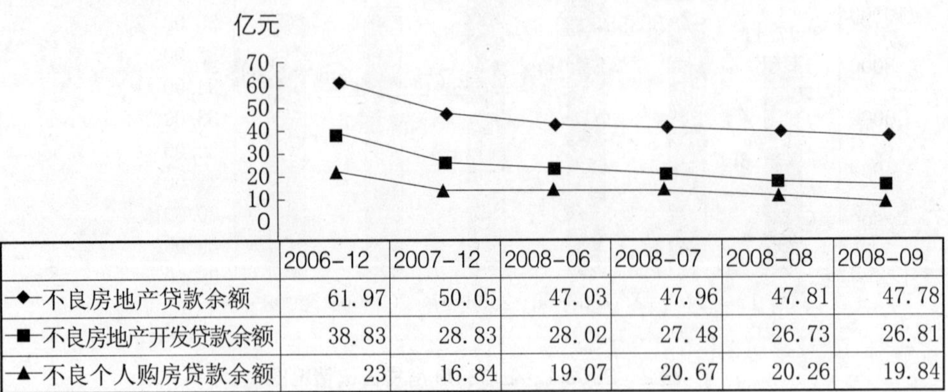

	2006-12	2007-12	2008-06	2008-07	2008-08	2008-09
◆不良房地产贷款余额	61.97	50.05	47.03	47.96	47.81	47.78
■不良房地产开发贷款余额	38.83	28.83	28.02	27.48	26.73	26.81
▲不良个人购房贷款余额	23	16.84	19.07	20.67	20.26	19.84

图3 2006-12~2008-09房贷不良余额趋势图

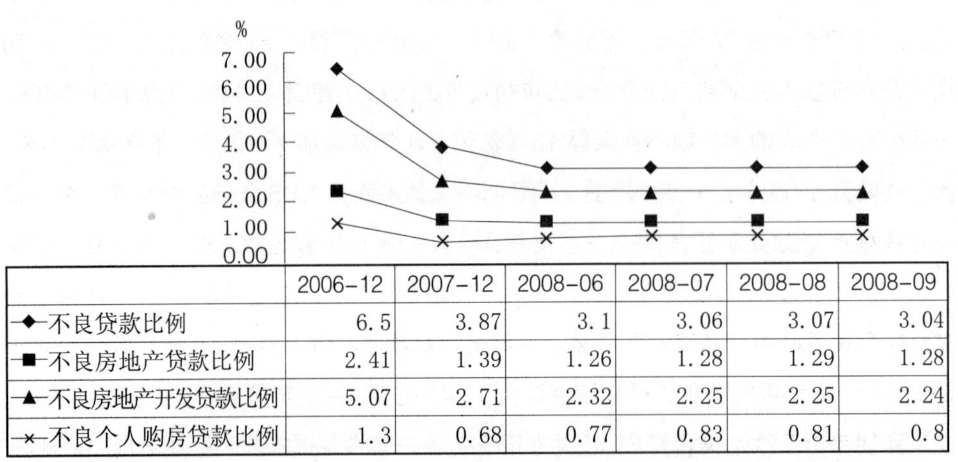

	2006-12	2007-12	2008-06	2008-07	2008-08	2008-09
◆不良贷款比例	6.5	3.87	3.1	3.06	3.07	3.04
■不良房地产贷款比例	2.41	1.39	1.26	1.28	1.29	1.28
▲不良房地产开发贷款比例	5.07	2.71	2.32	2.25	2.25	2.24
×不良个人购房贷款比例	1.3	0.68	0.77	0.83	0.81	0.8

图4 2006-12~2008-09房贷不良率趋势图

三、未来各类显性隐性风险值得高度关注

目前房贷总体保持“双降”，不良率低于深圳银行业金融机构总体水平3.04%。但从房贷风险走势及未来经济金融发展态势分析，以下几个风险点不容忽视，必须高度跟踪、监测和关注。

一是开发贷款即将集中到期，开发商面临资金链断裂风险。从图 3、图 4 可见，虽然开发贷款不良额和不良率总体呈现下降趋势，但绝对水平仍然较高（大大高于个人房贷和整体房贷不良的平均水平），而且目前相对较低的不良状况即将面临贷款集中到期的严峻考验。据调查，深圳大多数银行从 2005 年、2006 年开始大规模发放开发贷款，期限一般为 3 年，因此大多数开发贷款将集中于 2009 年到期。加之随着销售的萎缩，很多开发商甚至包括一些实力较强的开发商（如万科）的经营现金都呈现负值，基本靠银行融资度日。同时一些开发商前几年储备大量土地占用了资金，为避开现时的滞销期又延后开盘或延后竣工，进一步加大了资金压力，所以 2009 年开发商尤其是中小开发商大多面临资金链断裂风险。同时，由于深圳在建工程不能办理抵押登记，所以房地产企业的项目开发贷款抵押较少，一般采取关联担保方式，而担保圈的“多米诺骨牌效应”无疑将扩大资金链断裂的波及面，进而危及银行系统信贷资金的安全。此外，深圳开发商已出现不同程度的弃地现象，2008 年开发贷款增幅不小，风险不容忽视。

二是 2009 年经济形势不容乐观，个人房贷面临放量断供风险。总体来看，虽然个人房贷不良额和不良率绝对水平不高，但不良却呈现上升走势，而且 2008 年违约率（逾期 90 天内的关注类贷款）快速上升，潜藏风险较大。截至 2008 年 9 月末，个人房贷违约余额 9743 亿元，比年初增加 25.91 亿元，增幅为 36.23%，短短大半年，违约增幅如此之高，如果房价继续下跌，一则违约率肯定会进一步上升，二则借款人弃楼断供的潜在风险也随之增大。受国际金融危机和宏观调控影响，目前已有部分中小企业关门外迁，导致其员工工作受影响、收入恶化而断供。鉴于金融危机对实体经济冲击的滞后特性，2009 年经济不容乐观，若关停外迁企业继续增多，将直接影响这些企业管理层员工工作和收入稳定，经济状况日渐恶化，无力承受月供而被迫违约或断供，同时也使这些行业或企业的部分打工者失去工作，进而使房屋出租率下降，间接导致投资房产者的断供压力，进而产生较大面积的断供风险。

三是深圳房贷比例持续高企，易引发银行信贷系统性风险。深圳银行业房地产贷款占比较高，尤其自 2007 年以来，房贷占比平均保持在 34% 左右，远高于全国占比，贷款行业集中度较高。所以虽然目前房贷不良率低于银行业的平均水平，但一旦房贷出现上述开发贷款资金链断裂风险和个贷放量断供风险，不仅直接威胁银行房贷质量，且极易由此引发银行业信贷的系统性风险。

深港两地房价跌势下的住房信贷风险比较分析

一、深港两地房价变动情况

（一）香港房价变动及负资产状况

受 1997 年亚洲金融危机、“9·11”事件、“非典”疫症等一连串事件的影响和冲击，香港经济不景气，失业率上升，房价一路下滑，大幅下挫，房地产泡沫迅速破灭，致使香港房市相当长一段时间（1991~2003 年）陷入低迷，2003 年跌至最低，最高跌幅超过 60% 接近七成之多。

自 2004 年起，随着亚洲金融危机影响的逐渐消化以及深港一体化的深入，香港经济开始回升并日益繁荣，继而推动了房地产市场的复苏增长，房价逐渐回归到正常稳步上升通道，目前相当于金融危机爆发前的水平，见图 1。

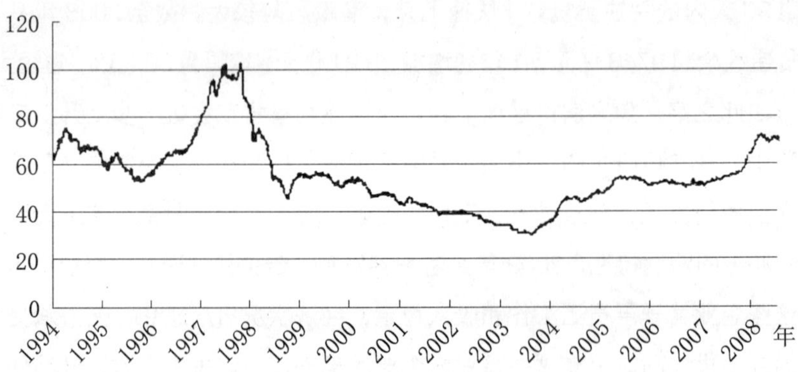

图 1　1994~2008 年香港房价指数

由于房价跌势较猛，在 2003 年 9 月之前，香港“负资产”按揭贷款现象较为严重（按揭贷款余额超过按揭物业的当前市值），无论是负资产按揭贷款宗数还是按揭余额都呈现居高不下态势，在 2003 年 6 月最高峰时曾超过 10 万宗负资产按揭贷款，占按揭总数的 22%；涉及金额 1650 亿港元，占按揭余额的 31%。

（二）深圳房价变动及负资产状况

1999 年至 2007 年期间，深圳房价持续上涨。2005 年以前上涨平稳，2006 年、2007 年两年一路飙升，增长率分别高达 31% 和 45%，2007 年 10 月达到高峰。此期间房价呈现非理性快速上涨态势，虽有通货膨胀原因，但明显存在较大成分的人为炒作因素，见图 2。

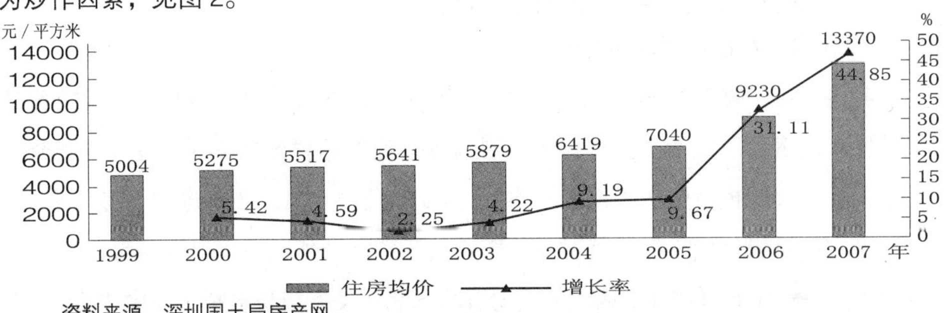

资料来源：深圳国土局房产网。

图 2　1999~2007 年深圳房价变动走势图

随着国家宏观调控的加强和紧缩货币政策的实施，深圳房地产市场信贷资金日趋紧张，交易成本和资金成本显著增加，房市运行方向在 2007 年 10 月至峰值后发生改变，于 2008 年 3 月跌至最低，每平方米为 11014 元，较 2007 年 10 月最高点每平方米 17530 元下跌了 36.5%，至今仍呈现阶段性调整格局。据深圳国土局统计，2008 年 1~9 月深圳商品住宅销售均价分别为 15080 元 / 平方米、16315 元 / 平方米、13618 元 / 平方米，11962 元 / 平方米、11014 元 / 平方米、12681 元 / 平方米、16198 元 / 平方米、14449 元 / 平方米、12431 元 / 平方米，数据显示 2008 年 7 月、8 月房价有所回升，主要是受几个低密度住宅拉动的影响。总体来看，2008 年以来深圳房价仍处于下降通道，但下降趋势有所减缓，见图 3。

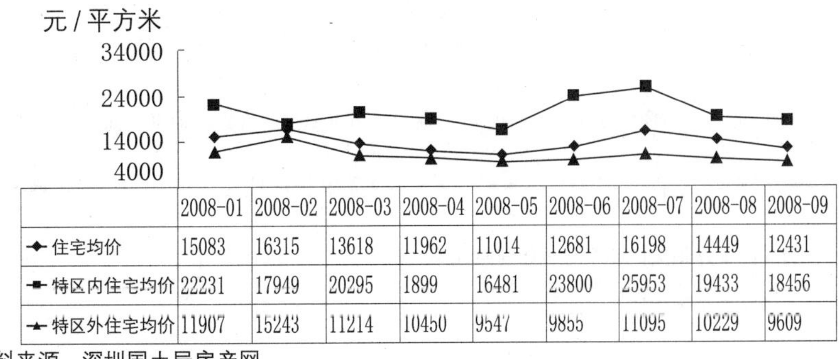

	2008-01	2008-02	2008-03	2008-04	2008-05	2008-06	2008-07	2008-08	2008-09
◆ 住宅均价	15083	16315	13618	11962	11014	12681	16198	14449	12431
■ 特区内住宅均价	22231	17949	20295	1899	16481	23800	25953	19433	18456
▲ 特区外住宅均价	11907	15243	11214	10450	9547	9855	11095	10229	9609

资料来源：深圳国土局房产网。

图 3　2008 年 1~9 月深圳房价变动走势图

相比较而言，由于深圳房价下跌幅度不及香港金融危机时下跌深，加之在 2007 年房价高峰时期 (4~9 月) 发放的贷款相对较少，所以在此轮房价跌势中“负资产”按揭贷款占比较低。根据深圳银监局初步统计，在 2008 年 1 月房价跌至最低位时，深圳银行的负资产按揭贷款为 43.49 亿元，占全部按揭贷款余额的 1.76%。

二、深港两地住房信贷风险情况

(一) 香港住房信贷风险及原因

以前述可见，香港在房价暴跌中出现了较大规模的负资产，涌现了大量负资产者，但并未因房价下跌为负资产原因出现大规模违约断供现象 (据中金公司研究资料显示，香港大规模负资产时期仅有不到 10% 的负资产贷款出现断供形成不良)，违约断供主要是因借款人财务状况变化影响其还款能力所致。尤其在金融危机之后由于经济萧条、失业率增加，因借款人财务状况恶化使按揭贷款拖欠率由 1998 年至 2007 年中持续上升，2007 年 4 月达到最高点 1.43%，但拖欠率绝对水平仍保持在一个较低水平。即便在负资产按揭贷款处于高位水平的 2003 年，其按揭贷款拖欠率也未超过 1.15%，拖欠加上重组贷款合并比率则未突破过 1.7%，见图 4。

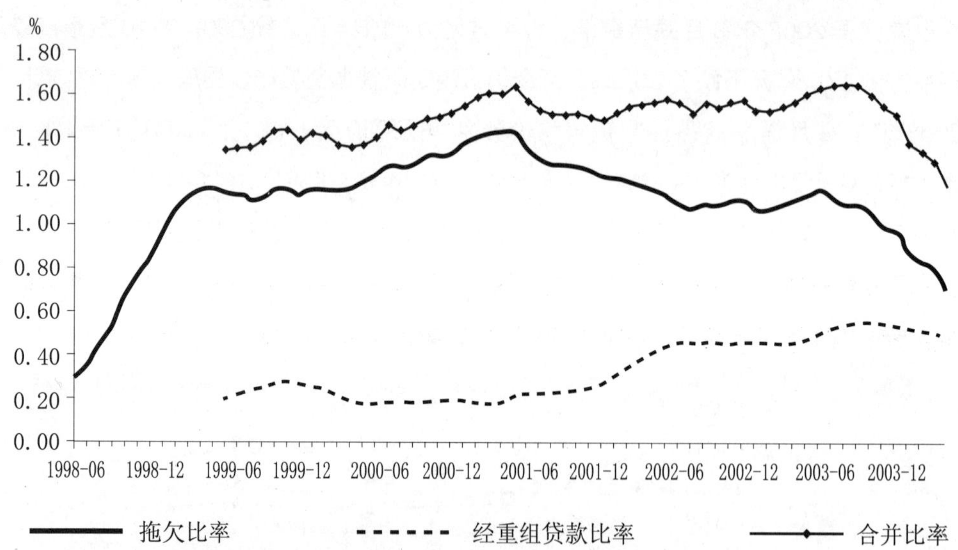

注：合并比率是拖欠比率及经重组贷款比率之和。

资料来源：香港金管局。

图 4　香港银行业住宅按揭贷款质量 (1998-06~2003-12)

虽然香港房价比最高峰曾下跌七成之多，但在负资产高峰时期未出现大量断供产生坏账，按揭贷款拖欠比率仍可保持在一个较低水平。这主要得益于两方面的原因：一是银行一直贯彻执行审慎的贷款原则，严格遵循授信标准，坚持贷款足额首付，重视押品审慎评估和借款人真实还款来源；二是得益于香港完备的个人信用体系和《破产条例》对借款人行为的有效约束，即借款人一旦断供，将会在银行留下不良信用记录，进入银行业共享的负面信贷资料库，这不仅会加大借款人日后从银行获取贷款的难度，而且会使其为此付出高昂的经济成本、法律成本和信誉成本，所以只要其工作和收入未受较大影响仍有还款能力，即便其房产沦为负资产，他们一般都会竭尽所能继续履行按揭合约，不会轻易选择断供。

（二）深圳住房信贷风险及原因

总体来看，深圳银行业个人房贷处于正常状态，即便在目前房市调整时期，个人房贷质量波动不大，风险基本可控，不至于出现系统性风险。截至 2008 年 9 月末，深圳银行业金融机构个人购房贷款余额 2491.63 亿元，其中不良贷款余额为 18.46 亿元，比年初增加 1.4 亿元；不良贷款率 0.74%，比年初略升 0.06 个百分点。

个人房贷质量波动不大的主要原因：一是在此轮跌势中深圳房价的下跌幅度没有香港下跌幅度大，负资产按揭贷款占比不高；二是即便房价下跌沦为负资产，也并非所有负资产客户都选择断供形成不良。据调查，目前深圳只有少数业主断供，尚未出现大面积断供现象，多数购房者尤其是自住购房者，即便其房产成为负资产，鉴于自住房产属生活必需品以及断供对个人信用记录的不良影响等诸多因素，在银行合规放贷和购房者未出现收入大幅度变动的情况下，量入为出的购房者即便在房价出现波动时，一般也不会轻易断供。所以仅仅因房价下跌为负资产而主动断供的少，更多的是因购房者的经济和收入状况恶化导致的被动断供，尤其 2008 年以来通货膨胀率连创新高，股价暴跌导致现金资产大幅缩水，加上央行连续多次加息、人民币升值以及宏观调控使不少中小企业关停或向内地迁移（如近年深圳仅电子企业就外迁了 600 余家），不仅导致部分行业和企业管理层的员工工作和收入不稳定，经济状况日渐恶化，无力承受月供而被迫违约或断供，同时也使这些行业或企业的部分打工者失去工作，进而使房屋出租率下降，间接导致投资房产者的断供压力。

但随着房地产市场的变化，深圳个人住房信贷不容乐观，潜藏较大隐忧。一是 2008 年以来深圳银行业个人按揭贷款违约率（逾期 90 天内的关注类贷款）呈现上升态势，尤其是2007年房价高峰时期发放的贷款违约率较高。截至2008年9月末，个人按揭贷款违约余额97.43亿元，比年初增加25.91亿元，增幅为36.23%，短短半年，违约增幅如此之高，如果房价继续下跌，违约率肯定会进一步上升，借款人弃楼断供的潜在风险随之增大，届时银行的住房信贷质量将面临严峻考验。近期深圳银监局要求商业银行对房贷作了轻度、中度和重度压力测试，结果显示房贷不良率将有较大升幅；二是2008年以来深圳已有部分中小企业关门或内迁，导致其员工工作受影响、收入恶化而断供。当前经济态势极为复杂，若关停外迁企业继续增多，将直接影响这些企业员工的工作和收入，由此而导致的较大面积的断供风险，不仅直接威胁银行房贷质量，且可能会产生系统性风险，进而危及整个银行系统的安全（房贷占全市各项贷款高达33.89%），故务必高度关注。

三、深港两地对住房信贷风险的认识和防范

总体来看，香港银行一贯坚持审慎经营原则，无论房市处于涨势跌势，无论市场竞争激烈与否，大都能严格遵循房贷授信标准，严格资信审查，重视还款能力，重视押品评估，坚持首付比例，切实把好风险源头关。而当借款人出现负资产或违约断供时，则能针对具体情况采取变通灵活的政策措施予以处理和缓解。相比较而言，深圳银行业对个人房贷风险的防范理念和操作手法与香港银行业有共同点，也存有不少差异。

（一）在资信审查方面，香港银行更重视借款人的还款能力

由于楼宇按揭贷款周期长，本金偿还速度慢，风险显现滞后，所以香港银行业在发放按揭贷款时并不单纯考虑房产抵押品本身的价值，更注重对借款人真实收入和过往信用记录的尽职调查，重视对其还款能力的审慎核查，要求借款人（或担保人）提供真实及可证明的收入来源凭据，比如税单、银行对账单及其他个人资产证明，彼此互相印证，同时严控借款人月供收入比不得超过50%（是衡量还款能力的核心指标）；深圳（国内）银行业对借款人的资信审查、月供收入比（不得高于55%）等也有较为详尽的规定，但由于深圳（国内）银行业潜意识里始终认为只要是按揭贷款，只要有抵押品，贷款就有保障，风险就较低，仅满足于抵押物短期价值对风险的覆盖（实际上抵押品现时的估值也是虚高、含水分的），进而对借款人收入的真实性、稳定性审查不够，对月供收入比的要求流于形式，有些客户的月供收入比高达80%，为未

来违约断供埋下风险隐患。

（二）在押品评估方面，香港银行力求房产价值的客观、公允

房产价值是银行审批贷款额度的重要依据，为最大限度真实反映房产的市场价值，确保房产评级结果的客观和公允，香港银行业对估价公司的选择非常慎重，一般由总行统一批准并定期审核评估公司，至于每单业务具体选择哪家评估公司则由独立于市场部门的专门部门确定，以避免操作风险。为审慎起见，有些银行还规定必须由不少于两家评估公司对房产进行估价；深圳多数银行也建立了评估公司准入制度，并引进了专门的评估公司对物业进行评估，但由于整个社会评估制度不健全，加之部分银行为争取客户扩大规模完成指标，采取各种手段扩大抵押物价值，进而为银行超成数贷款打开了缺口。

（三）在房贷首付方面，香港银行业一直秉持谨慎态度

香港金管局 1994 年颁布物业贷款指引，要求房贷按揭比例不得超过七成。香港银行业在执行中实际更为谨慎，即使在楼市泡沫破裂前的 1997 年 9 月，其未偿还按揭贷款与物业价值比率平均只有 5%，远低于贷款额与物业价值 70% 的上限；国内监管部门根据 90 平方米上下划分，规定最高按揭成数分别为七成、八成。但实际操作中，银行不同程度地存在为扩展业务变相降低首付标准的现象，比如采取向开发商承诺给购房者信用贷款用于支付首付、发放用途不实的消费贷款用于支付首付、以不扣除税费手段虚高评估净值变相降低首付标准等，大大增加了客户未来弃楼断供的风险。

（四）在贷后跟踪管理方面，深港银行业的策略和手段大相径庭

据了解，只要借款人未发生拖欠贷款，深港两地银行一般都不会主动对其跟踪和催收。一旦出现违约拖欠，才对借款人启动催收流程（主要对逾期 90 天以内的贷款），采用短信催收、电话催收、上门催收等手段追还贷款。不同之处在于香港银行业对连续拖欠 90 天以上的贷款，在客户提出申请后一般会考虑对其提供利率较低的物业转按揭贷款或安排贷款重组，以期未来实现贷款本息的回收；深圳银行业对连续拖欠 90 天以上的贷款（少数银行业为 180 天），大多会直接提起诉讼，希望现时兑现贷款本息。此外，两地银行业在贷后都比较重视开展房贷压力测试工作，但香港银行业的压力测试已较为成熟，深圳银行业尚处于试行和完善阶段。

（五）在对负资产按揭贷款和违约断供的处理上，香港银行业更加灵活、远瞻

当借款人出现负资产按揭或发生违约断供时，香港银行业能从长计议采取变通灵活的方式处理：一是连同香港按揭证券有限公司，在其提供担保的前提下，允许负资产业主转向另一家银行进行额度更高、期限更长、利率更优惠的转按揭贷款服务，因市场竞争原因转按后的按揭利率会有所降低，贷款年期可延长至 30 年，按揭额度可高达房屋价值的 14%，从而缓解负资产业主现时的还款压力，也可大大降低银行负资产按揭贷款的拖欠比率。二是为防止银行与借款人双方陷入“两败俱伤”局面，香港银行业为那些财务状况出现严重困难且出现拖欠的负资产业主安排贷款重组，通过下调利率、延长还款期（最长可达 40 年）、先还息后还本等，防范因其支付能力下降带来的违约风险和破产风险，帮助他们渡过难关。当然重组必须达到一定条件，如果该业主在其他银行还有债务，则必须依据香港法例所订立的法定债务重组程序提出个人自愿安排（ Individual Voluntary Arrangement,IVA ），聘请律师及委托代理人办理相关文件和手续，再经过法庭聆讯，获 75% 以上债权人同意后方可实施 IVA 还款计划书，否则不予重组。因为若重组处理失当，其风险不仅直接损害银行利益，还影响储户信心、影响银行有效经营，进而影响整个银行体系的稳定（银行问题易引起连锁效应），所以并非不讲原则、不视条件对所有拖欠贷款者提出的重组申请都予核准；深圳银行业针对负资产按揭贷款和违约断供现象，应对方法不多，处理手段简单，转按、重组贷款非常少，一般是当借款人出现违约即进行催款，一旦连续 3 个月断供就诉诸法律启动诉讼程序。

四、对两地银行应对住房信贷风险的评价

（一）事先审核的目的及重要性。通过对借款人的收入状况、还款能力、信誉记录等进行事先审核，将风险关口前移，可以从源头把控风险，是银行业防范房贷风险的核心环节。香港银行业历来非常重视事先审核工作，在放贷前会对借款人进行充分的尽职调查，这样即便将来房产沦为负资产，只要借款人还款能力未受影响，就不致对贷款质量产生太大影响；深圳银行业对事先审核环节也建立了不少规章要求，但执行力不够，尤其在房市处于上行时期往往是审核形式重于审核内容，未能真正把好源头关。须在思想、理念上高度重视，否则易导致断供，诱发不良。

（二）首付和资信评估及押品评估的规范性。首付充足、资信良好和押品价值真

实公允，是银行防范风险的重要手段。如前所述，香港银行业一直坚持按揭比例不得超过七成（实际操作更为谨慎），资信审查严格规范，押品评估公允审慎，一旦房贷出现违约断供风险，银行将有足够能力保护其资产免遭重大损失。事实证明，这也正是香港银行业之所以在负资产高峰期未产生大量按揭坏账的主要原因之一；相对而言，深圳银行业在首付、资信及押品评估方面虽然也有很多规范性举措，但实际运作不够规范，存在资信审查不尽职不到位、采取各种手段虚高抵押物价值、通过多种方式变相降低首付标准等不少问题，一旦出现违约断供，银行资产安全将面临严峻考验。

（三）涨势和跌势采取标准的一致性。总体而言，香港银行业无论房市在涨、跌情势下，按揭贷款标准基本没有大的修订和变化，只有些微的调整。在房价处于涨势呈现泡沫时，金管局会给予银行一些相关窗口指导，如规定房地产类贷款不得超过银行所有贷款余额的 40%、不得以其他名义借款来支付房屋按揭的首付款等，以防范风险。在处于跌势时，则会放松个别不太重要或不太相关的指标，甚至取消一些限制，但始终坚持几项基本底线不放松，如借款人还款能力、充足首付和押品估值真实公允等；深圳（国内）银行业的个人房贷标准相对较为灵活，一般会随房价的涨跌适时调整，上涨时对客户的贷款标准可能偏松偏宽，下跌时标准可能从紧从严，标准调整和变化较为频繁。

（四）违约处理的灵活性。当按揭贷款出现违约断供风险时，香港银行处理手段较多，如提供一站式的咨询、转按和贷款重组，集中研究和处理风险贷款，减轻借款人的现时还款压力，并防范因其支付能力下降给银行带来的违约风险，有利于回收贷款本息；而深圳（国内）银行业对违约断供贷款，处理手段简单，一旦出现违约断供几乎没有任何缓释措施，不给任何缓解机会，直接对借款人采取诉诸法律拍卖的一步到位方式予以处置。实际上这种方式多会产生不同程度的风险敞口，尤其不少银行将逾期贷款全部外包给律师，易造成银行和客户的较大损失，不利于贷款本息的最终回收。

（五）市场救助的协调性。面对经济滑坡、房价下跌，香港特区政府各部门推出一系列措施，减轻负资产业主的负担，包括推出各类公营房屋政策、实行各种社会服务措施、暂停出售居屋、现房出租和“供楼失业保险”等，其中“供楼失业保险”是市民向保险公司购买 3 个月、6 个月或 1 年的失业保险，一旦失业就由保险公司负责偿还住房借贷，该政策一定程度上消除了人们对购房的担心，对恢复购楼信心大有裨益；而深圳（国内）银行业一般认为负资产按揭贷款风险只是银行自身的事情，与其他部门没有太大关系。其实由负资产产生的违约断供具有较强的外部性，不仅会破坏金融体系的稳定，也会严重影响家庭和社会的稳定，负资产及断供现象不只是银行和借款人之间简单的经济问题，更是一个严重的社会问题。因此，负资产按揭贷款风险不能仅由银行采取简单的诉讼予以应对，而是需要银行、开发商、借款人、监管机构、政府和全社会共同协力，建立协作防险机制，尽力帮助负资产业主在经济不景气时渡过难关，解决断供，化解风险。

从上述比较分析可见，深圳银行业要有效防范住房信贷风险，还需进一步反思和解决几个方面的问题。

首先是经营理念的粗放化。为抢夺份额，占领市场，在竞争激烈、房市火爆的情况下，深圳银行业大多有规不循，有章不遵，采取各种手段变相放松个人房贷准入标准，无视按揭贷款时间长、市场变化快、潜藏风险迟早会暴露的规律过度拓展业务；而当房市低迷、市场萧条时，为回避近期风险，又纷纷严格准入条件，大幅收缩正常贷款。因此，房市的大幅波动导致房贷的大起大落，不仅不利于房地产市场的健康发展，也给银行资金安全带来风险隐患。

其次是事先审核的形式化。深圳银行业对事先审核大多注重押品价值，对借款人真实收入和还款能力的核查不尽职、不到位，蕴藏较大风险。关键是各行为争取客户做大规模，对押品评估也不够审慎，虚高不实现象较为普遍，而且即便押品评估客观公允，但房市房价瞬息万变，未来押品价值难以估测，若借款人还款能力出问题仅靠押品市值将难以覆盖风险。

最后是断供处理的简单化。深圳银行业对房贷断供的处理方式极为简单，欠实事求是、灵活务实精神，无视借款人具体条件、具体情况，只要连续 3 个月逾期即进入诉讼拍卖程序，一棍子打死，基本不给予其任何缓解还款压力的机会，这种简单化的处理方式无助于帮助借款人渡过难关，最终收回贷款本息。

山西产能过剩行业现状与银行信贷风险问题调查

产能过剩问题，已成为目前经济运行中的突出矛盾，但压缩过剩产能、推进结构调整将不可避免地给银行业带来巨大的压力并催生新的信贷风险。山西银监局对此进行了专题调研，总体判断是目前产能过剩行业贷款风险已初现端倪，从发展趋势来看，未来不良贷款将会面临更大的反弹压力，潜在的风险相当严重，需及早采取应对措施。

一、山西省产能方面存在的主要问题

（一）工业产业结构单一、经济增长方式粗放

山西产业重型化特征比较突出，轻重工业比仅为 7.3 ∶ 92.7，粗放的能源原材料出售和初级加工仍然是山西的主导产业和经济支柱，工业产品呈现出典型的资源型特征，经济发展建立在大量的资源开采、出售与严重的资源消耗和环境污染基础之上，产业结构脆弱而单一，经济增长方式粗放，缺乏持续发展的能力。

（二）地区产业结构趋同，低水平重复建设问题突出

山西煤炭资源丰富，119 个县（区、市）中有 94 个有煤炭资源分布，导致山西区域产业结构严重趋同。11 个地市中有 4 个地市的采掘业占工业增加值比重超过 40%，受 2002 年下半年能源、原材料市场好转带来的短期利益驱使，山西省不少地方出现了以煤焦铁等资源型产业低水平投资扩张为特征的产业复归苗头，煤焦铁等传统产业在经济利益的驱动下，私挖滥采、粗放经营等现象屡禁不止，许多地方低水平重复建设问题突出，导致部分行业产能严重过剩。

（三）产能过剩后果渐显，工业企业效益下滑

山西涉及产能过剩的行业有煤炭、钢铁、焦炭、电解铝、铁合金、水泥、电力、电石等 8 个行业之多，受产能过剩影响较大，后果已逐渐显现，主要表现在以下三个方面。

1. 工业经济增速放慢。从 2004 年开始，工业经济增速放慢，2004 年回落 2.7 个百分点，2005 年回落 2.2 个百分点，增速回落趋势明显。2006 年第一季度全省累计工业增加值 420.4 亿元，同比增长 11%。工业增加值增速比去年第一季度下降 9 个百分点，低于全国水平 5.7 个百分点，全国排名倒数第三。

2. 工业企业效益下滑。2005 年，全省规模以上工业实现利税、实现利润增速同比分别回落 36.81 个和 25.78 个百分点，快于生产的回落幅度。2006 年第一季度，全省实现利税 132.21 亿元，同比下降 1.19%，实现利润 44.93 亿元，同比下降 16.13%。从行业分析，全省除煤炭、电力、机械、轻工业四个行业实现利润保持增长外，冶金、焦炭、化工、建材、纺织、医药行业效益全部下降，其中冶金行业实现利润 14.43 亿元，同比下降 12.24%，焦炭行业则由 2005 年的盈利转为全行业亏损，亏损达 3.1 亿元。

3. 工业企业亏损大幅度增加。2005 年底全省亏损企业 1065 户，亏损面达 24.7%，比上年同期增加 5.7 个百分点，亏损额 42 亿元，同比增长 83.64%。从行业看亏损主要集中在焦炭、冶金、机电、电力等四个行业，合计亏损 28.49 亿元，占全省亏损额的 67.8%。2006 年第一季度，全省规模以上的 4286 户企业中，1185 户亏损，亏损面达 27.7%，亏损企业同比增长 14.38%，亏损企业亏损额为 21.68 亿元，同比增亏 80.84%。除电力行业亏损额同比减少 42.35% 外，其余行业大部分亏损增加，煤炭、焦炭、冶金、机电、建材等五个行业亏损总额为 12.89 亿元，占全省亏损额的 84.5%。

二、产能过剩对银行业信贷的影响

自 2003 年起，山西银行业机构为提高经营效益、“稀释”不良贷款，竞相对钢铁、铝合金、焦炭、电石等高利行业发放贷款，持续高投放已积累了相当大的产能过剩。2004 年 4 月以来，银行业机构贯彻落实国家的调控政策，相继收紧和压缩了限制性行业的贷款，但是由于产能过剩行业压缩和结构调整政策的滞后效应及作用的长期性，潜在的风险和压力仍比较大，突出表现在如下方面。

（一）产能过剩行业贷款总量偏大

山西省银行业投到产能过剩行业的贷款增幅虽有所下降，但总量仍很大。截至 2006 年第一季度山西省银行业机构投到煤炭、焦炭、钢铁、电解铝、铁合金、水泥、电石、电力等8个产能过剩行业的贷款达1603.45亿元，较年初增长7.71%，占山西全部贷款的35.12%，2003年、2004年、2005年末占比分别为29.37%、32.04%、34.39%，较上年末增幅分别为34.06%、20.72%、15.65%，总体呈占比不断增加，增速逐渐回落态势。

（二）产能过剩行业贷款集中度较高

大额授信客户高度集中于煤焦、冶金、电力、交通、化工等五大重点行业。据统计，2006年第一季度，五行业大客户贷款余额占全部贷款余额的87.3%。大客户平均贷款余额5.5亿元，比年初高出0.4亿元，有88户大客户得到2家以上银行的授信或贷款，大部分客户负债率过高，最高的一户，授信额度是其实收资本的45倍，贷款余额是其实收资本的21倍。

（三）产能过剩行业贷款缺乏有效的担保

截至2006年第一季度末山西涉及产能过剩行业贷款1603.45亿元，其中保证贷款939.39亿元，较上年末增长3.08%，占全部过剩行业贷款的58.59%；信用贷款274.39亿元，较上年末增长13.09%，占全部过剩行业贷款的17.11%；抵押贷款221.37亿元，较上年增长13.14%，占全部过剩行业贷款的13.81%。从行业看，煤炭、电力、焦炭保证贷款比例分别达到70.35%、67.33%和54.96%。电力、冶金信用贷款分别达到26%和26.16%。产能过剩行业将使银行业以保证、信用贷款为主的保证方式出现潜在风险。

（四）产能过剩行业贷款结构不合理

煤炭、电力行业中长期贷款占比大，电石、焦炭、水泥行业短期贷款占比高。截至2006年第一季度末，银行对8个行业的全部贷款中，中长期贷款849.86亿元，占比为53%，其中电力、煤炭行业的中长期贷款占比分别达到88.75%和42.12%，期限不合理问题比较突出。8大行业的短期贷款达到621.8亿元，占比38.78%，其中，电石、水泥、焦炭的短期贷款占比分别为81.94%、70.81%和70.58%。过剩行业产能将会使这些行业利润减少，产成品上升，企业流动资金紧缺，企业还款能力及还款意愿下降，银行贷款风险显现。

（五）部分行业贷款质量恶化已经显现

2006年第一季度末尽管山西的煤炭、焦炭、钢铁、电解铝、铁合金、电力、电石、水泥8个行业除信用社外银行机构五级分类不良贷款比例仅为3.14%，比2005年下降 0.16 个百分点，但余额达 45.98 亿元，比 2005 年末增加 1.68 亿元；水泥、小焦炭、生铁、电石等行业五级分类不良贷款率分别高达 38.53%、30.03%、27.57%、17.02%，电石、水泥分别较年初增加了 4.73 个和 0.52 个百分点。城乡信用社四级分类不良贷款余额 25.53 亿元，比 2005 年减少 0.2 亿元，不良占比 18.52%，比 2005 年上升 0.67 个百分点；小焦炭、铁合金、水泥、生铁、普钢、电石行业四级分类不良率分别高达 63.4%、26.75%、23.05%、20.97%、18.08%、13.48%，小焦炭、普钢分别较年初增加了 1.2 个和 5.81 个百分点。而且随着产能调整的进一步落实，相关行业贷款风险还将继续加大。

（六）产能过剩行业贷款面临较大的反弹压力

受产能过剩、市场供求及产业结构调整的影响，过剩行业贷款风险逐步显现，不良贷款面临较大的反弹压力，但对不同行别的影响差异较大。主要商业银行从 2004 年以来，提高了信贷准入门槛，加强了信贷管理，所支持都为符合国家产业政策的大中型企业，受本轮产能调控影响较小。而农村信用社等地方性法人机构受利益驱动，缺乏长远的战略目光，且资金实力薄弱，信贷投入大都投向近几年过热的煤、焦、铁等小型企业，因此面临较大的不良贷款反弹压力。山西 2006 年将加快煤炭、焦炭企业调整力度，大部分中小煤矿、焦化企业将被关闭整合，仅受中小煤矿、焦化企业 (60 万吨以下) 被关闭整合的影响，预计可能产生不良贷款 102 亿元，导致全省银行业五级分类不良贷款增加 51.39 亿元，占比达到 11.38%，上升 1.44 个百分点；四级分类不良贷款增加 50.58 亿元，占比达到 19.14%，上升 5.59 个百分点。国有银行预计可能产生不良贷款 38.73 亿元，占比 12.41%，上升 1.76 个百分点；股份制商业银行预计可能产生不良贷款 7.50 亿元，占比 4.08%，上升 1.28 个百分点；农村信用社预计可能产生不良贷款 50.11 亿元，占比 19.35%，上升 5.68 个百分点；城市商业银行预计可能产生不良贷款 5.17 亿元，占比 27.41%，上升 3.07 个百分点；城市信用社预计可能产生不良贷款 0.47 亿元，占比 11.06%，上升 2.05 个百分点。数据显示农村信用社、城市商业银行、城市信用社面临较大的反弹压力，可能产生不良贷款共计 55.74 亿元，占到银行业整体可能产生的不良贷款额的 54.65%。此外农村信用社投入到普钢、生铁、水泥、电石等行业的贷款分别达到 4.3 亿元、28 亿元、6.68 亿元、2.24 亿元，受市场供求和压缩产能的影响，不良贷款也面临较大的反弹压力。产能过剩对银行业的影响主要表现在以下三个方面。

1. 政策风险。根据《山西省焦化产业管理条例》和对焦炭行业实施清理整顿的相关规定，严格淘汰落后焦化生产能力，“十一五”期间，关闭淘汰已形成的落后生产能力 4000 万吨以上，控制山西省焦炭产能减少到 1.2 亿元吨以下。截至 2006 年第一季度，山西省银行业投向 60 万吨以下焦炭企业的贷款总计 75.03 亿元，目前已形成不良贷款 12.92 亿元，占比仅为 17.22%，潜在较大的反弹压力。特别是农村信用社投向 60 万吨以下焦炭企业的贷款 23.1 亿元，占银行业投向年产 60 万吨以下焦炭企业贷款的 36.9%，目前已形成不良贷款 6.83 亿元，不良占比为 29.52%，占银行业此项不良贷款的 52.87%，如果严格按照省政府“关、停、并、转”的政策执行，农村信用社焦炭行业不良贷款率将达到 71.3%，全省农村信用社将面临较大损失。全省煤炭资源整合将加大煤炭行业不良贷款的反弹。截至 2006 年 3 月 2 日，全省各地共上报整合压减煤矿 1406 个，占全省煤矿总数的 29%。预计 2006 年上半年，全省重点产煤县年核定产能 9 万吨以下的矿井将被全部关闭，山西农村信用社投放到煤炭行业贷款 53.9 亿元，其中大部分小煤矿为本次整合的压减关闭的重点，农村信用社面临较大的信贷风险。

2. 市场风险。山西省煤、焦、钢铁产业是在市场需求的拉动下高速发展起来的资源型产业。2002 年以来，受新一轮经济增长的拉动，市场开始逐步复苏，2003 年全年和 2004 年上半年，进入高速发展期。2005 年以来受市场需求、总量过剩因素的影响，焦炭价格不断下跌，国际焦炭价格曾一度飙升到每吨 400 多美元，目前焦炭价格为 845 元 / 吨，企业经济效益大幅度下滑。2006 年第一季度，实现利润由盈利转为亏损 3.1 亿元。2005 年全国钢产量突破 3 亿元 / 吨，产能集中释放，供求关系逆转，价格一路下滑。目前线材、螺纹钢比年初价格有所回升，但同比仍下降约 20%。太钢的不锈钢、冷轧硅钢、热轧卷板等特殊钢种价格比年初价格有所回升，但同比仍分别下跌 5680 元 / 吨、2773 元 / 吨和 1416 元 / 吨。前几年拉动山西工业快速增长的焦炭、冶金行业生产过剩带来的后果已经显现，经过连续大幅的价格下跌，利润空间进一步缩小，效益出现恶化迹象，行业的系统性风险增加，银行业在焦炭、铁合金、生铁、普钢、电解铝五行业共投放 433 亿元，占山西信贷总量的 9.48%；农村信用社共投放 66.31 亿元，其中生铁达 28 亿元。由于农村信用社支持的多为中小企业，抵御市场风险能力较弱，不良贷款反弹压力进一步加大。

3. 关联交易风险。经过近几年的快速发展，加之国家宏观调控政策的引导，山西省主导行业企业正在向集团化趋势发展。集团企业虽然抵御市场风险的能力增加了，但其关联交易频繁复杂，也加大了银行控制信贷风险的难度。具体表现为：一是目前集团公司法人治理结构尚不完善，内部管理不规范，财务信息不透明，一个集团企业往往涉及煤、焦、铁、钢等多种行业，相互之间资金流动频繁，银行在贷款的使用上很难控制，当某一行业产生风险时，极易出现不按公允价格原则转移资产和利润现象，容易使银行贷款被悬空；二是目前银行贷款的主要形式是保证贷款，容易出现集团内部关联企业相互担保的问题，从而使贷款担保形同虚设；三是企业往往以同一资产作抵押在多家银行贷款，降低了资产的抵押价值，一旦出现信贷风险，银行债权将难以落实。

三、对策建议

从近期走势看，今后一段时期内国家对产能过剩行业结构的调整还会持续，对银行信贷资产质量的潜在影响不容忽视，对此提出如下建议。

（一）银行业金融机构要及时关注产业结构调整动向，积极应对，防范信贷风险

1. 大力调整信贷结构，促进经济均衡发展。银行业要主动配合宏观调控，积极参与产业结构调整。加强与有关政府职能部门的沟通协调，及时跟踪了解国家宏观调控政策和行业信息，进一步加大信贷结构调整力度，优化信贷投向和客户结构。

2. 各银行业要坚持“区别对待，有保有压”的调控政策。对符合国家产业政策和市场准入条件的项目，继续给予支持；对不符合国家产业政策和市场准入条件的项目，以及未按规定程序备案的项目，一律不予授信，已实施的项目授信，要主动退出，在操作过程中要防止采取“一刀切”和“急刹车”式的紧缩政策，尽量减少对受限行业正常发展的负面影响。

3. 强化信贷管理，防范信贷风险。各银行应密切关注主导行业市场变化趋势，深入分析市场行情，强化贷款后续管理。要根据市场走向和潜在的风险，调整贷款五级分类结果，要做到准确分类，加大拨备，做实利润，审慎经营，积极主动采取多种措施，力争把行业结构调整带来的风险降到最低。加大贷后检查力度，特别是对集团客户和关联企业，密切关注企业内部的资金流动情况和关联交易情况，防范贷款风险。

（二）银行业监管机构要加强风险提示和监督检查，确保银行业稳健运行

1. 加强产能过剩风险预警提示。加强与政府相关部门的合作，搭建产能过剩与信贷风险信息交流平台，通过信息交流平台及时地向各银行业金融机构发布最新的宏观经济政策和运行数据、产能利用状况、产业发展和行业前景，加大风险预警提示力度，及时准确地发布风险预警提示，提高银行业在宏观调控中的主动性、前瞻性和预见性。充分发挥窗口指导和风险提示的作用，特别是做好大额授信、关联交易、多头授信等信息的反馈，建立和完善集团客户、关联客户信贷风险信息系统，及早进行风险预警提示，指引商业银行采取有效措施规避信贷风险。

2. 加强监督检查和指导。密切关注政策、市场动态，合理引导商业银行信贷投放，控制重点、热点行业信贷的过度增长。加强对产业政策和行业发展趋势及风险状况的分析研究，督促和指导银行业金融机构制定相关的行业授信管理办法，明确信贷准入条件，提高对产业政策和宏观调控措施的敏感度，提出防范贷款风险的对策和措施，同时督促和检查各银行业金融机构要加大拨备力度，有效地防范和化解因产业政策变动和实施宏观调控带来的政策性风险。

（三）政府部门要加强宏观调控和政策引导，促进经济全面协调可持续发展

1. 继续落实国家宏观调控政策，加快产业结构调整步伐。结合山西实际，区别对待，有保有压，促进经济结构的优化。在产能过剩行业调整和煤炭、焦炭行业治理过程中，要重视银行债权的保护，应以重组整合为主线，采取软着陆的方式，避免经济大起大落。

2. 进行合理的长远规划，保持产业政策的相对连续稳定。政府宏观经济部门要制定相对明确、稳定、长远的产业发展规划和产业发展政策，并辅以相应的扶持措施，营造健康的投资环境，引导银行业金融机构合理调整信贷结构，加大对主导优势行业的信贷支持，实现经济发展和银行利益的双赢。

3. 推进产业结构调整，培育发展多元化支柱产业。改造提升传统支柱产业，推进山西传统产业新型化。培育发展新的支柱产业，形成支柱产业多元化格局，改变山西支柱产业过于单一的状况。大力发展循环经济，提高资源利用效率和减少污染排放，以循环经济的理念规划煤炭、焦炭、冶金、电力、建材、化工等传统产业的发展，推动重点产业的循环式组合，实现循环式生产。

4. 建立完善产能预警体系。政府部门应建立判断产能过剩衡量指标和数据采集系统，做好产能过剩行业的预警预报，为银行业有效采取应对措施提供信息支持。

案件治理篇

银行业案件治理工作是维护银行业安全的基本前提，是维护银行业声誉的必要手段，是保护消费者合理权益的重要方式，是维护社会稳定的重要保障，也是维护国家金融安全的重要举措。近年来，在监管部门的高压态势和有效防控下，我国银行业案件治理工作总体趋势良好，但也存在一些问题和挑战，案件治理工作依然严峻。从案件治理工作的实践看，一些银行在激励机制过度、约束机制不足、内控机制不严以及部分员工法律意识欠缺等多种因素的影响下，案件还时有发生，尤其是在市场钱荒出现的时期，风险案件更是呈现了集中爆发的势头，给银行业的稳定发展带来了不小的影响，给银行业监管工作也带来了很大的挑战。就案件治理的性质而言，虽然不能给银行经营带来直接的效益，却能够减少损失，是另一个层面上的促进，并且这种作用是潜移默化的，是如影随形的。因此，银行业案件治理工作时刻都不能松懈，要防患于未然，做到未雨绸缪，切实堵住风险管理上的漏洞，避免“千里之堤溃于蚁穴”。对监管者而言，要找到更好的案件治理方法，丰富工作手段，坚持统筹推进与重点突破相结合，多方入手，提高银行业的内控水平，塑造良好的企业文化，建立案件治理的长效机制。

以科学发展观为指导　扎扎实实做好案件专项治理工作

案件治理工作是银监局的一项重要工作，作为监管部门，绝不允许违法犯罪行为侵吞公众存款人的利益，也绝不能容忍银行员工特别是银行管理人员玩忽职守、纵容违规犯罪行为。山西银监局将案件防范和查处工作纳入持续监管的范畴，更多地从体制和机制高度来考虑问题，努力探索防控案件的新路子，标本兼治，建立案件防范长效机制。

1. 进一步牢固树立科学发展观，建立正确的激励与约束机制，有效地防范策略风险。策略风险是银行经营中面临的主要风险之一，甚至可以说是根源性风险，很多其他风险源自于策略失误。以科学发展观为指导、树立正确经营理念归根结底就是要防范策略风险，这是银行稳健经营的前提，也是防范案件发生的根本措施。目前有的机构存在片面追求发展高速度、盲目追求规模扩张、忽视内部控制和风险管理的倾向。不切合实际的发展，从客观上也会带来管理不足、人力不足的问题，这就注定将孕育新的风险，为一些不法分子作案提供可乘之机。有了正确的经营指导思想和策略，还要有正确的激励约束机制来贯彻实施。激励与约束机制的扭曲往往表现在重短期利益而忽视操作风险，对员工考核片面强调业绩，突出地表现在：谁“能”，就奖谁、用谁，这个“能”就是可以拉来客户，可以拉来存款，可以壮大规模，可以所谓的“高速发展”，而缺乏对员工特别是基层负责人可能发生的权力失控、行为失当的警觉。

2. 牢固树立“内控第一”的理念，切实加强内控建设，严防操作风险。银行加强内控管理不是某一个部门、某一个领导的责任，中行省分行各部门、各级行、每位员工个人都要把加强内控、防范风险放在工作的首位。同时，不能片面认为银行就是要挣钱，不挣钱的就不是能人，凡是能挣钱的就是好人。从银行内部来说，内控不产生效益，但能减少损失。从外部监管部门来说也是如此，监管部门不能给银行带来效益，但能给银行减少损失。银行的效益来自于开源和节流，一方面努力挖掘客户、开拓业务、增强盈利能力；另一方面努力控制风险减少损失，否则一旦发生案件，就可能发生大家辛辛苦苦挣的钱还不够弥补一个案子损失的情况。银行发生案件，除了经济上的损失以外，还要承担信誉风险。因此必须牢固树立“内控第一”的理念，加大工作力度，切实堵住风险管理上的漏洞，不断加强内控建设，严防操作风险。

3. 加强员工的思想道德教育，逐步培育科学、先进的企业文化。各级行的高级管理人员特别是主要负责人，不能把自己沉浸到单纯的业务工作当中去。作为管理人员，首要任务不是创造多少效益、拉来多少客户、增加多少存款，最重要的是要带好一支队伍、管好一支队伍、打造一个良好的企业文化。现在内部控制的制度是有了，但缺乏内部控制的文化；各项管理制度有了，但是缺乏企业文化。把被动的制度转化为员工自觉的行动是一个非常重要的问题。中行省分行要切实抓紧体制和机制改革，不断增强全行员工风险防范意识，创造良好的内控文化，逐步建立案件治理长效机制。

4. 认真按照银行案件专项治理的各项要求，采取有效措施，把防范案件工作抓紧、抓实。要按照银监会对银行业案件专项治理工作的总体要求和部署，对全行防范案件工作进行全面分析总结，查找案件治理工作中存在的问题和薄弱环节，对内控管理中各类问题进行逐条梳理，找准症结所在，将防范案件的各项措施落到实处。中行省分行各部门、各分支行，一定要严格执行监管部门和中行总行的各项要求，在案件专项治理这个问题上，不可大意、不可马虎。银监部门也会加大监管力度，做到有错必究，有过必罚。对于在案件治理工作中责任不落实，措施不到位，敷衍塞责、弄虚作假、阳奉阴违走过场，导致案件发生的机构，监管部门要按照有关规定该追究谁的责任就追究谁的责任，该怎么追究就怎么追究，该追究到什么程度就追究到什么程度！

提高认识 狠抓落实 加大力度提升案件防控工作的针对性和有效性

今天召开深圳银行业案件专项治理工作会议的主要目的，是通报2007年深圳银行业案件情况，总结刚刚结束的会计结算和柜台业务风险排查，分析案件带来的教训，提出下一阶段的监管要求，明确案件追究标准，签订案件防控目标责任书。总体目标就是要督促辖内银行业金融机构提高对案件防控工作的认识，高度重视，狠抓落实，遏制案件高发态势，还深圳银行业市场一份平静。

一、深圳银行业2007年案件情况

自2005年2月中国银监会开展银行业案件专项治理工作以来，依靠各银行业金融机构的共同努力，深圳银行业案件专项治理工作取得阶段性成效，各类案件总数和百万元以上案件数量一直在全国处于较低水平，营造了深圳银行业良好的经营环境，维护了深圳银行业的整体声誉。

但自2007年下半年以来，深圳银行业百万元以上案件频发。深圳银监局组织各国内商业银行开展了为期4个月的会计结算和柜台业务风险排查。此次排查共查出合规性操作问题3035个，发现案件2起，成功堵截案件3起，挽回经济损失1387万元。作为一项复杂而长期的任务，深圳银行业的案件防控工作面临着非常严峻的形势，近期接连发生的5起百万元以上大案，不但给发案银行带来了巨额经济损失，而且给其正常业务发展带来了巨大影响。2007年，监管部门先后暂停了招商银行、深圳平安银行的新设机构准入和新业务准入。前不久，深圳发展银行又发生了一起千万元以上恶性案件，不仅会受到严厉的监管制裁，其声誉和社会形象也受到了一定损害。

二、案件引发的教训

（一）盲目自信，认识滞后，没有形成案件防控的高压态势

深圳银行业案件专项治理工作开展以来，各家银行响应监管要求轰轰烈烈做了不少事情。但从当前案件发生的形式、特点和突出问题看，各行的案件防控工作并没有涵盖全部风险点，许多问题也长期未得到根本解决，导致大案要案不断，同质同类案件在多家银行重复出现。从这个意义上说，历时 3 年的案件专项治理并未取得应有的成效，究其原因，是作为案件治理主体的各家银行认识不到位、重视不到位、措施不到位、人员不到位、责任不到位、警示不到位，未从根本上认识到案件防控工作的重要性。

（二）流程疏漏，系统落后，案件防控失去执行的保障

分析 4 起重大柜面风险案件可以看出，犯罪嫌疑人作案手法简单，但长期、多次作案得逞却未被及时发现，充分暴露了部分银行在业务流程设计、风险控制技术方面存在着重大漏洞。一是部分业务制度存在过时脱节现象，应修订未修订，缺乏可操作性。一些业务流程中的风险点长期未予梳理和评估，难以分辨高风险业务和关键控制环节，更无法采取相应的控制措施；二是前中后台职责界限不清，相互制约制衡失效；三是计算机系统落后，部分业务和管理系统对业务交易和操作的事中控制程度不高，未将相关的控制流程嵌入到系统程序中，技防手段不足。

（三）措施不力，警觉不足，对内部人违法违规疏于防控

“员工赌球”和“内部人作案”是当前几起大案的共性特征。近年来，境内外博彩组织在深圳活动猖獗，不少赌球庄家把目标盯在商业银行年纪较轻的柜员身上。这些年轻柜员为支付赌资，利用银行内部管理和制度上的漏洞，铤而走险，大肆盗取银行资金。尽管每家银行发生的案件都进行了通报，但对他行发生的案件既未总结经验教训，也未对自身存在的同类问题引起足够重视，失去亡羊补牢的机会。各行普遍对社会不良风气对员工队伍的冲击、影响反应迟钝，警觉不足，“八小时外”监控流于形式，员工行为排查走过场，未起到应有的作用。各行对熟悉内部制度和流程员工的监控和制衡力度普遍不够，防止内部人员作案的制度安排普遍缺失，人情大于制度、混岗操作、内部审计和业务条线检查不到位等情况为犯罪嫌疑人作案提供了可乘之机。

（四）人员缺位，资源不足，内部控制要求难以落实

一些银行仍未从根本上纠正重发展、轻管理的片面思想，在抓内部管理上重视不够、投入不足。从人力资源配备方面，大都存在网点柜面人员甚至是保证重要岗位分离牵制的人员配备不足，人力资源大量倾斜到业务营销的第一线。从几起案件暴露出的问题看，各行为控制人力成本，会计人员配置普遍与业务规模、发展速度不匹配。一是柜面业务和机构网点的增幅远远高于柜面人员的增幅，柜面人员长期处于高强度、超负荷的工作状态，疲于应付日常业务，致使有关内控措施无法有效落实。二是专职结算管理人员和后督人员严重不足，难以有效履行对营业机构的检查督导职责。风险排查发现，有的银行至今未设置专职会计检查队伍，有的银行因督导检查人员不足，常规检查覆盖面不够；有的银行未根据业务量配备后督人员，事后监督手段落后，甚至只是象征性地存在。

（五）对账不实，岗位不动，有效的防控手段悬空

总结近年来已发案件特点和银行业内部管控方面的缺陷，银监会从抓案件防控的内因和治本角度，提出了防范操作风险“十三条”和内部控制“十个联动”，把对账、轮岗、强制休假等作为案件防控工作最基本的准则。从近期发生的 4 起柜面风险案件看，虽然主客观原因很多，但最核心的一条是“对账不落实，轮岗和强制休假执行不到位”，4 起案件均与过渡性账户长期不对账、对账不及时有关。在轮岗和强制休假方面，有的银行因人手不足，轮岗制度形同虚设，一人长期盯岗；有的银行虽然推行了轮岗和强制休假，但轮岗、休假后的配套审计制度不健全，只轮岗不审计，只休假不审计。强制休假后的配套代岗制度也不完整，各行对交接事项及后续核对无明确规定，轮岗和强制休假的再监督机制还未形成，风险防范作用没有体现。

（六）有章不循，疏于防范，对操作岗位督察流于形式

会计日常检查和事后监督仍然是监控基层营业机构经营行为最有效的手段之一。在现有技术条件下，没有日常检查和事后监督，难以连续监控基层营业机构，难以及时发现违法违规问题，难以震慑那些图谋不轨的少数员工。目前各行对基层营业机构的检查力度明显偏弱，督导检查主要采取临时抽调支行业务骨干交叉抽查的方式，限于检查时间、内容及人员素质，检查的频率、广度、深度不够，对违规责任人的处罚力度不够，柜员卡、授权卡随意放置，离开座位不签退等痼疾长年难以根除，为犯罪嫌疑人作案留下可乘之机。4 起案件中，3 起存在盗用他人密码、私章、柜员号、授权卡的行为。

（七）心存侥幸，排查不力，案件风险隐患犹存

2007 年下半年，深圳银监局组织辖区国内商业银行开展了会计结算和柜台业务拉网式排查。此次排查，虽然整体上达到了统一思想、排除风险、深入总结、不断提高的目的，但仅仅两个月过后又有银行出现同质同类大案，反映出在风险排查中，有的银行组织领导工作软弱，存在走过场现象；有的银行对排查出的风险隐患未严查深究，以致未能挖出陈案；有的银行心存侥幸，未借鉴他行教训，未雨绸缪，因此难以达到风险排查的效果。

三、做好案件防控工作的总体要求

为提高深圳银行业案件防控的针对性和有效性，遏制大案要案的高发态势，2009 年的案件防控工作要突出两个要求，一为“实”，二为“严”。“实”是指要层层落实案件防控目标责任制，强化工作职责。“严”是指对风险排查不到位发生案件的要从严问责，对发生同质同类案件的要从严处罚，对未落实目标责任书的要从严采取监管措施。具体来看，各银行要认真、扎实地做好以下四项工作。

（一）思想认识到位，增强工作的责任心和紧迫感

统一思想，高度重视，自觉落实银监会操作风险防范的有关要求，是实现案件防控目标的基本保证。各行要从维护深圳银行业声誉、巩固深圳银行业改革发展成果的高度来认识案件防控工作的紧迫性、持续性和艰巨性，以高度的责任感、危机感和主动性投入到这项工作中。监管部门也将采取激励与惩戒并举的措施，对案件防控工作做得扎实、深入的机构给予最大的监管支持。

（二）组织到位，确保目标责任制的落实

各家银行作为案件防控工作的主体，要成立专门的案件防控领导小组及办事机构，将案件防控工作作为一项常规性和基础性工作，纳入操作风险管理范围。各行一把手是本单位案件防控的第一责任人，负责组织推动日常工作以及大要案的处理和整改。各行要逐级签订案件防控责任书，总分行高管层与总分行各部门之间，各级经营层之间都要层层签订，明确工作目标与职责，强化责任追究，构筑上边有人抓、中间有人管、基层有人干，责任到人、层层负责的案件防控工作网络。监管部门与各机构将逐家签订“案件防控目标责任书”和“风险排查与整改承诺”，督促各机构落实，对工作失职导致案件发生的主要负责人要引咎辞职。

（三）队伍建设到位，切实防范内部作案

几起案件的基层化、内部化充分暴露出各银行员工队伍建设的滞后和薄弱。各银行必须根据营业网点和业务量的一定比例关系配置柜面人员，根据人均业务量配置后督人员，根据营业网点数量和业务量建立专职的流动检查或飞行检查队伍，对风险排查中发现的操作人员有章不循问题要集中检查，定期抽查，严抓狠打，形成行为规范。在当前复杂的社会形势下，各银行要创造性地开展员工异常行为排查，建立有奖举报制度，对只重视业务拓展、忽视风险管控的高级管理人员，对涉黄、涉赌、涉毒、经商办企业的人员坚决予以撤换、调整和清退。

（四）措施到位，全面落实防范操作风险“十三条”和内部控制“十个联动”的要求

针对当前4起重大柜面风险案件，各行要重点落实对账、轮岗和强制休假等控制要求。一是在确保重点账户银企对账率达到100%的基础上，加强对所有内部账户及过渡性科目的管理，狠抓内部账户及过渡性科目的及时、定期对账。二是要统筹安排，创造条件坚决执行轮岗和强制休假制度。重点抓好轮岗和强制休假后的离岗审计，以及代岗人员交接事项和后续核对。三是建立会计辅导与休假顶岗相结合的机动人员队伍，确保基本内控手段的有效落实。四是问责到位，严厉打击和惩处涉案行为。

深圳银行业今天取得的良好局面实属来之不易，我们有责任和义务维护深圳银行业的整体声誉，珍惜这块改革开放热土的良好经营环境。漫漫修远之长路，有待我们一步一个脚印走下去。让我们以科学发展观为指导，扎实贯彻银监会案件防控工作的各项部署，为深圳银行业的安全与稳定作出贡献！

提高认识　狠抓落实　不断把案件专项治理工作引向深入

一、充分认识开展案件专项治理工作的重要性和紧迫性

中国银监会在全国范围内深入开展银行业案件专项治理工作，这是整顿和规范市场经济秩序、维护国家金融安全的重要举措，是银行业贯彻科学发展观和构建社会主义和谐社会的具体行动，也是当前防范和遏制银行业案件高发态势的现实需要。

（一）维护银行业安全的基本前提

银行是经营货币的特殊行业，一贯是犯罪分子作案的重要领域。从当前的案件形势看，无论是票据案件，还是结算案件；无论是存款案件，还是贷款案件；无论是诈骗案件，还是盗窃案件，尽管案发的单位、特点、部位、形式、人员等有所不同，但无一例外都给银行资产带来了不同程度的损失，给银行安全运营埋下了很大隐患。尽管一些银行的工作非常努力，效益也十分不错，但往往因为发生了一两起案件，资金损失巨大，所有的努力付诸东流，业务发展陷入困境，甚至多年也无法翻身。因此，有效防范案件发生，降低发案率，保全资产安全，首先是银行自身的需要，是银行得以安全运营和稳健发展的基本前提。

（二）维护银行业声誉的必要手段

当前，银行业的竞争空前激烈，来自内外部的压力不断增大，各银行都在积极创新业务品种，寻求新的利润增长点，不断拓展生存和发展的空间。但由于屡屡发生案件，引起了社会广泛关注和强烈反响，严重损害了发案银行的声誉，甚至关乎自身的生死存亡。特别是由于一些案件金额巨大，触目惊心，波及范围较广，负面影响深远，已影响到整个银行业的声誉和形象。如果案件频发的态势得不到有效遏制，银行业将要面临社会公众的信任危机，整个银行业将名誉扫地，后果不堪设想。因此，必须充分认识银行业案件的严重性和危害性，扎实搞好案件专项治理工作，维护银行业的整体声誉，营造银行业经营管理的良好环境。

（三）维护社会稳定的重要保障

金融是现代经济的核心。银行业是国民经济的重要组成部分，对于保护金融消费者的合法权益，促进经济社会全面发展发挥着重要作用。但是，银行业大案要案的频繁发生，在社会上产生了极坏影响，不仅损害了广大金融消费者的合法权益，也破坏了当前经济金融改革发展的大好形势。如果任其蔓延，将会严重危及经济发展和社会稳定，我们将愧对人民、愧对党、愧对历史。因此，有效防范和遏制银行案件的发生，是保持经济发展，维护社会稳定，构建和谐社会的必然要求。

二、当前案件专项治理工作中存在的主要问题

通过前一阶段的努力，我省银行业案件专项治理取得了阶段性成效。但是我们必须清醒地看到，当前案件多发、高发的态势并没有从根本上得到遏制，巩固已有成果的基础还非常薄弱，案件反弹的压力依然很大，银行业案件的形势依然十分严峻，案件专项治理工作还存在诸多问题。

一是思想认识不到位。有的机构特别是基层分支机构的责任感、危机感和紧迫感还没有真正确立，还没有把案件治理真正摆到突出位置；有的机构贯彻落实案件专项治理的部署和要求还不够坚决，工作推进乏力，自查流于形式，针对性和时效性不强，被动应付上级检查；有的机构发案后不及时报告，而是捂着、盖着，存在迟报、漏报、瞒报现象，致使风险进一步蔓延，资产损失扩大。有的机构缺乏过硬的组织措施和严格的问责，案件迟迟得不到办结，甚至在责任人的处理上向监管部门反复说情等。

二是经营思想存在偏差。一些机构特别是基层分支机构，在贯彻落实科学发展观的问题上存在偏差，粗放式经营发展的指导思想和经营策略没有得到根本消除，一味讲求发展速度，片面追求市场份额，盲目扩张经营规模。一些机构不顾其内部管理水平和风险控制能力，违反规定下达硬性指标，业务考核缺乏安全运行因素，扭曲了经营行为，加剧了风险案件的形成和发展。经营指导思想问题不解决，案件多发、高发的态势就很难从根本上得到有效控制。

三是有章不循，违规操作。应该说，日前各银行机构都建立了人量的内控制度，基本上涵盖了各个业务环节。但部分工作人员盲目服从领导的指示或碍于情面，对犯罪分子的违法违规行为不抵制、不举报，置制度于不顾，违规操作，完全缺乏基

本的职业道德。一些银行工作人员在金钱和私利的诱惑下，不计后果，与犯罪分子同流合污、内外勾结作案，使银行的内控制度和操作规程形同虚设。

四是道德风险较为突出。一些机构忽视对员工的职业道德、遵纪守法和防范风险的教育，对员工思想观念、不良行为缺乏正确分析和深刻认识，对少数员工赌博、买彩票、经商、畸形消费等问题不够警觉。一些基层机构高级管理人员和要害岗位人员素质较差，缺乏起码的社会责任感和工作责任心，纪律观念淡薄，与不法分子内外勾结，相互串通，利用银行内部管理的漏洞，从事金融违法犯罪活动，致使银行蒙受巨大损失。

三、进一步做好案件专项治理工作的几点要求

目前开展的案件专项治理活动，不只是单纯针对各类案件，而是要通过案件治理活动，提高银行业金融机构防范风险能力，培育良好的企业文化，提高管理水平和队伍素质，实现合规健康发展。

一是进一步提高思想认识，加强组织领导。案件是客观存在的，没有案件是不可能的。但是各银行业金融机构对案件形势一定要有一个清醒的判断，切实解决思想认识上的问题，不断增强工作的责任心和紧迫感。要按照中国银监会的要求，结合本次会议精神，进行再动员、再部署、再落实，研究制定专项工作措施，有组织、有计划、有步骤，全面深入地开展案件专项治理工作，做到整体推动，不留死角。对案件专项治理过程中反映出来的突出问题，要立即处理或整改，真正做到不流于形式、不走过场。今后对于迟报、漏报、隐瞒不报的，一律按照有关规定对相关机构和责任人从严处理。

二是切实端正经营思想，制定科学的发展策略。各银行业金融机构要真正树立科学发展观，端正经营思想，牢固树立内控优先、审慎经营的理念，制定科学、长远、精细的经营发展策略，纠正片面追求业务发展的粗放式经营模式，切实增强风险控制和案件查防能力。同时，要重新审视各项考核指标，坚决摒弃那些简单片面带有风险隐患的指标考核，以科学发展观指导自身健康发展的长效机制建设，不断提高经营管理水平，实现银行业的长治久安。

三是高度重视员工队伍的教育管理，切实防范道德风险。再好的思路最终要靠人来实施，再好的制度最终要靠人来执行，归根到底还是人最重要。各银行业金融

机构要进一步建立健全用人机制，严把进人用人关，保证员工队伍的纯洁性。要强化政治思想教育，积极引导员工树立正确的世界观、人生观、价值观，树立正确的荣辱观、权力观，提升员工的职业道德水准，从源头上预防案件的发生。要健全对员工行为的失范监察制度，对只注重业务拓展而忽视内控管理的高管人员，对有不良影响的要害岗位的人员，对有涉黄、涉赌、涉毒以及其他不良行为的人员，对违规、违纪、违法的人员，都要坚决予以撤换、调整和清除。

四是全面落实各项制度，加大案件查处力度。各银行业金融机构要认真执行中国银监会关于加强操作风险的“十三条”规定，全面落实案件风险隐患定期排查制度，深入分析、总结、查找存在的问题和薄弱环节。对于已经查实和暴露的风险点，要进一步落实，一追到底，坚决整改。对于当前案件风险突出的票据业务、负债业务和个人消费贷款业务等，要组织专项检查，防患于未然。对于各类违规违纪问题的查处，必须坚持原则、严肃对待，绝不姑息迁就。对于相同问题屡查屡犯的，我们将视情况严肃查处。

突出重点　措施到位　确保全年案件专项治理工作目标的实现

今天，我们召开全省银行业金融机构案件专项治理工作会议，就是要全面贯彻落实全国金融工作会议、银监会2007年工作会议及山西银监局2007年工作会议的要求，深入开展案件专项治理工作，狠抓案件专项治理措施的落实，确保全年银行业案件发案数量和百万元以上案件数量较上年下降30%目标的实现，努力构建银行业案件治理长效机制。

一、认清形势，提高认识，增强做好案件专项治理工作的危机感、紧迫感和责任感

2006年，在银监会的领导下，山西银监局积极督促与指导山西省银行业金融机构深入开展案件专项治理工作，全面排查风险，及时堵塞漏洞，在监管机构和银行业机构的共同努力下，全省银行业案件治理工作实现了成功堵截率较上年上升和案件数量、涉案金额、风险金额较上年均下降的阶段性成果。但由于银行业的发案金额仍居高位，案件防控的基础还不牢固，2007年我们面临的形势依然严峻，一些地区、部分业务领域案件风险隐患仍然比较严重，案件查防长效机制还没有真正建立起来，2007年案件专项治理工作任务仍然十分艰巨和繁重。

山西省银行业案件形势体现三个特点：一是与全国差异较大，二是机构间差异较大，三是地区间差异较大。表现在：全国案件专项治理工作已经实现了银行业案件多发、大要案频发势头基本得到遏制，在防堵新案、查处陈案、挽回损失、追究责任等方面取得明显成效，各类银行业案件数量全面下降的成果。全国银行业案件治理工作重点已经从“标本兼治”向“重在治本”转化，由集中的专项治理工作安排向全面操作风险防控和建立长效机制转变。但是，山西省银行业案件专项治理工作形势依然严峻，案件发生的压力还很大，还需采取超常规的手段来有效地防控案件的发生，仍处在标本兼治的阶段。

山西省各银行业机构之间发生案件的情况差异较大，主要集中在大型银行和农村信用社的基层机构。全省大型银行共发生案件 12 起，涉案金额 1.31 亿元，风险金额 7413 万元，分别占全省银行业的 41.38%、43.38%、43.53%。全省农村信用社共发生案件 14 起，涉案金额 1.68 亿元，风险金额 9238 万元，分别占全省银行业案件的 48.26%、55.63%、54.12%。大型银行和农村信用社两类机构合计，案件数量、涉案金额、风险金额分别占全省银行业案件的 89.64%、99.01%、97.65%。大型银行发生的案件主要集中在农行和中行，农行发生 6 起，中行发生 4 起。在太原的 6 家股份制商业银行全年未发生案件。最值得一提的是，工行山西省分行系统全年未发生案件。

山西省银行业案件发生的地域差异也很大，主要集中在太原、临汾、晋中和运城等地。其中，中行 4 起案件中有 3 起发生在太原；农行的 6 起案件中有 4 起发生在临汾；农村信用社的 14 起案件中，晋中发生 3 起，临汾发生 2 起，运城发生 2 起。

山西省银行业的案件形势应引起我们的充分重视，机构间与地区间的差异应成为山西省案件专项治理工作重点选择的依据。在 2007 年工作会议上，银监会提出了年内案件总数和百万元以上案件数要在 2006 年的基础上下降 20% 的要求，根据山西省银行业面临的形势，山西银监局提出了年内案件总数和百万元以上案件数要在 2006 年的基础上下降 30% 的工作目标，我们一定要努力地完成好这个任务。这个目标能否实现，事关山西省银行业的安全、在全国同业中的形象和在社会公众中的声誉。因此，2006 年案件高发的银行业机构要亡羊补牢，加大工作力度，案件低发或未发的银行业机构要未雨绸缪，加强防范。总之，我们要把案件防控工作放在各项工作重中之重的位置，思想上要更加重视，认识要深化，力度要加大，工作要抓紧，努力实现既定目标，为全国银行业案件专项治理工作目标的实现作出贡献。

二、加强领导，广泛动员，确保案件专项治理工作的年度规划和目标责任制的实现

完成任何一项工作目标或任务指标都离不开银行业机构领导的重视和周密安排，案件专项治理工作也不例外，因此，各银监分局和各级银行业机构的领导要充分重视，扎实搞好案件专项治理工作，维护山西省银行业的整体声誉，营造银行业经营管理的良好环境。

建立健全案件专项治理工作的组织领导机构。各级监管部门和银行业金融机构都要加强对案件防控工作的组织领导，成立专门的领导小组及办事机构，将案件专项治理工作列入本单位的重要议事日程，周密部署，精心组织实施，“一把手”对本系统、本机构案件防控工作负总责，要亲自抓大案要案的检查、处理和整改。

上下联动，将案件专项治理工作全面推向基层。各银行业金融机构要切实解决“上热下冷”的问题，及时有效地将案件专项治理的工作部署和措施推向全系统，落实到基层，上下联动，畅通传导机制，切实加强基层机构的案件防控工作。各级监管部门要加强对银行业机构案件专项治理工作的巡查与督导，及时向银行业机构通报形势，明确工作重点，将案件治理工作不断推向深入。

制定实施年度案件防控工作规划，有的放矢地开展案件专项治理工作。各银行业金融机构都要制定年度案件防控工作规划，明确案件防控工作目标、制定工作措施、落实工作部门、分解工作任务，并认真组织实施，年底进行考核。

逐级签订案件防控责任书，明确工作目标与责任。监管部门与各银行业金融机构之间、各银行业金融机构董事会与高管层之间，各经营层之间都要层层签订案件防控责任书，强化工作职责与责任追究。要把案件专项治理目标责任制与经营目标责任制一样做到层层落实、人人明确。

狠抓目标考核，严格责任追究。各级监管部门和银行业金融机构都要把案件防控工作纳入整个绩效考核体系，作为重要评价指标，实行目标管理，增强案件防控工作考核力度。对发生案件，不仅要依法追究直接责任人的责任，而且要按照有关规定，追究有关领导的责任，对重大案件还要逐级追究有关领导和人员的责任；对案件查处不力或有意隐瞒案件的，要追究查办负责人的责任。

三、突出重点，措施到位，确保全年案件双下降目标的顺利实现

为实现年度案件总数和百万元以上案件数双下降 30% 的工作目标，山西银监局将组织、指导、督促全省银行业机构将案件查防工作进一步做深做细，本着“宣传不惜力，排查不留角，广度不设边，矛盾不回避，责任不推辞，处罚不手软，信心不动摇”的原则，在全省银行业机构中全面开展“金融案件百日排查”活动。

加强宣传，营造声势。山西银监局将组织全省银行业机构全面开展历时百日的案件风险排查工作，要在社会上造出声势，要对作案人形成威慑，要使银行业机构

找到压力，要达到多方共同努力清除案件隐患的目的，要形成外部监管有压力、内部治理有动力的案件治理工作新局面。

广泛深入，不留死角。案件排查活动要做到广度不设边，排查不留角，横向到边，纵向到底，绝不放过每一个苗头性、倾向性的问题及可能导致案件发生的各种因素，前移关口，增强案件专项治理工作的前瞻性和主动性。

高发区域，重点排查。分析已发生的案件，绝大多数都发生在基层分支机构。因为基层网点面广量大，基础工作相对薄弱，管理难度相对较大，要切实加强基层工作，做实案件防控的第一道防线。要重点关注票据和存款业务，从 2006 年的情况看，这两类案件占了很大比重，说明在这些业务领域存在很大的薄弱环节，需要给予重点关注，要不断优化和完善流程设计，杜绝各种可能存在的漏洞。

农村信用社和农行要作为排查的重点。山西省银行业案件主要集中在农行和农村信用社。各级监管部门要将辖内农村信用社和农行作为案件排查的重点进行督促、检查与指导，对其基层机构的排查面要达到 100%

银行业机构自查与监管部门督察相结合。本次排查活动主要以各银行业金融机构自查为主，通过全面深入的排查，挖出陈案，堵截新案，找出每一个可能引发案件的隐患和漏洞，及时采取补救措施，打牢案件防控的基础，构建案件防控的体制机制。监管部门将适时进行督导和检查，对案件排查工作不认真、不彻底的银行业机构，将严肃追究有关人员的责任，必要时采取行政处罚措施。

四、认真分析，深入总结，不断提高银行业风险控制能力和案件防控水平

2006 年年底，山西银监局将山西省银行业 2006 年发生的典型案件汇编成册，对发生案件的环节、案件暴露出的风险点进行分析，并发给各银行业机构人手一册，供银行业机构及从业人员研究借鉴，案件教育的影响和效果进一步扩大。各银行业金融机构要认真分析案件发生的深层次原因，深入总结经验教训，有针对性地进行整改，防堵可能引发案件的管理漏洞和盲区。

加强对历史陈案的分析。近年来银行业发生的案件，充分暴露出银行业机构经营管理中存在的薄弱环节。各银行业机构要认真剖析案例，从防控机制、制度建设、流程监督、基层机构及员工的理解和落实情况等方面，分析产生问题的根源，寻求

从根子上解决问题的方法和途径，堵塞漏洞。

加强对他行案件的分析。银行业金融机构之间案件的发生差异较大，有的案件较多，有的较少或未发生。但各银行业金融机构要从他行发生的案件中，敏锐地发现本行在工作中存在的问题，主动地改进工作，防患于未然。注意借鉴和学习零发案银行在业务流程、内部控制、风险管理等方面的经验，他山之石，可以攻玉。

加强对本行不同基层行案件的分析。基层行发生的案件虽然说只是一个点，但要推点及面，分析预测面上可能存在的矛盾和出现的变化，从一个点上的案例，举一反三、引以为戒，杜绝系统内同质同类案件的再次发生，不要被一块石头绊倒两次。

加强对不同地区案发情况的分析。在案件发生较为集中的区域进行深入剖析的同时，要关注经济发展同时段、社会信用同水准、社会人员同素质地区银行业机构的案件形势，找出问题共性所在，有针对性地作出预防，做到未雨绸缪。

五、端正理念，综合治理，构建案件防控的长效机制

开展案件专项治理活动，既要防控各类案件，也要通过案件治理活动，提高银行业金融机构防范风险能力，培育良好的企业文化，提高经营管理水平和员工队伍素质，实现合规健康发展。要按照“标本兼治，重在治本”的原则，努力构建案件防控的长效机制。

加强文化建设。对于一个金融企业来说，无论是经营，还是管理，要形成决策科学、机制有效、管理到位、员工行为规范的良好局面，更重要地取决于企业文化建设。关键是要端正经营理念，建立科学的激励约束机制，具备成熟的监督体系与素质，更重要地在于培养员工的职业操守和诚信理念，全面提高员工特别是基层机构负责人和重要岗位员工的业务素质和精神境界。

加强队伍建设。遏制案件高发势头，维护企业财产和储户资金安全，一方面要从严治理，采取刚性措施，实施打、罚并举。同时又要着力治本，做到惩教结合。各银行业机构党委应着力抓好队伍思想作风建设，从政治思想教育入手，配合业务工作，教育督促员工筑牢依法合规经营的思想道德防线，使广大员工不犯错误和少犯错误，发挥综合治理的整体效能。

加大管理系统建设力度。实践表明，防控案件光靠人还不行，还要靠科技手段的支撑。工行的案件比较少，十分重要的一条原因就是有比较先进的管理系统支持。

因此，要高度重视管理系统的建设，运用现代化的科技手段，尽可能减少犯罪的可能性。

大力推进风险百日排查 全面做实案件专项治理

这次会议是继 2007 年 3 月 16 日山西省银行业案件专项治理工作视频会议之后，就案件专项治理工作召开的第二次全省规模的会议。这次会议的主要内容是：通报 2007 年以来全省银行业案件情况，总结开展案件风险百日排查第一阶段的工作，分析当前银行业案件形势，安排部署下一阶段的案件防控工作任务。

一、重拳出击，众志成城，案件百日排查初见成效

自山西银监局 3 月 13 日下发《关于开展银行业案件风险百日排查活动的通知》，3 月 16 日在山西省银行业案件专项治理工作视频会议上对案件百日排查工作进行部署以来，历经一个多月的时间，全省各银行业金融机构按照银监局的统一安排，结合自身实际情况，全面开展了排查风险、深挖案件的百日排查活动。截至目前，案件风险百日排查工作造出了声势，形成了威慑，排出了案件，查出了风险，取得了初步成效。

（一）高度重视，全面安排，全系统普遍行动起来

针对 2006 年全省案件专项治理工作基础薄弱、案件频发的状况，山西银监局知难而进、知耻后勇，当机立断地决定开展案件百日排查工作，早动手、早动员、早布置、早行动，在案件专项治理工作中取得主动。

全省各银行业金融机构积极落实银监局的工作部署，迅速行动，领导挂帅、全面布置、重点深入、梯次推进，在全省银行业金融机构形成了行行排查风险、家家深挖案件的局面。

在案件百日排查过程中，农行山西省分行针对库款案件多发的问题，狠下重手，查堵漏洞，由省行领导亲自挂帅组成工作组，对基层机构进行了全面查库；省联社及时转发银监局文件，全面作出工作安排，基层社案件排查工作安排张贴上墙，人人皆知，并开展了交叉检查；工行山西省分行审时度势，深感在案件高发的大环境

中难以独善其身，在“一把手”外出学习期间，专门请假赶回召开全辖会议，布置排查工作，做到警钟长鸣；中行山西省分行为配合案件风险百日排查工作，由80多人组成的专门队伍，对基层机构的操作风险进行全面检查。中行总行高度重视，派出专业人员参与检查工作。

（二）重点排查，措施到位，一批案件浮出水面

在案件百日排查中，建行山西省分行派出稽核工作组开展排查工作，在账务检查过程中发现疑点，挖出作案时间长达十年的陈案；长治市商行在百日排查中，贯彻轮岗规定，对轮岗人员负责的业务进行检查，作案人慑于压力自我交代主动自首，一起案件浮出水面。

各银行业金融机构对案件风险百日排查工作的高度重视和迅速反应，以及第一阶段的排查效果，预示着山西省案件风险百日排查工作将会取得令人满意的工作成效。

（三）主动排查，深挖陈案，自查自纠，获银监会领导认可

案件风险百日排查工作期间，银监会银行业案件专项治理工作督察组组长杜俭同志一行来山西省督导银行业案件专项治理工作。在充分调研、听取汇报的基础上，杜俭同志对山西省银行业案件风险百日排查工作给予了充分肯定。

杜俭同志在巡察中作出重要指示，要求把案件专项治理工作作为大事，作为重中之重，作为“一把手”工程，层层落实责任制；要结合实际建立健全案件有奖举报、轮岗轮调、强制休假、员工行为排查等制度，形成防控案件的良好机制；要开展经常性的案例剖析和警示教育，努力营造合规文化氛围；要坚持实事求是、区别对待的原则，发挥政策优势，对主动发现暴露案件的要给予鼓励，对隐瞒掩盖案件的从严从重处理。

在评价山西银监局组织的案件风险百日排查工作时，杜俭同志指出，主动排查案件，特别是深挖陈案，是积极治理案件的主动行为，应给予充分肯定，在定性和处理过程中要差别政策、区别对待。银监会主席刘明康在评价山西银监局组织的案件风险百日排查工作时，明确指示：主动排查案件风险，深挖陈案，是一件好事。关键是要主动发现、深刻剖析案情，及时采取有效措施，减少银行的损失，严肃处理涉案人员，起到警示作用。

二、端正认识，正确理解承担起保证银行业安全的历史责任

经过案件风险百日排查第一阶段的过程，我们发现部分银行业金融机构组织领导工作软弱，行动措施迟缓，羞羞答答，遮遮掩掩，与全省的案件排查形势很不合拍。究其原因，主要是认识还不到位，一方面担心案件的暴露影响考评结果，降低职工待遇，从而伤及业务的发展；另一方面存有侥幸心理，自己抹一抹、平一平，过关了事；再者，是怕丢人，担心监管部门的追究；还有更为恶劣的，是要保护或是袒护下属，特别是对那些业务表现所谓“优异”的“骨干”。针对存在的问题，我们必须端正认识、正确理解案件风险百日排查的意义。

（一）百日排查，实事求是，是责任之举

案件风险百日排查的工作安排是银监局党委经过慎重考虑，经反复研究决定的，主要是依据 2006 年山西辖内银行机构的发案特点（银监局检查、社会传言导致案发）和案发态势（集中下半年）得出结论，银行业机构的案件仍未充分暴露。在我们的身边仍然隐藏着为数不少的定时炸弹，它们随时可能爆炸，而爆炸前仍在不断积蓄爆炸能量，其危害正在不断增大。只有及时排除，才能控制其危害程度。但是，积累多年的案件要集中在一个时点上引爆，特别是在银监会要求年度案件双下降 20% 和各银行业机构制定了案件责任制的情况下，对监管部门和各银行业机构的压力是可想而知的。

但是，案件排查是我们的主动行为，案件高发是监管部门和银行业机构所共同不愿看到的，也是我们不得不面对的，并不是不排查就没有案件，更不会因为排查导致案件发生。案件排查的目的，一是主动出击，减少损失，争取主动；二是形成威慑，使有动机的人罢手，减少案件的发生。因此，我们要卸掉思想包袱，端正思想认识，在保证银行业稳定安全的高度，承担起我们的责任。案件排查就是我们放弃个人得失，忠诚职守的责任之举。

（二）认真分析，查堵漏洞，是治乱之举

在案件风险百日排查活动的推动下，各银行业金融机构纷纷行动起来，广泛深入地排查风险点，势必为以后的案件防范工作起到积极的促进作用。在案件风险百日排查的过程中，各银行业金融机构痛定思痛，深刻反省制度规章存在的漏洞，认真分析发案的环节和原因，及时采取补救措施，及时修改和完善制度规章，势必对

疏于防范的业务环节提高警惕，对于相对管理混乱的局部领域进行整顿和加强。找出问题所在，找出漏洞所在，有的放矢，亡羊补牢，以排查的结果警示员工。因此，案件风险百日排查又可称为治乱之举。

（三）落实措施，堵截新案，是防范之举

案件风险百日排查是案件专项治理工作承前启后的重要环节，通过排查，要挖出历史陈案，排除案件风险隐患，结束被动查处案件的阶段，集中精力全面完善制度建设，进入以防范新案为重点的工作新阶段。根据案件风险百日排查发现的问题，有针对性地按照防范操作风险“十三条”的要求，全面完善制度建设，建立案件防治的机制，使山西省银行业案件治理工作实现由治标为主向以治本为主的转变。案件风险百日排查工作将促成查处旧案向防范新案的转变，因此是防范之举。

三、认清形势，科学安排，梯次推进案件风险百日排查工作

根据2007年排查和暴露的案件来分析，其特点是：一是发案机构呈多元化趋势。2006年案件的分布集中表现在管理环节较多、基层网点众多及管理相对薄弱的基层农信社和国有银行基层网点。2007年以来，管理半径短、机构网点少及管理能力相对较强的股份制银行和城市商业银行也相继发生案件，表明山西辖区内在案件问题上已无净土，银行业金融机构已难以独善其身，必须引起所有银行业金融机构的充分重视。二是发案环节呈现多样化趋势。以往案件的发生多集中于存款、贷款、结算和票据等业务关口。随着各银行业金融机构有重点地进行查防堵漏工作，作案人开始将作案的触角向理财业务和库存现金等方面发展。2007年发生的5起案件，发案环节各不相同，分别发生在理财业务、同业往来资金、票据业务、库存现金等多个方面。三是发案区域相对集中。案件发生的地域集中性和机构的集中性，表明在同一地区或同一机构某种程度上存在发案的社会原因、历史原因、人文原因、制度原因，需要举一反三。四是涉案金额较大。2007年发生的五起案件中，百万元以上案件4起，其中千万元以上2起，反映出作案分子穷凶极恶、孤注一掷的心理状态。

此外，案件风险百日排查仅仅开展一个月的时间，就已发现5起案件，表明山西省金融案件的态势仍然十分严峻，各银监分局和银行业金融机构切不可掉以轻心，要严防、深挖、狠打，不给犯罪分子留下任何的作案空间。

案件风险百日排查工作的总体安排，大致划分为三个阶段。已经完成的第一个

阶段，是以组织动员、整体发动、全面展开为主要工作内容；第二阶段是以重点突破、深挖陈案、全面深入为主要工作内容；第三阶段是以组织处理、总结经验、落实整改为主要工作内容。

四、明确政策，有言在先，严厉打击和惩处涉案行为

山西省银行业案件风险百日排查工作告一段落后，山西银监局将一如既往地继续推进银行业金融机构案件查防工作。

从监管政策角度来看，以2007年6月30日为限，凡对案件排查工作不到位，未做到“五个到位”的机构，监管部门将实行限制性的市场准入政策，责令其整改自纠。凡不能落实监管部门的要求，未制定和落实轮岗轮调、强制休假、账务核对、内部审计、员工行为排查、案件有奖举报、印押证卡章管理制度的，一律暂停接受市场准入申请，限期落实。新发生千万元以上恶性案件的，发案机构负责人先行引咎辞职，视案件结果再行处理。叫停该机构的相应业务，年度内不再受理该机构的市场准入申请事项；连续发生两起以上百万元以上案件的，叫停发案机构的相应业务，停止市场准入审批事项；发生百万元以上案件，影响恶劣、后果严重的，叫停该机构的相应业务。凡以上各项，均在依法处理作案人的基础上，追究负有责任的高管人员的领导管理责任，直至取消任职资格。

银行业金融机构也须进一步增强对案件防治工作的紧迫感和使命感，真正承担起防治案件工作第一责任人的责任。在采取措施严排案件风险隐患的基础上，各银行业金融机构要尽快完成轮岗轮调、账务核对、有奖举报等各项防范案件的制度安排。同时，各银行业金融机构要以科学发展观统领银行发展全局，正确处理健康发展与防范风险的关系；正确处理银行业发展速度与抗风险能力的关系；正确处理自主经营与服从监管的关系；建立健全科学有效的激励与约束机制；积极有序地深入开展对职工的教育与培训，打造百年老店的品牌银行，打造一支敬业爱行、操守高尚、遵规守矩的员工队伍，为山西省银行业的安全与稳定，为重树山西省银行业的形象作出贡献。

巩固案件风险排查成果　努力构建案件治理长效机制

这是我们2007年第三次召开全省银行业案件专项治理工作会议，本次会议的主要任务是通报案件风险百日排查活动取得的成果，分析当前及下半年的案件形势，安排部署下一步案件防控工作。

一、对百日排查的评价

（一）百日排查取得的成效

第一，案件风险百日排查活动是主动之举、责任之举、防范之举。本次活动得到全国同业认可，得到银监会的肯定，受到新闻媒体的关注。各方面的评价都是正面的、积极的。案件风险百日排查活动是我们主动面对问题，采取主动措施，银监会年中工作会议上多次提到山西银监局的工作，表扬我们问题找得非常准，采取行动非常及时。

第二，通过案件风险百日排查活动，统一了认识，造成了声势，形成了震慑。本次排查查出了多起陈案，使一些作案人迫于形势主动交代。所发现的6起案件中，绝大多数是主动排查出的或主动交代的。另外，最可喜的是，在案件百日排查过程中，我们成功堵截了14起案件，使我们取得了案件治理工作主动权。

第三，在案件风险百日排查过程中，我们主动揭示矛盾，暴露了风险点，为下一步做好操作风险防范工作奠定了一个比较好的基础，进而可以有的放矢地进行风险防范工作。案件风险百日排查工作中，各银行业金融机构给予了高度的重视，查缺补漏，应该说，本次排查活动取得了预期的效果。

（二）案件风险隐患依然存在，形势不容乐观

一是一些金融机构管理松懈，队伍责任心不强，得过且过。在这种情况下，案件风险的土壤依然存在，新案的酝酿是难以避免的。之所以2006年案件高发，2007年又排查了一些案件，问题的关键就在于部分基层机构在管理上和认识上还没有达

到要求，案件发生是必然的。下一步，我们重点要从根本上解决基层机构的管理问题和队伍素质问题。

二是部分机构在案件的认识上还存在一些问题，总是心存侥幸，出了问题还遮遮掩掩。结果造成案件风险越滚越大，可以说，在相当一部分基层机构，案件暴露还不彻底。

三是责任追究还不到位，仍然没有形成重拳出击、严厉打击的氛围。包括省级机构的高管人员，总是出了问题先给部下说情，在监管部门提出来以后，才进行处理。这个氛围不对，出了问题，应该是金融机构先处理，监管部门再提出意见。现在的情况是，尽管处理了很多人，但还没有形成更大的震慑作用，造成不法分子心存侥幸，还在伺机作案。

当前案件总体态势是，我们达到了统一思想、造出声势、排出风险、采取措施、稳定局面的目的。但是，百日之举难破成年寒冰，形势不容乐观，就在最近十几天，又有新的案件线索，有的已经形成了案件。吕梁、临汾、长治、运城四个地市，农信社、邮储系统又有案件发生。对此，我们需要高度关注与认真总结。2007 年银行案件的一个特点是案件金额越来越大。上半年，案件总数下降一起，但案件金额没有下降，百万元以上案件占比在上升。另一个特点是同质同类案件，低水平案件连续发生。多起案件是在存款环节上出了问题，动辄几十个外地存款人同时存款，而且都是大额的，有浙江的，有东北的，有江苏的，等等。金融机构不去分析个人存款为什么不远千里到山西来，结果是假存单冒领等一系列的问题，金额都非常巨大。希望这个问题引起各金融机构的高度重视，一个人拿着许多身份证，千里迢迢，出于什么原因，贷款的失误还可以理解，存款环节上我们就没有一点警觉性？最近在农信社、邮储系统分别发生了这类问题。

二、对案件治理工作的再认识

第一，案件风险百日排查活动告一段落，达到了预期目的，取得了比较好的效果，但这是开始，而不是结束。案件风险百日排查活动是触及到我们切身利益的一场实战，不是运动，不是走过场。下一步，我们还要在上半年的基础上，把案件治理工作抓深、抓实。案件风险百日排查活动应该是一把尺子，衡量的是主动还是被动，是积极还是消极。通过上半年的案件风险百日排查工作看，绝大多数的机构是积极的，是认真的。但是，近期又出现的四五起案件线索说明，在案件风险百日排查工作中，有些机构是不积极的，不主动的。在案件风险百日排查活动动员之前，我们就提出来，政策上是有差别的。主动排查出来的案件，我们在责任追究上是要给予一定的照顾，或者说从轻处理；在案件风险百日排查活动之后查出的案件要从重、从严处理。

第二，作为监管部门，我们要深挖案件，这是我们决心和信心的表现。做好这项工作首先是要实事求是，案件数量和百万元案件数量下降 30% 是我们的工作目标，但是不会束缚我们的手脚。我们不会为了完成任务而手软，要坚决把案件挖出来，绝不允许隐藏下去，恶化下去，在这个问题上我们要切实担负应尽的社会责任。

第三，案件风险百日排查工作是要找出问题，做好事先防范。不是监管部门人为地找麻烦，和机构过不去。我们的监管工作，或者说案件专项治理工作，不会给金融机构创造利润，但可以给金融机构减少损失。我们要统一思想，统一认识，统一步骤，希望各金融机构拿出主人翁的态度来。

三、关于当前面临的主要风险点及下半年几项重点工作

经过上半年的工作我们了解到，案件的重要风险点首先是票据业务，6 起案件中，涉及票据的是比较多的。困扰银行的一个是假银行承兑汇票，一个是假按揭，再有就是假理财。反映比较充分的是银行承兑汇票，目前在山西省内，票据业务在蓬勃发展，大银行在淡出，中小机构在接盘。最突出问题的是城市商业银行和农信社票据业务管理相当混乱，滚动开票，循环开票。一个企业在一个机构滚动开票比较普遍，更恶劣的是在多家机构循环开票。这实际上是凭空扩大信用，扩大风险，希望各金融机构引起足够的重视。最近我们也在制定有关的监管措施，要对全省的票据业务市场进行全面的整顿，对于管理混乱、问题多的机构要叫停业务。

另外一个相当普遍的问题是假按揭，一个好的银行家要做到 100% 的银行优质资产是不容易的；一个不好的银行家要做到 100% 的坏资产也不是很简单的。但个别金融机构在个别项目上就能做到 100% 的假按揭，这确有其事。

再一个就是大额授信和集团客户风险，这也很普遍。在多家机构多头贷款，实际上也是银行管理上存在一些问题，有些银行票据业务还没有纳入统一授信，从多头开票和多头贷款两个方面积聚风险。监管部门要加大力度做好风险提示，要通过银行业协会及时沟通信息，同时希望各金融机构高度关注集团客户风险。

从我们监管部门的角度，下半年有四方面的工作要落实：一是限期整顿票据业务市场。二是制定案件移送的制度。上半年给了比较宽松的政策，让金融机构主动挖案。下半年就要真打实干了，对涉案人员我们要建立移送的制度。首先是要各机构主动报案、移送，如果大家顾虑的话，监管部门出面，一定要移送，坚决不能允许犯罪分子逍遥法外。三是制定相应的市场准入政策，与案件情况挂钩。对隐瞒案件、案件高发、损失巨大的机构要给予限制。四是督促落实操作风险防范的各项要求，轮岗必须要做到，对账必须要做到。如果大家能按照银监会的要求控制操作风险，2007 年的许多案件就不应该出现。

认清形势　统一思想　进一步推进太原商行风险处置工作

一、太原市商业银行的风险状况及成因

（一）风险状况

太原商行长期以来一直处于一种高风险状态，目前全国城商行共有 120 多家，太原商行的运营状况处于倒数的 5 名之内。从省会中心城市来看，太原商行是唯一的一家高风险状态的城商行，属于银监会高度关注的对象。从现在的状况看，即使是政府采取了必要的措施，处置了 23 亿元的不良贷款，不良贷款率到目前为止，还处在 13% 左右，资本充足率账面反映还是负数。因此首先要看清楚，太原商行原来处于一种高危状态，现在有所缓解，但并没有脱离高风险状况。这是第一个问题，即我们首先要取得一个共同的认识，要统一思想。切不可说因为政府已经采取了一定的措施，情况得到了一定程度的缓解，另外政府还承诺下一步增加资本投入，就沾沾自喜，就以为万事大吉了，其实远远没到，还任重道远。

（二）风险成因

太原市商业银行风险形成涉及 8 个方面的主要原因，这 8 个方面直到现在还在阻碍着商行的发展。

一是历史原因。商行的风险不可回避地存在历史上的原因，太原商行由 56 家城信社合并组建，原来信用社的一些不规范的问题直接连带承接到了太原商行，也就是说，商行组建之初承接了原来城信社期间的固有风险。同时还有一些历史上的问题，比如说股东的问题。太原商行之所以形成如此严重的风险，在生成过程当中，股东有很大责任，太原商行经营中很大的问题在于股东行为不规范，这也是下一步我们要解决的问题之一。

二是体制原因。体制原因主要是客观上的因素，如产权关系不明晰、股权设置不规范、行政干预等。另外从城商行特点来看，本身体制上受一定限制。首先是地域限制，单一城市对银行的发展肯定会有客观上的制约。另外从客观上来说，商行

是一个市场后进入者，处于一种竞争上的劣势地位，因此我们才提出“联合重组、组建晋商银行”。

三是策略原因。即在银行经营者、决策者当中，有一种市场定位的错误。由于没有科学的策略和市场定位，难以保证科学的发展。城商行在组建初期，国务院的25号文件当中，对城商行的市场定位就明确了三句话“服务地方经济、服务中小企业、服务城市居民”。商行是不是围绕这个定位去做的，是否还在和其他商业银行拼市场、拉大户、抢大户，拾遗补阙的事到底做了多少？大干快上，拉大户、抢大户这种策略，导致风险高度集中。太原商行是一家小银行，定位就是扎根地方、服务地方，因此才有地方政府承担处置风险责任的道理。服务中小企业、服务居民是商行本身的体制和能力决定的，这也决定了只能在这两方面去开拓市场。太原商行到底应该干些什么，一定要好好想一想。这个问题历史上是困扰我们的，目前还在困扰着我们。

四是制度原因。指内部的制度建设，并不简单是说制度制定得全不全，关键是多少落实了，多少发生效用了，在具体操作当中有多少人是按照制度去做的，事后有多少力量放在了对制度落实的跟踪和督促上，我想恐怕还差得远。历史上因为制度不落实、制度发挥不了效果，导致了若干历史问题，但是现在怎么样，高管层要对此进行反思。

五是操作原因。过去各家信用社各自为政，有些信用社胆大包天，造就了不少风险。组建商行的过程实际是在完成一种体制机制的变革，由分权到集权再到授权，经过了这么一个过程。但太原商行在这个过程当中做得不够，也就是说，这种机制的转换做得不够，首先表现在轮岗问题上，轮岗是这种新机制、新体制运行的一个必要条件，但太原商行开业这么多年，这个问题一直没有解决。

六是人为因素。即道德风险问题，往好了说，是激励约束机制不到位，使得部分员工责任心不强；往坏了说，是体制机制不落实，导致一些人恶意经营。某些员工尤其是支行行长这一级，有没有把银行资源转化为个人资源，用银行的资金换取社会资源来满足个人需要；另外是有没有由于管理指导思想的偏差和制度上的疏忽，把银行客户资源转化为个人资源的，客户经理制的弊端太原商行是否关注过。

七是客观原因。这个也需引起关注，客观上来说，历年来的宏观调控、经济结构调整，首当其冲的是地方性的小银行，拿山西来说，产能过剩后引发的结构调整，“五小”的治理等，经营当中应当关注到这种经营环境的变化对银行运营的影响。

八是社会原因。即诚信问题，包括两个方面，一方面是客户的诚信问题，导致一些企业骗贷、赖账；另一方面是内部的诚信问题，这里又谈到股东问题，股东在入股的银行大量套取贷款，甚至还赖账不还，缺乏诚信意识。

二、太原市商业银行的现状及存在的现实问题

2006 年太原商行的风险处置工作取得了实质性的进展，这是客观存在的，也是非常可喜的。23 亿元资产置换工作已经落实，这里面凝聚了太原市政府的努力和大量付出，对于剩余 2 亿元，董事长也作出了年底落实的保证。但是做完了这 25 亿元的资产置换，还不能沾沾自喜，还要对其他问题进行仔细审视。撇开数字的真实性不说，单从账面看，太原商行的不良率还在 13% 以上，离健康银行 5% 以下的标准还差得很远。从资本充足率看，8% 是底线而不是上限，而太原商行目前还是负数，理论上已经处于破产状态。从现在的情况看，我认为太原商行至少还存在以下九个方面的问题。

一是法人治理问题。太原商行目前法人治理结构不健全，这个问题直接导致内部控制乏力。太原商行从 1998 年到现在，股东大会一直没有召开，也没有严格按照公司章程定期召开董事会。虽然现在董事长已到位，但董事会的工作机制还不能正常运行。这还只是一个表现形式，更重要的是股东行为的规范问题，如果股东行为都不规范，股东都缺乏诚信的话，公司治理就无从谈起。由于公司治理从根上就有缺陷，更谈不上规范管理的问题，关联交易、大额贷款难以控制也就在所难免，因为股东都在大搞关联交易，都在赖银行的账，公司治理从何谈起？太原商行的公司治理离标准要求相距甚远。

二是资产质量问题。尽管政府给予了阶段性救助，但也仅仅是把不良贷款率降到了百分之十几，而且这还是一个静态比率，是否会新增还不好说。至少从目前的两起案件来说，会造成什么样的影响，是否会影响这个比率，我想有可能还会变。这还仅仅只是账面反映的情况，是否按照五级分类标准真实准确地进行了质量分类尚不确定，如果严格按照标准再筛一遍的话，还是不是这个数字值得怀疑。我们对太原商行五级分类的现场检查结果是重度偏离，这里边又藏了什么东西？另外，太原商行还有大量的非信贷资产和表外资产，里面又有多少不良？所以，从资产质量来说，太原商行较健康银行又相距甚远。

三是资本充足率问题。太原商行资本充足率为负数，处于资不抵债的经营状态，实际已经达到理论上破产。

四是大额授信、关联贷款及贷款集中度问题。从 9 月末太原商行数字看，单户贷款超比例者一共 29 户，贷款余额将近 42 亿元，占全部贷款余额的 51%。也就是说，51% 的贷款集中在 29 户贷款企业，其中还有若干大的贷款户是太原商行的股东，关联交易已经很明显了。要管好关联贷款，解决好这个问题。

五是五级分类的准确性和报表数据的准确性问题。一家银行经营的好坏是客观存在的，遮遮掩掩没有用。我们一直强调有问题要敢于暴露，要正确地对待和处理。太原商行报表的准确性很难恭维，报表不准确，填报标准的准确性就更难说了。加上太原商行重度偏离的检查结果，至少在目前说，太原商行的风险底数还没有真实地反映出来。作为监管者来说，我们认为太原商行的整体风险状况还不是很清楚，只能说有一个基本的轮廓和概念，没有做到具体和明晰。

六是机构人员与资产规模不匹配的问题。有多大的家业能够养多少人，这是一个客观情况。太原商行目前的盈利能力、生息资产的状况不可能支撑将近 1800 人的费用支出。从现有机构情况看，太原商行目前机构众多，有机构就要承担相应的运营成本。这样规模的银行要不要拥有这么多的机构和人员，太原商行是否进行过核算，有多少机构是在盈亏点之上，有多少是在赔本经营。另外，有这么多的机构就有这么多的风险点，太原商行是否有能力控制这么多的风险点。

七是潜藏着支付危机。一定程度上太原商行存款增长依靠的是代客理财和银行承兑汇票保证金存款，真实性、稳定性较差，目前依赖政府信誉支撑，如果爆发风险，太原商行能否应对支付问题。

八是案件防范基础工作还不到位。抛开大的方面，从小的方面说，至少有一条，轮岗制度还未得到落实。

九是市场竞争力不足。在产品、定价、营销等各个方面，反思一下自己的手段到底怎么样。这里又谈到机构人员问题，庞大的机构网点和人员数量本身就降低了太原商行的竞争力。

太原商行要下定决心，改造为一家比较健康的银行的话，至少要解决好这九个问题。如果这九个问题得不到有效解决的话，就不能称其为一个健康的银行。

三、太原商行面临的形势

主要有四个方面。

一是监管目标大限将至。银监会已经明确要求 2006 年、2008 年两个标准，首要的问题是 2006 年目标能否达到。2006 年目标如果达不到，将面临市场退出问题。如果不能按时限达到监管要求的话，太原商行面临摘牌和市场退出，以前的一切努力也就无用了。这是一个目标上的要求。另外，我们现在对太原商行采取了“监管宽容”的态度，体现在银监会要求商业银行要按年度实施信息披露，考虑太原商行的风险状况，2006 年山西银监局向银监会提出暂缓披露的申请并获得批准。但 2007 年信息披露终将执行，如届时风险仍得不到根本化解，可能引发严重后果，或许披露之日即成关门之时，不仅太原商行下一步生存难以保证，而且会给太原市的经济和社会稳定带来严重不良影响。

二是从市场的角度说，首先是外资银行即将全面进入。外资银行条例已经人大审议修改，从 12 月开始，外资银行在华机构将视同本土银行监管，也就是说要全方位地向外资银行开放人民币市场，必然会加剧市场竞争，对现有竞争格局产生影响。其次，从国有银行角度说，国有银行 3/4 已经完成了改制上市，改制为国有银行的经营注入了活力，同时也加剧了城市商业银行的竞争压力。原来小银行体制灵活、机制灵活的相对优势在国有银行改制的背景下不复存在。与国有银行竞争，策略很重要。面对市场变化，一定要有清醒的头脑，找准市场定位，如果不能及早适应变化，选定目标群体，在竞争中必定要吃大亏。

三是利率市场化进程加快，这对太原商行来说是致命的。首先要有应对市场，进行市场定价的能力。客观上说，城商行是市场竞争的弱势群体，一旦大银行运用起市场定价手段，太原商行将面临生死存亡的危险，一定要做到未雨绸缪。

四是存款保险。存款保险一旦实施，对商行来说，又是一个巨大冲击，对于经营状况好的银行来说存款保险机制是利大于弊，对经营状况不好的小银行来说，无疑将大幅度地增加成本，降低盈利能力。

四、应对措施

最后提九个方面的建议。

一是要充分依托政府，以政府为主导，做好风险处置工作。阶段性的处置成果是在政府主导下实现的，下一步还要进一步依托政府，做好这项工作。监管部门在这个问题上责无旁贷，而且已经与市政府达成了一致，下一步将继续和政府协商，做好这项工作。目前太原商行的状况还远远没有达到风险处置的终极目标，要想保证太原商行的稳定，维护当地金融秩序的稳定，还需要加快进一步的工作。如果要以太原商行为龙头组建晋商银行则还需要政府更进一步的投入。但依托政府并不是意味着要放弃自身的努力，太原商行主观上也要做好风险处置的相关工作，不单单是一个加大清收力度的问题，在制度上防范新的风险产生更重要。

二是聘请有资质的会计师事务所，对太原市商业银行真实的风险状况做一次全面的、负责任的评估。只有真实反映情况，才能有科学的决策。建议由比较超脱的中介机构摸清家底，同时也为增资扩股、联合重组做进一步的铺垫。

三是引进新的股本和股东。这里要注意的是，引进的应该是真正的战略合作伙伴，而不仅仅是资金。也就是说，引进资金的过程中要关注新股东是否能够真正承担起股东应尽的责任。一方面，增加资本实力，达到监管要求；另一方面，形成股东间的相互制衡关系。

四是构建公司治理架构，形成公司治理机制。公司治理是任何一家企业能够良好运行的前提和保证，公司治理做不好，其他都无从谈起。在公司治理这个问题上，有具体的要求，首先是要对不良股东的股本和对银行的负债进行清理，一方面是在政府主导下，寻求政府的支持，另一方面也可以充分运用法律手段来进行。其次是在达到监管指标之前，一律不允许分红。

五是瘦身健体，减轻经营负担。针对机构人员与现有经营规模不匹配的问题，要有计划有目标地制定相关措施，同时要狠抓落实。

六是选聘高端人才，提高人员素质。从长远发展的角度来看，商行的发展必须储备相应的人才，高质量的发展必须有高素质的人才做保证。但吸引高素质人才的前提是做好前面五个方面的工作，取决于前面五项能否得到落实。“没有梧桐树，引不来金凤凰。”

七是明确市场定位，进行科学的战略选择。“支持地方经济发展、支持中小企业、服务城市居民”是城商行自身的特点决定的，是不能动摇的。但这些不能只停留在口头上，要有相应的机制安排和架构支撑。太原商行要实事求是地对自身进行分析，拿出切实可行的策略来，然后要有相应的机制安排。

八是要严明纪律。纪律是制度落实的保障。2006 年太原商行对责任人的处理力度有所加大，但还不够。对于有劣迹的要清退下岗，有责任的要严肃处理。

九是要培植市场运营的新机制，增强综合竞争力。这也取决于以上几条能否落实到位，以上问题得不到解决，这一条就谈不上。如人员架构的改造，人员素质的提高、技术手段的改进、科技含量的提升、配套产品的开发及风险管控水平的提高等都是增强综合竞争力的必备条件。

要达到健康银行的标准，这九个方面务必注意。总的来说，通过今天这样一种形式，目的是统一思想、认清形势、真抓实干、为彻底摆脱太原商行的高风险状况创造条件，为联合重组晋商银行铺路。为此还需付出巨大努力。今天，太原市委副书记、市长张兵生同志和市委常委、常务副市长张璞同志均亲自莅临山西银监局召集的太原市商业银行风险处置现场办公会，省委常委、市委书记申维辰同志也来电话关注今天会议的情况，表明了地方党委和政府对化解风险的关心和对银行监管工作的支持，我感到备受鼓舞。我代表银监局表示，一定全力以赴配合地方党委和政府做好风险处置和稳定金融的各项工作。同时，对太原市商业银行提出明确要求，太原商行必须以高度的责任心，制定周密的工作计划，要有长远和阶段性工作目标，建立工作目标责任制。山西银监局将加强跟踪督导，对畏缩不前、敷衍塞责的行为要作出处罚。

我们一再强调的是统一思想、认清形势，太原商行目前还不是健康银行，原来的高危状态只是得到了部分缓解，目前不良资产比率及资不抵债的状况使得太原商行实际还处于破产边缘，还需要付出更多才能向健康银行迈进，这需要方方面面的共同努力。希望市政府在完成阶段性处置工作的前提下，进一步关注太原商行风险处置工作，进一步提供相应条件。监管部门也会加大支持和指导力度，也希望太原商行能够发挥主观能动性，共同做好这项工作。

银行业案件防控形势与应对

长期以来，由银行业从业人员的不当行为或违法乱纪行为引发的重大恶性案件高发频发，给我国银行业带来巨大的资金、资产和声誉损失以及负面社会影响，严重危及银行业的进一步深化改革和可持续发展。在监管部门对案件防控的高压态势下，案件防控工作取得了较为明显的成绩，但在我国银行业快速发展的形势下，案防工作仍然任重道远，面临着严峻的形势和艰巨的挑战，各方应给予足够的重视和支持。

一、银行业案件防控工作现状

目前，我国银行业案件防控工作体系已经初步形成。案件的专项治理已经向案件持续防控的方向转化，其特点是：由阶段性、专项性的工作向常态化、持续性的工作转变；由注重案发后的调查处置为重点向注重发案前的防范控制为重点转变；由案件专项治理作为单一的、局部性工作向案件防控作为整体的、综合性监管工作转变。随着银监会案件防控工作三项制度（注：银监会发布的《银行业案件（风险）报送登记办法》《银行业案件处置工作规程》《银行业案件防控工作联席会议制度》），以及案件防控工作考评办法、案件问责办法和案件与资本监管挂钩的工作意见等制度性文件的出台和贯彻，银行业案防工作已经进入制度化、规范化的新阶段。

虽然银行业案防工作呈现整体向好的趋势，案件高发的态势也得到有效控制，但是，与银行业案防工作体系建设蒸蒸日上和案件查处工作持续深入、案件处置质量不断提升的形势不相匹配的是，案件数量时有反弹，案件数量和涉案金额持续可控、案防工作持续向好的局面随时面临逆转的压力，案件防控形势依然严峻，具体表现在如下几个方面。

总发案量和涉案金额出现“双升”态势。2011 年全年发案量达 92 件，涉案金额 21 亿元，较 2010 年全年的 89 件和 5.1 亿元，分别上升 3% 和 311%，增幅明显。在监管部门不断推进和强化案防工作的背景下，案件数量和涉案金额的回升充分表明我国银行业案防工作还面临着艰巨的任务，在继续保持案件治理的高压态势下，还应根据实际情况调整案防工作政策的针对性、灵活性和有效性。

重大恶性案件在全部案件中的占比明显上升。2011年全年百万元以上案件48起，涉案金额20.8亿元，同比分别增长26%和332%。该组数字表明，重大恶性案件是2011年案件发生的重点。在案发数量上，百万元以上案件48起，占到全年案发量92起的52%；在涉案金额上，百万元以上案件涉案金额20.8亿元，占全年涉案金额21亿元的99%。与普通案件相比，重大恶性案件的发生一般需要作案人员长时间谋划逐步付诸实施，并充分利用银行较大的安全漏洞才能够得逞。这一情况充分表明银行对风险管理和案件防控工作的力度不够，对工作人员苗头性、倾向性问题关注不足。

发案机构和发案业务领域由相对集中转变为点多面广。传统的案件高发区域和高发机构比较集中于地市以下为县域经济服务的基层机构，发案业务领域比较集中于对公负债和信贷、票据等业务。2011年案件的发生向各类别机构、各层级机构，以及多种业务领域蔓延，从原来的“阵地式”特征更多地向“游击式”特征转变。案发机构和案发业务领域的扩散和转移给监管机构带来了较大的挑战，需要以高超的智慧对原有的案防手段和方法进行重新设计、组合和调整，以适应新的监管趋势。

发案环节由传统的高发区域向新风险点发展。传统案件高发区大多集中于大额对公业务，2011年频繁发生针对个人开户、存款、转账等业务的作案行为。仔细考察新的发案风险点，具有如下两个特征：一是发案环节更加隐蔽，通常是银行风险管理的盲区和死角，或是银行机构案件防控的空白和真空地带，不易被察觉和发现；二是犯罪分子作案的难度下降，在大额对公业务领域的作案，大多需要内部不法分子与外部作案人员的结合，而在个人开户、存款和转账等业务领域，一般只需作案人员的单方面行为即可完成，增强了作案人员的随机性和任意性，降低了作案难度。发案环节的转移给银行机构的风险管理能力和案防工作带来了新的要求和任务。

作案人员由集中于基层负责人向普通员工发展。以往案件发生的原因多由于基层经营网点负责人利用职权违规或违法经营诱发案件，2011年新的发案特点是，银行普通员工特别是综合柜员频繁策划和参与银行案件。这种情况表明，监管部门的案防工作和银行机构自身的案防水平在负责人层面起到了较为显著的作用，但在普通员工层面还有待加强。作案人员由基层负责人员向普通人员的下移，还充分说明了另外一个重要问题，即存在于银行内部的对员工的激励扭曲、教育失当、法制淡薄等问题经过多年累积，开始呈现集中爆发之势。并且，与负责人层面相比，普通员工的作案收益与作案成本相比更高，作案动机也更强，如得不到有效遏制，一旦成风，将给银行业的稳定带来极其不利的影响。

作案目的由银行资金向社会资金发展。犯罪分子作案目的往往是使用违法手段盗取银行资金或银行客户资金，2011 年发生多起利用银行信誉和银行中介窃取民间借贷资金的犯罪行为。这种犯罪行为暴露了银行在社会资金矛盾紧张时的风险控制薄弱环节。社会资金紧缺时，民间借贷盛行，银行内部员工极其容易利用银行在公众心目中的良好信誉进行非法行为，“打着银行的幌子，做着自己的生意”，假借银行名义吸引民间借贷资金，赚取高额利差。在社会资金链断裂或个人卷钱出走时，给社会资金提供者和银行带来巨大的财产和声誉损失。

作案人员的群体性特征明显。随着银行对案件的防控意识和防控手段的提升，为突破案防防线，2011 年案件的特点显示出多人、多岗同时涉案的群体性特征。作案人员的群体性特征值得银行管理人员深刻反思，这种特征的出现既有银行在风险管理中对员工与员工之间的风险防火墙隔离不善的原因，也有激励、教育不当导致的员工的思想扭曲的原因。因此，案件防控工作不单单是硬性管理，还要在思想认识上给予软性管理，全面降低案件诱发动机。

已多年未发生案件的“冷门”区域出现回潮。由于银行在现金管理和重要空白凭证的管理方面投入较大精力，犯罪分子慑于压力往往不敢轻举妄动，随着业务高速发展和传统管理的松懈，在某些最基础的“冷门”区域出现了案件风险回潮的趋势。因此，银行在案件防控工作中不能顾此失彼，应建立起一套全方位、立体化、多角度的案件防控体系，实施全面风险管理。

二、银行业案件回升的原因

形成上述局面的潜在因素，折射出我国银行业改革与发展中存在的痼疾仍未根除，其中既有银行业的战略、激励机制、教育方式等制度层面的原因，也有工作态度、工作方式等操作环节的原因。

（一）制度层面的原因

战略失实。银行业热衷于盲目扩张的粗放发展战略，导致业务高速增长严重脱离了实际管理能力，风险控制水平无法跟上高速扩张的步伐，甚至将案件防控工作视为业务增长的羁绊，马虎过关，敷衍了事，忽略了银行业高风险特征的本质属性。战略理念上的脱离实际直接影响到发展的质量，在削弱了有效发展的同时埋下了风险隐患。

激励失策。扭曲的激励机制只注重短期效益和短期目标，忽略了长期持续发展机制和永续发展动力。以金钱为导向、以任务为标准的业绩考核体系，诱发了员工以非法手段取得高额业绩的行为，激发了员工以短期行为透支银行长远利益，以获取个人当期超额收益的动力。同时，以金钱为导向的激励策略，培养了员工“一切向钱看”的观念，企业的主流价值观淡薄，员工对企业的忠诚度下降，容易滋生违法犯罪动机。

制度失真。形式化的条线管理，八股式的内控制度，形同虚设的稽核体系，放任自流的综合柜员制，欠缺科学性的末位淘汰管理，造成管理目标与管理手段的脱节，银行机构在案件防控上“有形式，无内容”“有口号，无实际”。监管部门的规章制度成为门面装饰，始终停留在解读层面，对银行的管理停留在形式上而形不成真正的执行力。

内控失效。战略理念和激励导向的错位加之制度体系的空泛，合规经营、控制风险的意识逐层衰减，目标不断弱化，效力不断打折，致使各项规章制度从良好的起点出发，以微薄的收获结束。经过长期的累积，形成了对于内控合规，经营人员视若无物；对于违规行为，基层管理人员熟视无睹；对于违规习惯，法人机构无能为力，银行的内控生命力失去作用的局面。

文化失举。任务是标杆，资源是优势，效益是根本，企业只是个人表演的平台。企业以任务为依据对员工的惩戒不留情面，员工为利益炒企业不用眨眼。企业和员工之间以利益为纽带进行结合，而不是以价值为核心进行融合，导致企业和员工之间的关系极其脆弱，稍有利益冲突，便会分裂瓦解。企业的文化建设、企业核心价值观的建立、企业凝聚力的培养成为空话。

教育失措。培训代替了培养，教训代替了教育，职业技能重于职业道德，对企业的贡献重于对企业的忠诚。在这种教育模式下，银行员工无法真正理解银行风险的本质，无法形成符合银行标准的风险防范理念，更无法形成高度负责的工作精神。银行员工在已经走偏的导向下，凭借自身的理解从事高风险的银行业务，操作中蕴含的风险已经难以避免。

这一历史沿革至今的短板，招致案防工作难以从根本上铲除风险隐患。试想一个队伍心理失衡、员工行为失态、基层环节失控的银行，如何能够面对越来越复杂的外部环境和越来越快速的业务创新，案件防控所需的基础和能力与案件发生的根源与机会之间的错配，注定了偶然爆发的案件有其发生的必然性，一旦气候适宜，则必然出现反弹。

（二）操作环节的原因

在案防工作的具体实施过程中，机制和制度层面存在的问题必然在操作环节表现出来。一是上热下不热。法人总部意识到案件对于银行的声誉和市场准入的破坏性影响，也试图推动案防工作，但这种意图通过层层衰减很难传导到基层。二是后急先不急。基于案防工作与任务指标的软约束与硬约束的差异，银行机构对案防工作往往存在侥幸心理，事先不做功课，事后着急上火。三是外严内不严。作为外部监管主体，监管部门严格督促银行机构合规经营，堵塞风险漏洞，而银行内部出于业务高速发展的需要，对诱发案件的违规行为则给予庇护甚至纵容。四是言多行不多。案件处置已经形成硬约束，但案防工作尚未形成量化考核指标，银行机构对案防工作的落实多停留在传达会议、报送情况，往往担心案防工作影响业务拓展而不作实质性举措，与案防工作博弈的心态普遍存在。

三、银行业案件防控工作的难点剖析

面对当前经济面临下行期，社会资金紧张、矛盾激化的形势，在相当长一段时间内，案防工作仍应作为银行业建设和银行监管的重要内容。如何立足当前，着眼长远，使案防工作更科学、更合理、更有效，实事求是地分析案防工作的规律和要求，丰富案防工作的方法和手段，剖析现实存在的矛盾和问题，有针对性地采取措施和办法，才能取得实效。为此，以下问题应引起高度的重视。

案防工作的量化考核问题。案件防控与银行业的其他风险管理工作有较大差异，其他风险管理工作一般只与单纯的业务相关，具有可量化、可测度、可预判、可考核等特点，只要银行按照要求去做，就可以获得明显的效果和成就，工作的成本和收益，业绩与奖励之间界限清晰，目标明确。相反，案件的发生更多地与员工的主观因素相关，具有较强的随机性，难以量化和测度，并且案件是单向产生成本和损失，案防并不产生效益，无法列入量化考核激励体系，在以绩效为目标的考核体系下，基层案防工作的积极性、主动性和创造性难以充分调动。

案防工作与银行业绩的协调性问题。案件的发生有其必然性，但更多地表现为偶然性。案件发生的偶然性决定了银行案防工作的难度，在不知道案件何时发生、在哪个环节发生、在什么业务领域发生的背景下，要实现案件的防控，必然要花费较多的成本和精力。在当前的绩效考核和竞争态势下，为不确定的偶然性付出过多的成本，进而影响当期的业绩，这是基层经营管理人员不愿面对的。因此，大多数银行抱着一种侥幸的心理，在银行发展的整盘棋局中，将案防工作放在从属的地位，得过且过。

案防工作的风险和收益相匹配问题。银行是经营风险的特殊行业，在风险和收益中求得平衡是银行效益的根本。但是，案件风险的特点是单向的，在发生案件时，会给银行带来损失，在案件没有发生时，银行的案防工作无法看到成效和收益，甚至会影响经营效率。基于这一特性，银行会在案件发生所带来的风险损失和案防工作所付出的成本（或有意违反规定而获取收益）之间进行权衡。因此，为博取效益最大化，基层机构往往不惜违规操作与案件风险博弈，凭胆涉险的心态违背了案件风险的规律特点。

案防工作的目标设计和手段选择问题。案件风险点多面广、无处不在，既无法实现预判，又无法量化测算，管理的目的和方式难以确定。这给银行基层机构的案防工作带来较大的难度，不能形成清晰的防控思路，无法掌握有效的防控手段，难以实现全面的监测体系。在较为杂乱的案件风险面前，基层机构的管理无所适从，降低了案件防控工作的动力，削弱了案件防控工作的信心，致使案件防控工作无法发挥出最大效力。

案防工作的违规成本和责任追究问题。银行企业文化建设滞后于业务发展，企业核心价值观欠缺，违规成为习惯，内控形同虚设，执行力不到位的现实反映出违规成本过低，责任追究力度过小。过低的违规成本和较小的责任追究力度使银行在对案件防控工作的重视程度上大打折扣，以一种无所谓的心态，行使着一种纵然“你有千条妙计”，“我有一定之规”的工作规则，过度轻视案件风险对银行带来的恶性影响和弊端，在一定程度上助长了案件风险的发生。

案防工作的软约束向硬约束转化问题。案件风险的监管由于界限不清，难以量化，因此只做事后问责，形成警戒性作用。事后问责制决定了银行案件防控工作的事前软约束，在软约束条件下，银行会对案件风险的发生抱有投机心理或侥幸心理，无法真正负起应有的责任，容易诱发道德风险，弱化案件防控效力。从现代银行风险管理的能力和水平看，案件风险的监管已与整个风险监管体系相脱节，事先的硬约束没有形成，既有政策约束力不强，已成为银行风险管理的短板。

四、对银行业案件防控工作走向的看法

为实现案件防控工作的总目标，在当前落实具体防控工作措施的同时，应增强案件防控工作的针对性、灵活性和前瞻性，从风险监管体系建设的高度，对以下问题做深入研究，以进一步补充和完善案件风险监控和案件风险监管体系。

有意识地逐步研究建立案件风险的量化分析方法。根据案件风险的规律和特点，将诱发案件的风险点找出并逐步丰富形成检测体系，将案件防控工作的各项要求进行细化，并与银行的实际业务相结合，赋予每项要求一定的分数权重，设立案件风险预警指数。监管部门定期对银行进行现场检查，具体验证各风险点的风险度，对不合规、不合格或风险漏洞给予警示，并在风险预警指数中给予显示，按期公布和通报。在此基础上，将案件风险的量化指数纳入法人风险监管指标体系，成为风险监管体系的组成部分，形成监管硬约束。

案防工作与监管考核相挂钩。采取强有力的监管措施，比照限薪、削减收费项目的方式，由监管机构对银行案防工作作出强制性要求，将案防工作的落实和违规表现纳入银行监管考核，与薪酬激励挂钩、与任职资格挂钩、与业务准入挂钩。

建立“大安全保卫”概念　发挥综合体系防范作用

——在第一次银行业金融机构安全保卫工作联席会议上的讲话

银行业金融机构安全保卫工作联席会议的召开得到各成员单位的高度重视，大家就共同关心的安全保卫工作热点问题充分交换了意见，达成多项共识，达到了预期目的。可见，建立联席会议制度是必要的、可行的、有效的。我们要以此会为契机和动力，立足银行业安全防范水平的提升，推动安全保卫工作长效机制的建设，不断为银行业改革发展和安全运行提供坚实可靠的保障。现就银行业安全保卫工作提出如下意见。

一、用科学态度梳理和解决问题，注重阶段性和时效性

会议内容涉及方方面面的银行保卫实际工作，具有一定的前瞻性、现实性和重要性。与会代表提出许多建设性意见和建议，为研究和推动解决相关问题提供了丰富的第一手资料，开启了银行业安全保卫工作由“单独作战”到“协同共进”的新局面。现将问题划分为近期急需解决和需要进一步调研的两类，以科学态度研究针对性解决办法，分阶段、重实效地解决这些问题。

第一，近期需解决的议题。包括开展创建“平安银行”活动、枪弹管理和建立案件信息共享机制等三个议题。创建“平安银行”有利于实现安全保卫理念的透明化和社会化，提高安全保卫工作的公开性和公众知晓度。请中国银行业协会牵头组织银行业金融机构参与落实。银行枪弹管理关系社会安全稳定，在此前开展的枪弹检查中发现，一些银行金融机构存在没有遵守枪弹保管、使用管理规定的问题。在近期枪弹检查后，将汇总检查情况形成正式报告，会同公安部协商解决此问题。建

立案件信息共享机制是银行保卫信息交流需要，银行金融机构应及时将本单位各地区、各层级银行案件信息通报我局，再由我局信息平台向银行金融机构反馈重大、典型案件信息。

第二，需要进一步调研的议题。包括守押社会化和市场化、安全保卫机构设置及队伍建设和制订银行业安全防范标准等三个议题。守押社会化和市场化议题应组成课题组深入研究，摸清我国守押行业基本情况，研究国际守押行业运作机制，寻找解决守押问题的途径和办法。安全保卫机构设置及人员队伍建设是银行安全保卫工作的基石，应在《银行业金融机构安全保卫工作指引》中加以明确。通过这一规范性文件厘清安全保卫工作内涵，消除银行机构称谓不统一的现象，建立起对银行安全保卫工作的评价机制。制订银行业安全防范标准议题需要注重专家论证的作用，以标准空白区为突破口，先围绕重点各个击破，后逐步建立完整的银行安防标准体系。

二、正确看待银行安全保卫工作地位，厘清安全保卫工作内涵

银行业金融机构应科学合理地看待安全保卫工作在银行整体经营管理中的地位，正确客观分析安全形势，准确把握保卫工作内涵，扎实做好安全保卫工作。近年来，伴随着我国人民内部矛盾集中凸显、恶性刑事案件不断频发的社会环境，以及银行特有的金融中枢地位和收入高端化等特点，银行机构极有可能成为极端分子攻击的重点目标。银行业次生和潜在风险因素不断滋生，凸显了银行机构安全保卫工作的重要性和紧迫性。重大社会活动、重大突发事件及各类突发自然灾害历来是舆论关注的焦点，银行安全保卫工作稍有不慎、不力或不当，就容易留下炒作的可乘之机，并引发银行遭受严重的声誉风险。我们应未雨绸缪，高度重视，预防为主，切实做好安全保卫工作，维护银行声誉，保护人员和财产安全。

随着我国银行业现代化进程的深入发展，“现代化银行安全需要现代化保卫措施”已经成为迫在眉睫的问题，我们一定要跟上形势变化提出的最新要求，深刻认识银行安全保卫工作内涵和范畴的质的变化，准确认识银行保卫部门的工作职责和方式的巨大变化。今天，银行机构安全保卫工作不再是传统保安内容。有组织犯罪集团的极端暴力犯罪及电子银行诈骗、银行卡诈骗、网络诈骗等金融计算机技术犯罪使银行安全保卫工作面临严峻挑战。我们应建立包括银行人员生命安全、银行资金资产安全、银行业务运营环境安全、银行安全风险控制和银行信息安全等范畴的“大

安全保卫”概念，切实厘清安全保卫工作的内涵，承担起相应的职能和责任。充分发挥“人防、物防和技防”综合体系防范作用，充分发挥银行技防工程网络系统防范作用，充分发挥银行业金融机构整体组织防范作用，逐步提高安全保卫工作能力和水平，为银行业安全运行和竞争发展保驾护航。

三、统一思想、重点落实安全保卫工作的执行力

银行业金融机构要进一步统一思想认识，将安全保卫工作提高到银行信誉和社会稳定的高度，把对银行安全保卫的重视落实到实际工作中。在推进安全保卫工作执行力建设过程中，银行金融机构应注意做好以下工作。

第一，安全保卫工作科学化。在开展安全保卫工作过程中应做到三个不要：不要急于求成，不要怨天尤人，不要自暴自弃，而要真正实现安全保卫工作的科学化运转。

第二，安全保卫工作常态化。将安全保卫工作作为银行经营中常态组成部分开展，积极探索，循序渐进，逐步提升安全控制能力。

第三，安全保卫工作标准化。明确工作范畴，按照国务院《企业事业单位内部治安保卫条例》厘清工作职责，在对银行安全保卫工作准确定位的基础上，建立科学工作流程、培养保卫队伍。

第四，安全保卫工作制度化。建立健全与安全保卫工作职责相适应的组织机构和工作机制，重点应建立完善实用、有效、先进和适度的保卫工作制度，为安全保卫工作常态开展提供制度保证。

四、银行业安全保卫工作的近期安排

第一，尽快出台《银行业金融机构安全保卫工作指引》。制订该指引对银行业金融机构安全保卫工作具有开创性指导意义，其出台是银行业内的标志性工作，要集中力量，争取年内完成征求意见稿的起草工作。我局安全保卫检查处与农业发展银行、工商银行、农业银行等银行及相关银监局要抓紧办好。第二，创建银行业金融机构间沟通协调、统一行动机制。安全保卫联席会议为银行业金融机构间沟通合作搭建了良好平台，要继续发挥好这一平台的作用，形成银行业内部整体防范的合力，

进一步推动银行业安全防范水平的提升。第三，建立银行安全保卫基础档案管理系统，实现对安全保卫工作的非现场动态监测。将根据安全保卫现场检查情况，对现场检查信息进行分析处理，建立安全保卫基础档案管理系统，并逐步建设银行安全非现场监管系统，把安全保卫工作融入整个银行监管体系之中。第四，当前守押社会化和市场化的矛盾比较突出，需要进行专题调研，提出针对性的对策和建议。工商银行与银行业协会、农业发展银行等单位要共同做好专题研究。第五，银行业金融机构数据中心机房安全十分重要，但缺失相应的安全防范标准。建设银行与国家开发银行、进出口银行等单位应尽快研究制订相关标准。

抓好银行业安全保卫工作任务艰巨而光荣，希望大家立足现实、面向未来，进一步加强调查研究，充分利用好、发挥好安全保卫联席会议的作用，集思广益，建言献策，不断为开创银行业安全保卫工作的新局面作出贡献。

深入开展案件专项治理工作　切实防范农村信用社风险

一、加大宣传力度，积极推动案件专项治理工作不断深入

银监会第九次案件专项治理工作电视电话会议对 2006 年前几个月的案件情况进行了通报，其中山西省发生千万元以上的大案 3 起，数量居全国第一；新发生案件 6 起，数量并列全国第二。这说明山西省案件专项治理工作的形势依然相当严峻。为此，各级联社要将此次会议精神迅速传达至辖内每个营业网点和每一名员工，全员行动起来，形成一种案件专项治理的氛围，继续深挖历年陈案，严格控制新案，力争达到“一年初见成效，三年大见成效”的案件专项治理的工作目标。

二、进一步明确责任，落实案件专项治理工作责任制

银监局系统和各级联社应各负其责，形成合力，共同抓好案件专项治理工作。监管部门负责案件查防的督促、检查、指导、统计分析及风险预警工作。农村合作金融机构法人作为案件专项治理工作的主体，是第一责任人。各级农村信用社主要负责人要亲自挂帅，负责辖内案件专项治理的组织实施工作。一是各级农村信用联社应尽快建立操作有效的案件专项治理工作机制，制定案件专项治理工作日程表和工作方案，做到每个法人单位、每个阶段、每个步骤都有人抓、有人管。二是层层签订《案件专项治理责任书》，明确责任。一旦发生经济案件，严格按照责任书条款追究相关人员责任，确保治理工作有序推进。三是认真落实案件信息报告制度，做到及时上报。各级农村信用社对发生的突发事件和重大案件，必须及时向上级部门和当地监管部门报告，并积极采取处置措施。对发生案件隐瞒不报、迟报漏报的，坚决追究有关人员的责任。四是建立案件治理工作会议制度，各级联社应不定期召开所辖机构案件专项治理工作会议，及时了解辖内合作金融机构案件专项治理工作的开展情况和信息交流，对专项工作进行研究布置。五是设立举报电话和电子信箱，受理群众对农村合作金融机构案件专项治理的投诉举报。六是实行案件专项治理工

作考核通报制度。银监局系统和各级联社应定期或不定期将山西省的案件专项治理工作和案件情况进行通报，特别是要严格考核案件专项治理工作自查和交叉检查的结果。

三、强化内控，推进案件查防长效机制建设

各级联社一要建立科学的教育培训机制，开展警示教育，提高员工的法律意识和业务技能，努力消除引发案件的人为因素。二要健全制度体系，规范业务流程，完善内部控制，严格执行“四项制度”，强化内部监督制约，从内部约束机制上消除引发案件的内在因素。三要建立统一领导、垂直管理、上挂下查的稽核监督体系，规范稽核工作流程，从稽核体系上防范案件的发生。四要进一步落实案件责任追究制度和处罚力度。对已发生的案件，各级农村合作金融机构都要严格执行案件责任追究制度，在分清责任的基础上，进行“双线问责”，严格追究责任人和相关领导的责任，做到有案必究。五要深化改革，进一步完善法人治理结构，建立相互制衡的决策、执行和监督机制，从法人治理机制上防范案件发生。

四、继续开展案件专项治理大检查，做到严查密防

各级联社和银行监管部门要按照中国银监会《关于开展农村合作金融机构案件专项治理大检查的通知》要求，加强组织实施，做好辖内农村信用社案件专项治理大检查工作。省联社要在上半年基层农村信用社全面自查的基础上 9 月之前组织完成县级联社的交叉检查，进一步加强对重点岗位、重点环节、重点地区、重点机构的风险排查和整改工作，交叉检查面不低于全省农村信用社法人机构数量的 50%；对案件高发地区、高发机构的自查、交叉检查面要达到 100%，风险排查要做到不留死角。总之，要通过这次案件专项治理大检查，挖陈案、防新案，排除风险隐患，遏制案件高发态势，确保山西省农村信用社案件专项治理各项工作真正落到实处。省联社、各级市联社及办事处应将汇总辖内的自查、交叉检查报告报属地监管部门备案，监管部门将对自查和交叉检查情况进行抽查。如发现由于检查不到位，应发现而未发现案件风险隐患，造成新的案件发生，将严肃追究责任，绝不姑息。

五、继续稳步推进农村信用社的改革

省联社在农村信用社改革过程中要正确处理好改革、发展和稳定之间的关系，要加强与监管部门的沟通，重大事项事先一定要征询监管部门的意见。要坚持科学发展理念，端正经营指导思想，纠正片面追求业务发展的倾向，建立科学、合理的绩效考核、收入分配制度，把风险管理纳入考核体系，不断加强和改善审慎经营和管理。要进一步加强对员工的思想教育，在对高管人员和重要岗位人员进行交流和调整的过程中要做到科学有序，做好稳定职工的思想工作，坚持以人为本，关心和解决广大基层职工群众最关心、最直接、最现实的问题，将矛盾化解于基层，解决在内部。避免在业务发展和实施改革的进程中放松风险控制和合规性管理而发生案件等问题。要在改革和案件专项治理工作中不断总结经验，吸取教训，防范潜在的风险变成现实的案件。

金融消费者权益保护篇

2008年国际金融危机后，金融消费者权益保护成为修复金融监管漏洞的重要举措。当前，消费者保护已经成为国际金融体系改革的潮流之举。我国高度重视消费者权益保护工作，在顺应国际趋势，遵循国内现状的基础上，加强统筹规划和顶层设计，在各金融监管机构内部成立了专司消费者权益保护的部门，督促和引导金融市场的消费者保护行为。对银行业而言，消费者权益保护工作将促使银行在战略导向、经营理念、产品研发、营销渠道、服务方式等各个层面发生根本性调整和变化，在各个业务流程和环节嵌入消费者权益保护的基因，用户思维、快速迭代、柔性服务、体验至上将成为银行服务的核心和竞争优势所在，消费者也会因此增强对银行的信赖感，客户黏性大幅增强，对行业发展而言具有重要的意义。银行服务的平民化、社区化、人性化倾向也将在消费者权益保护的有序推进中不断提升。虽然我国银行业消费者权益保护工作取得了明显的成效，但是要将保护消费者权益上升到生存之策，尚需全行业取得共识。银行要想做百年老店、基业常青，必须真正筑牢消费者信赖这一长远发展的基础，本着诚信的原则，顺应消费者之需，提供消费者所求，而不是一味强调本企业的发展之愿和本企业的利益所在，真正以消费者为主导去经营、去发展。

保护银行业消费者权益：完善竞争机制是根本

银行业监管部门在消费者权益保护上面临着双重责任，一是如何深化监管职责，真正发挥好市场监管者的作用，使市场秩序进一步规范，以充分保护消费者的合法权益；二是加强顶层设计，建立成熟的银行业市场竞争机制，通过市场的自我约束来督促引导银行业遵守市场规则，使消费者的权益得到充分保障。从我国银行业市场的目前发展情况看，市场竞争的局面已经形成，但成熟的市场竞争机制尚未建立，还需要监管部门加强引领，培育成熟的银行业市场竞争机制，与政府监管形成合力，共同促进消费者权益保护水平的提高。

一、建立健全市场竞争机制是维护银行业消费者权益的根本动力

我国银行业经过多年的创新发展，已经形成了较为充分的市场化竞争格局。工行、农行、中行、建行、交行五大银行及全国性股份制商业银行、城商行、农商行、村镇银行的发展，建立起了种类丰富、功能齐全、层次多样的银行体系，业务领域覆盖了广大的城镇和农村，不断创新的业务品种日益提升了对消费者需求的满足。可以说，市场竞争的力量已经促使我国银行业实现了巨大的进步，银行业也由此完成了单纯的价格竞争到产品竞争的转变。

但是，这种竞争局面的存在并不代表着成熟的市场竞争机制已然形成。在这种竞争中，参与竞争的主体主要以自身的发展和利益作为追求的目标，无论是价格竞争还是产品竞争都力求占领市场获取最大利益，在资源配置上过度向市场占有率倾斜，容易忽视消费者体验、社会责任等服务业更为深层次的问题。因此，就出现了虚假广告、欺骗性宣传、强制性推销，甚至欺诈消费者等损害消费者权益的行为。在这种情况下，市场监管者在充分发挥监管职责的同时，还应有意识地引领市场向更加成熟的方向发展，形成真正的市场竞争机制，并依靠这种机制的无形力量和内生性约束，自发推动市场主体的守法、合规、诚信、理性化竞争。把消费者的体验

作为追求的目标，在价格竞争、产品竞争的基础上实现更深层次的服务竞争。把广大消费者的诉求作为企业发展的方向，充分发挥银行业市场竞争机制在消费者权益保护中的积极作用。

二、依靠市场竞争机制提高消费者权益保护水平

银行业市场竞争机制的建设是一项系统性工程，需要监管部门加强顶层设计，在尊重市场运行规律、把握市场客观需求的基础上创新工作方法和手段，丰富工作内涵和外延，引领市场竞争机制的形成与成熟，满足消费者日益增长的金融服务需求，提升对广大人民群众利益的保护水平。

首先是积极完善市场自律机制。自律机制是成熟的银行业市场竞争机制的重要组成部分，自律机制作用的发挥，不但可以有效防范道德风险和逆向选择，消除单体银行业金融机构经营行为的负的外部性，增强正的外部性，还可以有效降低市场的交易成本和信息非对称性。在我国当前的银行业市场竞争环境中，自律机制已经取得了较大的进步，银行业自律组织在规范市场行为、维护市场秩序上起到了积极作用。但目前的市场自律机制与成熟的市场自律机制相比还存在着一定的差距，其原因主要在于当前的自律机制更多的是依靠市场的外部力量形成的。因此，还需要继续完善自律机制，充分发挥其在市场竞争中的纠偏功能，促进市场竞争机制的成熟，不断满足消费者日益提高的金融服务需求。

其次是充分发挥市场监督机制。消费者权益的有效保护需要各个层面的监督机制，既包括监管层面的行政执法监督，也包括市场层面的媒体舆论监督及社会公众监督，各种监督机制的有效结合与良性互动可以在最大限度上对不良金融行为形成威慑。我国银行业市场监督机制目前还存在着一定的滞后性，主要体现在监督功能的发挥更多是事后调节。成熟的市场监督机制不但强调事后监督和事后修复，更加注重事前监督、未雨绸缪，在产品走向市场前，就将有可能损害消费者权益的风险进行化解和排除，防患于未然。从这个角度出发，我国在银行业消费者权益保护中，除了继续发挥好各层面的市场监督力量，注重政府监督和市场机制相结合，还应强调将监督关口前移，把好风险的出口关，在源头上杜绝可能损害消费者权益的行为。

再次是大力培育市场参与机制。在银行业市场中，供给方与需求方之间遵循着“卖者有责，买者自负”的原则，即在卖方的信息披露机制、透明度建设和风险提示机

制都较为健全的情况下，买方为获得风险溢价要承担一定的风险。但事实上，金融的本质属性决定了消费者在知识储备、信息获取和风险认知水平不能及时跟上的情况下，容易成为银行业金融产品的被动接受者，在信息可得性和产品交易上都有可能处于不对等的地位。这种情况给消费者权益保护带来了如下困难：消费者难以意识到自身的权益受到损害而忽视维权，助长了部分不良行为；由于对产品的不了解，消费者难以找到问题的症结所在，在维权过程中更多体现出非理性行为；由于法律知识欠缺，消费者不能合理利用维权渠道，导致无序投诉。基于上述情况，在我国银行业消费者权益保护工作中，应积极培育市场参与机制，针对消费者参与方的短板，通过多渠道、广泛性、深层次的宣传教育，提升消费者的金融知识、维权意识和法律意识，促使消费者积极主动地参与到市场机制建设中。

最后是努力塑造市场制裁机制。在成熟的银行业市场竞争机制中，市场制裁机制非常重要，主要源于外生的监管力量是有限的，其资源配置更多的是抓重点问题和主要矛盾，难以有效满足和全面覆盖所有的市场参与者，部分市场竞争者就有可能利用市场监管的不足钻空子，做出有悖于市场诚信经营、有损于消费者合法权益的行为。在有效的市场制裁机制中，一旦竞争主体违反了市场秩序，出现了非理性行为，在同业伙伴中就会被边缘化，难以利用同业资源开展金融业务，在行业中失去立足之地，同时，也会因为不良信誉和声誉而失去消费者的信任，在没有客户资源的情况下，其产品和服务的销售也就会寸步难行。由此可见，市场制裁机制是一种高于自律的市场行为。

守护公众利益　维护金融稳定

金融是现代经济的核心，关系经济社会发展全局。银行业监管部门贯彻落实党的十七大精神，必须深入贯彻落实科学发展观，不断推进监管工作的思路和实践创新，努力实现科学有效监管。

解放思想，不断提升监管工作效能。随着改革向纵深推进，银行业在快速发展的同时，一些深层次矛盾和问题也凸显出来。这就要求我们继续解放思想，从更高起点、更高层次、更高要求上思考银行业监管工作，正确认识和处理银行监管工作中银行发展合理性与风险控制有效性、监管制约性与经营自主性、规制性监管与原则性监管、合规监管与风险监管、非现场监管与现场检查、监管工作岗位专业化和技能多样化等各种关系，进一步理顺监管思路、提升监管效能，努力实现监管与发展、创新、稳定的和谐统一。

因地制宜，科学有效配置监管资源。由于各类银行业金融机构在所有制性质、产权结构、公司治理、经营环境等方面各有不同，在风险控制、内控状况、管理水平以及核心竞争力等方面千差万别，因而必须准确分析和判断各类机构的风险所在和风险程度，因行施策，因险施策，合理配置监管资源，用最小的监管成本获得最大的监管绩效。2006 年，山西银监局党委按照银监会的要求，结合山西银行业实际，提出了“看、管、帮、告”的监管理念，即对国有银行、股份制银行突出“看”，看其是否按总行制度办事，重点是检查督促；对农村信用社突出“帮”，指导和帮助其制定发展方略、找准市场定位、培养队伍等，促进其健康发展；对地方性法人机构如城商行、信托投资公司等突出“管”，实施有效监管，管法人、管内控、管风险；对所有的银行业金融机构都要“告”，进行风险提示，防风险于未然。通过近两年的实践，新的监管理念收到了较好的效果。

分类指导，积极推动银行业改革发展。银行业监管部门必须始终把提高银行体系的稳健性和经营效率作为重要使命。当前，应稳步推进银行业改革和业务转型，对已改制的国有商业银行，引导其按新的股份制模式有效运作；对即将改制的农业银行，对其经营和风险状况进行全面评估，为股改创造有利条件；对政策性银行，加强业务转型的指导；对邮政储蓄机构，督促其做好各项改革工作。支持股份制银行向地市、县域延伸机构，完善金融服务体系，提高金融服务水平。对地方性法人金融机构加强业务监管，促其进一步强化内控建设，完善风险防控措施。全面推进农村合作金融机构改革发展，积极研究和探索组建村镇银行、小额贷款公司等农村金融服务网络。

改造流程，努力实现持续性监管。为适应银监会监管信息系统运行后监管流程再造的要求，山西银监局结合实际，重新制定监管流程，完善配套制度，整合专业化组织架构和人力资源配置，建立市场准入、非现场监管、现场检查、行政处罚职责分离的监管组织体系，积极推动监管工作从“机构型监管”向“专业化监管”转变，建立起规范的监管业务流程，形成持续性的监管工作模式，促进监管信息的有效传递和运用，使监管工作始终保持连贯，实现良性循环。

认真履职，大力推动经济社会和谐发展。银行业的运行状况，不仅影响经济建设进程，而且关系社会发展进程。银行业监管部门应站在经济社会发展全局的高度，坚持统筹兼顾，切实履行好监管职责，当好公众利益的守护者、金融稳定的维护者、社会公平正义的推动者。一是统筹经济发展与金融发展。坚持金融服务经济的监管导向，着力化解银行业运行中不健康、不稳定的因素，以平稳发展促和谐。二是统筹外部监管与内部控制。着力引导和支持银行业风险管理长效机制建设，以风险防控护和谐。三是统筹支持支柱产业与支持中小企业。进一步改善中小企业和农村金融服务的基础和环境，支持中小企业发展。四是统筹城市与农村金融服务。积极督促引导有关金融机构按照职能定位，找准信贷政策与支农政策的结合点，为推进新农村建设提供优质高效的金融服务。

有效提升消费者权益保护水平

国际金融危机后，保护银行业消费者合法权益已经成为各国监管当局银行监管工作的重要目标。银监会高度重视银行业消费者权益保护工作，将银行业消费者权益保护作为监管工作的根本出发点和重要目标，这是“对人民负责”在银行业的根本体现，是增强社会经济发展内在动力的重要举措，是推动银行业科学发展的内在要求。

一、中国银行业消费者权益保护的现状和问题

理念上欠缺。银行业长期的垄断地位和其在经济高速发展中对资金资源的占有，决定了其“皇上女儿不愁嫁”的地位。虽然随着改革的深化，银行业市场以及竞争机制逐步形成，但是长期形成的优越感，决定了其服务理念的欠缺，与餐饮、烟草、医药等行业相比存在着较大的差距。这种服务理念上的差距，使处于卖方市场的银行业较少考虑消费者的客户体验、有效需求和风险承受能力，在金融产品或服务的设计、营销、交易等过程中，更多的是以业务或绩效为中心。在某些时刻，甚至存在着一定程度的逆向选择倾向，通过不透明产品或服务的出售，使消费者承担高风险来换取业绩的增长。虽然监管机构一直通过各种法律条文或规章制度对这种行为进行约束，但银行业在经营过程中多是被动地按照监管的要求对消费者的利益和诉求进行考虑，较少真正从公平对待消费者的角度出发，主动、系统地在相关业务领域融入消费者保护的元素。更多的时候是口号多、行动少，有时还存在着对监管部门的法律制度、规章规范执行不到位、变相执行或通过创新规避监管等问题，致使监管的有效性存在着一定程度的折扣。同时，由于银行业金融产品或服务具有智力密集型与技术密集型相结合的典型特征，在信息不对称的情况下，没有接受过专业教育的金融消费者难以对金融产品的成本、收益、风险等作出科学合理的判断，其购买行为也就存在一定程度的非理性特征。上述因素的叠加效应，导致银行业消费者的合法权益存在受损的风险。

行为上扭曲。主要表现在部分银行业从业人员在产品设计或营销的过程中存在不完全履行告知义务、定价不透明、收费不合理、回避或弱化风险、故意夸大收益

等现象，造成银行业消费者短期内的“误解”，长期内的“受损”。目前，市场或消费者高度关注的“资金池理财的陷阱”“信用卡罚息的圈套”“捆绑销售牟利”等业务行为就存在上述某条或多条特征。

法律上不足。一是法律基础不足。截至目前，我国尚没有一部专门针对金融消费者权益保护的法律制度，在对消费者权益保护的法律中只有《消费者权益保护法》。该部法律虽然能够较好地保障普通消费者的合法权益，但由于银行与消费者的交易行为具有较强的特殊性，和一般性的市场交易行为相比存在着较大差异，因此，针对银行这样一个特殊行业和银行业消费者这样一个特殊的群体，《消费者权益保护法》中的很多规范都难以适用，在具体操作上也难以执行。在金融行业相关的法律中，如《中华人民共和国商业银行法》，虽然在部分条款中明确列出了对存款人保护的内容，但从整体内容上，该项法律的立法目的并不在于消费者保护，在各项具体规定上也并不完全适用于银行业消费者权益保护。银监会出台的相关规章和规范性文件都在强化银行产品在售前、售中、售后等环节的行为监管，在银行业消费者权益保护上起了积极的推动作用，但这些规范性文件散落于各项业务条线之中，难以在消费者保护方面发挥协同效力，并且作为银行业消费者保护的根本法律，这些规范性文件的立法层次、权益覆盖面等都需要进一步提高。从整体上讲，我国银行业消费者权益保护的法律基础还较为薄弱，这在很大程度上会给我国银行业消费者权益保护工作的开展带来掣肘。二是银行业从业人员法律意识不强。在以业绩为中心的激励模式下，银行业从业人员存在着法律意识淡薄甚至知法犯法的情况，往往是在造成较大影响或损失后，才实施亡羊补牢式的补救，但消费者权益却因此受到了损害。三是消费者法律意识落后。大多数消费者对银行业相关的法律、法规知之甚少，只是被动地接受银行业金融机构的产品或服务，在合法权益受到损害后，维权意识也较为淡薄，难以用法律武器捍卫自己的合法权益，实现自身的利益诉求。

二、银行业消费者权益保护落实的条件

提升服务理念。在落实银行业消费者权益保护工作的过程中，银行业是主体、是关键，其服务理念、服务意识的改善是银行业消费者权益保护工作由被动执行向主动执行转变的根本，也是银行业消费者权益保护工作降低成本、提高效率、增强效果的核心。在未来一段时期内，银行业将迎来提升服务理念的关键时期。一方面，

随着改革开放的深入以及利率市场化的逐步推进，银行业的市场竞争机制将更加成熟，这对银行业的服务理念提出了更高的要求，银行业内部在服务理念的改善上会更加迫切、更加主动。另一方面，随着对银行业消费者权益保护工作的高度重视，国家会通过多种形式强化消费者保护行为，并且，随着判断能力和维权意识的增强，消费者也会给银行业服务理念的改善带来较强的外部压力。因此，无论是行业内部还是行业外部，无论是压力还是动力，银行业都面临着改善服务理念的大好时机。银行业应以此为契机，全面提升服务理念，改善服务意识，遵循服务业的发展特征和规律，真正建立起服务行业的理念，在业务开展和经营过程中，树立正确的盈利观而非牟利观。虽然盈利和牟利只有一字之差，但在指导银行业经营行为的过程中却有着本质的不同。盈利是市场经济微观主体运行的理性选择和正常行为，是银行业增强竞争力、提升发展能力的客观需要，因此，盈利是必需的，相当于救人先自救，但盈利却未必是牟利，盈利更多的是考虑公平、公正和公开，是诚信、厚德和惠民，而牟利则更多的是不择手段，甚至违反道德和法律。因此，在银行业消费者权益保护工作落实的过程中，银行业只有改善服务理念，提升服务意识，树立正确的盈利观，才能从审批管理的怪圈中走出来，才能切实将消费者权益保护工作落到实处。

改善不当行为。一是提升善待消费者的素质。银行从业人员是消费者权益保护工作的实际执行者和落实者，其素质的高低直接影响到消费者权益保护工作能否贯彻落实到位。为此，提高银行从业人员善待消费者的素质，增强银行从业人员善待消费者的责任心十分重要。要通过理念传递，使银行从业人员认识到消费者权益保护工作既是银行履行社会责任、提升社会公信力的重要基础，也是个人工作的职责所在。要通过岗前培训和行为监督，提高从业人员业务素质和自我约束力，确保员工在业务操作环节严格按照各项规章制度办理业务，不出现损害消费者权益的行为。二是在产品的研发和设计等环节，坚持产品的简单、透明和实用，规范流程管理，严控风险节点，充分评估产品推出后对消费者或市场可能带来的影响或结果。在上述原则的基础上，深度挖掘客户需求，充分考虑客户体验，推出贴近市场、服务民生、符合客户需求的产品。三是在销售过程中，银行从业人员应自觉遵守“卖者有责”的原则，以明确的格式、内容、语言，将产品或服务向消费者进行充分的信息披露和风险揭示，诚实、准确、充分地介绍产品和服务信息，对推荐产品涉及的风险充分告知，保障消费者的知情选择权，真正将商品卖给该买的人，做到宁失商机，不伤人气。

加强法制建设。一是完善法律基础。根据银行业消费者权益保护法律不足的现状，结合我国国情和银行业发展的实际特征及规律，综合考虑银行业金融产品或服务的特殊性以及银行业消费者的特点，尽快建立起适用于银行业消费者权益保护的法律支撑体系，完善基础法律制度，对银行业金融消费者的概念、银行业金融机构与消费者双方之间的权利义务、保护范围、保护程序等各项内容作出明确的法律规定，以满足消费者权益保护工作深入开展的法律需求，从源头上保障银行业消费者的合法权益。二是强化银行业从业人员的法律观念。采取有效的激励机制和约束机制，从多种渠道和途径入手，塑造银行业从业人员“学法、知法、懂法、守法”的行为，在银行业形成遵法守法的良好风貌，做到有法可依、有法必依、执法必严、违法必究，使法律、规章、制度等成为银行业从业人员行事的第一准则，确保消费者权益保护工作相关的法律、规章、制度能够执行到位，营造积极向上的法律氛围。三是提升消费者自身的法制意识。加强对银行业消费者的法律宣传、学习和教育，积极培育消费者的法律观念、维权意识、诚信意识和自律意识。在消费银行产品或服务的过程中，能够运用法律知识判断银行从业人员的行为是否合规，增强自我保护能力，合理规避风险。在遇到合法权益受到损害时，积极运用法律维权，增强自身权益保护的主动性和能动性。推动银行业消费者权益保护工作。

银监会自2003年成立以来，通过政策引导、审慎监管、行业自律、公众教育和投诉处理等各项措施，持续推动银行业金融机构科学稳健经营，防范并化解了发展过程中的各类金融风险，有效地推动了银行业消费者权益保护工作的开展。

一是加强探索保护银行业消费者权益法规体系建设。自银监会成立以来，为实现“保护广大存款人和消费者利益”这一监管目标，将金融消费者保护纳入监管制度建设，逐步建立起金融消费者权益保护的政策规章体系。针对与广大金融消费者关系密切的银行业务领域，制定发布了一系列规章和规范性文件，从维护消费者合法权益出发，提出了明确的监管要求。同时，银监会通过非现场监管、现场检查、抽查、投诉核查及要求商业银行自查等方式，有效规范商业银行经营行为，维护消费者的知情权、选择权、隐私权和公平交易权等合法权益。

二是加强金融消费者金融知识和维权宣传。银监会引领和推动银行业树立“公众教育服务”理念，承担公众教育服务责任，在各部委中率先建立公众教育服务区，并充分发挥公众教育服务区和公众教育服务网站的作用，向消费者进行风险提示，取得了良好的效果。组织开展了全国银行业公众教育服务日活动，向公众宣传理财、银行卡等九大类与生活紧密相关的金融产品或服务，赢得了公众的广泛认可和欢迎。注重对社会特殊群体的金融服务工作和权益保护，2012 年 5 月印发了《关于银行业金融机构加强残疾人客户金融服务工作的通知》，充分尊重和保障了残疾人客户公平获得银行业金融服务的权利。坚持每年开展“送金融知识下乡”活动，深入农村基层地区，将金融知识以喜闻乐见的形式送到了全国广大农村地区，受到了广大农民的高度欢迎。

三是加强金融机构的自律管理。银监会充分注重发挥行业自律在银行业消费者权益保护中的作用，指导银行业协会发布一系列自律公约，如《中国银行业零售业务服务规范》《中国银行业客户服务中心服务规范》等，强化行业自律。于 2011 年成立“金融消费者保护专业委员会”，先后制定并发布了在服务收费方面给消费者充分知情选择权、进一步完善残障人士银行服务等自律要求，逐步构建金融消费者保护的行业自律体系。

四是推动提高金融产品信息透明度。为保障银行业金融消费者的知情权、选择权和公平交易权，银监会多年来持续要求商业银行加大信息披露力度。同时，银监会各派出机构也结合当地实际情况，有针对性地推动和开展各类消费者权益保护活动，通过宣传、培训、教育等方式促进金融知识的普及，提升消费者的认知能力和自我保护能力，取得了较好的社会反响。

下一步，银监会将在原有银行业消费者权益保护工作的基础上，继续加大银行业消费者权益保护工作的力度。在宗旨上，坚持以人为本，坚持服务至上，坚持社会责任，通过广泛、深入、系统的金融教育，全面提升全社会对银行业产品和服务的认知度，全面提升全社会的金融素质，培育银行业消费者维权的意识和能力，积极、科学地主张银行业消费者合法权益；坚持科学发展观，坚持行为监管，坚持行业自律，通过主动、严格、科学的监管措施，督促、指导银行业金融机构践行向消费者公开交易信息的义务，履行公平对待消费者的责任，遵从公正进行交易的准则；从而达到提升银行业服务质量、提升行业发展潜能、提升金融稳定能力、提升公众金融素质、支持行业发展、赢得社会尊重的工作目标。在上述宗旨的指导下，本着预防为先、教育为主、依法维权、协调处置的原则，统筹规划，分类推进，做好以下五方面的工作。

一是构建坚实的法制基础。本着急用先行、逐步完善的原则，加快梳理、整合和补充散落于各类监管规章之中有关消费者权益保护的相关规定，通过下发通知、发布指引、颁布办法等方式，提出政策要求，制定操作规章，使银行业消费者权益保护工作有章可循。同时，积极筹划制定银行业消费者权益保护工作的基础框架法律，使银行业消费者权益保护工作走上有法可依的轨道。

二是制定规范的工作流程。为保证银行业消费者权益保护工作的有序进行，银监会将制定系统的、标准的、规范的工作流程，通过加强产品的设计审核，推动规范的销售行为，建立快捷的应诉程序，创建科学的后评估体系等流程设置使银行业消费者权益保护工作成为银行的一种内生机制，将银行业消费者权益保护理念植根于银行的企业文化之中，实现从外部约束向内在要求的转变。

三是策划系统的宣传安排。广泛、系统、持续的金融宣传活动是提高全社会消费者金融素质的必要途径，也是拉近银行业与社会大众关系、获取社会理解的手段，还是传导监管理念和要求的渠道。为此，银监会将制定年度和中远期的宣传工作规划，有目的、有针对性地将宣传工作持续化。通过集中开展，如每年设定一周或一个月作为银行业消费者权益保护宣传周（月），提升宣传影响力；通过持续进行，如与相关部门联系，在机场、车站、码头、地铁、商场、旅游景点等人群聚集区长期播放或张贴宣传材料，促进宣传活动常态化；通过专项行动，采取金融知识进乡村、社区、学校、军营、工地等方式，将金融宣传在某一特定领域推进。

四是探索持续的教育模式。银监会将积极建设消费者金融教育的长效机制，制定金融教育发展的中长期规划，针对发达的中心城市和边远的山区乡村、在校的大中小学学生和社区的老龄人群，正处于对银行服务需求转型期的进城务工人员以及正处于银行服务需求旺盛期的年轻白领等各类金融服务需求群体，有针对性地作出金融教育安排，全面提升消费者金融素养。

五是充分发挥社会各方面力量。银行业消费者权益保护工作涉及面广，除监管部门、银行业协会、银行业金融机构外，在日常工作的开展中，还会涉及教育、民政、工商、司法、宣传、电信、消费者协会、公益组织等相关政府部门、社会组织及民间团体。银监会将积极争取各方面对银行业消费者权益保护工作的理解和支持，发动一切可以发动的力量，凝聚共识，形成合力，为银行业消费者权益保护工作营造良好的氛围和环境。

意义深远　使命重大

银行业消费者权益保护的关键，是通过强有力的监管措施，使消费者的合法权益、合理诉求得到维护和主张，在产品和服务的提供方和消费者之间架起桥梁，实现共赢，在银监会党委的高度重视下，银监会银行业消费者权益保护局已成立并开始运转。银行业消费者权益保护局的成立，标志着银行业消费者权益保护工作进一步制度化、系统化、规范化。

银行业消费者权益保护工作的开展，是银监会秉承坚持以人为本、坚持服务至上、坚持社会责任的消费者保护工作宗旨的体现，也是银监会将满足消费者合理诉求，作为行为监管的目标和准则的具体体现。以成立专业部门为契机，银监会将继续致力于强化银行业消费者权益保护职能，通过开展金融教育提升消费者的金融素质；通过金融知识的宣传和普及，提升全社会对银行业产品和服务的了解与认知；通过快捷规范的纠纷调解机制，有效化解消费者与银行业金融机构的矛盾纠纷；通过强有力的监管措施，使消费者的合法权益、合理诉求得到维护和主张，在产品和服务的提供方和消费者之间架起桥梁实现共赢。

一、职责所引　趋势所向

全面维护银行业消费者的合法权益是银行业金融机构不可推卸的社会义务，也是银监会必须履行的社会责任。加强银行业消费者权益保护是银监会履行银行监管职责的具体体现，也是遵循国际银行业监管改革趋势的举措，是各国银行业监管机构的共识。

从国际上看，随着金融创新和金融市场的发展，以金融衍生工具为代表的新的金融产品不断增加，大量的专业术语、晦涩难懂的表述使得消费者很难对金融产品或服务作出充分有效的判断，再加上金融推销手段越来越专业化，使得金融消费领域相对于普通消费领域，信息不对称情况更为严重，金融消费者的弱势地位更加明显，消费者自身权益被侵害的机会也越来越多。

2008 年国际金融危机以来，各国深刻认识到必须积极完善金融消费者保护体系，将金融消费者保护作为金融监管的出发点和基础理念，以重建金融消费者对金融市场的信任，切实维护市场信心和金融体系稳定。与之相对应，各国相继成立了消费者保护的专门机构或部门，例如美国成立了消费者金融保护署，英国成立了金融行为监管局，韩国成立了金融消费者保护院，等等。

从我国情况看，尽管我国银行体系未受到国际金融危机的严重影响，但改进和加强银行业消费者保护工作仍具有十分重要的现实意义。我国幅员辽阔，人口众多，银行业消费者群体十分庞大，同时各地区社会经济发展水平存在差异，不同地区消费者需求差别较大。为满足我国多层次银行业消费者的不同需求，保护广大消费者的合法权益，维护市场信心和金融体系稳定，成立专门的银行业消费者权益保护部门就成为十分必要的监管体系设计要求。

银监会银行业消费者权益保护局的成立，具有重大而深远的战略意义。首先，加强银行业消费者权益保护是“以人为本”理念在银行业的最根本体现。其次，加强银行业消费者权益保护是增强社会经济发展内在动力的重要举措。金融业是现代经济的核心，银行业是我国金融业的主体，通过普及金融知识，提升银行产品和服务的透明度，有利于增强广大消费者对银行业的信心，营造更加有利于银行业改革发展的外部环境，从而推动银行业进一步丰富产品类型和提升服务质量。最后，加强银行业消费者权益保护是推动银行业科学发展的内在要求。强调保护消费者权益，有利于推动银行业转变发展方式，致力于打造“百年老店”，提升行业声誉，增强全面风险管理理念，谋求长期稳健发展，从而在根本上防范和化解金融风险。

二、明晰内涵 把握重心

银行业消费者权益保护工作将坚持科学发展，坚持行为监管，坚持行业自律，通过主动、严格、科学的监管措施，督促、指导银行业金融机构践行向消费者公开交易信息的义务，履行公平对待消费者的责任，遵从公正进行交易的准则，从而达到提升银行业服务质量、提升行业发展潜能、提升金融稳定能力、提升公众金融素质、支持行业发展、赢得社会尊重的工作目标。

银行业消费者权益保护工作由金融知识教育、银行产品和服务宣传以及调解消费者与银行业金融机构的纠纷三个部分组成。近期的安排是通过广泛、深入、持续的金融宣传提升消费者对银行产品和服务的认识和理解，增强消费者依法维护合法权益的意识和能力，督促银行业服务能力和水平的提高。具体的举措是通过对投诉的调查和纠纷的调解，找出与消费者之间矛盾的症结所在，以主动真诚的自律约束和强有力的监管督促及时纠正和查处侵害消费者权益的不当行为，加强对交易前、交易中和交易后行为的约束和监管，落实消费者保护，树立银行业的良好社会声誉和形象。

银行业消费者权益保护工作的总体指导方针为："预防为先，教育为主，依法维权，协调处置"，银监会将指导银行业金融机构牢牢把握这十六字方针，做好各个环节的工作。

预防为先，是指将消费者保护工作的起始点前移至防范的环节，即银行业监管机构在实施市场准入和银行业金融机构在实施内部新产品或服务设计审批时，均应将消费者权益保护内容作为审批的必要条件，并强化信息披露及依法合规销售。

教育为主，是指银行业监管机构和银行业金融机构应针对不同的消费者群体，积极开展广泛、持续、系统的金融宣传教育活动，培育消费者自主选择判断能力，针对不同的产品和服务种类，主动做好宣传讲解，通过提升消费者金融意识和金融素质主动化解矛盾。

依法维权，是指银行业监管机构将本着贯彻以人为本、构建和谐社会的方针，建立一整套依法、规范、务实的消费者维权工作体系，督促银行业金融机构将维护消费者权益工作落在实处，并通过有益的金融宣传教育活动，培育并提升消费者依法维权、主动维权的意识和能力。

协调处置，是指银行业金融机构要将保护消费者权益、妥善调解与消费者之间的纠纷作为自身的责任，银行业监管机构有责任协调督促各银行业金融机构处置好消费者的投诉。在银行业金融机构调解处置未达消费者要求的情况下，银行业监管机构接受消费者的再次投诉。但监管机构的处置意见只作为第三方调解，不具有裁决作用。

三、提升能力方能维权

在银监会履行消费者权益保护职责的同时，银行业消费者亦应把增强自我保护意识和能力放在首位，这是维护自身合法权益最有效、最直接的办法。

一是要主动加强对银行业产品和服务的了解。为了满足消费者对金融服务多样化的需求，现代银行业金融机构已不再局限于提供存贷款、汇兑等基础金融服务，信用卡、理财、外汇交易、电子银行、消费信贷等新产品、新服务层出不穷。广大消费者要充分认识到金融产品与一般消费品的不同特性，加强对当今银行产品和服务的了解，多学习、多研究、多比较，提升理性消费水平，在准确把握自身需求的基础上，做到明明白白投资、清清楚楚消费，选择适合自身消费能力的银行产品和服务。

二是要增强风险意识。风险与收益总是如影随形，消费者一定要牢固树立风险意识。银行业经营的特点就是在风险与收益间博弈，银行的产品也必然沿袭了这一特点。因此，银行业消费者一定要审慎评估自身风险承受能力，详细了解投资产品的具体特征及风险状况，在深入分析成本、风险、收益的基础上进行理性投资，切忌盲目追求高收益，使自身权益及资金安全蒙受损失。

三是要强化主动维权意识。银行业消费者在接受金融服务时，要注意及时保存宣传材料、合同文本、转账凭证等相关证据，在权益受到损害时，要有理有据，通过现场投诉、电话投诉，以及信函、银行网站等渠道，积极主动反映受到的不公正对待情况，维护自身合法权益。在银行业金融机构未能有效满足消费者合法诉求的情况下，消费者可向银监会派出机构投诉受理部门寻求帮助，银监会及其派出机构将秉持公开、公平、公正的原则，依法合规对消费纠纷进行调解。消费者对于调解结果仍不满意的，可采取仲裁、法律诉讼等手段维护自身权益。

银行业消费者权益保护工作涉及面广，需要社会各方的理解和支持。只有凝聚共识，形成合力，努力改进银行服务，提升公众金融素质，才能推动社会经济健康发展，使人民生活更加富裕、更加幸福。

凝聚各方合力　共同推进银行业消费者权益保护工作

近期，在银监会党委的高度重视下，银监会银行业消费者权益保护局已成立并开始运转。银行业消费者权益保护局的成立标志着银行业消费者权益保护工作进一步制度化、系统化、规范化。银行业消费者权益保护工作的开展是银监会秉承坚持以人为本、坚持服务至上、坚持社会责任的消费者保护工作宗旨的体现，也是银监会将满足消费者合理诉求作为行为监管的目标和准则的具体体现。以成立专业部门为契机，银监会将继续致力于强化银行业消费者权益保护职能，通过开展金融教育提升消费者的金融素质，通过金融知识的宣传和普及，提升全社会对银行业产品和服务的了解与认知，通过快捷规范的纠纷调解机制，有效化解消费者与银行业金融机构的矛盾纠纷，通过强有力的监管措施，使消费者的合法权益、合理诉求得到维护和主张，在产品和服务的提供方和消费者之间架起桥梁实现共赢。

一、加强银行业消费者权益保护工作是银行业发展的趋势所向

全面维护银行业消费者的合法权益是银行业金融机构不可推卸的社会义务，也是银监会必须履行的社会责任。加强银行业消费者权益保护是银监会履行银行监管职责的具体体现，也是遵循国际银行业监管改革趋势的举措，是各国银行业监管机构的共识。

从国际上看，随着金融创新和金融市场的发展，以金融衍生工具为代表的新的金融产品不断增加，大量的专业术语、晦涩难懂的表述使得消费者很难对金融产品或服务做出充分有效的判断，再加上金融推销手段越来越专业化，使得金融消费领域相对于普通消费领域，信息不对称情况更为严重，金融消费者的弱势地位更加明显，消费者自身权益被侵害的机会也越来越多。20 世纪 80 年代以来，历次金融危机发生后，金融消费者保护的缺失均被认为是导致危机发生的根源之一，各国也都采取了相应的改进措施。特别是 2008 年国际金融危机以来，各国深刻认识到必须积极完

善金融消费者保护体系，将金融消费者保护作为金融监管的出发点和基础理念，以重建金融消费者对金融市场的信任，切实维护市场信心和金融体系稳定。与之相对应，各国相继成立了消费者保护的专门机构或部门，例如美国成立了消费者金融保护署，英国成立了金融行为监管局，韩国成立了金融消费者保护院，等等。

从我国情况看，尽管我国银行体系未受到国际金融危机的严重影响，但改进和加强银行业消费者保护工作仍具有十分重要的现实意义。我国幅员辽阔，人口众多，银行业消费者群体十分庞大，同时各地区社会经济发展水平存在差异，不同地区消费者需求差别较大。为满足我国多层次银行业消费者的不同需求，保护广大消费者的合法权益，维护市场信心和金融体系稳定，成立专门的银行业消费者权益保护部门就成为十分必要的监管体系设计要求。

银监会银行业消费者权益保护局的成立，对于促进社会和谐建设，同样具有重大而深远的战略意义。第一，加强银行业消费者权益保护是“以人为本”理念在银行业的最根本体现。通过指导银行业金融机构围绕消费者最关心的现实问题，着力提升银行从业人员的社会责任意识，有利于加强改进银行服务，纠正损害消费者权益的各类行为，从而实现银行业经济效益和社会效益互利共赢，为社会主义和谐社会建设作出应有贡献。第二，加强银行业消费者权益保护是增强社会经济发展内在动力的重要举措。金融业是现代经济的核心，银行业是我国金融业的主体，通过普及金融知识，提升银行产品和服务的透明度，有利于增强广大消费者对银行业的信心，营造更加有利于银行业改革发展的外部环境，从而推动银行业进一步丰富产品类型和提升服务质量，为刺激消费、拉动内需、推动经济发展方式转型提供必不可少的金融服务，提升国民经济发展的质量和效率。第三，加强银行业消费者权益保护是推动银行业科学发展的内在要求。强调保护消费者权益，有利于推动银行业转变发展方式，致力于打造“百年老店”，提升行业声誉，增强全面风险管理理念，谋求长期稳健发展，从而在根本上防范和化解金融风险。

二、银行业消费者权益保护工作的基本内涵

（一）工作宗旨

银行业消费者权益保护工作的宗旨可以概括为：坚持以人为本，坚持服务至上，坚持社会责任，通过广泛、深入、系统的金融教育，全面提升全社会对银行业产品

和服务的认知度，全面提升全社会的金融素质，培育银行业消费者维权的意识和能力，积极、科学地主张银行业消费者合法权益；坚持科学发展，坚持行为监管，坚持行业自律，通过主动、严格、科学的监管措施，督促、指导银行业金融机构践行向消费者公开交易信息的义务，履行公平对待消费者的责任，遵从公正进行交易的准则；从而达到提升银行业服务质量、提升行业发展潜能、提升金融稳定能力、提升公众金融素质，支持行业发展，赢得社会尊重的工作目标。

（二）工作重心

银行业消费者权益保护工作由金融知识教育、银行产品和服务宣传以及调解消费者与银行业金融机构的纠纷三个部分组成。工作目标是通过广泛、深入、持续的金融教育，全面提升全社会的金融素养，在公平、公正的前提下实现银行产品和服务的依法合理交易，从而赢得消费者信任和维护行业安全。近期的安排是通过广泛、深入、持续的金融宣传提升消费者对银行产品和服务的认识和理解，增强消费者依法维护合法权益的意识和能力，督促银行业服务能力和水平的提高。具体的举措是通过对投诉的调查和纠纷的调解，找出与消费者之间矛盾的症结所在，以主动真诚的自律约束和强有力的监管督促及时纠正和查处侵害消费者权益的不当行为，加强对交易前、交易中和交易后的行为约束和监管，落实消费者保护，树立银行业的良好社会声誉和形象。

（三）工作方针

银行业消费者权益保护工作的总体指导方针为："预防为先，教育为主，依法维权，协调处置"，银监会将指导银行业金融机构牢牢把握这十六字方针，做好各个环节的工作。

预防为先，是指将消费者保护工作的起始点前移至防范的环节，即银行业监管机构在实施市场准入和银行业金融机构在实施内部新产品或服务设计审批时，均应将消费者权益保护内容作为审批的必要条件，并强化信息披露及依法合规销售，对不必要的纠纷防患于未然。

教育为主，是指银行业监管机构和银行业金融机构应针对不同的消费者群体，积极开展广泛、持续、系统的金融宣传教育活动，培育消费者自主选择判断能力，针对不同的产品和服务种类，主动做好宣传讲解，通过提升消费者金融意识和金融素质主动化解矛盾。

依法维权，是指银行业监管机构将本着贯彻以人为本、构建和谐社会的方针，建立一整套依法、规范、务实的消费者维权工作体系，督促银行业金融机构将维护消费者权益工作落在实处，并通过有益的金融宣传教育活动，培育并提升消费者依法维权、主动维权的意识和能力。

协调处置，是指保护消费者权益，妥善调解与消费者之间的纠纷是银行业金融机构自身的责任，银行业监管机构有责任协调督促各银行业金融机构处置好消费者的投诉。在银行业金融机构调解处置未达消费者要求的情况下，银行业监管机构接受消费者的再次投诉。但监管机构的处置意见只作为第三方调解，不具有裁决作用。

三、主动维权的意识和能力是消费者维护合法权益的必要条件

银监会始终将保护消费者合法权益作为一项重要工作内容，致力于推动银行业金融机构不断加强对消费者的保护和宣传教育。与此同时，银行业消费者一定要把增强自身的自我保护意识和能力放在首位，这是维护自身合法权益最有效、最直接的办法。

一是要主动加强对银行业产品和服务的了解。为了满足消费者对金融服务多样化的需求，现代银行业金融机构已不再局限于提供存贷款、汇兑等基础金融服务，信用卡、理财、外汇交易、电子银行、消费信贷等新产品、新服务层出不穷。广大消费者要充分认识到金融产品与一般消费品的不同特性。一方面，金融产品和服务主要体现为信息的组合，消费过程更多地表现为信息的汇总和传递，因此金融消费具有无形性。另一方面，金融消费者对金融产品和服务的消费行为不仅会引起当期损益，还会影响未来的收入与支出。因此，广大消费者应加强对当今银行产品和服务的了解，多学习、多研究、多比较，提升理性消费水平，在准确把握自身需求基础上，做到明明白白投资，清清楚楚消费，选择适合自身消费能力的银行产品和服务。

二是要增强风险意识。风险与收益总是如影随形，消费者一定要牢固树立风险意识。银行业经营的特点就是在风险与收益间博弈，银行的产品也必然沿袭了这一特点。因此，切忌盲目追求高收益，要根据自身财务状况，选择安全、适合的投资渠道。尤其值得关注的是，在当前社会资金较为紧张的背景下，民间借贷规模快速膨胀，部分公众受到高收益、高回报的吸引将资金投入了安全缺乏保障的民间借贷领域，有的甚至卷入了非法集资案件，导致自身权益及资金安全蒙受损失。因此，

建议广大投资者一定要审慎评估自身风险承受能力，详细了解投资产品的具体特征及风险状况，在深入分析成本、风险、收益的基础上进行理性投资。

三是要强化主动维权意识。银行业消费者在接受金融服务时，要注意及时保存宣传材料、合同文本、转账凭证等相关证据，在权益受到损害时，要有理有据，通过现场投诉、电话投诉、信函、银行网站等渠道，积极主动反映受到的不公正对待情况，维护自身合法权益。在银行业金融机构未能有效满足消费者合法诉求的情况下，消费者可向银监会派出机构投诉受理部门寻求帮助，银监会及其派出机构将秉持公开、公平、公正的原则，依法合规对消费纠纷进行调解。消费者对于调解结果仍不满意的，可采取仲裁、法律诉讼等手段维护自身权益。

银行业消费者权益保护工作涉及面广，除监管部门、银行业协会、银行业金融机构外，还会涉及教育、民政、工商、司法、宣传、电信、消费者协会、公益组织等相关政府部门、社会组织及民间团体。银监会银行业消费者权益保护局将在银监会党委的正确领导下积极争取各方对银行业消费者权益保护工作的理解和支持，发动一切可以发动的力量，凝聚共识，形成合力，努力改进银行服务，提升公众金融素质，为推动社会经济健康发展和改善人民福祉贡献力量。

如何帮助金融消费者主张诉求

保护银行业消费者的合法权益是监管者的天职。在与银行业金融机构的交易过程中，由于信息不对称，消费者在金融交易活动中谈判议价能力受限，一旦合法权益受损，单枪匹马进行维权，将很难保障自身合法权利不受侵害，需要社会力量的介入来主张消费者的诉求。

不断加强和改进消费者权益保护工作，既是广大人民群众的热切期望，也是确保银行体系健康发展、维护公众信心的内在要求，更是社会赋予监管者的神圣使命。

2013 年 9 月 4 日，银监会正式发布《银行业消费者权益保护工作指引》，填补了国内银行业消费者权益保护制度方面的空白，对整个银行业发展与监管具有里程碑意义，标志着在银监会的监督引领下，银行业消费者权益保护工作趋于制度化、规范化。

对消费者保护的重视并非一开始就有。2001 年中国加入世界贸易组织时，我国国有银行技术破产论迫使中国政府和监管当局将银行体制改革和化解历史风险放在首位。经过 10 年的努力，以 2009 年农业银行上市为代表，我国实现了对以五大银行为代表的银行体系的改造，银行业由全面化解历史形成的金融风险转入了高速发展阶段。

正是在这一时期，银行业的发展暴露出两个方面的问题：一是商业银行金融创新的热情和能力上升，新产品不断亮相市场，使消费者眼花缭乱；二是迫于竞争的压力，银行从业人员盲目推销产品，消费纠纷开始大幅增加。此时正值国际金融危机爆发，我国的银行监管机构如多数国家监管机构一样，开始认识到保护消费者权益对银行业健康发展的重要性。

经过一段时间的酝酿，银监会于 2012 年成立消费者权益保护局，明确将消费者权益保护作为银行监管的重要组成部分，从而成为监管者的重要使命。与此同时，银行业监管工作由重视风险监管促进行业稳健发展从而实现对消费者的保护，向重视行为监管直接将消费者权益保护工作作为终极目标发展，实现了监管理念的发展和转变。

一、从被动到主动：树立保护新理念

消费者权益保护局成立之后，在充分考量国情并适度创新的基础上，银监会制定了《银行业消费者权益保护工作规划纲要(2012~2015年)》(以下简称《纲要》)。

《纲要》明确将改进银行业服务质量、提高金融稳定能力、提升公众金融素质、支持行业发展、赢得社会尊重作为银行业消费者权益保护的工作目标。

与此同时，还明确了银行业消费者权益保护的工作宗旨，即坚持以人为本，坚持服务至上，坚持社会责任，通过广泛、深入、系统的金融教育，全面提升全社会对银行业产品和服务的认知度，全面提升全社会的金融素质，培育银行业消费者维权的意识和能力，积极、科学地主张银行业消费者合法权益等。

在工作目标和工作宗旨已经明确的前提下，银监会又创造性地提出了“预防为先，教育为主，依法维权，协调处置”的银行业消费者权益保护工作原则。这一工作原则是银监会创造性提出的基本原则，是将消费者权益保护由被动解决纠纷向积极预防矛盾转化的一种有益尝试。

所谓“预防为先”，是要求银行业金融机构在产品和服务的设计开发、定价管理、协议制定、审批准入等各个业务环节，落实有关银行业消费者权益保护的相关要素，使银行业消费者权益保护的措施在产品和服务进入市场前得以实施；“教育为主”，是要求全行业积极开展广泛、持续、系统的金融宣传教育活动，在帮助员工强化银行业消费者权益保护意识的同时，积极培育银行业消费者的自主选择判断能力和主动维权能力；“依法维权”，是要求银行业金融机构在纠纷处理过程中遵循公平、公正、公开原则，妥善维护银行业消费者的合法权益；“协调处置”，是监管部门督促银行业金融机构妥善调解处理消费纠纷，行使好保护银行业消费者权益的天赋职责。

二、从眼前到未来：营造教育新风尚

只有通过广泛、系统、持续的金融知识宣传教育，提升消费者对金融机构、产品和市场的了解，才能最大限度地落实消费者的知情权，提升消费者的维权意识和能力，从而实现对存款人利益的保护。

面向全社会开展金融知识宣传和教育，提升社会公众的金融素质，消除由于信息不对称导致的隔阂与误会，这也是从根本上解决金融消费纠纷、创造良好消费环境、维护社会稳定的重要手段。

目前，银监会已把9月定为“银行业金融知识宣传服务月”，组织全行业开展“金融知识进万家”活动，面向全社会持续宣传金融知识。同时，针对特定消费群体开展有针对性的金融教育，包括对进城务工人员普及金融知识，推动新生消费群体在开始接触银行产品或服务时就能够掌握必要的金融知识；本着着眼未来、立足长远，大力支持和推动大、中、小学校开设金融知识课程，在潜在消费群体中普及金融知识；通过与社会各界的合作，扩大金融知识宣传的受众面，实现金融知识进机场、车站、码头、工地、农村的工作目标。

值得注意的是，消费者金融知识宣传教育是银行业义不容辞的责任，但如果仅仅依赖行业内部的单方努力，恐怕也会孤掌难鸣，难以达到提升全民金融素质的效果。为此，银监会将积极建议国家有关部门，尽快把金融教育纳入国家教育发展战略，制定面向公众的金融教育长远规划，把普及金融知识作为国民教育的重要内容，根据大、中、小学生的不同特点，因材施教，使金融知识宣传教育工作走向规范化和制度化。

三、从探索到长效：建立坚实新体系

我国已经在银行业消费者权益保护领域迈出坚实的步伐。但是，银行业消费者权益保护在我国还是一项处在探索之中的新事物，必须作持之以恒的努力。

银监会下一步还将着重推动工作责任、评估体系、投诉渠道和行为监督等方面的工作。具体来看，在落实工作责任上，即以《指引》为准则，督促银行业金融机构落实消费者权益保护工作的主体责任，要求银行业金融机构设立或指定专门部门，独立、权威、专业地开展银行业消费者权益保护工作，确保消费者权益保护理念和原则贯穿于经营管理的各个环节，形成全流程、全方位的消费者权益保护架构。同时，银监会及其派出机构落实“定人、定岗、定责”的原则，完善工作机制，确保消费者权益保护工作规划科学、监督得力、协调顺畅、执行到位。

在建立评估体系上，包括实施监管评估，通过监管部门的评估，督促银行业金融机构及时总结和改善消费者权益保护工作的效果；组织行业评比，通过业内的互评，促进消费者权益保护的规范和落实；开展社会评价，通过收集社会公众对银行业金融机构产品和服务的评价、意见及建议，推动银行业金融机构及监管部门有针对性地改进工作。

在畅通投诉渠道上，一方面要求银行业金融机构为消费者投诉提供必要便利，在营业网点和门户网站的醒目位置公布投诉方式和投诉流程；另一方面监管部门将督促银行业金融机构加强对投诉处理结果的跟踪管理，定期汇总分析客户建议、集中投诉问题等信息，认真查找产品和服务的薄弱环节和风险隐患，并从管理制度、运营机制、操作流程、协议文本等层面予以改进，切实把维护好广大银行业消费者的合法权益落到实处。

在强化行为监管上，监管部门将督促银行业金融机构通过加强内部控制，防止侵害消费者权益行为发生。同时，通过对“二次”投诉的受理，对恶意侵害消费者权益的行为给予纠正和处罚。

需要看到，保护银行业消费者的工作并非单线操作，只有以多种方式广泛开拓思路，吸纳成功实践，听取各方意见，才能不断将银行业消费者权益保护工作全面引向深入。

保护消费者权益是监管者重要历史使命

消费者权益保护工作应该说是在2008年国际金融危机之后，各国的监管当局在反省监管的基础上达成的一种共识。因此在国际上主要国家都基本上设立了专门的机构，但是从组织架构上，还不完全一样。美国的模式也好，英国的模式也好，包括澳大利亚的模式都是相对独立于监管的一种模式。也就是说，消费者权益保护工作和监管机构之间是相对独立的。

在中国，目前为止银行业的消费者权益保护工作体制和架构不完全同美英等西方国家。我们是把消费者权益保护作为银监会银行监管工作的一个组成部分。也就是说，我们一方面通过审慎的风险监管来保证银行业的安全，最终达到保护消费者的目的。另外又通过严格的行为监管对银行的行为进行监管，来获取或者说来确保消费者对银行业和银行业金融机构的信任和信心，从而达到银行业总体的安全。因此我想我国消费者权益保护的框架设计应该说是具有中国特色的。

在这个前提下，银监会一直把保护消费者的权益作为其重要的职责。就像尚福林主席前一段时间发表的文章当中所阐述的一样，我们认为，保护消费者的权益是我们监管者的重要历史使命。在这个大的前提下，银监会非常重视对消费者的权益保护工作，我们也是从2012年5月开始挂牌，组成了消费者权益保护局开始履行我们的职责。在消费者权益保护局成立以后，我们首先研究制订了一个三年期的发展规划纲要，在这个规划纲要当中，我们确定了银行业消费者权益保护的宗旨、目标和基本原则。其中我想介绍给大家的就是16字的基本工作方针。这16个字就是“预防为先，教育为主，依法维权，协调处置”。我们提出预防为先的概念是把消费者权益保护工作作为监管工作的组成部分，是相联系的。也就是说我们强调要通过我们有效的监管，把消费者权益保护工作做到前面去。

也就是说，在消费者和银行业金融机构在消费交易的过程当中发生纠纷之前，我们就要有所防范，要尽我们的努力尽量减少这种纠纷的产生。我们就要通过我们的监管手段来督促、指导、要求我们的商业银行在设计、评估、审计它们的产品的时候，也就是说在银行业金融机构服务产品进入市场之前，就要在它们的制度当中有消费者权益保护方面的保障。也就是说把消费者权益保护的有关要素镶嵌在业务流程当中，在产品进入市场之前就要有所体现。或者说没有消费者权益保护方面的要素的这些产品，就不能进入市场，从根源上来说提前防止不必要情况的产生，或是产品设计当中就不应该出现对消费者权益有所侵害的要素出现。所以我们想第一句话叫预防为先。

第二句话叫教育为主，考虑到银行业的特点和银行业服务的特点，它不同于一般的消费品。当然银行业本身有它特殊的发展规律，它的产品和服务也有它自身的特点，就需要消费者了解银行业的特性，要了解银行业产品的特点。

第三句话叫做依法维权，实际上我们强调的是，我们所有的监管行为也好，我们所有的经营行为也好，包括消费者的维权行为都应该在法律的框架下。我们主张消费者的权益，但是我们主张的是消费者的合法权益，我们维护消费者的权益，也是要在法律框架之下维护消费者的权益。

第四句话叫协调处置。实际上我们明确了银行业金融机构和银行业监管机构之间的职责。协调处置就是需要监管机构和经营机构协同起来共同进行。我们将来的原则就是银行业金融机构是消费纠纷或是消费者投诉受理的第一责任人。我们作为监管部门，监督督促银行业金融机构妥善处理和消费者之间的纠纷。我们受理消费者的投诉，原则上我们处理的是重复投诉，也就是二次投诉。当金融机构在第一次接受投诉进行调解没有达到消费者的满意，消费者再次投诉的时候我们会受理，然后进行必要的调查、调解和处置。

我们局因为是从 2012 年 5 月才挂牌成立，实际上工作的时间也不长，2013 年我们考虑的主要的工作点简单地可以归纳成“五、四、三、二、一”。我们想第一是宣传工作，我们有五方面的宣传，其中包括一些时效性的宣传，比如整个行业消费者权益保护工作的一些动态。我们还有一些专业性的宣传，专业性的宣传就是和一些杂志、报刊合作，来宣传一些银行的基本知识，让公众、让消费者了解银行。再有就是一些重点宣传，就是结合消费者反映最多的或投诉最为集中的热点问题进行宣传。还有就是一种持续性的宣传，就是营业网点介绍它们的产品的同时宣传有关消费者权益保护的内容和相关的知识。最后一个就是我们根据需要，根据我们的行业发展的情况搞一些集中性的宣传。

“四”是有四方面的普及工作要做。就是面对潜在的消费者进行金融知识的普及，比如针对中小学生。上海现在是走得最远的，现在已经作出方案准备把金融知识进入中小学生的课堂。另外一个就是新生的消费者，包括进城务工人员，包括大学毕业生。他们在此之前没有全面地接触银行的产品和服务，但是现在他们正在逐步地成为银行业新的消费者。所以这些群体也是我们的四个普及对象之一。第三个就是成熟消费者，成熟的消费者也同样存在着进一步普及金融知识、银行知识的必要。因为，银行业的产品创新速度是非常之快的，为了让大家掌握这些创新的产品，即使是成熟的消费者也同样面临新产品的介绍知识的普及。所以这是三个对消费者的普及。第四个普及就是对从业人员，对于从业人员要加强消费者权益保护工作的教育，要在所有成员当中普及消费者权益保护的知识。

“三”是要进行三评体系建设，三评，就是第一监管部门对银行业金融机构进行监管的考核评价，也就是说通过这种难度的监管考核评价来督促银行业金融机构落实消费者权益保护工作。第二个评是在银行业的业内进行相互之间的评比。也是通过这种措施来达到相互之间的一种促进。第三是引入社会的评议，我们要在消费者当中广泛地征求广大消费者的意见，对整个行业的消费者权益保护和银行业金融机构的消费者权益保护工作广泛地评议，找出工作的不足和工作的问题。

“二”是我们 2013 年开始试点来进行一项工作，就是两个标准，两个标准就是要求银行业金融机构面对消费者提供金融服务的时候有标准化的服务用语和标准化的服务流程。这个要求实际上也是在事先防范发生不必要的消费纠纷，因为有很多的产品在设计的时候并没有明显的影响消费者或是侵害消费者权益的问题。但是会员在推销推介产品的时候，因为用语不规范，服务的流程不规范，导致一些误解和误会。就像大家网上经常听到的误导消费，夸大了收益隐藏了风险等，我们觉得需要有一套标准化的服务用语。另外还有一套标准化的服务流程。比如说理财产品需要消费者本人签字签章的文件一定按照标准流程来做，这样会避免一些不必要的消费纠纷。

最后“一”就是我们 2013 年一年的工作一以贯之地强调预防为先的理念，深入到我们整个行业当中去，不仅仅是我们监管部门的要求，更应该是整个行业的一种行动。我们的工作就像焦局长提到的，“一行三会”都是在起步阶段，与广大消费者的要求还有一定的距离，希望大家给我们机会、给我们时间，我们会尽量做好这份工作，能够给我们广大的银行业消费者提供一个好的消费环境。

银行业发展及银行业务探索篇

我国银行业随着经济体制改革、金融体系变迁、消费者需求的变化而不断演进，走出了一条符合中国国情的模式和路径。行业形态从单一到多元，从垄断到竞争，塑造了当前多层次、多样化的生态格局，市场化程度越来越高，功能越来越强，在服务社会民生，推动产业结构调整，促进经济发展等方面发挥了重要作用。银行业发展取得的斐然成绩令人瞩目，但存在的挑战也依然很多，需要行业共同努力，去探索和完善，在新的经济形势下，在新的起点和新的阶段继续前进。当下，银行业存在的主要挑战有：一是发展战略、模式、策略和路径趋同。二是传统业务竞争白热化，新型创新业务不足；大客户竞争白热化，小企业服务边缘化；中心城市竞争白热化，农村金融服务薄弱化。三是激励机制有待改善，考核机制有待调整。四是内控体系有待进一步健全，风控能力有待进一步提升。五是客户体验有待提升，消费者权益保护有待增强。这些问题的解决，需要监管部门和行业共同努力，继续优化金融制度安排，通过顶层设计，推动差异化监管，实现差异化发展，更加合理地配置金融资源，发挥各层次银行主体与市场定位相匹配的金融功能。通过激励机制、考核机制、内控机制、消费者权益保护机制等方面的科学和完善来继续促进行业的持续健康与繁荣稳定。

银行业发展中亟待解决的若干问题

我国银行业在三十多年改革开放的大潮中经受了洗礼，在变幻莫测的国际金融风云中饱经了历练，已经成为国际银行业总体格局中不可或缺的部分。无论是在国际银行业当中的地位，还是对外开放的影响力，无论是在不断改革当中迸发的增长能力，还是资产质量和盈利状况，均处于前所未有的历史最好时期。但是，在大好的形势下，我们更要冷静地反思和检讨银行业发展中存在的问题，以便为未来的发展和竞争奠定良好的基础。本文试就银行业存在的若干普遍问题谈一点粗浅的看法。

一、银行经营的主业化

随着我国资本市场和银行市场的不断渗透，银行客户对于资金、保险、资本市场业务的综合性服务需求的增长，以及金融产品创新的加剧，金融分业的边界越来越不清晰，银行、证券、保险、信托各类机构间的相互交叉和融合的金融控股集团也应运而生。为解决综合性服务的功能问题，银行业也提出了混业经营的问题，这是顺应市场变化的一种策略选择。

近年来，商业银行纷纷投资设立基金公司、租赁公司、信托公司，乃至控股保险公司、证券公司等金融机构，集团化综合经营成为一种潮流。但是，这不是唯一的选择。通过战略合作、相互代理等多种形式，同样可以弥补服务功能的不足。同时，无论以何种方式达到综合服务的目标，商业银行都应将银行业务作为主业，其他的任何手段都应以服务主业为目的。

1998 年，花旗与旅行者合并成为集商业银行、投资银行和保险业务于一身的全球最大金融集团，随后美国废除了《格拉斯—斯蒂格尔法》，并以《金融服务现代化法案》取而代之，此举引起广泛关注并被视为混业经营成为金融业发展潮流的标志。但这次合并对保险业务与银行业务的整合并不成功，最终花旗集团不得不剥离出售了保险业务。不仅如此，2003 年后，全球活跃金融企业大多抛弃了全能服务的经营模式，转而突出核心业务。可见，混业经营并非全面开花就好，更不可能一蹴而就，盲目的集团化综合经营有可能消耗主业发展的能力和资源，同时，有可能产生风险的传染效应。

二、盈利结构的多样化

2007 年国内银行业收获颇丰，部分地区甚至实现了利润的成倍增长，但细究之下却发现，银行的利润极大地依赖于火爆的股市和房市。进入 2008 年，随着新一轮宏观调控的深入，股市和房市均出现了较大幅度的波动，沪指一路狂跌，成交量也大幅萎缩；房价回落，成交持续低迷，个别地区房价调整幅度甚至超过 50%。受此影响，银行经营面临严峻的挑战，公司贷款业务增长速度放缓，消费贷款出现负增长。

事实上，随着我国银行业市场的不断开放，参与市场竞争的主体无论在种类、数量和质量上都在迅速上升。市场竞争的压力逐年增长，传统业务的利润空间已被挤压到极小的幅度，极不稳定的股市、房市托起的利润空间又难以长久依托。从结构上看，目前国内商业银行的营业收入和盈利渠道还比较单一，对存贷款利差的依赖性过强，中间业务对银行利润的贡献度不大，普遍只有 10% 左右，这与国外活跃银行利润构成中 30% 以上来自于中间业务收入存在巨大的差距。这种过于依赖存贷利差的盈利模式，一旦遇到经济周期向下波动，经济对信贷的需求减少时，要实现利润的稳定增长就相当困难。而随着利率市场化改革的逐步推进，存贷款利差逐渐缩小又是一个不可避免的趋势，于是，如何在利率市场化环境下保持利润的稳定增长，是国内银行业面临的一个巨大挑战。为此，银行业应抓住对外开放、混业经营放松的大好时机，有意识地培育新的、较稳定的利润增长点，并使之多样化不失为一种长治久安的选择。

三、发展战略的理性化

在国内银行业发展的初级阶段，出于生存和拓展市场的考虑，银行普遍将追求规模和发展速度放在发展战略的首位。伴随着改革开放和经济转型，中资银行得以迅速发展壮大。但这种粗放的、外延式扩张的发展战略也滋生了不少弊端，银行陷入同质化经营，垒大户乃至恶性竞争，以致对一些集团客户和关联企业过度授信，酿成风险。

随着银行业对外开放进程加速，银行逐渐感受到外资银行和国际市场的压力，转而纷纷提出实施战略转型。但在执行过程中，银行的转型战略和经营思路普遍没有摆脱一哄而上、贪大求全的痼疾，依然延续盲目求大、求快、铺摊子的经营战略，表现为银行均将零售银行业务作为主要战略方向之一，纷纷提出打造第一零售银行、最大零售银行的战略目标。在综合化经营方面，银行也纷纷积极谋求设立基金公司、租赁公司和保险公司，唯恐落后。正确、适当的发展战略可以使一家银行获得长久的生命力，占领竞争的制高点，事半功倍，而不恰当的战略将消耗银行宝贵的资源，事倍功半。任何一家银行的人力资源与资金都是有限的，不可能满足市场的所有要求，银行的发展应充分考量自身的特点、市场的条件，特别是自身的承受能力，不能盲目地追求发展速度和市场占有率。科学的发展速度应与银行的风控能力，管理与经营团队的经验，IT 系统的承受能力相匹配。同时，要密切关注市场的变化，避免低水平的同一区域、同质同类的恶性竞争。要有取有舍，能舍能得，实现科学高效、风险有度的良性理性发展。

四、考核激励的合理化

建立科学合理的考核激励机制，是银行经营策略得以贯彻落实的制度保证。目前中资银行绩效考核的弊端主要表现为三个方面：一是在绩效考评指标设置上，侧重规模扩张与短期效益，对风险与质量指标、管理指标相对重视不够，忽略了业务盈利性和风险性的平衡。二是在绩效考评计划制定上，缺乏对银行实际情况和长远发展的深入思考。把绩效考评当做是对部门、分支机构、员工计划指标完成情况的考核，盲目的自上而下制订计划、并将计划指标层层分解、层层加码，以致严重脱离现实。三是在绩效考评激励机制上，片面通过员工利益的最大化来体现绩效的激励作用。激励手段变成单纯的收入奖励和职务升迁，没有将个人利益和银行长远发展相结合。考核结果与员工绩效工资奖金直接挂钩，激励方法手段简单、刚性强，不利于提升商业银行可持续的竞争力。

导致上述弊端的原因是多方面的，在执行层面是分支机构负责人出于任期内政绩的追求或迫于考核压力，追求短期效益，急于把规模和业绩做大，把问题和风险缩小；在决策层面是一些银行的总行对于各地银行业市场认识存在偏差，下达的任务与指标严重偏离了分支机构的发展能力，导致基层分支机构或是放弃努力、得过且过，或是弄虚作假、动作变形，形成恶性循环。坚持审慎发展原则的银行，势必会采取综合业绩考核的方式，突出对风险、收益和合规的考量，而不是单纯针对发展速度或片面强调单一指标，否则就会助长粗放式的发展和违规及弄虚作假行为。

五、员工利益的长远化

一家良好品牌银行的建立有赖于一支具有良好文化的团队，而不简简单单依靠制度的约束和机制的激励。因为制度是滞后的、被动的，总会存在疏漏之处，而必须靠企业文化来弥补。企业文化是企业价值观的表现和升华，当这种价值观得到企业员工的认同，就会融化在员工思想中，表现在员工行动中，因此企业文化的建设十分重要。

目前，银行业普遍存在的一个怪圈是，一方面，银行用其自身的资源培养、造就了无数的客户经理，而客户经理将银行的客户资源转变为个人资源，导致客户经理的短期行为。而客户经理的流动在一定程度上导致银行客户的流动，造成客户的不稳定性。另一方面，银行的考核机制在无情地淘汰着自己的员工。银行对员工实行末位淘汰做法的出发点是通过施加压力，促进员工不断创造更出色的业绩，但片面强调末位淘汰也造成员工对银行缺乏归属感和忠诚度，在业务发展中出现短期行为甚至是动作变形，结果势必加剧队伍的不稳定性，并埋下风险隐患。

银行员工的经验是银行的财富，有银行员工队伍的稳定才有银行长远发展的稳定。此外，银行文化与保险文化、证券文化有很大的差异，在银行、保险和证券互相渗透的同时，不能简单地把保险文化和证券文化移植到银行的队伍建设。因此，培育良好的银行文化，使员工的利益长远化进而促进银行的长远健康发展是银行业面临的共同课题。

六、银行责任的社会化

长期以来，国有银行作为国民经济建设资金的主要筹集者和供应者，在促进国民经济发展和经济体制改革中发挥了不可替代的作用，承担了巨大的社会责任，也使银行背上沉重的包袱。正因为如此，邓小平同志在改革开放之初指出“要把银行办成真正的银行”，推动银行业经营体制改革，走商业化和市场化的道路。可是，由于过于强调银行利润最大化和股东价值最大化，银行在追求效益的同时，忽视了应尽的社会责任，引发了一些问题和矛盾。例如排队问题、收费问题、理财业务问题等引起社会的广泛关注，甚至在社会上引起不良反应。

客观地说，银行一直在不断丰富产品和完善服务，并积极参与扶贫解困、捐资助学、抗洪抗震救灾等社会公益事业，一些银行还发布《企业社会责任报告》，接受社会监督。而且，银行作为企业理应将利润最大化作为追逐目标。因此，银行业对于媒体及公众的期望和质疑抱有不理解的态度，甚至感觉受到委屈也是正常的。但是，应该看到，银行作为一个经济实体表现为有限责任，而银行作为社会的一分子，其承担的则是无限的社会责任。银行的社会责任体现在保证存款人利益，为广大客户提供优质便利的服务；同时，还应承担支持地方发展，改善社会环境，反哺社会的责任。因此，银行所承担的企业社会责任是全面的、广泛的，既包括微观行为主体应该承担的经济责任和法律责任等基本义务，也包括作为一个“企业公民”所应承担的道德责任和社会义务。

七、创新活动的科学化

中国正处在经济金融结构调整过程中，蕴藏着巨大的金融创新需求，蕴含着巨大的金融创新空间。在分业经营体制下，客户需要的金融超市式服务为不同金融机构进行合作和创新提供了巨大的舞台。特别是金融竞争日益加剧，必然成为金融创新的重要推动力量。

受国外商业银行创新的影响，也源于金融改革与发展的需要，中资商业银行近年来以主动创新谋求发展，积极参与金融创新活动，使其在金融领域中的优势地位和传统作用日益巩固。这些创新活动有的直接为银行带来收入，有的则提高了银行的竞争力，间接带来经济效益。但在银行业金融创新热火朝天的表象背后，呈现出零散、跟风模仿、缺乏规划等不足，表现为创新原动力不足、创新组织体系不完备、创新范围狭窄，制约了创新的进一步发展。

金融创新是银行持续发展的动力，但是，创新工作的目标应该是科学有效的；创新的意识是提高服务质量，赢取更多的客户，获取最大效益；创新的前提是合法守规和风险可控，要避免为创新而创新，避免同质同类的低技术含量的创新，避免脱离实际和不符合本机构特点或发展阶段的无效创新，要使创新真正成为增强竞争力的强有力手段。

八、监管工作的实效化

监管工作是监管机构依法履行的社会责任，具有强制性和权威性；监管工作又具有服务属性，是通过有效的工作来促进银行业的安全和健康。监管与服务是矛盾的统一体，但其目的和目标是一致的，加强监管不是把银行管死统死，增进服务也不等同于放任自流。随着银行业发展形势的变化，银行业机构总量和业务总量的相对无限的发展空间与监管机构人力资源和监管能力的有限增长之间的矛盾愈来愈突出。为使银行监管顺应银行业发展的需要，真正实现有效监管保证银行业健康有序发展，摆在银行监管者面前的唯一选择就是充分发挥想象力和创造力，通过监管方法的创新提高监管工作的有效性，以满足银行业监管工作形势发展的需要。

为提高监管工作的有效性，以有限的监管资源获取最大的监管效果，需要监管者大胆创新工作方法。监管工作方法的创新不妨作出以下尝试：一是承诺监管。由监管部门和被监管机构博弈双方就某一监管事项事先进行充分沟通、交流，达成一致认识，并由被监管机构承诺在一定期限内履行或解决。二是联动监管。为顺应金融机构综合化经营趋势，防范不同行业的风险传染，实现对跨业经营机构在组织结构、业务经营、产品创新等交叉领域的信息沟通和协作监管，避免监管真空和重复监管，建立银、证、保联动监管工作机制。三是标杆监管。监管部门对商业银行运营管理中的非规制性要素，如：案件率、投诉率、差错率和人员流失率、岗位轮换率等，进行非强制性的、具体而动态的、注重相对水平的评估监测，从不同侧面反映和衡量各行在业内的运营质量及管理水平。评估结果作为监管依据，对商业银行实施正反向监管激励，以此树立行业标杆。四是贴身监管。通过电子信息化途径直接切入商业银行的管理系统，及时、动态地了解商业银行的经营状况、风险管理等信息，实现同步监管，将对商业银行信息的把握前移至事中甚至事前。

通过上述监管方式的改变，监管机关摆脱对立型的、说教式的、僵硬化的监管模式，通过与被监管对象的统一认识和统一目标，采取综合化和全方位的监管手段，以动态的和具体化的监测评估体系，实施近距离的贴身监管，达到节约监管资源和提高监管实效的目的。

正视差距 寻找机遇 在新形势下着力提升中资银行综合服务能力

近十年中国经济的持续高速增长，为中国银行业获取了丰厚利润并使其借此得以巩固基础、增强实力和处置历史积累的风险。但与此同时，粗放式的经营方式以及忽视深层服务的痼疾也得以长期潜伏。当前，在信贷有效需求不足的情况下，中资银行仍将竞争的方向置于放贷款、垒大户上，尚未倾听和潜心研究客户新需求；而国际一流银行则在充分挖掘和研究客户需求，通过强大的中后台技术支持为客户提供高附加值的服务，吸引更多的高端客户并提高客户的忠诚度。当前金融危机为中资银行发展提供了一个难得的机遇：在未来三五年内，遭受重创的发达国家金融体系需要时间来修复，其机构的扩张能力也因资本的损失以及去杠杆化受到抑制，如果中资银行能够保持谦虚谨慎的学习心态，寻找与国际一流银行的差距，并不断努力，迎头赶上，即有望具备与发达国家金融机构平等竞争的服务能力和管理水平。

2009 年，国际金融危机的影响扩展到实体经济，中资银行原有优质客户大企业贷款有效需求不足；中小企业风险增大，银行不愿过多涉足，银行提供的服务和企业需求出现结构性矛盾。我们不禁重新审视中资银行的服务能力和水平，寻找其与国际一流银行的差距，期望中资银行能抓住国际市场三五年难以逆转的机遇，苦练内功，进一步提升综合服务能力，缩小与发达国家金融机构服务能力和管理水平的差距。

一、中资银行服务能力已明显提升

近年来随着改革不断深入，中资银行在为金融消费者提供优质金融服务的经营理念指导下，经过持续不懈地努力，其服务能力和管理水平有了长足进步。具体表现在以下几方面。

1. 渠道建设多样化。各银行普遍加快营业网点布局调整和功能转型，加快网点布局的优化；加大自助设施投放，改善服务界面，提供快捷周到的服务；加快电子银行建设，将电子银行打造成集交易、营销和服务于一体的综合性服务平台，客户足不出户即可享受银行提供的各项服务。

2. 客户服务专业化。近几年，中资银行积极推动和完善客户分层服务体系建设，在完善原有传统服务的基础上，大力建设高端客户服务网点（财富管理中心、贵宾理财中心、私人银行等），提供一对一的专业服务。

3. 服务功能健全化。随着近年来资本市场的发展，银行提供的服务也越来越多，代理保险、代理基金、基金托管、第三方存管、委托业务、咨询服务等，从无到有，从小到大。

4. 产品创新多样化。中资银行充分发挥其地缘优势，创新了许多产品，现金管理、应收账款管理、票据池、贷款条款选择的多样化等，较好地满足了企业和个人的多样化需求。

5. 收入来源多元化。尽管息差收入仍是中资银行的主要业务来源，但与三年前相比，中资银行中间业务收入的绝对额与占比已明显提升。工商银行、建设银行和中国银行的年报显示，2008 年净手续费收入比 2005 年增长 3~4 倍，占营业收入的比重比 2005 年增长一倍多，净手续费收入占净利息收入比重与国际一流银行在华子行的数据也相距不远。具体数据见表 1、表 2。

表 1　中资银行中间收入及占经营收入比例

单位：亿元，%

	工商银行				建设银行				中国银行			
年份	2008	2007	2006	2005	2008	2007	2006	2005	2008	2007	2006	2005
净利息收入	2630	2245	1635	1536	2249	1928	1404	1166	1629	1527	1214	1010
净手续费收入	440	384	163	105	384	313	136	85	399	275	143	92
经营收入	3103	2574	1816	1716	2675	2196	1516	1287	2283	1827	1484	1251
净手续费收入占比	14.18	14.90	9.00	6.14	14.37	14.27	8.95	6.57	17.50	15.04	9.65	7.39

注：所有数据来源于银行公开年报。

表 2　中资银行与外资银行中间收入比较

单位：亿元，%

	花旗中国		汇丰中国		渣打中国		工商银行		建设银行		中国银行	
年份	2008	2007	2008	2007	2008	2007	2008	2007	2008	2007	2008	2007
净利息收入	16.35	11.93	25.77	21.99	25.93	19.92	2630	2245	2249	1928	1629	1527
净手续费收入	3.41	4.05	7.71	8.23	6.15	4.18	440	384	384	313	399	275
净手续费占利息收入比	20.85	33.94	29.90	37.42	23.73	21.01	16.73	17.09	17.09	16.24	24.52	18.00

注：国内银行数据来源于银行年报，外资银行在华子行数据来源于非监管报表。

二、中资银行服务能力仍有提升空间

虽然中资银行服务能力已有明显提升，甚至有的领域已经超过在华外资银行，但与国际上一流银行相比，仍有较大的提升空间。

1. 境外网点少且布局不合理，不能满足走出国境企业的需求。中资银行境外网点数量十分有限，在很多国家和地方均未设立网点，对当地法律法规和市场情况不熟悉，不能为“走出去”企业提供国际结算和贸易融资服务，也限制了中资银行在国际业务领域的进一步拓展，从而不得不放弃收益颇高的这部分中间业务收入。此外，中资银行在海外布点时并不追随客户走向发展中国家，而几乎全部在发达国家安营扎寨，也造成这些海外网点难以拓展业务，同时走向发展中国家的中资企业因找不到熟悉的中资银行，便只好转向国际大行寻求结算和资金上的支持。与此相反，国际一流银行一般追随客户的脚步，客户走到哪里，银行即开到哪里，为客户提供全方位和全程服务，同时也有利于银行全面了解客户，控制风险。

2. 风险定价能力不足，不能满足中小企业的融资需求。尽管中资银行近几年产品创新能力明显提高，但银行核心竞争力——风险定价和风险管理与国际一流银行相比仍存在较大差距，面对全新的金融需求，难以开拓全新的业务领域。以对中小企业融资为例，渣打银行（中国）专门针对小企业无担保、抗风险能力较差、财务状况不透明的现状，推出了小企业无担保贷款，授信金额在 100 万元以下 (2008 年以前金额在 10 万 ~ 50 万元，积累一定经验后提高到 100 万元），贷款利率高达年利率

18%~20%，以较高的资金价格抵补银行承担的风险。部分中资银行追随渣打银行（中国）的做法，但产品定价粗放，从覆盖资金成本的角度来定价，仅在国家基准利率基础上小幅上浮，结果银行承担的风险得不到抵补，业务难以持续开展。而大部分中资银行则以风险大为由，将这部分企业拒之门外。小企业风险大是事实，但如果银行定价合理，风险管理能力较强，在此领域还是大有可为的。

3. 资金交易业务经验不够丰富，不能满足客户多样化的保值和增值需求。外资银行在衍生产品方面拥有更多专业型人才，借助母（总）行对国际市场熟悉和经验丰富的先天优势，可迅速为客户量身定做专门的保值和增值产品。中资银行从事资金交易时间短，经验不够丰富，市场地位和影响较弱，难以全面满足客户的需求。

4. 业务条线和地区之间的协同能力不强，难以高效满足客户综合服务的需求。国际一流的外资银行侧重业务条线管理，产品和人才资源在不同地区之间较易共享，同时银行内部强调沟通协作，当客户有跨地区和跨条线需求时，位于不同地区和不同条线的后台全力为客户经理提供技术支持以满足客户需求。而中资银行强调地域管理，虽然业务条线的调控能力近几年有所加强，但仍然没有改变块块之间壁垒森严、业务条线之间不相往来的局面，客户如果面临跨地域或条线的服务需求时，银行内部沟通成本高，服务效率低下。

三、中外资银行服务能力差异的原因

造成中外资银行服务能力差异，有外部经济环境和金融环境的制约，也有银行自身原因。外部经济环境和金融环境的制约主要体现在以下几个方面。

1. 经济发展阶段的制约。从经济发展阶段的角度来看，我国目前以制造业为主，制造业对资金的需求很大。同时，我国企业融资渠道比较单一，间接融资一直占据主导地位，企业对银行资金的依赖程度大，所以无论国家政策引导还是银行自身均将解决企业的资金需求定位为银行最主要的任务和功能。各行把主要精力放在存贷款业务上，奉行“存款是立行之本，贷款是盈利之源”的银行经营理念顺理成章，而将中间服务作为附加产品。

外资银行从其起源和发展路径来看，最初从汇兑、结算业务开始，以后才逐步发展信贷业务，因此银行是服务提供商的理念根深蒂固。而欧美发达国家经过多次产业结构升级，制造业等第二产业比重下降，第三产业占比上升，加上企业融资渠道多，对银行资金融通的需求下降，而对结算、贸易融资、代理、咨询等全方位金融服务的要求更多、更高，银行自然将相当的重心放在提供和创新中间业务上。

2. 金融环境的制约。长期以来，我国利率非市场化，一方面，国家给了银行一个较大的利差空间，导致银行不必主动提升风险定价能力、不用大力发展非信贷业务也能获得丰厚收益；另一方面，全社会没有树立有偿服务的观念，银行服务收费难度较大，这也是目前服务不足的重要原因。以贸易服务为例，银行承担的风险相同，国际结算中的信用证开证费是 0.15%，而国内规定开立银行承兑汇票只需缴纳 0.05%，所以国内贸易中信用证难以推广，中资银行虽然国内结算量大，但是收益远比不上外资银行占优势的国际结算。

3. 法律法规和政策制约。我国商业银行中间业务起步较晚，而分业经营又制约了业务的创新，很多与证券、保险业务混合的产品受到严格限制。目前银行中间业务集中在支付结算类、银行卡类、担保承诺类，而资金交易类、基金托管类、咨询顾问类的业务最近两年才开始起步和发展，人才储备和业务经验与国际先进银行相比尚有一定差距。

从中资银行自身来看，虽然提出了“因势而变，因您而变”的经营理念，逐步建立的以市场为导向、以客户为中心的发展战略也收到一定成效。但我们仍看到不少亦官亦商、追求门当户对、服务意识薄弱、难以高效提供综合服务的中资银行，主要体现在以下几方面。

一是市场定位同质化。作为一个垄断行业，利率非市场化导致了高收益部分存在，从而引致中资银行发展战略同质化，市场定位同质化，推出的产品同质化，应建立服务不同细分市场的多层次银行体系。即使是根据特定市场需求设置的特性化银行也会在同质化的发展模式影响下迅速“异化”，殊途同归，导致部分行业和部分领域（如大型国有企业）竞争白热化，而部分领域（如中小企业）服务不足。

二是从业人员专业化能力不足。顺应专业分工的要求，国际一流大行均设有专职的产品部门，并配备了专职产品经理。产品经理具有多年相关工作经验，加上大量培训，对产品都有着深刻了解和认识，且能及时跟踪产品的最新发展和掌握客户的最新需求。各产品经理和客户经理既各司其职又密切合作，通过精细化分工和高效的内部管理，借助强大的后台支持，在最短时间内将客户需求转化为实际产品。而中资银行最近两年才建立产品部门，设置专职产品经理，从业人员专业分工时间较短、经验不足，运作方式还处于试验之中，专业分工的效果还未充分体现。此外，中资银行连续多年保持 20% 以上的资产扩张速度，专业人才的培养和储备难以跟上，缺乏有经验的经营管理人员也是银行专业化能力不足的重要原因。

三是机构部门的设置和业绩考核体系不利于推动协同作战。中资银行的组织管理架构以地区管理为主，各地区都强调自身的特殊性和自身利益，对业务和产品条线的控制力不强，难以形成合力。另外，银行内部的核算体系只能计算出本部门或地区直接创造的收益，难以精细化到合理考察部门或地区对银行整体贡献度，在此基础上的业绩考核体系的非科学化导致部门、区域利益为上，忽略全局利益，不仅未激励相互合作、取长补短，反而还相互竞争、相互掣肘。体现在银行对外服务上，各业务部门或各分行单兵作战，未形成有效合力；体现在业务上，是对产品的推动和执行不足，难以持续创新。

四、建议

伴随着我国经济转型和企业的金融需求，中资银行的地位也悄然发生变化：越来越多的中资企业走出国门，需要中资银行大力扶持；同时，全球金融危机后，外资银行的扩张因为资本损失和去杠杆化受到抑制，客户资源也有望进一步向中资银行集聚。因此中资银行应顺应这种变化，利用外资银行三五年内难以好转的机遇，认真研究和分析企业金融需求，转变观念，调整策略，全面树立以客户为中心的经营理念，把“贷款客户”转变为“客户贷款”，并转变管理体制和激励机制，在推动和支持国内企业寻求国际发展空间的同时，自身也在国际金融市场上抢占一席之地。

1. 调整策略，找准客户定位，为客户提供全方位的综合服务。随着利率市场化进程的逐步推进，在发展战略、客户定位和产品等方面均同质化的中资银行业将面临巨大的挑战和压力。中资银行应通过细分市场，找准客户定位，合理布局，集中资源为目标客户提供专业、全面和深入的金融服务，提高客户的忠诚度。如大型商业银行应高度关注大型客户走出国境后的金融需求，利用合并、收购或新设网点等方式，追随客户走出中国，增强对客户服务的延伸度，为客户提供全程金融服务；中小银行应立足于本地市场，深入研究中小企业的风险特征，创建出适合中小企业的服务模式和风险控制体系。

2. 转变定价方式，实现精细化管理，实现可持续发展。顺应利率市场化的潮流，按照新资本协议的要求全面考虑风险成本和资金成本，明确定价策略，提高定价水平，实现风险和资本约束下的差异化定价，全面而系统地研究和分析客户现实和潜在的需求，适时提供能满足市场需求并带来持续收益的产品。这就要求银行在强化风险管理的同时，构建价值创造型管理会计体系，实现财务精细化管理，为进行产品合理定价提供必要条件。

3. 强化总行对产品线的调控力度，增强条线间的沟通与协调，提高综合服务能力。中资银行应打破传统的地域和部门观念，积极克服本位主义思想，加强总行对条线的控制，实现资源全行集中调配和使用，建立和完善条线之间协调和沟通机制，构建强大的中后台支持系统，保障客户经理为客户提供专业、深入和全面的金融服务，提高银行综合服务能力和服务效率。

4. 改进业绩考核体系，发挥导向作用，激发创新潜能。建立基于银行整体战略和财务目标的业绩考核体系，考核单个部门和单个条线直接创造利润的同时，考虑部门和条线对银行整体目标实现的贡献度。KPI 指标的设置应重点关注提高资产质量、降低风险水平以及提高整体经营和服务能力的要求。通过系统的业绩管理，激发银行创新产品和提高服务的能力。

5. 引进人才，强化培训，迅速培育适应国际市场的队伍。针对中资银行专业能力不足的问题，应抓住国外金融机构大力裁员之机，从海外、从外资银行引进一批专业人才，同时强化持续培训，迅速培育一支适应国际和国内市场的专业化队伍。

此外，就政府和监管部门而言，也应积极为银行创造良好的金融生态环境，鼓励银行在风险可控条件下的创新，鼓励银行提高综合服务能力，比如：一是搭建银企间的沟通和交流平台，及时了解企业需求。建议由同业公会牵头，定期召开银企交流会，加强银企之间相互的沟通、交流和了解，提高银行服务的针对性。二是缩短法规重审时间，为创新提供法律依据。随着国际国内经济金融环境的变化及新技术的应用，原有的法规可能成为银行创新的障碍。建议缩短法律法规梳理和更新时间，为银行新业务和新产品扫清法律上的障碍。三是开辟区域性的试验田，积极鼓励创新。深圳作为一个新兴城市，政府鼓励支持创新，企业和银行的创新动力强。同时深圳市场化程度较高，也有利于产品风险定价机制的形成。建议以深圳作为试验田，将新产品和新业务在深圳先行试验，待条件成熟后向全国推广。

深圳银行理财业务的问题与出路

截至 2008 年 9 月末，深圳开展理财业务的 24 家银行(深圳地区)共发售个人理财产品 2420 只，理财余额折合人民币 596.6 亿元，其中非保本浮动收益型占 63.5%(见附图 1)；理财客户共 172920 人，客户年龄结构中 30~45 岁占比最高，客户结构与社会财富分布和风险承受能力基本相称，但 60 岁以上高龄客户的比例仍高达 14.75%(见附图 2)；理财资金投向从大到小依次为票据贴现、信托贷款、资本市场、债券、信贷资产转让和结构性产品(见附图 3)；除招商、深发展、平安、农商行四家法人银行外，各分行主要销售其总行的产品，理财资金统一由总行运作；外资银行理财业务对银行收入的贡献普遍比中资银行高(见附图 4)，外资银行的收益结构受准入政策的影响较大，也说明中外资银行的理财能力存在差距。

一、银行理财业务的风险

截至 2008 年 9 月末，深圳有 17 家银行的 197 只理财产品发生浮动亏损，平均亏损率为 30%；涉及产品余额 29.74 亿元，占 4.98%；浮动亏损额 8.89 亿元，浮动亏损率为 1.49%；涉及客户 18809 人(见附表 1)，通过银行上报的客户投诉达 86 人次。

浮动亏损最大的 5 家银行为：招行深圳分行，浮亏 2.51 亿元，占 28.27%；工行深圳分行，浮亏 1.62 亿元，占 18.24%；渣打深圳分行，浮亏 1.62 亿元，占 18.24%；农行深圳分行，浮亏 0.83 亿元，占 9.35%；建行深圳分行，浮亏 0.71 亿元，占 8%。外资银行受国际金融危机的影响较深，是理财风险暴露的重灾区，其中花旗银行深圳分行 108 只理财产品中有 79 只浮动亏损，亏损面达 73.15%，浮亏 4819 万元，浮动亏损率为 12.26%。

浮动亏损主要集中于股票、基金、外汇及各类 QDII 产品，浮亏幅度最大的 5 款产品为：东亚“利财通”(-78.50%)；渣打“QDII200704A”(-69.6%)；中信“境外理财 4 号 RMB”(-61.80%)；招行“QDII 邓普顿”(-60.06%)；中信“境外理财 3 号 RMB”(-59.55%)。

总体来看，除结构性产品和货币市场工具的风险较低外，还有大量的理财产品通过信托计划广泛投资于信贷资产转让、房地产物业、受益权转让等，基础资产的运行风险需要进一步监测，但大量理财资金与国家开发银行的项目挂钩，存在较高风险。

二、银行理财业务存在的问题

（一）产品研发和投资管理能力不足

中资银行的产品研发和投资管理能力普遍不足，未掌握风险定价和资产配置等核心技术。在 24 家银行中共有 460.78 亿元通过信托运作，占全部理财资金的 77.23%，其中工行深圳分行 74 款理财产品中有 65 款为信托计划，占比高达 87.83%，涉及金额 57.96 亿元，占全部理财资金的 98.89%，银行直接运作的理财产品较少，相关风险值得关注。

（二）产品分级和各户风险测评流于形式

各银行的产品分级太过简单，风险偏好和风险承受能力混为一谈，风险测评流于形式。招行理财产品的风险等级由 R1 至 R6，风险释义分别为基本无风险类、保本类、稳健类、平衡类、增长类和高增长类，容易诱使客户过于关注收益而忽略产品风险。农行“本利丰”第 10 期理财产品在风险评估时，将“您目前的主要投资工具”问题栏中“股票、国债、基金”等选项分值简单累积相加，导致客户的综合分值达到 25 分而误入“进取型”投资者行列。

（三）定位不明确和考核机制不当造成银行与客户利益冲突

理财产品销售环节存在的根本问题主要表现在诱导性宣传和不当销售方面，农行“本利丰”第 11 期产品说明书提示“预期收益率达 4%~15%，高于同期储蓄存款的收益”，但实际亏损超过 20%，招致客户强烈投诉。大多数银行盲目扩大中间业务收入，在其他银行的示范压力下为占有市场被动跟进，个人理财成为维护客户、留住存贷款业务的辅助手段，各项理财指标由总行层层分解到分行、支行和每个客户经理。在硬性考核压力下，理财人员本能地进行诱导性宣传和不当销售，造成银行唯利是图、不负责任的形象。

（四）理财资金的运作不透明不规范

中资银行在理财资金的运作方面主要存在两方面的问题：一是理财业务通过信托直接与银行自营业务相关联，理财资金购买本行信贷资产和贴现票据两项总额达到 217.66 亿元，占整个理财业务的 46.54%，银行资产由表内转移到表外，可能存在绕过信贷规模限制和规避监管指标的问题。二是过分强调抵押担保而忽视第一还款来源，风险披露的重点在于回购、抵押、担保等风险缓释技术，交易对手和基础资产的运营状况披露不详。

（五）风险处置缺乏预见性和操作性

虽然部分银行制定了切实可行的风险处置预案，如深圳发展银行预先排查风险，对亏损较多的产品提前两个月介入，与客户共商解决方案，部分银行通过延期、发行替代产品、设立止损线等方式，把风险控制在有限的范围内，但大多数银行的应急预案缺乏预见性和可操作性，未事前预估风险并提前介入，而是在风险爆发后才慌乱地被动应对。

（六）银行社会责任意识淡薄

银行的社会责任意识淡薄主要体现在两个方面：一是银行只顾自己赚取手续费和管理费，不愿对客户承担责任。招行“金葵花 8135 号”理财产品在信托合同中约定外贸信托的收益为 1%，招行为 1.3%，但在公开理财计划中对上述条款只字不提。二是在要式合同中设置霸王条款。花旗等外资银行在理财计划中附有大量“本文件不构成有关出售的要约……所有内容无须通知即可变更”“花旗银行……可以其身份行使其酌情权、作出决定或采取行动，而无须考虑投资者于本产品交易项下的利益”等条款，银行几乎拥有无限的权力，却不对投资者承担任何责任。

三、银行理财业务的出路

（一）准确定位与科学管理

一是要找准理财业务的定位和改进考核机制，把理财作为长期品牌塑造，不能盲目追求短期目标，不能为手续费而赔进银行的声誉。工行、汇丰、荷银对理财业务不下达单项指标的做法，值得其他银行借鉴。

二是要加强银行自身的研发设计和投资管理能力。银行实力比信托公司强，形象品牌比信托公司好，但银行理财过分依赖信托公司，致使银行的理财能力和风险管控能力遭受广泛质疑。中资银行应加强理财队伍建设，加强自身的研发设计和投资管理能力。

三是要树立正确的金融理念和改进风险测评技术。金融海啸和雷曼兄弟破产事件颠覆了人们传统的金融理财理念，我们不能简单机械地套用风险测评结果，改变过分强调风险缓释的习惯，让风险控制的重点重新回到第一还款来源，加强对投资标的和基础资产的管理。

四是要强化银行的社会责任意识，改变只顾自己收取手续费而不顾客户利益的做法。银行不应只在法律文件上对客户负责，还要在道德精神上对客户负责，银行应与客户一起成长。

（二）营造良好有序的政策环境

个人理财是商业银行一项全新的业务，需要银行、社会、地方政府监管部门共同努力，携手营造良好有序的外部政策环境。

一是修订相关法规。银行理财已经突破《商业银行法》的某些限制，法律滞后难以适应银行理财业务的发展，建议修订相关法律，对银行理财业务加以全面系统的规范。

二是加强投资者教育。中国传统文化中缺乏契约精神，投资者法律意识不足而政策意识太强，购买产品时“闭着眼睛签字”，出现问题时找政府要说法。银行应与媒体、地方政府、监管部门密切合作，多途径多方式加强投资者教育，帮助投资者培育良好的投资习惯。

三是建立成熟高效的监管制度。股市低迷和金融海啸使刚起航的银行理财业务遭遇寒冬，加强审批和限制创新的呼声应声而起。银监会应把监管重点放在考察银行内部制度、流程以及风险管控技术的有效性上，而不能疲于应付具体产品的审批，避免把监管部门变成商业银行内部的风险控制部门。

四是对理财亏损客户投诉制定统一的处置标准。香港银行业已与雷曼受害者就“迷你债券”事件达成一致意见，承诺以市场价格回购。内地银行对亏损投诉仍处于个案和私下和解的状态，某一银行的妥协将对其他银行产生示范效应。建议银监会对理财亏损投诉事件制定统一的方案和标准，避免客户利用银行间信息不对称争取对自己有利的赔偿方案，进而导致银行的整体利益受损。

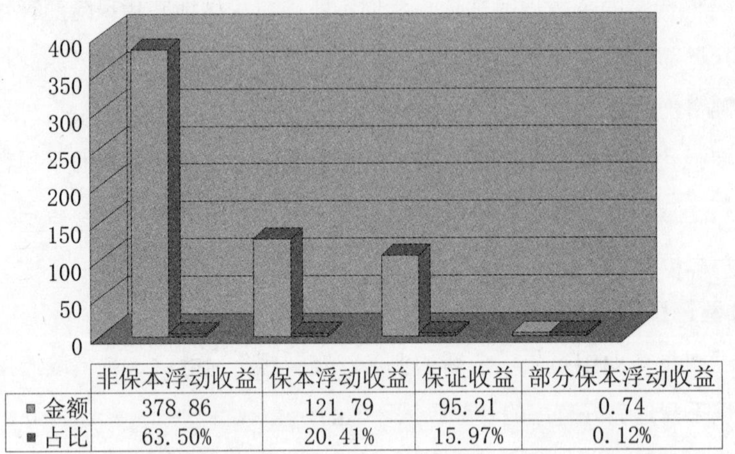

	非保本浮动收益	保本浮动收益	保证收益	部分保本浮动收益
■ 金额	378.86	121.79	95.21	0.74
■ 占比	63.50%	20.41%	15.97%	0.12%

注：单位：亿元。其中本币理财产品 545.82 亿元，占 91.49%；外币理财产品 50.78 亿元，占 8.51%。

附图 1　银行理财产品的类型结构

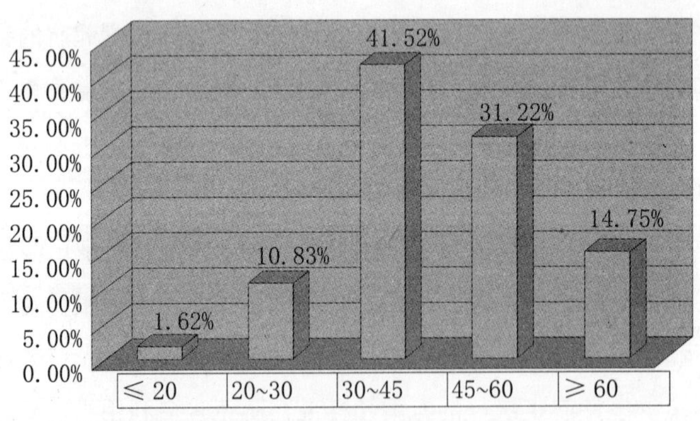

注：工行、兴业 60 岁以上客户占比最低，仅 4%，渣打 5.28%，花旗 7.6%，深发展、广发和民生约 20%。

附图 2　银行理财产品的客户年龄结构

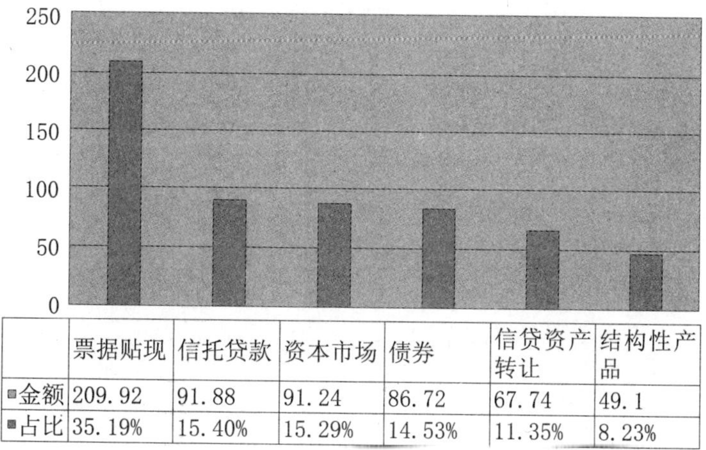

	票据贴现	信托贷款	资本市场	债券	信贷资产转让	结构性产品
金额	209.92	91.88	91.24	86.72	67.74	49.1
占比	35.19%	15.40%	15.29%	14.53%	11.35%	8.23%

注：单位：亿元。其中资本市场含 QDII 产品 31.64 亿元，占 5.3%；信托贷款含信托物业、受益权转让。

附图 3　银行理财产品的资金投向对比

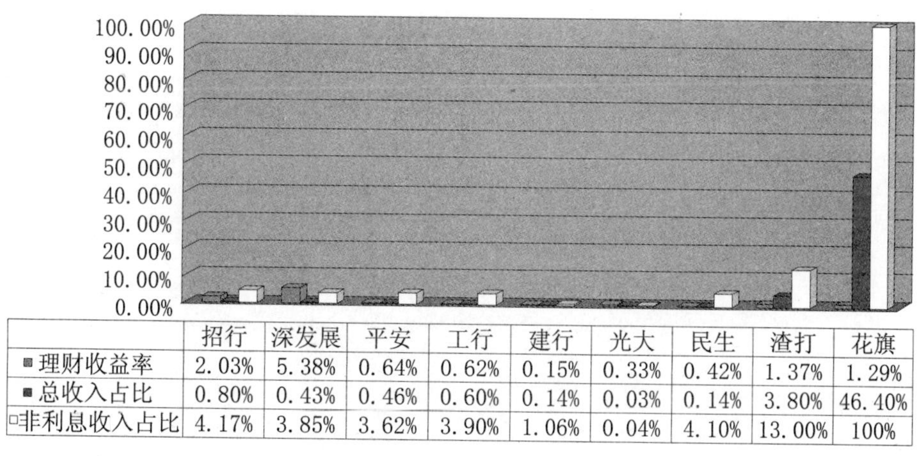

	招行	深发展	平安	工行	建行	光大	民生	渣打	花旗
理财收益率	2.03%	5.38%	0.64%	0.62%	0.15%	0.33%	0.42%	1.37%	1.29%
总收入占比	0.80%	0.43%	0.46%	0.60%	0.14%	0.03%	0.14%	3.80%	46.40%
非利息收入占比	4.17%	3.85%	3.62%	3.90%	1.06%	0.04%	4.10%	13.00%	100%

附图 4　理财业务对银行收益的贡献

附表 1　理财产品亏损的客户及区间分布

亏损幅度	产品个数	涉及人数	产品余额（万元）
0~10%	42	2691	45334.98
10%~20%	53	2995	68108.58
20%~30%	36	2506	41667.26
30%~40%	26	3460	40348.84
40%~50%	26	3697	59499.85
50% 以上	14	3460	42482.63
合计	197	18809	297442.14

深圳地区信用卡业务风险状况及建议

近年来，随着各商业银行竞相发展零售业务，信用卡业务得到突飞猛进的发展，成为继个贷之后的又一“新宠”。从深圳地区看，信用卡交易量已占刷卡交易量的半壁江山，而繁荣背后的风险也在不断积聚。深圳银监局近期对深圳辖内银行的信用卡业务进行了现场检查，发现了不少问题和风险隐忧，值得特别关注。

一、信用卡业务发展中存在的主要问题

1. 不计成本，盲目扩张，风险疏于防范。

深圳作为经济发达地区，成为各行发展信用卡业务的必争之地。在趋同的经营战略定位下，不断加重的考核指标导致近三年深圳地区信用卡业务超常发展。截至2008 年末，深圳地区开展信用卡业务的 15 家银行累计发卡 714 万张，比 2005 年初的 75 万张翻了近十倍，特别是 2008 年发卡量激增，全年新发卡 271 万张，相当于之前十年发卡量的 61%。按深圳市目标客户群计算，人均持卡 1.01 张，比 2005 年增长了 4 倍。

业务的超速发展，造成资源浪费和风险隐患。一是不计成本、过度营销，形成大量的无效卡和无效进件。大部分银行的活卡率只有 50% 左右，进件审批通过率不足50%，说明银行营销目标群过于宽泛，在造成大量资源浪费的同时也带来风险隐患，有的银行向低龄、低收入、高龄、高风险行业和高流动性职业的“二低三高”人群发放信用卡，各行信用卡营销人员之间交叉发卡的情况也普遍存在。二是对客户真实性核查不严，未落实亲见、亲核、亲访的“三亲”原则，导致伪冒申请的欺诈风险较为突出。据统计，2008 年深圳地区信用卡欺诈案件中六成以上为伪冒申请。三是过度授信，未对信用卡申请人进行统一授信管理。有的银行未将信用卡分期付款额度纳入到统一额度内，也未考虑客户的其他个人负债和整体还款能力，放大了信用风险。

2. 过度竞争，扰乱市场，套现活动猖獗。

业务的盲目扩张导致竞争的白热化，在“跑马圈地”、争抢客户和商户的过程中，由于准入把关不严，持卡人与商户合谋套现活动愈演愈烈，而且难以查实。2008 年深圳各银行共监测疑似套现交易金额 22.56 亿元，较上年增加 78.76%，其中查实套现仅为 0.55 亿元。过度竞争带来套现风险的同时，也引发客户投诉的大幅增加。2008 年对信用卡的投诉占总投诉的 15%，主要是野蛮发卡、盲目发卡和欺骗性发卡等问题，到 2009 年第一季度该比例更上升为 290%，翻了近一番。

为快速抢占市场，一方面各银行考核任务年年加码，争抢客户。如工行深圳分行在 2008 年 50 万张发卡指标未完成的情况下，将 2009 年发卡任务增加到 100 万张。考核重压下银行普遍存在过度发卡问题，如向单一客户发放多张信用卡，检查中发现有 9 家银行向某客户共发放 25 张信用卡。同时，还普遍存在过度授信问题，如不仅未将申请人在他行的信用卡授信额度纳入最高授信额度，还免予审核，直接将他行额度作为授信依据，并给予等额或更高额度。有的银行甚至向提供虚假财力证明的客户、曾被拒绝且风险状况没有改进的客户、有不良信用记录的客户发放信用卡，造成不良影响。个别银行偏离信用卡消费功能本源过度创新，如华夏银行总行近期推出信用卡“轻松周转”产品，可替持卡人偿还他行信用卡透支，最长可分 6 个月还款，且不收取利息和手续费，这种创新方式实际就是变相“以卡养卡”。

另一方面，各收单行争抢商户，引发收单市场秩序混乱。一是对商户准入把关不严，导致黑商户入网恶意套现。二是存在“一柜多机”甚至异地银行在深圳布机的情况，造成资源浪费和内耗。三是深圳市场扣率和分润的双轨制引发收单银行大打“价格战”，扰乱市场。四是违规套用低扣率或零扣率行业商户编码 (MCC) 不正当竞争，损害银行业整体利益。

3. 管理粗放，风控薄弱，资产质量堪忧。

业务高速发展的同时，由于银行风控措施未及时跟进，深圳地区信用卡资产质量急剧恶化，风险凸显。按照转贷严格标准 (逾期 60 天以上) 计算不良，不良额 4.67 亿元，比上年增加 133.5%；不良率 4.01%，比上年增加 0.75 个百分点。按照个贷标准 (逾期 90 天以上) 计算，不良额为 3.82 亿元，不良率为 3.28%，高于深圳银行业全部贷款不良率 (1.99%)，更远高于个人贷款不良率 (0.87%)。以市场份额最大的招行为例，2006 年至 2008 年该行深圳地区不良额逐年翻番，不良率也以 30% 的速度逐年攀升。

在当前银行各方面风险管控能力不断加强的背景下，大部分银行并未将已积累的风险管理经验与信用卡业务“无缝对接”，信用卡业务的风控较为薄弱。一是风险管理的流程模式不能有效控制风险。由于信用卡损失具有小额分散的特点，基于“大数法则”，银行试图通过规模扩张覆盖风险，忽略和放松营销环节的风险控制，将风控压力全部集中于后台，而后台远离客户，对真实性审查采取抽查方式，导致管理疏漏，埋下风险隐患。二是审批业务量大，而后台审核人员却配备不足，风险管理能力与业务发展规模、速度不匹配。如中行深圳分行有单独发卡权限，审批人员 13 名，按 2008 年完成的工作量、每天 8 小时不间断工作计算，每人平均 4 分钟就要审批一份进件并决定是否发卡及核定额度，在未增加审批人员的情况下，2009 年发卡任务翻番，审批质量难以保证。三是直销渠道管理约束弱化，激励机制单一，营销方式不规范，营销人员违规行为时有发生。由于从业人员“黑名单”共享机制尚未建立，被开除的营销人员跳槽到他行继续从事营销工作，道德风险在银行间转移。四是银行信息系统的风险监测、预警和分析功能不完善，不能及时、有效识别交易风险，部分银行对商户和持卡人的交易监控依靠手工筛选。此外，系统缺乏全面、多维度的成本收入分析功能，难以适应业务发展和风险管理的需要。

4. 法规滞后，约束弱化，监管难有作为。

近年来，国家为了大力发展信用卡产业，充分发挥其现金替代和支付结算功能，不断加强清算和收单市场的建设，完善用卡环境，客观上弱化了对信用卡的风险管理，导致信用卡在快速扩张过程中风险约束不强，风险不断积聚。在加强监管的过程中，信用卡相关的法规建设严重滞后，不仅没有适用于信用卡业务的管理办法，且也没有针对信用卡业务的风险评估体系，监管缺乏依据，如对信用卡业务准入标准、风控水平、风险容忍度、整体健康度等缺乏评价依据，对违规问题的处罚无法可依，难以操作。

二、监管建议

1. 健全监管法规。随着信用卡业务的迅猛发展，新产品、新运营模式不断涌现，信用卡的发展遇到了一些新问题，而相关的监管办法已远远不能满足当前信用卡业务发展的需要。建议银监会尽快出台《信用卡业务管理办法》，明确信用卡各流程的风险管理要求、资产的五级分类标准、收单机构责任、违规处罚标准等内容，引导信用卡业务健康发展，加大风险防范力度，规范市场行为，打击各类信用卡违规活动。

2. 完善监管手段。由于缺乏信用卡业务的评估体系，监管工作中对信用卡整体业务状况难以评价。为提高监管有效性，建议银监会在健全信用卡业务报表统计体系的基础上，建立信用卡业务运营评估体系，对业务准入标准、风险容忍度、整体健康度、信息系统安全性、成本收入核算等进行定性定量评估，将评估结果作为对银行的市场准入、风险评级、现场检查及其他监管措施的重要依据，以此树立行业标杆，对银行实施正反向监管激励。

3. 加强监管约束。目前，信用卡的超速发展与各行采取直销和外包渠道有直接关系，因为这些营销人员的收入取决于发卡量，利益驱动导致片面追求发卡规模和速度，加之后台风控薄弱，隐含巨大风险。建议银监会关注银行信用卡直销和外包渠道风险，适时发布监管指引或风险提示。同时建议银监会对信用卡业务强化资本约束，为防止银行过度授信，可将未使用的信用卡授信额度视同表外承诺项目计算加权风险资产，并提高信用卡拨备标准。在此基础上，要对问题严重、整改无效的发卡银行作出限制业务发展速度等惩戒性规定。

4. 改善监管环境。目前的个人征信系统不尽完善，无法满足银行对信用卡风险管理的需要。从深圳来看，人民银行个人征信系统采集的信息局限于个人银行负债，此外，深圳鹏元资信公司也建立了个人征信系统，并增加了社保信息，但信息仍不全面，难以对客户资信进行全面判断。建议银监会协调人民银行和相关部委，扩大征信系统信息采集范围，将税务、工商、保险、司法记录等相关信息纳入，实现信息共享，同时扩大征信系统使用范围，提高使用率，使信用记录不良者寸步难行。深圳银监局拟先行先试，协调人民银行深圳市中心支行和政府相关部门通过系统整合，完善个人征信系统建设，为深圳银行业营造良好的信用环境。此外，建议银监会在信贷监测系统中增加不良商户“黑名单”模块，遏制套现行为。

深圳票据融资激增的新原因、新特点及监管建议

进入 2009 年，与全国其他地区表现一致，深圳票据业务呈激增之势，成为各项贷款增长的主要动力。第一季度末，深圳地区票据融资 2404.60 亿元，比上月有所减少，但比年初仍增长 234.85%，同比增长更高达 513.52%，占全部贷款比例达 18.02%，比年初占比迅猛提高了 11.63 个百分点。深圳银监局高度关注票据融资激增可能带来的风险隐患，迅速应对，经对股份制商业银行的走访和现场调查，查清票据融资激增的原因，剖析可能发生的风险，并提出相关政策建议。

一、票据融资激增原因分析

1. 多方“共赢”：票据利率倒挂下的银行机会收益和现实收益分析。此轮票据融资高速增长最令人困惑的问题是，半年期定期存款利率和贴现利率倒挂，使企业通过承兑后贴现一次可获得 31~53 个基点的套利空间，企业实实在在得到了利益，而银行似乎在做亏本买卖，但票据融资为何仍然增长迅猛？

其实，票据利率倒挂导致银行无利可图甚至亏损仅仅是直观的感觉。承兑行、贴现行、转贴现行不论是办理正常的票据业务，还是参与企业套利过程，均能够各取所需，各得其所。以深圳 3 月贴现市场的利率水平为例，承兑行按 1.98% 的利率向承兑申请人支付保证金存款利息，其获得的机会收益可能是半年期贷款利率 4.86%；贴现行获得贴现利率 1.62% 与转贴现利率 1.38% 之间 24 个基点的利差；转贴现行获得 1.38% 与货币市场利率 1.20% 或人民银行超额备付金率 0.72% 之间的利差。不难看出，企业的利益来自银行体系，而银行体系中的各个单位也在分别计算和实现自己的机会收益或现实收益。产生这一现象的根源，则在于利率体系的双轨制，即存款为法定利率，而贴现为市场利率。

在资金没有更好地运用渠道情况下，银行低于存款利率办理贴现业务是“不得已而为之”，其直接收益比货币市场或人民银行超额备付金收益高出许多，自然有

较强的叙做意愿。

2. 规避监管："低风险"业务监控弱化。现场检查发现有部分企业利用票据业务摆脱或规避银行对资金用途的监管。由于商业银行将 100% 保证金的商业汇票承兑和银行承兑汇票贴现定位于低风险业务，下放承兑贴现业务审批权，这在一定程度上弱化了商业银行对票据业务的管理。商业银行对 100% 保证金来源不追究，对贴现资金流向不监管，导致部分企业可能利用票据业务将信贷资金投向国家禁止的行业或用于股权投资、证券投资等。

二、票据业务变异的诸多新象

1. 解付程序失常，明显利用商业承兑汇票贴现套取资金，用于投向国家禁止的行业等不当用途。

2. 个别担保公司为做大业务规模与业绩，由自己提供 100% 存单质押，借用企业名义开出银行承兑汇票并贴现。

3. 以银行承兑汇票作质押再次开出银行承兑汇票，规避贸易真实性问题。检查发现，某公司将其持有的 1 亿元银行承兑汇票质押，在某银行开出同等金额的银行承兑汇票。

4. 将银行承兑汇票多次背书转让后再到异地贴现，而后将贴现资金转回作保证金循环开票。某公司采用此手法，在深圳、广州、东莞、绍兴、鞍山等地操作循环开票，连续 4 天签发银行承兑汇票，累计金额达 6040 万元。

5. 集团式串联开票、贴现、转账，虚增保证金和存贷款规模。如深圳市万昌公司等 4 家公司在深圳市多家银行串联开票，金额高达 2.73 亿元。

6. 名为"代理贴现"，实为创造条件、简化手续以规避有效监管。商业汇票代理贴现业务是指贴现申请人通过与其代理人、贴现银行签订三方协议，由代理人代为办理票据贴现手续，贴现款项直接划付给贴现申请人的业务，代理人限定在委托人的直接前手或直接前手的集团公司。在具体业务操作时，由代理人在汇票的背书栏加盖代理人签章并注明"由 XXX 代理 XXX"，这种操作模式存在以下风险：一是贴现转让背书签章意思表达不明确；二是就票据要式而言，背书不连续，需要借助票据之外的"三方协议"才能生效，属于有条件背书，法律上存在瑕疵，并存在潜在风险。

7.“先贴后查”名为方便企业和加速资金周转，实为逆程序操作。“先贴后查”银行承兑汇票贴现业务是指汇票的持有人将未到期的银行承兑汇票转让给银行，银行在核定的额度内，在票据查询查复前，直接按票面金额扣除贴现日至汇票到期前一日的利息后付给票款的一种授信业务。

8.增设风险承担费或咨询顾问费，增加中间业务收入。检查发现，个别银行在办理贴现业务时，在贴现利率部分下调一定幅度，另与企业签订咨询顾问合同，以收取风险承担费或咨询顾问费的形式将本该是贴现利息收入的部分变成了中间业务收入，以此完成中间业务收入考核指标。

三、监管建议

1.加快利率市场化改革的步伐，改变目前贴现利率与贷款利率双轨制运行的状况。建议对央行的利率生成机制进行改进，逐步放松对贷款利率的管制，通过货币政策有效引导市场利率回归正常水平，解决存款利率与贴现利率倒挂问题。

2.引导商业银行坚持稳健经营的思路，强调效益存款的理念，规范市场行为，确保资产负债表内业务与表外业务健康有序发展。

3.颁布明确的贴现业务尽职指引，督促商业银行加强票据业务信用风险、操作风险和合规风险控制，尤其要完善贴现业务贷后管理工作。应要求商业银行对贴现资金流向进行严密监控，尤其在当前的宏观经济形势下，为落实“有保有压”的政策要求，更要加强监控贴现资金流向，防止资金流入国家禁止的行业或用于证券投资等。

4.督促商业银行改革和完善绩效考核机制，摒弃简单考核分支机构存贷款业务规模的做法，同时对利用票据业务虚增存贷款规模的行为进行处罚。

5.建议加强银行与税务、海关等部门的交流协调，建立常规化的合作机制，构建相关公共信息平台，以利于银行核查票据贸易背景的真实性。

6.鉴于目前票据事实上已脱离真实贸易背景而发展成为一种规避利率管制的融资手段，可以探讨票据的融资功能合法化的可能性，当然这必须以相应的风险管控体系作为支持。

关于对深圳担保业现状的调查

一、基本情况

1. 深圳担保业起步早、发展快，在全国处于领先位置。

深圳担保机构设立始于 1999 年，“深圳市高新技术投资担保有限公司”（以下简称“高新投”）是深圳设立的第一家专业担保机构，也是全国设立的第二家担保机构，此后担保机构逐步成长，前几年呈快速发展之势，最高峰注册机构达 300 多家。截至 2008 年底，深圳在工商部门注册的担保机构共 256 家，注册资本总额 152 亿元。总体来看，深圳担保机构呈快速发展的态势，已逐步成为颇具活力的独立行业。

一是担保体系逐步得到完善。深圳担保业以中小企业信用担保体系为主导，担保机构主要由“高新投”、深圳市中小企业信用担保中心有限公司（以下简称“担保中心”）两家政府出资的政策性担保机构和为数众多的民间资本、外资以及社团性出资的商业性担保机构组成，担保业务基本上遵循市场规则进行，商业性担保机构占据了较大市场份额，约 60%。在深圳担保体系建设中，地方政府担当着重要角色，出台了多项政策措施，如通过设立专项资金用于担保机构风险补偿、颁布《深圳市中小企业信用担保示范性机构认定（考核）标准》、成立信用担保同业公会等，以促进信用担保机构规范运作。2009 年 2 月 28 日，“深圳市中小企业信用再担保中心”正式成立，进一步完善了深圳信用担保体系建设。

二是业务呈多元化发展趋势。担保业务品种已由最初单一的中小企业短期流动资金贷款担保扩大到综合授信担保、政府专项资金贷款担保、楼宇按揭担保、工程保函担保、债券融资担保、上市融资担保等。

三是深圳担保业在全国居于领先和重要位置。有 11 家重点担保机构列入国家中小企业信用担保体系试点范围并享受国家免征营业税的待遇；国家发改委在深圳建立了担保孵化培训基地；在全国十大最具影响力中小企业信用担保机构中，深圳占据三席；高新投和担保中心相继被评为“深圳知名品牌”，并被评为国家组织的担保机构 AAA 级资信等级。

2. 受内外部因素影响，近期担保业代偿风险有所增大，但品牌机构表现稳健。

一是在保企业大幅减少，在保余额保持上升，担保放大倍数有所下降。截至2008年底，11家重点担保机构在保企业4259家，同比减幅38.31%，在保余额230.71亿元（包括融资性和非融资性担保），同比增长25.10%。担保覆盖面下降及余额上升，表明机构对实力弱小的企业担保有所收缩，担保业务向实力较强的企业倾斜且额度有所放大。截至2008年底，11家重点担保机构平均担保放大倍数8.03倍，比上年同期下降1倍。

二是代偿明显增加，利润下滑。2008年，11家重点担保企业机构发生代偿237笔，同比增加84笔，当年发生代偿总额12.26亿元，同比增加11.95亿元，当年发生代偿损失1.74亿元，同比增加1.71亿元。2008年，11家重点担保机构实现利润3.73亿元，同比下降10.45%。

三是品牌担保企业业务经营稳健，抗风险能力较强。担保中心和高新投两家政策性担保机构业务保持稳定增长，收益良好。2008年，担保中心在保企业和在保余额保持增长，当年发生的代偿笔数和金额比上年同期还有所下降，累计代偿率仅为万分之六，利润增长达18.24%。

3. 与银行业务合作保持增长，但总量较小，担保贷款风险有所上升。

深圳担保业与银行合作业务品种主要涉及三部分：一是融资贷款担保业务；二是非融资性担保业务，主要为工程保证担保；三是个人担保业务，主要为消费信贷担保及房地产按揭赎楼业务。担保机构与银行风险分担比例，除深圳担保中心与银行8:2分担、高新投9:1分担外，其余担保机构都对银行承担100%风险责任。

截至2008年底，与银行合作的担保机构有38家。担保贷款余额83.42亿元，比年初增长14.96%，占同期深圳银行业贷款余额的0.74%；担保贷款发生不良贷款余额4.04亿元，比年初增加3.89亿元，不良贷款率4.85%，比年初提高4.64个百分点；应由担保机构按期代为偿还的贷款余额3.82亿元，比年初增加1.69亿元，增长79.04%。担保的承兑汇票业务和委托贷款业务较少，余额分别为1.16亿元和5.34亿元。

二、担保业发展起到的主要作用

从深圳担保业，尤其是优秀担保机构业务开展情况看，担保业以其独特的“承担风险、增强信用”功能，灵活、务实、高效的风险管理方式，填补了现有金融体系的服务空白，对缓解中小企业融资需求、深化金融服务、增强市场活力、促进地方产业调整和经济发展起到了积极作用。主要表现在以下几个方面。

1. 增强银行与企业之间的信息传导，相对降低了贷款风险和管理成本，进一步拓宽了中小企业授信领域。面对中小企业短、少、急、频的贷款需求，有专业的担保机构进行前期充分调研，可增强银企之间信息的交流，尤其是对一些缺乏足值抵押、与银行合作时间较短的企业，担保机构以其在设置反担保上更加灵活的措施，能够与银行形成优势互补，双方的合作能在一定程度上降低中小企业贷款的风险，使更多的小企业摆脱难以提供担保人和抵押物的难题，达到申请银行贷款的基本条件。截至 2008 年底，担保机构对中小企业提供融资担保贷款余额 50.13 亿元，占同期银保合作担保贷款余额的 60.09%，一定程度上缓解了中小企业融资需求。

2. 促进金融创新和深化金融服务。担保业的发展本身就是金融创新的过程，其产品的应用往往与其他金融业务联结，如为企业直接融资与间接融资相结合的融资担保服务，对中小企业发债提供担保业务等。最近，银行通过担保机构为企业提供保证金担保，由银行向海关出具保函，有效化解了加工贸易保证金“实转”政策给企业带来的资金压力，支持符合龙岗区产业发展要求的加工贸易企业继续留在龙岗发展。

3. 支持了地方产业调整，促进了高新技术产业的发展。如高新投始终坚持产业政策导向，促进高新技术产业的发展，通过担保支持了高新技术企业传统银行服务难以满足的融资需求，带动了大批风险资本、外资和其他社会资金注入高新技术企业，有力促进了地方产业结构调整，增强了经济发展后劲，较好地发挥了政策性金融的作用。

4. 提升了行业竞争力。深圳一些针对特定行业设立的担保机构（如珠宝行业、房地产行业、汽车行业等），不仅对行业业态有着比较深入的了解，且对行业内各家企业的情况也知之甚深，担保成功率较高，因此担保业务的开展对带动一个行业发展和提升行业竞争力都发挥了良好作用。

5. 支持了中小企业成长为行业骨干企业。如高新投累计为深圳 4200 余家高新科技企业的 1800 多个高新技术项目提供了贷款担保服务，提供贷款担保总额为 300 余亿元人民币。受保企业如大族激光、金蝶、兰光科技、同洲电子、比亚迪等二十多家公司成为颇具实力的高新技术企业。担保中心的受保客户中有 19 家在国内外证券交易所上市。

6. 带来了良好的社会效益，为地方经济发展作出一定的贡献。根据深圳统计局 2007 年的测算，担保中心累计担保的 235 亿元，可为中小企业新增销售收入 822.50 亿元，创造新增税收 67.80 亿元，新增就业 29.40 万人。

三、担保业发展中存在的问题及原因

深圳担保业在快速发展的同时，存在的问题也逐步暴露出来。主要表现为以下几个方面。

一是机构庞杂，良莠并存。注册的 256 家担保机构中，从事担保业务运作的不到 40 家，大量担保机构因种种原因实际未从事担保业务。有的为空壳公司，囿于资本实力和人才，根本无法开展正规担保业务；有的以担保机构为运作平台，主要从事各类投资业务；有的以担保业务为幌子，从事地下钱庄、高息放款等不正当业务。虽然这些未从事担保业务的机构并不代表深圳担保业的主流，但机构良莠并存的局面对市场秩序及行业信誉产生了极为不利的影响。

二是部分机构业务运作不规范，风险管理薄弱。目前从事担保业务运作的机构中，存在发展不平衡、管理水平差别较大的问题。有的机构主要从事关联企业和关联股东担保，其关注的是关联企业获取银行资金后的收益，而不是担保业务本身的利润；有的机构将银行收取的保证金向企业转嫁；有的机构与企业串通，从银行获得资金后用于其他用途；有的担保公司抽逃资本金或将资金挪作他用。由于内部治理水平、制度规范和风险管理比较薄弱，有的机构资金运用潜在损失较大，加之风险准备提取不足，担保风险的应对能力较弱。

三是部分机构将面临较大的经营风险。因存在上述业务运作不规范和风险管理薄弱等问题，在当前不利的外部环境下，部分机构出现代偿增加、违约上升、业务萎缩、利润下滑或亏损扩大的情况，经营风险明显增大。

上述问题的产生主要有以下几个方面原因。

1. 行业定性不明。目前对担保机构按一般工商企业管理，准入门槛低，造成大量不同认识、不同目的的投资者进入该行业。然而专业担保机构作为提供信用和经营风险的信用中介，具有经营风险高的准金融机构性质，尤其是融资性担保机构，其经营具有显著的高风险特点，这无疑对担保机构的设立，包括资本、人员、内部管理和风险控制都提出了较高要求，否则就是设立再多的担保机构，也难以达到预期目的，反而不利于自身的健康发展并可能造成其他金融问题。这是现实中大多数担保机构难以自保甚至沦为地下钱庄的原因之一。

2. 机构定位不清。主要是模糊了政策性担保与商业性担保界限，不利于不同性质的担保机构业务规范和对中小企业融资的支持。针对中小企业融资高风险的特点，担保机构的最初功能定位为服务于中小企业融资担保的非营利性事业单位。随着商业性担保机构的设立和担保业务范围的扩大，以及政策性担保机构改制并实行市场化运作，目前政策性担保和商业性担保在实际运作中已相互交叉，这一方面促使了担保机构快速扩张，另一方面也带来两个问题：一是政策性担保机构对支持中小企业尤其是微小型企业融资性担保的积极性可能有所降低，门槛有所提高。二是从事中小企业融资性担保所固有的“高风险、低收益”特点，商业性担保机构如果内部治理及风险控制不力，极易产生业务运作不规范和从事其他高风险、高收益业务的冲动，经营风险势必增大，最终将制约其担保能力。这是形成目前中小企业担保难的原因之一。

3. 监管制度建设滞后。迄今为止，政府不同部门从不同角度对担保机构的业务运作、经营管理和风险控制制定了诸多的管理规定，但立法层次较低，缺乏统一的行业监管制度，造成了目前担保业主管部门不明，监管职责不清和日常监管缺失，难以适应快速发展、逐步成为一个独立行业业务经营和风险防范的需要。调查发现，目前没有哪个部门能够掌握担保行业全貌的基本经营信息，由于行业信息缺乏透明度，问题的暴露呈突发性和滞后性，且往往由媒体发现和披露，因其信用中介的性质，极易引发行业风险乃至系统性风险，十分不利于该行业风险的防范和化解。

4. 经验不足，外部环境变化，风险补偿以及风险分担机制尚不健全也是原因之一。总体而言，担保业还处于初期发展阶段，对该行业的经营经验尤其是风险管理经验和监管经验还需积累。在经济上行时，担保代偿、各类用途的资金收益表现向好，问题不易暴露；经济下行时，该行业高风险特征将显现出来，加之外部补偿和风险分担机制尚在完善之中，部分不规范运作和风险把控欠佳的机构代偿能力将面临考验。

四、有关建议

担保业的发展总体是市场经济发展的产物，其对完善市场信用体系、增进信用、分散风险、缓解中小企业融资难以及支持经济发展和社会就业有着积极作用。对担保业仍处于初期发展阶段出现的问题，应通过制定行业监管制度和健全担保体系来加以解决，以有利于担保业健康发展。

1. 尽快制定统一的行业监管制度。一是明确担保业的行业性质，按准金融机构提高机构准入门槛，稳妥治理担保市场一定程度上存在的发展无序问题；二是明确不同性质担保机构的功能定位，实施分类监管，以切实规范业务运作；三是实施审慎的担保业会计制度、信息报送制度、指标监测制度、信用评级制度和信息披露制度，督促机构提高风险管理水平。

2. 加快再担保体系的建设，健全风险补偿和分担机制。目前，深圳已成立“深圳市中小企业信用再担保中心”，应加快运作，并落实相关措施和优惠政策。

3. 银行应在风险可控前提下，积极稳妥地与担保机构开展业务合作。一是当前应加强与政策性担保机构合作，进一步有效缓解中小企业融资难问题。对此政府应加大政策性担保机构注资力度，做大做强政策性担保机构，以确保其担保能力与银行业务同步扩张。二是应切实加强对担保机构的资质审查，对与担保机构合作开展的担保贷款业务，应独立按照授信制度，加强对授信企业第一还款来源的审查和管理。三是应加强对合作担保机构以及在保业务的授信后监管，及时了解担保机构财务及非财务因素等动态信息，切实防范融资担保风险。

2009 年深圳银行业运行的主要趋势与挑战

一、对深圳银行业运行形势的判断

1. 有效信贷投放问题。在国际国内经济持续下行态势下，银行信贷面临两方面的问题：一方面，处于健康运行状态的企业由于萎缩的市场需求和悲观的市场预期，纷纷缩减发展规模，降低投资水平，甚至提前还贷（如深圳华侨城集团 2008 年在工行深圳分行一家银行的提前还款高达 9.3 亿元；深圳金荣泰房地产开发有限公司提前偿还交行 4 亿元贷款），同时个人贷款因受收入预期下调、投资渠道不畅以及收益率下滑等影响也难以延续前几年的高速增长态势，所以无论是存量还是新增贷款规模均面临萎缩压力。另一方面，过去符合银行授信标准的一批企业，由于经济景气度下滑，企业经营恶化，其信用评级已跌出银行授信的最低门槛，若按银行内部风险管理原则便不能授信，尤其在银行授信流程日趋集中和严格、授信标准日益规范和统一的情况下，增大了贷款投放的操作难度 [如交行深圳分行否决深圳市金卧牛贸易有限公司 1.07 亿元的续贷授信申请；深圳平安银行停止对华忆科技（深圳）有限公司 800 万美元授信额度的继续使用]。因此，目前适度宽松的货币政策在 2009 年很可能出现典型的凯恩斯陷阱，货币政策的传导在商业银行环节出现梗阻，信贷投放或将呈现启而不动的局面。

2. 房地产金融问题。一方面，房贷新政激活市场的效应显现不明显。由于造成前几年房价上涨的一些因素发生逆转，如人民币升值背景下的资金流入（最近连续跌停）、股市的财富效应等，特别是随着 2009 年开始大批廉租房投入市场，势必会对商品房市场形成冲击，短期内房地产市场的有效需求将受到抑制。如果经济持续低迷，就业状况和居民收入水平不能持续改善，房地产贷款的风险可能会上升。新政出台后，房地产市场虽有一定程度的活跃（新房销售面积 11 月比 10 月环比增加 5%，二手房环比增加 17%），但这主要是前期蓄积购买力的爆发所致，后期如果上述负面因素继续恶化，则房价下行的压力仍然存在，房地产市场可能重新步入低潮。另一方面，银行借新政相互竞争进而影响市场秩序。据初步调查，仅新政实施头一个月内，深圳银行转按揭和申请转按揭金额就高达 100 亿元，约占个贷金额的 4%。所以新政已成为一些银行恶性竞争的借口和手段，在短期利益的驱使下，房贷的长期风险可能被搁置一边，特别是一些前几年在个贷业务发展战略上有所失误的银行，更是将此次新政的实施视为个贷业务突破的契机，从而竞相降低授信标准。

3. 理财产品的问题。由于深圳地区投资者的风险认知度和承受力相对较强，尚未出现群体事件或过激行为，但是相关投诉有增加态势（仅农行“本利丰 11 期”产品，我局截至目前已收到 8 宗投诉）。银行正积极、逐户排查，做好相关解释工作，稳定客户。但是对于个别过激客户，银行已有按“个例”进行补偿或平息的苗头，存在“个例”演变为“惯例”的风险。特别是香港雷曼债风波之后，由于深港两地之间信息通畅、投资主体高度重叠等原因，香港政府的处置原则极有可能引发传染效应。反观商业银行存在的问题，恐在三个方面难辞其咎：一是混淆产品性质，将理财产品按储蓄产品进行推销；二是宣传不当，存在夸大收益、掩饰风险的情况；三是客户选择错误，没有“把应该卖的产品卖给应该买的人”。考虑到银行存在的上述失范行为，如果理财产品的亏损状况短期内难以得到扭转，势必会对银行的正常经营和声誉造成负面影响。

4. 创新动力萎缩问题。一是次贷危机后，各行对创新的态度趋于谨慎，创新积极性有所削弱。二是在目前金融市场持续动荡的背景下，产品创新的市场基础遭到破坏，创新的空间受到严重制约。三是在前期各项产品创新遭受挫折之后，市场对一系列产品创新的认同度和信心有所下滑，因此对各类产品的市场需求和销售前景不容乐观。因此，在银行盈利空间收窄的情况下，其经营行为有滑入传统经营思维、重新陷入低水平竞争的态势。

5. 信用风险问题。伴随着 10 月以来实体经济的快速下滑，银行 10 月不良贷款余额 2008 年以来首次呈现上升，2009 年可能会持续恶化。据监测情况分析，次贷危机对深圳的经济冲击有两波：第一波是 2007 年 7 月至 2008 年上半年期间，主要是劳动密集型、竞争力差的企业首当其冲。但由于 2001 年深圳开始的产业结构调整已经降低了这些企业的比重，所以相对其他沿海城市影响不大，而且这些企业往往不是银行的授信客户，因此第一波冲击对银行影响有限。第二波冲击，2008 年下半年开始，以全球性总需求的急剧下降为特征，因此包括银行授信客户在内的一些优势企业也难以幸免，信用风险管理压力显著增大。在此背景下，小企业的生存环境更加恶劣，以小企业代发工资户最为集中的深圳农村商业银行为例该行截至 11 月底，比 2007 年底代发户数下降 23%，代发金额减少 19%。同时，2008 年下半年社保退保数量也大幅增加，至 11 月底全市银行退保约 60 万笔（人），预计年底将达 70 万笔，比 2007 年同期上升近 50%。因此，本已不容乐观的小企业融资问题可能会更加突出。

6. 系统性风险爆发问题。一是担保体系的脆弱。担保公司鱼龙混杂，管理水平参差不齐，前几年的高速扩张导致其资本严重不足，特别是一些担保公司如深圳中科智，多元化经营，投机心态浓厚，银行严重依赖担保公司的现实将使银行资产质量面临极大考验，担保公司出现问题极易引发系统性危机。二是大客户、集团性风险的爆发。一些前几年资本市场繁荣时期介入过深、主业经营不突出、偏好股权投资和资本运作的集团客户，如深南电，在现金流出现问题和股权投资出现较大折价的情况下，引发系统性风险的概率增大。

7. 流动性风险问题。在全球金融市场风声鹤唳的背景下，社会公众和国内外投资者的信心都处于一种极度脆弱的状态，伴随着我国这几年金融开放程度的不断提升，国外金融风险向国内传导的路径日益多元，如外资银行、对外股权投资等。因此国外一些重大突发性负面事件的爆发会通过声誉、信心等机制对国内金融体系形成冲击，引发国内金融机构之间、金融机构与公众之间的信任危机，最终以信用链条断裂、流动性枯竭等极端形式爆发出来，典型的事件如东亚银行。

8. 利润增长问题。资本市场、房地产和进出口企业是深圳银行业盈利增长的三大支柱，短期内这三大支柱复苏的可能性较小，从而给银行一系列优质资产的规模扩张空间形成极大制约，如个人购房贷款等。而一些与资本市场和进出口贸易密切相关的高附加值中间业务收入，如代销基金、国际结算等面临急剧下滑的风险，盈利模式转型遭遇挑战。此外，由于宽松货币政策的调控基调，银行的利差呈现不断缩小的趋势，传统存贷业务的盈利也很难达到前两年的水平。

二、对深圳银行业的监管思路

1. 信贷政策。坚决贯彻国家实施拉动内需的一系列战略部署，加大对地方投资和消费的信贷支持力度，特别对那些有助于促进就业、改善民生和提升经济发展后劲的项目要重点支持以适度超前的眼光实施反经济周期操作。与此同时，银行要进一步增强信贷决策的独立性、自主性，不折不扣地执行风险控制的各项原则，按照经济金融运行的基本规律扶优限劣，既确保银行体系的稳健运行和长治久安，又促进地方经济的产业结构升级和发展模式转变。

2. 房地产政策。认真领会和贯彻中央关于房地产调控的各项政策意图，充分保证合理、有效住房需求的信贷支持。密切关注深圳乃至全国房地产市场的走势，做好存量房地产贷款风险分析和预警工作。严肃整顿房地产金融市场秩序，规范银行经营行为，坚决制止一哄而上的市场拓展，严厉打击相互挖脚等各类不正当市场竞争。

3. 理财产品政策。督促银行纠正理财产品市场的一些失范行为，从产品设计环节、营销环节和售后服务等多角度，提高理财产品的透明度，规范交易行为，提升理财产品的市场形象。同时针对已经或者预计到期会出现重大损失的产品，银行要做好客户解释和安抚工作，对个别极端客户，银行要坚持个案应对、灵活处置的原则，防止局部矛盾激化，同时也要警惕个案处置演变为整体效仿。

4. 金融创新政策。坚持正向激励为主，激发银行创新活力，建立创新准入的预申报制度，加强对各类创新的事前沟通力度，并在此基础上建立金融创新的绿色审批通道，提高金融创新的审批效率。坚持理性审慎、风险可控原则，建立金融创新的后评价制度，加大对金融创新风险、收益的测算，全面评估金融创新的效果，确立监管要点。

5. 小企业金融服务。督促银行落实国务院近期关于改善小企业金融服务的一系列政策安排，全力以赴履行各项社会责任，将银行自身优势与小企业的特点相结合，处理好银行自身风险控制与支持小企业发展的平衡关系，力求以金融创新实现多方共赢全面实施我局《深圳市小企业金融服务体系建设方案》的各项内容，从组织体系、政策体系、监管体系、环境体系、业务体系五个方面入手，搭建全方位、长效性的小企业金融服务平台。

6. 社会信用环境。加强银行同业公会与担保行业公会的联系，签署双方合作备忘录，建立担保公司的信用甄别机制，切实提高担保公司质量。充分发挥市政府在改善社会环境方面的作用，设立担保基金或者大型再担保集团的方式提升担保行业的总体担保水平。

7. 维护市场信心。对于可能出现的流动性问题，要密切跟踪，严厉打击造谣惑众等各种破坏金融市场秩序的行为，并通过新闻发布等形式，引导舆情，加强宣传，增强公众对银行体系的信心，维护辖内金融市场的良好秩序。同时按照与人民银行深圳市中心支行签署的《关于应对商业银行流动性问题的应急机制》的要求，全面做好各项预案准备。

商业银行改革问题与对策

持续多年的商业银行改革取得了辉煌的成绩，实现了历史性跨越，为我国经济发展作出了贡献，但随着商业银行改革的深入，集中在商业银行身上的诸多矛盾逐渐暴露。如不择机对其进行修正和调整，将对金融体系的稳健运行和国民经济的健康发展带来不利影响。近年来，我国商业银行体系积累了诸多矛盾，究其原因，主要是商业银行改革中存在着多种误区，如战略失当、激励扭曲、教育欠缺、法制淡薄、内控乏力和创新偏颇等。修正和调整上述误区，对优化金融资源配置，防范金融风险，促进商业银行转型，提升商业银行竞争力具有积极而重要的意义。

一、战略失当

目前，以商业银行为主导的银行体系在我国已经确立，商业银行的改革也进入深水区，如何使各个层次、各个类别的商业银行充分满足不同地理区域、市场主体、客户群体的多元化金融服务需求，发挥出与其市场定位相匹配的金融服务功能，已成为我国商业银行改革的重要目标。但从这几年商业银行改革的实践看，效果并不明显，银行业体系市场严重错位，资金紧缺矛盾激化，金融资源配置效率低下，尤其是在特定金融服务领域表现更为突出，如小微企业金融服务边缘化，农村地区金融服务薄弱化，这种状况制约了国民经济的健康发展。

上述现象出现的主要原因是商业银行的改革战略失当，盲目追大求全，粗放经营、外延扩张严重。商业银行在发展战略中不考虑投入产出比、成本与收益，以拉存款为主业，扩规模为目标，全力追求“大而全”，无视银行差异，逐渐偏离自身市场定位，追求同质发展，导致金融资源过度向大城市、大客户、大项目集中，金融资源配置严重失衡。以近几年发展势头迅猛的城市商业银行为例，其最初定位是“服务地方经济，服务中小企业”，但在发展过程中，并没有依托比较优势，做深、做透、做强特色业务，在地方经济和中小企业的金融服务方面精耕细作，而是采取“跨区域经营，综合定位”的战略模式。再以中国邮政储蓄银行为例，邮储银行不再专注于邮政金融领域，转而做信贷业务，其市场定位与四大国有商业银行如出一辙。商业银行高度同质化的发展战略，致使金融资源配置扭曲、重复浪费、效率低下，形成“传统业务竞争白热化，业务创新形式化”“大客户竞争白热化，小企业服务边缘化”“中心城市竞争白热化，农村金融服务去市场化”等多种困境并存的局面。因此，要实现我国商业银行既定的改革目标，关键是促进商业银行的集约化、差异化发展，形成多层次、多样化、多功能的银行体系。

二、激励扭曲

激励机制是银行治理的一个重要组成部分，科学、高效、完善的激励机制可以有效振奋员工精神，凝聚员工力量，改善工作状态，提高工作效率，有助于银行平滑短期利益与长期利益、局部利益与整体利益之间的矛盾，保证银行业的长期稳健发展。但现阶段我国商业银行改革中存在着较强的激励扭曲，主要体现在不顾风险水平和管理能力，重规模扩张与短期利益，重任务压力而脱离实际。简而言之，存款数量成为员工激励机制的核心，收入奖励和职务升迁成为基本的激励手段，单一而具有刚性。

我国银行业“重存款不重质量，重效率不重管理，重业绩不重教育，末位淘汰与明星员工并存”的激励模式导致经营过程中功利主义泛滥，机会主义盛行，逆向选择和道德风险广泛滋生，成为银行业长期发展和核心竞争力提升的掣肘。在这种激励机制下，没有员工认真思考银行的真实价值所在，没有员工认真思考银行业的核心竞争力，没有动力去研发创新性金融产品，探索新的商业模式，向市场提供多样化的金融服务。多年来倡导的商业银行转型也只是限于口号，流于形式，转型进程大有停滞和逆转之势。可见，我国银行业的激励扭曲问题亟须纠正，价值主导型的激励模式亟待形成，“多元化考核，突出对风险、收益和合规的考量”替代“线性、单一的规模化考核”才是正解，唯有如此，才能够满足银行业未来发展的需要。

三、教育欠缺

目前，困扰商业银行发展的一个重要问题是人员流动速度快，银行用自身资源培养出来的人才频繁跳槽于各竞争对手之间，对银行的稳定经营带来了极大的挑战。其根本原因在于银行教育机制的欠缺，在短期激励模式下，商业银行注重“使人”而不“育人”，以培训代替培养，以教训代替教育。每一名新入行员工在接受机械化的培训之后，便上岗从事高负荷的工作，这样的培训方式忽视了员工“社会人”的属性，以及对员工归属感和忠诚度的培养，不利于开发员工的长期价值。

人才培养是提高商业银行价值和竞争力的必备条件，尤其是面对国际同行的激烈竞争，塑造有竞争力的员工至关重要。从宽泛的角度来说，完善教育机制，注重对人才的培养就是在塑造银行的企业文化。良好的企业文化对银行而言意义重大，一是可以把银行组成一个有机整体，形成一个高效团队，使团队内的每一名员工都有安全感、归属感、使命感和责任感，高度激发员工的积极性、主动性和创造性，以便充分发挥智慧和才能，促进银行发展；二是良好的企业文化促使员工遵守共同的价值标准和道德规范，实现员工的自我约束和自律行为，不再简单依靠制度的约束，被动地接受管理，而是靠主动性、自发性和能动性进行自我管理。因此，坚持以人为本的理念，强化教育机制，已成为我国银行业提高竞争力的重要选择。

四、法制淡薄

近期，银行业案件进入密发期，同质同类案件反复、频繁出现，银行从业人员违规常态化趋势严重，给存款者权益带来严重损害，对银行体系的稳定造成了严重的破坏。出现这种现象的主要原因是银行内部的法制淡薄，知法犯法，有法不依，经营视若无物，管理熟视无睹，管理人员过于注重速度、规模和物质奖励，而忽视合规、风险和教育。在对法律、规章、制度的认识上存在着严重的思想偏差，执行起来“重形式、不重效果”，“重表面、不重实质”，“重轮廓、不重细节”，这种态度致使银行业内部的案件风险防范处于“有制度，无执行”的状态，工作人员容易滋生作案动机。

商业银行内部应充分认识法律的重要性，在思想上高度重视，在行动上绝对执行，杜绝“情大于法，领导高于规章，信任代替监督”等不当行为，真正形成“有法可依，有法必依，执法必严，违法必究”的良好工作局面。监管部门在执行规章制度时要“重过程、重具体、重细节、重落实、重质量、重效果”，严禁马虎行事，蒙骗过关。同时，大力加强思想教育工作，增强员工的职业道德和遵法、守法观念，提高员工的职业操守和合规经营意识，加大违法处置力度，增加违法犯罪成本，真正从源头上杜绝各类风险事件的发生。

五、内控乏力

银行业是高风险行业，容易发生各类风险事件。因此，内控建设在银行经营过程中至关重要，是银行防范风险、稳健运行的第一道防线。但在我国商业银行经营过程中，内控却极度乏力，因内控不足而诱发的风险事件频频发生。监管层一直在强调内控制度的重要性，但在银行业实际经营过程中，内控制度却成为一种形而上的东西，成为装饰和口号，无法约束银行内部存在的各种潜在风险。

分析我国商业银行内控乏力的原因，一是银行管理人员风险意识薄弱，对内控制度的重要性认识不足，对内控制度的存在置若罔闻，甚至有的银行将内控制度视为业务经营的枷锁，规模扩张的羁绊，完全以一种对立的态度看待内控制度。二是内控制度严重滞后，现代银行业与传统银行业相比，在金融产品种类、业务流程、商业模式等方面都呈现出新变化，但内控制度却无法跟上银行业快速发展的步伐。三是内控制度大而空，缺乏可操作性。有的商业银行建设了名目繁多的内控制度，但仔细去看，没有几个内控制度具备可操作性，无法对其目标任务进行分解，这样的内控制度只能以“花瓶”状态呈现。四是内控制度只有形式，没有执行，缺乏监督。“有内控、无执行”“有要求，无落实”已成为业界常态，“简单化执行、表面化执行、递减式执行、选择性执行、应付式执行”已成为业界规避内控的常规手段。

内控乏力已经成为我国商业银行各类事件频发的一个重要风险源，因此，改变我国商业银行内控现状变得尤为迫切，必须从制度建设、思想认识、任务执行、监督管理等方面做足工作，做深做细做实，做出成效，全面提升商业银行的内控管理水平，使内控制度真正成为防范金融风险的基石。

六、创新偏颇

创新是商业银行基业常青的基石，不断前进的动力源泉，也是商业银行竞争力的核心所在。综观世界知名银行，无不是“创新立行”，与之相比，我国商业银行长期生长在政府的襁褓里，创新动力严重不足，“存款立行”已成为通用战略，所谓的创新也只是服务于存款的创新或低水平重复创新，并非真实意义上的金融创新，不能提升银行的真实价值。随着国际金融危机后，资本监管标准的提升，息差收窄趋势的显现，直接融资比重的增加，金融脱媒趋势的盛行以及利率市场化日渐提上日程，创新不足将严重制约商业银行发展的可持续性和竞争力的提升。

上述形势迫使商业银行必须在创新上下足工夫，转变“高消耗，低成本”的发展模式，实现产品、渠道、商业模式等全方位的创新，获得持续发展的动力来源。在产品上，根据金融消费者和市场主体的客观状况，设计出真正符合市场需求的、高附加值的产品。在渠道上，充分利用现代 IT 技术和信息技术，改变传统柜台式的经营渠道，大力发展网上银行、手机银行等新型经营渠道，使银行业成为金融与信息技术相融合的经典领域。在商业模式上，不再盲目追大求全，充分发掘银行业的内涵和外延，注重精细化管理，强调市场细分，实施错位竞争，大力推广专业化、特色化服务，力争商业模式的快速转变。商业银行的全面创新会从根本上扭转经营现状，提高自身价值，增强话语权，在国内外竞争中处于不败之地。

城市商业银行的战略转型与定位回归

经过十年曲折发展，城市商业银行作为我国银行业“大家庭”中的“小兄弟”，体验了风险处置的阵痛，经历了体制、机制的蜕变，艰难地赢得了自己的生存发展空间。然而，随着银行业市场竞争的加剧，原有的发展模式能否支撑城市商业银行稳健可持续发展，将面临极大的挑战。因此，能否以及如何通过战略转型来开拓发展空间、保持持续竞争能力是城市商业银行进一步发展中难以回避的问题。

一、面临的形势

（一）发展的误区

经过近二十年的商业化改革，我国银行业取得的巨大发展有目共睹，但受改革路径依赖的影响，也逐渐积淀形成了一些误区。从发展的角度看，一个突出的误区就是“大银行不大，小银行不小”，所有银行从展业模式到盈利模式，甚至经营管理风格都是趋同的：目标客户相同，即都是争抢大客户；业务模式相同，即都是拉存款、放贷款的基本业务；地域选择相同，即都扎堆于大城市、中心城市。此外，还有一个重要的方面就是监管标准也相同，对于规模大小不一样的银行，监管当局一直沿用同样的监管要求：同样的资本充足率、同样的资产负债比例等。这反过来又促使了银行趋同性的形成。

这些发展的误区导致了金融服务领域的失衡，即在有些地区、有些业务领域以及对有些客户，出现银行间的过度竞争，而有些金融服务领域则存在不足甚至空缺。

（二）竞争的加剧

市场经济条件下，竞争无处不在、无时不有。而竞争的加剧必将导致“传统势力范围”界限的模糊。如果说，我国几类银行业金融机构在改革开放的历史沿革过程中还大致形成一种各自有比较优势的范围：国有银行以其规模和网点优势服务于国有企业和居民，股份制银行以其机制灵活服务于中心城市大客户，大部分城市商业银行则利用地方政府的支持服务于地方经济。那么，随着对外资银行的全面开放以及国有银行股份制改革的深化，市场竞争压力将迅速加大：外资银行将与国有银行和股份制银行争夺高端客户，国有银行股改后将与股份制银行全面展开竞争。由此，各类银行传统的势力范围将在外部竞争下逐渐发生迁移。很残酷地，在这种“大鱼吃小鱼，小鱼吃虾米”的生存竞争法则面前，城市商业银行无论从资本规模、市场竞争能力、公司治理与管理能力以及人才储备等方面看，都处于竞争生物链的下游。如果采用同样的“抢大户”的展业模式与股份制银行、国有银行等“硬碰硬”的话，绝大部分城市商业银行将难以避免失败的命运。

（三）自身的定位

尽管按现存模式城市商业银行会处于竞争的劣势，但并不必然意味着城市商业银行没有生存空间，只能关门大吉。从十年发展的经验与教训看，城市商业银行至少拥有以下生存条件。

地方政府的支持。尽管减少地方政府对银行经营活动的影响是深化银行商业化改革的一个坚定不移的方向，但地方政府对本地银行的支持是不容忽视的一个积极因素。金融是现代经济的核心，出于发展地方经济的需要而支持本地城市商业银行的发展，是地方政府一个合理的选择。从现实情况看，大部分城市商业银行的实际控制股东也就是当地政府。这种支持不仅表现在存放财政资金、借贷当地基本建设资金等业务层面，还表现在近年来许多地方政府投入大量财力消化城市商业银行的不良贷款并补充资本金，支持其长远发展。

信息不对称程度。每一个银行机构能在多大程度上消除借、贷者之间的信息不对称，决定了该银行有多大的市场空间。对城市商业银行来说，其前身是城市信用社，主要服务对象是城市个体工商业者。经过多年发展，这些“个体户”已经逐步壮大成中小企业，城市商业银行对于这些中小企业有天然的信息优势。特别是，由于我国信用体系的不健全，大部分中小企业缺乏系统的、全面的纳税记录和信用记录等书面信息，对其信用状况的评判甚至主要只能靠街头巷尾的“声誉”来进行。那么，城市商业银行积累多年形成的关于中小企业的信息优势，是国有银行和股份制银行所不能比拟的。对于大部分以中小企业为主导的非中心城市来说，城市商业银行在目标客户群体中的这种信息优势更加明显。

主流金融服务缺位留下的市场空间。一方面，从区域看，国有银行在商业化改革过程中逐渐摆脱必须按行政区划设置的格局，业务中心开始向中心城市集中以便做大做强，同时股份制银行在区域扩展过程中又必然遵循以中心城市为依托的商业规律，暂时无暇顾及中小城市。因此，对于大部分中小城市来说，这种一进一退之间的时间差和区域空白正是当地城市商业银行加快发展的市场机会。另一方面，从客户看，“嫌贫爱富”是商业银行的天性，所以，城市商业银行虽然在“抢大户”的竞争中难以胜出，但可以抓住“小户”市场，填补金融服务的缺失空间。

二、必然的选择

面对于已不利的竞争形势，如何充分发挥自身的比较优势，实现城市商业银行稳健可持续发展呢？对于那些基础条件较好的城市商业银行，通过资本联合与业务联营来做大做强，提高市场竞争力，也许不失为一种应对之策。但对于大部分城市商业银行而言，尤其是中小城市的城市商业银行来说，改变“抢大户”的竞争行为，专注发展中小客户，包括地方小企业、本地个体工商户以及城市居民，也许是一种必然的选择。这种选择不仅是城市商业银行迫于市场竞争压力下的战略转型，更是符合市场规律的城市商业银行自身定位的回归。

从组建之初，城市商业银行的经营方针就被定位于“服务地方经济、服务中小企业、服务城市居民”。其内在含义是发挥比较优势、贴近本地市场、完善金融服务，核心在于为中小企业服务。正是对这种方针定位的坚持，促使城市商业银行逐渐摆脱了成立之初的困境，呈现出今天的良好发展态势。但这种定位目前也出现了一些偏差，主要表现为对中小企业认识的偏差。在宏观的国家统计或工商登记过程中，非国有企业都被划为中小企业，城市商业银行的发展过程很大程度上也就是与这些中小企业共生共长的过程。然而，发展到今天，这些企业的资产规模和业务复杂程度已经远非早期的“中小企业”所能包括的了，城市商业银行在跨区域发展、国际结算以及贷款集中度等方面已经难以满足这些企业的要求。在这种情况下，城市商业银行如果仍留恋于以往的既得利益，坚持与大银行“抢大户”的话，则“其兴也勃焉，其亡也忽焉”。因此，在坚持“三服务”经营方针的同时，城市商业银行必须对“中小企业”有符合经济意义的界定，应当回归到有自己比较优势的市场定位中来。这要求城市商业银行逐渐退出对那些已经成为实际上“大户”的企业的争夺，转而专注发展地方小企业、本地个体工商户以及城市居民这些中小客户。

那么，如果必须“舍大户”“争取中小户”又是否可行呢？从实际情况看，无论是在上海这样的金融中心城市还是在其他中小城市，合法的当铺业与非法的地下钱庄业同时呈现出的迅速发展迹象，说明为小微企业以及居民个人提供融资服务是有深厚市场需求基础的。当前应当认真考虑的是如何将这种市场需求纳入正常的金融秩序中来，予以正确的引导和合理的规范。温家宝总理在 2005 年的全国人大三次会议上，把鼓励、支持和引导非公有制经济发展作为经济体制改革的一项重要任务来加以部署。改进对小微企业的融资服务，加快面向非公有制经济的金融产品和服务创新，不仅是当前银行业改革发展面临的一项重要任务，而且是加强和完善宏观调控的一项重要措施。还应该注意到的是，不管是世界银行这样的国际开发银行还是德国储蓄银行这样的国际商业银行，都在密切地关注我国小微企业的融资问题。因此，为小企业提供融资服务，是一个具有深厚市场基础、受到国家政策极力支持并吸引了外资银行机构浓厚参与兴趣的发展趋势，也具有很强的可行性。那么，具有比较优势的城市商业银行朝这个方向的战略转型也就成为必然。

（一）可能的困难

风险控制能否成功实现战略转型最重要的一点是，城市商业银行能否有效控制向中小企业融资的风险。尽管“抢大户”过程中也会产生贷款集中度风险，但通常认为，就整体而言，中小企业在规模小、抗风险能力弱、经营不规范、公司治理机制不完善以及信息不透明等方面的劣势带来的风险更大。虽然，银行可以通过提高贷款利率风险升水覆盖贷款风险损失，但利率的升水毕竟受到行业平均利润率或者是当地 GDP 增长率等限制，而风险损失则可能是无限的。因此，根本之道还是在于准确地估计违约率、违约损失率以及违约风险敞口等，将风险控制在与收入匹配的范围之内。在这方面，尽管近年来城市商业银行从国际先进银行以及国内大银行引进了一些风险管理技术，却又面临历史数据缺乏、定价模型无法运行的困难。因此，城市商业银行能否在科学风险管理技术的基础上，充分发挥对中小企业的信息优势，在逐渐积累数据库的同时，多渠道、多样化地探索测度风险指标的方法，从而有效控制贷款风险，将是实现成功转型的关键。

（二）对企业生命周期的时机选择

任何企业都有其生命周期，许多小企业终将变成大企业。城市商业银行应当专注的不是个体的、法人意义上的中小企业，而是企业生命周期中的中小企业。因此，对中小企业融资的时机选择也是一个重要的考虑。企业的初创阶段，也是倒闭、破产风险最高的时期，这时企业需要的是与其共担风险的风险投资基金等股权融资，而不应该是债务融资的银行贷款；而等到企业发展壮大进入成熟阶段后，需要的是能为其提供全方位综合服务的大银行。因此，留给城市商业银行的只是中小企业生命周期中的一段时间，城市商业银行能否把握、选择好进入与退出的时机也是决定其能否成功转型的重要条件。进入过早，风险过高，不符合商业银行作为吸收社会公众存款金融机构内在的稳健要求；进入过晚，难以满足企业的服务要求，竞争不过大型银行。

解决的办法还是在于充分发挥信息优势，熟悉了解客户，提高适应本地需求的金融服务水平，培养潜在的客户群体。尤其是在政府主导型的经济发展模式下，城市商业银行应尽量利用地方政府的支持，加强对当地产业引导政策的熟悉与影响程度，及早发掘目标客户，确定为中小企业提供融资服务的最佳时机。

三、应采取的措施

城市商业银行本身调整思维，制定明确的战略发展规划。城市商业银行的决策层应当以"二次创业"的态度和精神，认真进行战略调整。应根据自身所处的市场环境等客观条件，准确地评价本行的比较优势和劣势所在，制定明确的发展战略规划。因此，体制机制的改造应服务于战略的调整。"二次创业"不能仅仅停留在口头上，而一旦把它落到实处，又必然面临一系列的转型风险，或者说策略风险，城市商业银行对此应该有清醒的认识。调整思维的同时应当明确思路，如何转？朝什么方向转？如何发挥自己的比较优势？对诸如此类的问题都应当有前瞻性的战略思考。以形成持续竞争能力为核心调整组织架构和业务流程。城市商业银行既有的内部组织结构和业务流程显然并不适应为中小企业服务的目标定位。目前，有的城市商业银行已经或者正在开始进行内部改革，这一改革应当围绕"为中小企业客户服务"目标来展开。因此，内部改革是城市商业银行在体制、机制、内部控制以及组织架构上全方位的、彻底的改革。城市商业银行应当充分发挥"船小好掉头"的体制优势，通过改革来获得新生，真正从各方面为"二次创业"奠定一个良好的基础平台。

顺应本地市场环境，积极探索有特色的金融创新活动。"为中小企业服务"必须有合适的载体，或者说金融工具，金融服务是通过金融产品来实现的。因此，城市商业银行应当因地制宜地探索有特色的金融创新活动，通过有特色的金融产品来满足中小企业特定的金融需求。

人力资源的重新配置与企业文化的打造。整体的战略转型意味着向新领域的进军，因此，必然要求相应的人力资源的重新配置与再培训。特别是，在整个经营模式告别传统后，如何打造、形成符合经营目标定位的企业文化，也是保证成功转型的一个重要条件。

进一步提高利率市场化程度。市场化的利率定价机制是决定银行是否愿意向中小企业融资的关键。如果按照商业化和市场化的原则开展中小企业融资，就意味着要大幅度地提高贷款利率。从欧洲复兴开发银行等国际成功案例的经验来看，存贷款的利差至少在 10 个百分点以上，银行才能够覆盖成本和风险。这意味着贷款利率应在 15% 左右甚至更高。我国在 2004 年 10 月放开了除城乡信用社以外金融机构的贷款利率，这客观上为贷款自由定价提供了条件。但是在我国，最高司法解释对超过中央银行同期同档贷款利率 4 倍以上的民间借贷利率，就不予保护，这被普遍认为是对高利贷的一种界定。在这样的情况下，城市商业银行如何才能通过自主贷款定价这一关键性条件，使激励机制真正发挥作用，取决于利率市场化的进一步发展程度。

完善法律体系，加强对银行合法利益的保护。针对目前社会信用环境较差、企业恶意逃废银行债务现象仍时有发生的现状，司法部门应进一步完善相关法律体系，加强对银行合法利益的保护，以尽可能地减少城市商业银行转型过程中的不确定性，最终有利于整体上对中小企业融资服务水平的提高。如有的城市商业银行针对中小企业本身缺乏信用记录且担保能力差的现状，将对企业的贷款发放到企业所有者的名下，以企业所有者的住宅房产为企业的贷款提供担保，这本身是解决中小企业贷款难的一条途径。但最新的司法解释中，银行对居民的生活用房不能予以查封、拍卖，客观上迫使银行对这些居民（中小企业业主）的贷款更加审慎、严格，一定程度上限制了正常商业信贷关系的形成。

从监管环境方面创造条件支持城市商业银行的战略转型。一方面，监管部门应通过试点探索赋予银行更大的经营自主权，如对信用贷款发放条件以及比例的掌握，在计提贷款损失准备过程中对担保条件作出更多元化的认可，在计算风险资产与资本充足率时采用更符合当地市场环境的权重系数等。另一方面，要积极引导、鼓励城市商业银行的金融创新活动，尤其是对与中小企业融资有关的产品、业务的创新，在坚持监管基本要求的同时，更应该在市场化的原则上，给予银行更多的宽容和理解，以便城市商业银行更积极地开展符合当地市场环境的创新活动。

四、转型的模式

由于各城市商业银行的基础条件不同，为将战略转型过程中的策略风险控制在尽可能小的程度内，城市商业银行应当根据自身的实际情况，采取合适的转型模式。根据国外小银行的市场格局以及国内一些城市商业银行已经摸索出的经验，以下几种转型模式是可供参考的。

（一）全面转型

对于那些目前本来就以中小企业客户为主体的城市商业银行，可以考虑在组织架构调整的基础上，直接完成从体制、机制到考核制度的全面转型。一行两制，抓小不放大，分别考核对于那些目前大客户关系仍然比较稳定的城市商业银行，则可以从增量的角度探索转型的可能性与途径，即在努力保持现有客户资源的情况下，在机构的新设以及业务的拓展方面，逐渐转向以中小企业为重点，“抓小不放大”。如有的城市商业银行将现有的大客户资源集中于某些分支机构，而将其余分支机构的业务重点转向发展中小企业，同时，对这两类机构采取不同的考核评价办法。这样既能保证利润的稳定性以减轻转型带来的负面影响，又能充分调动、发挥员工的积极性和能动性，为全面转型探索、积累经验。建立核心银行，明确分工，区别体制，实行互补可以考虑借鉴德国储蓄银行联盟的架构与运作模式，即由若干家中小银行共同出资组建一家跨区域的核心银行。核心银行在信息系统、支付清算、产品研发、客户关系维护以及组织银团贷款等方面为中小银行提供一个统一的后台支持，以帮助中小银行稳定高端客户。而中小银行则可以专注于培育中小企业客户，拓展新的业务来源和利润空间。

（二）体外循环，通过与中小客户专业服务机构合作实现渐进转型

目前，有的城市已经出现一些抢先把握市场机会的小企业和个人放贷专业机构。这些机构在开拓客户群体、满足客户需求以及控制信用风险方面，已经积累了相对成熟的专业技术，但这些专业机构缺乏的是稳定的资金来源。因此，城市商业银行也可以考虑先与这些机构进行合作，形成互补关系，通过体外循环逐渐积累相关经验与技术后再实现全面的转型。

职工持股制度及其在城市商业银行中的运用

职工持股计划 (Employee Stock Ownership Plan，ESOP) 是企业内部职工通过一定的法律程序，有条件地拥有企业股份，并以此参与企业经营管理、获取利润分配的一种产权制度。职工持股的理论和实践起源于西方发达国家，20 世纪 80 年代初以来，职工持股在我国经历了从产生、发展到暂缓、停滞和再发展的历程。中国城市商业银行作为地方性股份制商业银行，在职工持股方面也进行了积极有益的探索。职工持股的理论起源和国际实践经验理论起源于 20 世纪 50 年代，美国经济学家路易斯・凯尔索 (Louis Kelso) 提出了分散资本所有权思想和“双因素经济”理论。凯尔索认为，分散资本所有权是缓和社会分配不公平和阶级矛盾的关键，在正常的社会经济运行中，任何人不仅应通过劳动获得收入，而且必须通过资本来获得收入，这是人的基本权利。在此基础上，凯尔索及其追随者提出了 ESOP，为占大多数的、生来并没有资本的、只能依靠劳动收入的人们打开了一条获取资本所有权的道路。20 世纪 70 年代后，凯尔索的理论逐渐得到了当时美国朝野的广泛支持。西方国家实行 ESOP 的共同做法立法和政策保证是实行和发展 ESOP 的基本保证。在美国，20 世纪 70 年代以前只有 3000 余家企业实行 ESOP，ESOP 基本停留在理论家们的实践试验阶段。1974 年，美国国会通过了《美国职工退休收入保障法案》，明确提出公司实行 ESOP 问题，并就各类税收优惠政策作出了法律规定。该法案颁布后，美国国会和政府又相继颁布了 20 多部法律，50 个州中也有半数进行了鼓励职工持股的立法。这些法律的颁布，极大地推动了 ESOP 在美国的推行。此后，ESOP 在美国得到迅速发展，20 世纪 90 年代初已经发展到 12000 家企业。英国、德国等国也是以立法和税收政策的优惠，鼓励和推动 ESOP 的发展。充分运用信用制度，以非现金性购买为主。以信用制度作为推行 ESOP 的基本手段，是各国实行职工持股的共同点。美国、英国等国基本上通过信用制度鼓励职工持股。如美国的 ESOP 信托基金会，就是通过向金融机构借款购买公司股票。

设立专门机构进行统一管理。各国对职工持有的股份基本上都是建立一个专门的机构实行统一管理。管理职工股的机构主要有两类：一种是内部管理机构，即在企业内部设立职工持股委员会，职工可以自愿加入成为委员会成员；另一种是外部管理机构，即由独立于企业之外的合法实体来管理职工股，如 ESOP 信托基金会。

严格限制职工股的转让，以吸引和稳定人才。职工持股的本意在于让职工通过所有权的参与，使职工和企业之间形成一个“命运共同体”，因此，几乎所有推行 ESOP 的国家和企业，都严格限制职工股的转让，禁止职工随意出售其股份。在法国，根据现行公司法典的有关规定，职工购买股票必须记名，从购买之日起 5 年内不得转让，只有在职工结婚、死亡、解雇、退休、离职或配偶死亡的情况下，才能解除 5 年不得转让的义务。美国、日本等国也都强调统一机构管理职工股票，没有特殊理由不得提前转让。

作为职工收入的一部分与社会保障结合。无论是美国、日本，还是其他国家，基本上都把实行 ESOP 作为一种社会保障计划而予以支持。在美国，第一个立法支持 ESOP 的就是 1974 年的《美国职工退休收入保障法案》，其出发点就是建立一种退休保障机制。日本以及其他一些国家基本上都把这项制度作为增加职工收入、提高社会保障能力的方法之一给予相应的政策支持。因此，ESOP 的推行普遍受到了职工的欢迎，并取得了良好效果。实行 ESOP 的一般成果协调了劳资利益关系。一方面，职工通过实行 ESOP，成为有产阶级，获得分享资本收益的好处；另一方面，在优惠税制的条件下，将企业的股权转让给本企业职工，企业所有者从中能得到更多的好处。成为吸引和留住人才的重要手段。西方企业的职工流动非常频繁，企业要保持竞争力，必须吸引和留住人才，而让职工成为股东是留住人才的重要手段。许多国家都规定职工没有特殊理由一般不得提前转让职工股，且职工持股的获得与变现要受到为企业服务年头的限制，如在美国为 5~7 年，英国和法国为 5 年，在此之前离开企业的职工，将受到资产的重大损失。另外，职工持有的股票一般都没有继承权。这种限制职工持股的变现、转让、交易和继承的规定，被西方企业比喻为留住人才的“金手铐”。有利于公司的稳定。在日本，职工持股会一般是在职工个人名义积累满 1000 股时，才将股票转到个人名下。有的公司还规定，即使满了 1000 股，也必须有特殊理由才可以把个人份额卖掉。因此职工持股会在公司中形成稳定的股东，这是重要的稳定因素。

形成对专业投资者的制衡力量，以帮助企业抵制敌意兼并。通过实行 ESOP，将公司股份分散于职工之中，利用职工担心企业被兼并后可能裁员的心理和职工对企业的感情，在一定程度上可以帮助企业抵制敌意兼并。在美国，因实行 ESOP 而挫败其他企业敌意兼并企图的案例是很多的。

中国城市商业银行职工持股的现状

基本情况

城市商业银行职工股最初来源于 1995~1997 年城市信用社改制为城市商业银行时期。城市信用社的股本金有相当数量是从信用社职工募集而来的，信用社组建为城市商业银行时，这部分股权和其他股权一并转入，成为最初的职工股。另外，在城商行发展过程中，通过增资扩股、转增股本以及收购县级信用社等也形成了一部分职工股份。截至 2004 年年末，全国共有 105 家城市商业银行实行了职工持股，持股职工约占全体城商行职工的 74.47%，职工股份约占总股份的 7%。职工持股对城商行发展的积极作用有利于补充资本金，优化股本结构。由于筹资成本较低，筹资效率较高，职工持股为城商行增资扩股开辟了一条有效途径。同时，职工持股有利于改善银行的产权结构，实现股权结构的多元化，对“一股独大”、控股股东通过内部关联交易损害小股东利益等现象有一定的制约作用。

有利于完善公司治理，增强银行内部自我约束和相互监督力度。第一，职工具有出资者和劳动者双重身份，更加关心银行经营决策。第二，职工持股可以使职工以股东的身份参与银行管理，行使股东的权利，监督大股东和经营者，促进运作规范化、决策科学化，避免和减少决策失误，实现银行和股东利益最大化。第三，职工出资成为股东后，就具有了法律赋予的重大经营决策参与权以及共同的股东身份和利益目标，促进银行内部建立一个相互监督的网络体系。持股职工通过股东代表大会或职工持股会的形式，以股东身份对城商行的经营管理进行监督，同时持股职工代表也可进入监事会，行使对管理层的专职监督权。持股职工这种自下而上的监督既是直接的又是及时的，既是多层次的也是多角度的，而且非常有效，能够大大增强银行内部自我约束和相互监督的力度。有利于激励效应的长期化和内在化。传统的分配制度和奖励制度往往注重短期激励，长期激励则不足，容易导致职工的短期行为。而职工持股则会形成一种内在的利益驱动机制，变短期激励为长期激励，变外部激励为职工自身的内在激励，变外在的强制性约束为自律性的自我约束。在职工持股安排下，经营者和业务骨干一般要比普通职工持有更多的股份，因此银行经营业绩的好坏与他们的未来收益关联度较大，对他们的激励力度也较大，从而形成一种“干得越好，持股越多，干得更好”的良性循环。有利于留住骨干人才，稳定职工队伍。人力资本在金融企业经营中的地位和作用越来越重要，随着中国金融业对内、对外开放程度的不断加深，各家银行对金融人才的争夺也越来越激烈。在传统的产权制度下，经营管理层只是打工者的身份，难以把握自己的前途和命运，往往容易表现出经营行为短期化，以牺牲银行的长远利益为代价换取暂时的繁荣和兴旺。推行职工持股在一定程度上可以缓解骨干人才流失，增强金融企业对人才的吸引力，从而保持自己在市场中的竞争力。特别是高级管理人员持股后，经理层为了自身的经济利益考虑不可能轻言“去留”，所以ESOP对于稳定员工队伍，特别是对于稳定“关键员工”的作用十分明显。

职工持股存在的主要问题

制度规范缺失。我国目前的法律体系中，对内部职工持股的管理主要依据1992年5月原国家体改委颁布的《股份有限公司规范意见》和1993年7月颁布的《定向募集股份有限公司内部职工持股管理规定》。1994年6月19日，原国家体改委发布《关于立即停止审批定向募集股份有限公司并重申停止审批和发行内部职工股的通知》，要求停止发行内部职工股。为解决城市商业银行增资扩股困难的问题，银行监管部门允许其募集内部职工股，并按照《关于城市商业银行吸收自然人入股有关问题的批复》对股权结构进行规范。除此以外，对城市商业银行职工持股并无专门的管理规范。由于缺乏法律法规的支持和管理规范的指导，多数城市商业银行没有制定职工持股的管理办法，有的虽然制定了办法，但缺乏现实的操作性，实际操作中也未严格执行，管理办法形同虚设。

管理不规范。由于缺乏统一的管理规范和行之有效的管理办法，职工股的管理极不规范，多数银行对职工股的管理基本上处于放任自流的状态。有的银行常年未对职工股进行清理统计，有的银行职工私下将股份转让给外部人员，有的退休职工或离行职工仍持有银行股份，从而使银行的职工持股范围扩大，很难保证真正意义上的职工持股，不利于职工股的日常管理，职工持股的激励作用也受到限制。

职工持股份额低，股东地位难以体现。调查发现，由于职工持股比例普遍较低，股份较为分散，再加上多数行没有设立持股职工会或委托专业机构统一管理职工股份并代理行使股东权利，持股职工基本没有途径参与和监督银行的经营管理，极易产生“参与惰性”，难以体现职工的股东地位。另外由于高管人员与普通职工的持股比例没有拉开差距，股权激励机制尚未建立，高管人员持股与银行经营业绩相关性相对较低，较易产生经营上的短期行为。职工持股作为激励与约束的重要手段，尚未被纳入人力资本管理范畴。职工股大多以现金购入，属于集资型职工持股而不是作为人力资本体现的职工持股。职工通过出资认购而达到的持股行为，由于投资风险大大制约了其持股的积极性，职工更希望将手中没有效益的股份转让变现以避免可能的损失，实际上违背了人力资本的基本理念，无法体现出持股职工与社会普通股东的差别。加上城商行股份未上市流通，股票没有公允价值，更难以充分发挥职工持股的激励作用。引导和规范城市商业银行职工持股的政策建议有关部门应尽快建立和完善职工持股的法律法规和配套措施。职工持股是现代企业制度的重要实现形式，对城商行发展具有重要的积极作用。有关部门应支持城商行在规范管理的基础上积极探索，充分发挥职工持股在补充资本金、优化产权结构、完善公司治理、建设激励机制等方面的积极作用，促进城商行的可持续发展。因此，有关部门应尽快建立和完善职工持股的法律法规，并在财政税收、信贷资金等方面给予必要的政策支持。

城商行实行职工持股必须设置准入门槛。职工持股不能家家都搞。要使职工持股真正起到长效的激励作用和监督作用，增强持股职工的责任感和主人翁意识，银行首先必须是高成长性的银行，其股份有很强的增值潜力，资本回报率高于社会平均投资回报率，这样职工才“有股可持”“有股愿持”。目前城商行经营业绩良莠不齐，如果不对职工持股设门槛，家家都搞，人人都持，就违背了职工持股的初衷。对于那些经营风险高、资产质量低的城商行来讲，强行推行职工持股反而会引起管理上和职工心理上的波动，不利于银行的稳健发展。所以职工持股应首先在治理完善、经营规范、业绩优秀的银行推开，而经营状况不太理想、评级水平不高的银行可以先通过地方政府购买或置换部分不良资产的方式改进资产质量，强化风险管理，提高资本充足率和资本回报率，待股份增值有望后再推行职工持股。设计合理的持股层次和持股比例。职工持股不能是人人持股，平均持股，形成新的股权“大锅饭”。不同岗位、不同层次的职工，持股比例应加以区分，既要保证持股职工能真正行使股东权利，又要避免产生银行内部人控制现象及出现制约、监督乏力等问题。由于高管人员拥有日常经营管理的决策权，他们的工作绩效是决定银行总体管理水平的核心因素，故应允许和鼓励高管人员持有较高比例的股份，且所持股份在任职期间不允许转让，以确保股东与高级管理层之间建立起来的利益共同体保持相对的稳定，充分发挥内部职工持股的积极作用。

设立专门的职工持股管理机构，统一管理职工股份。职工持股分散，具有数量多而单笔金额小的特点。实践证明，职工持股的目的几乎不可能依靠单个股东实现，职工股的购入、管理也需要一定的组织形式。如果没有一个规范的持股机构来代表职工集中管理这些股份和集中行使股东权利，职工股东的利益很可能会受到侵害。实际操作中，可以借鉴国外普遍做法，设立职工持股会或采取信托托管的方式，集中管理所有关于职工持股的事项，办理职工出资购买或内部转让，办理职工股股权证，颁发出资凭证，根据银行分配方案为职工办理分红，推选股东代表进入董事会、监事会，参与城商行决策等。信托托管的方式由于可以有效避免内部人管理出现的道德风险，目前较受学术界的推崇。但在未解决职工持股立法的情况下，城商行可选择成立内部职工持股会或以推选共同委托人的方式建立持股会，这是当前比较可行的做法。

限制职工股的转让和流通。职工股的转让和流通应限于内部职工之间，在职工离职、退休或死亡时，银行应赎回职工股份。但考虑到当前城商行的实际情况，现阶段应限制职工股的转让和流通。第一，这可以有效避免过频转让而导致职工股管理混乱；第二，可以有效防止职工因只注重以股权转让投机获利而放松对银行发展的关心。此外，若允许股权随意转让，极易导致职工股权过于集中，使多数职工丧失股东身份，出现“内部人控制”现象。

推行银行股权期权激励制度。近年来，欧美国家在对经营者进行激励时表现出一个显著的特点：越来越多的企业采用“股票期权”方式，即由企业赋予经营者一种权利，经营者在规定的年限内可以以某个固定价格购买一定数量的企业股票。经营者在规定年限内的任何时间，按事先规定的价格全部买进企业股票，并在他们认为合适的价位上转让。“股票期权”的最大作用是按企业发展成果对经营者进行激励，具有“长期性”，使经营者的个人利益与企业的长期发展更紧密地结合在一起，促使经营者的经营行为长期化。城商行应充分借鉴欧美国家的做法，建立股权期权激励制度，促进职工持股制度的健康发展。

[相关资料]

西方发达国家职工持股制度的主要做法

美国。主要有非杠杆型（Nonleveraged ESOP）和杠杆型（Leveraged ESOP）两大类。非杠杆型 ESOP 指由公司每年向 ESOP 信托基金会提供一定数额的公司股票或用于购买股票的现金，其主要特点：一是公司负责每年提供股票或用于购买股票的现金，职工不需有任何支出；二是职工股票由 ESOP 信托基金会持有，信托基金会定期向职工通报股票数额及其价值；三是当职工退休或因故离开公司时，可根据工作年限获得股票或现金。而杠杆型 ESOP 主要是利用信贷杠杆来实现的。ESOP 信托基金会以实行 ESOP 为名向金融机构贷款购买公司股票，公司做担保，购入的股票由基金会掌握。基金会利用分得的公司利润以及公司从其他福利计划中转来的资金归还银行贷款。随着贷款的归还，股票将逐步转入职工账户，贷款全部还清后，股票即全部归职工所有。由于杠杆型 ESOP 可以融资并增加纳税优惠，多数企业倾向于杠杆型 ESOP。

英国。按照英国财政法案的规定，英国的 ESOP 主要有三种。一是以分配股票为形式的利润分享计划。公司将利润的一部分以股票形式分配给职工，职工股票要由信托机构掌握至少两年再分配到职工个人账户。二是收入储蓄计划。职工和房屋互助协会或国家储蓄部门签订一份“有收入就储蓄”的合约，在签约的同时，职工获得相当于其储蓄总额的认股权。职工在 3~5 年内每月储蓄一定金额，储蓄期满后，职工可得到免税的红利（相当于利息），并用储蓄本息来购买股票，当然职工也可以放弃认股权收回本息。三是股份选择计划。在这类计划中，公司给予企业部分职工在将来购买股份的权利。一般来说，职工在得到股票期权 3 年后才可以认购，并且其股票期权必须在 10 年内实施。2000 年英国的金融法引进一系列的改革，扩大了职工持股的范围。新的 ESOP 允许公司每年把一定限额的股票免费赠送给职员。与现行的利润分享计划所不同的是，新的 ESOP 持股计划中公司在赠送股票时有完全的决定权，职工要靠努力工作和出色表现才能挣到这些免费股份。

日本。日本实行 ESOP 的基本做法是在公司内部设立企业职工持股会，由职工个人出资、公司给予少量补贴，帮助职工个人积累资金、陆续购买本企业股票。在日本，参加 ESOP 的企业职工出资有两种办法：一是用奖金积累，即每年从年中和年末资金中扣缴；二是按月积累，即每月从工资中扣缴。职工这些积累的资金，就成为“股票购买基金”以购买本企业股票。日本的 ESOP 不同于包括美国在内的其他国家的 ESOP。在日本没有税收激励机制，为了鼓励职工参加 ESOP，公司常常提供奖金或承担职工持股会的行政管理的费用。另外，公司的高级人员一般没有资格成为职工持股会的成员，而在别的国家建立 ESOP 通常鼓励高层管理人员参与。

化解风险　规范经营　积极应对股份制改革

一、发生的新变化

1. 业务规模进一步扩大。全省农业银行资产规模、负债规模稳步增长，没有大起大落，发展的趋势比较合理，保持良好的发展态势。

2. 信贷资产结构进一步优化，收入结构趋向多元化。农业银行山西省分行基础信贷客户选择的质量有所提高，优良的信贷客户基地初步形成，盈利结构有了明显变化，中间业务的贡献率明显提高，收入结构呈现出多元化的趋势。

3. 不良资产实现“双降”。2006 年，农业银行山西省分行超额完成总行不良贷款清收计划，实现了不良资产的“双降”。

4. 内部风险控制能力明显增强。近几年，农业银行山西省分行在主动防范风险上有了很大的进步，尤其是 2006 年，农业银行山西省分行积极主动开发、建立、完善风险防御体系，前移关口，积极处置和防御金融风险，这一点，山西省银监局非常赞赏。主动防范风险和被动处置风险有很大区别，主动防范可以将风险消灭在萌芽状态，风险发生后被动处置风险，将会很被动。

5. 下大力气做好了“瘦身工程”。人多、点多、管理半径大是多年来农业银行在管理方面存在的弱点，2006 年，农业银行山西省分行下大力气撤并了 383 个低效网点，清退富余人员和业务岗编外临时工近 3800 人，极大地提高了全行的集约化管理水平，提高了管控能力，为以后的发展奠定了良好基础。更重要的是，在顺利做好这项“瘦身工程”的同时，各项经营指标仍然超额完成总行计划。

二、存在的新问题

1. 不良贷款居高不下。虽然 2006 年农业银行山西省分行不良资产实现了“双降”，完成了总行的清收计划，但历史形成的问题没有得到很好解决，加之平台反映的不良资产，不良率达 28% 左右，而山西省银行业的不良资产平均比例仅 9.5% 左右。

这说明农业银行山西省分行影响到全省银行业不良资产的整体水平。

2. 案件的形势依然严峻。案件专项治理工作开展以来，银监会和山西银监局已连续 11 次召开了案件专项治理工作会议，要求银行业建立案件防范的长效机制。从银行内部讲，一个案件可能会侵蚀掉一个机构的全年工作成果，会导致一个机构全年的辛苦付诸东流；从外部监管环境上讲，银行发生案件直接导致银行信用损失。2006 年，山西省银行业共发生案件 12 起，其中农业银行就占 6 起，涉案金额也占到一半，成为山西省银行业案件的高发区，对全省农业银行系统信誉产生了一定的影响。

3. 拨备覆盖率仍然较低。银行是高风险的行业，拨备覆盖率是衡量银行抗风险能力的主要指标。从农业银行山西省分行情况看，目前拨备率还不足 4%，说明抵御风险能力还比较弱，需进一步加强拨备，提高抗风险的能力。

4. 基层操作风险仍然存在。操作风险从大的方面讲是违规违纪，从小的方面讲是操作不规范。引发案件往往是从小的操作不规范开始的。在基层操作过程中，还存在着相关制度规定喊在口上、拿在手上，仍不落实等问题，应引起高度重视。

三、面临的新形势

1. 股份制改革。全国金融工作会议明确了农业银行的股改问题，确立了“坚持面向‘三农’、整体改制、商业运作、择机上市”的总原则。可以说大方向已经敲定，股份制改革已迫在眉睫。

2. “支农”将成为农业银行业务的主要方向之一。全国金融工作会议要求农业银行在农村金融中发挥骨干和支柱作用，不断增强“支农”的深度和广度，满足农村金融服务需求。

3. 监管要求将日趋严格。在银监会成立之初，实施的是宽容监管。而在工行、中行、建行股改上市，农村信用社移交省政府，城市商业银行改革起步，农业银行准备股改上市的情况下，全省银行业的形势迅速好转，为进一步控制风险就必须变原来的宽容监管为严格监管。2007 年，山西银监局提出两个“双降”的监管目标：一是案件实现“双降”，即发案率下降 20%，百万元以上的大案要案下降 20%：二是不良资产实现“双降”。

4. 市场竞争的格局正在发生深刻变化。必须充分认识到全省银行业的竞争格局愈演愈烈，要清楚人才流失的严重性，国有商业银行人才不断向股份制商业银行流动，也带走了许多资源；工行、中行、建行三家大型国有商业银行都完成股改，外资银行也未雨绸缪，有许多外资银行对山西很感兴趣，这一切都会使金融市场的竞争更加激烈，尤其是对优良大客户的争夺。

5. 要求金融机构承担社会责任的呼声越来越高涨。银行业不仅要按照自主经营、自负盈亏，搞好自身经营，同时也要承担相应的社会责任。在目前山西省银行业流动性过剩的情况下，要着力解决资金外流的问题，加大资金投入力度，积极支持农村经济、中小企业等弱势群体，支持地方经济发展。

四、监管的新要求

1. 扎实做好案件专项治理工作。2007 年农业银行山西省分行要全面排查案件风险，一定要把案件专项治理工作抓实、抓深、抓透，排查要不留死角，处罚要严格，要建立案件专项治理工作的长效机制，形成案件专项治理的良好舆论氛围。春节过后，山西银监局将准备组织“风险百日排查”大活动，震慑那些有道德风险想作案的人，农业银行山西省分行要将其作为一项核心工作抓紧抓实。

2. 全面核实资产质量。2007 年，提高资产质量也是银监局现场检查的一个重点。农业银行山西省分行要严格按照五级分类的标准，基本搞清全省农业银行的资产质量，解决长期以来口径不统一的问题，这也是为财务充足做准备。如果不如实反映贷款质量，偏离度过大，股改后就又会冒出许多不良资产。

3. 按要求加大对农村金融服务的支持力度。支持“三农”是党中央、国务院赋予农业银行的一项重要职责。农业银行作为农村金融的主力军，一方面要加强金融创新，完善金融服务，提高盈利水平；另一方面要主动承担社会责任，坚决按照中央的决策，服务“三农”，支持山西社会主义新农村建设和地方经济发展。

4. 处理好几个关系。银行业金融机构要处理好扩大规模和优化结构的关系；处理好提高效益和支持“三农”的关系；处理好金融创新与金融监管的关系；处理好金融改革与金融发展、稳定的关系。总之，要采取一切必要措施，做好改革与发展工作，为山西经济又好又快发展作出贡献。

中国银行业改革趋势展望

改革开放以来，我国银行业面貌发生了历史性巨变，银行业改革取得了辉煌的成就，从大一统的银行体系到二元银行体系，再到商业化转型和股份制改造，目前已形成百花齐放、百舸争流之势。2012 年全国金融工作会议进一步阐释了我国银行业的改革方向，今后十年是我国金融体系改革的深化期，银行业能否跟上时代步伐，审时度势抓住机遇，未雨绸缪应对挑战，笔者认为做好以下几个方面的工作至关重要。

一、深入理解金融改革形势

今后十年，我国金融体系改革将步入深水区，存款保险、利率市场化和资本项目开放都将有序推进，金融体系运行机制将发生根本性变化。届时，由大一统的运行机制向成熟的市场化运行机制的过渡基本实现，金融体系中各种“软约束”大幅弱化，金融市场中各种扭曲因素逐渐减少。在这样一个金融深化阶段，银行业应从自身现状出发，认真思考优势、劣势、机会与威胁，深入研究未来改革中存在的机遇和挑战。可以预见的是，在这一期间，必将有银行借势成为行业翘楚，也将有银行因此而弱化，甚至退出市场。

（一）存款保险制度

存款保险制度的实施标志着我国银行业的隐性存款保险制度将转变为显性存款保险制度，隐性存款保险转变为显性存款保险有以下四层含义。

1. 以银行的实力和质量确定保险费率，可以刺激有效竞争。从根本上讲，存款保险费率的确定原则是以银行的实力和质量为基础的，实力强、质量好的银行自然要享受和缴纳较低的存保费率，否则反之。因此，以实力和质量确定存保费率的原则相当于为银行业注入了一个外生性变量，该变量可以有效刺激银行业竞争，并且这种竞争与过去的低效重复竞争截然不同，是一种高质高效竞争和良性有序竞争。

2. 以保险费率差部分反映风险源，刺激存款者合理选择。从某种程度上说，存保费率之差能够反映银行的风险源，是对银行风险水平的量化，这种量化可有效解决银行和存款者之间的信息不对称问题，降低逆向选择和道德风险，刺激存款者作出合理的选择。

3. 差别存保费率及存款者偏好，导致劣势银行成本增加。差别存保费率使劣势银行承担了较高的保费，这笔保费类似于存款准备金，对主要依靠资产负债业务盈利的银行业而言本身就是一种成本的增加。同时，差别存保费率的风险度量效应能够引导存款流向，使存款者根据各个银行的风险水平以及自身的风险偏好作出理性的存款选择，劣势银行的存款来源会因此受到影响。双重因素的叠加会导致劣势银行的成本大为增加。

4. 存款保险制度建立，意味着银行破产成为可能。存款保险的设立是国家对银行体系信用制度安排的重大调整，以此为标志，国家对银行业的隐性担保变为显性担保，这也意味着银行破产成为可能。这种机制的设立可有效刺激银行的风险管理意识，提高经营管理的稳健性，降低道德风险。作为金融体系运行的微观主体，银行业自我管理、自我约束的意识会显著增强，因为一旦经营不善或风险集中爆发，就会面临着退出市场的可能。

（二）利率市场化

利率市场化是我国金融体系改革的重要步骤，意味着银行存贷款基准利率形成机制由官定向市场的转化，对我国银行业改革将产生深远影响，银行业持续多年的经营方式将因此而发生变化。

1. 利率形成机制由官定转为市场意味着充分竞争。对银行而言，利率的市场化意味着充分竞争时代的来临。利率市场化机制形成后，利率将由外生变为内生，各个银行可将利率本身作为扩大存款来源的有效工具。各种金融产品的设计，各项金融服务的提供都可以通过利率有所反映，竞争更加充分，并且这种竞争是真正的金融产品、服务价值的竞争，与先前的竞争有本质的不同。

2. 银行由利率的主导者变为遵从者，利差设计的主动权丧失。利率市场化后，利率由市场机制形成，参与利差设计的主体增多，不再由银行一方掌控，利差空间会因竞争而收窄并形成市场机制下的均衡，银行单方面主导利差设计的主动权将难以维系。

3. 利率的议价由银行单方议价变为多方议价，议价垄断权丧失。利率市场化机制形成后，利率的议价机制将由银行单方变为多方，不同规模、不同类型的货币需求主体有了更多的选择权，可根据自身资金的松紧程度、金融产品的功能、银行的服务水平等寻求合意的货币供给方，市场议价主体增多，竞争更加充分，可实现价格均衡，达到帕累托最优，但银行的议价垄断权也会在这种竞争机制中不断弱化，逐渐丧失。

（三）资本项目开放

通过新兴市场经济体资本项目开放的经验来看，资本项目开放通常对银行业带来两方面影响，一是资本项目开放初期，国际资本的大规模流动会使银行在获得资金的来源上更为广泛，可通过多种渠道获得国外资金并用于本国放贷，但在这个过程中会产生货币错配和期限错配两种效应。在货币错配问题上，本国银行获得大量的美元贷款，形成负债美元化，而在国内的收入却是以人民币计价，造成资产本币化，银行业因此面临着汇率波动的风险。当受到国际流动性冲击时，本币贬值，外币升值，银行业会出现资不抵债的情况，诱发危机。在期限错配问题上，银行通过国外渠道负债取得的资金往往是短期借贷，而在国内往往是长期放贷，形成时间上的错配，当国际资本流动趋紧或受到危机冲击时，银行业无法获得足够的资金用于还贷而形成技术上的破产。资本项目开放对银行业的第二个影响是国内银行业要与国际银行业进行更为充分的竞争，国内银行业能否取得竞争优势还有待考察。当然，资本项目开放也会给银行业带来多种好处，如充分利用国际资源，在全球范围内进行资产配置；获得更为丰富的管理经验，充分吸收国外银行的技术外溢效应等。因此，我国银行业应对资本项目开放的影响进行深入研究，趋利避害，化危为机，力争主动，迎接挑战，把握好各种机遇。

二、准确把握监管趋势

国际金融危机后，宏观审慎监管与微观审慎监管相结合成为各国金融监管的重要趋势。宏观审慎监管重点强调的逆周期监管和对系统重要性金融机构的监管成为各国监管部门着力改革的重点。我国金融监管部门根据本国实际情况，充分借鉴国际经验，也在着力探索宏观审慎监管与微观审慎监管相协调的机制，在未来银行业的监管改革中，将呈现以下三种趋势。一是监管趋严，为防范系统性风险，增强银行的风险承受能力，主要监管标准将有所提高，其中资本充足率将是改革重点。2011 年中国银监会就《商业银行资本管理办法（征求意见稿）》向社会公开征求意见，已充分体现了资本监管从严的趋势。二是在监管中将引入更多的逆周期监管标准，如逆周期的资本缓冲机制、逆周期的贷款损失拨备制度等。三是对系统重要性银行和非系统重要性银行实行差异化的监管标准。上述监管趋势要求银行业必须在新的监管规则下进行审慎经营，适应资本充足率从严的要求，充分运用逆周期监管工具，化解系统性风险冲击。此外，系统重要性银行还要在附加资本要求等方面适应新的系统重要性监管规则，提升应对风险冲击的能力，保持稳健运行。

三、加速战略模式转型

随着金融体系改革的深入和金融脱媒的加速，银行业靠“拉存款吃息差”和“向规模要效益”的经营模式将难以在市场中立足，相关政策的实施将倒逼银行业在战略模式上进行转型。纵观成熟市场经济体银行业发展的相关经验并结合我国银行业发展现状，可以预判我国银行业战略模式的转型将呈现三种特征。一是从粗放型转向集约型。随着金融体系关键环节的调整和梳理，粗放型经营模式难以支撑银行业快速发展的客观需求，向集约型转变将成为必然，资产负债业务的收入占比将不断降低，中间业务收入的占比将不断增加，批发业务占比将不断降低，零售业务占比将不断增加。二是从全能型转向专业型。未来银行业将向专业型方向发展，在不擅长的领域进行战略性收缩，做深做细做实主业，充分发挥出主业领域的比较优势和竞争优势。三是从“无限区域型”转向“有限区域型”。在我国，各种类型的银行从成立开始就有向全国主要城市无限扩张的冲动，跨区域经营成为常态，同质化竞争严重，完全忽视了自身的初始定位、银行类别、服务属性和社会价值，致使多层次、多功能的银行体系有名无实，诱发农村地区金融服务弱化，中小企业金融服务边缘化的不和谐因素。在未来的转型中，小型银行（主要是城商行、农商行和村镇银行等）要在战略上采取“求异型战略”，向初始定位回归，在主要业务区域的确定、客户群体的选择和金融产品的研发上与大银行形成错位发展与互补之势，在银行自律性不强的情况下，可考虑通过金融制度的安排对其进行引导。

四、深化创新内涵和外延

创新是优化银行资源配置的需要，是银行永续发展的动力。在未来的银行业改革中，创新将扮演重要的角色。对此，我国银行业应在创新上重新审视自身的定位，深入理解创新本质，认真思考创新的目的、领域、形式和手段。在创新的目的上，应从赚取利润的单一经济效益为目标向经济效益与社会效益目标并重，真正体现银行业服务实体经济、服务民生的社会责任和价值。在创新领域上，改变以“拉存款，赚息差”为核心的思路，深入挖掘银行的内涵和外延，从金融创新的本质出发，研发贴近市场需求，服务百姓民生，根植实体经济，分散化解风险的金融产品和服务。在创新形式上，强调软件创新和硬件创新齐头并进，从服务、管理等角度提升软件创新，从产品、渠道和市场等角度强化硬件创新。

五、提升风险管理水平

风险管理对银行而言，其重要性无论怎样强调都不为过，历次国际金融危机给我们留下的深刻教训足以佐证上述论断。随着现代商业银行业务种类的多样化和复杂化以及外部经济环境波动幅度的增加和波动频率的加大，银行业的风险来源更为广泛，隐蔽性不断增强，关联性不断加大。因此，银行业一定要有居安思危意识，健全风险管理机制。对此，商业银行应从治理机制和内控机制两个方面强化风险管理水平。在治理机制上，加强董事会建设，确保董事会在银行治理上的科学性、有效性、客观性和独立性，减少增量风险，化解存量风险，使银行的业务增长与风险管理建设相匹配。在内控机制上，真正将规章、制度落在实处，确保其可执行性、可操作性、可监督性，真正将风险管理落在实处，为银行的健康发展保驾护航。

六、重塑企业文化

企业文化是银行业健康发展的润滑剂，能够帮助银行实现自我约束、自我管理和自我发展，增强员工的归属感、责任感和使命感，激发员工的积极性、主动性和创造性，有利于统一思想，明确目标，增强干劲。因此，银行业应针对企业文化无法满足发展需要这样一个客观事实，从激励机制、用人机制和法制观念三个角度实施企业文化再造、重塑策略。在激励机制上，注重业务、质量和效率的并重，注重员工长期利益和短期利益的有效搭配，减少激励扭曲因素，避免功利主义和机会主义，弱化道德风险，用多元化考核替代线性考核，改变现行激励模式。在用人机制上，将纯粹的“用人观”改为“育人观”，用培养代替培训，以教育代替教训，深入挖掘员工的内在潜能，注重员工长期价值的开发，将员工培养成具有进取心、责任感和忠诚感的合格型人才。在法制观念上，增强员工的守法意识、职业操守和合规意识，改变法制淡薄或知法犯法的状况，改变经营视若无物，管理熟视无睹的情况，全面增强员工的法制观念，减少银行案件发生的概率，确保银行稳健运行。

美国债券评级制度与评级方法浅谈

随着经济体制改革的深入和发展，我国的金融机构已开始通过发行债券在国际市场筹措资金。其资金成本除受利率及汇率等因素的影响外，发行体所获得的债券评级级别也是个重要因素。因此，如何争取获得较高级别的评级，是发行体降低资金成本条件之一。现将美国债券评级制度与评级方法介绍如下。

一、美国的评级制度

1. 评级机构及特点。自 1909 年穆迪公司开始评级业务以来，至今美国的评级机构已达 6 个。其中的“斯坦德・普尔公司”是“斯坦德”和“普尔”两家公司合并之后组成的一个评级机构，它是在美国及世界许多国家中最有影响的评级机构之一。这些机构最初是以分析债券市场行情、发行投资情报为业务，并以此作为收入来源。随着债券市场对评级的要求越来越强烈，这些公司开始应发行者的要求，对发行体的发行给予评级，并以收取评级费用作为公司主要收入来源。评级机构是对发行者发行的债券给予评级，而不是对发行者给予评级。因此，它收取的评级费用也是以发行额的不同而异的。评级费用的一般标准是：初次发行收取发行额的 0.03%，再次发行收取发行额的 0.02%。评级费用的最低限额为 1 万美元，最高限额为 5 万美元。在这个限度之内，按上述标准收取费用。

2. 评级的性质与作用。在美国的债券市场上，一个发行体要通过发债来筹措资金，首先要向证券交易委员会 (SEC) 提出申请，进行登记。同时，要向评级机构提出申请，并取得评级。那么，评级究竟是什么性质的工作呢？评级机构是介于投资者和发行者之间的第三者，它是根据发行体的某一次具体的发行进行评级，因此，对于同一发行体在不同的时间、不同的条件下可能给予不同的评级。评级不仅对发行体以往的财务状况进行审查，而且对发行体在债券本金偿付完毕之前的财务状况、企业前景进行综合分析。但是，评级机构在对发行体的发行作出评级以后，并不对发行体的债务负责。评级机构实际介于发行体和投资者之间，它凭借自身的信誉一方面评价发行体的发行是否适宜，另一方面向投资者建议：投资于哪一只债券最为适宜。

评级的作用表现在以下几个方面。

(1) 评级本身是对发行体的发行进行全面分析。评级专家的评级报告对投资者来说，是最为可靠的投资信息。投资者根据评级的结果决定他们的投资方向，一旦评级机构对同一债券的评级发生变化时，投资者便开始调换其持有的债券。因此，评级对投资者来说，是一种成本低又可靠的投资信息。

(2) 评级同时还是美国政府的投资信息来源。美国的政府性金融机构在将保险金、养老金用于投资债券的时候，按照联邦金融管理当局的规定，不能投资于 BBB 级以下的债券。因此，评级成为这些机构的投资指南。

(3) 评级同样对债券的发行体、承购者和销售者发生影响。在发行者和承购者之间，对于债券的利率有着不同的立场。发行者希望以低利率发行，以减少成本，承购者则希望以高利率发行，以便于向投资者推销。那么，究竟选择什么样的利率发行，取决于发行者和承购者以外的评级。评级级别越高，债券在投资者眼中就越可靠，因此，可以以较低的利率进入市场。同时，根据美国 1993 年的证券交易法规定，债券的承购者和销售者在包销债券时，须向投资者评估债券的收益性和安全性，这一点也同样依赖于评级。

(4) 评级本身对进入市场的债券的信用及偿还能力进行评价。那些信用差、财务状况不佳，对债券的偿还无保证的发行，无法取得较好的评级，因此，也就无法进入发行市场，从而对保护投资者利益，保证金融市场乃至整个国民经济的稳定，起着有益的作用。管理当局根据评级的材料分析金融市场的状况，并依据评级的结果，将不良债券排斥在发行市场之外。

3. 评级机构的内部结构及评级过程。

(1) 评级机构的内部结构。美国评级机构是一种完全独立的机构，它不受政府、母公司以及其他任何机构和任何人的干扰，每一个评级决定，均是依靠评级专家的分析独立作出的。各评级机构内部根据业务的不同，划分出专业部门。

(2) 评级的过程。发行体的发行首先要在证券交易委员会登记。对于初次发行来说，它与证券交易委员会接触时，将可以得到关于评级的初步介绍。当发行体将财务状况公开时，将能够获得评级机构的评级。对于已经发行债券的发行体来说，如果希望继续发行，同样需要在证券交易委员会登记。评级机构将决定它前一次发行时的评级是否适宜，是否应该给予新的评级。

4. 评级标记。

AAA 级：一旦得到此评级，意味着该债券拥有最好的信用级别，它对于保证本金和利息的支付也有着最大的安全度。获得此评级的债券，其市场流通价格变动仅取决于长期利率的变动，其财务状况无论从什么角度分析，均拥有最大的安全系数。

AA 级：获得这一信用级别的债券，也具有很好的信用度。其中大部分债券与 AAA 级的债券仅有微小的差别，其流通价格的变动也取决于长期利率的变动。

A 级：取得这一级别的债券被认为拥有中上等信用级别，而其本金和利息的偿还也被认为具有安全性。同时，该债券拥有很大的投资价值。但是，取得这一评级的债券往往不能完全摆脱经济和贸易条件变化时产生的不利影响。其流通价格首先取决于长期利率的影响，但在某种程度上也随着经济条件的变化而变化。

BBB 级：得到这一级别的债券被认为具有中等信用，它处于健康债券和开始具有风险的债券之间。这一级别的债券拥有充足的资本保证金，并且有良好的盈利状况作为保证。由于这一级别的债券容易受到经济条件变化，特别是经济危机的影响，因此，要对它不断地分析观察。它在市场上的流通价格对经营和贸易条件的依赖超过对市场利率的依赖。商业银行和个人等谨慎的投资者以此级别的债券作为投资的最低级别。

BB 级：这一评级条件下的债券被认为具有中下等信用度，而且投资价值很小。如果发行体是公共事业单位，则能够比较稳定地支付利息，但与以上各级别相比，它的支付能力显得脆弱。如果是其他发行体，它的经营中则有出现赤字的可能。

B 级：这一评级条件下的债券被认为具有风险性。在经济不景气的条件下，它支付利息将没有保证。

CCC 级：这一级别条件下的债券被认为完全处于风险之中。它尚能支付利息，但在贸易条件不好的情况下，支付利息将会出现问题。

CC 级：这一评级的债券风险更大，发行体只在取得收入的时候才同意支付利息。在其他条件下，发行体几乎不支付利息。

C 级：这一评级的债券，发行体仅在有收入的条件下，才考虑支付利息。在其他条件下，根本不支付利息。

DDD 级，DD 级和 D 级：在这些评级条件下的债券，其发行体处于无力偿还债券的本金或利息的境况。而且，有可能出现本金和利息均无力偿还的情况。

二、美国的评级方法

美国债券市场上的债券种类极为繁杂，这些债券是依赖于各债券发行体的性质不同而得以区分的。目前的债券评级分类包括：公司债、交通债、金融债、地政债、政府债以及以外国企业或政府为发行体的债券的评级。但是，从评级机构的评级方法来看，大致可以分为公债和公司债两类不同的评级方法。下面就对这两个类别的评级方法择重点做一介绍。

1. 公司债评级法。评级机构对于公司债评级的分析，包括对发行体的财务状况分析和经营状况分析两大部分，概括起来有以下几个方面：(1) 对产业风险的分析。所谓产业风险分析是指对发行体所处产业在国民经济中的实力地位及与经济发展趋势关系如何的分析。这一分析涉及的内容相当广泛，包括发行体所处的行业在国民经济中是新兴行业、成熟行业还是没落行业，其经营成果的优劣是否取决于自然条件及其他企业自身经营之外的因素。发行体是否具有适应经济条件变化的能力，以及这种能力的强与弱；发行体如何预测自身的收益并使其保持稳定；发行体竞争范围和竞争能力如何，是地区性、全国性还是国际性的，其竞争的基础是价格、产品质量还是其他的因素。另外，发行体是否成立了工会组织，是否会有罢工或其他对生产不利的活动发生；发行体的原料来源是否有保证，以及政治条件和社会环境及能源问题对发行体的经营有无影响等，均是产业风险的分析内容。(2) 对发行体拥有的销售市场的分析。一个企业能否保持其收益的稳定性，与其能否保持产品有广阔的市场有密切的关系。因此，评级机构在对发行体偿还能力进行分析时，将依据发行体提供的有关材料，对发行体以往在市场上占据的位置，以及将来是否有能力继续保持这一位置进行分析。(3) 对发行体经营效益的分析。发行体的经营效益是评级机构十分关注的一个问题，对这一问题的分析内容包括：企业以往经营上的收益状况，以及评估企业是否在今后仍具有依靠价格或成本上的优势保持和进一步增加收益的能力。因此，评级机构将分析发行体是否是一个低成本的生产者，其设备状况是否优于平均水平，以及其产销一体化程度是否高于竞争对象。另外，评级机构在对发行体经营效益的前景进行分析时，还将对发行体的产品在市场上能否在价格方面处于主导地位，能否保持其市场份额，以及长期购销合同的情况、劳动力的素质、工资支出的规模等进行分析。(4) 对发行体经营管理水平的分析。发行体的企业业绩、融资结构和业务交往被认为是发行体经营管理的组成部分。一个企业的前景如何，在很大程度上取决于企业的经营管理水平。因此，评级机构将对企业的经营管理给予评估分析。其分析的主要内容为：企业以往的业绩，以往企业计划的实施情况及企业对债务问题的对策，包括：该企业是否拥有定期的计划规模，在多长的时间内对计划进行验证和修改、企业的融资策略如何，对于选择不同的融资手段的评估和准备等。(5) 对发行体会计方法特点的分析。评级机构对发行体的会计方法进行分析，其目的在于：通过对会计科目的分析，验证其对发行体财务方面的业绩，以及发行体在竞争者之中的地位的分析是否存在过高或过低的偏差。发行体使用不同的会计科目，它所反映的财务状况会存在一定差异。因此，评级机构将发行体的会计方法与同业的会计方法进行比较分析。评级机构对发行体会计方法的分析，主要包括以下几个方面：财务登记方法、摊还期、折旧安排和养老金等。(6) 对发行体收入保证的分析。评级机构对发行体的收入保证进行分析时，主要分析营业收入与销售额之间的比例和税前所得与投资资本的比例，目的是衡量企业的财务健康程度。在其他条件不变的情况下，企业的高营业收益和高资本回收率，意味着其经营的健康性，对投资者有极大的吸引力。发行体的收入能否有充分保证，还涉及企业支付的固定费用。因此，评级机构还将对发行体的税前利息金额及税前利息额加总租金这两个指标进行分析。(7) 对发行体的资金运转和资产保证的分析。所谓对发行体资金运转的分析，是指评级机构在分析财务状况时的一种分析。以往衡量债务影响，是通过长期债务与资本金的百分比进行分析的。但是，由于目前短期债务用于非短期目的的情况不断出现，许多资产负债表以外的筹资手段不断普及以及通货膨胀对资产总值的影响等原因，使以往的分析方法失去了其准确性。因此，在计算发行体总债务与资本金的比例时，加进了短期债务和资产负债表以外债务这两个因素，从而比较全面地对发行体的资金运转作出分析。所谓资产保证分析，并非像对资产进行分析的人那样，对资产的市场价值进行分析，而是分析在后进先出的会计方法下，对企业资源或存货的估价是否会低估资产的价值，同时分析是否会因为虚资产额、陈旧库存和无法实现的收入等因素，使资产估价过高。资金运转能力与资产保证之间有着密切的关系，资产保证度越高，资金运转越便利。但是，资金运转还受到现金流动能力、收入保证及资金灵活性的影响。(8) 对现金流动能力的分析。企业现金流量是否充裕，直接关系到与流动资金相关的资金周转，以及关系到企业是否具有满足业务上现金需要的能力。资金流量与长期债务的比例，以及资金流量与总债务的比例，已经被列为检验现金流动能力的重要比例关系。企业现金流动能力的强与弱，直接关系到其偿还能力的强与弱。评级机构将重点对企业预期资金流量与预期资本需要量之间的关系进行分析，这一分析不仅有助于了解企业未来的借款需要，而且有助于衡量企业债务的支付超出现金流量的程度。(9) 对资金灵活性的分析。所谓资金灵活性的分析，是指对发行体融资计划及融资选择的分析，以及企业在不损害自己信用的条件下完成自身融资方案的灵活性。这一分析将涉及现金流量的变化和资本支出方案的灵活性。从企业的完整经营过程来看，企业的现金流动能够充分满足资本支出的需要。但是，在某一时期，可能因资金流量不稳定而不能满足资本支出的需要，这时的融通资金的灵活性就显得低于平时的情况。那么，现金流动量无法保证和资本支出缺乏灵活性的情况，被认为是企业资金运用方面的消极因素。(10) 对企业所有权影响的分析。企业能否有相对独立的经营权力，是否具有决定自身的经营的能力，对这一问题的不同回答，也会对企业的前景形成不同的影响。因此，评级机构也将对企业的出资者，包括股东及母公司等，对该企业的控制程度给予评估。此外还将考虑国家风险的问题，即该发行体所在国家的政治和社会环境是否稳定。如果其所在国家的信用级别不高，必然会对该发行体的评级产生直接影响。有关国家风险的问题，将在下文作一介绍。

2. 公债的评级方法。由于公债的发行体是政府和地方政府，因此，在对公债进行评级时，评级机构所采取的评级方法和标准都有别于公司债的评级。评级机构对公债发行体的分析主要为政治风险和经济风险，包括以下几个方面。

(1) 对政治体制的分析。对国家政治风险的分析，主要分析政体结构、主要领导人、政府机构以及社会团体对政府制度稳定性的影响。(2) 对社会环境的分析。社会环境稳定与否，取决于经济和非经济两方面的因素。所谓非经济因素包括：人口增长率、人口密度和分布等。这些因素被认为对国家的政治稳定存在一种潜在的压力。人口的过高增长和过高的人口密度势必对社会经济造成压力，并同样对自然资源和社会基础设施的使用造成压力，最终将导致对政府的不满，导致政治和社会的不稳定。经济因素同样是影响社会稳定乃至决定政治风险的因素。一旦经济条件恶化，对平均资本收益率、收入分配和就业水平等可变的经济指标造成影响，势必增加社会和政治不稳定的可能性，必然加重其偿还债务的困难。(3) 对发行体对外关系的分析。所谓发行体对外关系的分析，包括作为发行体的国家在西方经济体系中经济一体化的程度以及参加国际组织的状况。(4) 对债务负担的分析。对这一能力的分析，是以对该国家的债务负担状况分析为基础的。所谓债务负担状况分析，是将债务负担与国家的国际清偿能力状况及国家的国际收支灵活性进行比较。所谓国际收支灵活性分析，还涉及国家经济结构、经济增长和经济管理的分析。(5) 对国际清算能力的分析。对国际清算能力的分析，是指在国际收支出现困难的时候，国家以外汇储备来解决困境的能力。由于外汇储备是国家在出口收入无保证时解决意外进口需要和其他现金支付问题的手段，因此，它对经济风险有相当大的影响。对于本国货币可以自由兑换的发达工业国家来说，外汇储备率可以相应降低，但对于货币不能自由兑换的发展中国家来说，外汇储备情况将是一个十分重要的问题。对外汇储备状况的分析，实际上是对国际收支能力的分析，评级机构将依据该国家是否是国际货币基金组织的成员、是否是国际清算银行或其他地区性国际组织的成员、该国家与主要贸易伙伴的关系等内容进行具体分析。(6) 对国际收支灵活性的分析。对一个国家对外偿还能力的分析，是对政府发行的债券进行评级的一个重要组成部分。对国际收支灵活性的分析，是指一旦国际收支出现较大的赤字的情况下，该国家能否有迅速调整并保证外债支付的能力。这一能力主要取决于国家出口能力。出口首先涉及供需两个方面。对于出口产品的供应，主要考虑它是否有保证 (如果是以农产品为主，产品的供给在相当大程度上取决于自然条件，其中有很大的不稳定因素)。需求方面主要分析该国家的出口产品在国际市场上的竞争能力及其贸易伙伴的分布。其次，对出口产品的性质也要给予一定的分析。在制成品和初级产品之间，制成品的收益要高于初级产品，而在国际市场不景气的情况下，制成品和生产原料的出口与家庭必需的消费品相比较则更为困难。对这些问题的分析，将决定一个国家的出口前景乃至外汇收入的前景。对于进口问题的分析，就是分析一个国家对进口品的依赖程度，最为明显的是对石油进口的依赖。在油价波动的情况下，该国家的国际收支情况变得不稳定。因此，一个国家以自身的产品取代进口品的能力，也被认为是国际收支灵活性的指标。另外，一个国家可以依靠自身政治和社会的稳定及良好的投资环境吸引外国资本的流入，以使国际收支平衡表发生对国家有益的变化。被评级政府的这一能力也被列入国际收支灵活性的分析中。(7) 对经济结构的分析。评级机构对经济结构的分析，主要考虑经济发展的水平和产品多样化的程度这两个对评级有影响的问题。在经济发展水平不同的情况下，经济发展水平较高的发达国家，其居民的生活水平比较高，因此，一旦出现对外收支不平衡的情况，其政府可以有较大的调整余地。而经济发展水平和收入水平较低的发展中国家，在出现国际收支不平衡时要调整政策，其难度要相对高于发达国家。所谓产品多样化的条件，是指一个国家在国际市场上的竞争性产品是单一的还是多样化的。单一产品的国家，其产品的销路或价格出现问题时，出口收入不可避免地受到影响。而多样化产品的国家，其出口收入不取决于某一种产品，因此，当产品的销路或价格发生故障时，出口收入减少的风险要小得多。另外，对经济结构的分析，还涉及该国家原料及能源的对外依赖程度问题。(8) 对经济增长状况的分析。与经济结构的分析相似，经济增长率也是衡量一个国家对外债支付能力前景分析的重要因素。在其他条件不变的情况下，较高的经济增长率意味着将来债务偿还能力较强。这一分析的内容主要在于投资水平和增长率以及与此相关的国内储蓄增长率。如果一个国家保持着比较高的投资增长率，特别是对出口企业的投资增长较快时，意味着该国家一段时期以后的生产能力将有较大的发展，经济产品，包括出口产品也会增加，这势必对其外债偿还能力产生好的影响。而储蓄率的增长，意味着投资资金来源的增加。因此，评级机构将这方面的分析作为评级依据的重要分析之一。(9) 对经济管理水平的分析。一个政府对经济的管理水平，直接决定着上述各经济活动的成败。因此，对经济管理水平的分析，是评级机构分析经济风险的一个主要部分。对政府管理水平的分析，主要是分析政府制定和实施正确的经济政策的能力，包括：收入政策、资金政策、财政政策、汇率政策等。在一个经济实体中，以上政策的实施直接影响到工资、物价、就业等经济因素。那么，一个政府如何在相互矛盾的、复杂的经济因素的分析中得出正确的判断，并通过制定和贯彻有关经济政策，使正确的判断引导经济迅速健康的发展，这反映出政府对经济进行管理的水平。同时，这一水平的高低，将直接影响到经济发展的前景。因此，评级机构对此进行重点分析。(10) 对经济前景的分析。评级机构对发债国的评级，是对其将来偿还能力的评价。因此，对经济前景的分析有很重要的意义。评级机构将对该政府中长期计划进行分析研究。对计划的分析主要侧重于能源状况及政府今后对外借款的计划及其影响。因此，对经济前景的分析还包括上述各经济侧面的前景分析。

近年来，随着在国际金融市场上发债的数量不断增加，我国金融机构已开始注意调整发债的地区结构，由以往单一的东京市场开始走向欧洲的法兰克福、伦敦及亚洲的新加坡等国际金融市场。由于日本的评级机构在对我国金融机构发行的债券进行评级时，较重视我国的政策及企业的国营性质，因而采取相对较松的评级尺度。而欧美国家目前尚不能接受日本评级机构对我国所发债券给予的评级，因此，在我国金融机构进入欧美债券市场时，认真地研究国际上普遍实行的美国债券评级方法，是完全必要并具有很大现实意义的。

金融创新、金融发展及区域合作篇

金融创新的活跃度是一个地区金融发展水平高低的重要标杆，也是塑造金融中心城市的重要风向标。从世界金融史的发展历程看，不管是全球性金融中心还是区域性金融中心，无不是有着孕育金融创新的肥沃土壤和强大基因，有着金融创新的良好政策，具备金融创新的宽松环境，储备了支持金融创新的高端人才，培育了发达的金融市场，美国纽约、英国伦敦、德国法兰克福、日本东京、中国香港等金融中心都是如此，通过金融创新的引领，带动金融水平的提升，以此来吸引和动员更多的经济资源，促进当地经济的繁荣。当前，金融中心已经成为城市发展的重要名片，也是推动经济发展的重要催化剂，因此，各国之间、各地之间对金融业及金融中心的竞争更加激烈。深圳作为我国经济改革的前沿，一直在金融领域有着领先优势，通过各种措施吸引和积聚了众多的金融要素，建立了较为发达的金融市场，并且积极探索推进与香港在银行等金融领域的深度合作和联动，实现优势互补，共同提升。经过不懈的努力，深圳也因此逐渐成为了区域性金融中心城市。该篇主要是关于深圳地区银行业创新发展、金融中心城市建设及与香港进行金融合作的相关探讨与研究，并且有些观点基本得到了时间和实践的检验。当前，深圳在金融服务领域持续发力，建立了前海这块特区中的特区，主打金融创新业务，促进金融创新发展，加强与香港金融业的融合渗透，呈现出蒸蒸日上的发展前景。

乘风前行　再铸辉煌
——深圳银行业改革开放三十周年回顾与展望

1978年的中国以改革开放为标志，掀开了中华民族现代发展史上最为华丽的篇章；2008年的中国以北京奥运会的完美演绎，宣告“中国奇迹”30年辉煌的成功写就。深圳作为中国改革开放的代名词，其所取得的各项成就是“中国奇迹”的最好诠释。作为经济发展资金中枢的深圳银行业，不仅承载着富民强国的梦想，见证了改革开放的伟大，实现了自身的跨越式发展，而且将通过贯彻落实科学发展观，以新一轮思想大解放，挑战新的辉煌。

一、历史回顾——千淘万漉虽辛苦，吹尽狂沙始到金

改革开放之初，深圳银行业的家底可谓寒酸，机构网点少，仅有的8个银行网点还得益于行政摊派，此外就是散落在乡村农户的百来个农村信用社。金融从业人员不足800人，存款余额仅为1.01亿元，业务仅限存、贷、汇，服务手段完全依赖于手工操作。30年后的深圳已经确立了区域性金融中心的地位，分行级以上银行业金融机构达60多家，网点1200多个，从业人员42369人，各类银行业金融机构百花绽放，存贷款余额双双突破万亿元大关，仅2007年深圳银行业便实现利润350亿元，而不良贷款率仅为3.87%，造就这段世界金融发展神话的力量来自六个方面。

改革的激情：与深圳的全方位改革同步，深圳银行业从一起步就被赋予改革开放“试验田”的角色，这种独特定位给深圳银行业赋予强烈的荣誉感、使命感和责任感。因此相对于国内其他地区，深圳银行业始终显得多一些激情与豪迈，而这对于推动银行这个“计划经济的最后一块堡垒”最终走向市场化经营弥足珍贵，一系列创举正是这一激情的产物。1987年全国第一家由企业法人持股的股份制商业银行招商银行成立，开启了新中国“企业办银行”的先河，为此后中国股份制商业银行的发展奠定了坚实基础。1988年，深圳银行业经过长期摸索并在充分借鉴国外经验

的基础上，全国率先出台了《深圳经济特区信贷资金比例管理暂行办法》，这一办法的出台，标志着银行内部信贷资金管理、监管当局的调控手段和水平进入新的阶段。

市场的动力：改革的要义之一是实现市场机制在资源配置过程中的主导作用，长期以来一直处于高度压抑和管制状态的银行业，一旦转化为自主经营、自负盈亏的经营主体，将会释放出空前的能动性。就深圳银行业而言，在各种价格信号归真、利益分配理顺之后，不但银行的发展速度和规模得到快速放大，而且通过引入竞争机制，银行服务意识、风险意识也大幅提高，银行发展实现量质兼顾。为满足“三资”企业的本外币兑换需求和应对猖獗的本外币黑市交易，1985 年 12 月全国第一家外汇调剂中心——深圳外汇调剂中心成立，当月调剂规模就达 100 多万美元，充分彰显了顺应市场需求给银行所带来的巨大业务空间。1982 年，南洋商业银行结合深圳房地产市场发展现状，率先全国推出楼宇按揭贷款业务，不但有效促进银行的多元化经营，而且为我国后来的住房商品化改革提供了直接便利。

开放的胸怀：30 年前，深圳银行业从一张白纸起家，发展与开放几乎同步，这在国内属于绝无仅有。1982 年，在深圳立市之初，国内第一家外资银行南洋商业银行便在深圳开业。30 年后的今天，已有 59 家营业性外资银行在深圳与国内银行同台竞技，资产规模达 1486 亿元。深圳银行业如此的开放速度和力度，固然一度使得同台竞技的国内银行承受巨大的竞争压力，但正是由于开放，深圳银行业的发展呈现出高起点，从一开始便寻求与国际规则接轨，避免了国内银行业发展的众多“路径依赖”。与此同时，由于开放导致竞争主体的增加，使得深圳银行业习惯于竞争机制和市场化运作，与完全计划性、封闭性的市场条件相比，深圳银行业避免了体制转轨过程中的各项“摩擦成本”。

创新的欲望：深圳银行业 30 年的辉煌，金融创新居功至伟，如果说前 20 年深圳银行业的创新由于国家的政策优惠带有较大的行政色彩和国家意志，那么后 10 年的创新则突出体现了市场需求和自主实施。1986 年，伴随着国家相继给予信贷资金切块管理权和利率调控权等优惠政策，特区银行进入金融创新的第一个高峰期。这一时期由于市场体系的不完善，金融创新以机构创新为主，各类银行业金融机构层出不穷，如全国第一家城市合作商业银行、全国第一家股份制农村信用联社均诞生于深圳，银行业的发展经历了一个从无到有的过程。近 10 年来，由于深圳经济发展的纵深制约、业务竞争加剧，银行创新的内部动力增强，创新空前活跃，仅 2008 年一年的创新项目便高达 70 多项。这一时期银行通过系统创新降低运营成本，如招商银行的网上银行；通过管理创新提升管理效率，如中行深圳分行的内部资金转移定价系统；通过产品创新服务客户需求，如深圳发展银行的离岸金融等成为创新重点，通过创新深圳银行业实现了由弱而强的嬗变。

合规的理念：合规管理与业务发展是银行运行的两个轮子，两者不可偏废。但其辩证关系却经常被忽略，特别是近年来随着银行业务拓展压力增大，牺牲合规谋求所谓发展的现象愈演愈烈，导致一些大案要案频发。但从总体上来看，30 年来合规管理一直贯穿深圳银行业经营始终。1993 年，农行深圳分行就率先在全国农行系统推出业务经营体系和监督保障体系均衡运作的管理架构。实践表明，该行责任发案率、责任事故率均有明显下降。建行深圳分行早在 1996 年就成立稽核审计委员会，这是我国银行业第一个以此形式构建的稽核审计机构，确立了合规管理的独立性和权威性。

规范的秩序：鉴于银行在经济运行中的核心地位，一个明晰而且得到各方全面遵守的博弈规则是确保博弈结果公正、实现社会福利最大化的前提。为此，需要银行自身、自律组织和监管机构的三方联手，倾力打造和维护良好的银行运营秩序，在此方面，深圳银行业可谓垂范全国。早在 1996 年，深圳 14 家金融机构负责人便正式签署了《深圳市国内金融机构关于制止存款业务中不正当竞争行为公约》，倡导和谐竞争、共赢竞争。1998 年深圳成立全国第一家国内银行同业公会，下属 10 个专业协调委员会，在规范行业发展秩序，维护行业共同利益方面进行了卓有成效的探索。与此同时，深圳银监局作为行业主管部门，也主动介入，极力酝造良好的金融秩序，2005 年以来先后组织各银行对 10 余家企业进行统一维权，对银行卡市场受理、规范和收益分配等问题进行统一协调，避免恶性竞争。

二、未来构想——乘风破浪会有时，直挂云帆济沧海

而立之年的深圳银行业正处于承前启后、继往开来的关键时刻，随着深圳成为国家首个自主创新型城市，深圳银行业也将肩负着新的使命，承载着新的梦想，踏上改革开放的新征途。

打造国内有特色的银行业中心：中国偌大一个经济体需要不同层次和特色的银行中心并存发展，目前来看，北京、上海和深圳无疑最具银行中心潜质。北京具有

银行机构总部优势，上海具有传统银行市场优势。与这两者相比，珠三角地区特别是深圳积聚了大量的民营中小企业和高科技企业，科技创新活跃，资金需求量大，因此充分依托本地经济，大力发展中小企业融资是打造有特色银行中心地位的应有之义。此外深圳又是全国两大资本市场中心之一，通过培育发达的小企业信贷市场与创业板市场实现对接，打通银行业与证券业、资本市场与资金市场的联系，充分挖掘和整合既有金融资源，探索金融业综合化经营的各种实现方式，不断升华有特色的银行中心内涵，成为深圳发展银行业中心的捷径。

建设开放的国际银行都市：深圳银行业发展的成就和动力源自开放，未来的发展也必将顺应改革开放之大流，兼收并蓄国内外同业发展之精华，全面建设开放型的国际银行都市。深圳应充分发挥其对外开放的先发优势，利用其良好的金融基础设施，大力改善诚信环境、监管环境、服务环境和政策环境，继续充当我国对外开放的“桥头堡”。尤其我国金融改革进入关键时期，随着 CEPA 协议的不断完善和付诸实施，深圳要抓住毗邻港澳的地域优势，不断深化深港澳之间银行业的合作。与此同时，深圳还要加强与国内各银行中心城市的交流，总结吸收其成功经验，不断提升银行市场间的开放水平，以新一轮的大开放实现新一轮的大发展。

培育层次丰富的银行市场：以市场需求为导向、以解决实际问题为目标是深圳银行业发展的成功之道。当前深圳银行业发展正值一个新的战略机遇期，必须以科学发展观统领银行业市场培育的全局，建立以客户为中心、以市场需求为导向的多层次、多主体、多品种的服务体系。多层次的银行市场不仅要求构建银行与非银行业金融机构并存、法人机构与分支机构共荣、大银行与小银行互补的基本市场格局，更要求各类机构充分发挥自身优势，瞄准各自目标市场，通过开发差异化、特色化的产品和服务，以专业优势确立自身的市场竞争地位，打造层次丰富的银行市场，避免同质竞争，在和谐互赢中谋求持续发展。

开辟活跃的创新基地：“敢为天下先”的“拓荒牛”精神是深圳银行业成功的灵魂，要续写深圳银行业 30 年的辉煌，必须要进一步解放思想，不为成绩所累，不为定式所困，不为视野所限，不为艰难所惧，充分发挥深圳的创新传统、竞争态势、市场基础、监管环境和法律环境等优势，努力开辟活跃的创新基地，以“他无我有，他有我精”的理念，率先在机制、架构、管理、服务等方面探索实践，以新求生，以特求兴，以精求旺。尤其在当前浦东和滨海新区创新活动日益活跃、创新机制逐步成熟的背景下，深圳银行业的创新空间日渐狭窄，难度有所增大。为此，必须摒弃“等政策，靠优惠”的传统观念，强调创新的原创性、可控性和持续性，提升创新能力，提高创新质量，理性发展，增强银行业的软实力和核心竞争力，实现深圳银行业的集约化、可持续发展。

构建积极先进的金融文化摇篮：有志成为银行中心的深圳要放眼未来，立足于当前银行业发展的各项基础，确立以先进的金融文化为支撑，真正构建起银行业发展生生不息的内生机制。作为实施打造区域性、有特色金融中心战略的重要组成部分，培育理性化的发展理念，创造银行内部及银行与社会和谐发展的条件，深圳应通过构建积极先进的金融文化体系，大力开展面向全社会的金融教育，全面提升科学发展服务社会的金融理念，切实提高金融服务技能和水平，确立领先全国的金融文化实力。与此同时，政府、银行、公众等主体应进一步加强合作，增强了解，从机制建设、法制规范、金融知识普及等角度出发，确保政府、公众、银行、员工、股东等多方利益主体在充分履行各自责任的同时实现和谐共赢，排除银行业发展的内外障碍，为银行业发展提供良好的文化氛围。

三、实施探索——路漫漫其修远兮，吾将上下而求索

当前国际经济形势日趋动荡，国内金融改革也正进入攻坚时期，深圳金融业的中兴之路必定倍加艰辛，为此，必须拿出当年“拓荒”的勇气和决断，极尽一切优势，方能再铸辉煌。

发挥政策优势：随着我国社会主义市场经济体制的日趋完善以及国家金融发展战略的调整，深圳的政策优势不再明显，但仍然可以大有作为。深圳银行业发展最大的政策优势是充分运用特区立法权。国际经验表明，在金融业发展进入比较成熟阶段后，以法律形式保护市场各参与方利益、调动各参与方积极性、维护和规范市场竞争秩序，是实现金融业可持续发展的根本。为此应不断探寻特区立法权在金融领域的影响，通过明确的政策和清晰的法规，对银行业市场的发展进行引导和激励，并针对不同类别的机构、不同层次的服务、不同领域的创新和不同程度的贡献，有针对性地采取分明的对应措施，以避免盲目重复、同质同类的市场建设。

发挥市场优势：银行业的发展或者银行中心的建设尤其强调规模效益和配套优势，深圳是我国银行市场体系最为完善的城市之一，各类机构和谐共存，已构筑起

一个资金互通、功能互补、业务互助的综合性金融市场。深圳应充分依靠这些优势，将金融创新和提升市场跨度贯彻到底。同时，深圳也是我国银行业市场化管理程度最高的城市之一，银行业运行的各项市场机制、市场功能在深圳得到淋漓尽致的发挥，为此深圳要继续发挥市场的调节作用，优者生存，劣者淘汰，以市场化的手段促进银行业的不断整合和提升，以市场的力量和规则形成银行业发展的激励、规范、警示和惩治机制，真正走出一条银行业发展的市场化道路。

发挥区位优势：深圳作为国内唯一和香港陆地接壤的城市，应通过香港国际金融中心了解国际市场，进一步加强对港金融合作，接受和过滤香港的金融辐射，作为国际金融进入内地的试验场。伴随着我国金融业的进一步开放，深港两地应从资金、人才流动更加通畅，业务合作、机构互设更加频繁，金融制度、业务规则更加趋同的角度，以深圳作为内地与香港资金流动接驳点，创造和把握两地金融合作前所未有的机遇。

发挥基础优势：深圳在争夺新一轮金融资源配置过程中优势递减已成事实，在此背景下，深圳银行业必须重视立足和发掘基础优势和传统优势，抓住机会拾阶而上，以此焕发深圳银行业的第二春。要加大力度、多管齐下，在现有法人金融机构规范优化的基础上实现“超常规”发展，特别要鼓励招商银行、深圳发展银行以及平安集团旗下的平安银行等大型金融机构，通过优化股权、强化治理、综合经营、区域扩张等方式，打造大型金融控股集团。要充分利用法人金融机构在金融创新方面的事权，长时间积淀的市场信息优势和多种类、多层次银行业机构共存的资源，以其为主要载体大力实施金融创新，并以此带动全社会的理解与支持，加大创新力度。总之，要发挥深圳机构众多、市场活跃的优势，将深圳银行业打造成层次分明、竞争适度、服务完善的现代化银行体系。

发挥产业优势：深圳庞大的经济总量和高速发展的势头是深圳金融业保持持续繁荣的基础，高新技术产业发展势头迅猛，专利数量与质量在全国继续处于领跑地位，国外专利申请量连续四年保持全国第一，奠定了深圳经济发展的基础条件和特色的产业结构。产业结构的高级化、行业结构的高端化和企业结构的小型化，必然会衍生出大量、多样化的金融需求，从而为深圳金融业的发展提供不竭动力。深圳银行业应通过不断完善服务功能，打造服务品牌，建立一套与产业体系、产业发展特点相吻合的服务体系，不仅实现与深圳经济共同成长，而且将伴随深圳经济的转型一起实现高端化、国际化。

发挥社会优势：金融业已发展成为深圳的支柱产业之一，从政府到公众对金融的理解和认识都得到空前提高，这是30年来深圳金融发展的最大积淀，当前必须要将此升华为全社会的金融意识。深圳应在巩固前期成果的基础上，进一步扩大金融生态建设的内涵，包括稳步推进法制建设，建立与国家法律体系相配套、支持和促进深圳金融业做大做强的特区法律框架；做好深圳金融产业发展规划，加快金融中心区、金融后台服务基地、金融创新服务基地等金融产业规划的实施步伐；加大政府投入和引导，培养公众金融消费意识、风险防范意识，整合税务、工商和银行等社会诚信信息，动员司法、舆论媒体和行业协会等组织，构建诚信经营的立体化查询和监管网络。此外还应培育银行的社会责任意识，构造银行发展依靠社会、银行发展反哺社会的良性循环，在和谐共赢、互融互通中发展壮大。

改革的沃土　创新的乐园

——深圳银行业金融创新侧记

深圳，为改革开放而生，因开拓创新而兴。它无愧为我国改革开放的最前沿，诞生了包括我国金融界在内的各领域的无数个第一，令人叹为观止！作为深圳金融业的主力军，改革开放30年来，深圳银行业以开拓创新为“灵魂”，以市场需求为导向，敢闯敢试，常变常新，为深圳乃至全国银行业的改革创新写下了最为华丽的篇章！迄今深圳银行业共开发创新成果100多项，包罗管理体制、组织架构、业务产品、信息科技及深港合作等万象，诸多品牌和技术被各银行总行采用，并推至全国，为提升深圳金融创新的层次、质量和知名度作出了不可或缺的贡献，为我国银行业的发展发挥了试验田的作用。

创新是一个民族进步的灵魂，也是一个国家兴旺发达的不竭动力。金融创新作为一种重要的创新形式，既是金融发展的主要动力，也是商业银行发展的重要保障。深圳银行业的历史，就是一部不断创新、不断开拓的历史。

一、创新管理机制，装配发展新引擎

管理机制创新是银行业改革的核心。近年来，深圳银行业金融机构在管理体制、机制和制度创新方面取得了颇多成果，打造了深圳银行业经营水平和管理能力提升的原动力。如：

招商银行提出管理国际化目标，启动了稽核体制、零售银行体制、风险管理体制的变革，陆续引进开发了国内领先的资产负债管理系统和资金转移定价系统、内部信用评级系统、利润报告系统、AP财务和人力资源管理系统等，大大提升了中后台流程运作效率。

中国银行深圳分行股改结束后启动了内部管理体制的改革，陆续开发出多项在全国银行业系统领先的创新成果，如多档次内部资金价格核算与绩效管理系统、事后监督系统、授信组合分析系统和业务发展系统等，这些系统的开发和使用，为提

升营销效率和控制授信风险发挥了重要作用。

二、创新组织架构，打造发展新支撑

为更灵活、快速地面对市场，深圳银行业金融机构立足市场，积极着力于加强组织架构的改造创新，许多做法在全国同行属首创。如：

招商银行提出的“十变”改革思维，提出要变“部门银行”为“流程银行”，致力于对银行内部组织架构进行流程化、扁平化改造，使内部运作流程不断优化，管理层级得到精简，部门间的协调成本明显降低。民生银行深圳分行作为系统内首批试点改革单位之一，继公司业务集中经营体制改革后，按事业部制模式对本行的架构进行了深化改革，并实现了原有支行定位向结算和零售业务拓展平台的转型，取得了较好效果。

中国银行深圳分行首次在系统内推行了公司授信业务扁平化改革，对公司业务部门进行了较为彻底的扁平化改造，并在此基础上构建了新型的差异化服务体系及激励约束机制，较好地实现了公司授信业务的集中处理和专业化服务，提高了授信风险监控能力，有效降低了经营成本。

三、创新业务品种，注入发展新血液

随着市场竞争的日益加剧，深圳银行业金融机构秉持以客户为中心的创新理念，为满足不同客户、不同层次的金融服务需求，结合自身的经营特点、资源优势、市场需求、开发能力和客户结构，不断研发出自身的拳头产品，创新领域广泛涉及资产业务、负债业务和中间业务等，其中有不少产品在全国尚属首创，并形成较大市场影响。如：深圳发展银行推出的“双周供”“循环贷”等系列楼宇按揭产品，在国内率先打破了楼宇按揭月供的一贯做法，为客户提供了更多的选择。针对中小企业融资难问题，该行还在全国首推了“1+N”融资模式的供应链金融服务，为围绕同一核心企业的多家中小企业提供资金支持。

招商银行开发的GE外币现金池产品，是在国内较早推出的一款面向集团型企业外币资金集中管理的现金管理类产品，有助于客户降低财务成本，提高资金运用能力。

建设银行深圳分行和中国银行深圳分行分别开发的“存贷通”和“步步高房贷

理财账户”，节省了借款人的贷款利息支出，使客户更能灵活有效地运用资金。

工商银行深圳分行推出的“珠联币合”人民币理财产品，是国内第一只以国际金融市场外汇衍生工具为理财载体的新型人民币结构性理财产品，形成了较好的示范效应，有力推动了国内理财市场的发展。

除此之外，深圳银行业金融机构还着力为客户量身定做和开发一些跨行业、跨市场的新产品和新业务，如建设银行深圳分行先后推出保险理财顾问 (IC)、车险代销产品、股权分置权证保函、证券保证金第三方独立存管业务等跨行业业务品种……这些创新产品及业务的推出，既满足了消费者的金融需求，同时也提高了银行的资金运营效率，拓展了银行的盈利空间和盈利能力，更为银行业金融机构开展多层面、多形式的综合经营进行了有益的探索。

四、创新科技手段，锻造发展新武器

信息为先导，科技争创新。为全面提升经营管理效率，深圳银行业金融机构普遍加大了科技投入，积极致力于业务系统的整合、优化和升级，取得突出成绩。如：

招商银行开发的网上企业银行 5.0 系统，利用先进信息技术，整合了网上银行的各项功能，着力打造新的网上交易平台，为客户广泛提供包括结算、电子商务、资产业务、投资理财在内的多项业务。在此基础上，该行又陆续开发出票据通、银关通、集团通、网上信用证、通关电子保函等多项在国内同业领先的创新产品，进一步保持和发展了自身的创新优势。

建设银行深圳分行利用先进技术在手机上开发了银行理财系统的手机金秘书服务，使客户在手机上实现账户查询、转账、汇款、外汇买卖、银证转账、手机支付、手机交费、短信提示等服务，这项创新不仅填补了国内金融领域的空白，在国际同类产品中也处于领先地位。

深圳农村商业银行开发的信通卡个人授信业务，赋予了借记卡部分授信功能。同时，交通银行深圳分行开发的“交银自助通”和深圳平安银行开发的“校园一卡通”，将银行卡、代收付、个人信贷、网上银行等业务结合起来，为客户提供了更为全面的金融服务。

五、创新合作领域，开拓发展新天地

毗邻港澳，始终是深圳发展的最大优势之一。从改革开放的历史看，深港合作是当初搞开放、促发展的首要着力点。从未来发展的需要看，提升深港合作水平是深圳推进国际化的重要切入点。深圳银行业金融机构利用地利之便，与香港银行业建立了比较稳定的合作关系，积极学习和借鉴香港及国际银行业先进的创新理念、技术和方法，创新活动日益与国际接轨。如：

工商银行深圳分行在业务培训、信息共享、产品开发等方面深入推进与香港银行业的合作，主动引进工银亚洲的先进产品在深圳先行先试，并和工银亚洲、工商东亚合作，推出内地居民投资香港证券的理财产品和与香港股票挂钩的理财产品。

中国银行深圳分行借鉴中银香港的成功经验，开发了房贷理财账户产品，并赴香港考察香港银行业开展股权质押贷款的运作模式，推出系列创新产品。

历尽天华成此景，改革创新著鸿篇。回首过往，深圳银行业的改革创新百花齐放，精彩纷呈，常变常新，欣欣向荣。深圳银行业承载着邓小平同志和历届中央领导的关怀和希望，浸透了一批又一批改革先行者的心血和汗水。这是深圳银行业的自豪，更是我国改革开放的一朵奇葩！

有道是，变是永恒不变的真理。今天，面对金融业国际化、综合化、信息化的发展大潮，站在改革开放又一个更新、更高的起点上，展望未来，市场竞争必将更趋激烈，金融创新日新月异。如何化挑战为机遇，变优势为强势，在金融创新中求生存、谋发展，争创新优势、更上一层楼，这是摆在深圳银行业面前的一个重大课题。为此，深圳银行业金融机构必须进一步解放思想，不为成绩所累，不为定式所困，不为视野所限，不为艰难所惧，树立创新为本、创新不止的理念，勇于探索新机制、新架构、新管理、新领域、新服务，加快步伐，提高质量，永葆生生不息的创新活力，才能使创新真正成为深圳乃至全国银行业可持续发展的不竭动力，永放光芒！

矢志创新谋发展　锐意开拓结奇葩

深圳银监局一直积极倡导和鼓励辖内银行业金融机构结合自身实际和市场需求，完善与创新配套的体制机制建设不断开展金融创新，为持续深入推动金融创新，深圳银监局近期对辖内银行业2009年的创新情况进行了一次综合评估。评估的总体情况如下。

一、2009年深圳银行业金融创新总体态势

1. 深圳银行业金融创新的体制机制建设情况。本次评估显示：一是在金融创新的组织体系建设方面，65%的机构已建立专司金融创新或指定牵头实施金融创新的协调部门，部分银行如中行、建行、农行深圳分行等已在深圳成立了总行级的各类金融创新中心（见图1）。二是在金融创新的激励机制建设方面，51%的机构已建立起完备、独立于总行的激励机制和体制机制，但尚有34%的机构在此方面仍是空白，约有16%的机构则完全套用总行的激励机制（见图2）。三是在金融创新的风险控制方面，凡是已建立专门创新指导和协调部门的银行，基本都能将金融创新的风险控制作为其基本职能之一，70%的机构基本建立了较为完善的金融创新风控机制，尤其大型银行与法人银行在这方面的工作成效甚为显著（见图3），9%的机构将此项工作嵌入日常风险管理流程中，约21%的机构尚未实现金融创新风控的机制化、制度化。

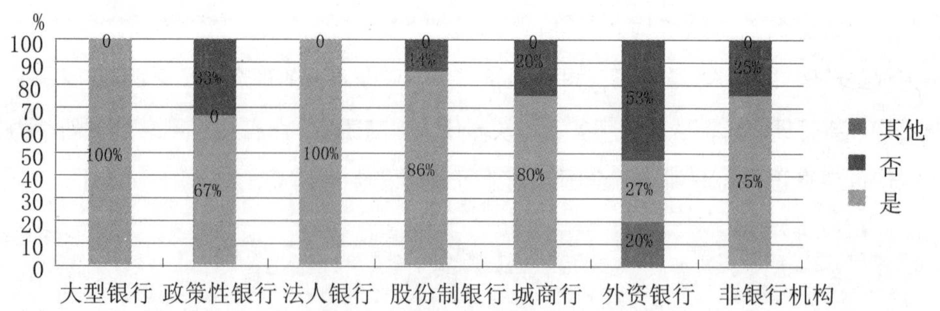

图1　深圳银行业金融机构金融创新组织机构创新情况

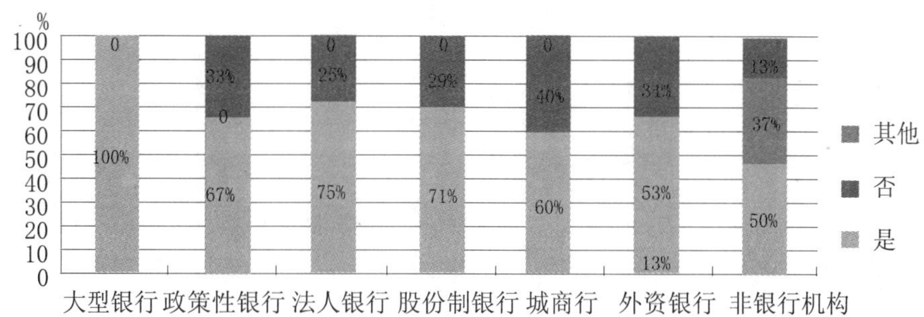

图 2 深圳银行业金融机构金融创新激励机制建设情况

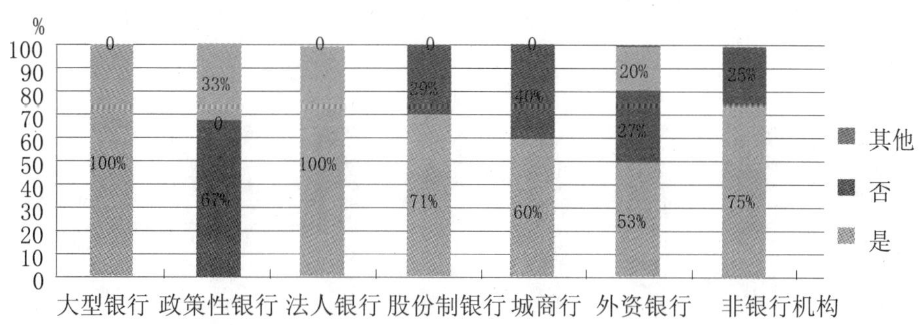

图 3 深圳银行业金融机构金融创新风控机制建设情况

2. 次贷危机对深圳银行业金融创新的影响。次贷危机对深圳银行业创新的影响主要体现在几个方面：一是客户对创新型金融服务的需求，53% 的机构其客户需求无明显变化，仅在结构上有所调整，34% 的机构其客户需求有较大增加，只有 13% 的机构其客户需求呈现萎缩，充分反映了危机下深圳银行业蕴藏的市场机遇以及市场的成熟水平（见图 4)。二是管理层对金融创新的态度，62% 的机构其管理层对金融创新继续持积极支持态度，30% 的机构管理层态度无明显变化，只有约 8% 的机构其管理层态度趋于保守，表明管理层对国际银行业过度创新的教训以及国内银行金融创新的现状有着充分清醒的认识（见图 5）。三是监管当局的监管尺度和标准，66% 的机构认为监管当局对金融创新的监管要求趋严，28% 的机构认为监管要求无明显变化，只有 6% 的机构认为监管标准趋于宽松，特别是法人银行和大型银行更直接感受到这种监管要求的变化（见图 6)。四是各机构当前背景下的金融创新策略，49% 的机构选择直面压力，以创新解决创新所带来的问题，45% 的机构选择顺势而为，有所为有所不为，只有 6% 的机构选择回归传统放缓创新步伐（见图 7)。

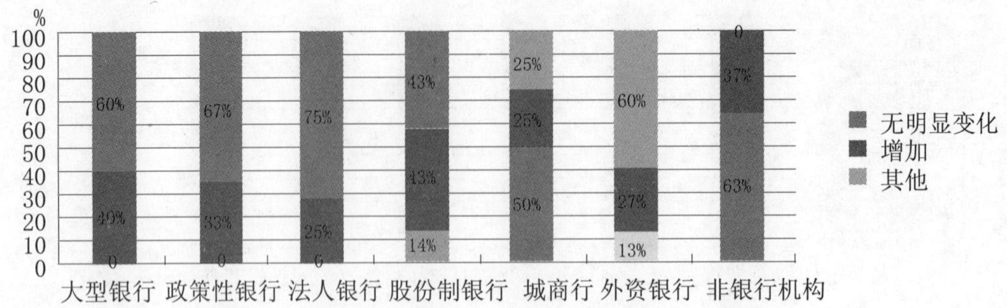

图 4　深圳银行业金融机构金融客户需求变化情况

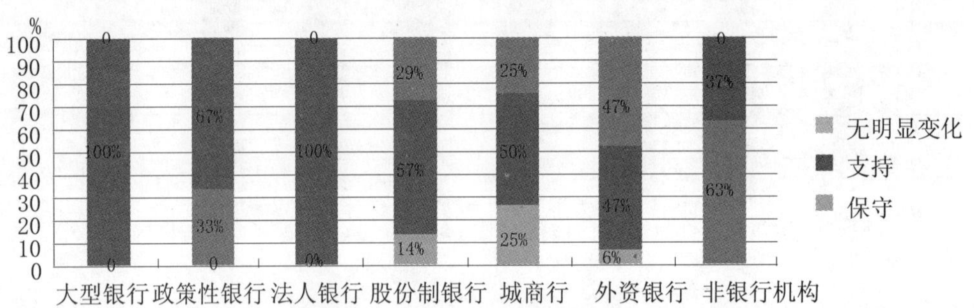

图 5　深圳银行业金融机构管理层对金融创新态度变化情况

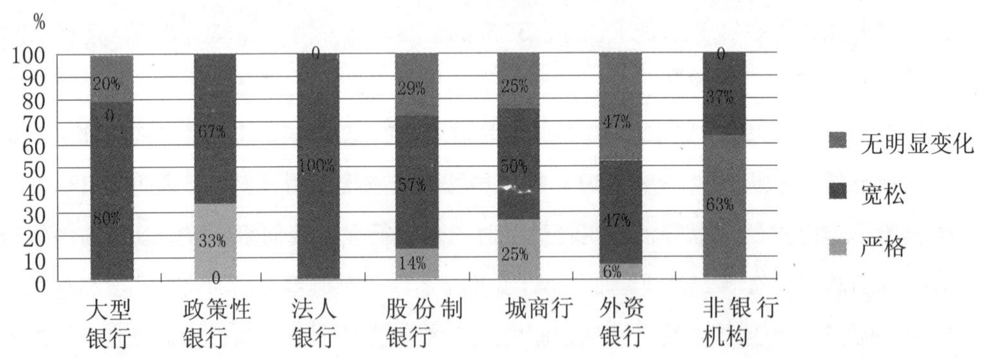

图 6　深圳银行业金融机构对当前监管环境的评价

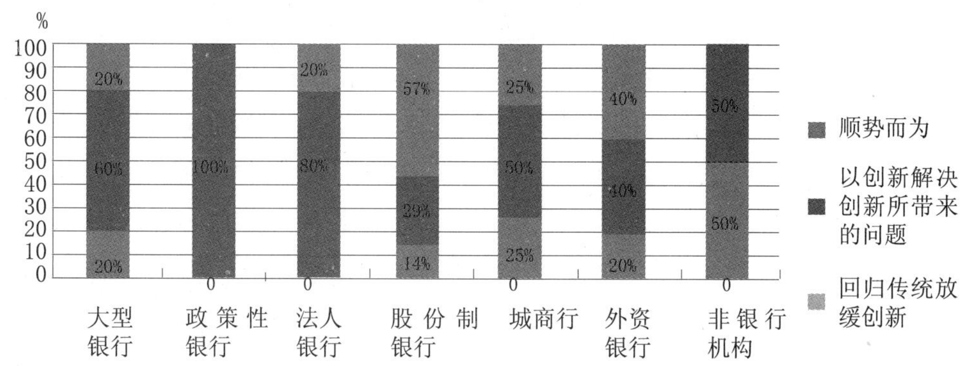

图 7 深圳银行业金融机构当前采取的金融创新策略

3. 与 2008 年深圳银行业金融创新的比较。根据各机构的自主申报、深圳银监局的严格筛选和日常监管信息的反馈，深圳银行业 2009 年共有 92 个项目参与创新评估，较 2008 年增长 26% 且呈现出以下几个特征：一是与授信相关的金融创新占比增加，共计 33 项占比达 36%，较 2008 年高 15 个百分点，这与 2009 年上半年信贷市场的运行高度相关，金融创新很大程度上成为银行提升有效信贷投放的重要手段。二是批发业务的金融创新仍主导创新的方向，共计 47 项占比达 52%，较 2008 年高 23 个百分点，零售业务创新 21 项占比为 23%，较 2008 年下降 6 个百分点，特别是一些高风险理财产品的创新较 2008 年急剧萎缩。三是中资银行金融创新保持旺盛势头，外资银行也急起直追，中资银行创新 77 项占比 84%，较 2008 年下降 13 个百分点，表明随着外资银行经营范围的不断扩大和对国内市场的日渐熟悉，其金融创新实力也逐渐显现。四是业务创新依然是金融创新的主要领域，2009 年共有业务创新 77 项，占各类金融创新的 84%，较 2008 年上升 29 个百分点。可见，迫于短期经营压力，试图以“短频快”的业务创新破解经营颓势已成为当前各行创新的出发点。

二、2009 年深圳银行业金融创新评估情况

本次创新评估采取百分评分制，具体由四部分组成：第一部为入围项目数量分（满分 20 分），由测评专家依据日常监管信息和历年创新动态，从各机构上报的金融创新项目中逐项过滤确定单一机构参评项日，为达到“以测评促创新”的日的，参评项目达 5 项以上的（包含 5 项）的机构一律取前 5 个最有竞争力的项目为入围项目，项目数量满分为 20 分，入围项目少于 5 个的机构按每少一个项目扣 4 分评分。第二

部分是入围项目质量分（满分 50 分），由测评专家结合各机构入围项目的原创性、经济价值和社会价值三个维度分别评分，原创性满分 20 分，经济价值满分 20 分，社会价值满分 10 分，最终取各入围项目质量评分的简单平均数为各机构的项目质量评分。第三部分为机构同业互评分（满分 20 分），由同质同类机构从研发、营销、定价、风险控制、人才储备、信息系统支撑、总行或管理层支持度 7 个维度，对除自身外的其他同类机构进行公正评分，该项评分满分 20 分，其中前 6 个维度满分为 3 分、最后 1 个维度满分 2 分。第四部分为创新体制机制建设分（满分 10 分），根据各机构在创新组织部门的设立、创新激励机制以及风险控制机制等基础安排方面的建设完备情况评分。根据上述四个角度综合评估，2009 年深圳银行业金融机构综合创新水平居前五位的是招商银行、中行深圳分行、建行深圳分行、国开行深圳分行和深圳发展银行。

总体来看，2009 年深圳银行业以强大的流程、研发和信息等优势为支撑，充分顺应经济金融形势与市场需求热点，快速开发实施了一大批兼具原创性和效益性的金融创新项目，为化解危机冲击、实现经营转型赢得了有利条件，金融创新呈现如下特点。

一是对接创业板的金融创新呈现活跃态势。2009 年 10 月 23 日创业板市场开板仪式在深圳举行，为深圳区域金融中心城市建设注入了新内涵。据统计，深圳 3 年内具备在创业板市场上市的企业约 1000 家，两年内基本符合条件的有 300 多家，已具备条件并启动上市程序的也有 200 多家，深圳银行业充分发挥其在区域金融市场的主导地位，依托广泛的客户基础和雄厚的资金、信息与专业优势，围绕这些企业在上市前后的改制辅导、资金监管等环节全面提供增值服务，为打通银证联系、拓展盈利空间进行了有益尝试。如建行深圳分行的 Pre — IPO 项目，通过与有上市意向的企业签署财务顾问协议，银行向企业提供一揽子融资、改制辅导等金融服务，获得未来向企业指定投资者的权利。作为对价，银行从入股投资者以财务顾问费形式获取企业成长收益。此外中信银行深圳分行的中小企业上市金以及板前选择权贷款、中行深圳分行的创业板直通车等项目也有异曲同工之妙，均是抓住创业板推出的有利时机，在现有法律框架内通过全面整合资源大力培育辅导拟上市企业，并以委托行权分成、获取财务顾问费等形式获取未来收益，巧妙地解决了中小企业金融服务当期成本收益不对等的问题。

二是服务中小企业的金融创新成为突破口。深圳经济结构具有“中小型”化特点，使围绕中小企业金融服务的创新成为热点，尤其在传统客户需求因危机出现大幅下滑背景下，这一领域的创新更显活跃。如中行深圳分行“小额委托贷款及购买相应委托资产”业务，通过与优质小额贷款公司合作，小额贷款公司发挥专业、网点和成本优势发放贷款，银行充分发挥资金和平台优势承接并管理贷款资产，实现互补双赢，为银行资金进入小额贷款市场提供了契机。建行深圳分行针对农村城市化进程中的特定历史遗留问题（如非完全产权物业等），通过成立专门的村镇业务部，向街道集体企业、社区股份合作公司及原村民三类客户推出原村民非商品房配售贷款等四类特色产品，并实施差异化审批流程、授信策略和独立的风险管理体系，为探索城市村镇银行业务开创了新思维。浦发银行中小企业信用培养计划，直面中小企业抵质押不足的现实，通过行业上下游客户间自愿协商、银行推介会或担保公司集中推介等形式，将几家企业捆绑组池，并缴纳一定互助风险保证金为保障（参与企业以缴纳的互助金为限承担有限责任），在大大降低中小企业融资门槛的同时，显著提高了传统担保方式的放大倍数。宁波银行中小企业金池塘、深发展中小企业在线财务及 ERP 服务、国开行农产品农户小额贷款合作模式、招商银行的 SCPER-BAMK 等业务，都从中小企业的现实需求出发，贴身设计各类专业、经济的金融服务解决方案，在改良和提升中小企业经营管理水平的同时，有效将中小企业纳入服务半径。

三是基于金融安全和服务便利化的金融创新频繁。深圳银行业激烈的市场竞争格局，倒逼各银行真正以客户为中心，在服务的安全性、便利性上做足文章，特别在银行的基础、核心业务方面，各行以先进的科技手段为辅助，以流程优化为抓手，服务效率和用户体验不断改善，为危机背景下银行业形象和效益提升提供了前提。在金融安全方面，农行深圳分行的手机 k 密码安全专利产品，创造性地将手机短信与传统密码安全认证相结合，将安全认证要素强制性地通过不同渠道进行隔离传输，在降低用户使用成本的同时，大大提高了目前主流安全认证产品的便捷性和安全性。工行深圳分行的金融 IC 卡，作为深圳首张符合 PBOC2.0 标准的银行卡，与国际通行的 EMV 标准相兼容，是目前国内市场上唯一真正实现非接触脱机支付方式以及跨行业使用的金融 IC 卡，在目前国内银行卡犯罪日趋猖獗、银行卡市场竞争失范的情况下，为未来银行卡产业的发展提供了方向坐标。在服务便利化创新方面，建行深圳分行推出移动签约 POS，银行利用移动 POS 上门为一些战略客户集中开展电子银行签约、开卡、收费和产品销售等服务，在大大释放网点服务压力的同时，银行化被动为主动，全面整合形成服务、营销和管理一站式模式，使客户忠诚度和银行的服务水平显著提升。此外，中行深圳分行开展一票通业务，为有效解决物流企业、大型连锁商场等客户日常资金汇划频繁、银行柜台单笔处理不经济的问题，该行依托其先进的科技信息力量，开发出支持多种记账模式、多币种、多种业务类型的一票通产品，实现了“一张支票办理多笔支付业务”，在方便客户的同时，大大提高了银行前后台处理效率，降低了业务差错率。

四是顺应贸易强市背景推出的一系列贸易融资创新持续活跃。深圳作为我国最重要的进出口贸易通道之一，连续 15 年进出口总额保持国内大中城市第一，2009 年严峻的进出口贸易形势使银企之间密切合作、共克时艰的重要性凸显，各行围绕企业在出口退税、应收账款以及“走出去”等方面对应的金融服务需求全力开展创新，为缓解外贸急速下滑的局面发挥了重要作用。如中行深圳分行的押税钱业务，为解决出口企业退税款未能及时到账而出现资金周转困难，以企业出口退税账户为质押，变过去出口退税融资只能凭税局证明放款的形式为凭“两单一票”、“三单一票”放款等更贴近市场需求的授信流程，并在此基础上与第三方进出口业务代理商合作，批量提供退税融资服务。深发展的进出口双保理离、在岸联动模式，通过拆分保理业务中的信用风险担保和应收账款融资两个功能，为离岸公司提供买方信用风险担保、为在岸公司提供应收账款融资，巧妙解决了传统双保理业务无法满足日趋普遍的离岸窗口公司的出口业务问题，有力支持了本地贸易企业开拓国际市场。国开行深圳分行结合非洲部分国家囿于观念和一些国际金融组织施加的融资限制条件致使传统买方信贷和保理业务无法开展的现实，通过供应商融资转让模式，由中兴通讯等本地电信设备出口商先对国外电信设备进口商融资，并经进口商出具商业本票确认债权，此后再由出口商采取适当增信措施将其融资权益转让给国开行，从而在贷款期限、承贷主体以及信用风险结构等方面进行全面优化，于各方而言真正实现了共赢。此外光大银行深圳分行的银关保、银关贷，民生银行的快易贴等产品也结合进出口及国内贸易中的资金流和供应链所蕴藏的金融需求，大胆创新、务求实效，以实际行动响应国家“保增长”的号召。

五是结合金融危机衍生的业务机会开展金融创新颇有成效。2008 年底至 2009 年年初，海外资产市场大幅缩水，相当一部分企业在金融机构去杠杆化的操作下资金链普遍紧张，而国内经济和金融机构相对而言遭受冲击不大，由此深圳银行业充分利用对接国际市场的优势逆市而上，趁机赚取超额利润和扩大国际影响，取得显著成效。比较突出的有中行深圳分行的境外可转换债券回购融资业务，由银行向境外债券的发行人或其境内子公司提供融资服务，由发行人或合作机构在境外按照债券面值的一定折扣进行回购，从而使债券发行人得以大幅降低负债比例，银行业也参与分享债券折扣收益，更重要的是有效抵御了海外资本市场波动对境内优质企业的负面冲击。建行深圳分行的海外租赁保险项下应收账款（租金）买断业务，紧紧抓住危机下部分有竞争力的船运公司试图扩大市场份额的想法，在境外承租人将海外保险项下权益转让给银行的前提下，由银行对租金进行一次性买断，作为一项创新，该项业务引入利率掉期安排，将买断贷款的浮动利率转化为固定利率，使本息支付与未来应收租金的清算风险消除，也为期初测算买断对价提供了测算因子，同时由于应收租金买断的投保业务无须上报信保总公司或财政部，因此相对于传统融资模式大大提高了业务效率。

六是着眼提升核心竞争力的固本强基型金融创新层出不穷。深圳银行业一贯重视通过制度、流程和系统等基础设施的建设来确立竞争优势，历年来这些领域的创新都占据相当比重，在当前国内银行普遍迫于短期经营压力而疏忽甚至放弃这些基础要素的情况下，深圳银行业着眼于长远核心竞争力提升，在这些基础领域的创新依然保持旺盛势头。中行深圳分行的公司金融 RPC 销售管理系统，按照流程银行管理理念，将服务客户的岗位划分为关系经理、产品经理和渠道经理、以交叉销售标准化流程和 IT 系统工具为支撑，实现专业化分工协作下的公司客户交叉销售，在降低内部管理、协调成本基础上提高服务效率。招商银行的 6S 资产托管业务综合平台，为打破国内资产管理行业业务系统高度垄断所带来的系统风险，克服传统资产托管平台单套账、多模块、落地式、分散化运行的缺点，通过在托管技术、运营以及客户服务等六大方面创新，显著提升了托管行业的风险管理、托管银行的业务处理能力以及用户需求的定制水平。为实现保增长与控风险双重目标，国开行深圳分行与深圳市纪委、监察局联合建立银政合作下的联合监督检查机制，对贷款投向、资金使用等可能涉及的违法违纪问题联合检查，将防范信贷风险与防范廉政风险相结合，将内部信贷管理与外部监管检查相结合，为确保国家宏观调控政策取得实效和银行体系的长治久安提供新思路。此外深发展的管理会计系统、中信银行卡中心的信用卡审批专家系统、交行深圳分行的特约商户清算管理系统等从全行或各子领域角度对系统和流程进行创新优化，为深圳银行业的快速发展奠定了坚实基础。

七是颠覆传统理念的业务模式创新取得长足进展。在我国经济社会快速发展和银行业竞争白热化的大背景下，业务模式的创新往往能将银行的经营带入蓝海领域，确立自身特色甚至品牌优势，因此这一领域的创新尤显可贵。兴业银行深圳分行的绿色融资，针对当前国内出现的合同能源管理（ESC）这种新型节能投资模式的资金流特点，通过对项目技术和被改造企业回款的封闭管理，并引入国际金融公司的损失分担机制，突破了传统抵押担保要求，为我国大规模开展节能减排项目提供了思路。此外该行还切入当前国内外已启动的二氧化碳交易市场，通过与国内外行业龙头公司合作，推出了碳金融保函业务，确立了该行在绿色金融领域的市场领先地位。建行深圳分行利用此前在黄金珠宝行业所积累起来的客户和经验优势，以银行为主导组建黄金珠宝行业会员制专业担保公司，由建行深圳分行担任金融顾问并建立固定业务联系，在传统联贷联保模式基础上，采取股东 / 会员合议制，最大限度地过滤授信风险，为银行巩固传统领域优势地位、拓展业务空间提供了很好借鉴。招商银行的银和理财管理平台，针对当前部分区域性中小银行及其终端客户理财需求与供给水平严重失衡的现实，充分依托招商银行在资金管理领域的传统优势，探索“自营资金管理 + 同业合作代销”模式，开发出稳赢、本赢、创赢等五大类产品，满足不同风险偏好的客户需求，在最大化自身品牌价值和实现规模经济的同时，以银银合作下的多方共赢成为当前抱团取暖的典范。此外国开行深圳分行与 Home Credit 合作，运用证券化分层技术承接消费贷款债权，并建立起“批发银行 + 消费金融服务商 + 零售卖场”的战略合作模式，为自身的商业化转型与扩大内需开辟了现实出路。

八是完善风险管理要素手段的金融创新稳步推进。在近几年银行案件高发、经济周期波动带来的风险考验以及巴塞尔协议即将实施的大背景下，深圳银行业的风险管理理念和水平稳步提升，这一领域的创新也较有成效。招商银行根据 OCC 以及 BAEL 等监管机构的最新指引，基于内部模型采用历史模拟法计算 VaR 值，并以此作为每日市场风险的量化指标，在模型输入验证、定价引擎验证以及返回测试等方面进行了前瞻性探索，并对折现因子生成、远期利率计算、插值等步骤进行科学解析，为实施新巴塞尔协议做好充分准备。此外该行公司及同业暴露债务人内部评级体系、零售风险暴露内部评级暨风险分池体系、公司暴露债项评级体系也在借鉴国外评级机构和先进银行最佳实践的基础上，以内部积累的各项数据为基础，分别能满足精确估算 PD、LGD 以及 EAD 的要求，为指导行内风险决策、提高资本盈利能力提供了科学参照。中行深圳分行的 DMP 非现场审计平台，高度整合银行各业务条线数据，建立多元数据集市，提供数据挖掘引擎，嵌入资金流追踪、跨业务联查、风险预警等功能，涵盖公司、结算、消费信贷等 12 个条线，对虚假按揭、套现、洗钱、地下融资等欺诈舞弊行为有很强的侦查发现能力。

九是开拓财富管理市场的金融创新热度不减。财富管理市场经历危机洗礼之后市场规模有所萎缩，参与主体行为更加理性，部分银行声誉损失较大，这一领域的创新面临较大挑战，但部分经营稳健、实力雄厚的银行以此为契机，抓住投资者行为和市场热点转变特别是当前全球经济初步企稳回升的有利时机，从战略和战术两个层面推动财富管理市场的两性发展。针对当前国内高净值客户急速增加的情势，招商银行、工行深圳分行和中行深圳分行等纷纷设立总行级的财富管理中心和私人银行，其中招商银行更是先人一步，在国内首次提出将资产配置而非产品销售作为私人银行经营的核心理念，银行以测算客户投资组合风险值来构建资产配置比例，总结出“螺旋提升四步工作法”作为投资纪律，并开发出国内首套私人银行基金评价模型体系，为私人银行业务科学理性发展提供了可靠支持。工行深圳分行的汇添利外汇信托理财产品，在争取国家外汇管理局的支持下，依托信托平台将外汇理财资金投向外币信贷资产，突破了传统外币理财的结构性或者双币套利性限制，有效满足了当前外币理财客户高安全性、高收益性的要求。荷兰银行一向在财富管理领域较为活跃，2009 年抓住投资者行为趋于保守特点，在 2009 年 3 月、4 月金融市场探底时推出“双区间触发”黄金挂钩结构性投资、“增强型罗氏能源指数”挂钩结构性存款、“全球水资源指数”挂钩结构性存款等多款到期保本型产品，有力稳固了客户基础。此外中行深圳分行的“活利宝”、华润信托的“中粮君顶葡萄酒收益权集合资金信托计划”等都大大加快了深圳财富管理市场的创新步伐。

三、金融创新典型案例解析

为深入揭示 2009 年深圳银行业的创新水平，作者从监管角度抽取了 4 个比较典型的创新案例进行详细解析，与此同时我们也将这 4 项创新向深圳市政府金融创新奖评选作了重点推荐。

案例一：合作共赢——银和理财

项目概况。银和理财是招商银行专门针对金融同业尤其是地方性中小银行及其终端客户的双重理财需求，依托招商银行在资金运作、理财产品开发、渠道系统等方面的优势，提供同业自营资金管理与合作代销服务的新型理财平台。该产品自推出 9 个月时间销售金额即达 735 亿元，直接实现业务收入 3600 万元，间接收益 1500 万元，辐射全国 29 个省级行政区域，包括农村商业银行、农村信用社、信托公司、期货公司等 10 大类共 120 家机构均已与招行开展合作。

项目特色。主要包含三个方面：一是业务合作模式独特。其他同业除可委托招商银行为其提供自营资金管理外，还可以贴牌加工形式“冠名销售”或直接使用招行品牌的“非冠名销售”形式进行合作。二是系统支持的便利性。招商银行为同业提供二级代理售后管理系统，合作机构不用自行开发系统；客户资金到账起息及分红还本实现 T+0 功能；对不同客户实施差异化管理，大客户可以进行额度预约；实现一个受托理财系统，两种安全交易途径，网银和柜台均可完成有关交易指令。三是产品链条完整。根据客户不同风险偏好设计开发出稳盈、本盈、创盈、日日盈以及天天利等五大产品类型。

监管评价。作为一项金融创新，该项业务在四个方面实现了突破：一是将银行客户的概念进行了无限延伸，不但将银行同业纳入战略客户，且将同业客户的客户甚至更远链条的客户都纳入银行服务对象，极大地拓展了银行营销视野。二是银行的服务角色更加丰富，在展业过程中，银行既可作为投资管理人，又可作为产品供应商，某种程度上还可为资金供需上下游提供定制服务从而充当渠道中间商的角色。三是银行的辐射水平大幅提高，辐射水平突破自身网络限制，颠覆传统跑马圈地式的粗放扩张模式，同时也为深圳区域金融中心建设提供了很好载体。四是危机下各行在绝大部分领域展开白热化竞争，一些地方性金融机构与客户陷入边缘化境地，该业务充分表明携手合作、互补共赢在危机下既可能，更可贵。同时该业务仍面临一些不足：一是机构理财、同业客户的竞争日趋激烈，五大产品基本属于主动管理型的标准化产品，尚需在单一客户的个性化理财产品设计上多做文章；二是现有操作流程采取总对总签约模式，流程效率偏低，宜适当下放权限，提高市场反应与运作效率。

案例二：危中寻机——境外可转换债券回购融资

项目概况。针对一些资产和业务在内地的企业在香港或欧美等地发行的可转换债由于金融危机冲击出现大幅折扣需要较大赎回的需求，中行深圳分行向债券发行人或其境内子公司提供贷款或内保外贷等信用支持，由债券发行人或银行指定的合作机构按照一定折扣回购债券，回购完成后债券注销，债券折扣收益以及期权行权收益按照一定比例在融资各方进行分享。瑞信、中银国际等投行已与该行纷纷达成合作意向，截至目前已开展业务金额累计 4 亿元，操作中的项目达 13 亿元，全年预计可实现 2.75 亿元利润。

项目特色。此项目的特色主要包含三个方面：一是银行切入新的业务领域，该项业务通过一系列结构性安排，在现有法律框架下，抓住可转换债券兼具债权与股权性质，成功将业务领域延伸至夹层资本市场。二是独特的盈利模式，该业务中银行在获取传统贷款利息收益的同时，还首次参与共享债券回购的折扣收益以及内含期权的行权收益。三是完备的风险控制措施，要求企业提供债券投资所形成的资产作为抵押，通过与境外分行共同为相关交易主体开立贷款专户、境外资金监管专户、债券回购收款专户等实施资金全封闭操作，有效管控涉外业务中可能涉及的法律、外汇和信用等风险。

监管评价。该项创新作为危中寻机的典型，在以下两方面具有积极意义：一是支持企业化危为机。前几年发行的可转债利率成本较高（一般为 15% 左右），通过回购可降低企业整体负债水平，减轻财务成本，通过再融资安排还可结合企业当前现金流特点优化债务期限结构，且可转债内含转股安排的特点，使回购有助于消除或重新议定远期权益，加强企业对自身管理权的控制。二是银行经营思维的变革。传统融资服务专注于企业押品、制造型金融需求，竞争手段依靠价格战与风险控制标准的把握，业务空间有限。而该业务将关注点转入企业现金流，专注交易型资金需求，竞争手段依赖银行的全面金融服务水平，因此除需要敏锐洞察市场机会外，能否在短期内组织境外投行、境外分行、本地银行之间提供包括咨询、收购、融资等在内的一揽子解决方案成为制胜关键。但此项创新的不足之处也很明显，即带有一定的机会主义色彩，随着海外资本市场的逐渐回暖，可转换债券的折扣显著减少，业务机会也逐渐衰竭，但这并不妨碍其中蕴含的理念和思路复制到其他领域和业务中。

案例三：服务立行——广深铁路金融 IC 卡

项目概况。金融 IC 卡是国家金卡工程的重要内容，工行深圳分行作为深圳市金融IC卡的试点推广单位，开发出符合人民银行PBOC2.0标准的双界面和单界面的借、贷记金融 IC 卡，主要功能包括银行传统支付结算、脱机消费、可拓展多行业应用等。2009 年 2 月该行在铁道部、国家金卡办等部门的大力支持下，专门推出方便广深铁路乘车使用的广深铁路牡丹金融 IC 卡。该卡是接触、非接触式芯片、磁条相结合的双界面银行卡，芯片通过国际 ELF 标准，芯片中加载金融应用和行业应用功能，首创金融 IC 行业运用之先河。产品推出后受到广大市民热烈欢迎，3 个月发行达 4 万张，预计本年产生 500 万元利润。

项目特色。该项目主要包含几个特色：一是技术标准最领先。PBOC2.0 是国内安全性最高、技术最领先的标准，与磁条卡相比，牡丹金融 IC 卡可存储更多加密数据，不易仿冒，同时支持接触和非接触两种支付方式，大大提升了传统银行卡使用的安全性和便利性。二是关键技术最领先。首创实现芯片卡全生命周期管理，采用开放的 JAVA 卡为卡片平台，为政企合作和银企互联提供了广阔空间。三是行业应用前景好。该卡整合金融、交通、小额支付、身份认证和医保等多种应用功能，支持在移动支付领域的拓展，属于真正的一卡多用，特别是加载铁路乘车功能，促进了城际交通公交化进程。

监管评价。牡丹金融 IC 卡的推出对于行业发展而言具有较为重要的意义：一是为传统银行卡支付安全找到了出路。目前伪卡欺诈损失占银行卡欺诈损失的比重达 69%，EMV 迁移计划推出后，信用卡诈骗损失将由发单行和收单行中未采取 EMV 迁移的一方承担所有责任，牡丹金融 IC 卡将为银行卡产业的健康发展奠定坚实基础。二是跨行业运用取得突破。目前全国各行业支付卡已超过 50 亿张，金融 IC 卡发展的最大难点不在于开发，而在于突破行业壁垒。深圳已累计发行银行卡近 1 亿张，加之深圳通、交通卡、社保卡等已形成一定气候的行业卡（也具有一定的资金吸附功能），在造成严重资源浪费的同时，也给银行经营和社会安全带来较大压力，而牡丹金融 IC 卡的推出则有效解决了行业不兼容问题，有利于推进珠三角经济、生活一体化进程。三是非接触脱机支付方式具有交易成本低、交易速度快等多重优势，在目前各类服务渠道不堪重负的背景下，对提升社会各领域运作效率具有重大意义。四是作为一项战略拳头产品，该产品的推出将可进一步丰富银行的金融结算产品，稳定中高端客户资源，同时率先推出金融 IC 的象征意义也可极大地提升该行的品牌价值。

案例四：固本强基——银行内部审计“一审通”系统

项目概况。银行内部审计“一审通”系统是以银行风险为导向，以审计现场作业平台，以审计基础数据库、法规数据库、业务数据库、统计数据库、计划数据库、档案数据库、人员管理数据库等为基础，集成“审计计划、审计档案管理、非现场审计数据分析管理、审计人员管理、审计统计”等功能为一体，以计算机网络技术和电子影像手段实现的审计业务全流程管理系统。该系统为实现银行审计工作的集中统一管理、各项目组跨地区集中管理、审计人员实时在线作业以及审计工作的连续性提供了强有力的支持。目前该系统已上线九个功能模块，包括审计项目管理、一户通、一线通、计算机审计等，另有审计评级模块等正处于二期开发中。银监会等监管部门以及平安集团、光大银行、招商证券等同业已先后实地观摩、交流，认为其系统开发思路和技术对国内金融同业提升审计工作水平有重大借鉴意义。

项目特色。“一审通”系统在很多方面的创新属于国内外首创：一是技术方法的创新。该系统采用 B/S 架构和强大的工作流引擎，并与银行 OA 系统实现无缝对接，极大地提高了审计系统的扩展性和兼容性。二是审计方法的创新。该系统能强有力地支持审计人员和被审计单位人员实时在线操作，突破现场审计限制为在线实时作业，突破单次审计限制为持续审计，突破个人审计技能独享限制为专家经验共享，突破审计人员单兵作战限制为团队共同审核。三是审计手段的创新。该系统以电子化流程和自动化作业，保障了审计工作的质量、审计操作流程的规范以及审计证据的完整。四是审计信息集成的创新。该系统可海量存储备份审计文档资料，可存储影像、声响、图片等各种介质和形式的工作信息，并支持一次录入、多维度使用，保证现场和非现场数据的完整性。

监管评价。目前国内金融同业审计管理系统主要存在以下几个问题：一是功能单一，无法实现统一的用户和权限管理；二是缺乏强大的工作流引擎，只能下载相关模块，事后上传；三是不支持工作底稿记载和实时审核、审计事实确认书的在线签署等现场审计作业要求。而“一审通”系统的推出在实现上述功能的同时主要体现了四大价值：一是强化审计预算管理，合理配置审计资源，银行可根据其总体工作目标以及审计风险评级情况，科学确定审计项目计划，总体匡算费用和有效配置资源。二是规范审计行为，撬动审计管理升级，该系统实现了审计操作流程的标准化、专业化，运用国际上最新的计算机辅助审计技术，大大提升了审计管理水平。三是提高审计工作效率，节约审计成本，通过各种自动化流程，传统手工操作的时间和工作成本大为减少。四是实现了持续审计，审计人员对重大审计问题可实时进行复核，对审计问题的整改和有关责任人的处罚可随时跟踪提示，为银行揭示业务经营管理和内控中存在的隐患和不足提供了便利。

构建金融创新服务基地 促进银行业新发展

金融创新是经济发展对银行业提出的客观需求，也是银行业自身实现可持续发展的重要动力，尤其在目前尚未触底的经济金融危机背景下，金融创新无疑成为国内银行业应对挑战、走出困境的不二选择，更是诸多中小银行追赶国内外先进大型银行的制胜法宝。因此，打造深圳银行业金融创新基地，既是对三十年来深圳银行业创新实践与成就的一次全面响应，同时也必将为深圳乃至全国银行业发展开创新局面构筑起坚实平台。

一、主要优势

改革开放 30 多年来，深圳银行业始终以开拓创新为“灵魂”，以市场需求为导向，敢闯敢试，常变常新，金融创新始终位居全国各大中城市之首。据不完全统计，仅以近 3 年参与深圳市金融创新奖评选的银行创新项目就达 200 多项，主要包括管理体制、组织架构、业务产品、信息科技及深港合作等诸多领域的创新，且其中不少品牌和技术被各银行总行采用并推广至全国，如 2007 年有近 50% 的创新参评项目向全国推广，进而为提升深圳金融创新的层次、质量和知名度作出了重要贡献，同时也为我国银行业发展发挥了试验田作用。深圳银行业金融创新之所以能取得如此成就，主要得益于各方优势。

创新政策优势。1980 年 8 月，中央批准建立深圳经济特区，赋予其在金融等领域改革创新“窗口”“试验田”的历史使命，促成了深圳金融创新的先行优势。在全球金融格局深刻调整和我国银行业全面开放的形势下，2009 年 5 月，国务院又批复了《深圳市综合配套改革总体方案》（以下简称《综改方案》），确定深圳为金融改革创新综合试验区，再次为深圳的金融创新提供了广阔平台和有力的政策支撑。与此同时，深圳市政府亦高度重视、大力扶持金融创新，着力打造激励创新的配套政策环境，先后颁布实施了《深圳经济特区金融发展促进条例》《关于加快深圳金融业改革创新发展的若干意见》等一系列支持金融创新的政策，通过专项资金支持、人才培养引进和金融生态建设等措施全力支持金融创新，其力度之大举国罕见。特别是国内首创的年度金融创新评奖活动（每年颁发金融创新奖 20 余项），已成为深圳银行业创新的方向标。

深港联动优势。CEPA 协议实施以来，深港之间的合作交流更加深入，深港联动也成为深圳银行业创新活跃的重要推手。香港是连接深圳与澳门、台湾及海外金融市场的纽带，是国际先进银行聚集、金融创新人才云集、创新理念先进的国际金融中心。通过深港联动，深圳银行业已在体制、机制、理念、技术、人才、产品等方面与港澳台和国际市场有了相当程度的对接。《综改方案》实施之后，深港联动将进一步强化，深圳建设全球性的物流中心、贸易中心、创新中心和国际文化创意中心的定位，将进一步密切深港两地资金、货物、信息和人员等要素的流动，这将为深圳创造更多的金融创新需求，促进香港创新要素进一步向深圳扩散和转移。

机构集聚优势。竞争是金融创新最好的催化剂。经过 30 年发展，深圳银行业体系完善，机构众多，门类齐全，截至 2009 年 6 月，深圳分行级以上银行业金融机构共 75 家，其中法人机构 17 家，外资银行业金融机构 30 家，在全市不到 2000 平方公里的土地上分布着近 1300 个服务网点。银行体系的高度集聚一方面显著提升了市场竞争程度，从而为银行体系的金融创新提供了不竭动力，另一方面机构的高度集聚亦使金融创新的学习扩散效应和规模效应能得到较大程度的发挥，从而使金融创新的经济效益和社会效益更趋显著。与此同时，深圳作为市场化运作水平较高的区域金融中心城市，完全依赖市场机制培育吸引了一批具有国际知名度的金融集团，如平安银行、招商银行等，这些龙头金融企业的蓬勃发展，亦为深圳银行业实施跨行业创新提供了极大便利。

市场需求优势。主要体现在几个方面：一是深圳是典型的外向型城市，进出口总额连续 16 年居全国大中城市之首，同时也是重要的服务外包基地城市，贸易融资等外向型金融创新需求极为旺盛。二是深圳是创新型城市，高科技企业集中，目前拥有成长期的高科技企业 3 万多家，扩张期的产值过亿元高科技企业 600 余家，华为、中兴、比亚迪等多家进军国际市场的高科技龙头企业，客观上要求银行的服务创新必须不断适应企业创新发展的要求。三是深圳是中小企业为主的城市，约有 30 万户中小企业，占深圳企业户数的比重超过 99%，这些企业的资金需求缺口极大，因此针对中小企业的特色金融产品有着巨大的创新潜力。四是深圳是移民城市，拥有庞大年轻、富有、知识化的移民群体，这个群体消费理财观念超前，对投资、避险等金融产品的需求旺盛，也形成了巨大的私人财富管理创新需求。

创新技术优势。金融创新是一个系统工程，包含产品、管理创新等领域在内的众多金融创新行为，将日益考验银行在信息收集、捕获、筛选、分析以及在线管理等方面的技术实力，一项构思新颖的金融创新能否最终给银行带来正的现金流，关键是看这项创新在技术上是否具备可实现性。深圳作为国内高科技产业最为发达、产业链条最为完整的城市，其高新技术产品产值、专利申请量等多年来居于国内大中城市首位，特别是与银行业发展密切相关的信息技术产业已为全球瞩目，金融创新所要求的各项技术服务解决方案在深圳都能找到国内最好的供应商，这为深圳银行业的金融创新提供了最全面、最及时和最强有力的 IT 软硬件支持。

监管环境优势。“敢闯、敢试、敢为天下先”的南海洋文化，造就了深圳银行业勇于创新的传统。深圳银监局成立以来，坚持风险为本的监管理念，不预设创新底线，允许试错纠偏，树立创新服务意识，鼓励银行业金融机构放开手脚，从客观实际需求出发大力实施金融创新。同时，为给予深圳银行业金融创新提供高效专业的指导和协调，深圳银监局整合创新监管力量，专门向银监会争取设立了金融创新监管处，成立了“深港合作及金融创新委员会”，专责指导和协调银行业创新，并颁布了《深圳银行业金融创新指导意见》，对创新流程、风险管理等统一监管口径，明确责任边界，从而建立起深圳银行业金融创新的督导机制。

二、主要安排

进一步解放思想，不为成绩所累，不为定式所困，不为视野所限，用足政策、强化优势，积极采取有效措施，高效提供专注专业的指导和协调，强力支持金融创新基地建设。

积极探索有利于金融创新的监管政策。以防范风险为前提，积极支持和引导银行业进行体制创新、流程创新和业务创新。一是在银监会的领导下，积极推进落实创新金融品种和经营模式、人民币结算试点等先行先试政策，及时制定和完善相关的配套监管政策和措施；力争深圳先行先试业务的创新审批权，提升深圳银行业金融创新的先行先试效率。二是不断探索建立“三位一体”的创新监管体制，即按照创新实施的前、中、后期，分别启动事前“预沟通”机制、事中“全监控”机制以及事后的“后评价”机制。三是全面改善银行业金融创新的协调服务水平，联合市政府各职能部门以及各驻深监管机构，合力打造金融创新服务的绿色通道。

深入推动深港金融创新联动。首先在落马洲河套地区发展规划中，为香港银行业金融机构产品研发中心的进驻预留空间，鼓励招商银行与永隆银行、中行与中银国际、工行与工银亚洲等深港两地有密切联系的金融机构在产品创新等领域加强互动。其次，成立金融创新专项培训基金，定期遴选、组织深圳银行业相关人员赴港培训、交流，学习香港的金融创新理念和技术，引进香港金融创新人才，同时鼓励深圳银行业到香港创设学习中心、信息中心等。最后，推动后海金融区建设，打造制度、体制、教育、文化、生活与香港接轨的深港金融创新圈，推动深港金融创新的对接。此外，还将积极探索深港两地银行业金融机构参照同城管理模式互设营业网点，提高两地银行业经营的融合度。

切实推动服务于中小企业和高新技术企业的金融创新。推动《深圳市中小企业金融服务体系建设工作方案》的贯彻落实，推动银行开发和完善中小企业金融产品体系和服务体系，鼓励银行探索以股权投资形式对中小企业提供资金支持。鼓励银行开发服务于高新技术企业的金融产品和服务体系，鼓励探索和开展退税质押、股票质押、股权质押、保单质押、债券质押、仓单质押、其他权益抵（质）押等多种形式的担保贷款，试办知识产权质押贷款、项目融资等。

多措并举培养具有国际视野的金融创新人才。落实深圳市政府有关吸收金融人才的各类奖励和优惠政策，吸引境内外银行业创新人才来深发展；加强深、港两地在创新人才培养方面的合作，建立两地银行高管人员和创新技术人员的互访、互学、沟通；与银监会、银协及商业银行合作，在深圳建立银行创新发展研究院等金融创新人才培训基地；大力引进香港和国内金融教育资源，鼓励来深独立办学或与银行联合办学，举办各类创新人才培训班；推进建立金融人才档案系统，促进金融创新人才合理流动。

大力引进培育创新主体。充分利用深圳良好的行政环境、监管环境、业务环境和市场机会，积极引进一批创新需求旺盛、创新动力强劲的中小银行，在分享深圳先进的金融创新理念、技术和文化的同时，丰富深圳银行业金融机构的创新层次和领域。进一步提升银行业金融机构服务为本的理念，在大力改善创新活动软硬环境的同时，欢迎鼓励各银行业金融机构的创新中心落户深圳。

努力营造金融创新的良好外部环境。一是市政府统一协调，努力打造适合金融创新的高效、廉洁的司法体系，尤其要加大对金融产权的保护力度，合理界定政府有关部门在金融事务中的责权边界，极力避免不必要的行政干预。二是进一步清理优化各项政府服务的流程，适度降低各项有偿服务的收费标准，降低银行业金融机构的创新成本。三是提高金融创新中涉及各项审批事项的透明度，加大对金融创新各项知识产权的保护力度，坚决打击各种不正当市场竞争行为。

打造银行业技能培训基地　提升银行业竞争力

随着我国银行业的全面开放和市场规模的急剧膨胀，银行业的人才需求迅速扩大，各个层次的银行业人才供不应求问题日益突出。与此同时，随着我国经济结构和国民财富分配结构的调整，银行经营模式和服务内涵也发生了深刻变化，银行从业人员的知识更新、观念重塑和技能提升要求亦日趋紧迫，因此在人才供给上存在的这种量和质的瓶颈已经成为制约我国银行业提升竞争力的主要障碍。改革开放以来，深圳银行业紧紧依托特区政策、与港接壤的地缘优势以及银行体系完备的市场优势，打造了一支德才兼备的人才队伍，不仅为深圳银行业从无到有、从弱到强提供了有力支撑，同时为区域乃至全国银行业的发展也输出了智力支持。面对国内银行业对人才的呼唤与渴求，深圳银行业有责任、有条件肩负起人才技能培训的重任，以打造银行业技能培训基地为契机，构建起本地银行业人才供给的内生机制，同时服务和辐射全国银行业人才的技能培训需求。

一、主要优势

基础优势。深圳银行业始终把人才培育作为银行业发展壮大的首要工作来抓，在人才培育的机制建设、机构创办和师资配备上探索开辟出一条特色化道路，为深圳银行业建立长效、高效的人才培训模式奠定了坚实基础。一是充分发挥中、外资银行同业公会的对外联络、协调职能，形成了以银行业同业公会为桥梁的培训合作机制，有效衔接深港培训机构、各职能部门以及各金融机构专家，定期或不定期就银行同业的普遍性或个性化问题进行培训辅导，基本解决了中小银行员工技能培训的短板。二是部分深圳金融机构的人才技能培训基地已初具规模，如招银大学已发展成为集内部员工培训、外部培训输出、金融研究与商学院于一体的综合化教育培训机构，培训各类人员接近百万人。平安学院也已发展成为国内规模最大的企业培训基地之一，该学院拥有各类中高级讲师近 3000 人，可同时接待学员近千人。此外，借着深圳优美的滨海自然风光以及卓越的配套条件，近年来也吸引了部分银行在深圳设立其总行的培训中心，如中信银行南方培训中心等，进一步夯实了培训基地建设的基础。

地缘优势。深圳与香港仅一河之隔，一方面方便将香港的师资队伍“请进来”，即可借助深港合作平台，便利引入香港专家、学者和资深从业人员亲临深圳讲学，低成本实现“足不出深、学遍世界”的效果。另一方面亦方便组织培训学员“走出去”，实地考察了解香港现代银行业的管理理念、运作技巧或者进行专题性的研讨体验，不仅使教学更为直观生动，增强教学效果和吸引力，更重要的是能使培训视野与国际保持同步，使知识技能培训与国际最佳实践保持一致，充分体现本土化与国际化兼顾的培训理念。

市场优势。深圳作为国内金融体系最为完备的城市之一，中外资银行同台竞技、大中小银行竞争互补、银行与非银行金融机构错位发展、信贷市场与资本市场相得益彰，构筑了国内金融市场细分程度最高、竞争最为激烈的发展图谱，由此造就了深圳在打造银行业人才技能培训基地方面的三个优势：一是培训领域的宽泛性，基本可以覆盖目前银行业金融机构所需的各类岗位技能，以及在风险管理和业务拓展中的各种案例，充分满足银行的各类培训诉求。二是深圳银行业市场竞争激烈，“深圳实践”已经历了本地残酷的市场竞争检验，三十年来深圳银行业领先全国的发展速度和质量即可证明这些实践是充分有效的，因此对于国内大多数同行而言，“深圳实践”是打造人才技能培训基地的重要资本。三是培训充分贴近市场、体现实战要求，本着实用主义原则，所有培训均依托现有金融机构资源，竭力模拟真实经营场景和市场条件，以避免北京、上海等地在人才培育中过分强调理论训练、过分依赖大学资源的缺陷。

二、主要安排

整合政府、银监局、银行、工会等力量和资源，明确功能定位、优化运作模式，巩固培训基础，强化培训服务，充分满足深圳乃至全国各类银行业金融机构尤其是中小银行的技能培训需求。

明确功能定位。技能培训基地的创建和发展必须以清晰的功能定位为前提，结合国内银行业技能培训领域现状及深圳的诸多优势，深圳银行业技能培训基地在功能定位上应实现三个结合：一是对内培训与对外培训相结合，各类培训机构在满足本地、本系统培训需求的基础上，要积极对外开放培训资源，条件成熟后还可向证券、保险行业的培训渗透，以提高基地的影响力和资源利用率；二是以基础业务、基本技能培训为主，高、中低端培训相结合，对新入职、转岗或新晋职员工以提供两基培训为主，对中层管理骨干、支行行长等提供风险管理等中端培训，对高级管理人员提供领导力培训等个性化高端培训；三是技能培训为主，实践操作与理论训练相结合，各类机构的培训大纲应注重实效，力求与银行需求实现无缝对接，同时辅以必要的理论训练，力争办出特色。

优化运作模式。一是积极推动政府制定银行业技能培训基地的具体规划，构建层次分明、功能互补、导向各异的培训机构体系，具体而言就是要做大做强招银大学、平安学院等依附大型金融集团成立的培训基地，探索公司化、市场化运作模式，直接参与市场竞争，培育本地品牌。二是政府扶持、联合部分有意向和实力的中小银行，以合资参股方式成立具有一定规模的培训机构，在以成本价格满足股东学员培训需求的同时，鼓励其参与市场竞争，实现半市场化运作。三是银监局、同业公会等向市政府争取土地和全额资金支持，成立面向深圳银行业、完全封闭运作的培训基地，一方面服务于全市大规模培训和集中政策宣讲，另一方面重点服务于实力较弱、培训需求零散的城市商业银行、外资银行和非银行金融机构等。

夯实培训基础。坚持“四管”齐下，打造高标准的培训软硬件环境，提升培训质量和效率：一是对两基培训以及信用卡、IT 和呼叫中心等同质化的培训需求，培训中心要开发专门的教学模块，编辑标准化的培训教材，甚至可以探索成立专业培训学院的方式提高培训效率。二是储备具有一定数量、高水平的师资队伍，要着眼于内培外引，将各部门、机构内部实务经验丰富和课堂表达能力突出的业务骨干充实到师资队伍中，特别要注重引进香港金融机构的专家团队，同时要加强与国内外各专业咨询公司和大学的合作。三是精心规划各类培训基地的物理场所建设，充分考虑到交通、治安、自然环境等因素，提高学员培训、生活的便利和愉悦度，要加大对培训中心的资金投入，提高培训设施现代化、信息化水平。四是针对不同的培训对象和培训项目细分培训需求，提高培训内容的定制能力和个性化水平，将前端的技能培训与后端的开发研究相联系，形成互为支撑的良性互动局面。

强化培训服务。基地建设应力求以一流的服务取信和便利于各银行业金融机构：

一是在培训形式上，可在办好深圳本地现场培训的同时，还可探索在异地设立分校区甚至在境外建立合作培训基地，以适应银行在国内和国际市场的扩张发展，另外还要特别注重通过远程视频培训、模拟银行、在线考试等虚拟方式提高培训辐射范围，降低培训成本。二是在培训组织上，要建立包括训前的需求摸底、训中的资格认证和训后的效果反馈在内的全流程质量控制体系，将培训服务的针对性、实效性和权威性作为基地的核心竞争力予以高度重视。此外，还要重视自身管理经验的沉淀总结，力争构筑一套与中国现时法律、金融制度相吻合的培训方案、案例和认证体系，为规模化、系统化的培训奠定基础，为国内相关行业标准的推行创造条件，尤其要重视自有知识产权的管理，部分声誉较好的培训机构可与监管部门合作，提高部分技能认证的市场认知度。

建设金融信息服务基地　服务银行业深入发展

金融信息与现代金融体系相伴相生，包括银行在内的整个金融体系，其综合发展水平日益体现为对金融信息的掌控和相关话语权，这一点已从华尔街以及伦敦金融城等世界性金融中心的发展轨迹中得以验证。综观国内，由于金融体系的市场化改革起步较晚，信息公开等配套措施缺乏相应规范，金融信息服务的发展远远滞后于金融业在其他方面的进展和实际需求，且已成为制约我国金融深化和银行业科学、精细发展的重要障碍。深圳作为我国改革开放的窗口，历来是国内外经济金融信息的交汇点，在竞争日趋激烈的今天，亟须通过建设金融信息服务基地为银行提供全面、权威的金融信息服务以辅助其决策，同时亦可提升深圳金融中心城市的对外服务功能和国际影响力。

一、主要优势

对接优势。深圳毗邻全球第四大金融中心和亚太地区重要金融信息枢纽的香港，在接收国际金融市场信息方面有着国内其他城市无法比拟的区位优势，虽然当前互联网技术的发展使得金融资讯在时空上的传递已基本实现全球同步，但这仅仅停留在原始信息领域，而对于增值信息服务和金融信息的深加工而言，还必须依托金融中心的敏感度和人才资源环境等方能有所作为。因此，深港之间通过强化合作，在金融信息服务领域实现“前店后厂”式的运作模式，即能顺利接入香港乃至整个国际金融市场的金融信息服务链条。

市场优势。经济金融信息是市场运行的产物，深度的金融信息服务不仅包含狭义金融市场信息，所有影响金融市场运行和机构运作的信息也应涵盖其内。从主要法人商业银行数量、法人证券公司数量，基金公司资产管理规模、法人保险公司资产规模、创业投资机构的数量和资本规模等指标来看，深圳在金融市场建设方面位居国内前列，且具备了提供和发布一些对国内外有影响力信息的信息源。如深圳连续多年蝉联国内进出口总额最大城市，是我国对外贸易的方向标，可借此编制船舶货物运价指数；深圳是国内房地产行业市场化程度最高的城市，房地产投资已成为反映我国房地产市场活跃程度的温度计，可借此编制房地产市场指数；此外，还可以结合深圳中小企业数量众多、高新技术产业全国首屈一指、黄金需求量全国第一、现金投放量全国第一、民间金融活跃等特点，分别编制中小企业信心指数、高新技术产业订单指数、黄金交易指数、现金投放指数和民间金融价格指数等。

技术优势。金融信息服务是一项以信息技术为载体，集金融信息采集调查、分析研究于一身的综合化、跨行业服务形态。从国际顶级金融信息、服务提供商的成功经验看，这些顶级金融信息、服务提供商多从媒体或信息行业衍生而来，前者如Reuters，后者如 Bloomberg，而且在金融信息服务行业越来越强调及时性、准确性和专业性的背景下，那些具有信息技术优势提供商的优势更加明显，这从只有 20 多年历史但拥有技术优势的 Bloomberg 在 2004 年一举超过在媒体行业拥有 150 年经验的 Reuters 即可证明。深圳作为我国信息、技术产业最为发达的城市，其基础雄厚、技术领先的信息产业与深圳较为完善的金融市场体系相结合，必将催生出一批在国内乃至国际具有影响力的金融信息服务提供商，如鹏元征信公司是国内最早出现的面向社会提供信息服务的机构，该公司个人及企业征信领域所独创的“深圳模式”以及自主研发的贷款企业评级标准等，奠定了其在国内征信信息、领域的龙头地位，系统用户已遍及全国。

人才优势。金融信息服务属于高度知识密集型行业，对新闻采编、金融市场分析、软件开发等各类高端人才需求甚大，尤其是金融和信息人才是建设金融信息服务基地的根本。在人才供给方面，除招商银行、平安集团、各大证券和基金公司、交易所等提供了大量金融信息人才外，一批民间金融信息咨询机构也培育了不少人才，如新财富咨询等。此外，大批香港金融从业人员近年来由于香港金融市场的激烈竞争和 CEPA 协议框架下两地人才交流日趋频繁，纷纷将深圳作为“北上”的首选，相当一部分还踊跃参加内地各项金融从业人员资格考试，这类人才的流入也为深圳建设金融信息服务基地提供了多元化、国际化的人才储备。

二、主要安排

随着 2009 年 6 月 1 日起我国开始对外国金融信息服务商实行新的监管框架，我国金融信息服务市场正式对外开放，然而目前国内除新华社的“新华 08”凭借垄断优势尚可在部分领域与国外金融信息服务巨头展开竞争外，其他企业和品牌根本不堪一击，这一情势不仅已经严重掣肘我国金融业发展，更是成为我国金融业提升国际影响力的软肋。鉴于深圳在建设金融信息服务基地方面存在的上述优势，我们拟对近期主要工作作如下安排。

注重专业及独立性。一是借助证券咨询行业的快速发展和金融人才的聚集，力图在此基础上将目前仅限于银行内部的信息咨询业务实行独立化运作，设立专业化的金融信息咨询机构，充实研究力量。二是探索通过交叉持股、技术转让、信息、共享等方式扩大与国外顶级信息、服务提供商的合作，或者在资金实力和管理能力匹配的前提下，直接在国内外主要金融中心城市设立信息、采集、分析工作站，提供一手、独家、独立的金融信息服务。

引进信息服务要素。抓住国外金融信息服务提供商抢滩国内市场的机会，吸引一批机构落户深圳，作为其采集、开发和销售国内金融信息的平台，以此影响和带动国内提供商在经营管理、市场开发以及技术支撑等方面向国际标准靠拢。做好与金融后台服务基地的对接工作，积极引进国内各类金融机构的数据中心、信用卡中心、票据中心等功能中心进驻深圳，为金融信息服务基地的建设提供更完备的要素和市场基础。

整合各方信息资源。通过构建一个综合平台，将目前工商、税务、国土、公安、海关、银行业监管部门等各自开发的信息系统打通整合，形成一个功能强大的综合信息网络供各方共享。建立各类金融信息的授权发布机制，规范信息发布流程，提高信息发布透明度，降低金融信息采集成本。必要时可通过特区立法，为信息服务机构、采集工作的及时性、准确性提供制度保证，通过探索规范统一的原始信息有偿服务机制、增值信息交换机制等解决单一机构的信息来源瓶颈，同时加强金融信息、专利保护力度和品牌推广力度，通过成立推广基金，鼓励各机构与国内外高校、研究院所和各类金融市场管理部门建立合作关系。

强调政企多方联动。深圳市政府应制定出台专门的金融信息服务产业发展的指导性文件，明确市政府的协调部门、资金扶持和优惠措施，特别要在落实《珠江三角洲改革发展规划纲要》以及《深圳市综合配套改革总体方案》的具体安排中，突出强调发展金融信息服务业的重要性，加强政府引导。由于信息服务特别强调客观性、公正性和独立性，因此信息服务基地建设应特别注重民间力量参与，要通过营造公平、公开、公正的市场环境和便利的市场准入服务，扶植一批各具特色的金融信息服务公司参与市场竞争。对于具有一定规模和市场影响的机构（如鹏元征信等），要鼓励各类产业基金、风投机构、担保机构加大融资支持力度，鼓励这些机构抓住机遇进行技术升级，扩大业务领域和覆盖网络，提升专业服务水平和市场影响力。

对深圳金融业现状和发展态势的几点看法

为贯彻中央关于进一步解放思想、坚持改革开放的精神，深圳银监局正在开展“深圳银行业改革开放三十年回顾与展望”演讲、征文、展览、研讨系列大型活动，旨在通过回顾改革开放的伟大成就，激发对未来银行业发展思考的热情。拟结合深圳银行业发展现状，谈谈以下几点认识。

一、顺应市场发展态势，突出金融混业特点，开创深圳区域金融中心的局面，构建国际化银行大都市

深圳金融市场的特点是资金市场、资本市场与保险市场共存、共通、共融，三者之间相互竞争、相互渗透、相互融合、相互促进。众多要素的存在，孕育了市场，激活了市场，丰富了市场，为培育深圳金融中心的地位提供了得天独厚的条件。深圳银行业门类齐全，特别是中外资法人银行入驻深圳，使深圳银行业发展具有了辐射性和引导性，自然形成了相对主导地位，具备了发展银行大都市的基础。要使金融中心和银行大都市的设想成为现实，深圳还需在以下几方面做出努力：

一是建立快捷便利的行政管理和服务体系。借助特区相对独立的行政管辖权，集地方和中央在深圳行政管理部门于一体，减少行政审批环节，提高办事效率，以服务型行政管理体系创造便利宽松的行政环境。

二是建立守法诚信的社会行为规范。通过广泛的宣传教育和激励措施，辅之以严厉公正的司法手段，强化社会的守法诚信意识，建立起先进的社会行为规范。

三是完善科学有效的监管体系。根据金融市场的演变和金融机构的客观发展要求，建立适合深圳条件、具有深圳特点的监管协调机制，统筹金融监管政策和行为。为此，深圳银监局发起与证监局、保监局即将签署联合监管的框架协议，打通混业监管的通道。

四是制定积极务实的引资政策。要出台一系列态度积极、内容务实的引资政策，作为不断设立和引进新的金融机构，持续注入市场活力，维持市场优势竞争力的保障。

五是创造自主宽松的经营环境。建立开放自由的市场规则，无论何种机构，无论机构大小，来者欢迎，去者欢送。无论何种业务无论规模大小，只要风险可控、市场公平、无害社会，开办自愿，停办自主。

二、本着区别对待、实事求是原则，指导和推动建设本土银行的品牌特色，创建多层次、多种类、多功能的金融服务体系

经过30年的改革开放，深圳已建立起政策性银行、国有银行、全国性股份制银行、外资银行和本地四家法人银行为主体的银行服务网络。为适应经济金融发展的需要，满足社会各层面客户的服务需求，同时提升整个市场的服务功能，深圳面临市场资源的进一步优化，以及服务功能和网络的进一步丰富。为打造本土银行的品牌，完善金融服务体系，提升金融服务水平和金融中心地位，需要对现有的银行业机构根据实际情况进行改造，提升机构的质量、完善服务功能。同时进一步创新机构的设置和布局，充分满足机构本身的发展和社会金融服务的需求。

（一）顺应金融控股集团的发展方向。平安保险集团控股平安银行、招商银行控股信诺保险公司的局面已经形成，监管部门应顺应这一客观发展趋势，建立监管部门间的工作协调机制，指导金融机构在控股集团的模式下健康发展。金融控股集团模式的核心问题是，防控混业经营条件下的风险传染，构筑隔离风险的防火墙；在发挥集团多种经营优势，相互配合形成多赢的前提下，突出主业发展，巩固主业优势。

（二）支持招商银行综合化和外向化发展。招商银行经过多年的发展，经营实力和品牌形象都得到市场普遍认可，内部管控体系较为成熟。支持其通过控股或参股的方式向保险、基金、信托等领域渗透，积极探索以银行为主业的综合化经营道路；支持其进一步在国内布设网点，推进国际化经营；同时，鼓励其在全国范围开展产品和经营模式的创新，包括小企业金融服务机构的设立，是顺应其自然发展规律的选择。

（三）推进平安银行集团化和区域化发展。经平安集团改造后，通过国际高管团队的整顿，平安银行经营管理和业务发展已经显现效果。鼓励其依托集团优势，实现集团内银保互赢的局面；在内部整合相对成熟的条件下，支持其依靠资本优势适度加速异地机构的设置；允许平安银行借助寿险客户的资源和寿险公司的客户信

息跨地区推广信用卡业务，弥补其营业网点不足的缺陷，应属顺应其发展的积极之举。同时，依托集团的优势和现有的小额消费信贷的团队和技术，积极探索设立依托社区的小额贷款法人银行机构。

（四）改造深圳农村商业银行。深圳是全国唯一不存在“三农”概念的城市，农村商业银行的服务属性已发生根本变化，传统意义上的客户和业务已不存在。在农村属性消失的同时，农村的属性又对其发展形成客观限制。为规范深圳农村商业银行的体制机制，解放深圳农村商业银行的发展能力和服务能力，亟须对深圳农村商业银行进行进一步改造。首先，改造股权结构，引进战略投资者，按照现代金融企业的模式打造一家新型的商业银行；其次，在新型体制机制下，完善服务功能，更名跨区域发展；最后，在符合相关要求的前提下推动上市。

（五）拓宽小企业发展融资渠道。小企业发展的融资问题历来是地方经济发展的瓶颈问题，深圳也不例外。微型小企业的资金需求非银行自身意愿所能解决，这是与银行的体制机制相悖的问题。为妥善解决小微企业的融资问题，促进地方经济的可持续发展，要在现有的条件下，创新机构种类和服务功能。现实解决该问题的方法有三：一是在改造现有小企业贷款机构的基础上，给予银行或非银行金融机构的牌照，使其进入同业市场，降低筹资成本，保证其微型企业融资业务的持续发展。这一方式既可发挥小额贷款公司的一技之长，又可解决稳定的资金来源渠道问题。二是政府为主导，组建支持小企业发展基金，以基金为平台直接入资或提供担保，为小企业贷款机构提供资金或融资支持。三是商业银行直接组建小企业融资机构，通过体制机制的彻底变革实现支持小企业发展的目的。

（六）丰富金融外部服务体系。金融服务就社会而言，是为社会公众提供良好的金融服务。而就银行业机构而言，也需要相应的外部服务，这是金融投资环境的组成部分。就社会服务而言，信用卡技术和结算服务、社会征信服务、现钞押运服务、金融电子化服务以及金融企业设备机具服务等需要有一个公平、公正、合理、高效的服务体系。就深圳的市场而言，金融服务的社会体系的个体要素均已存在，关键的问题是将市场的各要素有机地结合在一起，通过金融服务集团的方式，向银行业机构提供综合性服务支撑。

三、发挥区位优势，突出地区特点，打通国际通道，建立金融创新中心

一个金融中心的存在和延续有赖于市场活力的存在，而金融市场的活力来源于金融创新的激励。一个金融中心的存在有赖于金融创新的能力，金融创新的能力又有赖于金融中心所提供的条件和激励。深圳培育国际金融中心的梦想应启动金融创新中心的建设，依靠良好的基础，借助毗邻香港的优势地位，创造条件将创新工作与国际一体化。

要打造金融创新中心，除政府层面的奖励措施以外，还需要以政府为中心为金融机构的创新活动提供法律和政策方面的支持。

一是使用特区立法权提供法律保障。深圳特区开展解放思想、改革创新的先天优势是享有地方立法权，地方人大通过立法方式保障金融创新者的合法权益，使金融创新活动纳入法律轨道，做到有法可依。

二是突出金融创新的区域政策。金融创新与金融监管是一对对立统一的矛盾体，金融监管在支持金融机构发展的角度鼓励创新，在维护市场稳定安全和市场秩序与公平的角度又会强调适度与稳健。特别是在全国金融市场发育不平衡的情况下，相对一致的创新政策势必使一些地区感受到创新的压力，而另一些地区则感受到创新受制。客观上，在不具备风险识别和控制能力的地区和机构盲目开展创新活动是危险的。深圳的金融相对独立于全国市场，作为一块试验田，深圳的创新活动既具备自身的能力，又可将风险与其他地区相对隔离。因此，制定相对独立的区域性创新政策，对深圳的创新活动是有益的。

三是外向发展是深圳金融创新的方向。鉴于我国金融管制相对较严格，且国内的金融创新能力落后于国际先进水平，大部分地区金融信息较为滞后，为提高金融创新能力，积累经验辐射全国，深圳的金融创新活动应立足国际，借助区位优势走国际一体化道路。

四、立足目前，着眼未来，营造引进人才和留住人才的适宜环境，满足未来发展的人才支撑

任何事业的长远发展有赖于人才队伍的支撑，深圳的金融中心地位同样有赖于

一批专业人才。在市场经济条件下，人才是候鸟，环境是气候，哪里气候适宜，它就迁徙到哪里。我们要吸引人才，留住人才，既要提供优惠的物质条件，还要拥有和谐、温馨的社会环境，为人才提供一个干事业、干成事业、干好事业的平台。

提供优越的引才条件。地区之间的竞争根本在于人才的竞争，人才是可持续发展的智力保障。为培育金融中心地位，政府应制定相应的政策和策略，在经济待遇、户口、住房、医疗、社会保险、家属就业、子女入学等方面，创造吸引人才的优越条件，解除人才的后顾之忧。

打造金融人才培训中心。要实现国际金融中心的梦想，首先应该将深圳营造成辐射全国乃至国际的金融人才培训中心。要把人才培训作为一项产业，在基础设施、系统设备和专业技术方面作出投入，同时制定长期的产业扶持政策，保证金融人才培训中心的形成。充分利用毗邻香港金融中心的地缘优势，吸引各地到深港两地培训金融人才，并着力培育一批职业经理人和独立董事，形成特色。

重视人才软环境建设。深圳特区曾经是一块炙手可热的热土，也是冒险家的乐园，它吸引了国内外的大量人才来此创业，由此开创了深圳欣欣向荣的局面。但近年来北京、上海对金融人才的吸引力却强于深圳，北京、上海的房价、生活费用不比深圳低，可见人才看重的不仅仅是物质上的条件，还在于长远的发展。因此，要进一步解放思想，创新用人机制，形成“能者上、平者让、庸者下”的氛围；营造和谐的工作氛围、良好的创业环境、宽松的人文环境，真正具有重才之心、容才之怀、用才之量。同时，政府要有意识地做推介深圳的工作，展示深圳形象，形成对人才的强磁场。

加强社会的人文文化建设。深圳是一座移民城市，也是一座年轻的城市，统一的传统文化匮乏是一个弱势。但深圳社会人员的组成来自五湖四海，融合了全中国的传统文化，这又成为深圳社会文化建设的优势。如何有目的地培育社会先进文化，是深圳持续发展的基础条件之一。

实事求是　解放思想
扬长避短　错位发展
——深圳金融中心城市建设思路

《深圳综合配套改革总体方案》为深圳的改革、探索打开新的空间，深圳市委常委会议审阅通过了《三年（2009~2011）实施方案》，深圳综合配套改革工作全面启动。深圳的历史发展和现在所处的地位与环境决定了其发展战略的选择，远要避开北京和上海的锋芒，近要错开广州和香港的优势，要在充分认识自身相对优势的基础上，采取差异性的发展战略，避免在同质同类的发展道路上消耗资源错失机遇。在策略上应在保持一般性市场功能培养的同时，更多地注重后台基地、培训基地、创新基地、信息基地和中小企业融资基地等“非主板”服务性功能的建设。借此取得相对的发展优势，从而逐步形成凝聚与辐射的能力，成为银行业中心建设的突破口。

《深圳综合配套改革总体方案》的获准实施，是深圳这个步入而立之年的新兴城市改革发展的又一个里程碑。在《珠江三角洲地区改革发展规划纲要》开始实施、深莞惠一体化建设逐步推动的形势下，深圳改革的总体规划和设计，为深圳的进一步发展创造了新的机遇，使之获得了新的空间，也带来了新的挑战。作为对 GDP 贡献率达 12% 的金融业，无疑要在新一轮的发展中承担支柱产业所要发挥的作用。深圳金融业在 30 年的改革开放中，建设了较为完善的机构体系、市场体系和服务体系。三十年后的发展将面临在自我丰富和完善的基础上，向具备辐射功能的金融中心城市转化。在金融中心城市的规划和建设中，一个基本的原则应该是实事求是，解放思想，扬长避短，错位发展。深圳的历史发展和现在所处的地位和环境决定了其发展战略的选择，远要避开北京和上海的锋芒，近要错开广州和香港的优势，要在充分认识自身相对优势的基础上，采取差异性的发展战略，避免在同质同类的发展道路上消耗资源错失机遇。

就深圳目前的发展水平和发展态势而言，要在激烈的竞争中取得先机，在策略上应在保持一般性市场功能培养的同时，更多地注重后台基地、培训基地、创新基地、信息基地和中小企业融资基地等“非主板”服务性功能的建设。深圳多年来确定的产业发展战略和综合改革配套方案确定的发展战略使深圳的产业布局与上述基地建设都有紧密连接的基础，可以借此取得相对的发展优势，从而逐步形成凝聚与辐射的能力，成为银行业中心建设的突破口。

一、打造银行业后台服务基地

深圳的主要优势在于：（1）区位优势。现代信息技术的发展，使得银行业的营销、营运与决策流程在分离的基础上实现集中管理成为可能，国内外银行业从压缩成本、整合资源、提高效率等角度出发，近年来纷纷采取总部与后台分离的异地化策略。相比北京、上海等城市而言，深圳地区法人机构虽少，而分行层级的机构体系比较成熟，宜于各机构总部布设后台。（2）规划优势。深圳一直非常重视和支持金融产业的发展，不仅对所有来深发展的银行给予众多支持与奖励，同时在金融产业发展战略上也已作出相关规划和安排，专门划出相当区域的土地储备，为金融后台基地建设预留了发展空间，这在寸土寸金的中心城市是难能可贵的。（3）产业优势。后台服务基地对科技配套服务要求较高，而深圳是国内高科技产业最发达的城市，金融后台服务基地对科技外包和服务解决方案的需求在深圳都能找到国内最好的供应商，即后台配套产业建设在深圳有相应的接口和基础。（4）环境优势。深圳素以服务高质高效、行政环境良好著称，加之监管环境成熟而专业，银行机构层次丰富、健全发达，为银行业后台服务基地建设提供了良好外部环境。同时，相对于国内外其他金融中心城市，深圳完备的金融体系和作为移民城市所积聚的大批知识型年轻劳动力，亦为打造金融后台服务基地提供了丰富熟练、成本低廉的人力资源。

银行业后台服务基地建设的主要思路是：将动员和吸引国内外银行机构在深圳设立后台服务基地作为近期的战略选择，有针对性地将政府的优惠政策与监管部门的激励政策用于后台基地建设。一是对已经落户深圳的中信信用卡中心和渣打电话中心等中外资银行后台单位，进一步明确支持性政策给予特殊关爱。同时，通过松散的组织形式定期不定期地组织交流、听取意见。二是在港台资银行和国内一些中小银行在深圳设立营业机构的同时，鼓励其后台服务中心进驻。三是加强政策引导和广泛宣传，使南山后台基地尽快升温，形成吸纳力和凝聚力。四是梳理深圳各产业的配置情况，有意识地培育与银行业后台业务相连接的产业链。在中小规模银行后台入住深圳的基础上形成后台服务的规模和气候，进而吸引大型银行加盟，逐步将深圳建设成服务银行、辐射全国的后台服务中心，成为深圳逐步具备中心辐射能力的组成部分。

二、构建银行业技能培训基地

深圳的主要优势在于：（1）基础优势。金融人才竞争是金融业发展的制高点，国内尚未建成统一的金融人才技能认证体系，导致国外金融认证趁机进入（如 CFA 等）。我国金融人才培训目前主要依托于各大高校，这种培训体系偏重理论、市场认可度不高，且培训资源高度分散，不利于发挥规模优势及效应。深圳作为一个新兴城市，金融教育不具优势，但在金融技能培训方面已有一定基础和有利条件，如招银大学、平安学院已成为本系统的培训基地，不少分行也有各自的培训中心，证券业的资本市场研究院也在积极筹备中，这些机构一旦形成规模并对系统外开放，影响力将大大提升。（2）资源优势。香港作为重要的国际金融中心，拥有极其发达、开放的金融市场，同时聚集了众多著名的国际性商业银行，这些银行在创新理念、技术、人才、经验等方面有着深厚的积淀。可充分利用香港相关资源，传播国际银行业先进的经营管理和创新经验。（3）市场优势。深圳与香港仅一河之隔，一方面可借助深港合作平台，引入香港专家、学者和资深从业人员亲临深圳教学，另一方面亦便于组织学员“走出去”实地考察了解现代银行的运作及管理，不仅使教学更为直观生动，增强教学效果和吸引力，更重要的是能使培训视野与国际保持同步，使知识技能培训与国际最佳实践保持一致，充分体现贴近市场和实战要求。（4）声誉优势。作为改革先行区之一，深圳银行业机构思想解放，知识较新，创新较多，在银行业改革发展中积累了丰富经验，已经得到全行业的认可。银行技能培训基地的建设具备了声誉优势。

构建银行业技能培训基地的主要思路：确定发展战略，整合现有资源，形成规模和品牌优势。首先，由政府主管部门制定银行业技能培训基地的具体发展规划和资源的配置计划，由银行业公会牵头协调培训主体和培训对象，以及受训后资格的认定。其次，在招银大学和平安学院的基础上组建银行技能培训的物理场所，同时建立涉及香港和内地乃至国际的培训师人才库，其后组成专业的技能资格认证机构，逐步确立深圳银行技能培训的权威地位。再次，有针对性地吸引和动员多层次、有特色的技能培训机构聚集深圳，形成技能培训的气候，形成中心的凝聚力和辐射力。最后，在技能培训基地建设的步骤上，可采取针对性地帮助地方城市商业银行解决培训需求入手，将其单一机构的、高成本的、非规范的零散培训转化为集成化的、系统化的、规范化的规模性培训，在聚集人气的基础上择机渗透。如若深圳技能培训基地的优势得以发挥，将深圳培育成中国银行业技能培训的“黄埔”，银行业高管、业务骨干和从业人员同出一个师门，深圳的中心地位也就毋庸置疑。

三、开辟金融创新基地

深圳的主要优势在于：（1）竞争优势。竞争是金融创新最好的催化剂，经过 30 多年发展，深圳银行业体系健全发达，截至目前有近 70 家银行业金融机构，服务网点达 1200 多个，无论从机构密度还是人均单产等指标，深圳银行业的竞争程度在全国当属最高，尤其随着近年一大批中小银行加速落户深圳以及货币经纪公司、汽车金融公司和村镇银行等新型金融机构的创建，金融集聚度不断提高，这是深圳银行业创新活跃的基础。（2）需求优势。华为、中兴通讯、中集、比亚迪等一大批本土成长起来的跨国经营企业和众多的外向型中小企业，不断向银行提出各类金融需求，这些需求有力地推动了深圳银行业创新。同时受深圳市场化程度高以及与香港联系紧密的影响，深圳居民的金融、理财意识浓厚，对金融服务的需求也明显高于其他省市，这也为深圳银行业创新提供了不竭动力。（3）传统优势。敢于尝试、“敢为天下先”的创新精神是深圳银行业成功的灵魂，也是深圳银行业的优良传统，多年来深圳银行业创新一直走在全国前列，部分创新活跃的银行由于创新成效显著而被确定为系统内的创新试点行。虽然金融危机使全球银行业呈现回归传统的趋势，金融创新几乎陷入停滞，但欣慰的是在“求生存、保发展”压力下，深圳银行业的创新传统未予摒弃、创新理念未予动摇。（4）政策优势。深圳一贯重视金融业的发展，对金融业改革创新给予了很多支持，自 2005 年起即在全国首次设立金融创新奖，对创新突出的金融机构给予奖励，有效推动了深圳银行业的创新。2006 年又出台了《关于加快深圳金融业改革创新发展的若干意见》，提出将深圳建设成新型金融机构的聚集区和金融产品的创新中心，加之最近深圳又获批“国家创新型城市”，因此开辟创新基地正逢其时。（5）监管优势。深圳银行业监管部门重监管亦重发展，对创新容忍度较高，在坚持风险为本的监管理念下，给予银行业较大的创新空间。同时积极整合创新监管组织架构，专门向银监会申设了金融创新监管处（全国只有深圳和上海才有），并成立了“深港合作及金融创新委员会”，全面负责指导与协调银行业的创新。

开辟金融创新基地的主要思路：进一步解放思想，不为成绩所累，不为定式所困，不为视野所限，不为艰难所惧，紧抓在竞争态势、市场基础、创新传统、监管环境方面的有利条件，充分发挥毗邻香港的优势和市场层次丰富、产品容量充裕、金融需求迫切、创新活力旺盛、创新氛围浓厚的条件，支持、鼓励和吸引银行机构在深圳设立产品研发中心先行先试，逐渐形成一种创新的吸聚力和创新氛围。首先，要进一步坚定发展金融创新这一战略目标，在激励政策和资源配置上进一步向创新活动倾斜。将金融创新作为深圳先行先试整体战略的组成部分，获取中央主管部门的政策支持。其次，充分发挥深圳创新环境优越、国际信息快捷的固有优势，进一步发挥以服务为本的理念，在进一步改善创新活动软硬环境的同时热情欢迎银行业机构创新中心落户深圳，首当其冲的是将独立创新能力相对较弱、创新需求旺盛的中小商业银行吸附到深圳，形成规模优势和环境氛围。再次，利用深圳企业国际化程度较高和居民金融服务及投资意识较强的有利条件，有意识地培育金融信息咨询行业的发展，为企业与居民的创新需求和银行业的创新活动提供信息采集及信息反馈服务，使深圳的创新环境更为成熟。深圳金融创新基地的建设有可能使深圳银行业市场成为全国银行新业务的孕育地和试验田，商业银行的创新中心和创新产品集聚到深圳再辐射到全国，其中心的权威地位也就相应得到确立。

四、创建金融信息服务基地

深圳的主要优势在于：（1）信息优势。香港作为重要的国际金融中心，金融创新层出不穷，金融资讯极其丰富。虽然互联网日益发达，但深圳毕竟是国内唯一和香港陆地接壤的城市，能更及时、更便捷地获悉国际金融业的最新动态和最新信息，并在此基础上使信息的再加工、深加工成为可能。（2）人才优势。得益于资本市场的发达和吸引，深圳证券咨询业务发展迅猛，近年来汇集和培养了大批金融专业人才与金融信息，有助于金融信息服务基地的创建。（3）市场优势。金融经济信息是市场运行的产物，因此所有信息必须以一个具有代表性的市场为依托，这些市场不仅指狭义的金融市场，所有对金融运行有影响的市场都可作为信息来源，比如深圳作为国内最大的进出口城市可以编制船舶货物运价指数，作为国内最为活跃的房地产交易城市可以编制房地产市场指数，类似还可以结合自身优势编制中小企业信心指数、高新技术产业订单指数、黄金交易指数、现金投放指数和民间金融价格指数等。

（4）技术优势。深圳鹏元征信公司已创办多年，是国内最早出现的面向社会提供信息服务的机构，该公司在信息采集、编制、发布以及市场化运作等方面都积累了丰富经验，为创建金融信息服务基地提供了技术支撑。

创建金融信息服务基地的主要思路：随着银行业的快速发展和银行技术及产品的不断更新，特别是金融知识和金融服务在社会上得到越来越广泛的认知，整个社会对金融信息的需求也更加迫切和广泛，在某种意义上讲金融信息服务行业的发达与否将会成为未来银行业发展的动力或障碍。创建金融信息服务基地或许成为深圳实现营建金融中心梦想的条件。一是借助证券咨询行业的快速发展和金融人才的聚集，力图在此基础上将目前仅限于银行内部的信息咨询业务实行独立化运作，通过专业化的金融信息咨询机构，充实研究力量，扩大国内外合作，培育王牌金融咨询分析人才，面向社会提供银行业务咨询或发布专业信息，达到扩大影响、提升服务水平的目的。二是通过构建一个综合平台，将目前工商、税务、国土、公安、海关、银行业监管部门等各自开发的信息系统打通整合，形成一个功能强大的综合信息网络供各方共享。同时对鹏元征信公司进行适当的技术升级，开发信贷评级等相关信息，扩大服务领域，形成更直观、更全面、更丰富的信息网络。三是由于信息服务特别强调客观性、公正性和独立性，因此信息服务基地建设应注重民间力量，通过扶持一批民间甚至国内境外信息服务机构扎根深圳，确立深圳金融信息服务基地的权威性。四是必要时可通过特区立法，为信息服务机构信息采集工作的及时性、准确性提供制度保证，通过探索规范统一的原始信息有偿服务机制、增值信息交换机制等解决单一机构信息来源瓶颈，同时加强金融信息专利保护力度和品牌推广力度，通过成立推广基金，鼓励各机构与国内外高校、研究院所和各类金融市场管理部门建立合作关系。

五、营造中小企业融资服务基地

深圳的主要优势在于：（1）经济结构优势。相比而言，上海国际金融中心建设从产业结构和市场基础来看主要侧重于大型企业和批发性的金融需求，其融资功能和融资规模确非深圳能比。而深圳产业结构偏“中小型化”，中小企业数量庞大，且集聚了大量民营中小企业和高科技企业，科技创新活跃，资金需求量大，中小企业融资空间广泛且具备融资的基础条件。（2）服务主体优势。深圳银行机构多、种类全，银行体系健全发达，服务主体层级丰富，尤其近年又引进了一批专注中小企业融资服务的中小银行机构，对丰富服务主体、加强市场竞争、提高中小企业金融服务供给水平起到了积极助推作用。（3）服务体系优势。目前深圳已形成较为完备的中小企业金融服务链条，如以中小板、创业板为代表的独特资本市场体系，以风险投资、创业投资、私募股权基金为代表的全国最活跃的创业投资服务体系，以信托、租赁、消费金融公司和银行为代表的门类齐全的银行业市场体系，以小额贷款公司和即将成立的村镇银行为代表的特色专业服务体系，以政策性担保机构、商业和政策性保险机构以及全国领先的征信机构为代表的辅助体系等，都为中小企业金融服务中心的建设奠定了良好的基础。

营造中小企业融资服务基地的主要思路：中小企业融资问题是世界性难题，由于我国银行业尚属垄断行业且实施利率管制，客观形成了商业银行从体制机制上对中小企业的排斥，尤其近三十年的经济高速增长给商业银行提供的丰厚利润更加助长了这一局面。深圳是一个新兴城市，中小企业是深圳的根和魂（现有大型企业均是由本地中小企业培育而成），加之深圳拥有小企业板、风投创投、基金担保等丰富的中小企业融资服务体系，且政府年初又下发了针对性极强的《中小企业金融服务体系建设工作方案》，因此在深圳营造中小企业融资服务基地破解其融资难问题应不是空穴来风。一是改变现有贷款问责体制，即针对中小企业贷款实际，专门建立一套有别于一般贷款的科学合理的不良问责机制，解决银行“不敢贷”问题。二是加大信用担保体系建设，并在现有基础上加大财政贴息力度，进一步完善中小企业贷款风险补偿机制，改善银行中小企业贷款的风险收益结构，解决“不能贷”问题。三是利用监管政策对信贷业务集中度风险管理的硬约束要求，指导银行充分依托深圳中小企业密集的经济特点，顺应市场需求，调整信贷结构，解决“不愿贷”问题。四是进一步丰富服务中低端客户的对应机构，培育各类市场主体，以适度的竞争和专业化经营，提高中小企业金融服务的供给水平，解决“无人贷”问题。五是有针对性地将财政性存款等政府所控资源和各种激励性政策更多地向对中小企业发展作出突出贡献的银行倾斜，补充其资金来源，解决“不想贷”问题。六是积极构建社会信贷信息系统，弥补中小企业金融服务的各项缺陷，降低各参与方的交易成本，提升服务效率，解决“方便贷”问题。唯此合力，定能缓释中小企业融资难，进而确保深圳产业发展有后劲、金融中心城市建设有基础、扬长避短错位发展有特色。

以监管创新推动深圳银行业新一轮大发展

——对深圳银行业金融创新与监管的思考

在深圳这么一个竞争激烈、需求旺盛的市场环境下，创新是银行业生存和发展的必由之路。规则之内难有创新，创新势必会突破规则。我们作为监管机构如何看待创新，如何监管创新，直接关系和影响到深圳银行业金融创新的进程及可持续发展。深圳银行业要再创辉煌，必须进一步解放思想，不为成绩所累，不为规则所困，不为视野所限，不为艰难所惧，大胆创新，科学创新。

一、深圳银行业的金融创新占据天时、地利、人和，连年取得丰硕成果

（一）深圳银行业金融服务体系健全，金融市场发达，客户需求旺盛，创新思维活跃。经过二十多年的发展，深圳银行业金融服务体系十分健全，金融市场非常发达，机构品种齐全，网点星罗棋布，银行业竞争异常激烈，必须以创新求生存、谋发展。同时，深圳银行业拥有创新的传统，创新思维空前活跃，且创新需求也十分旺盛和强烈，客观上增强了银行创新的紧迫性和主动性，使深圳银行业享有了创新的天时之优。

（二）深圳毗邻香港，国际市场信息传递快捷，与香港银行业交流便利。深圳地处区域经济相当发达和活跃的珠三角核心区域，同时毗邻香港国际金融中心，与香港和国际市场信息传递快捷、交流便利。目前，招商银行、深发展、平安银行、农村商业银行四家法人银行和工行、中行、建行等银行均在深圳设立了金融产品研发基地，具备了根据本地需求自主开发创新产品的能力，且已形成相互促进、相互竞争的态势，使深圳银行业独具创新的地利之便。

（三）深圳银监局采取有效措施积极支持银行业的创新活动，鼓励银行业进行机

制创新、产品创新和服务创新。为推动深圳银行业创新，深圳银监局积极主动向银监会汇报、沟通、协调，经常配合有关领导在深圳调研和指导银行业的创新工作，鼓励银行业在机制、产品和服务等方面进行大胆尝试和创新。同时，在深圳市政府的统一组织和领导下组成“深圳市金融发展决策咨询委员会”，从 2005 年起连续组织年度“深圳市金融创新评奖活动”，重奖优秀创新项目，极力营造良好的创新监管环境，实现了深圳银行业创新的人和氛围。

在天时、地利、人和的条件下，2004 年以来，深圳中资商业银行创新成果显著，在全国率先开发了重要产品约 70 项，其中，很多产品被各银行总行向全国推广采用。

二、积极支持，科学引导，确保创新活动有序开展

（一）创新的基础立足于机制创新。鼓励银行业金融机构建立有效的创新机制。首先，要鼓励银行业机构在推出创新产品之前，组成创新组织机构充分论证产品的市场需求、能力支撑、合规性、风险度和可控性等。其次，在推出每项创新产品或业务时，督促商业银行建立严密的内部管理程序，要按照发起、立项、设计、开发、测试、风险评估、审批、投产、培训、销售、后评价和定期更新资讯等环节，设置科学规范的业务流程，确保业务的合规性和风险的可控性。

（二）创新的意识立足于有效提升服务质量和经营效益。引导银行业金融机构树立正确的创新态度。创新必须以科学有效为宗旨，以提升服务质量、创造经济效益为目标。必须避免盲目追求创新或单纯为创新而创新，不符合本机构经营特点或不适应本机构发展阶段的新产品对机构发展不利。通过创新，要使银行在增强产品便利、改进内部操作流程的同时，能真正提高服务效率，优化利润结构，提升核心竞争力，实现可持续发展。

（三）遵章合规，有效控制风险是创新的基本前提。创新与风险相生相伴。监管机构有责任督促商业银行密切关注创新的合规性，有效控制风险。一是要规避政策风险。目前，商业银行金融创新的步伐远远快于监管机构的配套制度指引和规范，很多创新产品难以界定需要报批或是报备，以及银监会和地方银监局对金融创新的监管范围等。这在客观上使得商业银行在创新时面临着一定程度的政策合规风险。二是严密防范操作风险。由于金融创新往往涉及原有产品、服务等要素的组合，创新必然要引入新流程。如果流程设计不合理，培训不到位，在创新业务的办理过程

中可能会出现各种各样的操作风险，必须严加防范。三是注意控制交易对手风险。银行与证券、保险、信托等机构合作，推出有别于传统银行业务的新产品，客观上增大了各金融机构间的依赖性和依存度。银行必须密切关注创新过程中可能发生的交易对手等风险。

（四）持续的评估、后评价、改进是创新不断完善的必要手段。新产品推出后，商业银行的产品研发部门应会同风险管理部门定期及不定期地对创新产品进行回顾、后评价、改进，开展产品后评价工作，使创新产品不断完善。同时在这个过程中，要敏锐洞悉更多的创新动向、信息和内容，以形成螺旋式上升的产品创新链条。

三、完善监管，创造条件，为银行业金融创新营造良好的监管环境

（一）减化程序、下放权限，形成创新审批的灵活机制。重视区域差别、市场条件差别，允许部分发达地区的银行率先开办一些试点性业务。一是在业务创新准入方面，宜多采用备案制和报告制，逐步减少核准制，给予银行更多的自由创新机会和创新空间。二是研究放松目前存在的一些禁止性准入，修订部分脱节于现实的政策法规和部门规章，使之具有前瞻性，营造有利于银行业创新的政策环境。

（二）积极应对，分别设限，对金融创新实行差别监管。一是准确判断产品风险可控度，对产品实行差别监管。对风险偏低类产品可由地方监管局审批，高风险类产品必须报银监会批准。同时，建议银监会创建“创新目录”，每年年初公布上年度银行业的“创新目录”，由于目录上的各项创新业务，其效果和影响已基本得到市场确认，因此只需采用备案制，而目录之外的创新业务则需采取核准制，以此对创新监管的宽严程度进行动态调整。二是区分面对机构投资者和居民个人的创新业务，实行差别监管。对机构投资者的创新业务在准入上可相对宽松，面向居民个人的创新业务准入应更为谨慎。三是在对商业银行的公司治理水平和经营、内控等进行风险综合评级的基础上，对机构实行差别监管。对公司治理完善、风险评级较高、内部管理好且抗风险能力强的银行，在所有创新产品的准入上给予政策倾斜。反之，则在所有创新产品的准入上从严把控。

（三）政策扶持，适度宽容，培养健康发展的创新产品市场。为了更好地培育商业银行的创新意识，保护其创新积极性，建议银监会尽快确立各项创新风险责任划分原则，明确创新的风险容忍程度以及尽职免责范围。当金融创新出现一般性风险时，

对一些确已尽职的机构和创新业务人员，应允许其逐步完善创新产品，并给予适当宽容，避免因创新的局部的有限风险而打击整个银行业的创新积极性。同时，可考虑对银行创新产品在税收、费用等方面给予一定期限和一定程度的优惠，以消化银行创新的部分开发成本，切实鼓励银行业创新。

（四）创造条件，加强银行间交流，促进银行业整体创新能力提高。一是建议成立监管机构联合工作小组，对创新案例进行分析、评价，研究各项创新产品有何优势和不足，进一步丰富“创新目录”的内容，对银行业各种跨市场创新行为进行引导和规范。二是搭建银行同业之间创新协作平台，鼓励银行进行全方位的金融创新合作，包括组织商业银行召开各种形式的座谈会、研讨会、产品信息发布会等，相互启发创新思路。三是统一内外资银行监管政策，为中资商业银行的金融创新搭建公平竞争环境。

（五）加强研究，高效监管，指导银行业机构减少创新“学费”支出。首先，要设立专业的监管部门，并配备专业的监管队伍。同时，密切关注和跟踪国际银行业金融创新及监管方面的最新动态和良好做法，在创新比较发达和前沿的地区建立定期交流制度。此外，由于单一监管对创新研究不可能太全面、太深入，建议将监管资源集中在创新前沿地区，加强对创新业务的研究和后评价，并及时公布评价结果，尽量避免失败案例的重复发生，减少银行业机构创新“学费”的支出。这样既可灵敏捕捉国内外创新信息，又可有效利用监管资源，提高监管效率。

完善银行业后台服务基地　丰富金融中心城市功能

在全球化浪潮和信息技术革命的推动下，银行业经营迫于成本和风险控制的压力，前、中、后台运作已呈现出明显的分离趋势，由此形成了一批集中专注于后台运营的服务基地。此举不仅为基地所在区域城市嵌入全球金融产业链条提供了契机，更有利于完善所在区域城市的金融服务功能，发挥其银行业的辐射效应。而后台服务基地的建设是基于现实条件综合发挥各项优势的自然结果，绝非单凭主观愿望便可造就。鉴于此，在全面考量后台服务基地建设各项要件的基础上，深圳本着“巩固自身、立足国内、服务国外”的角度顺势而为，提出了进一步完善后台服务基地建设的构想，以此满足国内外银行业对后台服务的各项诉求，同时亦可为丰富深圳金融中心城市功能带来新的机遇。

一、主要优势

基础优势。作为国内法人银行和外资银行相对集中的城市之一，多年来深圳依托良好的运营环境，吸引了一大批后台服务机构进驻。招商银行、深发展等 4 家国内法人银行在深圳设立了 12 个不同类型的后台中心；外资银行中除永亨、大新、华商等四家法人总行将其主要操作中心设在深圳外，渣打、恒生、东亚和汇丰 4 家法人分行在深圳设立了 10 个后台服务中心；此外，股份制银行中的民生、兴业和中信等银行也开始陆续将其部分后台中心迁往深圳。这些后台服务中心的进驻和顺利运作，为深圳后台服务基地的完善奠定了基础，同时也为后期进驻的各类后台中心建设提供了可资借鉴的宝贵经验。

规划政策优势。深圳市政府对金融后台服务基地建设非常重视，在战略上已作出相关的规划和安排，并专门划出相当区域的土地储备，为金融后台基地建设预留了发展空间，这在寸土寸金的中心城市是十分不易和非常难得的。龙岗区平湖街道的“深圳市金融产业后台服务基地”在 2007 年已正式开工建设，总建设规模达 380

万平方米，总投资概算约 80 亿元。该基地将规划建设“十个中心两个基地”：业务处理中心、银行卡中心、生产数据中心、档案管理中心、电话服务中心、网上服务中心、容灾备份中心、金融研发中心、支付清算中心、金融物流中心、金融教育培训基地和金融外包及配套服务基地。此外，深圳市政府为积极引进银行后台服务机构的进驻，还按照金融机构一级分支机构的优惠标准，在入户奖励、用地补贴、高管以及一般性技术人员福利等方面的奖励制定了相关制度给予同等激励。

产业支撑优势。银行后台服务主要包括银行信息技术外包 (ITO) 和银行业务流程外包 (BPO)，而无论哪种外包服务都必须依托基地雄厚的信息技术实力，因此信息技术产业的发展与后台服务基地建设在相当程度上可以说是一对孪生双胞胎兄弟。深圳作为国内高新技术产业发展重镇，既有中兴通讯、华为等一批国际级的信息企业为支柱，且带领深圳连续多年获得国内、国际专利申请量第一，奠定了深圳作为国内高新技术产业龙头地位；更重要的是深圳的富士康、比亚迪等全球性代工巨头经过多年发展，已培育了一大批中小型优质、专业的外包企业，积累了丰富的外包服务经验。若能将这些企业的信息科技实力与本土后台服务基地的需求进行无缝对接，自然驾轻就熟，在成本和效率方面将有国内其他城市无法比拟的优势。

商务环境优势。建设后台服务基地需要大批年轻、熟练、专业的人力资源，深圳作为一个典型的移民城市，一直以来以包容的城市文化、健全的用工保护和富有竞争力的薪酬，源源不断地吸引全国各地、各层次的金融技术人才来深圳发展，为后台服务基地建设奠定了坚实的人才基础。特别是经过多年发展，深圳银行业金融机构门类齐全、层次丰富、数量可观，本身就可不断集聚、培养和对外输送各种操作型、开发型的后台服务金融人才，且后台服务基地也可无障碍与银行开展培训合作，彻底解决基地的人才瓶颈。此外，深圳作为国内市场化程度最高的城市，政府部门的行政效率、服务质量在国内当属一流，监管部门对后台基地的建设也一直持积极支持态度，后台服务机构在日常运营中面临的各种困难和问题基本都能得到关照和解决。

二、主要安排

摸底需求，持续关爱。对已经落户深圳的如中信信用卡中心、渣打电话银行中心等后台单位进行全面摸底，密切沟通，切实了解掌握现有后台服务中心运营中面临的具体困难，若属其总行层面问题导致运转不畅的，监管当局可出面帮助沟通协调；若属政府层面的问题，监管当局在统一了解各中心需求的基础上集中向市政府反映，力争获得政府支持。同时监管当局将指定专门对口部门，持续关注各类后台服务中心的运营状况，贴身指导后台中心的发展，尽力帮助解决后台中心的需求。

合理定位，主动吸纳。鉴于国内后台服务基地的竞争态势，深圳银行业后台服务基地建设必须注重实效，绝不贪大求全，但要主动争取，积极引进。从吸纳对象看主要有三类：第一类是国内大型银行在华南区域或在珠三角区域的后台服务中心，第二类是部分跨区域经营的中小商业银行后台服务中心，第三类是港澳台资银行全球性的后台服务中心。与此同时，要加快龙岗平湖金融后台服务基地的建设步伐，特别要加大美化周边环境、强化配套服务到位的力度，有计划地将现有各后台服务中心集聚于此，尽快形成银行后台服务的气候和规模。

培育相关产业链。积极梳理与后台服务基地建设密切相关的产业配置情况，要根据行业和技术细分结果，一方面有意识地引导技术供给能力较强的产业企业与现有各后台中心形成有效对接，另一方面对部分供给能力不足甚至空白的领域，要加快培育和引进力度，尽快培育和完善后台服务基地发展需要的产业链条。市政府在制定产业发展规划中，要明确与后台服务基地对接产业企业的优惠扶持措施，通过加大政府补贴、政府采购和融资便利等措施，引导社会资本参与各项配套服务，打造适度竞争、链条完整、服务高效的后台配套产业环境。

创新基地运作模式。一是引导和鼓励银行业金融机构把从事非核心业务的后台服务中心在独立化的基础上实现法人化运作。二是针对部分具有规模优势的后台服务中心，如档案管理中心、金融物流中心等，还可探索多家银行联合成立独立的第三方后台服务平台方式，以会员制、有偿服务的方式进行运作。

完善基地建设的配套安排。一是遵照国际通行信息安全标准，强制性要求基地各服务供应商统一认证门槛，采取各种措施保障客户资料和信息数据安全。二是市政府应出台鼓励金融服务外包业务发展的专门意见，在市场准入、工商登记等环节结合基地企业的经营特点，提高政策的灵活性。三是构建专门的公共服务平台，为基地建设的人才需求、政策咨询、知识产权保护、项目接发包等提供窗口服务。

有所侧重，分步推进。结合目前国内后台服务基地建设的大背景和深圳优势，避免与国内其他城市进行低水平竞争，后台基地建设在不同阶段应有所侧重，循序渐进，分步实施。具体而言，在起步阶段应充分发挥软件外包优势，重点发展信息技术外包业务，待基地建设基本成型后，可重点推进包括信用卡等在内的业务流程处理业务。从长远来看，待各银行业金融机构和基地人才实力已能帮助客户研发解决方案，包括投资研究、评估等知识密集型核心业务，再顺势推动后台服务基地的产业升级，重点发展智力输出型后台服务等。

关于创设我国银行业“金融创新试验区”的研究报告

创新是商业银行生存和发展的必由之路，但创新与风险却如孪生兄弟相生相伴。由次贷危机引发的金融风暴已让全球深刻体验到金融创新业务的风险及威力，因此如何有效控制创新风险、减少创新损失、提高创新效应，尽可能使创新避险获利，已成为商业银行和监管部门亟须深刻反思和认真研究的问题。

一、银行业金融创新亟须在局部区域先行先试

（一）有序有效的创新是我国银行业持续提升竞争力的根本

在次贷危机给国内银行业带来一系列直接或间接冲击的境况下，金融创新的市场机会、需求结构、风险分担等各种外部环境因素已呈恶化趋势，银行高管层对金融创新的支持度也不容乐观，进而给转型期的国内银行业发展蒙上灰霾阴影。与此同时，监管层出于对创新风险管控的考虑，对金融创新的容忍度亦日趋收窄，从而给本已遭挫的银行业再添紧咒，致使银行业如惊弓之鸟，“谈新色变”，“见绳如蛇”，畏首畏尾而不敢创新，且有全面回归传统业务之势。其实我国银行业的创新绝非过度乃多有不足，特别当前正值我国银行业经营转型的关键时期，尤需以创新来提升银行业的持续竞争能力。因此，在当前形势下，作为监管层更需大力提倡创新，支持创新，并鼓励银行积极调整创新方向，改变创新模式，强化创新管理，提升创新效益。若在条件成熟地区创设银行业“金融创新试验区”，则既可表明和传递监管层仍一如既往坚决支持和鼓励银行业创新的决心和积极信号，更有利于探寻在新形势下银行业金融创新的方向、可行的体制机制安排以及相应的监管举措，从而推动银行业金融创新的有序、有效开展，全面提升我国银行业的整体竞争实力。

（二）缺乏市场检验即迅速普遍推广的创新极易诱发系统性风险

创新业务所以有别于传统业务，正在于其操作的不成熟性和风险的不可控性，所以创新宜先行在局部区域试验，以规范操作并锁控风险，避免“普试”易酿成的

系统性风险和大面积损失。而当前银行业的创新模式基本可概括为：商业银行设计出一项新产品后，一般仅在理论上借助经验模型和历史数据对其可能产生的风险进行风险评估、敏感度模拟和系统性冲击试验，若该产品的总体风险在理论上是可控或可覆盖的，即在较大范围普遍推试。此模式的好处是效率高、见效快，但创新犹如“双刃剑”，一旦出现问题，则风险大、损失重，即便监管部门届时立即叫停，但风险及损失已然波及四方、难以把控，系统性风险将在所难免。美国次贷产品诱发的金融危机即是一个深刻而鲜活的例证，若当初只允许次贷产品先在房地产市场活跃的限定区域设计和发行，则因房地产市场波动而致的信用风险就可能在此区域提早暴露，监管当局当机叫停，便不会导致日后全球性的惨重损失。反观国内银行业的创新也存在类似隐患，如 2008 年以来多家商业银行在全国发行的大量理财产品也曾出现不少问题，幸而立即被监管部门紧急叫停，但事后各行对相关遗留问题的处理也深感麻烦和棘手，因为稍有不慎即会在全国诸多地方引发系统性风险乃至社会问题。因此，若能改变现行创新模式，将创新产品在某一区域先行先试一段时间后，再视风险情况论可行性，风险大则即刻叫停，将损失锁定在此限定的局部区域，若操作成熟并能产生较好效应，再允其在较大范围推广。即在创新过程中先在特定区域经实践检验后再决定是否在更大范围推广，就可避免诱发大面积系统性风险。

（三）现行创新准入审批制易错失创新良机并影响创新积极性

按理，对商业银行的创新业务不宜采取事先报批制，因创新业务一旦获批便即刻“沦”为传统业务，因此所有创新业务必须经市场检验成熟后再向监管机构履行报批手续，经其许可后便将此增纳为传统业务。当然商业银行也断然不可我行我素、任意而为，使业务创新脱离监管部门的视线，应在新产品试验前先向监管机构备案，以便监管机构予以相应的关注、提示、指导和监管。但在实际运作中我们对创新业务大多仍实行审批制，且准入申报路径为“总对总”（各商业银行总行对银监会），而各行的创新产品大多为基层行（分行）开发（因其更贴近市场和客户需求，也有部分系总行直接研发），这样分行开发出新产品后需先向其总行报告，经总行审核后由其向银监会申报，获批后总行再授权其各地分行拓展，分行获得授权后才向当地监管机构备案展业或开办之后再予报告。其有利之处是各总行对各项创新业务可再次论证把关，但金融创新具有较强的时效性特征，市场机会稍纵即逝，经此冗长审批层次及授权链条，势必错失创新良机。加之总行毕竟离客户实际需求甚远，易拉长市场反馈机制的沟通环节，使基层行无法快速应对市场变化，也易挫伤基层行的创新积极性。同时，由于基层行缺乏与银监会的沟通渠道，而属地监管机构在创新准入流程中又处于最后一个环节（报备甚至事后报告），因而也难与基层行在业务创新过程中进行事中沟通或为其提供实质性的意见建议。

因此，若能择定一个条件成熟的区域创设“金融创新试验区”，允许银行直接向属地监管机构备案（无须审批）后即可先行先试各类创新业务，待其相对成熟后再报批推广。这样既可使银行业有序有效开展创新，避免一旦创新失败可能带来的系统性风险，也不致因错失市场时机而影响基层行的创新积极性。

一、“金融创新试验区”的基本条件、总体原则及思路设计

（一）“金融创新试验区”的基本条件

为确保各项金融创新业务在先行先试期间能真正达到规范操作、检测风险、提升功效的目的，“金融创新试验区”的备选区域至少应具备如下特点。

一是金融体系健全，金融市场发达，创新主体竞争激烈，创新氛围良好有序；二是商业银行创新思维活跃，创新机制较健全，风控能力较强；三是地方经济活跃，市场需求旺盛，产品结构相对齐全；四是创新资讯灵敏，市场信息快捷，征信系统相对健全良好；五是监管力量较强，监管环境良好，对创新的风险容忍度较高；六是政府支持配合，相关政策配套到位，具备良好的外部创新环境；七是商业银行创新能力较强，既往创新产品质量甚优，且有较明显的示范效应。更重要的是，此区域应能与国际国内经济金融保持频密沟通与往来，以便各种外部冲击在试运行阶段能使创新产品的风险充分暴露，以便监管部门准确评估风险并作出理性的取舍决策。此外，试验区所辖范围不宜太大，以免创新失败酿成较大损失。

（二）“金融创新试验区”先行先试的总体原则

总体而言，在“金融创新试验区”内先行先试创新业务的总体原则是：只要与国家现行法律法规不相冲的产品和业务，即国家现行颁布出台的各项法律法规未明确禁止的“红线”区域，所有位于“金融创新试验区”的中外资银行业金融机构（包括法人、分行、支行）均可大胆创新，先行先试。即只要不触碰国家明文禁止的限制性领域，试验区内的商业银行便可结合市场和客户需求，自主开发研制新产品和新业务。

当然，鉴于不同银行机构的创新能力和风控水平高低不等，监管机构应根据对各行的日常监管和年度风险评级等情况，对不同银行的限禁领域可因行而异，采取区别限禁政策：对创新能力强、风控水平较高的银行，须限禁的领域越小；对创新能力弱、风控水平较差的银行，则可设置较宽的限禁领域。

（三）“金融创新试验区”先行先试的思路设计

基本思路是：首先，创新试验区银行开办的所有新产品和新业务，必须在此区域内先行先试，并待运作成熟后方可在其他地方推广。其次，在创新试验区内，银行创新业务无须再通过其总行向银监会申报审批并待其批复、总行授权后开办，只需直接向属地监管机构备案后即可试办。再次，属地监管机构负责对创新业务的跟踪、观测，待其开办一段时间（开办 3 个月或半年）后，再结合该产品的操作程序、风险程度、创新效益及同业投诉等情况进行事中测评和认定——对扰乱市场秩序、有失公允或直接间接违规的创新业务，属地监管机构则立即叫停；对不够健全、不够科学、风控有疏漏的创新业务，由属地监管机构给予监管提示，并要求其限期整改；对操作成熟、风险可控、功效良好的创新业务，由属地监管机构出具监管评估意见报银监会终审认定后纳入传统业务推广。最后，属地监管机构每年年终应根据各行的创新能力、风控水平等因素对其该年度的创新工作进行综合评估，并予相应的“创新评级”，以此决定各行下一年度的禁试区域。

若按此设计思路运作，创新试验区的商业银行将改变传统的业务创新模式，监管机构对创新业务的监管也将由传统的事先审批的规制式监管转变为事中评估的指导式监管。

三、深圳具备成熟条件和适宜时机创设“金融创新试验区”

（一）市场需求旺盛。深圳是典型的外向型城市，进出口总额连续 16 年居全国大中城市之首，其金融创新需求极为旺盛，如买方信贷、国内国际保理、海外代付等基本都是由深圳或香港驻深企业率先提出开办的；深圳是著名的科技创新型城市，高新科技企业密集，符合高新科技企业融资特点的各种金融创新需求越来越旺，深圳市政府几年前曾为此萌动创建“科技银行”之构想；深圳属中小型企业主导的城市，据相关统计，深圳中小企业占比已超过 99%，这些企业对特色金融产品的需求潜力巨大，尤其面对金融危机的冲击，其要求银行产品创新的呼声日益强烈；深圳是包容力极强的移民城市，拥有庞大的年轻、富有、知识化移民群体，该类人群的金融理财观念超前，对投资、避险等金融创新产品的要求甚高；深圳是集银行、证券、保险三个市场为一体的城市，且都相对健全发达，三市之间跨业创新合作机会多，也宜于银行综合化经营的业务拓展；深圳是毗邻香港国际金融中心的城市，尤其随着《深圳综合配套改革总体方案》的实施，深港联动将进一步深化，该方案对深圳赋予的全球性物流中心、贸易中心、创新中心和国际文化创意中心的定位，将进一步密切两地资金、货物、信息和人员等要素的流动，促进香港创新要素向深圳的扩散和转移，进而为深圳创造更多的金融创新需求。

（二）主体竞争激烈。竞争是金融创新最好的催化剂。经过 30 多年发展，深圳银行业体系已十分健全发达，市场竞争激烈，近 2000 平方公里的区域便有 70 多家银行业金融机构，营业性网点近 1300 个，且无论从机构密度还是人均单产等指标，深圳银行业的竞争程度在全国当属最高，尤其随着近年一大批中小城市商业银行加速落户深圳以及货币经纪公司、汽车金融公司和村镇银行等新型金融机构的相继创建，金融集聚度不断提高，创新主体越来越多，且其中很多机构创新思维活跃，创新机制健全，风控能力也较强。此外，深圳金融人才也拥有相当强劲的竞争力，伦敦金融城《全球金融中心指标》（第六期）（GFCI-6）根据统计模型计算的结果表明，深圳金融人才的竞争力居世界第 15 位、内地第 1 位。

（三）高新技术支撑。金融创新是一个系统工程，包括产品、管理等领域的众多金融创新，这将日益考验商业银行在信息收集、捕获、筛选、分析以及在线管理等方面的技术实力。深圳作为国内高科技产业最为发达、产业链条最为完整的城市，其高新技术产品产值、专利申请量等多年来均稳居国内大中城市之首，特别是与银行业金融创新密切相关的电子信息产业在国内更是独占鳌头，为全球瞩目，目前已成为世界性的电子信息产品研发基地、制造基地、出口基地、配套中心和交易中心，并拥有电子信息各产业链上的企业 3 万余家，更拥有华为、中兴、腾讯、富士康、比亚迪等一大批拥有大量专利技术和自主品牌的在全球都有较强影响力的企业。因此金融创新所要求的各项技术服务解决方案在深圳都能找到国内最好的供应商，换言之，深圳发达的高新技术产业为银行业的金融创新提供了最全面、最及时和最强有力的 IT 软硬件支持与保障。

（四）创新资讯丰富。深圳紧邻香港，而香港作为重要的国际金融中心，金融创新层出不穷，金融资讯丰富灵敏。虽然互联网日益发达，但深圳毕竟是国内唯一与香港实地接壤的城市，无疑能更及时、更便捷地获悉国际金融业创新的最新动态和最新信息。同时，深圳的征信系统也相对健全完善，如“深圳鹏元征信公司”已创办多年，是国内最早出现的面向社会提供信息服务的机构。该公司在信息采集、编制、发布以及市场化运作等方面都积累了丰富经验，为深圳银行业金融机构向企业和居民提供各类融资性创新业务提供了有力的技术支撑。

（五）监管健全完善。深圳银监局历来坚持风险为本的监管理念，创新服务意识浓厚，不预设创新底线，允许创新试错纠偏，风险容忍度较高，鼓励银行放开手脚，从客观实际需求出发积极创新。同时，深圳银监局拥有一支精干的监管队伍，监管能力强，监管经验丰富，并得益于银监会对深圳银行业创新的重视和支持，于几年前就获准成立了金融创新监管处（迄今全国只有深圳、上海和天津三个地方局专设了创新监管处），并整合局内骨干监管力量成立了“深港合作及金融创新委员会”，专门负责指导和协调辖内银行业的创新，且深圳银监局还拥有全国唯一的科技信息监管处，更便于对银行创新业务进行实时有效的跟踪监管。此外，为配合实施《深圳综合配套改革总体方案》，深圳银监局在 2009 年发起召开的“银行间合作高峰论坛会”上对深圳银行业的未来发展提出了“实事求是、解放思想、扬长避短、错位发展”的针对性极强的战略思路，其重要战略之一便是拟将深圳打造为银行业的金融创新基地，为银行业的金融创新营造一个良好的监管环境。

（六）政府鼎力支持。深圳市政府高度重视金融产业的发展，首先将其定位于深圳四大支柱产业之一，并相继颁布出台了《深圳经济特区金融发展促进条例》《关于加快深圳金融业改革创新发展的若干意见》等一系列激励金融创新的若干政策，尤其通过专项资金扶持、人才培养引进和金融生态建设等措施全力支持金融创新，其力度之大举国罕见。特别是自 2005 年起在全国首创的一年一度的“金融创新奖”和“金融创新监管奖”（每年颁奖约 20 余项），对金融创新突出的金融机构和积极支持创新的监管机构给予奖励，营造了良好的创新氛围，并产生了强烈的示范效应，有效推动了辖内银行业的创新，目前已成为深圳银行业金融创新的方向标。与此同时，为配合深圳金融创新服务基地的建设，深圳市政府已在金融产业发展战略上作出相关规划和安排，专门划出相当区域的土地储备，为金融创新服务基地建设预留了发展空间，这在寸土寸金的中心城市是非常难能可贵的。

（七）创新成效卓著。自 1980 年国务院批准建立深圳经济特区，赋予其在金融等领域改革创新“窗口”“试验田”的历史使命以来，深圳银行业始终以开拓创新为“灵魂”，以市场需求为导向，培育了“敢闯、敢试、敢为天下先”的创新传统，树立了“因你而变、常变常新”的创新理念，并取得了丰硕的创新成果。据不完全统计，仅以近 3 年参加深圳市金融创新奖评选的银行创新项目就达 200 多项，主要涉及管理体制、组织架构、业务产品、信息科技及深港合作等诸多领域的创新，且其中不少品牌和技术已被各银行总行采用并推至全国（如 2007 年、2008 年都有近 50%~60% 的创新参评项目向全国推广），为提升深圳银行业金融创新的层次、质量和知名度作出了重要贡献，同时也为我国银行业发展发挥了试验田作用。总之，改革开放 30 年来，深圳银行业的金融创新一直走在全国前列，并始终位居全国各大中城市之首，且部分创新活跃的银行由于创新成效显著而被确定为系统内的创新试点行。

（八）银行呼声强烈。得益于位居改革开放前沿的优势，深圳一直是我国银行业改革的沃土、创新的乐园，对此深圳银行业已深有所感并大有所获，迄今已有部分银行将其深圳分行确定为本系统的创新试点行，并授予其一定范围内的新产品设计开发权和试点权，还有少数银行在深圳设立了本系统的金融产品研发中心。与此同时，越来越多的银行也十分看好深圳优良的创新环境及未来广阔的创新空间，纷纷表示希望能在深圳筹建本系统的创新基地，特别是近年新成立的中小城市商业银行的意愿更强，但由于现行的创新准入审批模式仍犹疑不决、难定决心。所以若能将深圳定位于我国银行业的“金融创新试验区”，并按上述设计思路运行，相信将有更多的银行将其全系统的创新中心迁至深圳。事实上，近几年兴起的增长极理论、空间经济理论等均有力论证和解释了业务创新集聚于金融发展的有益现象：在一定外力引导下，创新要素集聚的区域将会快速和大量吸纳资源要素和经济活动主体，促进创新的自我积累，并对周边区域的业务创新起到示范、辐射和带动作用，进而推动全面的金融发展。

（九）独享地利之便。深港两地仅一河之隔，受香港经济和境外银行的影响直接而深远，尤其与系统内其他分行甚至总行相比，深圳银行业在学习引进创新产品、提升创新服务方面有着天然的地域之便（两地交通系统已实现同城化），并享有得天独厚的深港联动优势。尤其自 CEPA 六项协议签署实施以来，深港两地银行业的合作交流日渐深入，目前已在体制、机制、理念、技术、人才、产品等方面与香港乃至国际市场有了相当程度的对接和合作，因此深港联动之便仍将继续是深圳银行业活跃创新的重要推手。与此同时，深圳也是国内唯一与香港、内地两头相接的城市，与国际国内经济金融往来十分密切，将更便于来自内外部的各种冲击对创新产品的充分检验及风险暴露。且深圳所辖区域只有近 2000 平方公里，特区面积仅有 300 多平方公里，区域适宜，一旦创新失败，风险可控，损失较小。

（十）拥有天时之机。除具备上述若干成熟条件外，2009 年 5 月国务院批复同意了深圳上报的《深圳综合配套改革总体方案》，确定深圳为金融改革创新综合试验区，并将深圳定位于“国家创新型城市”，这无疑为深圳的改革创新又提供了广阔的平台，打开了创新的空间，同时也赋予了深圳在金融创新方面先行先试的特殊使命。同时，《珠江三角洲地区改革发展规划纲要（2008~2020 年）》要求深圳“创新金融品种和经营模式”，深圳市委常委会议也审议通过了《三年（2009~2011）实施方案》，表明深圳综合配套改革工作已全面启动。因此，目前在深圳创设“金融创新试验区”不仅条件成熟，且得享天机，当正逢其时。

总之，深圳是一个为改革开放而生、因开拓创新而兴的城市，深圳银行业的历史也是一部不断开拓、不断创新的历史。因此在深圳创设“金融创新试验区”，不仅可有力推动深圳区域金融中心城市的建设进程，更有助于我国银行业金融创新能最大限度地控制风险、减少损失、获取最大的创新效应，也有利于提升我国银行业的整体竞争实力和可持续发展能力。

积极探索推进深港银行业深度合作　实现两地金融共同繁荣

回首改革开放三十多年，深港银行业合作日益密切，双方银行机构互设已取得一定成效。特别是自《内地与香港关于建立更紧密经贸关系的安排》(CEPA) 于 2003 年 6 月签署以来，每年一轮谈判已签订了六个补充协议，且每一轮协议的实施都有力带动了港资、技术和人员向深圳及至内地的大量渗透和流入，推动了深港以及内地与香港之间经贸与金融的全面发展。仅从对香港银行业的开放和引入看，近年来实现了经由深圳向内地的纵深发展，尤其随着 2009 年“CEPA 补充协议六”框架协议的全面实施，驻深港资银行在广东区域内设立支行级营业机构也已畅通无阻，这标志着内地市场特别是广东区域基本上已向香港银行业全面开放。因此，时至今日，港资银行在深圳、广东乃至全国开设机构以及在广东区域设立支行级营业机构的通道已全部打通，深圳至此已成功演绎了“桥梁”作用和“牵引”角色，完成了近三十年来这个特殊历史时期将香港以及其他国家和地区的银行机构“引进来”的阶段性战略任务。

而与此同时，驻深中资银行“走出去”在港设立分支机构的渠道也已基本顺畅，如招商银行在香港设立了分行，深圳发展银行设立了代表处。唯有所憾的是驻深中资银行分行则不能像驻深港资银行分行一样享有在两地设立营业性机构（支行级）的机遇。随着我国经济突飞猛进的发展和国民财富的急剧增加（国内储蓄存款已超 20 万亿元），已有越来越多的中资企业和国内居民走出国门发展，要求中资银行“走出去”紧随其身提供服务的呼声也越来越高。因此，在今后三十年，深圳银行业应继续借深港两地的地域便利之优，发挥“二次凝聚”作用，将驻深中资银行尤其中小股份制商业银行“送”至香港开设营业性机构，旨在香港国际金融中心吸纳先进理念，实地演练国际业务，尽快与国际运作接轨，为日后真正走出国门迈向国际为“走出去”的大批中资企业和居民提供优质的金融服务。

一、香港是中资银行实施“走出去”战略的首选之地

（一）中资银行“走出去”势所必然。目前已有越来越多的中资企业和国内居民走出国门，因此中资银行“走出去”为其提供服务势在必行。据统计，2002 年至 2008 年，我国企业年度对外投资额从 27 亿美元增至近 560 亿美元，年均增长速度达 66%。即便受空前严峻的金融危机影响全球跨国投资同比已大幅下降，而我国企业 2009 年 1 月至 9 月的对外投资仍约有 330 亿美元，同比增长近 1%。至 2008 年底，中资企业的境外投资存量已达 1840 亿美元，境外资产总额超过 10000 亿美元，因此伴随中资企业国际化程度的不断提高，也要求中资银行随之提供优质贴身的国际化服务。同时，内地居民出入境人数每年也有大幅上升，2008 年内地居民出入境达 9100 万人次，同比增长 12.2%，所以大量出境居民亦希望中资银行在境外为其提供货币兑换、资金汇划等跨境服务和多样化的理财服务。同时，国际化发展也是银行业分散和管理风险的一个重要途径，因此中资银行无论从自身发展还是支持中资企业国际化、国内居民全球化发展的战略高度都亟须“走出去”。

经过三十年改革开放，国内经济高速发展，中资银行经过多年历练，经营管理水平和竞争能力已有显著提升，主要经营指标皆有较大改善，公司治理和风险管理也有长足进步，与国际银行业的差距正日渐缩小，已基本具备了“走出去”的软硬件条件。

表 1　部分股份制上市银行 2009 年上半年经营基本情况

单位：亿元人民币，%

	贷款余额	存款余额	净利润	不良余额	不良率	资本充足率	拨备覆盖率
浦发银行	9204.32	12348.49	67.81	84.65	0.90	8.11	216.03
民生银行	8906.78	10753.09	73.79	78.01	0.86	8.48	169.93
深发展	3390.57	4165.72	23.12	24.72	0.72	8.62	133.05
北京银行	2441.38	3853.91	29.23	28.37	1.14	16.12	199.61
兴业银行	6315.97	8259.57	62.24	43.13	0.67	9.21	218.80
华夏银行	4157.70	5635.84	16.66	66.14	1.55	10.36	153.34
宁波银行	633.76	970.28	7.06	5.45	0.85	12.84	160.18
南京银行	586.86	941.94	8.01	8.18	1.36	15.20	151.96

数据来源：上市公司半年报。

（二）中资银行“走出去”宜首选香港。香港是国际金融中心，且紧邻深圳，两地交通系统已实现同城化，经济文化亦日益趋同，并有成熟的市场制度、完善的国际网络和健全的法制，不仅是中资企业和居民走出国门的首选之地，也是中资银行迈向国际市场的第一站。事实证明，我国几家大型银行的海外试水均是从香港起航再向外发展的，因此中小商业银行亦不妨依样效仿，先通过其在港分支机构获取市场信息，开阔国际视野，演练国际业务，同时借此练就一批各层级的管理精英和操作人才，待累积一定经验后，再随“走出去”的企业跨至欧美等国家和地区发展。唯有如此，中资银行的国际化步伐才会迈得更加坚实和稳健。

（三）中资银行在港宜更多定位于支行级营业机构（或可谓之“离岸支行”）。目前中资银行在港设立子行、分行或代表处的渠道已很畅通，而香港虽为国际金融中心，可毕竟地域狭小，不仅经济总量有限，且已聚集了较多银行，至 2008 年末其认可机构即达 200 家，迄今已是一个非常饱和、竞争充分的市场。同时近十年来的数据显示，在港银行的业务总量几无较大增长，与国内银行每年两位数的业务增速形成鲜明对比。加之香港市场的银行客户忠诚度较高，汇丰、渣打和中银三家发钞行几乎占据了半壁江山，因此若中资银行均在港开设子行或分行，不仅展业难有起色，且管理架构也比较复杂，人员、办公场地等资源配备规格较高，易形成不必要的浪费。代表处则主要负责收集信息（不能展业，更多意义上实质是各行的驻港接待办），所以虽身在香港却难以获得与国际先进银行同台竞技学习的切身体验，进而也难有斩获，达不到在港试水练功后再走向国际的目的。因此，中资银行尤其中小银行在港设立分支机构不宜太重于必须在港拓展多大规模、占据多少份额、赚取多少利润（竞争激烈，故事实上相当困难），应更多立足和定位于接受国际先进银行的经营理念，熟悉国际市场运行规则，进一步提高风控管理水平和服务能力，为其以后真正走出国门打基础、作准备。因此，除实力较强的大中型银行外，其他银行在港无须皆设子行、分行或代表处，更宜设立支行级营业机构，这样既能在港展业锻炼队伍，同时又不致因各方面规格要求太高形成浪费。

二、驻深中资银行在港设立支行级营业机构的条件及时机皆臻成熟

一是驻深中资银行享有得天独厚的地利之优。深港两地仅一河之距，这是唯有驻深中资银行才能享有的特有优势，尤其香港回归之后，香港特别行政区与深圳经

济特区同属中华人民共和国管辖区域，政治地位匹配，经济市场地位相当，文化高度趋同，两地居民的融合亦日益紧密，因此某种意义上完全可将深港两地视为境内或同城，这样驻深港资银行和驻深中资银行在两地互设支行级营业机构当既不属“引进来”，也不是“走出去”概念。

二是驻深中资银行更便于管控在港支行。虽然中资银行在港设立分支机构的目的不是为做多大规模、赚多少利润，但也不能无视风险管控而多交“学费”，所以由驻深中资银行管理其在港支行，将更便于内部管理和风险管控。同时据调查，绝大部分驻深中资银行在港都有或多或少的客户，因此由驻深中资银行管理在港支行也便于近距离追踪了解客户，更好地服务客户。

三是大部分驻深中资银行经营稳健。由于深圳的经济总量和金融总量在国内约排34位，且市场化程度较高，银行机构种类较多，并有相对健全的证券及保险市场，金融产业甚为发达，因此中资银行都非常注重自身在深圳的布局和发展，一般都将经验丰富、素质较高的人才配给深圳。正因为如此，大部分驻深中资银行管理良好，经营稳健，资产规模也较大，应有能力管好在港支行。

表2　部分驻深股份制商业银行2009年第三季度末经营基本情况

单位：亿元人民币，%

	各项贷款	各项存款	利润	不良贷款	不良率
兴业银行深圳分行	298	376	5.9	3.11	1.04
浦发银行深圳分行	280	441	5.48	4.86	1.73
民生银行深圳分行	279	556	9.1	3.09	1.11
华夏银行深圳分行	128	211	0.67	5.41	4.21
北京银行深圳分行	45	43	0.01	0	0

数据来源：深圳银监局非现场监管报表。

四是驻深中资银行在港开设支行有助于加强其国际金融中心地位。驻深中资银行在港设立支行级营业机构，可在一定程度上弥补在港外资银行运营管理总部迁移导致的香港银行业“中空化”。同时自2004年香港开办人民币业务以来，虽然业务范围已从最初的存、汇、兑换等逐步拓展到人民币债券业务及试行人民币贸易结算，但迄今其人民币资产规模仍然较小。截至2009年9月末，香港银行业金融机构人民币存款仅582亿元、人民币债券290亿元，未能形成真正的人民币市场。若准予驻深中资银行在港设立支行级营业机构，便可逐步实现深港银行业在机构、资金、业务、人才等方面的融通和融合，无疑将有利于人民币区域化进程的全面推进，也有利于进一步丰富、充实和增强香港的国际金融中心地位。

五是香港对中资银行入港亦持欢迎姿态。CEPA 协议的大原则是实现深港两地的共同繁荣，且早在“CEPA 补充协议四”中即已明确提出“积极支持内地银行赴香港开设分支机构经营业务”，表明香港对中资银行进入香港市场是持欢迎态度的。然而自 CEPA 六个补充协议签署以来，事实上仍鲜有驻深中资银行入港设立机构。究其原因，一则现行政策只允许法人银行在港开设分支机构，二则开设子行和分行的成本都比较高，三则如仅设代表处于银行未来真正“走出去”又无实质意义，更重要的是“CEPA 补充协议四”仅表明香港的一个姿态而无具体实施细则。因此，若能根据“CEPA 补充协议四”精神，再比照“CEPA 补充协议六”的理念，力争与香港金管局积极沟通协商，在 2010 年 1 月与香港进行“CEPA 补充协议七”的谈判中提出驻深中资银行在港设立支行级营业机构的要价条款，则可真正实现深港两地银行业的“对等”发展，进而促进两地经济的共同繁荣。

三、驻深中资银行在港设立支行级营业机构的操作构想及需突破的相关障碍

驻深中资银行在港设立支行级营业机构的操作构想是：依凭“CEPA 补充协议六”驻深港资银行分行在广东区域设立支行的模式，驻深中资银行分行亦可在深港两地区域内设立支行。具体可由驻深中资银行分行向香港金管局提出筹建申请，金管局负责审批及日后的监管工作。由驻深中资银行分行负责管理其在港支行，且该在港支行应严格执行人民银行有关跨境资金流动的各项规定（目前暂不宜有太大突破，因在港支行实质仍属离岸支行），但在将来资本项目的改革进程中，这些“离岸支行”即可担当最佳试点对象。

驻深中资银行分行在港设立支行级营业机构需突破以下政策及操作障碍：首先必须打破深港两地的境内境外概念，在区域上将深港视为一体，即均视为境内或同城。其次，向香港金管局提出筹建申请的将不是中资银行法人，而是其驻深分行，因此需与金管局磋商，由其直接受理驻深中资银行分行的筹建申请。同时各总行亦须向其驻深分行授权，准予其直接向金管局提出申请。再次，由于香港银行体系已高度扁平化，只有法人和分行两级机构设置（无支行一说），因此在操作上亦须“入

乡随俗”按“分行”名号向金管局申报，但银行内部可将其视为支行管理（犹如现行国内商业银行将支行分“管辖支行”与“二级支行”概念，而对监管部门则不论其是“管辖”或“二级”支行均以支行名义受理和批复，“管辖”与“二级”仅属银行内部管理架构问题）。最后，需与香港金管局协商达成共识，建议其在进行准入审核时适当降低准入的“软门槛”，即在满足各项硬指标的基础上，在实质性审核中尽量减少对中资银行的“人为歧视”因素。相信通过深圳监管局与香港金管局的双重把关（准出与准入），定可严控在港支行的数量和质量。

当然，驻深中资银行在港设立支行级营业机构的确史无先例，是国内银行监管机构、香港金融管理局和驻深中资银行面临的新课题，需经多方共同沟通、磋商和研究。但反观 CEPA 七年谈判确定的协议，则无一不是对现有法规或规章的突破：如按照《中华人民共和国外资金融机构管理条例》，在内地设立外银行分行总资产不少于 200 亿美元，CEPA 将设立分行和设立法人机构的资产规模要求同时降至 60 亿美元；CEPA 规定降低香港银行内地分行申请经营人民币业务的资格条件，将须在内地开业 3 年以上的要求降为开业 2 年以上，同时在审查有关盈利性资格时，改内地单家分行考核为多家分行整体考核；CEPA 规定香港银行业在内地设立中外合资银行或中外合资财务公司，或香港财务公司在内地设立中外合资财务公司无须先设立代表机构；港资银行在广东设立的分行可在省内设立异地分行等。由此可见，只要本着对等开放、共同繁荣的原则，相信向香港方面提出驻深中资银行在港设立“离岸支行”事宜或将有令人满意的结果。

深港沪“三地”银行业发展的比较与思考

在政府有关部门多年来的积极引导和市场竞争的“双力”推动下，深港沪三地已初步构建起我国金融市场发展的“三极”，国家新近出台的一系列区域、产业发展规划和重大金融改革试点，亦使国内金融业的发展和竞争呈现出一些新格局、新态势。在此背景下，本文拟以银行业发展为切入点，对深港沪“三地”银行业发展的体系、环境等各自的比较优势进行分析，并在此基础上就深圳银行业未来发展的角色定位进行全新思考。

一、深港沪“三地”银行业发展比较分析

（一）深圳银行业发展情况。从机构发展看，截至 2008 年末，深圳分行级以上银行业金融机构共 7 家（含筹建），其中法人机构 17 家，外资银行业金融机构 30 家，外资银行代表处 5 家，营业性银行业金融机构网点 121 个。从业务规模看，截至 2008 年末，深圳银行业金融机构资产总额 20605 亿元，其中贷款总额 11234 亿元，中资银行业金融机构贷款 10445 亿元，外资银行业金融机构贷款 789 亿元；银行业金融机构各项存款 14261 亿元，其中中资银行业金融机构存款 13581 亿元，外资银行业金融机构存款 680 亿元。从资产风险看，深圳银行业金融机构不良贷款余额 222 亿元，不良贷款率 1.99%，贷款损失准备充足率 163%，拨备覆盖率为 109%，法人银行机构加权平均资本充足率 11.25%。从盈利能力看，2008 年深圳银行业金融机构共实现税前利润 411 亿元，其中中资银行业金融机构实现利润 390 亿元，外资银行业金融机构实现利润 21 亿元，全市银行业金融机构平均 ROA 为 1.5%，从业人员 44973 人，人均利润 98 万元。全市银行业金融机构实现净利息、收入 509 亿元，占各项业务收入的 72%。此外，从动态发展来看，综合 2001~2008 年发展速度（以贷款规模指标为参照），2001~2004 年，深圳银行业规模增长 83%，2004~2008 年，深圳银行业规模增长 114%。

（二）上海银行业发展情况。从机构发展看，截至 2008 年末，上海分行级以上银行业金融机构共 137 家，其中法人机构 45 家，全市营业性银行业金融机构网点 3167 个，外资分行级以上银行业金融机构 92 家，外资银行代表处 108 家。从业务规模看，截至 2008 年末，上海银行业金融机构资产总额 52296 亿元，其中贷款总额 24145 亿元，中资银行业金融机构贷款 20224 亿元，外资银行业金融机构贷款 3921 亿元；银行业金融机构各项存款 34698 亿元，其中中资银行业金融机构存款 32006 亿元，外资银行业金融机构存款 2692 亿元。从资产风险看，截至 2008 年末，上海银行业金融机构不良贷款余额 191 亿元，不良贷款率 1.19%，拨备覆盖率为 157%，贷款损失准备充足率 202%。从盈利能力看，2008 年上海银行业金融机构实现税前利润 709 亿元，其中中资银行业金融机构实现税前利润 507 亿元，外资银行业金融机构实现税前利润 102 亿元，全市银行业金融机构平均 ROA 为 1.3%，从业人员 78202 人，人均利润 90 万元。全市银行业金融机构实现净利息收入 1102 亿元，占各项业务收入的 82%。从动态发展看，综合 2001~2008 年发展速度，2001~2004 年上海银行业贷款规模增长 108%，2004~2008 年贷款规模增长 61%。

（三）香港银行业发展情况。从机构发展看，香港银行业采取三级银行体制，即分为持牌银行、有限持牌银行和接受存款公司三级形态。截至 2008 年末，香港银行业共有认可机构 200 家，代表处 71 家，认可机构中持牌银行 155 家，其中 23 家在香港注册，122 家在异地注册；有限持牌银行 27 家，其中 15 家在香港注册，12 家在异地注册；接受存款公司 28 家，全部在香港注册。从业务规模看，香港银行业资产总额 107540 亿港元，贷款余额 32844 亿港元，其中本港贷款 27112 亿港元，占全部贷款的 82%，港元贷款 23549 亿港元，占全部贷款的 72%；各类银行存款余额 60597 亿港元，其中港元存款 30340 亿港元，外币存款 30257 亿港元（其中美元存款约合 21646 亿港元）。从资产风险看，截至 2008 年末，香港银行业不良贷款率约 1%，其中住宅按揭贷款的拖欠比率为 0.05%，重组贷款比率 0.14%，信用卡贷款拖欠款（逾期 90 天以上）2.6 亿港元。从零售银行资产总体质量来看，按照五级分类口径其不良贷款率为 1.24%。从盈利能力看，由于最近几年得益于 CEPA 等中央一系列惠港措施的实施，香港银行业盈利水平不断攀升，截至 2007 年末，香港银行业实现增加值约 1804 亿港元，平均资产收益率 ROA 约 1.8%，按照银行业就业人数 88400 人计，人均实现利润约 200 万港元。香港银行业金融机构实现净利息收入

1163亿港元，占各项收入的43%。从动态发展看，综合2001~2008年发展速度，2001~2004年香港银行业贷款规模负增长1%，而在2004~2008年，其贷款规模增长52%。

从上述分析可见，深圳银行业在业务发展、机构数量等规模指标和开放水平上均落后于上海与香港；在人均盈利能力、利润结构等效率指标上优于上海，但相比香港仍有差距；而在动态发展的速度指标上，深圳近年来已超越上海和香港，呈现出奋起直追的势头。

二、深港沪“三地”银行业发展差异原因剖析

（一）地缘区域因素。深圳地处珠三角东岸，周边辐射能力较弱，陆路只有北面的东莞、惠州与其接壤，南面的珠江直接阻隔了其与中山、珠海等地的往来，而银行业发展历来对规模效应、网络优势要求甚高，这不仅使深圳银行业始终面临发展空间受限的障碍，且也使深圳这样一个副省级城市在实现区域一体化方面面临谈判主体不对等、谈判能力不足等问题。与此同时，作为省内兄弟城市的广州从未放弃打造区域金融中心的目标，其在向国家争取金融资源倾斜过程中一直以深圳竞争对手的形象出现，因此在直线距离不到300公里的地域内同时存在广州、深圳、香港三个金融中心，也导致了省内金融资源分布的严重耗散。至于与香港的关系，如果说三十年来毗邻香港的区位优势成就了今天深圳银行业的繁荣与地位，那么时至今日在香港与内地的藩篱破除之后，较之于香港银行业对内地城市的辐射能力，深圳银行业在区域内的优势和重要性则骤然削弱，如一批港资银行不断将其中国区总部设在上海便是证明。

反观上海所处的长江三角洲区域，近年来通过构建最高级别的行政磋商机制等措施，强化区域内人、财、物等要素的自由流动，经济一体化水平不断提高。加之上海作为一个老牌直辖市，其在国内所具有的特殊政治、经济地位，使其在区域经济金融合作中一直当仁不让地扮演龙头地位，其发展金融中心的愿望从未受到来自区域内任何兄弟城市的挑战，相反周边城市均能达成谅解，众星捧月地与其合作共赢，从而为上海银行业乃至整个经济金融的发展奠定了良好的地缘环境。

就香港而言，其地缘优势主要体现在两个方面：一是作为珠三角城市群中的核心成员，随着近年来粤港澳一体化合作水平的不断提高，其发展空间不足、产业空

心化危机等问题已得到有效化解，直接为香港经济金融发展提供了有力支持；二是香港作为特别行政区，背靠祖国大陆，在我国改革开放进程中一直充当中西交流的结合点，是国内各项要素“走出去”、海外要素“走进来”的中转站，从而为香港打造国际金融中心提供了绝佳的外部环境。

（二）历史文化因素。深圳置身于岭南文化包围圈，岭南文化的本质是客居文化和移民文化，当地企业和个人大多不具备原始积累，年轻人在总人口中占比较大，因此整个社会的财富积累纵然增长较快但基础薄弱。且从社会财富的分配看，部分民营企业主占据了财富分配的金字塔尖，改革开放后陆续扎根深圳的一批知识分子处于塔中央，大量外来务工人员位于金字塔底端，中产阶级群体虽然在快速扩大但占比依然不高，其他两个群体由于文化认同、身份歧视等原因，其财富积累和消费投资都带有明显的外流倾向。客观来看，深圳银行业真正意义上的发展时间不到30年，与深圳经济发展直接由农耕社会向现代社会迈进相对应，深圳银行业的发展轨迹也基本是由传统银行业直接跃升为现代银行业，因此银行客户的金融消费意识、银行的服务水平与技能、金融市场的各项基础设施和软环境等都处于不断建构发展中，银行业发展的底蕴和积淀都呈现不足和匮乏。这些历史文化特征势必会造成社会信用链条脆弱、投机意识和冒险倾向严重进而增大银行体系运作成本等问题，同时财富分配的结构缺陷也不利于储蓄向投资高效转化，终将影响深圳经济及银行业的发展。

相比较而言，香港虽然也具有某些岭南文化特征，但同时受西方尤其受英国文化浸染较深，因此其社会的主流价值观容易取得国际认同，加之高效健全的行政法制环境使其对国际人才和资金均有着较大的吸引力。此外，几百年殖民统治，客观上为香港工商业奠定了良好的基础，孕育了一大批成熟富裕的中产阶级群体，特别是由此建立的完备市场经济所要求的制度体系和道德规范，为银行业发展奠定了坚实的基础。同时，香港银行业连续成功经受了历次资本主义经济金融危机的冲击考验，使得银行内部管理、发展理念、客户行为以及监管安排都日趋成熟，这亦为银行业的稳健理性发展提供了保障。

就上海而言，其作为国内资本主义萌芽的发源地和海外文化向内地渗透的桥头堡，近现代工业的发展加速了大规模工业化、快速城市化和对外开放的进程，虽然某种程度上是以牺牲公平为代价，但不可否认亦为银行传统业务的扩张提供了广泛的基础，并催生了上海银行体系的健全完善。从文化方面看，上海银行业主要根植于两种文化的复合体：作为国内对西方价值观认同、包容和追随程度最高的城市，西方银行业的经营理念、管理技术和高端人才在上海较易扎根，进而产生中西合璧的效果。同时当地企业和居民的根祖意识、宗源观念较强，这也为银行发挥信用中介等功能提供了良好外部环境。加之长三角区域历来都引领我国发展之先河，其革新的传统较好地顺应了银行业改革开放的大背景，并将传统银行体系的潜力发挥到了极致。这从近年来上海银行业年均保持 20% 的利润增幅即可见一斑。

（三）理念政策因素。虽然国内经济体系的市场化改革已取得较大进展，但在部分领域特别是银行业，国家在资源配置方面仍享有绝对话语权，尤其在一些涉及新业务、新机构、新市场等增量改革方面，行政力量往往成为左右银行业发展的重要因素。若以 1991 年为分界线，此前深圳银行业背负金融改革“试错”使命遵循渐进主义宗旨，充分享受切块管理的政策便利，迎来了机构、业务和对外开放的全面发展，一度成为全国银行业发展的风向标，这是特区各项优惠政策在银行业的具体反映。在此之后，随着老特区概念的逐渐淡化和上海浦东新区的横空出世，各项金融资源逐渐向上海倾斜，这固然有在金融总体资源有限条件下通过集中资源、重点扶持各方面基础相对较好的上海朝着建设国际金融中心方向努力的考虑，但不可否认也有部分政策倾斜的确是以牺牲市场规律和效率为代价的（典型如上海黄金交易所的设立），行政色彩过于浓厚，客观上给深圳等依靠市场力量自发成长的金融市场造成一定冲击力，比如部分在深金融机构将独立运营的事业部和子公司迁往上海便是对深圳金融业发展前景心存疑虑的结果，尤其随着近年来上海央行第二总部、金融期货交易所等的相继设立，全国各类型金融机构、资金和人才向上海积聚的迹象更加明显。此外，深沪两地银行业在监管理念和监管政策方面也存在一定差异，虽然两地监管局均直接受中国银监会领导，但在日常监管实践中两地监管当局仍各有侧重，上海更强调合规监管，而深圳更注重风险为本监管与合规监管的协调，因此深圳银行业的经营更加灵活，创新活力和创新能力亦远超上海。

就香港银行业的政策环境而言，其在经济上一直享有高度的独立性即“经济主权”，且香港作为一个崇奉市场经济的自由港，银行体系一直享有堪与欧美发达银行体系相媲美的宽松监管环境，香港政府一直将包括银行业在内的金融业作为香港经济的支柱加以重点扶持。香港回归之后，香港银行业的这种独立、自由的传统仍得以延续，并依托其特殊的政治地位，源源不断地向中央争取各种金融资源，拓展银行业发展空间，比如 CEPA 协议下香港银行业在内地的发展问题，支持香港打造国际人民币离岸业务中心以及当前正在试点的人民币支付结算试点等。因此就银行业发展的政策因素而言，香港是将银行业作为一个产业加以培育、呵护，而不仅将其视为一种资源实施控制和配置，前者强调发展，即将一切与银行业发展无关或有碍银行业发展的政策简化或除掉，后者强调控制，即一切挑战控制权的银行发展实践均会遭遇强大阻力。

（四）经济基础因素。从经济发展与金融发展的辩证关系来看，金融根植于经济并反作用于经济发展，因此深港沪三地银行业发展的差异往往与各自经济发展的特征紧密相关。就经济规模情况看，2008 年深港沪三地分别实现本地生产总值 7806 亿元、14771 亿元（折人民币）和 13698 亿元。就深圳而言，其经济结构主要呈现三个特征：一是所有制结构方面，国有经济占比很低，民营经济占比较高，2008 年国有工业企业占规模以上工业企业增加值的比重仅为 3.73%。二是产业结构方面，第二、第三产业平分秋色，截至 2008 年末，第一产业增加值占比 0.09%，第二产业增加值占比 48.88%，第三产业增加值占比 51.03%。三是企业规模结构方面，中小企业占比很高，目前深圳中小企业占全市企业总量的 99.2%，总产值占全市 GDP 的 65.2%，上缴税收占全市企业的 56%，创造就业岗位约占整个工业企业的 85%。就上海而言，其经济结构具有如下特征：一是在产业结构方面与深圳类似，第二、第三产业占主导地位，第一产业增加值占比 0.83%，第二产业占比 45.52%，第三产业占比 53.65%。二是在所有制结构方面，公有制经济对经济贡献巨大，2008 年公有制经济占全市生产总值的 54.19%，非公有制经济占全市生产总值的 45.7%。三是外商投资对经济贡献较大，总部经济效果明显，在上海落户的跨国公司地区总部达 224 家，投资性公司 178 家，外资研发中心 274 家。就香港而言，其经济结构的主要特点是：一是服务业在经济中占据绝对主导地位，服务业占本地生产总值的比重高达 93%，制造业占比不足 3%，服务业中金融、贸易物流、旅游、专业服务和工商支援业是香港经济的四个主要行业，金融业占香港本地生产总值的比重约 20%（银行业占比约 12%，旅游业占比约 3%，贸易物流业占比约 26%，专业服务及工商支援业占比约 11%。二是经济外向程度相当高，属典型的贸易、投资自由港，外来直接投资 2007 年年底头寸约 9.2 万亿港元，向外直接投资头寸约 7.9 万亿港元，2008 年商品进口贸易约 3 万亿港元，转口和香港本地商品出口贸易 2.8 万亿港元，2008 年各类服务贸易输入 3570 亿港元，服务贸易输出 7188 亿港元。三是总部经济特征明显，香港经济历经四次大转型后，经济结构已由最初的渔农经济演化成如今的资本和技术密集型的总部经济模式，驻港地区公司总部数截至 2008 年末达 1298 家，其中美国、日本、英国和中国内地公司总部数目占比达 60%。

深圳与港沪两地在经济结构上存在的上述差异，直接影响了深圳银行业的发展：一是由于深圳中小企业占比过高，在目前银行综合化经营仍然存在诸多限制的情况下，中小企业与银行之间的金融联系相对大型企业与银行之间的联系要松散许多，中小企业银行服务的品种、数量、价格和风险等方面与大型企业存在明显差异，因此深圳银行业在规模指标上便显著落后于上海，但在效率指标上则略胜上海。二是深圳经济的自由化程度、市场化水平以及产权结构等方面更接近香港，社会财富分配中个人而非国家占据主导地位，经济发展已经摆脱对中央政府（或国有企业）投资项目的依赖，走上了一条自力更生、自主创新的良性轨道，因此银行体系而非政府（或者国有企业）在储蓄向投资的转化过程中发挥了关键作用。同时相对于上海银行业，深圳地方政府较早实现了金融国资的退出，地方政府对银行业的人事、业务干预程度相当低，深圳银行业经营理念、运作水平和战略模式经受了真正意义上的市场经济检验，更能代表未来中国银行业的发展方向，这也是为何深圳能培育出招商银行和平安集团这类民族金融品牌企业而上海却不能为之的重要原因之一。三是深圳经济正面临着与香港经济 20 年前类似的转型压力，一批低端制造业陆续出局，高端制造业和高端服务业逐渐成长，产业升级和转型给银行业发展打造了坚实的实体基础，同时银行业本身作为高端服务业和虚拟经济的一部分，按香港经验，通过深化改革、扩大开放和大胆创新，将可获得高于实体经济的增长速度。

（五）营商环境因素。营商环境是银行生态的重要组成部分，按照伦敦金融城全球金融中心指标体系 (GFCI)，银行业的营商环境主要包括五个方面的内容：一是人力资本因素，包含熟练专业人才可获得性、劳动力市场的灵活性、人力资本教育投资水平等，纵然“引智”是满足金融人才需求的措施之一，但从长远来看，建立专业人才的内生机制是任何一个金融中心不可回避的课题。一些替代性指标显示深港沪三地在人力资本培育方面差异甚大，比如 2008 年末，深圳共有普通高校 3 所，全年普通高校招生 2.06 万人，毕业生 1.36 万人，在校学生 6.56 万人，R&D 经费支出 260.39 亿元，占全市生产总值的 3.33%。上海全市共有普通高等学校 61 所，独立学院 5 所，在校学生 50.3 万人，毕业学生 12.2 万人，全市共有 53 家机构培养研究生，全年研究生教育共招生 3.21 万人，在学研究生 9.55 万人，毕业生 2.58 万人，R&D 经费支出 350 亿元，相当于全市生产总值的 2.55%，此外上海还有一批类似长江商学院、中欧国际工商学院、上海国际金融学院等一批为金融业输送高素质金融人才的专门学校。香港 2008 年大专以上在校学生约 30.3 万人，大专以上各类学校 34 所，R&D 费用 2007 年约 124 亿港元，占本地生产总值的 0.77%。二是业务环境，包括税收环境、政府廉洁水平和行政透明度、经济自由程度、法律环境等政府效率指标。税收环境方面，目前深圳和上海处境基本相同，与香港相比，国内银行业税收负担过重，营业税国内按营业收入 5% 征收，香港则不对银行业征收营业税。公司税国内税率为 25%，香港为 17.5%。个人所得税国内最高可达 45%，香港则为 15%。在政府效率方面，世界银行根据外资企业反馈公布的中国内地 120 个城市竞争力调查结果显示，深圳政府效率位居第 3 位，上海居第 26 位，至于香港政府的效率状况，世界银行 2007 年采用百分位评价法对全球 212 个国家和地区政府效率的综合排名中，香港仅次于新加坡。此外在贪污管制、法律环境等方面香港均获得 80 百分位以上的排名，三权分立的行政体制以及按照欧美法系建立起来的司法体制无疑是香港构建法治社会的保障。这方面深圳近年来利用特区立法权，频频出台了一系列支持金融业发展的法律规章，但囿于政治体制的限制，这种支持仅停留于立法层面，执法司法环境未能有显著改善，特别是针对金融业在执法方面的一些特殊要求，配套设施和服务水平远显不够，相反上海却在改善金融业执法环境方面不断探索，如成立上海金融仲裁院等。三是市场机会，包括各类金融子市场的交易量，各类机构的层次和数量，以及各个子市场之间、区域市场与国内、国际市场之间的一体化水平等反映市场综合机会的指标。深圳在市场体系建设方面无疑已落后于上海，与香港相比由于在基本金融制度上存在差异（如香港的联系汇率制、利率自由化以及混业经营等），市场体系的发展水平更是相去甚远，因此在市场机会方面深港沪三地也存在一定差异。按照伦敦金融城 2009 年的调查报告，在数据完整的 62 家金融中心城市蕴藏的市场机会排名中，上海在新加坡和迪拜之后居全球第 3 位，香港居第 4 位，而在数据不完整的 9 家金融中心城市蕴藏的市场机会排名中深圳居第 1 位。四是基础设施，包括办公场所的可获得性及获得成本。根据国际物业顾问戴德梁行

(DTZ) 全球写字楼租赁开支调查报告，2007 年香港是亚太地区写字楼租赁开支最高的地区，全球排名第 2 位，仅次于伦敦 (西区)。而在亚太地区十大商业区排名中，上海浦东和浦西分列第 6 位和第 9 位，深圳居第 80 位。五是总体竞争优势，包括本地物价水平、交通治安状况、空气质量等生活质量指标。从城市生活质量而言，根据ECA International最新(2007/2008)城市生活质量调查，在4个亚洲城市中的排名，香港及东京并列为亚洲第 4 位，上海排名第 11 位，深圳第 18 位。

三、提升深圳银行业市场地位的几点思考

(一) 发展战略的认同。所谓发展战略的认同实质上即是相关各方尤其是各级政府对包含银行业发展在内的深圳金融中心城市建设的认同和重视程度。一是要获得国家层面的认同，即要加强与各有关部委的协调联系，力争获取中央对深圳各项金融战略规划与执行的理解和支持，至少确保深圳在一些不具有排他性质的金融改革试点或金融资源配置中能顺利入围。二是要获取珠三角城市群特别是广东省政府的认同，即要争取获得省政府的大力支持，在珠三角城市群中达成以他们的助推帮扶深圳金融中心城市建设集聚效应的共识，深圳则以金融中心城市的辐射效应反哺各合作城市，从而各得其所，形成合理的利益分配格局。三是要获得深圳市政府的认同，即不能因政府换届、经济波动等因素而影响各项政策的连续性和相关措施贯彻执行的力度，不能因政府部门追求短期政绩冲动而忽视、动摇甚至伤害金融中心的基础建设和总体方向。四是要取得辖内各参与主体尤其是金融机构的认同，变政府或某一方单边推动为政府、监管机构与金融机构多方合力推动，确保相关措施得到各方的积极参与和反响。

(二) 发展策略的选择。要进一步提升深圳银行业的市场地位，必须本着“实事求是，解放思想，扬长避短，错位发展”的基本原则，在策略上远要避开北京和上海的锋芒，近要错开广州和香港的优势，在充分认识自身相对优势的基础上，采取差异性的发展战略，坚持有所为有所不为，即只做先锋不做帅，只助推不消耗，只求差异优势不图全面领先，只鼓励优势博弈不支持同质竞争，将深圳打造成一个以建设各类“非主板”服务性功能基地为目标的金融中心城市，借此取得相对发展优势，逐步形成凝聚与辐射的能力。具体策略为：一是充分利用深圳金融业在创新政策、机构集聚、市场需求等方面的优势，通过探索有利于金融创新的监管政策以

及深入推动深港金融创新联动等措施，构建金融创新服务基地；二是充分依托招银大学、平安学院等培训基础优势和毗邻香港的培训资源优势，通过明确定位、优化运作模式等，打造银行业技能培训基地；三是充分发挥深圳对接国际市场的信息优势和产业链完整等优势，通过强化金融信息专利保护和品牌推广力度等，建设金融信息服务基地；四是充分利用深圳现有 30 多个后台服务中心以及政府规划的政策等优势，通过持续关爱、主动吸纳等措施，进一步完善金融后台服务基地；五是充分发挥深圳经济结构“中小型化”、中小型金融服务机构体系完备等优势，通过建立健全激励约束体系，鼓励银行借鉴硅谷银行或信贷工厂等模式，营造中小企业融资服务基地。

（三）发展条件的准备。金融中心城市建设面临的关键问题是人才的竞争，而要吸引人才、留住人才，一是必须解决其衣食住行、生老病死、子女教育等相关生活环境和后顾之忧等问题，因此必须在现有各项金融发展促进措施的基础上，进一步优化和改善金融从业人员的生活环境，如可以探索建立专门的“金融社区”，集中优秀的教育、医疗、文化等生活资源，通过集中选址、统一补贴、封闭管理等形式，提升金融从业人员的生活品质。二是要顺应我国经济社会改革与发展的大方向，继续为深圳民营经济的发展、创新与繁荣创造一流的外部条件，将政府扶持和各项政策优惠向中小企业大力倾斜，坚定不移地推进辖内产业结构的调整，优先发展先进制造业、高端服务业以及比较优势产业，淘汰转移高资源耗费行业，尽可能减少政府部门对市场的不当干预，大力提升经济运行的市场化和法治化水平。三是要大力推进珠三角城市一体化进程，金融中心城市建设必须以一个有深度、有广度、无障碍的市场腹地为依托，必须通过强化珠三角区域内中心城市的人、财、物流通以及加强行政、司法、监管等方面的合作，为深圳金融的纵深发展提供良好环境。四是要完善各项配套安排，应建立高规格的、中央与地方共同参与的决策咨询机构，帮助地方提高决策水平，同时成立金融局并赋予其相应的政策执行职能，增强各项政策的施行力度和效率。此外，还要采取措施通过提升行政效率、降低企业运作成本等增强金融中心城市建设的竞争力。

（四）发展优势的获得。一是深港合作必须要有实质性突破，深港合作的含义虽然已经发生改变，但深港合作的空间依然很大，应以区域内相对优越的人居环境和发展空间吸引香港优秀金融人才来深发展，以对等开放、共同提高的思路促进两地金融机构业务的创新与合作。二是应增强自身的辐射能力，若单纯依赖本地经济的支撑，深圳金融中心城市建设将难有大作为，必须加大力度强化银银合作，巩固深圳银行业在区域市场的龙头地位，引导深圳银行业向全省乃至整个珠三角区域辐射。三是要寻找特色化、差异化的发展路径，并且这种路径不依赖中央金融资源的行政配给，完全属于体制内的创新发展，其突破点可能存在于目前已显雏形的银证、银保合作以及综合化经营等领域。

金融支持实体经济及服务小微企业发展篇

金融的本质是服务实体经济，为微观经济运行主体提供资金融通，解决发展难题，通过金融资源的调动和配置为实体经济提供支持，提高经济运行效率。经济发展的事实证明，我国银行业在服务实体经济和促进小微企业发展上起到了重要的推动作用，但近两年来，银行在服务实体经济和小微企业上也出现了部分程度的不足和缺口，需要改善和调整。这种现象的出现主要基于以下两个原因：一是随着经济规模的扩大，实体经济快速发展，小微企业高速成长，对金融服务的需求加大。二是银行作为金融服务的主体，出现了部分程度的变异化倾向，重点表现为服务对象贵族化，热衷傍大款，垒大户，对中小企业和普通消费者的金融服务需求有所忽视；银行发展模式化和趋同化，追求大而全，摒弃小而美；银行发展逐利化，存在一定程度的资金空转；银行发展中心化，加速向中心城市聚集，带来了服务范围的不均衡性。这些现象的存在使银行对实体经济、小微企业和广大消费者的服务有一定程度的脱离现象。服务实体经济发展和广大消费者是银行服务的出发点和落脚点，也是银行业生存之基、立足之本。因此，在未来的发展中，银行需要对服务导向进行调整，更加注重金融的本质属性，注重发展的差异化，注重功能的多样性，通过服务的平民化、社区化、人性化为实体经济、小微企业、农村地区及社区居民注入及时有效的服务，通过更优质的服务促进普惠性金融的发展。

银行业支持农村经济发展面临的“十大”矛盾及对策

党和国家一直重视农业生产、农民生活和农村经济发展，连续四年以中央1号文件下发出台促进农村经济发展的政策措施，山西省各级政府也积极采取有效措施支持农村经济发展，山西省银行业金融机构也加大信贷投入力度，积极配合国家相关政策支持农村经济的发展。但由于农村金融服务中存在的一些深层次矛盾，一定程度上影响着农村经济的快速发展。

一、山西省银行业支持农村经济发展的状况

（一）政府支持新农村建设采取了新举措

1. 加大政策支农力度。山西省委省政府先后制定出台了促进山西粮食生产发展的八项政策、涉农税收优惠政策、退耕还林政策、畜牧优惠政策、《加快非公有制经济发展的决定》《关于进一步深化粮食流通体制改革的实施意见》《山西省农村经济发展“十一五”综合规划》、革命老区和山区（“两区”）开发战略，从政策上支持农村经济发展。

2. 加大财政支农力度。山西省财政支农支出由2000年的13.1亿元增加到2006年的60亿元，占财政总支出的比重由5.8%上升到6.9%，提高1.1个百分点，财政支农资金占农业总投入（财政与信贷支农资金合计）的比重由2%上升到4.2%，提高2.2个百分点。

3. 加大科技支农力度。一是加强农业科技推广服务体系建设；二是狠抓农业技术教育和培训；三是加强农业科技成果推广应用，有效提高了农业产出水平，旱作农业、节水灌溉等农业重点技术工程在农业生产发展中发挥了重要作用；四是建立农村信息资源网络文化站，提供农业生产经营信息。2007年，山西省政府还将选拔一批科技致富、产业化发展和农村文化建设的“田秀才”“土专家”，作为“省级农村拔尖实用人才”予以奖励。

(二)银行业支持农村经济发展力度不断加大

截至 2006 年末，山西省银行业涉农贷款(包括农业发展银行和农村信用社贷款以及农业银行用于农业的贷款)达 1382.74 亿元，占各项贷款的比重由 2000 年的 25.77% 增加到 2006 年的 28.33%，上升了 2.56 个百分点，比 2000 年增加 749.93 亿元，占同期各项贷款增量的 30.92%，年均增长 19.77%。其中，农业贷款增加 360.52 亿元，达 503.42 亿元；乡镇企业贷款增加 114.78 亿元，达 289.58 亿元；农副产品贷款增加 50.84 亿元，达 198.11 亿元；农村电网改造贷款增加 30.71 亿元，达 55.27 亿元；农村龙头企业贷款增加 3.73 亿元，达 11.61 亿元；扶贫贷款、农村基础设施贷款合计达 20.65 亿元。

在多方的共同努力下，山西省第一产业增加值由 2000 年的 179.9 亿元增加到 2006 年的 276.6 亿元，农民人均纯收入由 1905.6 元增加到 3180.9 元。2006 年山西省农产品出口额达到 2.03 亿美元，同比增长 48.75%；乡镇企业达 46.6 万户，比 2000 年增加 17.2 万户，年均增加 2.9 万户，完成增加值 1814.8 亿元，相当于 2000 年的 3.9 倍；县域 GDP 达 2800 亿元，占全省经济总量近 60%，比 2000 年提高 12.6 个百分点。

二、银行业农村金融服务中存在的“十大”矛盾

(一)单一的农村融资格局与快速发展的农村经济之间的矛盾。农村经济发展的所需资金除自筹(包括民间融资)外，主要依靠财政和信贷资金。虽然近年来山西财政支农力度不断加大，但由于山西省多数县财政匮乏，财政支农力度受到很大限制。因此，农村经济发展对银行信贷的依赖性较高。这种单一的农村融资格局与快速发展的农村经济极不适应。

(二)日益增长的农村金融需求与渐趋弱化的农村金融组织体系之间的矛盾。单一的融资格局与快速发展的农村经济，使得农村金融需求日益增长。但由于股份制银行县域准入未放开，邮储信贷银行分支机构改革尚未到位，国有银行改革，经营战略向大城市、大企业转移，大量撤并县域分支机构，农村地区金融服务组织仅存部分国有银行、农业发展银行和农村信用社。同时农业发展银行支农功能单一，农村信用社规模较小又受到严格的比例限制，导致农村金融组织体系和金融支农作用严重弱化。2000 年以来，全省银行业共撤并 1306 个机构网点，其中县域银行业

机构网点共撤并了 790 个。

（三）多元化的农村金融需求与落后陈旧的服务手段之间的矛盾。随着农业产业化程度的提高，农业生产逐渐由资金需求小、生产周期短的种植业向资金需求大、生产周期长的养殖、加工业转变，金融服务需求由单一信贷服务向信贷、结算、保险等综合金融服务转变。但多年来，金融支农仅限一年以下短期和几千元以下小额信贷业务，同时作为农村金融服务主力的农村信用社电子化水平低，服务手段极其落后。因此，现有的金融服务已难以满足农村经济发展的需要。

（四）刚性增长的资金需求与有限异化的支农信贷资金之间的矛盾。目前全省支农信贷资金在整个贷款总量中比重较低，加之部分农户贷款改变原用途，将贷款用于建房、婚丧嫁娶、教育、医疗等生活性开支，以及直接和通过入股方式用于开矿、炼焦、炼铁等非农生产，弱化了信贷支农力度，难以满足刚性增长的农村经济发展的资金需求。据对应县 4 个行政村 30 余户贷款农户的调查，有 36.5% 的农户贷款用于生活性支出。

（五）过高的融资成本与低效益的农村经济之间的矛盾。由于国有银行从农村市场淡出，信贷支农资金大部分源于农村信用社。但农村信用社在贷款利率政策执行方面基本上是“一浮到顶”，这样不仅偏离了中央“多予少取”的支农惠农政策导向，而且拉大了农村与城市贷款利率水平的差距，使本来低效益的农村经济融资成本过高，制约着农村经济的发展。

（六）严重的资金外流与困难的资金组织之间的矛盾。在农村资金供求矛盾突出和支农资金大量非农化使用的情况下，国有银行强化风险管理，贷款权限上收，县域国有银行和邮政储蓄机构只存不贷，使大量农村资金上存外流，加剧了农村信用社支农资金的组织难度。截至 2006 年末，山西省银行业营运性资金净流出 2064.19 亿元，其中通过上存总行和邮储存放央行流出资金合计 2957.05 亿元，其中很大一部分为农村地区居民存款。

（七）农村信用社支农实力与繁重的支农任务之间的矛盾。农村信用社改革稳步推进，经营逐渐好转，但其实力与承担的支农任务不对称。一是资产质量较差。截至 2006 年末，山西省农村信用社四级分类不良贷款占比 13.92%，若按五级分类口径不良率则高达 40% 以上。二是集中度风险突出。2006 年末，山西省农村信用社投向煤炭、焦炭、钢铁、铁合金、电解铝、电力、电石、水泥等调控限制行业贷款 147.06 亿元，占其全部贷款的 15.79%，面临较大的风险。三是资产负债业务发展失衡，潜在流动性风险。近年来，农村信用社规模快速扩张，但贷款增速明显快于存款，2006 年存、贷款同比分别增长 12.75%、13.86%，贷款增速快于存款 1.11 个百分点。

（八）严格的管理考核与缺失的激励机制之间的矛盾。银行业的风险意识不断增强，在信贷管理上采取业绩考核和责任追究制度，特别是实行了贷款责任终身追究制，信贷投放的审慎性明显增强。但与严格的管理考核相比，在业绩激励方面的制度措施相对欠缺，致使信贷人员竞相营销收益高风险低的大客户，而对收益低风险高的小企业以及“三农”的营销积极性和力度明显不足。目前山西省 545 户亿元以上大客户贷款份额高达 46.5%，而小企业和涉农贷款份额只有 18.4% 和 28.3%。

（九）薄弱的农村基础条件与严格的信贷准入条件之间的矛盾。农业投资建设相对缓慢，农村基础设施较为薄弱，农村土地归集体所有，农民财产仅限于相对低廉、变现能力差的房舍和生产工具，缺乏有效抵押，产品初级低值，受自然条件和市场影响收入难以保障，这些与银行业渐趋完善的经营管理、日益强化的信贷管理和严格的信贷准入标准相差较大，增加了农户贷款的难度。

（十）欠佳的环境机制与银行业支农的积极性之间的矛盾。一方面农村金融服务高风险低收益的矛盾较为突出，又缺乏风险补偿和信用担保政策机制，另一方面社会信用环境差，贷款违约惩戒和银行债权维护力度不够，以及部分农户认识存在误区，将支农贷款视为扶贫救济，因此涉农贷款质量偏低，影响了银行业支农服务的积极性。截至 2006 年末，山西省涉农不良贷款达 317.77 亿元，不良率 22.99%，其中农业发展银行、农业银行、农村信用社涉农不良贷款率分别为 38.03%、44.64%、13.92%(其中农村信用社为四级分类口径，若按五级分类口径不良率为 50.58%)。

三、建议

（一）完善农村金融服务政策机制。在进一步巩固、完善和加强支农惠农政策，加大财政支农力度的同时，逐步建立信贷支农的财政贴息、税收优惠、风险补偿、中介服务等政策机制，设立政府牵头、农户集资、用于农户的担保基金，为农村金融服务创造良好的政策环境。

（二）完善农村金融服务组织体系。一方面，继续深化农村合作金融体制改革，完善农村信用社管理体制和治理结构，增资扩股，化解历史包袱，增强农村信用社经营实力和服务能力。另一方面，准确化农业银行的市场定位和服务职能，切实转换和拓展农业发展银行的职能和范围，加快邮储信贷银行分支机构改革与组建，延伸股份制商业银行和城市商业银行至县域地区，在条件成熟的地区审批设立村镇银行，改变农村金融服务组织体系的一元化格局。

（三）加快农业产业化和规模化。增加农村基础建设投资，推广农业科技成果，延伸农业产业链条，加强农业技术培训，提高农民科技素质，以此促进农业产业升级和规模发展，提高农产品科技含量和附加值，改变农业生产高风险低收益的局面，改善农村经济融资服务的内在条件。

（四）加快农村金融服务创新。银行业机构要在注重自身发展的同时，兼顾社会效益，既要支持城市和大企业发展，又要积极为农村经济和小企业发展提供融资服务，有针对性地加强机制、业务、产品和服务创新，特别是农村信用社要加快电子化建设，提高服务水平、效率和质量，为促进农村经济发展和农民增收、缩小城乡差距、构建和谐社会发挥积极作用。

（五）大力整治社会信用环境。政府、银行、工商、司法等部门多方协作，加强宣传教育，提高全社会特别是农户的信用意识，进一步做好信用村镇、信用户创建工作，加大诚信激励、失信惩处力度，增加违约成本，积极维护银行债权，为农村金融服务创造良好的社会信用环境。

深圳中小企业金融服务状况及建议

为切实掌握当前危机下深圳中小企业的生存状况，深圳银监局近期组织专门力量通过现场走访、问卷调查、电话沟通等多种形式对辖内近 180 家中小企业进行了深入调研。总体来看，在当前国际国内经济金融环境下，深圳中小企业遭受冲击较大，困难加剧。据调查，除市场、政策等因素影响外，令我们更为关注的是源自银行服务方面呈现的问题，主要表现为以下几个方面。

一是授信门槛问题。银行授信门槛苛严，担保要求高企，致使中小企业贷款求而难得、求而不得，融资困难，这是中小企业反映最为突出和强烈的问题。二是服务产品问题。目前银行推出的融资产品大多是针对大客户标准而设，专门服务中小企业的融资产品很少，难以满足企业多样化融资需求。三是贷款押品问题。足值抵押品几乎是所有银行对中小企业贷款不可或缺的首要条件，而抵押品不足又恰是中小企业最缺失、最软肋之处，这也是导致其融资难的主要原因。四是融资担保问题。现行担保机构对中小企业的担保要求与银行的审贷标准基本无异，均要求提供足值抵押品，进而其客户对象也几乎与银行重叠，为此中小企业深感担保无门。五是信贷程序问题。可能源于中小企业自身缺陷与银行风控体系的天生冲突，银行对中小企业贷款更加审慎，评审流程更长，办理手续更繁，有违中小企业“短、频、快”的资金需求特点。六是主观歧视问题。基于风险收益对称原则，银行授信无不“抓大弃小”，尤其当前形势下不少银行不问缘由、不论个体实情，对部分调整性行业里的中小企业“一刀切”，统统调低信用级别，延缓、压缩或取消授信额度，使行业内依然保持较好发展势头的中小企业得不到应有的资金支持。此举似为理性，实则映射出对中小企业的歧视心态。七是盲目收贷问题。这同样源自对中小企业的歧视，因此若某企业出现困难时几乎所有授信银行集体收贷，主动退出，查封财产，致使企业困难加剧以致陷入绝境。

之所以产生上述问题并进一步加剧中小企业的困难，关键在于如下几大因素。

一是理念策略因素。相对国外银行体系，国内银行服务对象虽无太细的层级划分要求确也有政策性与商业性、大型与中小型银行之分，而实际上无论政策与商业、大抑或小，各类型银行的经营理念和策略无不是“好大厌小”，致使客户对象严重同质化，故冷待中小企业便不难理解。二是激励机制与问责、免责因素。中小企业贷款成本高、风险大，对银行和经办人员缺乏相应的激励机制，使其没有动力拓展业务。加之责任追究不科学，对所有贷款不加区别统一问责，未考虑中小企业贷款实情实行尽职免责制度，也是制约中小企业贷款业务发展的一大瓶颈。三是不良贷款标准因素。与上述问责缘由一样，目前对不良贷款的认定实行统一标准，未按贷款类别区别认定，分类考核，监管部门对银行调整贷款风险容忍度的要求无具体调整不良标准的政策配套，故而难以落到实处。四是抵质押条件因素。银行对中小企业融资产品单一进而造成中小企业融资难的根本原因实质是抵押品范围狭小，抵质押品条件达不到银行和担保公司的要求。目前能获银行直接融资和担保公司担保的抵押品主要以房产和应收账款为主，而以在建工程抵押、存货质押较难，更不能以知识产权、专利权、商标权、版权甚而现金流质押，企业各种无形资产和沉淀资产未能盘活，故而贷款难得。五是担保公司因素。深圳目前能规范化经营、兼具规模和风控能力并为各家银行认可的担保机构非常少，主要集中在中小企业担保中心和高新投两家政策性担保机构，加之这两家机构实质上已进行商业化运作，担保要求严格，客户对象与银行雷同，仅解决了银行因审查程序烦琐不愿放贷企业的担保需求，未能对银行不敢贷即真正需要担保机构担保的企业提供融资担保服务，这是导致众多中小企业担保无门、继而难以从银行获得贷款的症结所在。六是风险分担因素。鉴于目前国内资本市场的发达程度尤其创业板（据悉 2009 年 5 月管理办法正式实施，最快 8 月有望挂牌）尚未推出的情况，众多中小企业的外援融资模式不外是直接从银行贷款或通过担保公司间接获取银行贷款。直接贷款的风险除财政对企业的贴息外无疑全部由银行承担，而通过担保的贷款风险则主要集聚于担保公司。据调查，深圳银行业与信誉较好的担保公司间的风险多按 2:8 分担，信誉欠佳的担保公司则几乎承担 100% 的风险（政府对担保公司的补偿因诸多条件所限，大多也未落到实处）。由此可见，中小企业贷款虽有财政贴息和对担保公司的风险补偿，但毕竟杯水车薪，也势必影响银行和担保公司服务中小企业的积极性。七是不良户的处置因素。银监会《贷款风险分类指引》中有关借新还旧条款的规定较严，因此银行一般要求企业还旧借新，即便对信用较好、抵押担保较充足企业的贷款一旦逾期也据此而行，未允企业先期偿还一定比例贷款，欠款以借新方式归还或采取其他策略缓释，而是只收不贷、必须全额还旧后才予借新，致使企业丧失再融资能力。八是多渠道政策配套因素。事实证明，在现有金融体制下仅仅通过银行和监管部门的局部努力和单打一的政策支持，没有政府相关职能部门多方面、多角度、多层次的配套政策支持，统筹联动，确立长效机制，则无力从根本上解决中小企业融资难题，走出当前经营困境。

上述种种主客观因素造成银行对中小企业的金融服务难以到位，为此，针对深圳实际提出如下工作思路及建议。

一是建立科学的不良问责机制。建议各行针对本行中小企业贷款实际，自行建立一套有别于一般贷款的科学合理的不良问责机制，同时报备监管部门，以便其现场检查发现相关问题时，据此对经办及相关人员免责，有效保护一线人员拓展业务的积极性。二是构建专门的风险分类体系。鉴于中小企业资金调度能力弱极易逾期而实际未能真实反映贷款风险度的情况，建议银监会对中小企业贷款专门建立一套风险分类体系，划定适宜的风险分类标准，如能否适当淡化贷款逾期时间等定量因素，在落实好相应担保措施基础上按贷款实际风险度认定不良（亦可由此落实银行中小企业贷款风险容忍度）。否则仅仅因逾期时间原因，导致授信银行对企业只收不贷，且会连带引致他行也不予贷款，企业终将因丧失再融资能力而困死。三是出台可行的坏账核销指引。建议银监会对中小企业坏账核销问题尽快出台一个指导性意见，借此亦可促成地方相关部门制定有关核销的地方性实施细则，切实推动银行中小企业贷款坏账核销工作，使银行能卸下重负，轻装前行。四是予以适度的风险定价空间。风险定价事关银行发展中小企业贷款业务的动力，建议银监会与人民银行协调，将中小企业贷款风险定价作为利率市场化的试点或至少是区域性试点，参照上限为4倍于基准利率的司法解释，同时兼顾社会舆论压力和各行业中小企业的承受能力，并拟定相关指导性意见，给予银行相当的定价空间便于其灵活掌握。五是建立有效的监督制约机制。一直以来，社会各界对银行为中小企业提供服务都施行鼓励政策，倡导正向激励，但缺乏必要的反向监督制约机制。

鉴于此，拟对新引进的中小银行，监管部门一方面采取激励性监管措施，并向政府力争相关优惠政策给予实际帮助和扶持，为新引进银行专注中小企业服务营造良好的外部环境，同时制定专门的制度或管理办法对这类专业性较强的银行在服务对象、业务种类等准入事项方面给予适度限制，从制度上限制和约束此类银行经营行为的异化，同时亦可借此对银行信贷市场进行相对明晰的划分，避免不同类型通银行间竞相“垒大户”，进而导致同质同类的过度竞争。

深圳小企业金融服务的探索与实践

小企业发展事关国民经济可持续发展、劳动力就业和构建和谐社会的重大战略决策，同时也是贯彻科学发展观、实现经济社会统筹协调发展、落实目前中央关于“快、准、重、实”调控要求的重要内容。而金融服务不足即融资难问题一直是制约小企业发展的最大瓶颈，尤其近年来受宏观调控和国外经济金融动荡的影响，小企业融资环境日益恶化，不仅直接影响经济的可持续发展，且给就业和社会稳定造成负面影响，而由于小企业自身的缺陷及社会诚信环境和风险补偿体系缺失等原因，使得现有金融体制无力从根本上解决此难题。

为此，深圳银监局按照科学发展观的精神要义，组织专门力量深入一线广泛听取企业、银行和有关中介组织的意见，并与政府有关部门积极沟通，在此基础上根据国家宏观政策和银监会的有关要求，结合小企业金融服务特点，全面统筹策划，同时吸收国内外相关成果，大胆创新，构建了《深圳小企业金融服务体系建设工作方案》。方案力图通过政府、监管部门、商业银行以及企业和社会环境等方面的统筹联动，多管齐下，倾力打造综合性、全方位、系统化的服务体系，以期全面改善小企业金融服务，缓解小企业融资难问题，并为改善国内其他地区的小企业金融服务提供良好样本。

一、改造和完善商业银行小企业服务机制

注重小企业金融服务专业性强的特点，按照科学发展观推动银行按照银监会“六项机制”的要求酿造良好的体制机制环境，探索小企业金融服务的专业化经营模式。

一是法人银行可积极探索小企业金融服务的事业部模式，在经营战略、管理架构、流程设置、风险管理、资源配置、产品研发、考核激励等方面进行全面改革。真正建立起独立的核算机制、有效的激励机制、高效的贷款审批机制、合理的风险定价机制、专业的人员培训机制和及时的违约信息通报机制，探索一条有特色、有市场、有效益的小企业金融服务的道路。

二是分行级机构可以在不触动目前总体管理架构的前提下，调整战略重点，通

过新设或转型一批支行为专营小企业服务的专门支行，并采取政策倾斜、加强产品创新、塑造特色品牌、打造专业队伍、实施单独考核等措施，以“一行两制”模式积极推动小企业金融业务健康快速发展。

三是积极探寻缓解小企业融资难的治本之策，即在借鉴国际成熟的小额贷款公司发展经验的基础上，探索在现有银行体制之外创新小企业金融服务主体，以附属子公司形式设立专门机构专司小企业融资业务的模式，以弥补城市小企业金融服务专业性机构的缺失。

二、丰富和完善小企业金融的市场服务体系

充分利用深圳的优惠政策和良好的行政环境、监管环境、社会环境及营商环境，大力引进具有一定规模、经营规范且富有特色的异地城市商业银行在深圳设立分支机构，并利用其增量资金和小企业服务特色，丰富市场元素，填补服务层次，弥补服务不足，尤其鼓励这些银行将分支机构铺设在小企业比较密集的龙岗、宝安等区域，为小企业提供快捷、便利的金融服务。同时，以引进异地城市商业银行为契机促进深圳银行业展开充分竞争，科学调整经营战略，不断优化信贷结构，扩大对小企业的融资服务比重，全面提升对小企业服务的广度和深度。

三、改造和发展专营小企业金融服务的小额贷款公司

目前深圳已经具有一定规模的专营小企业金融服务的小额贷款公司，应鼓励其发挥各自优势，通过与政府、银行进行资金合作、股权合作、服务合作等方式做大规模，增强实力。

第一类是以征信信息系统为依托的小额贷款公司。在充分利用公司的信息优势甄别筛选客户的基础上，鼓励其通过增资扩股战略合作，加强与政府合作等形式，逐步做大业务规模，提升服务质量和能力。

第二类是以银行业金融机构或大集团、大公司为雄厚股东背景的小额贷款公司。充分发挥公司的资金及网络优势拓展业务规模，并鼓励其加强与境外专业小额贷款机构的合作，引进专才及技术，提升风险管理水平，提高信贷资产质量，增强市场竞争能力。

第三类是以引进国际资本和先进经验居先的小额贷款公司。充分结合公司拥有国际资本和先进技术、人才、市场经验丰富的优势，通过加强与银行的合作，探索资本市场融资的可行性，构建多元化的资金来源渠道，增强拓展业务的能力。

针对深圳市场的实际需要，按照市政府金融办拟定的《深圳市小额贷款公司发展实施细则》，适时增设小额贷款公司或社区金融服务机构，专司小企业金融服务。

四、建立和改善小企业金融服务的社会环境和诚信环境

一是强化司法、公安、工商、税务、海关等政府部门和商业银行、监管机构、人民银行、鹏元征信等机构的全面合作，实现小企业诚信信息的全面共享和无障碍查询，构建小企业诚信经营的多层次、立体化、全方位监控网络。同时，要加强与新闻媒体的沟通，鼓励各类媒体对小企业的失信失范行为进行公开曝光，为小企业金融服务营造良好的社会环境，形成正向激励，切实保护小企业融资的金融债权和合法权益。

二是各类行业协会应充分利用信息系统优势，优胜劣汰，为银行和小额贷款公司等专业机构推介优质小企业客户，并利用会员间的交叉监控和举报机制，共享各行业的信用黑名单。同时，银行同业公会要发挥银行系统与外部信息交流的纽带功能，及时发布各类小企业风险预警信息，坚决打击逃废债行为。

三是加强金融知识的宣传教育工作，通过讲座、研讨以及网络媒体等各种方式，普及和提高全社会对金融的认识。同时全面介绍银行的政策、业务流程和金融产品，为银行服务主体提供充分有效的信息。

五、扩大和深化小企业金融服务的相关优惠政策

一是建议市政府建立金融创新激励机制，在每年一度的金融创新评奖中向小企业倾斜，对涉及小企业融资体制、模式、产品等方面的创新进行奖励；同时，对在小企业金融服务方面作出重要贡献的机构或个人给予重奖。

二是建议市政府根据银行对小企业支持的贡献度，比如小企业贷款占各行贷款的比重、小企业贷款的市场份额等指标，除年底给予一次性奖励外，可考虑将财政性存款等政府所控资源向贡献突出的银行倾斜，以补充其资金来源。

三是建议市政府加大信用担保体系建设力度，进一步扩大对其参股和控股担保公司的注资，提升担保公司的资本实力，利用担保公司的杠杆效应做大小企业融资业务规模。建立小企业信用担保基金和区域性再担保机构，以参股、委托运作和提供风险补偿等方式支持担保机构的设立与发展，完善小企业信用担保体系的增信机制。

四是建议由政府财政作主导成立小企业发展产业基金，探索小企业发展产业基金与银行资金的最佳结合方式。如通过银行定向发放委托贷款、与银行联合发放且银行优先受偿或者基金股权投资 + 银行债权投资等形式，在缓释风险的同时让银行分享企业成长收益，充分保障银行的利益。

五是建议市政府在现有基础上加大财政贴息力度，进一步完善小企业贷款的风险补偿机制，改善银行小企业贷款的风险收益结构，调动银行对小企业融资服务的积极性。

六是充分利用特区立法权，建议出台《深圳市小企业发展促进条例》，通过立法形式明确市政府所支持小企业的范畴、各项资金的来源和使用要求以及其他配套性安排，从而将扶持小企业发展的一系列金融和非金融安排纳入规范化、法制化管理轨道。

六、创新和改造监管考评激励机制，打造良好监管环境

一是建立准入审批绿色通道机制。即对银行设立专业性小企业金融服务的机构或部门以及这些机构或部门的高管人员资格审查、为小企业量身定做的融资产品和服务等相关市场准入行为，提供快捷便利和协调服务。

二是建立专项考评和差异监管机制。在即将推出的《深圳市银行业运营管理质量评估办法》中设置专项指标，专门考核和测评各行在小企业融资服务方面的作为和成效，树立小企业金融服务的行业标杆，并依据此考评结果对银行下一监管周期采取区别对待、差异监管政策，实施正反向监管激励。

七、探索和创新小企业金融服务的其他安排

一是在一系列比较成熟的合作模式的基础上，银行应大力拓展新的业务品种，

帮助小企业盘活各类有形无形资产。可尝试采用“多对多”准银团贷款模式，控制小企业贷款的信用风险，即由市贸工局和中小企业服务中心筛选一批优质小企业，组构一个或几个客户包，在客户包内实行企业互联互保，并引入政府下属担保公司的担保和再担保、财政贴息等风险缓释措施，最后由银行同业公会组织各行以银团贷款形式对客户包进行联合授信。

二是在国家法律法规允许范围内，鼓励银行业金融机构以各种形式参与小企业捆绑发债等创新型融资安排。同时参与市政府对创业板或中小板上市企业的各项前期辅导，积极研讨和谋划深圳成立科技银行支持小企业发展的可行性方案等，多管齐下，形成一个全方位的小企业服务体系和服务网络，全面改善小企业融资难问题，同时进一步丰富深圳区域性金融中心的内涵。

着力推动金融服务　支持中小企业健康发展

随着金融危机由虚拟经济向实体经济、由国外市场向国内市场蔓延程度的加剧，中小企业危机加重，尤其深圳经济对外依存度高，中小企业遭受冲击较大，影响了深圳经济发展的后劲和潜力，而有效的金融支持是中小企业度过危机的重要条件。因此结合实际大胆创新，构建与中小企业发展特点相适应的多角度、多层次、全方位的金融服务体系，全面提升服务水平，支持中小企业健康发展，是深圳银行业面临的现实而迫切的问题。

一、中小企业危机加重

据调查，深圳 2008 年共注销了 54199 户工商企业，是 2007 年同期的 2 倍多，相当于前两年销户数之和 (见图 1)。2008 年之前企业的销户数逐年减少，2008 年则急剧增加，表明金融危机对实体经济的伤害甚为严重，工商企业的生存状态非常严峻。

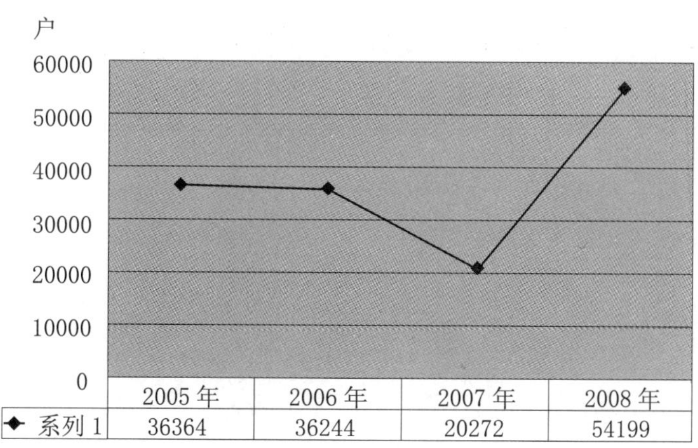

注：2008 年数据尚无法取得，为方便比较，各年数据均截至当年 11 月。

图 1　深圳历年企业销户数对比

2008 年 1 月以前，深圳工商企业总户数稳步增长，之后则出现震荡下行的趋势。虽然仍有企业不断新设，但新增企业数明显赶不上企业销户数，企业总户数从 286832 户减少到 279285 户 (见图 2)。

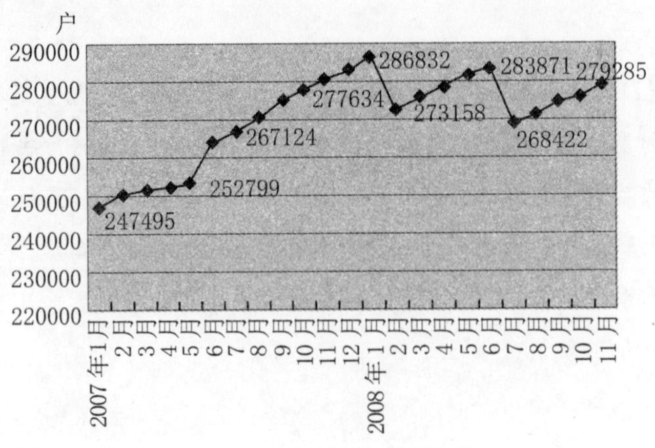

图 2　深圳企业数增减变化

从销户企业的内部结构来看，私营企业 31268 户，占 57.69%；个体工商户 15756 户，占 29.07%；外资 3704 户，占 6.83%；内资 3471 户，占 6.41%(见图 3)。表明倒闭企业主要集中在资本实力小、抗风险能力弱的中小企业和个体工商户。

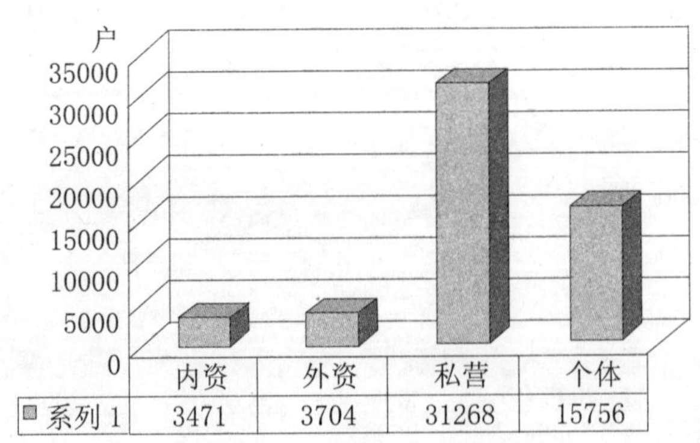

	内资	外资	私营	个体
系列 1	3471	3704	31268	15756

图 3　销户企业的内部结构

二、失业和欠薪现象加剧

随着中小企业倒闭而来的是大批工人失业和欠薪加剧。由于流动人口众多，深圳失业人口的数量目前无法取得，但私营企业和个体工商户的新增从业人员数量呈明显下降趋势 (见图 4)，失业人数在不断增加。

虽然地方政府鼓励企业尽量少裁员，通过降薪保就业，但失业形势依然无法逆转，大量失去工作的农民工开始提前返乡。截至 2008 年 10 月，深圳市农民工退保 74.4 万人，退保金额 14.3 亿元，同比增加 6.2 万人，比 2007 年同期上升了 9.1%，退保人员主要集中在特区外的宝安、龙岗和光明新区。

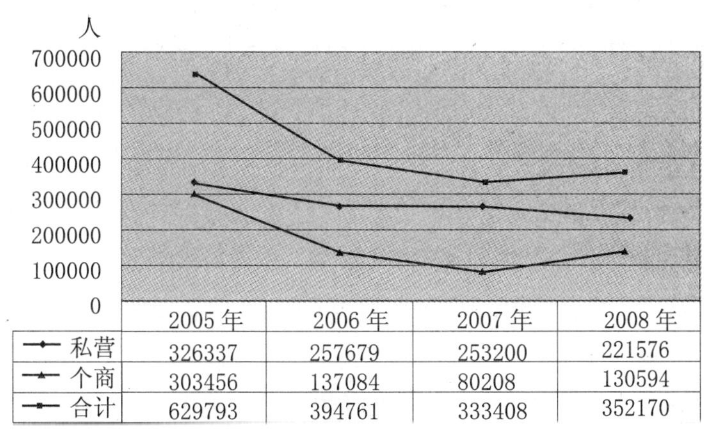

	2005 年	2006 年	2007 年	2008 年
私营	326337	257679	253200	221576
个商	303456	137084	80208	130594
合计	629793	394761	333408	352170

图 4　历年新增就业人数对比

经济形势恶化甚至已影响到银行的代发工资业务。据统计，深圳农村商业银行 2001 年底代发工资户最高达到 1112315 户，代发金额为 18.81 亿元，至 2008 年 11 月分别减少 261153 户和 3.91 亿元 (见表 1)，表明大量的失业人员已经被迫离开深圳。

表 1　深圳农村商业银行代发工资变化情况

	代发户数	比 2007 年底	当月新增户数	当月减少户数	代发金额（亿元）	比 2007 年底	当月新增（亿元）	当月减少（亿元）
2008-11	861283	-23%	10121	-61153	15.22	-19%	0.32	-3.91
2008-10	878541	-21%	11482	-245256	15.79	-16%	0.28	-3.30
2008-09	1038073	-7%	23021	-97263	17.88	-5%	0.54	-1.47

深圳劳动和社会保障局发布了 2008 年 6 月至 9 月 30 家拖欠员工工资的企业名单，欠薪总额达 1207 万元，其中积欠最多的是龙岗区平湖麟祥塑胶厂，欠薪金额为 140 多万元。10 月后形势更加严峻，危困企业数量增加，拖欠金额和累计人数远超过上榜企业的规模，如创亿玩具帮拖欠全厂 800 多名员工 3 个半月工资共计 370 多万元，百灵达实业拖欠全厂 1200 多名员工 3 个月工资共计 855 万元，盐田区互耀时装拖欠 156 名员工 2 个半月工资 70 多万元。

三、危机将向纵深蔓延

据不完全调查，深圳目前倒闭的中小企业大致可分为三类。

一是因产业升级换代而倒闭的企业，主要集中在转手贸易、纺织服装、五金塑料、电子代加工、陶瓷建材等传统落后型产业，约占倒闭企业的 60%。

二是因盲目扩张、经营管理不善等自身因素，即使在正常年份也可能倒闭的企业，约占 10%。

三是企业虽拥有核心技术和自主创新品牌、经营管理稳健、产品适销对路，但缺乏有效金融支持、资金回笼受阻、有订单也不敢接，即因资金链断裂而倒闭的企业，约占 30%。

可见，除金融海啸、宏观调控和成本上升等外部因素外，产业结构升级和缺乏金融支持是导致企业倒闭的内在深层次原因。

虽然目前中小企业倒闭尚未对经济造成实质性伤害，但如果这种情况继续蔓延，可能会撼动经济的根基。首先，中小企业倒闭将成为大企业倒闭的前奏。有关数据显示，民营经济已成为就业的主渠道，约占城镇就业人员的 70%。大批中小企业倒闭将使社会收入水平和有效需求下降，并通过生产函数传导至大企业。最近美国三大汽车业巨头陷入财务困难即是明显的例证。其次，中小企业倒闭可能直接把大企业拖下水。很多中小企业是大企业的上下游供货商或销售商，相互之间有大量的应收款往来，中小企业倒闭将使大企业的生产经营直接陷入困境，形成可怕的蚂蚁拖死大象现象，并最终危及银行。

四、经济指标开始恶化

事实上，深圳经济增长的各项指标已经开始恶化。深圳 2008 年 GDP 虽然仍保持高速增长，但与 2007 年同期相比，增速明显回落 (见表 2)。

表 2 深圳市国民生产总值同比增长率对比

单位：%

指标名称	2007 年第一季度	2008 年第一季度	2007 年第二季度	2008 年第二季度	2007 年第三季度	2008 年第三季度
生产总值	12.7	10.2	10.5	13.2	13.7	11.5
第一产业	-1	-16.7	-21.3	-10.8	-14.6	-20.7
第二产业	13.1	8.4	9.6	13.8	14.6	10.7
其中：工业	14	9.6	10.5	14.6	15.3	11.5
第三产业	12.4	11.9	11.5	12.5	12.8	12.4
其中：金融业	14.6	33.9	27.2	35.1	39.1	20.3
其中：房地产业	3.9	-27.6	-17	-0.6	-1.3	-9.4

数据来源：深圳市统计局。

从企业的经济效益看，2008 年 9 月的亏损率达到 36.9%，远高于 2007 年同期 28.8% 的水平，管理费用和财务费用大幅上升，亏损企业的亏损额也急剧增加，主营业务收入和劳动生产率却开始下降 (见表 3)。

表 3 深圳市工业经济效益同比增长率对比

单位：%

指标名称	5 月		6 月		8 月		9 月	
	2007 年	2008 年	2007 年	2008 年	2007 年	2008 年	2007 年	2008 年
亏损面	32.4	38.4	31.3	38.6	30	37.5	28.8	36.9
主营业务收入	15.4	13.7	16.8	12.5	14.6	12.2	15.3	10.3
管理费用	17.7	22.1	22.6	23	18.8	27.6	21.9	22
财务费用	-7.2	-4	-1.8	-13.7	19.3	24.3	3.2	14.2
其中：利息	8.6	32.4	6.6	37.6	13.3	23.1	6.4	20.9
实现利税总额	16.1	22.8	24.2	20.2	18.6	16.6	19.3	16.7
利润总额	15.5	22.2	24.3	20.1	17	15.2	18.9	16.7
亏损企业亏损额	-0.1	-0.8	9.3	36.4	1	53.7	10.8	53
产成品存货	16.1	23	13.4	26.9	22.6	19.7	21.7	19.3
应收账款净额	17.6	8.3	19.5	6.9	19	13	10.5	13.7
全员劳动生产率	9	9.3	9.2	9.9	8.6	3.1	9.5	1
工业产品销售率	-0.5	0.2	1.8	3.3	0.3	0.2	-0.1	1.3
工业经济效益综合指标	5.7	7.3	8.6	8.7	6.5	2.6	7.8	2.7

虽然固定资产投资、外商直接投资和地方财政支出一直增长，但深圳2008年的主要经济指标中，除社会消费品零售总额的增长快于往年外，其他指标如规模以上工业增加值、进出口总额、存贷款余额等的同比增长率均低于往年，因此全市经济运行状况不容乐观(见表4)。

表4　深圳市国民经济主要指标同比增长率对比

单位：%

指标名称	3月		6月		9月	
	2007年	2008年	2007年	2008年	2007年	2008年
工业增加值	14	9.4	14.6	10.5	15.3	11.5
固定资产投资	-0.6	-3	1.2	6.9	5.1	6.4
消费品零售	14.9	19.4	13.3	18.2	13.9	18.6
外商直接投资	2.9	5.1	7.2	10	4.1	17.5
进出口总额	19.8	10	25.7	9	23.8	8.5
出口总额	36.4	14.9	30.9	9.7	28.3	9
财政支出	7.7	36.2	0.7	67.9	12.8	50.5
存款余额增长	7.6	5.9	14.2	8.2	21.6	10.5
贷款余额增长	11.3	5.2	15.8	8.5	22.2	8.5
港口吞吐量	15.1	8.6	13.8	7.2	14.1	5.8

五、构建与中小企业发展特点相适应的金融服务安排

(一)以全方位体系建设为基础，全面提升对中小企业的金融服务水平

当前国际金融危机向全球实体经济蔓延，国内经济已呈现下滑压力。尽管国家为启动内需，推出了“国十条”等以加大对中小企业金融支持力度为重要内容的相关政策，然而在目前创业板尚未建立、资本市场短期内也难以走出低迷的情况下，金融领域的其他功能及相关手段短期内基本无力解决中小企业融资难问题。因此，必须继续依赖以银行为主导的间接融资体系，在支持中小企业发展方面率先突破，这既是当前银行业服务经济社会发展不可推卸的责任，更是银行业实现长期稳定发展的内在要求。作为银行业监管机构，应充分发挥其在监管引导、市场建设、制度供给方面的能动性，从机构体系、政策体系、环境体系、监管体系和业务体系等多角度、多层面入手，合力打造全方位的中小企业金融服务体系，确立中小企业金融服务的长效机制，为中小企业融资提供系统性的解决方案，这既能在经济下滑的危机时期帮助中小企业应对当前的融资困局，同时也有助于中小企业的长远发展和产

业结构的成功升级。具体而言：一是要通过构建层次丰富的机构体系，培育各种类型的市场主体，以适度的竞争和专业化经营，提高中小企业金融服务的供给水平。二是要通过构建灵活务实的政策体系，加大金融创新的支持力度和风险补偿的投入力度，激发各类市场主体改善中小企业金融服务的积极性。三是要通过构建诚信和谐的环境体系，弥补中小企业金融服务的各项缺陷，降低各参与方的交易成本，提升中小企业金融服务的效率。四是要通过激励导向的监管体系，引导各类市场主体突出服务特色、避免同质竞争，为银行业金融机构加强对中小企业的金融服务提供各项便利。五是要通过量身定做的业务体系，提高中小企业金融服务质量，营造多方共赢的市场格局，实现中小企业金融服务体系与现存金融体系的对接与兼容。

（二）以金融创新为手段，积极寻求改善中小企业金融服务的突破口

结合深圳金融市场实际，可从以下几方面进行尝试和创新。

一是参照村镇银行运作理念，探索设立为城市低端客户提供服务的社区银行，或尝试将经营规范广、内控完善、市场领先的小额贷款公司（如中安信业）发展为社区银行，以疏导和缓解“地下金融”的需求，解决小额贷款筹资瓶颈。要充分吸收借鉴目前在农村地区已正式运作的村镇银行的有关经验，结合深圳无农村、无农民、无农业的特点，在社区银行的内部流程、服务对象、资金来源等方面进行探索。同时要加强与市、区两级政府的合作，尤其应取得基层工商部门、街道办等机构组织对社区银行业务拓展的支持，加快社区银行融入社区发展的进度，提升社区银行对中小企业金融服务的深度。

二是配合国家促进搞活流通、启动内需扩大消费政策，大力推进消费信贷机构的发展。要在银监会的统一部署下，提前做好政策宣传工作，提高社会公众对消费信贷机构的了解，强化社会资本对消费信贷机构的关注度，为消费信贷机构的顺利设立和快速发挥功能创造条件。同时，要深化银保合作，根据消费信贷的具体特点大力推动发展标的物全损险和人身意外险，为做大做活消费信贷市场奠定基础。此外，还可结合深圳消费市场的特点，鼓励一些具有资金优势（如平安集团、招商银行等）或产业优势（如比亚迪、康佳集团等）的各类企业设立各具特色的消费信贷机构，或支持部分已经积累了一定市场经验的小额贷款机构（如信安易贷等）在进一步完善风险管理的基础上向专业化的消费贷款公司转型，丰富居民消费金融服务。

中小企业融资难症结在于银行竞争结构性不充分

中小企业融资难，除中小企业自身缺陷与银行风控体系存在冲突、社会诚信环境和风险补偿体系缺失等外部因素外，症结在于银行竞争的结构性和相对的不充分。在当前乃至今后相当一段时期内，银行仍是国内中小企业的融资主体，破解中小企业融资难题必须着力解决银行“不敢贷、不能贷、不愿贷、不想贷、不便贷”以及“没人（银行）贷”的问题。深圳已经具备了解决中小企业融资难的基本条件和优势环境，应先行先试。

银行竞争不充分表现在以下四个方面：一是客户竞争不充分，经营方式追逐大户。银行无论大小，经营理念和策略无不“好大恶小”，同业竞相“垒大户”而冷待中小企业。二是服务竞争不充分，经营模式同类同质。得益于国内经济高速增长和丰厚的利差空间，银行仅靠同类同质的粗放经营、粗放服务便能赚得巨额利润，无须通过提升服务品质和提高服务质量求得生存发展。三是价格竞争不充分，市场定价功能缺失。贷款利率管制使银行不能从中小企业贷款中获得足够的风险补偿，制度设计的缺失诱使银行风险偏好向大企业倾斜。四是产品竞争不充分，创新能力有限。市场上针对中小企业的融资产品少之又少，与银行“垒大户”经营理念和策略有关，也受限于自身贫乏枯竭的创新能力。

破解中小企业融资难，要从解决“不敢贷、不能贷、不愿贷、没人贷、不想贷、不便贷”六个方面入手。

一是改变贷款问责体制，差别考核小企业贷款质量，解决“不敢贷”问题。建立有别于一般贷款的不良问责机制及相关认定标准，按照信贷管理要求发放的贷款即应视为尽职而免责，且不良贷款的考核应以绝对额计算而与笔数、户数无关，保护一线人员拓展业务的积极性。对中小企业贷款构建专门的风险分类体系和分类标准，分类考核，提高对中小企业特性风险的容忍度。

二是加大担保体系和风险补偿机制建设，解决“不能贷”问题。中小企业担保无门成为贷款的瓶颈，政府应出手加大信用担保体系建设，创新贷款担保机制，健全贷款担保功能，加大财政贴息力度，完善贷款风险补偿机制，扩大风险补偿范围和补偿力度，激发银行的放贷积极性。

三是强化集中度监管的硬约束要求，解决“不愿贷”问题。要强化对贷款集中度的监管硬约束，指导银行改变经营战略，调整信贷结构。设立中小企业贷款专项指标，专门考核银行中小企业融资服务情况，依据考评结果采取区别对待、差异监管政策，实施正反向监管激励。

四是丰富服务中低端客户的机构，解决“没人贷”问题。竞争是促使商业银行服务中小企业的最好催化剂，当前要进一步充实和丰富服务中低端客户的相应机构。在落实银监会“六项机制”建设基础上，要继续引进富有特色的服务低端客户的专业机构，利用其增量资金和中小企业服务特色，丰富市场元素，弥补服务不足。筹建村镇银行、消费金融公司和小额贷款公司，提高中小企业金融服务供给。

五是建立资源倾斜与激励机制，解决“不想贷”问题。缺乏相应的激励机制，银行和一线人员就没有动力拓展业务。应发挥政府资源的激励作用，对中小企业金融服务做得好的银行予以倾斜（如给予财政性存款），对中小企业融资创新（包括体制、模式、产品等）加大奖励力度。

六是完善社会信贷信息系统建设，解决“不便贷”问题。在现有征信公司基础上进行技术升级，扩大系统信息内容。打通工商、税务、国土、公安、海关、银行监管部门信息系统，整合为功能强大的综合信息平台，方便银行无障碍查询，提升服务效率。

银行追逐优质大客户、忽视中小企业的状况，既有我国金融制度设计的原因，也是长期以来路径依赖的结果，其解决不是一朝一夕之功。经过改革开放三十年的发展，国内一些地区初步具备了突破制约中小企业融资的制度瓶颈的条件和环境。深圳应抓住国家批准《深圳综合配套改革总体方案》的良机，在破解中小企业融资难题上先行先试。深圳的有利条件包括：一是机构种类齐全，层次与功能丰富。近70家中外资银行业金融机构，服务网点1200多个，近年引进了一批专注中小企业融资服务的中小银行，货币经纪公司、汽车金融公司和村镇银行等新型金融机构也在积极创建之中。二是政府政策和监管机构的导向清晰。深圳市政府推出金融创新激励机制、信用担保体系、贷款风险补偿机制等一系列扶持措施，出台了中小企业金融服务体系建设工作方案。银监会制定了“六项机制”建设和“银十条”等政策，深圳银监局建立了行政许可绿色通道机制。三是市场竞争格局形成，挤压态势日渐明显。深圳地区流动性充裕，但优质大企业不差钱，小企业资金需求旺盛，这种“大剩小缺”的市场格局对银行资金出路形成很大压力，对银行“只要盯着 20% 大客户即可创造 80% 利润”的传统经营理念形成巨大冲击，迫使银行面对中小企业。四是中小企业融资方式趋于成熟。招商银行、平安银行、深发展等成立了中小企业信贷中心，建行深圳分行开办了针对村镇企业的金融业务。银行积极设计和拓展了多种可行的融资产品，如特色抵押、动产质押 + 专业仓库、应收账款融资，以及产业链融资、联保授信等第三方担保平台，深受企业欢迎。五是创业板的推出拓宽了中小企业融资渠道。在中小企业板基础上，创业板市场的推出确立了深圳作为中小企业直接融资主要市场的地位。同时，深圳在风险投资（创业投资）、担保和基金等领域也走在全国前列，配套环境亦日臻成熟。六是市场流动性充足，资金转向的客观条件趋好。2010 年以来，我国流动性的宽松程度是 1997 年亚洲金融危机以来之最。M2 增速或贷款增速与名义 GDP 增速之差超过了 20 个百分点，分别为 21.9 个百分点和 26.2 个百分点（2010 年 3 月数据），而之前十年时间里很少超过 10 个百分点。深圳属典型的资金洼地，市场流动性历来较为充足，客观上为更好地满足中小企业融资需求提供了良好条件。

在深圳创新小企业金融服务模式的思路设计

深圳大量的小微企业和流动人口有着强烈的资金需求，而现有金融机构缺乏相应机制和渠道为这些群体提供服务，目前已危及社会稳定和经济发展，地下钱庄日益猖獗便是证明。为应对这一问题，以平安信托和中安信业为代表的各种非金融性小额贷款公司顺势推出并快速发展，但由于资金来源等方面的困扰，其商业可持续发展受到挑战。为此，我们对服务小企业融资的各种可能模式进行了梳理分析，并结合深圳实际提出了具体思路。

一、各种服务小企业融资模式的利弊分析

模式 1：银行设立独立的小额贷款机构——银行创立型

该模式为银行的二级独立法人，专司小企业金融服务。其最大优势在于可以依靠银行的资金实力，解决资金来源问题。弱势在于欠缺经营小额贷款的专业技术和经验。因为该模式虽然原则上在人员、架构和管理体系方面应完全脱离银行，但由于是银行出资，难免主导和影响小额贷款机构的经营理念，其大型金融机构的大客户策略和批发业务为主、标准化管理等可能会与小额贷款机构小额多笔、个性化管理的发展规律相冲突，特别是如允许其吸收存款，银行严格的风险管控很可能使其沦为银行的一个分支网点，从而难以体现小额贷款机构经营的独立性和专业性。此外，如果不能在法律上确认小额贷款机构贷款利率（往往会高于法定利率）的合法性并同时理顺其他机制，正如当前银行没有积极性开展小企业贷款一样，银行也同样缺乏做大做强小额贷款公司的动力。

模式 2：银行注资改造小额贷款机构——银行改造型

银行注资小额贷款公司，将其改造为非全资附属子公司（控股或参股）。该模式既有模式 1 所具有的可解决稳定资金来源渠道的优势，又可借助小额贷款机构的客户基础，发挥其经营专业性和管理经验所长。但问题是：注资改造的前提条件是需

首先赋予小额贷款公司金融属性，才可满足《商业银行法》银行投资的有关规定；同时，如果是通过控股方式改造，则基本上面临着与模式 1 相同的弊病。如通过参股方式改造，虽然小额贷款机构经营的专业性和独立性可以得到一定程度的保证，但银行作为重要股东，其经营理念多少也会影响小额贷款机构。且无论是控股改造还是参股改造，关键在于两类不同质机构间的合作，磨合成本难以估量；再则，改造完成后，作为金融机构必须接受严格的审慎性监管（如模式 4 中提及的利率、网点、无抵押信用放款等刚性监管），短期内可能反而不利于其发展。因此，在小额贷款机构尚未形成一定规模之前贸然改造，结果可能是扼杀而非改良。

模式 3：代理机构收单 + 非银行金融机构放款——非银委托型

此种模式下，非银行金融机构（如平安信托）委托代理机构（如深圳信安易贷）负责小额贷款的收单和初审工作，非银行金融机构负责贷款的审核和发放。该模式的优势是非银行金融机构可将冗杂的前台工作外包给代理机构，降低运作成本。弊端是小额信贷业务作为非银行金融机构经营的业务之一，难以保障其管理和决策的专业性、独立性；加之小额贷款业务主要基于对客户的深入了解而发放的信用贷款，贷前风险控制在整个风险控制中占据重要地位，而此种模式下非银行金融机构不参与贷前调查，造成贷中审核、贷后管理与贷前调查脱节，既不利于把控风险，也降低了审批效率（高效审批是发展小额贷款业务的生命线）。另外，委托收单模式下，如何设计对代理机构的激励约束机制（一般是按收单量计费），防范代理机构的道德风险也是一大难题。

模式 4：将小额贷款机构转为非银行金融机构——直接转化型

针对小额贷款公司因资金瓶颈难以实现可持续发展问题，将其直接转化为非银行金融机构允许其进入同业市场或发行金融债融资。该模式的优势在于既可长期获取稳定低廉的资金，又可充分发挥小额贷款机构的专业及经验优势，并保持经营的一致性和连贯性。不足之处是除非对现有监管框架作出针对性的调整，否则其转化后将接受银监会的审慎监管，而适用于银行等大型金融机构的监管框架无疑会增大小额贷款机构的合规成本，比如现有框架中对资本充足率、杠杆比率方面的限制会在一定程度上制约小额贷款机构的业务规模，在内部控制、网点设置方面的严格要求会显著提高其运作成本，而在贷款定价和业务种类（如禁止发放无抵押的信用贷款）方面的硬杠杆也会降低其经营的灵活性。此外，小额贷款机构作为一种新型金融机构，对其监管和日常业务运作需要在进一步摸索的基础上出台专门法规予以规范，而这不但需假以时日，且还需联合相关监管部门一同协商解决（如进入同业市场和发行金融债需要与人民银行协商），故小额贷款机构在发展初期似乎不太适于此模式。

模式5：以松散型资金安排扶持小额贷款机构——松散扶持型

市政府以财政性资金等形式成立专门基金，通过信托公司或银行平台以商业利率向小额贷款机构提供资金支持。政府有关部门为小额贷款机构基层网点的工商登记、街道办（居委会）与小额贷款机构的合作提供便利。同时，深圳银监局也可通过召开协调会、洽谈会等形式，鼓励银行直接向实力较强的小额贷款机构提供一定的授信额度，鼓励信托公司开发投向小额贷款业务的信托产品或开展其他形式的业务合作。该模式在短时期内可解决其资金来源问题，也充分考虑了小额贷款业务与现实经营环境的适应性（如宽松的注册要求、灵活的贷款利率等）和经营的专业化要求；同时，政府的参与和支持不但可以大大提升小额贷款机构的社会形象，还可加强其对社区客户的渗透和了解，有利于拓展业务和控制风险，这对处于发展初期的小额贷款机构将起到较好的促进作用。不利之处是作为一种松散型安排，无论是资金来源还是业务合作都是权宜之计，不利于小额贷款机构的长期平稳发展。此外，无论是单个小额贷款机构还是整个行业，长期游离于金融监管也不利于其做大做强和实现阳光化发展，因此该模式比较适于过渡期的安排。

基本结论：综上五种模式，我们认为，银行创立型（模式1）或银行改造型（模式2）中的控股改造型，在目前国内金融背景下，可以尝试，但似不可寄予厚望；银行改造型（模式2）中的参股改造型和直接转化型（模式4），比较适合已具备一定规模的小额贷款机构，通过改善资金来源、降低利率扩大市场空间可促其做大做强；非银委托型（模式3）总体而言不存在机制优势，在市场发展初期竞争不甚激烈的情况下可能具备一定的生存能力，但随着市场日趋成熟，优势将不复存在；松散扶持型（模式5）能较好地适应小额贷款机构初期发展的要求，但由于各种安排的临时性、松散性和高利率对于市场空间的压缩，不利于其平稳发展和做大做强，只宜作为发展初期的模式选择。

二、在深圳创新小企业金融服务模式的思路设计

总体来讲，对着眼于小企业金融服务的机构发展，应充分相信市场力量，并尊

重小企业金融服务的自身发展规律和专业化要求。鉴于当前法律、金融环境和深圳小额贷款机构的发展现状，我们建议深圳的小企业金融服务模式采取渐进分段式发展思路。

第一步：选择一些实力较强的小额贷款机构，由深圳银监局协助市政府建立松散型的资金安排（模式 5），通过打通正规金融与非正规金融之间的资金流动渠道，加强对现有小额贷款机构的扶持、指导和规范，解决其发展初期的资金来源问题，使其早日达到盈亏平衡点所要求的业务规模，为其逐步实现阳光化发展创造条件。此阶段暂不纳入审慎监管。

第二步：在第一步基础上，由深圳银监局筛选 1~2 家经营较为成功的小额贷款机构，联合银监会有关部门进行试点。试点的主要目的是建立具有针对性、灵活性的监管框架，主要内容包括：小额贷款机构的股东资质、资本要求、业务类型、网点设置、贷款利率、经营区域、政府合作等方面。

第三步：经过一段时间的试点发展，在第二步试点的基础上，选择 1~2 家规模较大、经营稳健的小额贷款机构，通过银行参股形式（模式 2 中的参股改造型）进行辅导和改造，或者通过制定专门的管理办法，将其转化为非银行金融机构（模式 4），并通过制定针对性的监管框架将其纳入统一监管。

营造中小企业融资服务基地　培育经济金融发展新增长点

无论从短期还是长远、从国外或是国内来看，中小企业融资服务不足都是困扰经济金融发展的重要障碍。与国内其他地方相比，深圳在中小企业融资服务方面可以说“问题更加突出、形势更为紧迫、条件更臻成熟”，即移民城市的文化特征，使得深圳阻碍中小企业融资服务发展的一些因素（如诚信约束）更加突出；中小企业在经济结构中的过高比重，使得深圳解决中小企业融资服务不足问题更显紧迫；而多年来致力于改善中小企业融资服务的诸多实践，使得深圳在营造中小企业融资服务基地方面的条件更趋成熟。再从银行业角度看，随着竞争的与日俱增，亦亟须通过开辟中小企业融资服务市场提升服务质量，开辟新的利润增长点，实现可持续发展，因此积极营造中小企业融资服务基地对深圳而言，既是责无旁贷，更是情势使然。

一、主要优势

经济结构优势。基于历史和现实的各种因素影响，与国内主要城市相比较，深圳经济结构呈现出明显的“中小型化”特征。截至 2008 年年底，深圳全市共有中小企业 27.7 万家，占全市企业总数的 98.5%，中小企业实现本地生产总值 5090 亿元，占比达 66%，中小企业提供就业岗位 522 万个，占比达 80%。与此同时，深圳中小企业不仅“量大”，而且“质优”，中小企业已经成为深圳自主创新的主力军，全市认定的 3800 家高新技术企业中 85% 为中小企业，既有一批围绕行业龙头上下游产业链提供配套服务的“精品”小企业，更有代表民族品牌独立开拓国内外市场的“明星”中型企业，如迈瑞、研祥等。因此，深圳经济结构的“中小型化”特征为中小企业融资服务基地建设提供了广博深厚的客户基础。

服务主体优势。深圳银行业市场为中小企业融资提供服务的主体日渐增多，一是加大力度引进了一批在中小企业融资服务方面具有鲜明特色、专业性强、经验丰富的 9 家异地城市商业银行，通过产品、理念和技术的移植，提升了深圳中小企业融资服务的供给水平。二是工行、建行等大型银行顺应社会需求设立了一批针对中小企业的特色化专营机构，并纷纷将开拓中小企业融资市场确立为其重要发展战略。三是包括平安银行在内的本地中小银行通过设立专业支行等形式，积极探索和改善提高中小企业融资服务的新途径。四是通过整改和新设，高标准地推出了 17 家小额贷款公司，通过独立开展业务或与银行合作，小额贷款市场规模迅速扩大，部分小额贷款公司甚至已在短时间内实现了盈利，有效弥补了现有银行体系的服务空白。此外规划中的 6 家村镇银行也已正式进入筹备阶段，不久也将为深圳中小企业融资服务基地的建设增添新的力量。

辅助体系优势。目前深圳已形成相对完备的中小企业金融服务链条，为中小企业融资服务基地的功能发挥提供了有效对接和配套服务。一是创业板市场落户深圳，加之已经顺畅运转的中小板和高新区代办股份转让系统等资本市场服务体系，为基地建设增添了独特内容，同时也吸附和培育了一批如深圳创新投集团等风险投资和私募股权基金，构筑起全国最活跃的创业投资服务体系。二是以中科智为代表的 200 多家商业性融资担保公司，以高新投和中小企业信用担保中心为代表的政策性担保机构，以及深圳市中小企业信用再担保中心等再担保体系的建立，为开展中小企业融资服务奠定了坚实基础。三是以鹏元征信为代表的信息中介服务较为健全，同时还有众多具有良好职业操守和专业技能的资产评估、公证、律师和会计师事务所等中介机构，也为中小企业融资服务提供了高效配套服务。

政策扶持优势。深圳市政府对中小企业发展历来持全力支持态度，尤其注重通过各项扶持措施协助缓解中小企业融资服务的不足，为此深圳市政府专门出台了《深圳市中小企业发展促进条例》，对中小企业融资中的风险分担、财政贴息、集合发债担保以及参与银行的激励措施等作出了细致全面的安排，其扶持力度之大、涵盖范围之广在国内实为罕见。此外，深圳市还通过实施专门的《深圳市小企业金融服务体系建设工作方案》，从小企业金融服务的机构体系、环境体系、政策体系、业务体系和监管体系出发，构建了全方位、系统性的解决方案，为基地建设提供了良好的思路借鉴。

创新优势。中小企业融资服务的开展需要突破传统金融服务条条框框的约束，因此创新往往成为基地建设的重要法宝，在这方面，深圳银行业金融机构经过多年探索已累积了丰富的经验和心得。如“中小企业上市一路通”“中小企业信用培养计划”“供应链金融”“互联互保”“选择权贷款”“银行小额贷款公司联合委贷安排”等一批专门服务中小企业的产品和服务创新层出不穷。此外，一年一度的“深圳市金融创新奖”评选对中小企业融资服务创新也给予厚爱、重点倾斜，监管当局对涉及中小企业服务的相关准入事项还专门开辟绿色通道，为中小企业融资服务创新提供良好的监管环境。

二、主要安排

继续丰富市场主体。进一步丰富服务中小企业的对应机构，培育各类市场主体，以适度的竞争和专业化经营，提高中小企业金融服务的供给水平，解决“无人贷”问题。具体而言，一是继续有针对性、有规划地引进异地城市商业银行来深圳开展中小企业融资服务，加快推进消费金融公司、村镇银行等新型市场主体的设立，鼓励各类银行在深圳设立特色化、事业部制的中小企业贷款事业部。二是要对这些新引进和设立的主体，按照预设的监管目标，对其经营范围、服务对象和服务方式加以引导，确保新增市场主体的初衷得以实现。

完善中小企业贷款管理机制。要按照银监会关于构建中小企业贷款“六项机制”的要求，从风险定价、独立核算、高效审批、专业培训、激励约束和信息通报等角度建立起中小企业融资服务的内部制度环境。通过制定《深圳市中小企业贷款问责管理指引》，改变现有贷款问责体制，真正做到中小企业融资服务的尽职免责。要按照财政部《关于中小企业和涉农不良贷款呆账核销问题的通知》精神要求，合理快速地处理一批中小企业不良贷款挂账问题，继续向财政部争取更加宽松和便利的中小企业贷款核销政策。

建立健全辅助及激励体系。要按照国务院办公厅《关于进一步明确融资性担保业务监管职责的通知》要求，尽快对融资性担保机构的设立条件、业务规范、监管规则和法律责任作出规定，研究制订促进融资性担保业务发展的政策措施，拟订融资性担保业务监督管理制度，协调相关部门共同解决融资性担保业务监管中的重大问题，指导地方政府对融资性担保业务进行监管和风险处置。进一步完善中小企业贷款风险补偿机制，改善银行中小企业贷款的风险收益结构，有针对性地将财政性存款、优质贷款项目以及机关事业单位代发工资等政府所控资源更多地向对中小企业发展作出突出贡献的银行倾斜。此外还要对服务于中小企业融资的资产评估、法律和会计咨询等机构制定统一准入门槛和行为守则，坚决制止各类弄虚作假、合谋骗贷等不法行为。

强化监管政策引导。制定《深圳市银行业贷款集中度风险管理指引》，对单一客户、单一集团、单一业务等集中度风险施加硬性约束，间接从制度上引导银行将业务发展重心转向中小企业市场。统筹规划深圳市银行业营业性网点总体布局，对大型企业云集以及竞争比较充分的关内地区新设网点予以限制，鼓励银行新设或者更多地将网点资源迁往关外中小企业密集、金融服务相对欠缺的区域，提高中小企业金融服务的便利性。

积极探索中小企业融资服务新模式。一方面鼓励部分在人才、经验以及客户关系等方面具有资源优势的银行充分依托深圳创业投资服务体系的优势，积极借鉴美国硅谷银行经营模式，通过产品和服务创新与创业板市场做好功能衔接，以银行体系的资金优势与资本市场的专业判断优势相结合，创造性地开展中小企业融资服务工作。另一方面鼓励部分在成本和风险控制等方面具有技术和网络优势的银行，以在线评分、自助审批等手段不断探索降低中小企业融资服务的成本与风险的新途径，并遵照大数定律最终以规模化、标准化的服务向辖内乃至其他区域的中小企业辐射扩散。

制度保障是促进小企业融资的关键

开展好中小企业贷款或者说中小企业融资，需要确立制度保障，这是搞好中小企业融资的基石，也是解决中小企业融资难、融资贵的关键，简单地归纳应该有六个机制的建设。

第一，科学的定价机制。做中小企业的贷款相对来说成本比较高，风险度难以控制，或者说难以预测的风险比较多。因此，为了保证银行的安全和银行的利益，应该有一个科学的市场定价机制，只有具备了科学的市场定价机制，才能够真正地从内在激发起服务中小企业的热情。

第二，独立的考核机制。所谓的独立的考核机制，就是指在银行内部要有针对性地在中小企业贷款方面进行单独的考核。因为我们大家都知道，在我们现有的银行考核机制当中，倾向于大客户是一个普遍的现象。如果要充分地开展小企业融资服务，应该在考核机制上有所变革。

第三，高效的审批机制。因为中小企业融资最大的特点是急迫，那么，就要求我们的银行应该有高效的决策、审批机制。

第四，具有特色的激励机制。激励机制和前面的考核机制实际上是相辅相成的。也就是说，我们目前银行业普遍存在的激励机制，并不适合于全方位地开展小企业的融资服务。如果我们把业务的重点和业务的倾向放在小企业上的话，在内部的激励机制上，就必须进行相应的变革。

第五，专业的培训机制。开展小企业融资服务，也是一项专业化的业务，因为小企业一方面数量多，另一方面种类多，再有就是可变因素非常多，那么，对于如何掌控小企业融资过程中的风险，怎样提高对小企业融资的服务质量，我相信应该有一整套培训机制，来培养、造就一批服务小企业的人才。

第六，快捷的信息传导机制。所谓的信息传导机制，也就是说在我们服务中小企业的过程中，在银行乃至社会上应该有一种信用的环境，对那些不守信用的或者恶意经营的小企业，要有一种信息的沟通机制来把它们排斥在市场之外。

除了以上的六个方面，还有一点也很关键，那就是需要银行家们在银行的内部进行组织架构、业务流程和风险控制体系的改造。因为我们现在所有的商业银行，从银行的模式、架构、体制、客户群体、产品和经营区域上都是趋同的，在这种情况下开展小企业融资是欠缺条件的，为此，商业银行应充分发挥贴近市民、贴近中小企业的特点，在服务地方经济、服务中小企业、服务市民的市场定位上进一步细化自身的发展战略，创出自己的品牌。

借鉴韩国成功经验　创新我国小额信贷服务模式及监管架构

一、韩国小额信贷发展简况

1997 年亚洲金融危机之后的韩国经济，出口和投资急剧萎缩，为启动内需，韩国政府推出了一系列经济金融振兴政策，其中推动小额信贷业务发展、刺激消费增长成为当时政策的重要着力点。十多年来，得益于政府的大力推动，小额贷款机构如今已成为韩国金融体系的重要补充，并使韩国成为全球为数不多的几个小额贷款业务取得全面成功的国家之一。在韩国，从事小额信贷业务的专门机构（正规借贷）有两大类，其注册资本、服务对象、贷款额度、利率水平、服务范围、注册机构、监管部门以及对各自的监管法律等都各不相同。

一类是自 1998 年开始形成的由大银行或大企业创办的消费信贷公司。截至 2007 年年底，韩国有 20 多家消费信贷公司，分别由韩国本土银行、外资银行和一些大公司如三星、现代等以子公司形式设立。按照韩国 1998 年颁布的《授信专门金融业法》规定，此类公司注册资本最低为 1.5 亿元人民币（以下皆指“人民币”），注册机构为韩国金融监督委员会，由金融监督院负责监管。其客户收入层次低于银行客户，月收入在 2000~20000 元，主要经营无担保个人贷款和一些销售融资业务，贷款额度一般为 3 万 ~15 万元，贷款利率随客户的风险水平和贷款产品的不同实行差异化、公平性收费，差距较大，一般在 20%~45%，这类公司基本都是在全国范围跨区经营。

另一类是自 2002 年开始由私人放贷者或典当行转型而来的借贷公司。截至 2007 年年底，韩国有 2 万多家借贷公司，大多为一些有日本资金背景的机构控制。按照韩国 2002 年颁布的《借贷业法》规定，对此类公司无具体注册资本金最低要求，注册机构和监管机构均为当地市政府。

相对于消费信贷公司，借贷公司的客户层次更为低端，目标客户为月收入 2000 元以下的客户，主要经营小额贷款业务，贷款额度一般为 1 万 ~10 万元，贷款利率在 40%~49%，由于这些公司规模相对较小，因此其经营一般只局限于当地而很少跨区经营。

二、韩国小额信贷监管的主要特点

1. 实施差别化监管。如前所述，在韩国由于借贷公司数量众多，多数规模较小，且经营产品繁杂，若对其实施统一、严格的监管，不仅监管成本巨大，而且无疑会扼杀这类公司的经营活力。加之转型而来的借贷公司客观存续时间较长，为保证这类公司在业务经营等方面的连续性，所以 2002 年颁布的《借贷业法》只不过是在法律上对其存在的合法性进行了事后追认，日常监管要求则主要限于一些展业的基本原则和经营的基本规范，监管比较宽松，在韩国只有 5 个政府官员负责对其监管，实际上无法实现，虽然该法也赋予韩国金融监督院对借贷公司的审计检查权，但实践中金融监督院至今从未对其进行过任何审计。而对由银行、大公司成立的消费信贷公司，考虑到其业务规模较大以及与金融体系联系紧密等原因，《授信专门金融业法》的监管标准相对于《借贷业法》则要审慎、严格得多，对于注册资本、资本充足率、业务范围、资金来源、风险控制等都作出了详尽具体的规定，而且金融监督院还可以对消费信贷公司进行现场检查，要求其每个季度提交管理、财务、不良贷款和门店等方面情况的报告，体现出一定程度的审慎性。

2. 重视借款者保护。借款者保护是各国小额信贷业务合法化过程中的最大忧虑之一，韩国通过法律形式，对各类小额信贷公司的展业场所、贷款额度确认、信用信息保密、争端解决程序、借款合同的标准化、债权催收手段等方面予以了明确规范，要求小额信贷公司在经营管理和风险控制过程中不得侵犯借款人利益。例如按照《授信专门金融业法》，小额信贷公司不能在事先未获得当事人许可情况下登门营销，必须在客观评估借款人每月还款能力的基础上合理确定贷款额度，不得未经许可将信用信息透露给不相关的第三方，合同条款意思不明确时应按照有利于借款人的原则作出解释，不得在晚上 9 点和早上 6 点之前向借款人及其亲戚和同事进行催收等。

3. 鼓励性监管基调。为推动小额信贷业务发展，韩国政府对小额信贷机构的发展总体上采取宽松监管予以鼓励。如在市场准入方面，无论是消费信贷公司还是借贷公司均采用注册制；在资金来源上，允许小额信贷机构通过从银行借款、发行债券、资产证券化或者贷款出售等形式进行低成本融资。目前，消费信贷公司的资金来源，30%~35% 来自银行借款（利率 57%，50%~60% 通过发行证券获得）成本为 6%，10% 来自股本；在业务范围上，小额信贷机构不但可以从事一般的小额贷款业务，在特许情况下还可从事其他业务，如信用卡、租赁、住房及汽车分期付款、风险投资等业务，大大扩展了小额信贷机构的盈利模式；在杠杆效应的使用上，规定其最低资本充足率为 7%，杠杆比率因此可以达到 14 倍以上，但实践中大多数机构的杠杆比率一般控制在 6 倍左右；在贷款利率限制上，允许小额信贷的最高利率达 49%，为小额信贷机构的贷款定价提供了足够的空间。

4. 坚持风险为本监管。小额信贷机构的经营失败或者行为失范给经济金融带来的负面影响不可小觑，如信用链条断裂、债务人的财务困境等，因此，虽然韩国对小额信贷机构的发展一直予以支持和鼓励，但始终秉持风险为本的监管理念，尤其对大银行或大企业创办的消费信贷公司的监管更是如此。以《授信专门金融业法》为例，大概有三分之二的篇幅与消费信贷公司的风险控制相关，其中对消费信贷公司的内部风险管理体系的构建要求、会计准则适用性、营运状况的披露要求是风险为本监管的基础；对流动性比率的要求（超过 100%)、资产质量的五级分类和拨备政策以及对不良贷款比例的要求（不超过 10%) 等是风险为本监管的主要指标体系；通过实施骆驼评级，对消费信贷公司的资本充足、资产质量、管理能力、盈利状况和流动性进行综合评价，并按得分情况将消费信贷公司的风险情况分为五类（分别为“很强”“满意”“不满意”“不足”“非常不足”）。金融监督院根据骆驼评级结果，针对消费信贷公司在风险控制方面的薄弱环节，采取三个不同层次的纠正行动（分别为“建议整改”“要求整改”“勒令整改”），而消费信贷公司也将据此制定整改计划报金融监督院审核，并将获得认可的整改计划真正付诸实施，进而实现风险为本监管的最后一环。

三、韩国小额信贷发展的经验教训

1. 必须加强对小额信贷需求的引导和规范。1997 年韩国第一家正规化的小额信贷机构通用电气金融服务公司诞生，但当时由于韩国金融监督院对小额信贷业务持有偏见，认为其不过是一种高利率高风险的业务，因此拒绝了所有本土银行要求设立专门机构开办小额消费信贷业务的申请，只有几家外资银行的申请（花旗下属的花旗金融服务公司 2002 年获得批准）获得批准。其结果和代价是借助韩国 2002 年《借贷业法》的实施，大量日本借贷公司乘机涌入韩国并于 2002~2007 年迅速占领其小额信贷市场，使韩国金融业丧失了绝佳的盈利机会，同时还使小额信贷利率居高不下 (2007 年 9 月前最高达 66%)，引起社会广泛关注。2001 年韩国金融监督院开始苏醒，进而强令所有本土银行按照花旗模式尽快开设消费信贷公司，意图通过市场竞争降低小额信贷利率。可见，韩国小额信贷业务成功发展的背后走过了如此曲折的弯路，并付出了高昂代价。

2. 必须对小额信贷的风险保持高度警惕。小额信贷的高利率特征会使小额信贷机构有过度放贷的冲动，特别是在小额信贷业务发展初期，由于其业务、产品的多元化扩张，加之主要以信用贷款形式发放，如果风险控制不力，不但会阻碍产业发展，还会给社会带来一系列不和谐因素，如恶性催收事件等。韩国小额信贷业务也经历了这样一个艰辛的发展历程，以三星集团下属的消费信贷公司为例，其放款最高峰曾达到每月净增规模 10 亿元，这些贷款主要以信用卡贷款形式发放，在 2002~2003 年，过度放贷问题终以信用卡危机形式集中爆发，众多持卡人沦为卡奴。在这一事件警醒下，韩国金融监督院开始不断反省，并不断调整监管框架，仅 2001~2007 年便对《授信专门金融业法》进行了累计 18 次的修正，突出强调对消费信贷公司的风险管控和防止过度放贷等。

3. 必须构建功能完备而强大的个人征信网络。小额信贷业务主要经营信用贷款，因此与其他主要经营抵押担保贷款的金融机构相比，小额信贷机构更加依赖社会各种征信信息的支持。征信信息的缺失是触发 2003 年韩国信用卡危机的原因之一，而近年来韩国小额信贷业务的飞速扩张，与其政府及私人部门在征信方面的投入和努力分不开。一是通过制定法律为征信业发展提供保障，如制定《信用信息使用及保护法》《信用保证基金法》等；二是构建多层次的征信业市场结构，推进多形式的信息共享模式协同发展，包括营利性和非营利性征信机构，目前已形成了金融机构、行业协会和征信公司三位一体的征信市场格局；三是大力发展个人征信机构，例如危机之后组建的 KIS 征信公司，有 48 家数据共享成员机构。NICE 成立于 2002 年 11 月，有 111 家数据共享成员单位，是拥有数据共享成员单位最多的私营征信机构等。大批私人征信机构的组建为韩国小额信贷业务的成功发展奠定了坚实基础。

四、对我国小额信贷服务模式及监管框架的基本构想

1. 大力发展小额信贷势在必行。

一方面，供需矛盾需要发展小额信贷予以疏解。无论是农村还是城市，我国贫困人口和小微企业众多，小额信贷需求庞大，供给严重不足，无力解决小额信贷需求紧张局势，供需矛盾日渐突出。目前我国从事小额信贷业务的专门机构很少，主要是由半官方推动或者民间自发成立的非金融性小额信贷公司，这类公司机制灵活，开拓小额信贷业务的动力较足，但由于资金来源及利率等方面的困扰，其商业可持续性受到挑战。2008 年 3 月人民银行和银监会联合发布的《小额贷款公司试点的指导意见》(类似韩国的《借贷业法》)，从法律上明确了现有小额信贷机构的合法身份，使所谓的“地下金融”得以实现“阳光化经营”，但其对单一股东入股比例、融资规模和融资对象的保守规定仍未解决其商业可持续问题。同时该意见对试点地域的限制，使得有着巨大资金需求的城市贫困人口和小微企业仍然求贷无门，目前已危及社会稳定和经济发展，地下钱庄日益猖獗便是证明。因此，应大力发展小额信贷，缓解累积已久的供需矛盾。

另一方面，经济增长模式的转变对小额信贷机构的发展提出了更高的要求。新一轮宏观调控下，受人民币升值、利率调高及相关产业政策调整的影响，我国经济增长的出口和投资对经济的拉动作用显著减弱，启动内需以促进经济既好又快发展成为当前经济工作的重点和难点，在这一背景下，积极支持和鼓励小额信贷业务发展，刺激消费增长，将对我国经济增长模式的转变起到重要作用。

此外，发展小额信贷既是建立信用社会、疏解中低端客户资金需求的好机会，又是规范市场、促使利率下降进而将放债人逐出市场的好机会，也是金融机构在传统业务竞争日趋激烈的情况下打造新的利润增长点和提高公民就业的好机会。

2. 对小额信贷服务模式及监管框架的基本构想。

小额信贷专业性强，专门服务中低端客户，因此发展小额信贷必须充分尊重小额信贷的特点和专业化要求，按照科学发展观推动社会和银行建立一个好的机制和体制，组建专门机构，构造专业监管框架。具体可按两个层面设计。

第一个层面：按照人民银行和银监会联合颁发的《小额贷款公司试点的指导意见》精神，在农村设立小额信贷机构，着力改善农村地区贫困人口的金融服务需求。同

时逐步引导和规范城市中既存的各种小额信贷机构（类似韩国的借贷公司），使其合法化、公开化运作。此类小额信贷机构由政府批准，工商注册，政府监管，金融监管部门保留对小额信贷机构的检查权。鉴于《指导意见》存在不少不利于小额信贷机构实现商业可持续的规定，建议参照韩国《借贷业法》，吸纳其合理成分，适度放宽小额信贷机构外部资金来源等限制。同时，由于小额信贷业务无论就个体还是组合而言，风险都比较大，所以不宜将小额贷款公司改造为涉足存款业务的村镇银行。

第二个层面：吸取韩国当初对小额信贷忽视甚至歧视的教训，大力鼓励本土金融机构以附属子公司形式设立小额信贷公司专司小额信贷业务（类似韩国的消费信贷公司），主要解决城市地区中低端客户的资金需求。现有金融机构缺乏相应机制和渠道为这类群体提供服务，因为小额信贷与银行其他业务在服务对象、服务方式、风险内涵以及风险处置手段和处置方式等方面完全不一样。加之小额信贷的成本与收益不对称，风险更高，银行不宜做也不愿做此类业务。因此应鼓励各大金融机构以附属子公司形式设立小额信贷机构，依靠金融机构的资金实力，专门从事小额信贷业务。同时在此层面，还可结合我国实际创新各种小额信贷服务模式，比如既可由金融机构下属的小额信贷公司直接开办业务，也可由非银行金融机构委托代理机构开办业务（如平安信托委托深圳信安易贷开办的小额消费信贷模式），还可通过金融机构旗下的产险公司与银行合作，以信用保证保险和银行贷款业务相结合的形式展业（如平安集团在上海开办的创新型信用保证保险模式）等。对此类小额信贷机构的审批和监管，建议制定专门法规进行规范，参照韩国《授信专门金融业法》，由金融监管机构（如银监会等）负责，采取现场检查、非现场监管手段，制定比较严格、审慎的监管标准，如前面提及的借款人保护、风险为本监管等，以体现差别化监管思路。

此外，发展小额信贷还需大力推动功能强大的征信系统的建设。首先，要在加强非营利性征信机构（如人民银行征信系统）建设的基础上，对小额信贷机构开放查询权限；其次，要大力推动营利性的个人征信机构的建设，深圳的鹏元征信为个人征信机构的发展提供了很好的借鉴，应进一步采取措施鼓励更多的个人征信机构进入，并在适当时机，将个人征信机构的数据与人民银行的征信系统实现对接；最后，尽快制定出台《征信管理条例》，为各方主体开展征信以及征信机构的市场准入等事项提供法律支持。

多方联动　创新手段　优化环境 不断开创小企业金融服务工作新局面

一、2006 年小企业金融服务工作回顾

2006 年是山西省全面启动推进小企业金融服务工作的一年。在各级政府的大力支持下，在银行业监管部门的积极推动和督促下，在小企业的密切配合下，各银行业金融机构开拓创新，多措并举，小企业金融服务工作取得了阶段性成效，集中表现为“四新两增”。

（一）统一思想，形成共识，小企业金融服务工作呈现新局面

随着支持和服务小企业工作的不断深入，小企业健康发展对于促进经济又好又快发展和构建社会主义和谐社会的重要性已日益被社会各界认可，政府、银监局、银行等各方面对于通过加强和改进金融服务来推进小企业发展已达成了共识，并加强合作，整体联动，重点突破。在各方的努力下，支持小企业发展的实质性举措逐渐增多，多种形式的银企对接活动普遍展开，各地先后成功举办了 10 多次银企洽谈会，签订贷款意向 15 亿元。许多银行经营管理理念开始转变，从“能否开展”“是否开展”转向“如何办好”，积极探索建立适合小企业贷款的经营管理机制，全省小企业金融服务工作步入良性发展轨道。

（二）积极引导，加强督促，推进小企业金融服务工作采取新举措

为了促进小企业健康发展，山西银监局非常重视小企业金融服务工作，确立了“总体推进、分层指导、重点突破、鼓励创新”的推进小企业金融服务工作思路，制定出台了完善小企业金融服务的《指导意见》和《实施方案》，从体制保障、政策保障、业务保障、环境保障等四个方面入手，搭建了沟通协调、信息共享、信用征集、经验交流、信用环境等五个平台。为了将工作做深做细，山西银监局专门召开了小企业金融服务工作会议，与省中小企业局签订了《促进小企业金融服务合作框架》，共同开展“中小企业成长工程”。在日常监管工作中，积极引导和督促各银行机构建立机制，制定办法，规范操作，切实推动和引导小企业金融服务工作，不断提升

服务的质量和水平。

（三）创造条件，出台政策，改善小企业金融服务外部环境取得新进展

小企业金融服务工作得到了各级政府的高度重视和大力支持，纷纷采取配套措施，努力营造良好的外部环境。山西银监局制定的《完善小企业金融服务实施方案》被省政府以正式文件下发各市执行，极大地推动了小企业金融服务工作。部分市、县政府拿出专项资金用于小企业贷款的风险补偿和担保基金，助推小企业金融服务。临汾、朔州两市政府出资 1.3 亿元成立了中小企业信用担保公司，大同市及三个试点县（区）政府出资 190 万元用于中小企业贷款的风险补偿，小企业金融服务工作得到有效保障。

（四）开拓创新，完善机制，小企业金融服务工作收到新成效

在政府和银行业监管部门的积极推动下，在小企业的主动配合下，各银行业金融机构积极致力于“六项机制”建设，一些银行建立了专门的小企业贷款审贷和管理队伍，配备了专业人员；一些银行制定了加强小企业金融服务的管理办法，简化了小企业贷款业务审批流程，提高了审批效率；一些银行在贷款风险定价机制方面进行了积极探索；一些银行建立了专门的激励约束机制；一些银行建立了小企业贷款违约信息登记制度，加大了小企业贷款违约信息的通报和信息披露力度。

通过多方努力，2006 年山西省小企业贷款业务得到长足发展，实现了“两增”，一是小企业在银行的授信增加，其中授信户数增加 1.4 万户，授信额度增加 60 亿元；二是小企业在银行的贷款增加，其中贷款户数增加 1.4 万户，贷款余额增加 80 亿元，小企业金融服务工作取得了阶段性成效。

二、2007 年小企业金融服务工作面临的形势及任务

（一）小企业金融服务工作面临的形势

尽管 2006 年山西省小企业服务工作取得了一些成效，但并没有取得突破性进展，突出表现为全省小企业贷款呈现“两低一高”的态势，即贷款份额低，2006 年末山西省小企业贷款余额占各项贷款总余额的 18.4%，低于全国平均水平 4 个百分点；贷款增幅低，2006 年山西省小企业贷款增幅为 9.8%，低于全国平均水平 6 个百分点；不良贷款率高，2006 年末全国小企业不良贷款率较年初下降了 5.1 个百分点，而山西省不但没有下降，反而上升了 2.3 个百分点。从上述情况不难看出，山西省小企业

金融服务工作差距是明显的，面临的形势是严峻的，对此，我们必须有一个清醒的认识和准确的判断。

（二）小企业金融服务工作存在的问题和困难

回顾总结2006年的工作，当前山西省小企业金融服务工作还存在一些亟须解决的问题和困难，主要表现在以下几个方面。

一是小企业金融服务的外部环境依然有待改善。尽管各级地方政府支持小企业发展的政策导向是明晰的，也采取了一些措施和办法，但有些措施过于宏观，缺乏可行性；有些措施过于笼统，缺乏操作性；有些措施脱离实际，缺乏实效性。加之一些相关部门推诿扯皮、效率不高，致使改善小企业金融服务外部环境的工作进展迟缓，收效不大。

二是银行业监管部门在政策支持和推动手段上有待加强。尽管各级银行业监管部门在推动小企业金融服务工作方面做了大量工作，但宣传鼓动多，实质性的措施少；指导意见多，实质性的监管创新少；工作督促多，实质性推动手段少。由于缺乏实质性的监管政策和必要的推动手段，致使推动小企业金融服务工作有些力不从心，难以取得实质性突破。

三是银行业金融机构的工作主动性和积极性有待增强。尽管一些银行机构在加强小企业金融服务工作方面采取了一些措施，但整体进展不理想。由于小企业自身存在一些缺陷和问题，一些银行存在畏难思想；由于小企业贷款投入的人力、物力较多，成本较高，一些银行存在怕繁情绪；由于缺乏正向激励机制，一些银行工作没有动力，审批效率低下，业务和产品创新缓慢。可以说，目前银行对小企业金融服务工作的重要性和必需性的认识还需要进一步提高，工作的积极性和主动性还需要进一步增强。

四是小企业自身素质和自我完善能力有待提高。尽管目前小企业融资难的问题客观存在，但一个不容忽视的问题是，有相当一部分小企业存在“等靠”思想，一味等国家扶持政策，一味靠银行贷款，缺乏开拓进取和自我创造精神，不注重提高管理水平和自身素质，甚至恶意逃废银行债务，提供虚假财务信息，致使银企之间存在严重的信息不对称甚至对立情绪，小企业贷款难以取得突破性进展和预期效果。

（三）小企业金融服务工作的目标和任务

2007年是大力推动小企业金融服务工作向纵深发展并力争取得明显成效的一年，

山西省小企业金融服务工作的目标和任务可以概括为“五抓”。

一是抓实际增长和具体成效。通过强化小企业金融服务工作，努力实现小企业的“四增加一下降”，即小企业贷款户数增加、小企业贷款额度增加、小企业产值增加、小企业就业人数增加和小企业不良贷款余额下降。总的要求是小企业贷款要取得实实在在的增长，增速要与全省国民经济发展速度相匹配，并力争超过全国平均水平，切实显现小企业金融服务的成效。

二是抓金融服务组织体系的完善。当前有相当数量的小企业分布在县、乡以下的地区，而这些地区银行机构网点较少，覆盖程度比较低，而现有农村信用社服务效率低，手段落后，加上历史包袱沉重，支持力度有限。因此，要在现有的法律框架下，创新工作思路，加大工作力度，在县、乡地区增设相应的银行机构，不断健全和完善金融组织服务体系，为提供良好的小企业金融服务奠定基础。

三是抓体制机制的创新和建立。各银行机构要按照市场原则和商业化运作模式，遵守《山西省银行业小企业金融服务公约》，结合自身实际，努力建立和完善风险定价、独立核算、特色审批、激励约束、专门培训和违约信息通报等六项重要机制，以此构建小企业金融服务的长效机制，实现银企双赢。

四是抓外部环境的改善和优化。各级地方政府要把支持小企业发展作为重点工作抓好抓实，要创造维护银行债权的诚信环境，特别是在贷款担保机制、风险补偿机制、优惠政策配套机制等方面要有所突破，为小企业金融服务创造良好的外部环境。小企业自身也要提高诚信度，提高经营管理水平，提高自身素质，取得银行融资的必备条件。

五是抓业务和产品的配套。各银行机构要解放思想，开拓思路，切实把小企业金融服务工作纳入整体工作规划，突破现有的经验做法，在法律法规的框架下，结合小企业的特点进行业务创新和产品创新，力争取得小企业金融服务工作的突破，使其逐渐成为新的利润增长点。

三、做好小企业金融服务工作的具体思路及要求

（一）统一思想，更新理念

推进小企业金融服务工作，不仅是银行的一项重点工作，更是一项政治任务。它对于全面构建和谐社会、促进经济发展具有十分重要的意义和作用。各银行机构

一定要把思想统一到中央的决策和部署上来，要充分认识小企业金融服务工作的重大现实意义和战略意义，充分认识加强和改进小企业金融服务工作不仅是自身业务经营的需要，更是应尽的社会责任。各银行机构不要只看到小企业金融服务工作的各种困难，更要看到小企业金融服务工作的光明前景，要坚决克服畏难、怕繁的思想，深入基层，贴近小企业，不断增强做好小企业金融服务工作的积极性和主动性，切实提高小企业金融服务的质量。各银行机构要加强经营战略研究，切实更新理念，把眼光放得长远一些，充分认识小企业潜在的优势和无限的商机，打破片面强调大客户的陈旧观念，要按照科学发展观的要求，认真研究和科学制定各自的发展战略，不断创新业务和产品，尝试仓单或供货合同质押、担当企业财务顾问、改变收回再贷的授权等多种形式，大胆开拓小企业市场，尽早掌握小企业金融服务工作的主动权，在激烈的金融市场竞争中率先起跑，抢得先机。

（二）改革机制，打开局面

各银行机构要十分注重小企业金融服务体制和机制的创新与突破，重点是建立和完善“六项机制”，实现小企业金融服务工作健康可持续发展。“六项机制”环环相扣，相辅相成。在策略安排上要建立科学的小企业金融服务业绩考核和奖惩机制，既要强化责任追究，防范小企业贷款风险；又要确立正向激励，保护信贷人员的工作积极性。在技术手段上要建立完善科学的定价机制，要根据小企业贷款的筹资成本、风险水平、管理成本、收益目标以及当地市场利率水平等因素，对不同类型贷款、对不同类型借款人自主实行差别利率，切实做到小企业贷款的收益能够覆盖风险。在业务拓展上要建立专门培训机制，注重一线人员的专业化培训，切实提高业务素质，提高小企业金融服务的质量和水平。在操作流程上要建立差别化的授信机制，从业务调查、授信审查、审批和授信后管理及机制建设等方面，提出区别于大中型企业授信的最基本的尽职要求。同时，要简化小企业贷款业务审批流程，提高效率，满足小企业贷款“短、频、快”的特点。要发挥小企业金融服务先进地区和机构的典型示范作用，尽快扭转小企业贷款在地区之间、机构之间发展不平衡的局面。

（三）深入调研，解决矛盾

小企业点多、面广，经营体制、业务产品、管理水平各有不同，情况比较多样而复杂。我们必须要深入基层、深入到小企业中广泛开展多种形式的调查研究和考察座谈，全面、真实、完整地掌握第一手资料，只有这样才能真正了解情况、研究问题，解决矛盾，有的放矢地开展小企业金融服务工作，提高工作的针对性和有效性。2007 年 3 月 22 日和 23 日，山西银监局组织 14 家省级银行的负责人和有关人员赴晋中市召开了推动银行业加强和改进金融服务大型座谈会，政府、银行、小企业和银监部门面对面进行了交流和沟通，就解决小企业贷款难的问题广泛交流了意见和看法。座谈会结束后又分别深入到左权、太谷的 10 多家小企业进行了实地考察，现场了解情况、解决问题。直接参加这次活动的小企业代表近百人，了解和掌握了大量情况，活动收到了非常好的效果。近期，我们还将召集有关银行就活动中各方面提出的意见和建议进行专门研究，提出解决问题的措施和办法，并抓好落实工作。今后，我们还将组织类似的调研考察活动，为交流小企业发展经验、解决小企业融资难题搭建平台，真正深入下去，实实在在地研究和解决一些问题，从而有效地推动小企业金融服务工作。

（四）创新监管，全面推动

山西银监局将把小企业金融服务工作作为践行科学发展观、构建和谐社会的重点工作，积极开拓思路，对现有的监管政策进行大胆创新，全面推进小企业金融服务工作。在健全组织机构体系方面，我们在全国率先提出股份制商业银行在各市、县设立机构的思路，尝试将股份制银行的机构延伸下去，丰富各地区特别是县域的金融组织体系，为小企业金融服务提供组织机构保障。目前，这项工作正在报批过程中。在完善现有小企业贷款监管政策方面，我们坚持分类监管和差别监管的原则，积极研究和建立符合小企业特点的贷款分类标准和相应地调整小企业贷款拨备和核销方法，发布指引，完善小企业贷款的问责和免责要求。在建立激励机制方面，对于小企业金融服务工作成绩突出的银行机构，我们将实施优惠的监管政策，在这些银行的机构、业务准入等方面予以重点考虑，优先审批，不断提高各银行开展小企业金融服务工作的积极性和主动性，全面推进小企业金融服务工作。

（五）改善环境，创造条件

银行是一个特殊的企业，按照商业化运作，讲求资产的安全性和盈利性。因此，在社会上必须营造一个良好的外部环境，使小企业符合信贷准入条件，从而实现银企之间双赢。一方面，各级地方政府要重视小企业发展，在政策指导、财政补贴、风险补偿、税收优惠、中介服务等方面给予必要的支持，优化服务环境，大力促进小企业金融服务工作。同时，要整顿社会信用秩序，严厉打击各类逃废债行为，全面营造良好的小企业金融发展环境。另一方面，小企业要切实规范自身的行为，讲求诚信，提高经营管理水平，真实反映财务状况，有效解决银企信息不对称的问题。小企业要扭转“等靠”思想，主动加强与银行和政府相关部门的沟通和联系，获得各方面的支持，从本质上缓解和解决融资难问题，实现健康持续发展。

小企业金融服务工作是一项重要的系统工程，目前尚处于起步阶段，还面临着一系列的困难和问题。我们要把支持小企业发展置于坚持科学发展观、建设社会主义和谐社会的战略高度，携手合作，共同努力，切实转变观念，积极创新机制和手段，不断提高小企业金融服务的质量和水平，为促进山西省经济又好又快发展作出应有的贡献。

大力推进小企业金融服务工作 促进地方经济可持续发展

一、充分认识拓展小企业贷款业务的重要战略意义

银行业尽管是经营单位，但更要有社会责任感。各级政府、监管部门为什么都在加大政策导向，大力推动小企业贷款业务发展，原因主要有两方面。一是拓展小企业贷款业务是经济金融协调发展的客观需要。中小企业作为市场经济发展中最活跃的经济主体，在经济发展中具有不可替代的重要作用，已成为经济发展的重要手段，是创造社会财富的重要源泉。实践证明，大力发展小企业，对于完善社会主义市场经济体制，促进国民经济可持续发展，加快社会主义现代化进程具有重大的战略意义。二是当前中小企业的发展有其更加重要的意义，在于为社会创造了大量的就业岗位。下岗再就业以及农村体系劳动力向非农领域的大量转移，成为相当时期内经济发展所必需的重要工作。从农业经济、工业经济到知识经济都存在着形式各样、内容不同、功能各异的小企业，为社会提供了大量就业岗位，改善了城乡居民收入，对于构建社会主义和谐社会，有着积极的作用。从这个意义上说，发展小企业贷款不仅是一项具体的银行业务，更是一项带有战略意义的政治任务。

二、要充分认识开展小企业贷款工作的难度

做好小企业贷款工作并不是一件很简单的事。拓展小企业贷款业务是银行改变信贷结构，调整发展战略的客观需要，是增加新的利润增长点，实现可持续发展的客观需要，更是对银行经营决策能力的考验。过去银行是抓存款，上规模，现在是讲效益。从短期效益看，抓大客户战略在目前的考核机制下，效果明显。当前银行业竞争激烈，但各银行业机构在经营中都步入了一个误区，就是追逐大客户、大项目，银行同质化竞争严重，从组织体制、内部管理到产品创新，大小银行均基本趋同。因此，推动小企业贷款业务实际上是一个变革。银监会研究和加强小企业贷款工作，出于两个目的，一是降低银行信贷的风险集中度，二是使银行实现收入和盈余的多元化。

各银行业金融机构要针对认识不对位，推进速度慢，产品创新少，管理体制僵的问题，多管齐下，多方努力，推动山西省小企业贷款工作的有效开展。首先要实现经营考核机制的转变，银行业必须对传统的甚至有点僵化的营销理念、体制、制度、方法进行重大改革。其次是市场调整，商业银行不能仅仅依靠大企业，而应适时调整客户结构，特别是要培养新的小企业客户群，以求在不断变化的客户市场面前争得主动。最后是营销升级，在优秀企业生命周期的早期就与之建立业务关系，根据小企业客户实际需求和选择，积极进行金融服务产品的开发与创新。

三、深入研究小企业发展及其信贷风险

小企业贷款难，原因是多方面的，然而最大的问题是信息不透明，银行难以判断风险，降低了银行业在小企业贷款方面的积极性。但小企业是否天生具有风险？我们要辩证地来看大与小的关系，从哲学观点讲，没有小，也就无所谓大，大与小是企业发展的不同阶段，银行面对的客户只有优劣之分，没有大小之分。从风险角度来看小企业风险不一定高于大客户，违约率也不见得比大客户高。企业都有一个从小到大的过程，是自己一手扶植大的企业忠诚度高，还是从别人手里抢过来的客户忠诚度高呢？答案是显而易见的。

各银行一定要注意培养自己的信贷文化，形成自己的金融服务特色。一方面从信贷文化来看，银行信贷文化有缺陷，银行信贷风险责任制度僵化，激励约束相容机制不到位，责权利不对称，对小企业的风险看得过多，而对其发展潜力和经济活力重视不足，出现宁可不放贷，也不愿承担风险的情况。放贷也只是简单地采取以抵押担保的信贷配给手段，不注重扶植有发展前景的小企业。另一方面，为追逐大客户，各银行却不惜降低条件，争放贷款，造成大客户资金堆积，德隆、铁本、三九等企业盛极而衰，银行部门的同质化竞争推波助澜，起了很大的作用，教训非常深刻。小企业规模小，面临的市场风险高是其贷款风险高的主要原因，但是只要我们深入研究，择优选择，合理定价，潜心扶植，其风险是完全可以用收益来覆盖的。

四、发展小企业贷款一定要坚持商业化的原则

推动小企业贷款是一项国家政策，但不是政策性贷款，发展小企业贷款一定要

坚持商业化的原则，并不是所有小企业都是银行扶持的对象，坚持商业化、市场化运作，是搞好小企业贷款的关键。从小企业生命周期角度考察，不同发展阶段的小企业其融资特点也不尽相同，在创业阶段，不是银行支持的对象，需要产权资金，一般来自个人投资者或风险资金；进入发展期，需要银行信贷支持，并不断扶持；进入了成熟期，又不属于银行扶持的范畴。对小企业融资难的问题，应该辩证地看，不同类型的小企业，其融资状况也有区别，按小企业融资难易程度可分为三类：第一类是产品有市场、资信状况好、经营效益佳的小企业，它们是银行竞相追逐的优质客户，实际上不存在融资难的问题；第二类是经营状况一般、资产负债率高、信用状况一般，但发展前景良好的小企业，这类小企业占到小企业的大多数，银行对这类企业贷款有顾虑，说小企业融资难实际上就是指这类小企业融资难，但是如果它们能得到银行信贷资金支持，就有可能发展壮大；第三类是自身条件太差，属于国家政策限制或淘汰的行业或产品，无法在任何金融市场上进行融资的小企业，它们正处于衰败阶段，是市场机制配置社会资源的一种表现，对这类企业，在任何情况下都必然很难融到资金。

做小企业金融服务工作，需要一些客观条件和外部环境，政府产业指导规划、行业自律行为、社会征信体系等是不可缺失的条件。此外，银行监管部门对小企业贷款缺乏灵活的监管政策比如检查贷款质量，要求有抵押物作为企业还款来源保证，缺乏对小企业的政策倾斜。因此，对小企业贷款监管部门应当采取差别监管的政策，以利于各银行大胆创新小企业贷款工作。

五、推动小企业贷款业务发展，实现银企双赢

2006 年年底，我国将全面开放金融服务行业，形势严峻，不容乐观。从监管角度来看，外资银行必然会利用自己的金融服务优势争夺高端优质大客户，中资银行在优质大客户的竞争上会更激烈。所以全面推动小企业贷款业务发展，不仅是社会经济发展的需求，也是银行自身良性发展的重要措施。山西银监局高度重视小企业贷款“六项机制”的建设，引领银行业金融机构积极发展小企业贷款业务。银行业金融机构要按照“六项机制”的建设要求，思想上重视，措施上到位，实事求是，冷静分析，认真理性看待小企业，风险越高，收益越大。通过管理机制和业务方面的创新，积极改善小企业金融服务工作，进一步优化银行信贷结构，实现银企双赢。

国际金融危机应对与思考篇

2008年，一场发端于美国并席卷全球的国际金融危机把全球经济带入了衰退的通道，几年来，经过全球性的货币政策和财政政策的刺激及救助，危机乌云逐渐散去，全球经济发生逆转，重拾上升通道，但这场金融危机对全球经济的冲击和破坏仍让人心有余悸，由这场危机引发的一系列问题也依旧是当前研究的热点，如量化宽松货币政策问题、国际货币体系问题、虚拟经济与实体经济的关系问题、金融监管问题、消费者权益保护问题等。这场与美国“大萧条”齐名的金融危机给人们留下的反思是凝重的，给全球金融发展带来的影响是巨大的，危机后的几年，我们可以看到，全球金融体系在变革、国际货币体系在调整、金融发展理念在变化、金融监管机制在完善、金融市场结构在重塑、货币政策在创新、金融服务主体与消费者的关系在重新摆布，全球金融力量对比也发生了此消彼长的变化。不言而喻，对这场金融危机进行研究是重要的，是有着深远影响的。作为一名金融监管从业人士，本人从美国次贷危机的爆发开始，就及时追踪和跟进，进行研究和分析，以期更好地服务我国银行业监管工作，该篇收录的几篇文章就是基于当时的思考而完成的，包括美国次贷危机爆发的原因、危机中银行业的发展战略选择、雷曼迷你债券等问题。其中，《对美国次贷危机的十大反思》一文，系统地分析了金融危机的“明斯基时刻”，探讨了国际货币体系的扭曲对流动性泛滥的影响，研究了美国金融危机爆发前的货币政策调控机制，还在信用评级、监管机制、市场结构、风险管理、危机干预等各个方面对美国次贷危机的成因、发展及救助等进行了研究和分析。

对美国次贷危机的十大反思

在全球化浪潮和一系列重大技术革新的推动下，以美国为代表的全球经济近年来呈现出明显的“内生稳定性”特征（endogenous moderation），传统经济周期的概念因此一度遭受质疑。然而“祸兮福之所倚，福兮祸之所伏”，纵观人类近百年的经济金融史，始终未能打破繁荣与萧条的交替。正当人们陶醉于取得的各项经济成就之时，一场发端于美国次贷市场的金融灾难席卷全球，破坏力之大、波及面之广为1929年大萧条以来所罕见。危机从制度根源、触发机制、传染路径和救助安排等方面充分暴露了西方金融体系的众多缺陷，当前以市场化为取向、以发达经济体为改革参照的我国金融体系发展正进入关键时刻，在此背景下有必要对危机进行全面深刻的反思，以争取主动，未雨绸缪、防患于未然。

反思一：金融资本的魔咒。法国学者布罗代尔曾做过一个比喻说，“商业资本主义为圣子，工业资本主义为圣父，金融资本主义则是贯穿一切的圣灵”。在金融资本主义教条和全球贸易分工理论的指导下，欧美等一些率先完成工业化的国家，以制造业为代表的工商资本逐渐式微，以金融业、房地产业为代表的金融资本日趋活跃。美国金融业产值占GDP的份额早在1990年就超过了制造业，目前占到近四分之一，金融业利润占美国企业利润总额的份额最高曾达40%，是制造业的4倍，而房地产业对真实GDP的贡献一度高达55%。所谓“成也萧何，败也萧何”，金融资本的空前活跃造就了美国的持续繁荣，有力地促进了美国产业结构的成功升级，然而伴随着金融资本的扩张，近一个世纪以来的经济金融危机频率也达到前所未有的高度。对此，哈曼·明斯基等人的金融不稳定理论（financial destabilization）认为，金融资本的特性（不同于工商资本的价值创造功能，金融资本主要是基于未来收益的价值发现功能）使得金融体系每经历一段短暂的良性发展后，都会从一种套期保值型的金融单元占据主导的金融结构向投机性甚至是庞氏骗局充斥的金融结构演变，即“明斯基时刻”（The Minsky moment）的出现。在美国政府部门的鼓励扶持和私人部门逐利动机的双重裹挟下，金融和地产业的发展早已超越其作为一般服务业的基本内涵，演变成美国政府维持其虚假繁荣和经济消费主义的主要手段。

特别是在私人部门消费日益脱离其劳动收入转而越来越依赖于这两个行业投资的财产性收入 [住宅房产的净房产抵押提取现金量（net equity extraction）飞涨至可支配个人收入的 9%，是 5 年前此项指数 3% 的 3 倍整]，政府部门的入不敷出日益依赖金融市场源源不断的给养时，房地产和金融领域的投机便不能被视为“非理性”，因为无论是个人、金融机构还是监管当局，他们是依据此前一直被视为正确的原则和模型决策的，所以危机的最终出现只不过是金融资本陷阱的一次周期性爆发和“明斯基时刻”的再现。

反思二：扭曲的货币体系。自 1973 年布雷顿森林体系崩溃以来，几次主要的金融危机都与国际货币体系的缺陷相关，此次次贷危机虽然外在表现为房地产市场危机，却仍然存在着深层次的货币体系因素。在以美元为主导的国际货币体系下，随着中东等国家石油美元的积累，金砖四国等新兴市场国家的经济崛起（这些国家的货币大多数直接或间接地同美元挂钩），以及日元奉行以邻为壑的零利率政策，全世界充斥着大量的廉价流动性。与这些流动性对应的是美国政府部门和私人部门高企的负债率，据估计，截至 2007 年美国政府部门赤字达 11.3 万亿美元，占 GDP 比重的 70% 左右，私人部门债务包罗 9150 亿美元的信用卡债，1.5 万亿美元的汽车和其他消费债以及 10 万亿美元住房抵押债。面对这种经济学上所谓的特里芬难题，美国理应通过国内的经济调整、美元对主要货币的大幅贬值、资本的外流来纠正这种失衡的局面，并最终以其他储备货币的崛起替代美元的主要储备货币地位。然而，由于同期日本经济的表现欠佳，欧元由于制度缺陷难担重任，人民币又未能实现自由兑换等原因，贬值压力很大的美元仍然被迫继续承担国际硬通货的角色，从而客观上使得美元汇率的自我修正机制失效。从主观上看，维持强势美元政策也符合美国自身战略利益，如抗击通胀、享受国际金融中心所带来的丰裕低廉的资金以维持其难以为继的增长模式。这两个因素使得美元资产成为全世界追逐和配置的对象，次级贷款市场的泡沫只不过是众多资产泡沫中的一个而已。另外受经济全球化的影响，全球贸易品价格稳中有落，对这些泛滥流动性的吸附效应减弱，一定程度上也推动了全球流动性涌向美国资产市场逐利，加剧了次贷市场泡沫的膨胀。从这个意义上看，次贷危机的发生机理与历次金融危机如出一辙，只不过这次触发货币供需失衡的因素是国际货币体系的缺陷所致。

反思三：鲁莽的政策调控。1929 年的经济大萧条终结了美国的自由资本主义，此后无论是罗斯福新政还是里根的经济政策其本质均是混合资本主义，政府干预对经济运行发挥至关重要的作用。然而政府干预的价值取向和理论背景在不同政党间相去甚远，经济政策的连贯性、宏观环境的稳定性缺乏机制保障。以货币政策为例，格林斯潘之前的美联储，其货币政策一直奉行前财政部经济学家约翰·泰勒所提出的泰勒规则，即根据经济体系的潜在增长率与实际增长率，目标通胀率与实际通胀率（通常以 PCA 平减指数表示）之间的偏差，确定美联储对联邦基金贷款利率的调控规则和目标，由此大大稳定了公众的政策预期，提高货币政策的透明度。然而圣·路易斯联邦储备银行和泰勒教授本人通过比较 2002 年第二季度至 2006 年第三季度联邦基金实际利率与根据泰勒规则模拟的目标利率发现，前者要远远低于后者，目前大家普遍认为是美联储为了应对科技股泡沫破灭而放弃了泰勒规则。这种为了短期利益而不惜牺牲长期声誉，甚至冒险以宽松的货币政策催生一个新泡沫来延缓另一个泡沫破灭给经济带来衰退的做法，不但理论上缺乏依据（货币幻觉或者货币中性理论认为货币政策的唯一目标是稳定通胀，而对经济增长目标无能为力，欧洲央行即是这一理论的忠实信奉者），而且实践中也给金融体系带来了极大的混乱。首先是通货膨胀预期的混乱，此前基于稳定通胀水平所作出的经济决策，如贷款定价的通胀升水面临严峻考验。其次是利率环境的大起大落，房地产相关贷款期限长、杠杆高，对利率变化尤其敏感，20 世纪 80 年代的储贷危机也是由于利率环境的急剧变化导致，所以此次次贷危机的发生颇有历史再现的味道。

反思四：激进的发展理念。按照查尔斯·金德尔伯格关于资产价格泡沫的分析框架，任何一次金融危机均包括收益预期的跃升、金融机构的信用扩张以及所谓新经济范式的出现等七个阶段，而信用的非理性扩张无一例外地成为历次金融危机爆发的重要推手。次贷危机爆发之前，美国金融体系的一系列制度变革，如取消存款 Q 条例限制、废除《格拉斯—斯蒂格尔法》等措施，显著增大了银行业资产负债表两面的脱媒压力，因此银行有强烈的寻求信用扩张的内在动力。而广大投机者在网络泡沫破灭以后纷纷寻求下一个高收益的目标，房贷市场特别是次贷市场在通过证券化技术解决流动性难题后，自然成为投机者的天堂，由此信用供需双方一拍即合，成为各项业务激进发展的前奏。据统计，2001~2006 年，美国抵押贷款经纪商从 37000 家增长到 53000 家，增幅达 50%，与此对应的是抵押相关债券余额从 1998 年的 2.7 万亿美元增长到 2007 年的 7.2 万亿美元，增幅近 200%。次级贷款市场高风险、高收益显然不符合金融机构的投资原则（绝大多数金融机构只能投资 AAA 级以上品种），但是通过证券化技术，银行等金融机构将次贷风险顺利转嫁给市场，留给自己的是丰厚的佣金收入和漂亮的资产负债表。在 2001 年，美国共发放次级抵押贷款 1900 亿美元，仅占当年新发放抵押贷款数量的 8.6%，其中有约 50% 即 950 亿美元被证券化，而在 2006 年新发放次级抵押贷款达 6000 亿美元，占当年新发放抵押贷款数量的比例上升到 20%，其中有约 80% 即 4800 亿美元被证券化。与信用扩张相对应的是贷款标准的下降，几类最为激进的贷款份额迅速上升，2001~2006 年，ARM 占比从 73.8% 上升为 91.3%，IO 从 0.1% 上升至 22.8%，LND 从 28.5% 上升至 50.8%。伴随这些掠夺性放贷（Predatory Lending）的是借款人信用状况的恶化，在居民收入和房价保持高速增长背景下，DTI 却从 2001 年的 39% 上升为 2006 年的 43%，而平均 LTV 也首次出现下降，从 84% 降到 83%，业务拓展的激进程度由此可见一斑。

反思五：商业模式的缺陷。巴塞尔协议等一系列重大监管举措的出台，使得银行资产扩张的资本约束显著增强，为规避这一控制，O-D 模式（Originate and distribute）逐渐取代"关系型银行"模式成为主流，这一转变为当前次贷危机的形成埋下了制度隐患。一是从整个金融体系的风险管理结构来看，次级贷款链条前端的经纪商和银行等放贷机构最具有风险管理信息优势和能力，由于证券化的实施，缺乏风险管理的足够动力（虽然有贷款回购和市场声誉等约束措施，但在房价单边上涨的情况下基本失效），而链条终端的投资者虽有足够动力管理风险，除了用脚投票，他们却缺乏主动风险管理的手段和前提，这样对整个金融体系风险管理而言，就会出现"最能管的却最没有动力管，最有动力管的却最没有能力管"的激励结构失衡的局面。二是高度依赖第三方评级机构，特别是对于那些超越一般投资者认知能力和信息掌控的产品如 CDO 等，投资者的投资决策基本上都是基于评级结果（执行新巴塞尔协议的银行也同样严重依赖外部评级），而当这些评级机构的独立性和公正性由于其盈利模式的缺陷（根据评级证券销量收费甚至直接参与产品结构设计等）而缺乏根本保证时，次级贷款市场这个大厦的坍塌只不过是早晚的事情。三是风险类别和分布的复杂化。传统模式下，整个金融体系的风险单一（主要是信用风险），而且主要集中在银行。但 O-D 模式的诞生，使这种情况大大改观，信用风险从银行体系扩散到包括对冲基金、养老基金等众多投资主体（这也是O–D模式此前被银行监管者津津乐道的原因之一)，一些特别复杂的结构化产品如CDOn，甚至很难找出最终风险承担者，同时风险类别也由原来的信用风险衍生出市场风险、流动性风险和交易对手风险。由此使基于银行传统经营模式建立的风险救助机制(如存款保险制度、联邦基金的贷款对象仅针对银行等)与现实风险类别和分布不相容，从而使得危机的爆发失去最后一道屏障。

反思六：松散的外部监管。借用物理学的理论，金融市场的发展会导致“熵”的指数化扩张，按照“大于等于法则”，金融监管所提供的“秩”必须保持至少与金融发展同步的速度向前发展，否则便可能引发金融危机。美国金融监管技术垂范全球，但是次贷危机的爆发显示其仍然存在一些根本矛盾。首先是混业经营与分业监管的矛盾。1999年《金融服务现代化法案》的出台，标志着美国金融业70年后重新步入混业经营的轨道，然而传统的分业监管体制却未相应作出调整，仅银行业的监管不仅有FRB、OCC、OTS、FDIC等联邦层次的银行监管机构，每个州还有各自的银行监管机构。如此复杂的监管网络，撇开协调效率和成本不讲，监管真空肯定不可避免，次贷危机的最大悲哀是到目前为止没有一家监管机构按照法律要求应对此负责。其次是资本的国际流动与监管的各自为政相矛盾。过去的20多年里，全球GDP年均增长3.5%，国际贸易年均增长7%，而国际资本流动年均增长却高达14%，与此形成强烈反差的是各国出于经济主权的考虑，在有关监管的国际协调合作上进展缓慢，为数不多的国际金融组织也演变成为发达国家的“一言堂”，发展中国家的利益和声音长期不被重视。次贷危机从美国波及全球、由虚拟经济向实体经济的蔓延证明，系统性风险仍然是当前监管面临的主要挑战，在此背景下金融监管领域需要的是协调而不是霸权。最后是业务发展的表外化与监管重点的表内化矛盾。虽然巴塞尔协议一定程度上兼顾了表外业务信用风险的监管，但是鉴于表外业务的结构、交易等信息的模糊性，其效果也是聊胜于无。例如花旗银行2007年12月承认，其在一只次贷相关的CDO产品中嵌入了一种流动性看跌期权，允许购买者此后以面值将该产品反售给花旗银行，随着2008年次贷市场恶化，花旗银行因被迫回购250亿美元的CDO而遭受重大损失，具有讽刺意味的是此前未有任何机构对此风险作出评估，监管漏洞之大令人震惊。

反思七：脆弱的市场结构。金融中介理论(Financial intermediation)认为，现代金融市场的本质是以信用(包含金融机构的自身信用和国家信用)为支撑、以杠杆化的负债经营为手段、以降低信息不对称所带来的委托代理成本为价值目标的中介体系。维持这个体系有效运转的根本是环环相扣的信用链条，次贷领域的危机正是脆弱的信用链条断裂的一种必然结果。信用链条的脆弱体现在三个方面：一是对短期融资市场的严重依赖。由于次贷市场的“过手”特征（平均表内留存时间不超过 120 天），无论是银行还是银行的表外实体如 SIV（Structure investment vehicle）等，其发放或者购买次级贷款产品的资金来源主要依赖一些短期融资工具如 ABCP 的滚动发行，一旦次贷产品的表内悬挂时间过长或者银行等金融机构对 SIV 的流动性承诺（Committed liquidity lines）兑现，银行将会面临巨大的资金筹措压力，从而推高资金市场价格，进一步恶化其融资环境。二是高杠杆运营。从次贷发放最前端的贷款经纪商到终端投资者，无不以惊人的杠杆贪婪地攫取利润，贷款经纪商的净资本要求为 25 万美元，而其一个月闭合的贷款就高达几百万美元，危机爆发前夕高盛的运营杠杆为 24 倍，美林为 28 倍，雷曼则为 30 多倍，而作为投资者的对冲基金其杠杆则更是高达百倍。如此高的杠杆比率为续写华尔街神话立下了汗马功劳，然而畸高的杠杆比率一方面直接导致了市场经济倚重的声誉资本机制失效，金融中介的道德风险显著上升，各种欺诈、冒险行为的泛滥就是证明。另一方面在市场逆转时，其痛苦的“去杠杆化”过程通过所谓第一轮和第二轮冲击的叠加效应会加速金融危机的自我实现，加深金融市场的震荡幅度。三是传染的市场结构。金融危机的传染主要通过两条路径，一条是利益途径，即上游机构或市场的损失直接导致下游机构或市场的损失（也称纵向传染），另一条是信心途径，即一个机构或市场的波动影响投资者对同类机构或市场的信心和看法（也称横向传染）。混业体制下的交叉持股制度、庞大的同业市场和复杂的衍生产品市场，将各类金融中介捆绑成一个利益共同体，而全球化趋势、市场竞争的加剧和监管的放松，也使得这些中介的盈利模式、产品类别的同质化现象增强，从而使得次贷危机纵向（所有子市场）和横向传导（全球蔓延）的多米诺骨牌最终倒下。

反思八：混沌的内部运作。Nier 等人 2005 年的研究表明，那些事先、例行信息披露比较充分的金融机构，其面临的流动性和清偿力风险也相对较小，从而纠正了“事前透明度有害论”的感性认识。次级贷款作为一种非标准化贷款品种，每笔贷款的条件和特征相差悬殊，加之充斥整个行业的欺诈，要准确衡量每笔贷款的 PD、LGD 等风险指标难度本已不小（按理这种产品不符合实施证券化所要求的“同质同类”要求），加之证券化过程的数次切割组合，这些贷款的原生特征早已面目全非，从而使得次贷产品的黑箱运作成为可能。而活跃二级市场的缺失，使得很多次贷产品的定价只能依据机构内部的模型（即 Mark to model），那么模型本身的科学性、各项假设的合理性、历史数据的可得性都成为制约定价准确性的因素，在缺乏相应的纠错机制和动力的背景下，机构内部便有了很大的定价自由度，从而为次贷产品的黑箱运作提供了技术上的借口。此外，即使按照新巴塞尔协议的有关要求，金融机构只需披露其证券化产品的总体风险状况，而对单个产品的风险暴露、对冲措施等信息，机构往往以保护商业机密和利益为借口而不予披露，除非这项产品已经触发会计准则所要求的重大事项披露要求。加剧金融机构这种混沌运作的另一个因素是大量与次贷相关的场外衍生品，由于这些产品在机构之间直接交易，并不在交易所内进行，因而长期脱离监管范围。以 CDS 为例，每次有大公司宣布重要消息前，CDS 价格通常会剧烈波动，引发投资者怀疑该市场提前获知消息。而 CDS 在不到 5 年的时间交易量从 1 万亿美元暴涨到 62 万亿美元，很多金融机构涉入很深（如 AIG 持有 4460 亿美元 CDS），随着次贷危机的爆发，这个庞大黑洞的吞噬能力逐渐显现（截至 2008 年第二季度，AIG 的 CDS 损失已经超过 260 亿美元），成为恶化危机的重要源头。

反思九：失算的风险管理。高深复杂的数理模型是华尔街风险管理的标签，自从 20 世纪 50 年代马柯维茨的风险定价理论诞生以来，发达经济体的众多数理金融学家一直孜孜以求用科学、理性的方法测度和驾驭风险，然而风险管理是科学与艺术的有机结合，过分迷信和夸大数理模型的功能可能将风险管理引入歧途。次贷危机爆发之前，美国历史上最大的房价跌幅是 13%，然而，截至目前美国房价跌幅已接近 30%，所有基于历史模拟法所实施的压力测试在此次次贷危机的冲击下全部崩溃。自然界存在着著名的“黑天鹅事件”，即在人们的一般观念中，天鹅均是白色，然而近年来的观察表明黑天鹅的数量超过统计学意义上的小概率事件，成为不可能中的可能。次贷危机的爆发再次证明金融界中也存在类似现象，即金融机构发生极端损失的频率要明显超过基于正态分布假设所估计的频率，由此体现出一定的“肥尾”特征。对于肥尾特征的处理，讲究绝对理性的华尔街通过不断变换假设（如变正态分布假设为 T 分布假设），以求事后自圆其说，然而次贷危机爆发之前几乎所有的风险管理模型毫无异常，表明这种马后炮式的修正对于危机预警毫无裨益。更为重要的是，对这些模型的盲目信任和依赖（有些机构的 CEO 甚至吹嘘只需每天早上看一眼 VaR 值就可以高枕无忧），混淆了风险管理的手段与目标，助长了华尔街的冒险情绪和侥幸心态，从而讽刺性地在追求理性的过程中丢失了理性，当次贷危机来临时这些金融机构的应急管理预案立刻捉襟见肘、漏洞百出（北岩银行的破产就是证明）。风险管理失算的另一表现是次贷产品的定价过程大大低估了其所蕴含的风险。撇开由于次贷产品复杂的结构可能导致信用风险的低估不谈，考虑到次贷组合的履约表现受一些共同冲击影响较大（如房价的涨跌），以及次贷产品与其他证券化产品适用于同一套评级体系和标志等原因，次贷产品与市场风险的关联度可能要较预期大得多，而作为一种交易性的证券化产品，次贷产品的流动性风险和交易对手风险没有纳入风险定价过程则可能是最大的缺陷。

反思十：狭隘的危机干预。危机干预是一个多方利益博弈过程，属于典型的政治经济学范畴，纵观到目前为止次贷危机的干预过程，就带有明显的美国政治印记，而适用于政治领域的制度规则在处理次贷危机这类重大突发事件时也就不可避免地带有一定局限性和狭隘性。凡事预则立，不预则废，危机干预强调前瞻性，然而出于执政党当期各项利益考虑，往往谁也不愿意戳穿“皇帝的新衣”这个谎言，格林斯潘就曾经辩解称：“精确地识别泡沫是很难做到的，往往是在事后，也就是泡沫破裂之后才能确认它的存在”。在 2007 年上半年次贷风险苗头初显时，无论是政府还是金融机构自身，都认为区区 1 万亿美元的次贷不至于动摇美国坚实的金融基础，对次贷危机的传染性和其对实体经济的破坏力缺乏足够的估计，对应的治理措施不仅漫不经心，而且一度试图将调控的主要目标瞄准通货膨胀，从而错过了最佳的干预时机。干预的另一个局限性体现在开始对金融市场干预时主要限于“头痛医头、脚痛医脚”，对单个机构倒闭的系统性影响缺乏极端事件压力测试程序和预判。同时，以维护纳税人利益和避免救助过程的道德风险为借口，政府放弃了对雷曼兄弟的救助，然而事后证明不仅救助的代价总体上不减反增，而且使整个金融体系的信心遭受重挫，人们一度开始讨论是否美国政府也可宣布破产。这种费力不讨好的救助违反了干预的初衷，是危机干预过程中的最大道德风险。此外，危机发端于房地产市场泡沫的破灭，在目前房地产市场持续低迷、就业状况急剧恶化、消费者和投资者信心一蹶不振的背景下，政府部门还一味通过注入流动性等措施，将干预的重心集中于金融市场，而对复苏实体经济、改善消费者收入预期和提升投资者信心方面却迟迟未见实际动作。如此舍本逐末的干预不仅未能阻止虚拟经济和实体经济之间风险的自我强化和恶性循环，而且危机过后，金融系统中充斥的大量流动性可能会成为下一个泡沫的催化剂，格林斯潘的错误难免再次重复。

次贷危机的爆发纵然是多个因素共同作用的结果，但若归为一句话，其实质就是未能落实科学发展观。为此，我国的金融发展与改革应从中吸取教训，正确处理好几个关系：一是金融与经济的辩证关系。水能载舟，亦能覆舟，必须始终坚持金融服务于经济的根本。二是发展与规范的平衡关系。利润与规模固然重要，但如果没有对应的规范约束，到头来定是竹篮打水一场空。三是创新与监管的协调关系。金融创新是金融深化的重要手段，金融监管是金融安全的重要保证，两者之间的协调、配套发展是实现社会福利最大化目标的基本要义。四是目标与手段的本末关系。风险可控下的金融发展是本，金融管理手段和技术是末，本末倒置必然导致满盘皆输。五是统筹兼顾的统一关系。必须按照科学发展观要义，统筹兼顾，全面协调，摆脱金融发展短期利益、静态利益和局部利益的狭隘利益观，放眼长期利益、动态利益和总体利益，方能确保金融业的长期可持续发展。

后危机格局下中资银行经营转型的思考

随着次贷危机对我国经济金融影响的逐渐深入，国内银行业经营的“返祖”趋势（Back to basic）日趋明显，公司治理、流程改革、业务策略、客户定位等一定程度上滑向粗放，并不断偏离长期价值目标，不但市场秩序和潜在风险令人担忧，而且银行转型面临停滞甚至逆转的威胁。与此同时，作为国内银行转型参照的国外银行业不断遭受质疑，目前正极力通过注资、剥离等手段修复和重构商业模式，以适应世界经济在“新常态”（The new normal）下的各项挑战。尚未见底的金融危机将最终给世界金融业带来何种变化目前还难以预测，一旦世界经济在新的均衡下得以恢复，国内外银行业将重新展开角力，中资银行的当务之急是在充分吸取次贷危机教训和全面考虑金融制度变迁的基础上，对经营转型进行重新审视和谋划，全力实施“弯道追赶”，从而为真正的“直道超越”较量创造条件。

一、实施价值革命

体制惯性遭遇当前的宏观形势，使得中资银行发展的可持续性和风险性令人担忧。要从根本上扭转这一局面，必须以价值革命颠覆违背经济发展大势的一系列误区，核心是要变银行多元化的经营目标函数为单一、纯粹的股东价值目标，具体而言可以从以下几方面着手：一是建立价值驱动的收入组合。银行要利用客户对银行体系依赖加强的大好机遇，加强产品经理与客户经理的配合，加大非信贷产品的渗透力度，对现金管理、支付结算、风险管理和投资银行等业务，要花重金、配能人，打造强大的后台支持系统、产品创新能力和投资管理能力，同时严格实施综合EVA价值核算，对于负贡献客户不要心存侥幸，坚决退出。二是重新设计销售模式并提高团队生产力。银行要对销售流程重新检讨，确保产品研发人员与产品销售人员之间比例合理、沟通顺畅、职责清晰；要在对不同客户潜在收益机会（Opportunity profile）细致分析的基础上，确保销售人员的能力、数量与客户贡献匹配，确保将优势产品卖给优势客户；要改善对客户经理和产品经理的考核机制，确保考核导向给客户带来价值增值的同时实现银行自身价值的最大化；要对销售活动和结果进行追踪监控，及时发现并纠正各种损害价值创造的行为。三是要改善风险定价能力。在定价战略方面，银行必须针对不同类型客户、产品的价格弹性进行测试，并对银行是否能利用其市场规模或成本结构优势成为市场价格制定者进行评估；在模型的变量输入上，除了要考虑最严格的资本监管标准所要求的监管资本成本外，还要确保将各项金融产品的嵌入期权、流动性升水、期限升水和基差因素（如浮动利率和固定利率）也充分纳入考虑；在定价执行上，主要是各项折扣政策纪律要被销售人员准确理解和严格执行，确保折扣措施实现交叉销售或带来新的客户关系。

二、建立与转型相容的风险管理体系

健全的风险管理系统是转型成功的要件之一，欧美银行在将巴塞尔协议的最低监管标准奉为圭臬的同时，对各自的风险转嫁能力过于自信，对金融市场的传染性估计严重不足，从而导致资产证券化和一系列金融衍生产品市场陷入崩溃，经营转型的努力和成果彻底葬送。中资银行的转型必须以此为鉴，具体而言要对目前风险管理框架作出几方面的调整：一是要高度关注系统性和流动性风险，对于具体某项风险的评判，银行要超越自身的资产负债表，将风险管理的视角延伸至整个市场乃至整个金融体系加以全面审视，对高度关联、高度集中的市场，要将巴塞尔协议第二、第三支柱的要求转化为第一支柱要求；要建立强有力的流动性管理系统，内容至少包含每天的现金流分析、流动性转移定价系统、意外融资计划和其他风险类别对流动性风险的压力测试等；要明确将流动性风险纳入资本要求，并鼓励在良好市场状况下对流动性风险提足拨备。此外，银行还应建立一个特种风险团队，并指派一位资深领导担任“危机沙皇”。二是实现风险管理在科学与艺术之间的平衡，在中资银行风险管理“量化”水平依然亟待提高的背景下，有必要全面整合风险、财务和业务信息，倡导经济资本、压力测试、情景模拟等量化分析手段的运用，提高风险决策的信息化、科学化程度。但理性决策并不能替代感性判断，尤其是转型过程涉及诸多新领域、新问题，单纯依靠历史数据和机械的数理分析容易导致较人的模型风险，更何况银行追求的是合理适度的风险承担而绝非一味地降低风险。因此在改善数据质量、风险评级的同时，更要针对经营转型的特点强调专业眼光，实现风险管理由“理性分析”适度向“感性判断”回归。三是调整风险管理链条的责、权、利。要将风险管理中心向前端倾斜，前台员工、销售人员和客户经理应实施一定的认证要求（特别对于交易和财务顾问等业务），并强调其在风险管理中的第一责任；要对风险管理部门充分授权，在保持风险管理部门独立性的同时，不能损害其对产品销售、研发等环节在第一时间的风险知情权，如果可能要实现客户经理、产品经理和风险经理的平行作业；要重新设计激励体系，保证转型目标与各环节行为的一致，激励体系应当确保与已经实现的利润保持一致，而非与市场定价计算的收益紧密挂钩，特别是关于激励方案的具体内容应对外公开披露，以满足第三方机构和个人的独立评估要求。

三、制定前瞻性的客户、业务和产品策略

客户、业务和产品转型是后危机格局下中资银行转型在三个不同层面的落脚点。

就客户转型而言，主要是实现“三个转变”，即由营销客户向培育客户、改造客户转变，由交易驱动向关系驱动转变，由关注客户的过去向关注客户的未来转变。目前银行业客户集中、业务单一和产品粗糙的根源之一，是其在风险定价能力和创新能力严重不足情况下、对市场风险和信用风险恐惧导致的本能的“简单主义”。由于银行仅仅是依托客户的自然禀赋、初始条件和有形财富（如抵押品等）开展业务（这些客户数量上毕竟有限），而且主要关注客户当期创造的价值和历史信息，体现出较明显的功利色彩和经营短视，而无力对客户的潜在资源、无形财富作出评估，更谈不上通过银行自身的能动性改造客户、培育客户，从而构建长期的客户关系和源源不断的客户资源。要走出目前“红海竞争”的困境，必须以创新为突破口彻底实现“三个转变”，如对中小企业贷款可以探索主办银行制或开户银行制度，密切银行与中小企业的关系，或者采取控股公司框架下，证券公司的直投业务与银行贷款捆绑合作方式改善中小企业金融服务。

业务转型方面，主要是强调分类管理、差异发展。对于零售业务的转型，其核心集中于两方面：一是获取稳固、低廉、广泛的存款基础，存款的重要性已不仅仅是为资产业务提供资金来源，更重要的是为客户关系维护开发提供“种子”资源，实现资产业务、中间业务与存款负债业务的有效联动。二是多渠道服务，这既是改善客户体验和提升服务质量的需要，也是银行降低服务成本和客户流失率的关键（正

确的多渠道服务能增加 10%~15% 的新账户，降低 2%~5% 的客户流失率，降低 10%~20% 的服务成本）；对于公司业务，除了要注重提高定价水平和销售效率之外，在当前信贷迅猛投放的背景下还要特别实现“两个改善”：一是要显著改善风险预警和催收能力，要建立敏感的风险早期预警系统和组织良好的催收团队，降低贷款损失率。二是改善成本管理水平，将成本控制的重点转向后台和支持部门，将标准和非标准产品进行区分，提高标准化产品处理的自动化水平；对于投行业务，除了要抓住目前已经开闸的并购贷款所衍生出来的财务顾问等业务外，在目前分业经营框架下，还应将重点放在承销、代理、托管等交易辅助人角色。与此同时，几乎所有银行都应重点提升投资交易水平，以应对客户日益膨胀的交易需求和自身的资金管理压力。对于资产管理、财富管理等业务，首要任务是重建客户信心，通过增加业务运作的透明度、改善考核机制、提升投资顾问专业技能和履责意识，尽可能挽回银行的品牌损失；其次要找准定位，通过识别自身的关键专长和竞争优势，对缺乏规模、成本、资源优势的领域果断退出。

产品转型方面，主要实现两个维度的突破：一方面产品链条要足够长、足够宽，能辐射客户从信贷到非信贷的各项金融服务需求，体现产品转型的综合化要求。另一方面，产品功能要富有个性、足够专业，要能满足客户量身定制的要求，体现产品转型的差异化要求。产品转型的目标是要不断强化客户对银行产品的依赖，从现代营销学观点看，客户对银行的依赖取决于两个环节：一是客户持有银行产品和服务的存量，存量持有越大、客户对该银行越依赖，因为客户转换银行服务的成本较高（如理财产品需先赎回再买入）。二是银行增量产品和服务竞争力。第一个环节的竞争主要依赖银行的传统优势，如网点覆盖等，第二个环节主要依靠差异化竞争，即通过发挥具有市场领先的技能、成本优势，不断提供价格上、功能上优于对手的产品和服务。两个环节彼此关联、相互倚重，对中资银行而言主要是在巩固第一环节优势的基础上，通过完善产品品种，挖掘产品功能，扩大服务半径，如将公司融资产品与投行业务捆绑，将中小企业贷款与企业主的财富管理业务联动，真正实现产品和服务以客户价值增值为中心。

四、打造高效的流程架构

流程架构的再造是中资银行转型的必然要求，David C 等研究发现传统商业银行的流程架构是制约银行效率发挥的关键。一个银行的流程架构取决于多种因素，其中最主要的是战略、规模、信息技术水平和环境四个因素，不同的流程架构如直线职能制、事业部制和矩阵制等各有利弊，因此流程架构没有绝对优劣之分，只有适合与不适合之别。通过近几年的改革，国内银行在流程架构上已取得长足进步（如民生银行的整体事业部制改革等），但离转型要求仍有一定距离，下一步工作的重点包括几个方面：一是大力推进后台业务集中处理，对重点业务建立质量管理量化指标，以标准化、集约化、规模化营运为目标实施内部管理，建立业务处理中心操作风险管理体系，通过业务处理全流程的深度分析和优化，初步建立操作风险管理信息数据库，不断提高后台处理中心的操作风险管理水平，建立后台集中处理中心的内部服务计价模型，制定以内部服务计价方案为基础的后台集中处理中心考核办法，提出成本控制目标，持续推进中心的成本核算和评价。二是加快完善流程银行所需配套条件，构建大集中模式的数据处理体系，将分散于各支行、各部门的数据向总行核心业务系统集中，并在此基础上完善管理信息系统，加快推进管理会计系统的运用，真正实现对客户、产品、部门和地域的有效核算和管理。三是因行而异、因势而变，渐进性地推进流程改革，部分中小银行可结合自身战略，采取较为彻底的事业部制改革，打破总分行制格局，借以改善组织行为，提高组织效率，对规模大、范围广的国有大型银行，短期内则宜通过对部分前台业务的事业部制改造（如私人银行、银行卡、票据等业务）、对中台业务实施条线垂直管理、对后台业务实施集中处理等“三位一体”改革，缩小管理环节和半径，提高信息传递保真度，增强应对外部环境变化的组织柔性。

五、发挥现有框架下的协同效应

分业经营、分业监管的金融框架的确在一定程度上制约了我国银行业协同效应的发挥，但在很多方面仍可大有作为，特别要重点加强以下几方面的建设：一是在现有制度框架内构建强大的投行业务板块。国际银行业多年来的实践表明，传统商业银行业务与保险业务协同效应不明显（一般只是参与分销，或是作为大零售和资产管理业务的补充，从各金融集团纷纷剥离保险业务即可见一斑），然而传统银行和投行业务却天然具有紧密联系，理论上讲一家银行雄厚的资产负债表和广泛的客户关系与一家顶级投行卓越的顾问实力和强大资本交易能力相结合，会创造出巨大的协同效应，因此可以考虑在金融控股公司框架下培育投行的核心竞争力，特别应考虑加强香港与内地投行业务平台的对接，通过拓宽展业范围，加大技能转移力度，改变内地非持牌业务与香港持牌业务割裂的状态。二是强化一体化的人力资源管理。知识和技能的流动是以人为载体的，提高协同效应的关键在于集团范围内实现人才的最佳配置，银行应探索建立首席人才官制度，授权其发掘、跟踪和配置最佳人才，而且要创造一种精英导向的绩效管理系统，从而在所有层次上培育精英文化。三是要充分挖掘潜力探索各种形式的协同效应。要通过集团下不同子公司或者银行内部不同地域分行的合作（如异地贷款等）提升区域协同；通过信托、租赁等业务与传统业务相结合，国内业务与国际业务的联动，人民币国际化背景下的境内外机构合作，统一集团品牌形象和推广策略等方式提升管理协同；通过大力开展银、证、保客户的交叉销售提升客户协同；除此之外，要实现集团范围内人、财、物管理和调度的高度集中统一，提升运营和财务协同水平。四是在提升协同效应的同时对风险跨市场传递保持高度警觉。如要充分吸取次贷危机中资产证券化的教训，通过建立严格的防火墙，防止投行分散出去的风险再度重新回到银行体系，要规范融资性担保和股票定向增发过程中的保函业务，合理控制资本市场风险的传播范围等。

六、贯彻审慎务实的“走出去”策略

中资银行目前正面临与此前国外银行实施国际扩张相类似的环境，如流动性过剩（近 5 年存款年均增长率高于贷款约 3 个百分点）、国内企业“走出去”（摩根大通预测的 RDE 国家中，最有可能影响全球的 100 家公司中我国占据 41 家）等现象均已出现，在中资银行经营转型压力越来越大的背景下，贯彻“走出去”策略尤显必要，实践也证明了这一点，如工商银行通过并购方式获取的资产占其海外资产的 71%，实现利润占其海外利润的 87%，建行和招行也将海外并购作为其机构扩张的辅助手段灵活运用。但“走出去”策略本身所蕴含的风险和困难必须引起重视，据测算，仅有 40% 左右的金融并购活动创造了正的股东回报，诸如来自目标公司管理团队的冲突、歧视性的监管要求、交易过程中的估价和交易后经营磨合等挑战都关系到策略的成败，而国内银行无论是在跨国经营还是在并购交易中都严重缺乏经验，进而亦增添了并购的难度。综合“走出去”的必要性和风险性种种因素，中资银行的“走出去”策略必须坚持审慎务实原则：一是要反复拷问“走出去”的原因。

上述众多原因概括起来主要有财务投资、技能学习、追随客户三种，对于纯粹的财务投资型扩张应十分谨慎，除非有明确证据表明海外扩张的收益高于国内扩张的收益，对于后两类扩张，银行必须在综合考虑投资的机会成本和海外运营能力基础上作出决定。二是选择扩张方式。扩张方式与扩张目的高度关联，如果扩张目的属于前两种，则并购方式应为首选，如是为了追随客户，理论上并购和申设方式均可，具体选择要看提供海外服务的紧迫性，如客户的海外业务量、竞争对手的服务水平等。三是选择目标。如果选择申设方式，重点是申设的区域选择，目前“走出去”的客户主要集中于大中华、东南亚、非洲和拉美地区，且国内银行的经验在新兴市场具有较高的移植价值，因此这些区域应是重点考虑对象。如果选择并购方式，则关键是目标机构的选择，对于财务型扩张，那些具有良好历史成长记录和较高回报率的机构无疑是首选。对于技能学习型扩张，应重点关注那些金融市场发达地区具有多方面的经营特长和全能化的机构。对于追随客户型并购，在地域选择上与申设方式基本相同，但由于其最终目标是为客户提供富有竞争力的服务，因此其并购磨合要求最高，必须选择监管环境友好、目标机构对中国文化认同度较高的机构合作。四是交易结构的设计。并购方式涉及交易结构问题，特别对于那些初次试水的机构，通过一些特殊的安排，例如引入期权或交叉控股，可能有助于在降低交易风险的同时实现合作目的，而在交易价格的确定上，要将中资机构可能给国外银行提供的进入中国市场的经验和渠道的价值充分体现。由此我们至少可确定以并购方式实现“走出去”的路线图（见表 1）。

表 1　商业银行“走出去”战略路线图（并购策略）

扩张机会	发达市场	RDE 市场	股权结构	增值策略
投资发展中国家高成长、管理良好的机构	×	√	参股	◇对本地市场和监管进行熟悉； ◇为将来的全面进入和扩张作准备； ◇获取收入的协同效应
收购专业金融服务公司	√	×	控股	◇获取投资银行、资产管理、信用卡和一些专业金融产品的经营机会； ◇采取独立管理或者反向整合； ◇获取收益协同效应； ◇对品牌、渠道和专业技能与国内实现嫁接
收购小型商业银行	√	√	控股	◇一些国家或地区其银行业务条线与国内形成互补，如个人银行、公司业务、私人银行等
投资具有估值优势的全球性银行	√	√	参股	◇全面学习各项技能； ◇确保通过行使投票权、董事席位、轮值小组和合作协议的方式参与公司经营

积极助推优质大型企业危中寻机保增长

近期，深圳银监局召集深圳中兴通讯、华为、华强、中集、盐田港、富士康、比亚迪、康佳等八家大型支柱企业和进出口银行、国开行及工行、农行、中行、建行等六家大型银行进行面对面的沟通交流，为化危为机、抓住机遇、赢取优质企业的发展空间出谋划策。大型龙头企业在国内代表经济增长的主要动力，在国外代表民族工业的主要品牌，虽然或多或少受到金融危机的影响，但目前面临的形势是这些龙头大企业资金都较为充裕，急需的不是银行贷款而是一系列配套金融服务。因此如何解决制约大型企业发展的金融需求，为其发展提供急需的金融服务进而拉动经济增长，已成为需上升到银行经营理念和发展战略层面解决的问题。

一、深圳大型企业受危机影响的情况

中兴通讯、华为、中集、华强、比亚迪、康佳、盐田港、富士康等是我国颇具代表性驰名中外的龙头企业，产业范围覆盖通讯设备、电子科技、彩电、汽车、电池、港口运输等行业。这些企业大多跻身世界第一阵营，在国际上具有很强的影响力和竞争力，如中集集团产品 80% 以上用于出口，其集装箱业务占全球份额的 50%，居全球第 1 位；比亚迪镍电池全球市场份额占 60%, 钾电池占 40%，二次电池份额全球第 1 位；华为的移动、固网居全球第 2 位，IT 业务居第 3 位，销售额排名全球第 4 位，在行业内具有风向标的作用。

在此次金融危机中，中集、比亚迪、富士康、康佳、华强等受到的影响较大。进入 2009 年第一季度，危机势头仍未止住，部分企业甚至仍有进一步恶化的趋势。康佳的产量和产值同比分别下降 19.16% 和 31.18%，人均产能下降 17.64%；富士康的销售额和资本利润率同比下降 28% 和 40%，员工人数锐减 35%；中集集团的总资产和销售额同比分别下降 11.47% 和 57%，员工人数减少 21.67%，占总业务量 40% 的干货箱业务全面停产，2 万名工人放假；华强集团的产值和销量同比分别下降 44.3% 和 29.2%，人员开工率下降 2.31%；盐田港的港口吞吐量同比下降 15.18%。

表 1　部分大型企业受危机影响情况表

（2009 年 1~2 月累计与上年同期相比）

	比亚迪	华强	中集	富士康	康佳
产量	-12.82%		-54.00%	50.00%	-19.16%
产值	-25.62%	-44.30%	-56.00%	-13.00%	-31.18%
销量	-15.77%		-55.00%	50.00%	-17.00%
销售额	-32.71%	-29.20%	-57.00%	-28.00%	-7.10%
出口	0.79%	-11.80%	-20.00%	-2.00%	
总资产	16.57%	25.00%	-11.47%	-10.25%	
净资产	32.60%	27.90%	-12.90%	23.38%	
净利润	-39.73%	-284.62%	-88.00%	-117.10%	

注：富士康、康佳为截至 2009 年 1 月 31 日数据。

危机中也蕴藏着发展机遇，中兴通讯、华为等公司受危机影响较小，反而因竞争对手实力削弱而获得较大发展空间。2009 年华为公司的业务量预计仍有较大增长，总销售目标为 300 亿美元，有望超越阿尔卡特朗讯、诺基亚、西门子等老牌竞争对手，成为仅次于爱立信的全球第二大移动电讯设备供应商。但大部分电讯运营商在危机中削减投资，对新技术的投资减慢，一些运营商对融资的需求也比以前强烈。目前华为公司海外应收账款的逾期率控制在 7% 左右，最终损失率大约为 1%，是否受危机影响恶化则有待观察。

二、大型企业主要的金融需求

调查表明，危机对大型龙头企业的影响主要表现在产值和销量减少、盈利能力下降等方面，但企业自身并不缺资金，危机更多体现在海外客户或交易对手资金短缺，因此企业的金融需求主要集中在银行配套金融服务和相关政策层面。

（一）希望银行扩大买方信贷业务

中集、华为、中兴通讯、华强等集团公司反映，金融危机影响客户下单的意愿与能力普遍下降，提供买方信贷等融资安排成为国际竞争的有力武器。如爱立信公司获瑞典政府100亿美元买方信贷支持，对华为公司打压非常厉害。危机以来中集海外订单大幅减少，主要原因是境外购货商资金短缺，争取不到买方信贷支持。希望银行能通过买方信贷、金融租赁等多种手段，进一步扩大融资渠道和提供利率优惠，为海外客户和交易对手解决资金需求问题。这样一方面可以帮助企业争取更多海外订单和客户，另一方面银行也可以借此与这些海外企业，特别是一些知名优秀企业建立长期合作关系。

（二）希望银行大力推进保理业务

保理业务是帮助出口企业回收应收账款的重要手段。危机以来出口企业的外销账款风险加大，中信保也收缩了国内企业外销账款投保范围，企业对未投保情况下的外销收款信心不足。希望银行能分忧解难，协助企业化解风险，在风险可控的情况下提供多样化的保理服务，包括购买伊朗、苏丹等政治敏感地区的应收账款，与大型企业捆绑建立保理池操作模式和建立双方合作的风险补偿机制，充分平衡风险和企业资金支持的关系，帮助企业收回货款和解决融资困难。

（三）希望银行提供更加灵活多样的服务和减少收费

一是规范银行服务收费标准，降低企业费用。目前银行收费项目多且不够透明，如账单管理费、大额提现费、查询费、结算手续费等，危机时期希望银行适当减少或合并部分收费项目，对结算频繁的企业给予适当优惠；二是提高企业在各子公司间调配贷款总额度的便利性；三是在政策规定许可的前提下尽量给予贷款利率优惠；四是降低企业在银行的闲置信贷资金额度。危机以来中集集团的资金需求从65%下降到55%，少用资金60多亿元，有盈余现金不还贷将增加企业利息负担，希望放贷银行对企业偿还贷款的举措予以理解。

（四）希望调整外汇管理政策

一是增加外汇避险工具。目前进出口企业使用外汇避险工具主要是远期结售汇，无法满足企业对冲汇率风险的需求。金融危机使国际外汇市场波动加剧，监管部门应与银行共同研究改进企业规避汇率风险的手段，增加外汇避险工具和品种，为企业规避汇率风险提供更多选择和空间；二是放宽外汇收付汇期限限制。收付汇期限是相对于报关单来说的，即货物进口后3个月内要付汇，货物出口后3个月要收汇，收付汇期限太短，企业操作烦琐，存在较多政策风险。管理部门应考虑根据企业特点采取不同的收付期限规定，对信誉良好、交易较多的企业在金额和期限上适度放宽，从 3 个月放宽到 6 个月，同时放宽对集团内部外币划转的限制，以便提高资金管理效率。

（五）希望加快增设海外银行网点的步伐

目前中资银行海外网点偏少，外向型企业难以得到良好的配套服务。希望银行与企业共同探讨在国外的合作战略，银行可考虑与大型企业捆绑共同“走出去”，增加在新兴市场、中东、拉美、非洲等地区的布点进度，更好地满足大型企业在海外的金融服务需求。

（六）希望支持大型企业集团构筑内部金融服务平台

中集、中兴通讯、比亚迪等大型企业集团都有成立财务公司、汽车金融公司和金融租赁公司等非银行金融机构的强烈需求，但我国对企业集团设立金融机构的准入条件和要求较高，在数量上也严格控制，几年来一直没有突破，集团缺乏有效的资金运作平台，不利于企业降低成本提升竞争力。希望银监会适当放宽引入战略投资者等准入条件，支持有需求的优秀大型企业尽快设立非银行金融机构。

（七）希望及时调整金融及财税政策

一是清理过时的政策法规。2007 年、2008 年出台的一些政策是以防止热钱流入为出发点的，现在形势发生了变化，希望政府相关决策部门重新回顾以往的政策，根据经济金融形势的变化情况及时作出调整。如税务部门 2008 年年底实行的《服务贸易等项目对外支付出具税务证明管理办法》，要求非贸易款项重复出具税务证明等规定应当改进，减少企业管理负担。二是加快境外投资审批手续。企业对外投资谈判涉及时机、价格、交收等对时间要求较高的事项，行政审批时间拉得太长对企业市场行为造成不利。金融危机对中兴和华为等优秀企业来说机遇远大于挑战，但瞄准的低价格的投资需要抢占先机，得不到及时的批复将耽误投资的机会。希望审批机关能简化行政审核手续，提高境外投资审批效率。三是支持企业拓展中长期融资渠道。商业银行的短期贷款已不能满足企业投资的资金配套需求，短期融资也不利于改善企业资金结构，特别是优秀龙头企业资信级别高，具备发行中远期票据和企业债券的条件，希望相关决策部门允许比亚迪等有融资需求的企业发行企业中期债券，为企业拓展新的融资渠道创造条件。四是希望政府调减企业部分税费，如商检费、土地使用税等，帮助企业降低成本，支持企业度过危机。

三、做好大型企业金融服务的措施与建议

危机下的外向型企业对银行的金融服务提出了更深层次的需求。我们将高度重视来自企业的呼声，采取有效措施改进银行服务，及时提出相关政策建议，切实做好帮助大型龙头企业应对危机带来的挑战和机遇。

（一）引领银行加快金融创新和改进金融服务

要求银行加快金融创新力度，切实提高风险控制能力，积极研究开展买方信贷业务、保理业务，改进外汇业务、合理减低各种收费、实行灵活多样的金融服务等，督促银行对企业提出的问题逐一深化落实，结合银行自身经营特点、客户战略和产品战略，构造多样化金融产品，提供更为有效的金融避险工具，为企业量身定制综合化金融服务，切实提高整体金融服务水平。同时引导银行发挥差异化的竞争优势，有效避免同质同类的低水平竞争。

（二）促进银企间建立沟通与协调机制

督促银行贯彻国家“保增长、促发展”的宏观政策、扶持大型企业发展、促进社会经济增长，在大型企业和银行之间建立交流平台，定期听取企业对银行服务的意见，拉近银企距离，推动银企在危机中抱团取暖、加强合作、共克时艰。促进银行借机转变理念、转换意识，以“客户是上帝”的态度切实做好对企业的银行服务工作。对于诸如业务收费的合理性、维持企业闲置信贷额度、集团内部子公司间的额度调配以及不同大型企业的个性金融服务等问题，适宜以交流平台当面互动，用市场化手段解决问题，银监局将给予必要的指导和协调，主要是通过建立有效的沟通协调机制，推动银企双方协商解决。

（三）加强与其他属地监管部门的沟通与协调，共同做好企业金融服务工作

金融危机打破了原国际主流银行与国际知名企业传统的捆绑合作关系，客观上也提升了我国银行业金融机构的总体实力。抓住这一难得的历史机遇，我们将充分利用构建的金融监管协作机制，与当地政府部门和人民银行、外汇管理局等相关属地监管部门进行沟通协调，共同研究对策，科学权衡风险与发展的关系，在督促银行落实“促发展、防风险”要求的同时，为银行提供各种政策和制度上的便利，共同研究解决属于属地权限的有关改进大型外向型企业在特殊时期遇到的各种困难，扶持中资银行在风险可控的前提下满足海外知名企业的金融需求，逐渐取代原国际

主流银行与这些企业建立的合作关系。切实做好大型企业各项服务工作。

（四）建议银监会支持大型外向型企业提高国际竞争力

一是配合外向型企业实施“走出去”战略的金融需求，大力推动我国银行业加快在海外设立网点；二是适当调整准入政策，加快审批进度，支持大型优秀企业集团设立财务公司、汽车金融公司和金融租赁公司等非银行金融机构；三是对银行支持大型出口企业的金融创新产品在准入上加快审批进度，尝试开展商业性买方信贷以及国际保理业务等促进出口的银行业务。

（五）呼吁国家相关部门重视解决大型龙头企业在危机中的困难和需求

当前大型企业提出的实行差异化的外汇收付汇期限、研究出台多样化的外汇避险工具、优惠利率买方信贷额度、授信和保理业务的国别规模、简化对外投资审批、税费优惠等方面需求牵涉财政部、人民银行、外汇局、商务部、发展改革委、税务局等多个政府部门。建议国家相关部门和地方政府从扶持企业发展和推动我国经济增长的角度出发，切实考虑大型企业当前的经营困难和机遇，加紧研究，尽快出台有关政策，切实支持企业应对危机。

创新思维　多措并举　帮助中小企业走出危困

为贯彻落实国务院和银监会的有关政策精神，加大金融对中小企业的支持力度，深圳银监局根据中小企业运行特点和银行业实际，着眼于疏通银企合作的各项梗阻，创新思维，多措并举，积极推动银行业机构加大中小企业金融服务力度，帮助中小企业危中寻机，共克时艰，成效初显。

一、统一思想，提高认识，全面了解深圳中小企业生存状态

行动到位须思想到位。为贯彻落实国家宏观政策，支持中小企业发展，深圳银监局党委结合学习实践科学发展观活动，召开多次会议组织全局员工以及辖内银行业金融机构主要负责人统一思想，提高认识，特别强调中小企业事关国民经济可持续发展、劳动力就业和构建和谐社会的重大战略决策，促进中小企业发展是落实科学发展观、实现经济社会统筹协调可持续发展的重要国策，并特别强调在当前形势下，保中小企业就是保增长、保就业、保民生、保稳定。

危机当前，匹夫有责。深圳经济对外依存度高，中小企业遭受金融危机冲击较大，不少企业濒临生存危机，为切实掌握当前危机下深圳中小企业的生存境况，深圳银监局党委开年即发出紧急号令，集合全局监管精兵组成“中小企业贷款工作小组”，立即对辖内近 180 家中小企业进行专题调研，随即又由局领导带队兵分四路奔赴特区内外 40 余家中小企业深入走访，逐家座谈，深切感受危机下中小企业的生存窘况和经营中面临的困难，广泛听取企业对政府、银行包括监管机构的急切呼声，在此基础上迅速形成进一步推动深圳中小企业金融服务工作的一系列极具操作性的指导意见。被访企业对深圳银监局这种求真务实、感同身受切实帮助他们解决问题的工作作风反响强烈，深受感动，倍加赞扬。

二、加强沟通，政监合力，联手打造中小企业金融服务环境

作为银行业监管部门，深圳银监局一贯注重与政府部门的沟通合作，经常与市委市政府办公厅、发展改革委、贸工局、金融办等职能部门互通信息，会谈走访，频密交流。2009年以来，在全球危机蔓延经济下行的非常时期，深圳经济面临空前压力，为积极配合地方政府保增长，帮助中小企业走出困境，专门提出要进一步加大与政府部门的沟通力度，特别应与各区政府建立联系，了解各区需求，共同商讨危机下如何为中小企业提供更好的金融服务，实现银企共同发展。因此开年即向辖内各行政区区长致函，表示深圳银监局愿意积极配合各区政府深入推进银企合作，帮助中小企业抱团取暖，共克时艰，同时还针对各区经济金融发展的不同特点提出了相关的意见建议。

随即，深圳银监局领导班子前往各区政府上门拜访，进一步阐明诚意，了解各区政府对金融服务的需求，同时就如何与区政府联手合作通过中小企业贷款与财政性存款“贷存比”奖励模式引导银行在金融服务不充分、区域布点服务，以及如何建立银团大型项目贷款与中小企业贷款“贷贷比”机制有效解决中小企业融资难等问题进行了诚挚会谈和密切磋商。各区政府高度重视，希望双方今后加强联系，紧密沟通，建立一个成熟的政监（政府和监管机构）合作沟通工作机制，联手打造和谐金融环境，鼓励银行为中小企业提供全方位金融服务，推动深圳经济较快增长。

三、认真落实，积极督导，扎实推进中小企业金融服务机制建设

为贯彻银监会“六项机制”精神和《关于银行建立小企业金融服务专营机构的指导意见》的有关要求，深圳银监局督促各银行业金融机构根据自身实际，探索建立多种形式、灵活有效的中小企业金融服务专营机构，从机制体制上理顺中小企业融资业务发展的各项障碍：一是鼓励法人银行积极探索中小企业金融服务的事业部模式，真正建立独立的核算机制、有效的激励机制、高效的贷款审批机制、合理的风险定价机制、专业的人员培训机制和及时的违约信息通报机制；二是督促银行分行级机构在内部设立核算独立化、队伍专业化、产品多元化、业务模式化、作业流程化、风险分散化、经营协同化的中小企业信贷中心；平安银行在总、分行层级都设立了中小企业管理部，并在深圳地区改制了8家支行作为中小企业专业化团队；

深发展、农商行也设立了中小企业贷款专营事业部，建行深圳分行在公司业务部组建了中小企业经营中心，专门负责中小企业金融业务的管理；宁波银行深圳分行的经营战略是专注中小企业金融服务；其他银行也在纷纷设立中小企业贷款专营部门，并确保第二季度前完成此项工作。

四、多措并举，监管激励，推动中小企业融资产品的创新

中小企业融资困局在很大程度上有赖于融资产品的创新。为鼓励银行创新产品，加大对中小企业的金融支持力度，深圳银监局积极引导和鼓励银行在一系列比较成熟合作模式的基础上，大力拓展新的业务品种，帮助中小企业盘活各类有形无形资产。针对如何激励银行大力拓展中小企业金融服务、创新服务产品专门建立了三个激励导向监管机制：一是中小企业金融创新激励机制，即对在中小企业金融服务方面作出重要贡献的机构或个人予以重奖；二是准入审批绿色通道机制，即对银行设立专业性中小企业金融服务机构或与其相关的高管、产品等准入事项提供快捷便利服务；三是专项考评和差异监管机制，即在《深圳市银行业运营管理质量评估办法》中设置专项指标，专门考核和测评各行在中小企业融资服务方面的作为和成效，并据此考评结果对各银行下一监管周期采取区别对待、差异监管政策，实施正反向监管激励。

深圳银行业对此监管激励政策反应积极，纷纷加大创新力度，踊跃创新融资产品。例如建行深圳分行与宝安区政府签订了金融合作协议，开启村镇银行业务，成为国内首家设立城市村镇业务部的银行，并首次突破传统规范授信政策对非完全产权物业的约束，以街道直属企业、社区股份合作公司以及原村民为目标客户，推出特色授信产品；招商银行针对中小企业经营特点开发出“三兑”产品，即物业兑、货权兑和账权兑；平安银行针对中小企业融资抵押物不足，融资需求少、急、频特点，创新设计了专门针对中小企业融资的产品，涵盖了中小企业采购、生产、销售的各个环节，包括票据专题、国际贸易融资等七个专题、几十个产品；民生银行推出“商贷通”业务，为中小企业主、个体工商户等提供灵活便捷的个人经营性贷款，同时配套全方位金融服务，帮助中小企业渡过时下难关；宁波银行深圳分行为中小企业专门开发了“金色池塘”系列产品，包括便捷融、贷易融、押余融、专保融、友保融、诚信融、透易融等广受中小企业欢迎的产品；此外，华夏银行推出供应链融资、现金新干线等业务产品，中信银行推出“小企业成长伴侣”，北京银行也与宝安、

龙岗中小企业集中地建立了授信关系……

五、精心筹谋，搭建平台，促进银行与中小企业间的沟通合作

为缓解中小企业融资难，深圳银监局积极配合市政府为中小企业搭建各种融资平台，筹办多场次银企交流会，银企双方共聚一堂，共同探求解决中小企业融资难的新方法、新渠道，为银企双方最大限度减少信息不对称、降低银行对企业的搜寻成本提供了便利。如联合市政府举办“银企融资洽谈会”，组织几十家商业银行、200多家中小企业和多家担保公司参加，为企业与银行、担保机构面对面商谈融资提供交流平台；联合国际商会举办国际金融博览会，向中小企业推介相关的金融服务产品，深受中小企业欢迎。

在近期，深圳银监局又与市金融办、人民银行深圳市中心支行、市民政局、市民管局共同举办了银、协、企“无质押互助融资”洽谈会。“无质押互助融资”是一种基于银行、协会、企业紧密合作基础上的金融创新模式，通过发挥行业协会的积极作用，进一步密切银企关系，帮助企业解决发展中的资金紧缺问题。浦发银行深圳分行在洽谈会上专门为中小企业推出了一系列融资方案：主要包括国内应收账款解决方案、国外应收账款解决方案（L/C项下应收账款解决方案、托收项下应收账款解决方案、赊销项下应收账款解决方案）、动产及专用设备抵质押方案、组合授信方案以及信用培养计划方案等，尤其信用培养计划方案是在对中小企业授信过程中不仅看企业的抵押品，在此基础上更要根据企业的资金流、贸易流全过程，为企业量身定制授信方案、产品套餐，为企业成长的各个阶段提供全程金融服务，深得中小企业青睐。

六、全面统筹，大胆创新，构建中小企业金融服务体系建设方案

在现有金融体制下仅仅通过银行和监管部门的局部努力和单打一的政策支持，难以从根本上解决中小企业融资难这个世界性难题，必须多角度、多层次确立中小企业金融服务长效机制，提供系统性解决方案，才能帮助中小企业应对当前融资困境，并助其实现长远发展和产业结构的成功升级。为此，深圳银监局抽调精干力量组成专门小组，深入一线广泛听取企业、金融机构和有关中介组织的意见建议，并积极

与政府有关部门沟通，共同梳理症结，在此基础上按照科学发展观精神要义，全面统筹，大胆创新，着力从中小企业金融服务的组织、政策、环境、监管和业务体系五个层面入手，构建了《深圳中小企业金融服务体系建设工作方案》（以下简称《方案》）。

《方案》多管齐下，实现了政府、监管机构、银行以及企业和社会环境等方面的统筹联动，得到市委、市政府的高度重视，一致认为《方案》符合市委、市政府要求从体制、机制上改革创新的精神，有很强的针对性和重要的指导意义，也具可操作性，并获市常委会通过，作为深圳中小企业金融服务的政府指导性文件下发实施。同时，《方案》还获得2008年深圳市金融监管创新奖第一名，被银监会和新华社等多家媒体转载。

七、丰富机构，适度竞争，提高中小企业金融服务供给水平

在银行对深圳金融机构多、种类全、竞争激烈的片片怨尤声中，深圳银监局敏锐意识到竞争过度表象后潜藏的对中小企业金融服务尤其融资类资产业务竞争不足的深层问题，果断决定充分利用深圳的优惠政策和良好的行政、监管及营商环境，积极引进一批具有一定规模、经营规范且在经营战略上专注中小企业金融服务的异地专业性金融机构在深圳设立分支机构，进一步丰富和培育服务中小企业的市场主体，旨在以适度的竞争和专业化经营，提高中小企业金融服务供给水平，同时借此良机全面提升中小企业服务的广度和深度。此举已显现成效，目前北京银行、宁波银行、杭州银行深圳分行已经开业，上海银行即将开业，包商银行和江苏银行正在紧密筹建之中，渤海银行即将筹建，长沙银行、东莞银行等也有意进驻深圳。

八、窗口指导，统筹规划，鼓励银行积极支持服务中小企业

面对金融危机对深圳中小企业带来的冲击和伤害，深圳银监局及时启动窗口指导手段，2009年以来，各位局领导多次分别组织银行业金融机构主要负责人召开有关调整信贷监管政策促进经济稳健发展方面的会议，鼓励银行从履行社会责任和与企业同舟共济、共克时艰实现自身转型的双重角度，适度调整贷款风险容忍度，加大对中小企业的金融支持力度。同时为提高银行网点覆盖率，保证辖内金融服务的

充分、全面，深圳银监局市场准入规划委员会深入调研，结合深圳人口结构特点、城市发展进程、特定区域经济发展形势以及中小企业集中程度等综合因素，科学测算，提出指引，鼓励银行兼顾自身效益和金融服务的辐射性及社会效益，在中小企业密集度高、金融服务薄弱和不充分的地区设立营业网点，为中小企业提供全方位金融服务。

通过上述一系列举措的实施和引导，同时在政府大力推动、银行全力参与和社会各界的鼎力支持下，深圳中小企业金融服务工作已初见成效。但中小企业金融服务是一个长期的系统工程，特别是当前经济金融形势复杂多变，新情况、新问题、新需求多，因此中小企业金融服务工作还需不断调整、修正、完善和提高。近期在对大量中小企业进行深入翔实调研基础上，深圳银监局日前又形成《关于推进深圳中小企业金融服务工作的指导意见》，下一步拟加大力度在以下方面深入推动中小企业金融服务。

1. 进一步落实银监会中小企业金融服务的各项工作部署。一是成立中小企业金融服务工作实施小组；二是督促银行中小企业金融服务专营机构全部到位；三是落实对银行中小企业贷款增长额度考核，督促银行加大对中小企业贷款的投放力度；四是实施中小企业贷款重组、核销等各项监管政策，推动落实对中小企业贷款呆账核销等工作。

2. 深入推进《深圳中小企业金融服务体系建设工作方案》实施。一是建议政府优化调整担保体系，尽快启动再担保中心运行。调整现有财政贴息方式，加大对银行放贷的直补力度，激发银行放款积极性。二是全面启动小额贷款公司和村镇银行设立工作，配合政府尽快批设一批具有一定规模和比较优势的小额贷款公司，为中小企业提供融资服务。按照银监会设立村镇银行的有关要求，力争年内通过由银行主发起和对现有小额贷款公司实施改造两种方式，加快推进实现至少两家村镇银行的筹备工作。三是在市政府现有对银行各项金融创新评选奖项的基础上，奖励中小企业金融服务卓越贡献单位，奖励在中小企业专业化经营、产品创新或贷款投放方面作出突出贡献的银行。四是政府资源倾斜政策，实行中小企业贷款与财政性存款的“贷存比”奖励模式，将财政性存款的分配与银行对中小企业贷款的投放力度直接挂钩。

3. 银行切实加强对中小企业金融服务的分类指导。根据当前经济形势，督促银行至少应对五类中小企业加大扶持力度：一是反经济周期企业或符合经济周期特点的中小企业；二是部分兼具成本优势和技术优势的中小企业；三是从一些大型优势企业的供应链入手，寻找围绕这些企业开展配套服务的一些中小企业；四是已实现行业关联互保的中小企业群；五是一些民营标杆企业。这几类企业有困难、有风险，但更有逆势上扬扩张发展的机会，银行资金介入风险基本可控。

4. 督促银行全面改善中小企业金融服务。一是继续完善中小企业贷款的体制机制建设，督促银行六项机制的全面落实；二是对当前形势下部分调整性行业，提示银行客观评判企业个体风险，实事求是确定风险分类；三是不断创新丰富中小企业的融资产品，推出盘活企业专利权、商标权等无形资产的融资品种，适应中小企业多样化需求；四是与相关部门探索研究对中小企业贷款的激励机制、问责与免责、不良贷款认定（标准）、抵质押条件（押品范围）以及担保与风险分担补偿机制等问题，从相关政策、机制方面理顺各种阻碍中小企业融资的原因。

香港对雷曼迷你债券事件的处理方式及启示

受美国雷曼兄弟破产影响，在香港发行的雷曼迷你债券价值急速下跌，投资者损失惨重，由于事件涉及投资者众多、金额较大，引起了香港社会的强烈反响。事件发生后，香港采取了一系列应对措施，包括要求银行按市价赎回雷曼迷你债券、立法会运用《权力及特权条例》调查雷曼事件等。目前，受国际金融危机影响，国内银行系 QDII 以及结构性理财产品也出现较大亏损，借鉴香港处理迷你债券事件中的经验和教训，可以加强我们对国内理财产品的日常监管和危机防范。

一、香港对雷曼迷你债券事件的处理方式

根据香港证监会发布的与雷曼有关的非上市零售结构性产品名单，在香港销售的经证监会认可的雷曼相关产品包括以下四类：雷曼兄弟作为其中一家参考机构的信贷挂钩票据、Pacific International Finance Limited 发行的未到期零售结构性票据、Pytis Finance Limited 发行的未到期零售结构性票据以及 Atlantic International Finance Limited 发行的未到期零售结构性票据。其中后三类产品被俗称为“雷曼迷你债券”。雷曼迷你债券在港销售量达 112 亿港元，投资者超过 3 万名。汇丰银行是产品受托人，有 20 家银行参与销售，其中中银（香港）销售量最大，占 30%~40%。

雷曼公司倒闭后，雷曼迷你债券便没有公开报价。损失惨重的投资者一方面向银行、金管局及证监会投诉，另一方面通过媒体报道和组织游行扩大影响，使事件受到广泛关注。金管局、证监会等相关机构在事件发生后也采取了一系列应对措施。

金管局一方面督促银行自身检讨是否存在不当行为，做好对投诉的处理工作；另一方面投入大量资源调查和处理多达上万件的投诉。截至 2008 年 11 月 20 日，金管局已转介到证监会 166 宗个案，正式立案调查 1883 宗投诉，其中 51 宗投诉的表面证据不足拟不采取进一步措施。同时，为更加有效地解决客户和银行之间的争议，

让双方尽快就赔偿达成和解，金管局还聘请香港国际仲裁中心，就雷曼相关产品的争议进行调解和仲裁。

证监会 2008 年 10 月较早时对外宣布，对雷曼兄弟迷你债券分销商的销售行为展开调查。证监会对银行采取由上至下的核查方式，一是核查其是否因系统性缺失或管理监控失当导致产品在市场上的错误销售；二是核查银行提交的产品销售章程和推广材料是否披露完整，是否存在该披露而未披露的事项或情况等。

分销银行于 2008 年 10 月 17 日宣布接受特区政府提出的回购建议，并由同业公会聘请独立的会计师事务所进行市价计算。同时，银行已主动检讨销售中是否存在失当行为，如确有错误或不当销售的，或者银行档案中存在疏漏的，便主动与客户协商，并给予其一定的赔偿，避免进入诉讼层面而承担更多的法律风险和声誉风险。香港立法会于 11 月 12 日正式通过赋权立法会雷曼事宜小组委员会运用《立法会（权力及特权）条例》，调查雷曼迷你债券事件。预计调查工作需 1 年时间，大部分会议将公开进行，而涉及敏感或机密数据时则采用闭门会议形式。委员会将先调查特区政府官员，包括现任以至前任官员，再查监管机构如金管局及证监会在监管上是否有失误，最后再调查银行是否涉及销售手法问题，以免影响银行向雷曼相关产品投资者回购的进度。

香港消委会在处理投诉的同时挑选了五十个案例进行深入研究，最终筛选出几宗具有代表性的诉讼，通过高院控告银行，预计最快于年底将向法庭传入告票、展开诉讼程序。

二、香港处理雷曼事件背后深层次的原因

雷曼事件本身是一桩买卖双方之间的经济纠纷，但由于受害人众多、社会反应强烈，同时也折射出香港金融监管体系及银行销售手法存在的问题，再加上政治力量在背后的推动，进而使该事件演变得更加纷繁复杂。

1. 金融监管缺失。迷你债券是一种高风险的金融衍生工具，发源自美国，即使在欧美国家也只售给机构投资者，不会在零售层面卖给小投资者，而在香港却可通过银行向普通大众销售。因此香港证监会对产品的监管有所缺失，未能准确评估迷你债券在零售层面销售可能带来的风险。同时，金管局负责监管银行及其销售手法，未能有效监管银行的不当销售行为，有效保护中小投资者的利益，因而也存在一定

的监管缺失。

2. 银行销售不当。从银行角度看，在雷曼事件中它们确实存在销售不当的行为。根据证监会的定义，不当销售行为可分为两类：一类是投资者获得的是有误导内容的金融产品宣传资料；另一类是银行向投资者销售了与其财务状况、投资目标、期望和风险承受能力等不匹配的产品。从媒体报道的具体案例及金管局将 166 宗投诉转交到证监会的结果看，银行在销售雷曼产品过程中的确存在一些失当行为。如向一些年龄超过 65 岁的年长者或向未受过教育或教育文化程度不高的人士（如只有小学文化）售卖产品。同时银行也承认在操作过程中存在一些疏漏，如客户数据不齐备，或客户未在法律文件上签署姓名等。

3. 政治因素驱动。由于雷曼事件涉及人数众多，引起社会公众的广泛关注，一方面由于政府监管不力对此事件负有一定责任，另一方面政党及立法会议员纷纷向消费者示好，政府迫于压力于 2008 年 10 月提出按市价回购的建议。而在立法会投票表决是否运用《权力及特权法》传召相关人士调查雷曼事件时，在政府、立法会及消费者的三方博弈中，消费者属于绝对弱势群体，而直选议员又是唯一能够代表他们在立法会讨回公道的力量，所以各大政党基于日后选票的考虑，都选择了“顺应民意”。

三、事件处理方式的利弊分析

香港在雷曼事件发生后迅速采取措施，在处理过程中通过有效的传导机制督促银行维护中小消费者的利益，同时还简化了诉讼程序，在节约成本的同时提高了效率。

1. 维护中小消费者利益。金管局建议银行对销售过程中存在的失当行为，属于错误或不当销售的，或银行档案中存在疏漏的个案，主动与客户协商，给予一定的赔偿，从而保护了在雷曼事件中受到误导的中小消费者的利益。同时，金管局和银行将共同支付仲裁产生的调解仲裁费用，也为消费者的申诉提供了有效支持。

2. 简化程序、节约成本。香港政府建议银行对大量无明显证据显示银行有疏漏的案例按照市价赎回债券，在节约银行成本的同时加快了债券持有人取回抵押品速度，省却了繁复的清盘程序。此外，香港成立了有法律效力的讼裁法庭，也简化了繁杂冗长的司法程序。

3. 通过有效的传导机制监督银行。在香港，证监会负责监管中介人，在雷曼事件中被发现有不当销售的案例将会被转介到证监会进行调查。若证监会的调查确立分销商有违规销售，证监会可在咨询金管局后，对有关分销商施以处分，包括谴责、罚款、暂时吊销注册或将违规者从持牌人或注册人名单上除名等，证监会还可向违规银行或经纪行罚款最高一千万港元或所赚取利润的三倍。在实施处分时，证监会将考虑有关人士或机构已为补救或减轻失当行为的后果而采取的行动。完善的传导机制督促银行尽快开展有关投诉的自查并与受影响的投资者达成调解，以免更多案例被转介到证监会调查带来更大的声誉风险。这也是银行最终同意按市价赎回的重要原因之一。

但是，香港对迷你债券的处理方式中同样存在非市场化的因素，如提出银行按市价赎回债券，可能将未来的风险转移给银行，又如引入特权法调查私人机构可能对香港的自由市场环境造成负面影响等。这些处理方式可能带来以下弊端。

1. 可能对银行不公。雷曼事件在香港并无先例，但国际上却有类似例子可供参考。英国处理 1988 年至 1994 年的不当推销退休金投资计划事件和荷兰处理某银行 1992 年至 2003 年的不当推销借股合约事件中，英国和荷兰证监当局都进行了大规模的详尽调查，才作出直接进行处罚或通过法庭作最终裁决的结论。虽然调查耗费的时间相当长，行政费用也非常高，但整个过程十分规范、公正。相比之下，香港目前的做法是在未进行投诉调查，未厘清发行者、银行、监管机构和投资者各自应当承担的责任前，便要求银行按市价先行回购所有雷曼迷你债券，虽然政府称此并非强制性要求，但银行确实受到来自政府方面的压力，对银行较不公平。此外，迷你债券协议本身并没有此条款，因此要求银行按市价赎回也违反了香港一向尊崇的契约精神。

由于目前雷曼迷你债券没有交易市场和交易价格，市价的确定成为事件的关键和难点。如果在对现行市价进行估值时未考虑银行最终赎回抵押品可能出现的损失，银行是需要承担风险的。此外，曾有政府人士指出，银行回购产品后在市场上变卖抵押品折现时，如最终可获得高于回购价值的现金，将分摊给投资者，在相反情况下投资者则无须将差额返还银行，如果香港最终仍然采取上述处理方式，那对银行而言也是不公平的。

2. 特权法调查私人机构可能影响市场环境。在香港，立法会的职能是监察政府，过去用特权法调查都只是针对政府官员及部门，从未用此调查商业机构特别是银行界。即使在其他西方国家如美国，国会虽可要求金融机构高层出席听证会、接受议员质询，但也没有出现议会用权力及特权法去调查私人机构的情况。此外，立法会通过的特权法可以要求银行提供涉及商业敏感资料的文件，这可能造成金融机构的商业秘密被泄露，从而损害银行的利益。引用特权法例调查银行高层，由立法会对银行进行调查，被视为开了以政治干预私人商业机构、干预市场运作的先例，进而可能会影响海外人士对香港自由经济市场环境的信心。

3. 加大投资者的道德风险。对于银行而言，理应增加理财产品的透明度、加大信息披露力度，而监管机构则应做好在风险披露方面的监督，如果不对风险进行充分及时披露，而是在产品出现问题后进行赔偿，则易助长投资者的道德风险。此外，对迷你债券的损失者进行赔偿或按市价赎回可能对投资于其他金融产品的损失者带来示范效应，以为政府对金融产品的消费存在隐性担保。随着市场环境的不断变化，投资者在金融市场中遭受的损失可能不断加大，今后难免有投资损失者要求政府参照雷曼事件的特殊化处理方式，从而加大了香港今后在处理类似问题时的难度。此外，香港对雷曼迷你债券的处置原则势必对内地处理相似问题时引发传染效应，尤其是相毗邻的深圳更是首当其冲。

四、启示

受全球资本市场震荡下行及大宗商品价格急速下跌等因素的影响，国内银行系QDII 产品及挂钩商品的结构性理财产品近期出现了大幅度亏损，在此背景下，我们应借鉴香港处理雷曼事件的经验，探索在类似事件发生时的应对措施，同时还应思考雷曼事件暴露出的金融监管体系方面存在的问题，加强对个人理财业务的监管。

1. 坚持“卖者有责，买者自负”的原则。坚持银监会在《商业银行创新指引》中提出的“卖者有责，买者自负”的原则，处理理财产品买卖双方之间存在的纠纷。在金融市场中，投资者应牢记“投资有风险”的原则，而银行在销售产品的过程中，也应做好“认识你的客户”“把该卖的产品卖给该买的人”，充分考虑投资者对金融产品的了解程度及风险承受能力。监管机构在处理类似事件时，应具体情况具体分析：如果没有迹象表明投资者被误导或欺骗，投资者就应当自担风险，这是基本的市场行为；如果银行在销售产品时，确实采用了不当手法，那么银行就应该受到处罚，赔偿也在情理之中。应该强调的是，上述结论必须基于公允、透明而且详尽的调查，确保银行和顾客都得到公正对待，维护金融市场的公平性。

2. 重新审查新产品的备案制。出于对金融产品创新支持的考虑，许多国家（如美国）相应的政府审查机制由行政审批制转为行政备案制。对香港来说，香港证监会负责对投资产品进行发牌，实施的也是备案制。迷你债券作为一个高风险产品，不但可以在零售层面销售，而且可以堂而皇之地打着“债券”旗号发售，很重要的一个原因就是产品备案制下对高风险产品的监管不到位。目前，银监会对个人理财业务也采取备案制做法，在当前国际经济形势动荡、金融风险凸显、理财产品结构纷繁复杂的情况下，如何加强对个人理财产品的及时审查成为一个重要命题，而对于高风险的个人理财产品的备案制是否仍然适用、对于备案制的个人理财产品应采取何种审查力度及深度也是值得我们进一步思考的问题。

3. 督促银行做好理财产品的信息披露。雷曼事件中，许多消费者并不知道该产品的潜在风险，而目前国内对许多理财产品的信息披露也同样存在不足。应督促商业银行建立完整的事前、事中、事后信息披露机制，及时向客户告知产品相关情况，特别是在理财产品存续期内，向客户方提供及时准确的资产变动、期末资产估值等重要信息。提高理财产品的透明度一方面便于投资者比较不同产品的风险，避免在冗长的条文及数据中被误导；另一方面也便于投资者根据产品的最新情况作出投资决策，降低损失。

4. 建立重大事项应急预案。雷曼倒闭事件是大家始料未及的，在金融危机形势不断变化的过程中，形势的变化可能会超出原本的预期，监管部门及商业银行都应建立重大事项应急预案，在理财产品出现重大收益波动等异常情况时做好处置工作，引导分散客户，避免出现大规模投诉等群体性事件发生，维护金融市场稳定。

当前我国出口保理和出口买方信贷业务开展情况的调查报告

国际金融危机爆发以来，我国进出口贸易受到较大影响，2009 年第一季度进出口下降 24.9%。在此严峻形势下，广大企业呼吁银行业积极提高进出口金融服务水平，尤其要大力推进我国银行出口保理和出口买方信贷等贸易融资业务。深圳银监局高度重视和关注国际贸易融资短缺对于新兴市场经济的负面影响，积极调研出口业务金融服务情况，及时提出相关改进措施和政策建议，积极推动加大出口融资的支持力度，切实贯彻落实国务院关于“千方百计稳定外贸进出口”的要求。

一、出口保理和出口买方信贷业务现状

调查表明，我国银行开展出口保理和出口买方信贷业务起步较晚。除中国银行 20 世纪 80 年代中期开展保理业务外，其他几家银行在 2004 年以后才开展此项业务。出口买方信贷业务起步更晚，直至 90 年代中期以后才有个别银行涉足。目前仅少部分银行开展出口保理和出口买方信贷业务，业务总量小，截至 2009 年 3 月末，全国出口保理和出口买方信贷余额仅占信贷总额的 0.5%。出口保理业务主要集中在几家大银行，工商银行和中国银行出口保理余额占全部出口保理余额的 87.61%。出口保理的业务模式基本上是中国进出口信用保险公司承保项下的保理业务和双保理业务，业务运作较为保守、成本相对较高；客户对象主要集中于大型和特大型的设备制造商，如电信、集装箱和船舶制造商。近年来，仅中国进出口银行、国家开发银行、工商银行等少数银行开展了出口买方信贷，截至 2009 年 3 月末，全国出口买方信贷余额仅占信贷总额的 0.2%。相对于全国来看，深圳出口保理和出口买方信贷业务相对较大，余额占全国的 19.56%。

表 1　出口保理和出口买方信贷余额情况表

（截至 2009 年 3 月 31 日）　　单位：亿元

业务种类 分布情况	出口保理	出口买方信贷	合计	占信贷总额比重
全国	1080.06	737.91	1817.97	0.50%
其中：深圳	240.76	114.92	355.68	2.67%

全国出口保理和出口买方信贷资产质量高，不良资产余额很小，不良率极低。截至 2009 年 3 月末，全国出口保理和出口买方信贷不良资产余额 1616.18 万元，不良率为 0.007%。其中：中资银行不良资产余额 54.5 万元，不良率几乎为零；外资银行出口保理不良余额 1561.78 万元，出口保理不良率为 0.62%。

二、制约业务发展的主要问题

从国际经验来看，出口保理和出口买方信贷是传统银行业务，但是中国银行业金融机构开展保理和出口买方信贷业务时间短，经验不足，积极性不高，支持进出口和国际业务竞争的意识不强。同时在企业、出口保险公司、信用环境、法律差异、政府政策和国际市场等方面，都面临一系列问题，制约出口保理和出口买方信贷业务的开展。

1. 银行重视不够，投入不足。长期以来，大部分银行对于开展出口保理和出口买方信贷业务，认识不足，重视不够，业务处于空白状态。已经开展此项业务的银行也存在组织和制度准备不到位、资金投入不足、设施和网络建设较差、缺少专业人员等问题。经验表明，商业银行更重视基础设施、交通、房地产开发贷款以及相关的个人按揭贷款；在风险管理方面，偏好于抵押和质押贷款的发放，而对于国际贸易融资和实业信贷，营销动力不足，信贷决策过于慎重。这也是近年来银行同质化的主要表现。

2. 业务创新意识不强。银行在促进企业跨国生产和销售、产业整合和升级等方面能力明显不足，大型银行偏好于国内，跨国发展意识较淡薄。整个银行业的创新能力与中国是制造业和进出口大国的大背景相比显得较为薄弱，与党的十七大提出的利用“两个市场和两种资源”的要求也有一定距离。银行创新和发展理念的滞后，也反映出银行之间的竞争还不够充分和深入，差异化和特色化经营亟待提高。

3. 风险管控水平不足。由于国际保理和出口买方信贷相对于国内业务来讲，要考虑到外汇政策、国际保理规定、国别风险、所在地法律和惯例及习俗、汇率风险等方面的额外规定和风险，同时由于信用环境差异较大，特别是跨国信用难以建立，因而相对于国内业务来说，银行开展国际业务的风险管控难度更大，也意味着对银行风险管控能力提出更高要求。

4. 应收账款确认难度较大。银行开展出口保理应收账款买断业务，涉及应收账款的管理和确认问题。如华为公司的应收账款客户遍及 110 个国家，银行单独管理这些应收账款客户显然是不现实的。目前华为公司建立了全流程内控完善的客户信用管理体系，银行可以倚重于这一体系，结合自己的贷后管理，实现风险共担和利益共享。但如果企业没有此类系统，对银行而言，应收账款的管理和确认工作确实是个新的挑战。

5. 出口保险公司支持不足。中国出口信用保险公司提供出口保险的审批时间较长，费率较高，增加了企业的融资成本。现有规定不够合理，尤其是 3000 万美元以上项目需要报财政部批准、1 亿美元以上项目需要报国务院批准的限额规定严重限制了中信保在促进出口方面的作用。

6. 国际保理商额度限制过紧。一方面，国际保理商对进口商实行严格的额度限制；另一方面，中国的银行对出口商和海外保理商也要遵守风险控制要求。特别是在当前国际金融危机形势下，更加收紧额度，风险控制更加审慎，因而出口保理业务更加难以开展。

7. 法制环境和政府政策制约业务开展。由于各国的法制环境千差万别，政府扶植各有侧重，对出口买方信贷影响较大。同时，我国缺少明确的境外投资实施细则，在一定程度上制约了出口买方信贷业务的开展，人民币不能自由兑换，从根本上制约了我国银行拓展国际空间。国际金融危机和全球经济衰退虽然给中国带来了机会，但是除了电信设备制造等新兴产业借机获得了长足发展外，中国企业想要进入国际产业制高点、扩大市场份额和获得战略资源，除了自身的实力之外，还面临国际政治经济秩序的制约。

三、措施和建议

有效和稳步推进我国出口保理和出口买方信贷等贸易融资业务，需要银行、企业和政府共同努力，同时也要发挥银行业监管导向的重要作用。

1. 促进银行提高积极性和加大投入。督促银行改进和优化信贷结构，加大力度支持出口信贷，动员银行积极开拓出口保理和出口买方信贷等业务，以稳定和做大我国进出口为目标，以提高出口企业国际市场订单率为导向，在风险可控的前提下积极为境内外企业贸易融资提供服务。要改进我国银行对开展国际贸易融资业务重视不够和投入不足的局面，建立专业的进出口融资部门，配备专业人才和加强培训，完善系统设施和网络建设，提高跨国风险管控能力，努力提高银行进出口金融服务的水平，为提振出口作出贡献。

2. 推动银行拓展视野，重视创新。鼓励银行正确应对国际金融危机带来的挑战和机遇，及时掌握全球经济的新情况和新变化，以加大国际业务创新力度为抓手，抢占先机提升国际竞争力。政策性银行配合大企业做好国际战略资源的控制和储备；大型银行应该具有国际视野，把握好国内国际两个市场，推出供应链和产业链的联动产品；中小银行做好配套中小企业的进出口贸易融资服务。银行应积极与企业探索风险共担、优势互补、利益分成和责任明确的风险管控模式，激活保理和出口买方信贷等业务，积极拓展新的业务模式，不断推出新的组合产品满足企业拓展国际市场的需求。

3. 引导银行之间加强合作，支持各银行加快海外分支机构建设。促进银行之间加强合作，共同提高应对国际竞争的能力。在出口保理和出口买方信贷业务发展方面，建立信息交流和共享的机制和平台，减少资信调查成本，增强风险管控能力，防止不当和恶性竞争。应当加快银行海外分支机构建设，做好海外战略布局，实行客户跟随战略，变跨境业务为属地业务，降低经营风险和成本，提升对“走出去”企业的服务水平。

4. 建议建立与国际接轨的机制和制度。应组织认真研究保理业务的国际惯例和规则，建立有利于我国出口保理业务发展的制度和机制。建议成立我国的专业保理商，建立保理商协会，加强与国际保理商的合作，促进多层次信用体系的建设。应鼓励大企业和中小企业形成协同协作和相互依存的供应链和产业链，从而实现整体效率，提升整体水平；引导出口企业主动配合银行做好境外应收账款的确认工作；引导企业自觉维护信用秩序，促进出口保理和出口买方信贷正常进行。

5. 建议中信保大幅度提高承保额度。要从我国是进出口大国的实际出发，大幅放宽中国出口信用保险公司承保的额度限制，对于风险可控的中信保项下贸易融资，可以考虑从目前承保 3000 万美元额度限制，提高到 1 亿美元甚至更高，同时也应简化手续，提高办事效率，切实为促进我国进出口贸易发挥作用。

6. 建议修订业务指引，积极做好规制和服务工作。建议监管部门放宽准入限制，提高创新容忍度；制定保理和出口买方信贷指引，积极引导银行规范开展进出口融资业务；会同有关部门，共同做好保理业务的法规建设。在全球配置资源这一具有挑战性的行动中，建议政府依照战略方向，支持、帮助和扶持企业与银行“走出去”，克服障碍，形成合力、简化手续，提高效率；合理减免企业承担的承保费用，减少企业融资成本；尽快制定境外投资实施细则，放宽境外投资限制。加快人民币国际结算业务，促进进出口业务开展。建议商务部进一步加强贸易和投资指导工作。建议商务部加大对“走出去”企业的服务力度，如在商务部网站上尽其所能做好“走出去”企业所在国的政治、经济、法制、文化和风俗等方面咨询服务工作。

表 2 全国保理业务余额情况表

单位：亿元

行别	2007 年末	2008 年末	2009 年 3 月末	其中：3 月末出口保理
开行	52.94	71.79	86.55	86.55
进出口行	0	4.83	4.61	4.46
工行	174.97	412.73	570.49	526.25
建行	11.79	9.86	12.58	0.15
中行	315	368	420	420
交行	0.62	1.59	0.57	0.57
招行	29.23	72.39	4654	16.95
平安	0.09	0.19	0.23	0
深发展	32.84	97.97	97.59	0
光大	41.11	59.69	72.59	0.02
民生	62.81	66.24	55.37	0
广发	0	10.29	12.57	0
浦发	20.83	25.59	25.42	0
中信			40.63	0
华夏	1.99	6.84	6.85	0
中资小计	744.22	1208	1452.59	1054.95
汇丰	8.51	6.04	5.54	3.35
花旗	6.82	3.51	2.33	2.33
渣打	15.53	16.16	5.84	5.84
瑞穗	3.91	9.95	7.36	5.37
恒生	0	0.55	0.54	0.06
星展	5.14	3.28	3.67	1.83
友利	0.18	0.03	0.05	0.05
华一	0	7.68	5.94	5.94
荷兰	2.67	0.35	0.34	0.34
外资小计	42.76	47.55	31.61	25.11
合计	786.98	1255.55	1484.2	1080.06

表 3　全国出口买方信贷余额情况表

单位：亿元

行别	2007 年末	2008 年 3 月末	2008 年末	2009 年 3 月末
开行	33.95	40.84	91.86	104.74
进出口行	376.26	398.53	499.3	551.34
工行	50.05		75.12	73.47
交行	2.78	2.78	2.78	2.78
中信				5.58
合计	463.04	442.15	669.06	737.91

注：上表仅列出 2009 年 3 月末有余额的银行业金融机构。资料来源于本次调查中各行报送的其总行数据。

多措并举　危中寻机
众志成城　共克时艰

为贯彻落实国务院宏观政策和银监会加大金融对经济支持力度的精神，在2009年第一季度工作中，深圳银监局党委解放思想，创新思维，多措并举，一方面督促辖内银行业有保有压，调整结构，深化服务，帮助企业危中寻机，共克时艰；另一方面严密关注风险状况，督促银行业金融机构规范经营行为，防范金融风险，取得一定成效。

一、统一思想，积极贯彻落实国家宏观经济政策和银行监管政策

为贯彻落实国务院和银监会的有关政策精神，加大金融对经济支持力度，深圳银监局于2009年年初分别召开中外资银行工作会议，及时传达各项政策精神，要求银行准确理解政策含义，结合自身发展和深圳经济实际，既要贯彻执行国家加大金融支持经济发展力度的精神，又要严格防范金融风险，并特别强调新经济形势下必须处理好六个关系：一是兼顾消除国际金融危机的负面影响与落实国家宏观经济政策之间的关系；二是兼顾活跃房地产市场政策与维护市场秩序的关系；三是兼顾社会安定与市场规律的关系；四是兼顾金融创新与风险控制的关系；五是兼顾小企业金融服务与管控能力的关系；六是兼顾银行利益与市场分工之间的关系。在此思想指导下，深圳银监局投入大量人力及时跟踪形势发展，全力监测金融风险，指导银行贯彻执行国家宏观政策。

一是密切关注信贷风险督促经营合规。鉴于国际国内经济金融形势的急剧变化，社会有效信贷需求不足，银行业利润空间收窄，银行信贷扩张的冲动抬头。为防范银行基层机构迫于考核压力，降低信贷审批标准、疏于“三查”等信贷管理手段，在低水平过度竞争中诱发新一轮信贷风险，深圳银监局多次召开会议，并通过走访银行业金融机构及高管谈话等方式充分提示风险，提出监管要求。同时，迅速组织力量开展现场检查，对于发现的放松审贷标准、简化“三查”程序单户集中放款等不审慎行为提出整改要求，现场检查结果及有关问题的报告已上报银监会。

二是敏锐捕捉信贷市场异动。针对2009年实施宽松货币政策可能诱发银行放贷冲动带来的信用风险，2009年年初成立宏观经济形势与货币信贷监测分析小组，密切监测银行信贷市场的变化。小组于2月初率先在全国监测到深圳银行体系票据融资爆发式增长(同比增长约40%)的异常变动，并深入调研、全面分析票据业务异动的根源、后果及对宏观调控的可能影响，同时迅速启动对辖内银行的窗口指导，部署票据业务专项检查，要求银行全面认识票据业务的潜在风险，督促银行优化信贷结构，增加有效信贷投放，配合落实国家的各项宏观调控政策。在完成年度现场检查任务规划的同时，深圳银监局组织了全辖票据业务专项现场检查，结果已上报银监会。

三是紧密跟踪监测房贷风险。鉴于深圳房地产市场的特殊性及房地产贷款尤其是开发贷款的潜在风险，深圳银监局一直高度关注房地产贷款风险，指派专门小组持续监测房地产市场动态，特别关注房市变动对开发贷款和个人按揭贷款质量的影响。同时监测小组还积极组织房贷检查和房贷风险压力测试，举行新闻发布会澄清事实真相，以正视听。在日常监管中，深圳银监局要求银行必须采取有效措施严格落实按揭成数，保证首付款真实足额，严审借款人资质和购房用途等关键要素，切实控制房地产贷款风险。针对深圳房贷金融面临的问题，深圳银监局适时作出风险提示并叫停不规范的业务品种。

四是率先启动信用卡业务检查。2008年年末，深圳银监局敏锐发现信用卡业务潜藏较大风险，2009年开年即抽调监管骨干组成若干小组对深圳地区信用卡业务进行了全面检查。检查发现诸多问题和风险隐忧，如超常发展带来粗放经营资源浪费，行业过度竞争影响正常市场秩序，管理能力与业务发展不相匹配隐藏潜在风险等。对此，深圳银监局立即出台了《深圳市信用卡业务风险管理指导意见》，规范市场行为，加大风险防范力度，引导信用卡业务健康发展。同时，探索建立信用卡业务监管与风险评估标准、不良商户“黑名单”及社会信用信息共享机制，打击各类信用卡犯罪及违规行为。

五是深入开展担保行业调查。据调查，目前深圳能规范化经营、兼具规模和风控能力并为各家银行认可的担保机构非常少(注册256家，真正从事担保业务的不到40家，且大量担保机构运作不规范)，全市担保业务主要集中在中小企业担保中心和高新投两家政策性担保机构。加之这两家机构实质上已进行商业化运作，担保条件要求严格，客户对象与银行雷同，仅解决了银行因审查程序烦琐不愿放贷给企业的担保需求，未能对银行不敢放贷即真正需要担保机构担保的企业提供融资担保服务。这是导致众多中小企业担保无门、继而难以从银行获得贷款的症结所在。调查呼吁提高担保机构业务能力、明确不同性质担保机构的功能定位、规范行业准入和监管制度，加快再担保体系建设，健全风险补偿和分担机制等建议。

六是鼓励银行拓展业务范围增加有效资产。鼓励银行根据银监会《商业银行并购贷款风险管理指引》要求，结合自身优势，通过开展并购贷款业务开启银企合作新领域。目前中行深圳分行已尝试开办两笔并购贷款业务，成为中行系统内首笔发放的并购贷款。工行深圳分行与深圳国际高新技术产权交易所、深圳产权交易中心签订了《开展商业银行并购贷款合作协议》。

此外，针对2009年以来部分企业受危机影响陷入困境，深圳银监局鼓励银行增强社会责任，与企业共克时艰。通过对深圳唯冠和晶冠两家外资企业近10亿元存货尝试办理浮动抵押，创新资产保全方式，避免了银行集中收贷加速企业破产现象的发生，使企业死而复生，同时也使银行近14亿元债权得以保全。

二、深化服务，助推优质大企业危中寻机保增长

据调查，在此次金融危机中，深圳部分外向型大企业遭受影响较大，甚至有进一步恶化的趋势。其中，康佳的产量和产值同比分别下降19.16%和31.18%，人均产能下降17.64%；富士康的销售额和资本利润率同比下降28%和40%，员工人数锐减35%；中集集团的总资产和销售额同比分别下降11.41%和57%，员工人数减少21.67%，占总业务量40%的干货箱业务全面停产，2万名工人放假；华强集团的产值和销量同比分别下降44.3%和29.2%，开工率下降2.31%；盐田港的港口吞吐量同比下降15.18%。

想企业之所想、急企业之所急。深圳银监局主动召集在深圳经济发展中具有举足轻重地位的多家绩优龙头企业和深圳进出口银行、开发银行、工行、农行、中行、建行等大型银行共同参加的银企座谈会，让银企双方面对面沟通交流，推介产品提出需求，寻求合作共赢切入点，认真倾听每个企业危机中求生存图发展面临的诸多困难和需求心声，并针对不同行业的企业分析国内外市场需求及未来走势，与企业一起逐个对症寻机。深圳银监局特别强调面对当前金融危机，银行要坚持市场细分、

客户细分、需求细分原则，真正确立以客户为中心的产品体系、服务体系，以综合化金融服务方式拓宽银企合作空间，提升服务水平，深化金融服务，助推优质大型企业危中寻机，力保经济实现较快增长。同时针对企业提出的若干问题和需求，深圳银监局给予了积极回应。

一是针对部分企业反映受金融危机影响客户下单意愿与能力普遍下降的问题，深圳银监局要求银行加大创新力度，积极研究开展出口买方信贷业务和保理业务，合理减低各种收费，施行灵活多样的金融服务，切实提高整体金融服务水平。

二是针对大型企业集团提出希望成立财务公司、汽车金融公司和金融租赁公司等非银行金融机构的请求，部分企业提出希望银行加快在新兴市场、中东、拉美、非洲等地区的布点进度，支持大型外向型企业提高国际竞争力，更好地满足大型企业在海外的金融服务需求。深圳银监局已向银监会建议适当调整准入政策，推动银行业海外设点进程，支持大型优质企业集团设立财务公司、汽车金融公司和金融租赁公司等非银行金融机构，整合财务资源降低资金成本。

三是针对部分企业提出希望及时调整金融及财税政策，清理过时的政策法规，加快境外投资审批手续以及支持企业拓展中长期融资渠道等问题。深圳银监局一方面充分利用已构建的金融监管协作机制，主动与地方政府部门、人民银行和证监局、保监局等相关属地监管部门进行沟通协调，研究对策，共同做好企业金融服务工作；另一方面积极向国家有关部门呼吁，认真考虑企业合理诉求，群策群力，为企业发展提供便利。

三、多措并举，帮助中小企业共克时艰逆势突围

（一）全面统筹，大胆创新，构建中小企业金融服务体系方案

鉴于中小企业生存环境日益严峻，在现有金融体制下仅仅通过银行和监管部门局部努力和单打一的政策支持，难以有效缓解中小企业融资难题。为此深圳银监局组成专题小组，深入一线广泛听取企业、银行的意见建议，并积极与政府有关部门沟通，共同梳理症结。在此基础上按照科学发展观精神要义，从中小企业金融服务的组织、政策、环境、监管和业务体系五个层面入手，完成《深圳中小企业金融服

务体系建设工作方案》。该方案得到市委市政府高度重视，并获市政府常委会通过作为深圳中小企业金融服务的政府指导文件下发实施。

（二）统一思想，提高认识，深入了解危机下中小企业生存状态

为加大对中小企业的金融支持力度，深圳银监局党委结合学习实践科学发展观活动，组织全局员工以及辖内银行业金融机构主要负责人多次召开会议统一思想，提高认识。深圳经济对外依存度高，中小企业遭受金融危机冲击较大，不少企业濒临生存危机。为切实掌握当前危机下深圳中小企业的生存境况，深圳银监局组成“中小企业贷款工作小组”，同时抽调主要银行业务骨干与小组成员一起，对辖内近 180 家中小企业进行专题调研，并由局领导带队兵分四路奔赴特区内外 40 余家较为困难的中小企业深入走访，逐家座谈，深切感受危机下中小企业的生存窘况和经营中面临的困难，广泛听取企业对政府、银行包括监管机构的急切呼声，在此基础上形成《关于进一步推动深圳中小企业金融服务工作的指导意见》。被访企业对深圳银监局这种求真务实、感同身受、切实帮助他们解决问题的工作作风反响强烈，深受感动，倍加赞扬。

（三）丰富服务体系，健全体制机制，提高中小企业金融服务供给水平

一方面，在银行对深圳金融机构多、种类全、竞争激烈的一片怨尤声中，深圳银监局敏锐意识到竞争过度表象后潜藏的对中小企业金融服务尤其是融资类资产业务竞争不足的深层问题，果断决定充分利用深圳的优惠政策和良好的行政、监管及营商环境，积极引进一批具有一定规模、经营规范且在经营战略上专注中小企业金融服务的异地专业性金融机构在深圳设立分支机构，进一步丰富和培育服务中小企业的市场主体，以适度的竞争和专业化经营，提高中小企业金融服务供给水平，同时借此良机全面提升辖内中小企业服务的广度和深度。另一方面，为贯彻落实银监会“六项机制”和《关于银行建立小企业金融服务专营机构的指导意见》精神，深圳银监局积极督导辖内银行业机构根据自身实际，探索建立多种形式、灵活有效的中小企业金融服务专业部门和专营机构，从机制体制上理顺中小企业融资业务发展的各项障碍。在深圳银监局的积极督导和强力推动下，绝大多数银行都设立了中小企业金融服务的专营机构或专营部门，开始落实“六项机制”，初步奠定了中小企业金融服务的运营基础。

（四）殚精竭虑，监管激励，推动银行创新中小企业融资产品

中小企业融资困局在很大程度上有赖于融资产品的创新，为鼓励银行创新产品，加大对中小企业的金融支持力度，深圳银监局积极引导和鼓励银行在一系列比较成熟合作模式的基础上，大力拓展新的业务品种，帮助中小企业盘活各类有形无形资产。同时针对如何激励银行创新产品、拓展中小企业服务专门建立了三项激励导向监管机制：一是中小企业金融创新激励机制，二是准入审批绿色通道机制，三是专项考评和差异监管机制。银行对此反应积极，纷纷加大创新力度，针对中小企业融资抵押物不足，融资需求少、急、频特点，创新开发了“三兑”“金色池塘”“商贷通”等一系列特色业务和产品，设立村镇业务部，涵盖了中小企业采购、生产、销售的各个环节。

（五）窗口指导，统筹规划，鼓励银行支持服务中小企业

面对金融危机对深圳中小企业带来的冲击和伤害，深圳银监局及时启动窗口指导手段，2009 年以来多次组织银行业金融机构主要负责人召开有关调整信贷监管政策促进经济稳健发展方面的会议，鼓励银行从履行社会责任和与企业同舟共济、共克时艰实现自身转型的双重角度适度调整贷款风险容忍度，加大对中小企业的金融支持力度。同时，为提高银行网点覆盖率，保证辖内金融服务的充分、全面，市场准入规划委员会深入调研，结合深圳人口结构特点、城市发展进程、特定区域经济发展形势以及中小企业集中程度等综合因素，科学测算，提出指引，鼓励支持银行兼顾自身效益和金融服务的辐射性及社会效益，在中小企业密集度高、金融服务薄弱和不充分的地区设立营业网点，为中小企业提供全方位金融服务。

四、创新思维，服务居民、农民工等社会弱势群体

深圳银监局作为银行业监管部门，非常明晰自身的责任和使命，在积极响应国家号召帮助大企业危中寻机保增长、中小企业逆势突围走出危困的同时，时刻不忘为广大城镇居民尤其是农民工提供金融服务。深圳虽已完成城市化，没有严格意义的农民，却有大量外来的农民工朋友（近 800 万人），因此对农民工的金融服务受到深圳银监局的特别关注，督促邮政储蓄银行始终以服务农民工为己任，在承受较大经营成本压力的情况下，尽心为农民工提供户多量小、存取汇款以及代发工资等高

成本低收益的金融服务。目前深圳邮政储蓄银行共有 1200 多万个账户，户均余额仅为 1000 元，柜台平均单笔交易 460 元，ATM 平均单笔取款 580 元，代发工资达 551 万户。因此农民工朋友戏称邮政储蓄银行是一家令他们深感亲切的不折不扣的“草根银行”。

与此同时，深圳银监局创新思维，大胆创新，督促平安银行探索将平安信托下辖的小额信贷公司改造为消费金融服务公司，在服务大众的同时拉动消费需求。此外，2009 年还拟在关外设立两家村镇银行，准备一家由银行发起，一家由现有的一家运作较好的小额信贷公司改造而成，这些工作目前均在筹备之中。

五、政监银企，合力促进经济金融相生共荣发展

（一）加强沟通，达成共识，联手打造金融服务环境

作为银行业监管部门，深圳银监局一直秉承金融服务经济的根本大要，一贯注重与地方政府的沟通协作，经常与深圳市委市政府办公厅、发展改革委、贸工局、金融办等职能部门互通信息，会谈走访，为辖内银行业金融机构深化金融服务、支持经济发展营造了良好的外部环境。2009 年以来，在全球危机蔓延、经济下行的非常时期，对外依存度极高的深圳企业（尤其是大量的外向型中小企业）直面危机冲击，经济增长面临空前压力。为帮助深圳企业尽快逆势突围，积极配合地方政府保增长，2009 年开年之际，深圳银监局提出要进一步加强与政府部门沟通的力度、频度和深度，而且不仅限于与市级政府职能部门的沟通，特别强调要与各区级政府建立紧密联系，深入了解各区经济发展对金融服务的需求，专门向深圳辖内 6 个行政区（以及光明新区）区长致函，表示深圳银监局愿积极配合各区政府深入推进银企合作，帮助企业危中寻机，抱团取暖，共克时艰，同时还针对各区经济金融发展的不同特点提出了诸多有益的意见建议。

为深入做实与各区政府沟通协作共促增长工作，深圳银监局采取了一系列具体可行的督促银行深化金融服务的措施：一是从 2009 年开始对辖内银行设立营业网点实行规划监管，引导银行结合深圳各区人口结构特点、城市发展进程、特定区域经济发展形势以及中小企业集中程度等综合因素，科学测算，统筹布局，鼓励银行兼顾自身效益和金融服务的辐射性及社会效益，在中小企业密集度高、金融服务薄弱及不充分的区域设立网点，提高银行网点覆盖率，保障辖内各区金融服务尤其是中

小企业金融服务的充分、全面。二是通过银行同业公会对银行实施窗口指导，协定所有政府大型项目的配套资金需求一律采取“银银合作”（如大小型银行间、中外资银行间、本异地银行间）的银团贷款方式，并倡导将此类贷款（地方财政实力较强，风险可控）与对中小企业（根据各区政府和行业协会的荐举，相对安全）的资金支持挂钩，以此带动和缓解那些资信较好、仅因危机冲击暂时呈现资金困难的中小企业的融资困难。三是搭建融资交流平台，拟组织多家商业银行分别与各区政府和行业协会推举的中小企业面对面商谈，鼓励银行积极推介产品，全面促进“银企合作”。上述举措深得各区政府的高度重视和充分认同，并表示希望政监双方今后加强联系，紧密沟通，逐步完善，力争建立一个务实、高效、成熟的政监沟通交流工作机制，联手打造服务环境，指导银行深化金融服务，加大金融对经济发展的支持力度，同时这也有助于经济反哺金融，进而实现银行业的可持续发展。

（二）精心筹谋，搭建平台，积极促进银企沟通合作

为缓解中小企业融资难，深圳银监局积极配合市政府为中小企业搭建各种融资平台，组织银行、企业和多家担保公司参加，筹办大小类型、若干场次的“银企融资洽谈会”和“金融博览会”，银企担保多方共聚一堂，共同探求解决中小企业融资难的新方法、新渠道，为银企双方最大限度地减少信息不对称、降低银行对企业的搜寻成本提供了便利，深受企业和银行欢迎。近期举办的银、协、企“无质押互助融资”洽谈会反响极其强烈，“无质押互助融资”通过基于银行、协会、企业紧密合作基础上的金融创新模式，可进一步密切银企关系，帮助企业解决发展中的资金紧缺问题。洽谈会上商业银行专门为企业推出了一系列融资方案，如国内应收账款解决方案、国外应收账款解决方案(L/C项下应收账款解决方案、托收项下应收账款解决方案、赊销项下应收账款解决方案)、动产及专用设备抵质押方案、组合授信方案以及信用培养计划方案等，其中信用培养计划方案是在对企业授信过程中不仅看企业的抵押品，更要根据企业的资金流、贸易流全过程，为其量身定制授信方案、产品套餐，为企业成长的各个阶段提供全程金融服务，因而深得不少企业青睐。

总之，通过政监银企多方的通力协作，深圳已打造了一个良好的金融环境和较好的服务平台，基本实现了银行与大中小型企业、与居民和农民工等服务对象的无缝链接。相信随着多方的深度交流和紧密携手，定可抱团取暖，共克时艰，实现经济金融的共同发展。

访谈篇

从2005年到2014年，在这说长不长，论短不短，但足以令人记忆深刻的近十年间，本人因工作需要，在银行监管工作体系内经历了不同角色的转换，从山西到深圳，从负责银行案件稽查工作到消费者权益保护工作，回首每一阶段的工作历程，我深感幸运和欣慰，因为自己的每一步都走得很扎实，都在尽心尽力去履行自己的职责，没有辜负组织的信任，领导的期望。近十年间，除了上面已经列示的调研报告、学术论文、讲话手稿外，笔者还接受过一些媒体的访谈，以期更好地向市场传递监管理念，落实监管政策。该篇收录的几次访谈，主要是针对监管方法、银行发展、消费者权益保护等方面的思考和探索，以书为媒，与读者一起分享和交流。

严格监管，其实也是一种深切的呵护

——深圳银监局第二任局长刘元访谈录

对刘元局长的采访，是在他那特有的朗朗笑声中展开的：三年前离开深圳，2012 年 5 月，他已经由银监会案件稽查局局长调任消费者权益保护局局长，始终与市场秩序维护者的身份相连。他举重若轻如旧，思维敏捷依然，深圳的风雨阳光，在他的脑海里，仿如昨日，历历在目。

一、再到深圳，机缘巧合中的内在逻辑

胡艳超：您是肩负重托到山西银监局工作的，在成效开始显现时，却得到前往深圳的指令，当时是什么样的心情？

刘元：山西银监局是一个情况有点复杂的省局，但是只要本着公平、务实、坦诚的态度，很多问题就不是大问题，大家能够互相理解，工作自然就会有起色。山西是一个经济结构有待优化、金融市场需要培育的省份，有许多推动银行业发展的监管工作要做，我是有信心的，大家的心气顺了，干劲足了，工作自然好做了。这个时候突然让我到深圳，说实话，我思想上还准备不足。因为两个地方的反差明显，作为改革开放的经济特区，深圳的金融市场远比山西发达，金融市场的创新和活跃程度也远远超过山西。这是一个大的转折，也是一个新的挑战。

胡艳超：据我所知，您与深圳还是有过交集的，曾经也是一位南下深圳的先行者。

刘元：人生有许多机缘巧合。1984 年我大学毕业，分配到人民银行总行，因为向往敢为天下先的特区，我抓住了到深圳实习的机会，在这里工作了一年多。在这里，我深刻地感受到改革开放的火热氛围，亲历了金融监管发展和创新，见证了特区金融市场的飞速发展，虽然我没有留下来，但是，深圳的精神和这一段体验一直伴随着我，我也一直在关注着深圳经济金融的发展。有人说，我的名字叫刘元，我与深圳的机缘就像一个圆圆的轮回。这次到任，我还抽空去园岭新村转了一下，看到当

年住的宿舍，似乎 23 年前的日子就像前几天。我珍惜这份机缘，现在不是讲“来了，就是深圳人”吗？作为曾经年轻的深圳人和后来已经不太年轻的深圳人，我应该尽我的一份责任。

胡艳超：所以您肩负着银行业监管的重任，又回到了这里。当时您来深圳时，深圳的银行业是个什么样的状况呢？

刘元：2007 年末，我刚到任不久，就组织对深圳银行业做了一个摸底调查。经过二十多年的发展，深圳的变化非常巨大，可以称为“深圳奇迹”。当初来深圳时，深圳金融业家底很薄，没有几家像样的机构，经营观念和水平更是处在初级状态。第二次来深圳工作，深圳的金融规模已经进入全国城市三甲之列，金融机构的门类也比较丰富，招商银行、平安保险、国信证券在全国知名度很大。2007 年更是深圳银行业增长最快的年头之一，存贷款双双超过万亿元。应该说，这是一个繁荣向上的地方，是一个可以成就事业的平台。

但此时，焦虑和疲态也开始出现。经历高速增长后，新的发展机遇在哪里？新的发展动力在哪里？从金融业看，高增长下的形势并不乐观。国际经济金融形势是：由虚拟经济引发的金融危机正在向实体经济蔓延，由投资银行引发的灾难正在殃及商业银行，全球经济衰退的苗头已经显现。国内经济开始受国际市场的影响，实体经济存在下行的趋势，金融业表面繁荣掩盖不了内在的困境。有效信贷需求不足，传统盈利空间受限，盲目竞争，信贷管理和市场秩序不尽如人意。

调查表明，当时深圳银行业存在几大问题：一是银行普遍将业务规模和发展速度置于首位，发展战略没有完全摆脱粗放经营的模式，过度竞争挑战市场秩序。如住房按揭贷款市场存在不正当竞争，按揭贷款一度出现“大搬家”现象。信用卡和国际结算业务竞争过度，出现突破银行盈亏平衡点问题。二是不规范行为导致声誉损失。理财产品的亏损状况短期内难以扭转，银行的失范行为势必对银行业声誉造成负面影响。三是操作风险隐患较多，银行对案件防控的机制建设、员工操守状况重视不够。事实上，当时问题已经在开始暴露。2007 年前深圳房地产市场的火爆，吸引很多银行趋之若鹜，贷款集中投向房地产市场，所以 2008 年国家开始新一轮的宏观调控，很多银行就吃不消了，不良贷款集中爆发。银行的快速扩张和对人员管理的不到位，已经带来很大的操作风险，我上任前后，深圳辖内连续发生了 5 起百万元以上案件。

二、严格监管，其实也是一种深切的呵护

胡艳超：这是在居安思危。在当时高增长、大发展的情况下，要大家理性、冷静，是很不容易的。您当时勇于亮剑，采取了一些治理措施，是很必要和及时的。

刘元：其实那不是“居安思危”，而是“居危思危”：案件连发、风险暴露，监管者必须积极作为，虽然“急不得”，但肯定“慢不得”。针对当时的情况，监管部门和银行业机构同时行动，在全辖组织大量人力开展了全面的风险大排查，透视每一个岗位，分析每一个业务环节，尽可能搜寻出所有的风险点，整个深圳银行业，上上下下都有触动。对出现案件的银行，我们提出了严肃的监管要求，“亡羊补牢，犹为未晚”，必须认真反思，吸取教训，深刻整改，对相关人员要严格问责，处理了一大批责任人，震动很大。

防范风险要建立机制，要保持持续的稳定性。我们在案件防控方面做了一系列工作，包括：实施案件防控目标责任制、派驻督导员建立二级督导体系、组织案件防控宣讲、制定案件治理规划、开展案件防控后评估、发布《银行业员工行为规范指导意见》，等等。严格控制信贷风险，督促商业银行加大拨备、核销力度，以丰补歉。市场风险方面，重点关注银行证券投资、衍生产品等交易账户盈亏状况，采取切实措施减少利率和汇率风险。加强对辖内银行业流动性风险的监测、预警和压力测试工作，制定了《关于应对商业银行流动性问题的应急维稳机制》。

胡艳超：当时，深圳银监局采取了“事先承诺制”的监管创新，引起了外界的关注，这一做法是怎么形成的？

刘元：这一思路来自于我们的监管实践，或者说来自于监管过程中的困惑。因为外部监管往往有花了力气但效果并不理想的情况，比如案件治理过程中很多问题不是我们监管规定所要求所写到的，或者说不是硬性要求的，开了好多会，要求一箩筐，有些问题还是落实不了：如果把责任让管理者去承担，监管者采取事先承诺制度，搞个目标责任书，有关的要求我给你提出来，相应的工作目标我也给你写上，如果你认为能够达到，也应该达到，那你就给我签下来，签下来就是一种承诺，如果你不能兑现承诺，出了问题，我们就有据可依。

我记得当时让各银行第一责任人签订案件防控承诺书时，许多人感到“压力山大”，其中有来自其他国家的高管不想接受，当时我们通过依法、依理解释，最后

还是推行下去了。

“事先承诺制”还有另外一方面的好处，就是节省监管资源，提高监管的有效性。银行的业务在快速发展，规模在迅速膨胀。但监管人力资源并没有相应增加，随着时间的推移，这种矛盾越来越突出“事先承诺制”对被监管机构形成约束，让监管者提纲挈领、抓大放小，达到了在节约监管资源的前提下实现良好监管目的的效果，当然是一个好的做法。

后来我们发现，“事先承诺制”这种做法在国外是有先例的。美国的金融监管当局将政府对垄断型公共服务部门所采取的事先承诺制监管方法植入银行的监管之中，要求商业银行对未来一段时间的监管事项事先作出承诺，并视银行承诺水平的高低与承诺事项的实现情况给予正反双向的监管激励和约束。此举激活了商业银行配合监管部门的内在动力，使监管要求与银行经营目标在一定程度上形成一致和统一，较传统的监管方法更具灵活性。

胡艳超：除了银行案件风险治理外，您在深圳工作时期，正是国际金融危机形成和爆发的时期，您是怎么带领监管人员和银行业金融机构应对挑战的？

刘元：深圳当时面临的经济金融形势是比较严峻的，一些大型外向型企业遭受影响较大。比如，中集集团的销售额下降超过 50%，占总业务量 40% 的干货箱业务全面停产，2 万名工人放假；盐田港的港口吞吐量下降 15%；康佳、富士康、华强集团等大型企业也受到很大冲击。当然，对于这些优质大企业来说，危机既是一种挑战和磨炼，也是一次战胜对手、弯道超越的机会。对这些企业，我们鼓励银行量体裁衣，不局限于一般性贷款，而是要做好全方位的配套金融服务。相比较而言，中小企业情况更不乐观，银行不良贷款的压力显现。

胡艳超：据我所知，2008 年深圳发生了所谓的“千亿断供”风波，一度沸沸扬扬。

刘元：前面说过，银行和社会公众在房地产市场上是存在一些盲目行为的，市场价格的起落的确导致风险隐患。当时网上有一篇文章称深圳的个人住房贷款断供超过千亿元，后来中央电视台第二套节目做了一个“深圳楼市断供”的报道，当时的背景是深圳的房价深度调整，由于深圳房地产市场在全国的风向标作用，这个事情就发酵了，影响还很大。

我们组织人员去摸情况，当时深圳的个人住房贷款也就 2000 亿元左右，“千亿断供”是什么概念？就是贷款有一半是不良的，而实际上当时的不良率还不到 1%，远远不是那么回事儿。但我们还是把工作做得很仔细，成立了专门的“房地产风险监测小组”，针对媒体报道的情况，召集银行进行“会诊”，统计了十大断供楼盘和十大断供客户，逐一仔细分析。其次是进行了房地产贷款的压力测试，假定房价进一步下跌 10%、20%、30% 和 40% 的条件下，测算不良贷款会增加多少、逾期贷款又会增加多少。在把方方面面的情况摸清楚了之后，我们召开了一个新闻发布会，用事实和数据说话，平息了这场风波。

虽然媒体炒作的风波平息了，但房价深幅波动对银行信贷风险的影响不能忽视。我们对银行“约法三章”，制定了《关于加强深圳市国内商业银行房地产信贷管理指引》，要求其进一步强化风险管控，对国家房地产调控政策要“理解到位、贯彻到位、落实到位、执行到位”。

三、停滞也是一种风险，发展才是硬道理

胡艳超：加强监管、督促整改起到了很好的作用，银行理性意识增强了，市场秩序好转了，案件也很少了，而且银行业的发展步伐并没有停滞。

刘元：创新发展是深圳的特色和灵魂，深圳银行业的活力我们一定要维护，并且要在正确的方向上加以鼓励和推动。我在几次重要的场合强调，监管者不要把合规和创新对立起来，不能对任何新的思路和做法都简单甚至粗暴地“叫停”，要从本质上了解新思路，对创新尝试要适当宽容，允许试验，密切关注，总结经验。如果什么想法都扼杀、什么试验都否定，这个市场就不会有活力。对商业银行而言，面对日新月异的经济金融环境，面对来自国际国内的竞争，不创新服务手段和方式，就会有淘汰的危险。停滞不前、不发展，其实也是一种风险，经年累月，甚至会形成系统性风险。

深圳银监局在日常监管中，一直贯彻支持银行创新发展的理念，因此深圳银行业金融机构的创新始终走在同行的前列，招商银行和当时的深圳发展银行都有很好的品牌知名度，每年都有许多创新产品出现，不少获得市金融创新年度大奖。

2008 年，我们组成“中小企业贷款工作小组”，对辖内近 180 家中小企业进行专题调研，并由局领导带队对 40 余家较为困难的中小企业逐家深入走访，在此基础上形成了《深圳中小企业金融服务体系建设工作方案》和《关于进一步推动深圳中小企业金融服务工作的指导意见》。《工作方案》获市政府常务会议通过，作为深

圳中小企业金融服务的政府指导文件印发实施，并获得了 2008 年度深圳市金融创新特别奖。2009 年，我还提议发起“银行间合作高峰论坛”，邀请辖内银行与全国 40 余家中小银行参会，拉开了深圳银行业与异地银行全面、系统合作的序幕。

胡艳超：在您任职阶段，深圳银行业机构又有了一次新的壮大，一些外地城市商业银行纷纷进来，其意义何在？

刘元：总体来看，当时深圳银行业金融机构数量不少，门类也多，甚至有些地方网点密布，业务竞争也很激烈。在这种情况下，深圳还要迎接新的竞争者吗？我认为，深圳是靠改革开放起家的、深圳的金融市场应该是开放的市场，这个方向不能变。而且从深圳当时的实际情况看，表面白热化的竞争背后，还存在竞争无序和竞争不充分。我是进行过调查的，这些不充分至少有四个方面：一是客户竞争不充分，银行喜欢“傍大款”、“垒大户”。二是服务竞争不充分，经营模式同类同质、粗放。三是价格竞争不充分，市场定价功能缺失。四是产品竞争不充分，创新能力有限。最值得关注的是，对不发达区域、小微企业的服务不充分，“特区内”每平方公里平均有十个以上网点，而在原“特区外”，有的几万人的社区或几十平方公里的地域都没有一个银行网点。所以，这个时期，我们接受了一些异地城市商业银行的申请，使深圳市场的竞争队伍壮大了。但是我们不是无原则地放开，而是按照择优的原则，充分考虑进入者的整体素质和服务小微企业的专业能力。

为了进一步丰富市场要素，构建层次分明、功能互补的市场体系，我们还推动几家企业集团设立财务公司，向银监会争取到筹建 10 家村镇银行的指标，并支持深圳银行“走出去”，在异地设立分支机构。

四、监管者应该回归为民请命的本职

胡艳超：消费者权益保护是当前银监会的一项重点工作。作为成立不久的消费者权益保护局的局长，您怎么理解这一使命？

刘元：打开银监会网站，你就可以清楚地看到，银监会监管工作的目的就是：通过审慎有效的监管，保护广大存款人和消费者的利益；通过审慎有效的监管，增进市场信心；通过宣传教育工作和相关信息披露，增进公众对现代金融的了解；努力减少金融犯罪。因此，保护消费者权益是银行业监管工作的出发点和落脚点，监管者必须明白服务的对象和责任，在开展工作和处理问题时明确自己的站位。

当前，我国金融消费者被侵权的情况不少，形式多样。一是知情权受到侵犯，在销售金融产品或提供金融服务时，有的银行业金融机构往往忽视甚至故意不进行风险提示。二是自由选择权受到侵犯，在提供金融服务时，有的银行业金融机构为了规避风险而违反自由选择的条款。三是金融服务权受到侵犯，如对一些基层网点撤并、关停或歇业，或随意缩短营业时间、拒办某种业务等，剥夺了消费者的权益。

银监会专门成立消费者权益保护局，旨在全面提升消费者的风险意识、维权意识，提升消费者对金融市场的信心。维护消费者合法权益，督促银行业金融机构公平对待消费者。银监会将通过完善组织体系和制度体系，构建消费者权益保护机制。把消费者保护贯穿于监管工作全过程，在产品服务设计审批过程中，纳入消费者保护相关条款，将消费者权益保护内容作为市场准入的必要条件，加强销售环节合规监管。

胡艳超：深圳银行业的理财业务增长很快，品种丰富，遇到的问题和投诉也多，希望您能给我们一些指示。

刘元：深圳金融市场比较发达，公众的理财意识比较强，权利意识也比较强，所以，深圳银监局可以借鉴香港和国外的经验，在这方面做一些研究和创新。我想要重点琢磨的地方有几点，包括：一是研究格式文本中银行与消费者的法律关系，在这些文本草拟阶段即渗透消费者权益保护机制，是有效保障消费者合法权益的根本所在。二是研究如何监督约束银行产品或服务定价。银行的定价不能简单粗糙，有必要顺应消费者权益保护的潮流，构建相应的内部定价约束机制，以理性平衡消费者权益与银行利益。三是研究如何对特殊消费者群体给予特别保护。境外有关金融消费者权益保护的监管法规对特殊消费者群体往往给予大量的关注，为其接受服务提供必要的保障，也赋予他们一些特殊的权利或利益。四是研究如何为消费者投诉提供必要保障。一方面是银行方面提供的保障，其内部设计和实施相对自主的投诉处理体系，并有相应的人员、机构、机制和规程来落实；另一方面则可以借鉴香港经验，建立由监管部门主导的具有行政管理色彩或者公司化运作的专门化投诉管理体系。五是研究如何保障消费者接受金融知识的宣传教育。方法上不能浮于表面，一阵风，而是要持续，有实效。

深圳银监局有敢为人先的传统，有扎实的人才基础，我相信，一定会奉献出更多的监管创新成果。

适合的才是最好的

——中国银监会监管二部副主任刘元谈城市商业银行引入境外战略投资者

当人们把目光放在中行、建行的股改上市，把焦点落在农信社的新一轮改革上时，不经意间，城市商业银行已经迈开轻盈的步伐，在引入境外战略投资者、改善公司治理结构上跨出了一大步。

2009 年 3 月 25 日，北京银行与荷兰国际集团和国际金融公司 (IFC) 签订了战略合作协议，荷兰国际集团购得北京银行 19.9% 的股份，IFC 购得 5% 的股份。在此前，上海银行、南京商业银行、济南商业银行和西安商业银行已经成功地引入了境外战略投资者，而杭州商业银行和南充市商业银行与境外金融机构签订了战略合作协议。武汉商行、大连商行、哈尔滨商行也在积极筹备引入外资。用“风起云涌”来形容城商行引入境外战略投资者的状况毫不为过。那么，引入境外战略投资者对城商行的发展有哪些重要的意义？城市商业银行的引资工作又出现了哪些新特点？针对这些中小银行普遍关注的也是关系到中国金融改革进程的问题，本刊记者独家专访了中国银监会监管二部副主任刘元。

一、站在别人的肩膀上前进

中国银监会成立以后，一直鼓励符合条件的股份制商业银行和城市商业银行引入战略投资者。不过刘元明确这样一个观点：引进境外战略投资者并非城商行发展的唯一选择。目前城商行步入了一个多元化的发展时期，联合重组、兼并改造、引资上市等多种发展道路均可供在发展中探索的城商行自我选择。还有的城商行继续保持了它的小而精的特点。

刘元充分肯定了城市商业银行引入合格境外战略投资者的重要意义和积极作用。对于城商行引入境外战略投资者的目的和意义，刘元向记者总结了七点。

引入了境外的资金，增加了银行的资本。引入境外战略投资者开拓了一条新的补充资本的渠道，对于提高银行的资本充足率具有很现实的意义。引资是为了战略合作，不把资本引进来，就不能取得共同的利益，那么进一步地引入理念、经验和技术就无从谈起。要想达到战略合作的目的，首先要实现资本上的结合。

提高银行的公众信誉度。目前国内大部分城商行的知名度和信誉度并不高，而境外战略投资者通常都是比较知名优秀的银行，城商行与之合作可以提高自身的信誉度。另外，城商行在拓展国际业务方面，需要国外的代理行，直接的寻找和谈判可能很难达到好的效果。但如果有了战略合作伙伴之后，通过它的网络关系，就很容易发展代理行。

引入了新的理念。城商行引入海外战略投资者，在引入管理经验的同时，也找到了自身的差距。可以进一步根据自身的特点，制定长远的发展规划。

改善公司治理结构。城商行的股本结构比较简单，通常由政府、企业、个人股本构成。当地政府占绝大比例，个人股本较少。这种股本结构的优势是政府作为大股东可以调动当地的资源来支持银行的发展，不利之处在于政府对银行经营活动的行政干预。而引入外资后，可以改善股本结构，外方董事进入董事会，对改进公司治理结构有利。

引入了先进的管理经验。国外银行有丰富的管理经验，对增强国内银行的抗风险能力有很大的帮助。

引入新的金融产品，可以促进国内银行的技术创新和业务创新。现在国内银行业的产品较单一，而且资产结构中绝大部分是信贷资产。而国外的银行是在长期激烈的竞争环境中长大的，创新能力很强。另外，很多国外的金融产品拿到国内就是新产品。引入境外战略投资者对于丰富国内银行的业务品种和提高创新能力有很大益处。

更有利于对职工进行培训。银行员工的培训主要还是通过实践。国外银行如果和城商行没有合作关系，就很难提供有效果的培训。目前很多国内城商行在与海外战略投资者签订战略合作协议的同时，有一条附属条款就是要求对中方员工进行培训。

“一句话，站在别人的肩膀上前进是条捷径。”刘元对城商行引入境外战略投资者的意义总结道。

二、合作需要量体裁衣

中国银监会一贯鼓励和支持城市商业银行引入合格的境外战略投资者。刘元告诉记者，在城市商业银行引进合格的境外战略投资者方面，银行监管部门一直坚持四条原则：一是积极支持和大力推进城市商业银行与境外战略投资者的合作；二是为维护城市商业银行利益，要求城市商业银行在与境外战略投资者的合作中，坚持同股、同价、同权和互利互惠的原则；三是要求城市商业银行在引进境外战略投资者时，更加注重学习和借鉴对方先进的管理技术和管理理念；四是主权管理原则。城市商业银行与境外战略投资者签订的合作协议，首先应符合我国的法律规定，并接受我国法律管辖，在我国法律规定无法调整中外双方的利益关系时，可适用第三国法律。

成功的结合通常都是建立在充分理解、相互尊重的基础上。刘元强调在引入境外战略投资者时，城市商业银行一定要做到知己知彼。在选择境外战略投资者时，一是要考察境外投资者自身的资质和实力，包括具有的竞争优势（核心竞争能力）和技术输出能力等；二是要考察境外投资者在中国的战略意图和战略策略；三是要考察境外投资者对银行发展战略和企业文化的认同度，认同度越高，双方合作成功的可能性就越大；四是要考察合作期望的强烈程度，外方合作期望程度直接决定了合作谈判的时间跨度。

目前，上海、南京、西安、济南四家城市商业银行已相继完成了引入境外战略投资者的工作。实践证明，这四家城商行通过引进外资，在吸收和借鉴先进的经营管理理念、经营管理体制、营销方式，以及风险控制机制等方面，取得了丰硕成果，并对完善公司治理和内控机制建设、提高经营管理水平和市场竞争能力，发挥了积极作用，更对其他正在和准备引资的城市商业银行起到了良好的示范作用。刘元对四家城商行的引资工作进行了逐一点评，“上海银行的规模大、经营效益好，它不仅从 IFC 引入了国外的金融资本，而且与汇丰银行‘联姻’，借鉴它们的管理理念和管理方式，引进管理技术和业务品种，进一步提高自身的综合竞争能力。南京商业银行迈出的第一步是先与 IFC 合作，在公司治理结构上进行了改进，下一步要进行二次引资，寻找业务技能与之相近的外资银行，来改善经营状况。西安商行的历史包袱相对重一些，在与境外战略投资者谈判时，还要考虑到处理遗留问题、改造组织机构等问题，最后引入的是 IFC 和加拿大丰业银行。济南商业银行在挑选境外战略投资者的时候很有针对性，最后确定的是澳大利亚联邦银行，而且与澳联邦银行签订战略协议和认购协议的时候，把技能转移的协议和按揭业务合作协议也确定了下来。澳大利亚联邦银行的按揭业务很有特色，济南商业银行也迫切需要发展这方面的业务”。

刘元告诉记者：“城市商业银行在引进境外资本的同时，更加注重学习与借鉴国际先进的经营理念、管理技术和业务专长。这也是在银行监管部门的引导下，城市商业银行在引进境外战略投资者方面，出现的可喜变化。”

三、城商行发展的契机

城商行引入战略投资者步伐的加快，一方面是国外的金融机构看中了中国巨大的金融市场，另一方面也由于城商行所面临的压力在日趋加大。中国银监会要求，按照商业银行资本充足率管理办法，在 2006 年底前，各城市商业银行资本充足率要基本满足 8% 的监管要求，而资本充足率和拨备不符合监管要求的银行，其机构扩张、业务发展和股东分红都将受到限制。

在这种情况下，城商行引入境外战略投资者，补充资本也就成为积极的鼓励引导。2003 年末，银监会颁布了《境外金融机构投资入股中资金融机构管理办法》，进一步规范和明确了有关政策和条件，并放宽了外资金融机构入股中资金融机构比例，由外资股本最大占比 15% 扩大到 25% 以内，规范了外资金融机构的入股行为，为城市商业银行引进境外战略投资者提供了政策支持；2004 年初，银监会又提出对现有城市商业银行进行审慎重组和改造的基本思路与原则，鼓励民间资本和外资入股现有商业银行，通过吸收民间资本和境外战略投资者对城市商业银行进行重组改造，以提高其经营管理水平。2004 年 6 月，银监会副主席唐双宁在城市商业银行第五次论坛上指出，银监会鼓励城市商业银行引进境外战略投资者，在整合现有资源基础上，按市场规则和自愿原则进行联合重组，提高整体发展水平和市场竞争力。

刘元特别强调：引入境外战略投资者，只是在一定时期、一定程度上引入了资本，不是一劳永逸的。城商行迈出这一步，只能说短时间内顺应了资本的要求，但不能替代资本的管理。要引资、引智双管齐下，通过与境外金融机构的战略合作，来改善公司治理结构，进一步提高经营管理水平。

应该说，现在城商行的处境有点尴尬，四大银行庞大的营业网点和分支机构是它们无法比拟的。股份制商业银行有灵活的机制，又不像城商行受到地域、业务拓展等方面的限制。城商行处在一种夹缝中生存的状况。

刘元强调：城商行一定要办出自己的特色，要坚持“大银行办大事，小银行办小事”的原则，量体裁衣，着重开辟适合自身特点和能力的客户群体，避免与大银行在同质同类客户和同质同类业务中形成过度竞争。现在人们把城商行称为“市民银行”，这也说明发展个人零售业务是城商行一个比较理想的定位和方向。刘元向记者举了个例子：大庆市商业银行聘用一些下岗职工，到小区里做服务，宣传大庆商行的产品。这是一种有益的探索，让银行服务更积极主动，更贴近百姓生活。

可见，城商行都在探索一条适合自身的、有特色的发展道路。在这个过程中，需要当地政府的扶持，也需要引入外来的新鲜力量。引入合适的境外战略投资者是一个有效的办法。一位金融业内人士曾对记者说“城商行通过引入境外战略投资者来增强实力，并在未来逐步突破地域、业务方面的限制，可能成为一股强劲的力量，打破中国金融业现有的寡头垄断格局。”对这种说法的准确与否我们不做评价，但不可否认的是，随着银行业改革的深入，大的银行将不再意味着是好的银行，中小银行的发展将使银行业间的竞争更加激烈，而人们享受到的金融服务将会越来越好。

深圳可打造中小银行　统一后台服务基地

——访深圳银监局局长刘元

全球化和信息化的浪潮令金融业前后台分化的趋势日趋明显，也让各城市看到嵌入全球金融产业链条、分享行业辐射效应的诱人前景。而作为国内法人银行和外资银行相对集中的深圳，在这一大背景之下能有何种作为?

深圳银监局局长刘元在接受《证券时报》记者专访时详细阐述了其对深圳建设银行业后台服务基地的独特见解。刘元认为，面对国内后台服务基地的竞争态势，深圳在这一领域应注重实效，在立足自身产业结构特点的情况下有所侧重，并分步实施。

一、深圳具有良好运营环境

《证券时报》：在珠三角区域，目前已经有广州萝岗、佛山南海、东莞松山湖等地提出了建设金融后台服务中心的目标。不少学者认为，与这几个地区相比，深圳目前的土地供应及土地成本很难支持其做大金融后台，您对此怎么看?在银行业的后台服务中心建设上深圳具备哪些独特优势?

刘元：深圳一直非常重视金融产业的发展，在整个深圳市产业战略规划中也对金融产业作出了相关规划和安排，比如专门划出相当区域的土地储备，为金融后台基地建设预留了发展空间，这在寸土寸金的中心城市是难能可贵的。

商业银行后台服务基地最大的特点是对科技配套服务要求比较高，银行后台服务主要包括银行信息技术外包（ITO）和银行业务流程外包（BPO），都必须依托基地雄厚的信息技术实力，这一方面深圳具备其他城市很难企及的明显优势。

而作为国内法人银行和外资银行相对集中的城市，深圳良好的运营环境也吸引了大批银行后台服务机构进驻。目前，招行、深发展等国内银行在深圳设立了 12 个不同类型的后台中心；外资银行中除了永亨、大新、华商等四家法人银行总行将其主要操作中心设在深圳外，渣打、恒生、东亚和汇丰 4 家法人银行分行在深圳设立了 10 个后台服务中心；此外，股份制银行中的民生、兴业和中信等银行也开始陆续将其部分后台中心迁往深圳。这些后台服务中心的进驻和顺利运行，为深圳后台服务基地的完善奠定了基础，同时也为后期进驻的各类后台中心建设提供了宝贵的经验。

二、建立第三方后台服务平台

《证券时报》：深圳未来在金融后台方面有哪些方面可以突破？我注意到，您设想的金融后台服务基地架构，重点放在了吸引城商行以及中小银行入驻之上，着眼点在于这些机构难以独立支持后台的搭建和维护，为何有这样的考虑？

刘元：可以突破的地方很多。比如，我们可以鼓励和引导银行业金融机构把从事非核心业务的后台服务中心在独立化的基础上实现法人化运作；针对部分具有规模优势的后台服务中心，如档案管理中心、金融物流中心等，还可以探索多家银行联合成立独立的第三方后台服务平台方式，以会员制、有偿服务的方式进行运作。在产业配套上，市政府可以根据行业和技术细分结果，一方面有意识地引导技术供给能力比较强的产业企业与现有各后台中心形成有效对接，同时对部分供给能力不足甚至空白的领域，要加大培育和引进力度，尽快培育和完善后台服务基地发展需要的产业链条。

鉴于国内后台服务基地的竞争态势，深圳银行后台服务基地建设必须注重实效，绝不贪大求全，也要避免低水平竞争，更要主动争取，积极引入。从吸纳对象来看，主要有三类：一是国内大型银行在华南区域或在珠三角区域的后台服务中心；二是部分跨区域经营的中小商业银行后台服务中心；三是港澳台资银行全球性的后台服务中心。

之所以将目光锁定在吸引中小银行之上，是因为对中小银行而言，单独建设并维护一个后台中心成本很高，因此深圳可以尝试规划统一的后台服务基地，为全国中小银行服务。并在此基础上形成全套的后台服务业体系，培育与银行业后台业务相链接的完整产业链。

三、打造培训中心

《证券时报》：由于深圳银行市场竞争充分，因此技能培训基地具备“实践”优势。但从技能培训看，前台员工的上岗培训由于门槛较低，集中于深圳的可行性并不高；而由于毗邻香港，高端的培训服务也面临直接的竞争，对于技能培训中心的构想您是否有一些更加具体的建议？

刘元：之所以提出打造培训中心，出发点就是深圳目前高度竞争的银行业市场。深圳作为国内金融体系最完备的城市之一，中外资银行，大中小银行，银行与非银行金融机构乃至信贷市场与资本市场都在这相互交错，因此给培训业发展提供了很好的基础。

深圳打造银行业技能培训基地基本可以覆盖目前银行业金融机构所需的各类岗位技能，以及在风险管理和业务拓展中的各种案例，充分满足银行的各类培训诉求。此外，由于培训充分贴近市场，体现实战要求，可以避免以往在人才培育中过分强调理论训练、过分依赖大学资源的缺陷。此外深圳与香港仅一河之隔，借助深港合作的平台，可以很便利地引入香港专家、学者和资深从业人士前来讲学，培训视野能够与国际保持同步，更好地体现本土化与国际化兼顾的培训理念。

具体的建议包括：一是做大做强招银大学、平安学院等依托大型金融机构成立的培训基地，探索公司化、市场化运作模式，直接参与市场竞争，培育本地品牌；二是政府扶持、联合部分有意向和实力的中小银行，以合资参股方式成立具有一定规模的培训机构，在以低成本价格满足股东学员培训需求的同时，鼓励其参与市场竞争，实现半市场化运作；三是银监局、同业公会等向市政府争取土地和全额资金支持，成立面向深圳银行业、完全封闭运作的培训基地，一方面服务于全市大规模培训需要，另一方面重点服务于实力较弱、培训需求零散的城市商业银行、外资银行和非银行金融机构等。

形成银行业消费者保护的中国特色
——访中国银监会消费者权益保护局局长刘元

近日，中国银监会消费者权益保护局局长刘元在陆家嘴论坛上的一句“产品进入市场之前，如没有消费者权益保护方面的要素，我们就不允许进入市场”，受到公众广泛关注。此言一出，极大地提升了银行业消费者的信心。

其实，用刘元的话说，这句话透露的更深刻含义，正是银监会建立的消费者权益保护机制的独特内涵，体现了中国银行业消费者权益保护框架设计的鲜明特色。

银监会消费者权益保护局于2012年5月挂牌并开始履行职责以来，很快确定了银行业消费者权益保护的宗旨、目标和基本原则，研究制订了三年的发展规划纲要并稳步推进各项重点工作。而局长刘元更是凭借其丰富的监管经验、精深的理论造诣，在一年多的时间里，对“消费者权益保护”这一世界各国和各地区金融监管当局面对的重要问题做了深刻思考与研究，形成了自己的理论并将其迅速融入监管工作中。

近日，刘元接受了本刊记者独家专访，对于消保局一年来的工作情况以及消费者关注的热点问题做了精彩解答和深入阐述。谈到2013年的工作重点，刘元精辟地概括为“五、四、三、二、一”，即做好五个方面的宣传工作、四个方面的金融知识普及工作、三评体系建设、两个标准推广工作，最后是一以贯之的“预防为先”理念。记者发现，通过一年多来卓有成效的工作，银行业消费者保护已迈出坚实的一步。

框架设计：中国特色的消费者权益保护

刘元：银监会一方面通过审慎的风险监管保证消费者的根本利益不受侵害，另一方面也通过严格的行为监管维护消费者对银行业金融机构的信任和信心。

国际金融危机爆发后，金融组织和各国的银行监管当局都意识到消费者和市场信心对行业发展的重要性。

刘元说，回过头来看，诱发金融危机的原因是消费者对银行业的不信任，而这种不信任的起因则是金融产品在设计和营销交易过程中，损害了消费者的权益。传统监管只是强调通过审慎的风险监管保证行业的安全，最终保护存款人和消费者的利益，但是并没有将消费者权益保护这项内容单列出来。因此在 2008 年后，各监管当局包括巴塞尔委员会都引入了消费者权益保护的概念。主要国家基本上设立了专门的机构，但无论是美国模式、英国模式还是澳大利亚模式都相对独立于监管。也就是说，消费者权益保护工作和监管机构之间是相对独立的。

“我国的银行业消费者权益保护工作体制和架构则完全不同于美英等西方国家。我们是把消费者权益保护当做银行监管工作的一个组成部分。因此，我们在监管机构内部成立了一个相对独立的部门，而不是成立一个独立的机构。”刘元说。

他告诉记者，保护消费者的权益是监管者的重要历史使命。银监会一方面通过审慎的风险监管保证银行业的安全，最终达到保护消费者的根本利益不受侵害的目的，另一方面又通过严格的行为监管，也就是对银行交易行为的监督和管理来维护消费者对银行业金融机构的信任和信心，从而保证银行业总体的安全。

从监管工作转型的角度来看，其实是从原先追求单一的审慎风险监管，发展为“双峰理论”——风险监管和行为监管。“我们消费者权益保护的框架设计应该说是具有中国特色的。”刘元强调说。

预防为先：将消费者权益保护工作做到前面

刘元：“美国的银行业消费者保护尽管在理念和机构的设置上都走在前面，但和他们相比，我们的理念和制度安排另有先进之处，就是体现在‘预防为先’上。”

欧美国家的消费者权益保护机构，相当于独立监管机构，因此他们只能针对银行在交易当中损害消费者利益的情况进行调解甚至处罚。也就是说，这些权益保护机构有调查权、处罚权，但没有事先的约束权。刘元告诉记者，“预防为先”的方针恰恰结合了我国监管机构的特点，本着“把住增量，优化存量”的原则，银监会正优先从新产品和服务入手，将消费者权益保护工作要求与银行业金融机构产品设计、监管部门市场准入工作进行衔接。通过监管的手段来督促、指导、要求商业银行在设计开发、审批入市、营销推介、售后评估等各个业务环节中，都要有消费者权益保护方面的有关要素。“银监会督促银行业金融机构对具体银行产品和服务制定针对性的消费者权益保护条款，在产品设计和审核过程中体现消费者保护的各项要求。通过有效的监管，将消费者权益保护工作做到前面。”刘元说。

正因为消费者权益保护与日常监管工作时时处处发生联系，因此要加强体制机制设计，在监管系统内部建立工作协调机制。

此外，开展对银行产品和服务的评估是消费者权益保护工作争取主动、将保护工作起点前移的重要内容，是深化“预防为先”理念的重要内容。刘元说，银监会正对现有银行产品和服务进行评估，及时发现和改进现有产品服务中损害消费者权益的规定和条款，不断纠正存在的问题，完善服务流程，同时，参考评估结果对后续产品和服务准入进行调整。

“今年银监会将针对信用卡的格式合同下发通知，各银行机构首先要自查自纠。”刘元表示，银行在信用卡的格式合同中自我免责是必要的，但一些过于苛刻或者不合情理的霸王条款要进行调整。

“我们要求银行要重新梳理格式合同，将一些关键条款单列出来并重点提示，如理财产品的风险等问题。”

刘元倡议：“‘预防为先’不仅是监管部门的要求，更应该是我们整个行业的行动。”

教育为主：消除隔阂和误会

刘元：金融知识宣传有利于全民金融素质的提高，目的是让消费者真正了解银行，了解银行的产品，避免因为双方的误解产生一些不必要的矛盾和纠纷。实际上体现的还是“预防为先”的理念。

信用卡部分逾期还款是否全额计息的问题，曾在社会上引起了很大的争议。如何看待此类问题？刘元表示，很多消费者都不充分了解情况，银行应该首先履行告知义务，如事先没有明确告知消费者，银行就应为此负责。银监会要求银行在格式条款中进一步说明全额还款和全额计息的内容。“下一步，我们将要求各银行在办理信用卡的柜台明示全额还款、全额计息等这样一些关键词。”

他进一步表示，银行业有其行业特性，需要消费者了解。“如银行理财产品因具有投资性质，高回报必然带有高风险，交易完成之时就需要双方共担风险，因此跟一般商品不同，不能纳入消保法的概念中，也不适合‘三包’‘召回’的规定。”

银行提供的服务也有其特点。采访中，刘元给记者讲述了这样一个小故事。曾有一位人士对银行营业厅没有厕所向他提意见。刘元对此解释说，银行业的特点是在与现金打交道，要保护现金和消费者的人身安全。在银行网点，出于安全保卫的目的，摄像头一定要达到全覆盖的要求，且开业之前要经过安全保卫验收。显然厕所里不可以安装摄像头。这是银行业的特点，有别于一般性的服务行业，需要消费者逐步了解。

在大量纠纷的协调处理过程中，刘元发现，消费者对行业特点了解不够是许多消费纠纷出现的深层次原因。监管部门作为第三方，应该更多地来推动金融知识宣传和教育。行有行规，由于金融产品和服务的复杂性、特殊性，银行业消费者权益保护工作难度较大，特别是很多基础金融知识需要消费者了解和掌握，并在此基础上理解金融产品和服务的特质，提升自身金融知识水平和风险防范意识。

“今年银监会消保局与媒体联合开展了金融知识的宣传，如信用卡、个人消费信贷、房贷等金融产品的专业宣传。每一个年度，消保局还会针对消费者最关心或者消费者的投诉热点问题重点宣传。”刘元说。

此外，消保局今年还围绕新生的消费者（包括农民工、大学生）进行广泛的宣传教育。刘元说，金融知识要进校园，就是要面对这个新生的消费群体。“我们正在跟几个高校协商，面对所有的在校学生举办金融知识大讲堂。已经举办的活动反响很好。”同时，因为金融产品创新速度非常之快，成熟的消费者同样有接受“普及教育”的需要。

另一方面，刘元认为，对银行从业人员进行消费者权益保护的知识普及也非常重要。银行产品设计得再好，在推销产品时没有尽到告知义务，或夸大收益，没有完全揭示风险，从而进行误导性推销，同样还是会侵犯消费者权益。2013年，消保局进行的一项重点工作，简而言之就是“两个标准”，要求银行业金融机构有标准化的服务用语和服务流程，从而避免误导消费。

依法维权：不主张过度维权

刘元：我们将建立一整套依法、规范、务实的消费者维权工作体系，使消费者维护自身合法权益有法可依，有章可循。

“我国消费者权益保护方面的法律建设刚刚开始。此前有关银行业消费者权益保护的内容散落在相关的监管法规当中。如信用卡管理办法、理财产品指引等，但没有形成系统的法律法规。”刘元告诉记者，银监会目前已经起草了消费者权益保护工作指引，审定后将尽快发布。

“银行在介绍产品时只宣传收益，缩小甚至隐瞒风险。像这种情况，我们要调查处理。”刘元解释，监管部门首先要依法进行调解，如依据民法、合同法和消保法，给消费者一个合理解释。

谈到依法维权的内涵，刘元说，消费者应该在法律赋予的权利范围之内维权。“我们并不主张过度维权。”刘元表示，如消费者选择了高风险的产品，出现了损失就应依照合同约定承担损失。如果是在银行充分揭示风险的情况下，消费者再去维权就属于过度维权。

协调处理：同一类型案例的调解结果都有可能不同

刘元：每一个市场的参与者都应主动自发地遵循一种规则。监管部门要从预先防范入手，配合教育为主，从根本上解决问题，而不是被动地去解决纠纷。

银行业金融机构是维护消费者合法权益的第一责任主体。与消费者发生纠纷后，银行业金融机构有责任受理并妥善处理消费者的投诉。银行业监管机构仅受理“二次投诉”，即消费者应首先向投诉事项所涉银行业金融机构进行投诉，如果认为未得到银行业金融机构的妥善处理，再向监管机构进行投诉。“我们将进行必要的调查、调解和处置。这就是所谓的‘协调处理’。”刘元说。

在刘元看来，消费权益保护所处理的问题很多游离于法律法规内外的模糊地带，譬如“排队人多的银行是否应该多设服务窗口”这样一些投诉事件。根据目前的监管法规，监管机构对消费纠纷投诉的处置意见只作为第三方调解，不具有裁决作用。“因此，在消费者纠纷调解过程当中，同一类型案例的调解结果都有可能不同。”

谈到消费者权益保护工作方针和部署，刘元坦言“正摸索着前进”。他告诉记者，2013 年银监会将督促银行业金融机构将消费者权益保护工作落到实处。为此，消保局专门开展了“三评”体系建设。第一个“评”是监管部门对银行业金融机构进行监管的考核评价，以此来督促银行业金融机构落实消费者权益保护工作。第二个“评”是在银行业各机构间进行互评，相互促进。第三个“评”是引入社会评议，在消费者当中征求广大消费者的意见，找出工作的不足和问题。按照刘元的计划，消保局打算在 2013 年年内完成“三评”体系建设。

近一年来，刘元在工作实践中也逐渐体会到，消费者权益保护应该形成市场机制，就是每一个市场的参与者都应主动自发地遵循规则，监管部门则要从预先防范入手，配合教育为主，从根本上解决问题，而不是被动解决纠纷。针对目前金融产品交叉销售越来越多的情况，刘元认为这需要银行业、证券业、保险业的监管部门建立协调机制，开展大量的协调工作。

同时，随着消费者权益保护工作的深入推进和消费者维权意识的不断增强，消费者对银行产品和服务的投诉也将持续增加，监管部门调解可能无法满足消费者的全部诉求。因此，刘元认为，要探索建立银行业消费纠纷仲裁机制，低成本、高效率地处理消费者投诉，为舒缓消费者与银行业金融机构间的矛盾提供有效渠道。

“当前，我们会尽最大努力做好消费者保护工作，给广大的银行业消费者提供一个良好的消费环境。”采访最后，刘元诚恳地如是说道。

让消费者知情和满意是我们的追求

——专访银监会银行业消费者权益保护局局长刘元

通过消费者教育的倡导，消费者可以更好地自主决定什么才是符合自己最大利益的选择，这不仅仅让消费者个体受益，也会让整个市场和社会都广泛受益。

2013 年 9 月 1 日上午，由银监会组织发起、各银行业金融机构共同参与的 2013 年“金融知识进万家”银行业金融知识宣传服务月活动在北京正式启动。《中国农村金融》记者在活动现场就本次活动开展的有关情况，专访了银监会银行业消费者权益保护局局长刘元。

《中国农村金融》：为什么要组织开展银行业金融知识宣传服务月活动?

刘元：组织开展银行业金融知识宣传服务月活动，是银监会积极践行银行业消费者权益保护监管职责，推动社会各界广泛关注，将银行业金融知识宣传工作推向持续化、常态化的重要举措。银行业金融知识宣传工作的重要意义可从以下五个方面理解。

第一，开展银行业金融知识宣传是为了满足消费者的金融知识需求和对金融产品的知情权。改革开放以来，我国银行业持续快速发展，金融产品和服务方式日趋丰富，为社会公众管理资产、消费支付、资金融通、优化风险结构等提供了重要渠道，成为社会经济生活的重要支撑和媒介。消费者正确理解使用金融产品和服务是其实现金融交易目标、获得合理金融收益、享受更多金融便利的重要条件，从这个意义上讲，消费者金融素质和应用技能的提高必然要与金融市场的发展同步，伴随新产品和新服务产生新的金融知识需求。同时，金融产品一般具有信息不对称的特点，金融消费者常常处于弱势地位。因此，深入开展银行业金融知识宣传活动，是有效满足银行业消费者的金融知识需求、消除信息不对称、确保消费者对金融产品的知情权的一项重要举措。

第二，开展银行业金融知识宣传是银业深入贯彻党中央群众路线的良好实践。党的十八大提出“要多谋民生之利、多解民生之忧，解决好人民群众最关心、最直接、最现实的利益问题”，“着力保障和改善民生，促进社会公平正义，推动建设和谐世界”。

广泛开展银行业金融知识宣传服务活动，正是为了顺应广大金融消费者的期盼和实际需求，密切联系和服务群众，有效满足当前人民群众的金融诉求，着力解决人民群众最关心、最直接、最现实的利益问题。

第三，开展银行业金融知识宣传是银行业消费者权益保护机制的重要组成部分。多年来，银监会积极践行银行业消费者权益保护监管职责，并于 2012 年成立专门机构，投入更多工作力量、在更高层次上统筹开展银行业消费者权益保护工作。开展金融知识宣传教育、提高消费者金融素质，是银监会消费者权益保护工作的核心内容之一，是银行业消费者权益保护机制的重要组成部分，是“预防为先，教育为主，依法维权，协调处置”工作方针的重要体现。

第四，开展银行业金融知识宣传是推动我国金融市场不断发展完善的内在要求。消费者是金融市场的重要元素，科学、理性、正确的金融参与者行为是金融活动正常开展、实现风险 / 收益有效分配的重要因素；消费者及其对金融机构的信任和对金融市场的信心，是金融机构及金融行业赖以生存和发展的根本，是金融市场不断发展和完善的重要基础。

第五，开展银行业金融知识宣传是银行业金融机构提升服务和管理水平的重要内容。普及金融知识、帮助消费者了解金融产品，不但是银行业金融机构完整服务流程的一个组成部分，是银行将正确的产品提供给正确的消费者、实现效益最大化的基础环节，也是维护消费者信任和信心、优化银行机构市场形象的重要途径，体现了银行业金融机构通过有效的内部管理，不断提升金融宣传服务能力和经营管理水平，维护消费者合法权益，实现企业和社会双赢的意愿和能力。

《中国农村金融》：银监会在开展金融知识宣传服务方面都做了哪些工作？

刘元：银监会作为银行业监督管理部门，自成立之初就对银行业金融知识宣传工作给予高度关注，积极加强自身实践，并推动银行业乃至全社会重视并实践金融知识宣传工作，将“通过宣传教育和信息披露，增进公众对现代银行业金融产品、服务的了解和相应风险的识别”作为监管目标之一。

银监会坚持每年开展“送金融知识下乡”活动，动员金融系统团员青年，深入农村基层地区，将金融知识以公众喜闻乐见的形式送到了全国广大农村地区，内容覆盖小额创业贷款，信用卡、投资理财、防范假币、抵制非法集资等方面，得到了广大农民的欢迎。

银监会于2007年建成国内首个部委单位直接面向大众的金融知识宣传服务区，接受公众来电、来访；同时开设了金融知识宣传服务网站，利用互联网向社会公众传播金融知识，并先后发布关于个人住房贷款、安全用卡、电话银行、非法金融活动等风险提示十余次；多次联合中国银行业协会和商业银行共同主办系列公众教育展览、金融知识讲座、中小学生金融知识小课堂等活动。

此外，银监会各派出机构也结合当地实际开展了多种多样的公众教育活动。如2012年上海银监局开展的“万名进城务工人员基础金融知识普及活动”等，对提高公众金融素质、保护消费者权益、促进银行业改进金融服务起到了积极作用，也为银监会开展下一步工作积累了宝贵经验。

《中国农村金融》：本次银行业金融知识宣传服务月活动的主题是什么？预计达到什么目标？

刘元：本次“金融知识进万家”银行业金融知识宣传服务月活动是中国银监会发起、各银行业金融机构广泛参与的一次全国范围的行业性活动。活动坚持“普及性、统一性、公益性、服务性和持续性”原则，旨在向公众介绍基础银行业金融知识，引导社会公众科学合理使用银行产品和服务，提升消费者保障自身资金财产安全的意识和能力，积极推进银行业金融消费者保护，促进银行业健康有序发展和社会和谐稳定。

活动以“多一份金融了解，多一份财富保障”为主题，紧紧围绕银行主要产品和服务的基本特点、金融市场热点问题等内容，分别从个人贷款、信用卡、借记卡、银行理财、电子银行、自助设备、代销业务和非法集资等八个方面向公众普及金融基础知识，进行风险提示。宣传渠道灵活多样，可通过电视、电台、报纸杂志、网站、户外广告、短信、微信、微博、银行网点等多种渠道，通过多种公众喜闻乐见的形式进行广泛宣传。

此次活动涉及全国范围内的国有商业银行、股份制商业银行、邮政储蓄银行、城市商业银行、农村中小金融机构及外资银行等金融机构，受益面将基本涵盖全国各地城乡居民，是我国银行业普及金融知识、服务公众的一次自觉行动，也是推动金融知识宣传服务工作向更高层次发展的重要探索。我们旨在通过此次活动强化金融知识宣传服务概念，推进金融知识宣传服务工作常态化、规范化、持续化，在政府部门、专业机构、新闻媒体和社会各界的共同参与努力下，形成多方合力，建立完善我国银行业金融知识宣传服务的长效机制。

《中国农村金融》：“金融知识进万家”宣传服务月活动在全国开展过程中，呈现出怎样的特点?

刘元：从各地活动开展情况看，本次活动具有四个特点。

一是统一性。参与本次活动的各银行业金融机构使用银监会统一设计并发布的“银行业消费者权益保护标识”，口号、宣传折页、宣传册、宣传文本及视频，均未在统一设计的宣传材料上加注各自银行的标识或其他内容。

二是公益性。金融知识宣传与银行产品推介彻底隔离，宣传材料不掺杂任何商业宣传资料进行发送，不以金融知识宣传的名义推介金融产品和服务。广大银行从业人员牺牲周末休息时间，采取群众喜闻乐见、通俗易懂的方式，走上街头、走进社区、走入乡村向群众传播金融知识。

三是多样性。各地区按照“全国统一，兼顾特色”的思路，根据当地银行业实际情况和公众需求，制定具有地区特色的宣传教育内容。

四是亲民性。各银行组织员工采取走上街头、深入社区、走进校园、走下乡村、知识讲堂、有奖竞答等公众喜闻乐见、通俗易懂的形式进行广泛宣传，向学生、城镇居民、农民等特定社会群体有针对性地宣讲金融知识，提高金融维权意识和能力。

后 记

我是一名从事银行监管工作30年的监管老兵，亲眼目睹了我国三十年改革开放的恢弘历史，亲身经历了我们国家银行业的改革与发展。在中华民族广博浩瀚的历史长河中，能够亲身经历这一段振兴中华、民族复兴、实现中国梦的历史阶段，是人生的幸运，是上苍的厚爱。

我出身于教师之家，自幼受父母熏陶读书识理。恢复高考之后，第一批考入重点高中——母校天津平山道中学（现天津实验中学），随即升入中国人民大学经济系世界经济专业，接受系统的经济学理论的教育。毕业后，投身于刚刚专门行使中央银行职能的中国人民银行，开始银行业监管的职业生涯，其间，参与制定了我国金融改革开放的法规和规划，参与了我国外汇管理体制改革，参与了金融机构外汇业务的发展与规范，参与了国有银行的改制与风险处置，参与了城市信用社的风险处置与改革重组，参与了城市商业银行的组建与风险处置，参与了股份制银行的改制与发展。曾就存款保险、公司治理、风险评级做过比较深入系统的研究。银监会成立后，先后任职山西银监局、深圳银监局和银监会案件稽查局（安全保卫局）、消费者权益保护局，更加注重监管政策的执行和监管的实际操作。

回顾30年的监管工作经历，通过一次次思考，一点点积累，一步步实践，一段段总结，对银行业监管有了一定程度的心得，在此把它记录和归集起来，一是向各个时期教育培养我的老师、领导和家人交一份答卷，二是希望借此与同事们开展一次交流，同时也为后人留下一份辛苦的结晶。

世界万物都在变化之中，银行监管的理论与实践更是不断推陈出新，书中收集的文章与观点都是在特定的历史条件下形成的，再加上本人水平的局限，难免会有谬误之处，阁下可在茶余饭后之时翻阅此书，以作消遣。

谨此感谢促成此书和翻阅此书的朋友们！

刘元

2014年8月18日

后 记